U0508379

世界未来基金会
深圳大学新加坡研究中心
顶针智库

万想不到的征程
新加坡前总统
纳丹回忆录

[新加坡] 纳丹（S. R. Nathan）

阮岳湘　王海萍　译

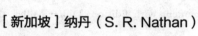

新加坡国家治理体系和治理能力现代化丛书　编委会

总编　刘鹏辉　执行主编　吕元礼
编委（以姓氏笔画为序）
冯仑　吕元礼　刘鹏辉　张万坤　陆波　黄隽青

湖南人民出版社　博集天卷 CS-BOOKY

图书在版编目（CIP）数据

万想不到的征程：新加坡前总统纳丹回忆录/（新加坡）纳丹（Nathan，S. R.）
著；阮岳湘，王海萍译.— 长沙：湖南人民出版社，2013.9
书名原文：An unexpected journey：path to the presidency
ISBN 978-7-5438-9820-2

Ⅰ.①万…　Ⅱ.①纳…②阮…③王…　Ⅲ.①纳丹，S. R.—自传
Ⅳ.①K833.397=6

中国版本图书馆CIP数据核字（2013）第231829号

著作权合同登记号：图字18-2013-297

An Unexpected Journey: Path to the Presidency
Copyright © 2012 by S. R. Nathan
Simplified Chinese translation copyright 2014 by China South Booky Culture Media
Co., Ltd.
Published by arrangement with Editions Didier Millet, through World Future
Foundation Ltd.

上架建议：时事政治 / 人物传记

万想不到的征程：新加坡前总统纳丹回忆录

作　　者：［新加坡］纳丹
译　　者：阮岳湘　王海萍
出 版 人：谢清风
责任编辑：胡如虹
特别鸣谢：世界未来基金会
特约审读：林志佳
监　　制：于向勇
文字编辑：王朝选
版权支持：辛　艳　文赛峰
封面设计：崔振江

出版发行：湖南人民出版社[http://www.hnppp.com]
地　　址：长沙市营盘东路3号
邮　　编：410005
经　　销：新华书店

印　　刷：北京天宇万达印刷有限公司
版　　次：2015年5月第1版
　　　　　2020年1月第2次印刷
开　　本：787mm×1092mm　1/16
印　　张：34
字　　数：560千字
书　　号：ISBN 978-7-5438-9820-2
定　　价：78.00元

（若有质量问题，请致电质量监督电话：010-84409925）

"新加坡国家治理体系与治理能力现代化丛书"总序

人类已迈入新世纪，中国正经历着以习近平为总书记的党中央领导下的意义久远的深刻变革。这场变革以"人民的福祉"为愿景，以"国家治理体系与治理能力现代化"为总目标，以"制度创新"为主要特征，其深度、广度与难度，均超越中国两千余年封建历史长河中的任何一次改革，其对中华民族乃至世界文明的发展都有着无法估量的价值！

回首往事，在过去的100余年里，为建设一个富强、民主、法治、公正与文明的现代化中国，我们的祖国经历了戊戌变法、辛亥革命、五四运动、新中国的创立、"文化大革命"与改革开放；我们的人民进行着一次又一次不屈不挠的艰难的思想探索与体制重塑。直到20世纪末叶，中国人民终于找到了适合自己特点的发展道路——有中国特色的社会主义现代化道路。

今天，坚冰已经打破，方向已经明了，摆在我们面前的重要任务，就是通过一个个具体的国家治理体系与治理能力的现代化建构，来铺就通向美好愿景的坚实大道。如果说改革开放初期我们的重任是思想解放的话，时至今日，36年的改革开放事业，奠定了浓厚的思想解放的氛围与雄厚的经济基础，同时，也要求我们必须将改革引向"深水区"，进行深入而全面的"制度创新"，实现"国家治理体系与治理能力现代化"，这正是十八届三中全会提出的全面深化改革的总目标。早在2012年11月17号的十八届中共中央政治局第一次集体学习中，习近平主席在讲话中就指出"我们要坚持以实践基础上的理论创新推动制度创新，坚持和完善现有制度，从实际出发，及时制定一些新的制度，构建系统完备、科学规范、运行有效的制度体系"。当前我国正在进行的"全面深化改革"的一系列举措，正是顺应了这一历史的必然。

毋庸置疑，中国共产党领导中国人民所进行的改革开放事业，既是一次深刻的思想解放运动，更是一个伟大的制度建设的过程。小平同志早在20世纪70年代，在系统分析新中国成立以来党和国家工作上的失误的原因时就深刻指出："制度是决定因素。"江泽民同志在党的十四届四中全会上也明确指出："注重制度建设，是这次全会决定的一个重要指导思想，制度建设更带有根本性、全局性、稳定性和长期性。"

自有人类历史以来就有制度的存在，制度文明已成为当今世界各国综合国力竞争的主要内容和标志。

随着党的十八大的召开，特别是三中全会以来，对"依宪治国，依法治国"理念的强调，标志着中国改革开放的历史进程翻开了崭新的一页！世界经济全球化与政治多元化的步伐进一步加快，更加要求我们深入了解和掌握国际社会的各种运行机制，及早具备卓有成效的、具有国际先进水平的现代化的国家治理体系与治理能力，这在很大程度上关系着改革开放事业的成败。

历史证明，一个国家不管历史多么漫长，文明多么悠久，不论在制度建设还是在其他各个领域，单方面依靠自然发展是远远不够的。在自我完善、自我创新的同时，必须借鉴和学习其他民族与国家的优秀经验。制度文明是人类智慧的共同结晶。只要我们本着为我所用的方针，对外国的东西进行认真的鉴别与分析，密切结合中国的特点，切实解决中国的问题，不邯郸学步、失其故步，就是可以做到"洋为中用"。

　　新加坡承中华文明之血脉，汲西方文化之养分，融现代法治之精神、民主之理念，营建了不同种族、不同文化、不同阶层、人与自然、人与人之间的"新加坡模式"的"和谐社会"。尽管新加坡是个小国，新加坡模式并不是尽善尽美，我们不可照搬照抄，但其结合了长期增长、政治稳定与传统价值的成长经验，是提升中国国家治理体系与能力的重要参考。新加坡经验是中国各级官员高度认可并认真学习的榜样，特别是其执政党人民行动党通过议会制度与政府行政制度，把"为民服务"的宗旨与"以民为本"的理念，有效地落实在执政能力上的经验，尤其值得中国共产党借鉴。

　　当前，建立一个高效、廉洁、公正的国家治理体系，正是中国共产党实现中华民族伟大复兴面临的艰巨任务。

　　"国家兴亡，匹夫有责。"正是出于这种对民族与国家的责任感和使命感，"顶针智库"在世界未来发展基金会鼎力襄助下，历时有年，编纂了"新加坡国家治理体系与治理能力现代化丛书"，于2015年初春时节付梓。该丛书的作者有新加坡的前国会议员、行政官员，也有新加坡研究领域的专家与学者。丛书既有作者大量的切身体会与经验，又有专业的理论深度与水平，对我国现阶段的国家治理体系与能力现代化的改革，有着极强的实用性和操作性，希冀本丛书能够为探索我国政治体制改革的对策与方案，提供有益的参考与借鉴。

　　　　　　　　　　　　　　　　　　　　　　　　　顶针智库

　　　　　　　　　　　　　　　　　　　　　　　　　刘鹏辉　博士

　　　　　　　　　　　　　　　　　　　　　　　　　2015年4月8日

长期执政靠什么

我去新加坡之前一直有一个疑问：新加坡人民行动党长期一党执政，但是每过五年社会上就有公开的选举，这究竟是一个民主体制还是一个集权体制？带着这样的疑问，我到新加坡访问了人民行动党中央委员会，终于揭开谜底，并找到了以下几个问题的答案：人民行动党是依靠什么长期执政，又是怎样长期执政的？今后是否会永久执政？

一

新加坡有600多万人，人口虽然不算很多，但是一党长期执政，毕竟需要大量的执政资源、社会资源。我去之前心里想，这么一个拥有几万党员的执政党的党中央，怎么都得有一座大楼。去了一看只有一座三层小楼，还得从最靠边的门进去，拐好多弯才到了接待的地方。负责接待的老先生告诉我们，这就是人民行动党的党中央，一共有12个人，办公面积不到两百平方米，还是租的别人的地儿。这样一个执政50年，被外界认为高度有效、集权威权的领袖和政党，怎么就这么点儿人呢？它靠什么执政呢？

老先生是人民行动党的日常接待人员，相当于咱们副秘书长的日常值班。他说，人民行动党不是通过武装暴力夺权，也不是靠宫廷政变，而是通过选举上台的。也就是说，它从第一天获得政权，就是依托民意。李光耀开始就是一名律师，带领一帮律师从事工人运动、工会运动，后来通过参加选举，使自己的政党取得了执政地位。

另外，相比其他政党，人民行动党的创建者如李光耀等人，都是受过良好教育的知识分子。李光耀夫妇都是学法律的，毕业于剑桥大学，其他创始人也大多在新加坡以外的地方受过很好的教育。这与历史上其他高度集权倾向体制国家的领导人非常不同，那些长期执政的领导人大多文化水平不高，从事武装斗争，要么是军人，要么是农民，要么是小知识分子。

新加坡的李光耀取得政权的起点是参加选举，创立的体制类似于英国的君主立宪制，有一个虚君，虚君在新加坡就是总统。在选举中获得多数议席的政党可以组成政府，由政府管理社会，政府内阁所有部长都是由执政党党员担任的。也就是说，你要成为部长，前提是你要被选为议员，而议员必须是执政党党员。

李光耀当总理，包括现在李显龙当总理，都要经过这样的选举程序，所有的部长也都是打过选战的。五年一选，相当于每过五年人民就要对他们进行考试，考试及格了，人民行动党就得到了议会多数议席，那就继续执政。至于连续几届没有限制，可以一直执政。另外，如果总理让你做部长，只要选举成功你就可以做，如果选不上那你就退休。

有一天晚上，我跟一名在去年的选战中失败的人民行动党前议员交谈。在他那个集选区，人民行动党提出五个人参加竞选，反对党也提出五个人，如果赢了这五个人都当选，输了就都落选。他们去年在那个集选区惨败，没能当选，这在人民行动党内部算是一个重大挫折。之后他就不做部长了，出来到社会上工作。

二

人民行动党人很少，大量选举工作怎么进行呢？

第一，不是靠军队。人民行动党没有军队，因为军队是国家的武装力量，而不是党的武装力量。新加坡军人是不能参加政党的，除非你是国防部长，人民行动党执政了要派你当部长，那么你可以参加政党，而部长以下的次长（就是比副部长更低的事务类公务员）都不能参加政党。这是沿用的英国体制。

第二，也不是靠企业。新加坡的淡马锡是政府的主权基金，相当于国有企业，也是最大的国有投资公司，与GIC（新加坡政府投资公司）是两个最大的政府基金，但它们不属于政党。这两个庞大的企业属于政府，是内阁管理的一部分，它们的部分盈余纳入国家储备金，同时由总统管理，而总统并不一定是人民行动党党员。所以，人民行动党的竞选不是靠企业或者金钱。

人民行动党没有军队，也没有企业，为什么每次选举都能赢呢？我发现，靠两点，这两点其实在中国经常讲到，新加坡人民行动党做得很好。

第一是密切联系群众。人民行动党内的议员、部长每周四或周五都要在自己的选区接待老百姓，从上午八点开始，有时候会接待到凌晨一点。选区里家长里短、鸡毛蒜皮的事多了，但是这种接待一做就50年。我有一个朋友是议员，我去看过他的接待，他真是跟每个人都熟，啥事都知道。每个选区就这么几万人，群众有什么事都找议员说，而议员就在竞选的时候拜托大家选他，靠他替大家办事。

据说李显龙也会来接待，这里有政党的一个小活动室。议员做接待时，大概有三分之一的小事调节调节就可以解决，更多时候需要指导群众循着法律途径去解决，还有一些问题不一定能够解决，那就安慰他们，跟他们沟通，帮他们出主意。新加坡的议员一般在自己的选区有两万到三万人需要接待，每次接待都有八百多人。议员就摆一张桌子来聊，这个问题聊一会儿，那个问题聊一会儿，也靠这个来听取民意。

第二就是全心全意为人民服务。人民行动党办了两件重要的事，第一是办了专门照顾儿童的公益基金，在社区创办低收费的幼儿园。这种基金是大家捐钱办的，与政党的基金没关系，属于公益组织。

另外，人民行动党举办很多工会活动。在新加坡，工会是自由的独立组织。李光耀就是做工会起家的，他曾经对工会承诺：你们要的东西，一旦我执政都可以给你们。在这50年里，他践行了承诺，比如帮助工会支持工友充分就业，为工友提供生活保障等，与工会之间的互动一直很有信誉。工会里有一种平价卖场，就像咱们的合作社，那里的粮食、油等都是最便宜的，这也得到了人民行动党的支持。另外，工会还办了保险公司，为工友解决寿险、保险问题。人民行动党为工会办了这么多实事，工会可以让工人们投票给人民行动党，这是一种良性机制。

还有就是凭业绩。就像王石，他在万科没有什么股份，但是他做董事长快三十年了，董事会为什么选他呢？因为他有业绩，不断的业绩累积使人们更信赖他。新加坡人民行动党就是通过组织精英的团队和建立高效的政府，形成有效的制度体系。我们看到，那些竞选议员的人都是精英，当选后才能做部长。同时，新加坡有设计得很好的国家治理制度，人民行动党执政后又不断完善这些制度，这样下次选举时就很容易成功了。新加坡50年创造的业绩有：人均GDP全世界排第三，军事力量东南亚排第一，营商环境全世界排第一，新加坡政府还是全世界最廉洁的政府之一。人民行动党的这张成绩单，在它执政27年的时候大家就看到了，所以后来又让它执政23年。

所以说，一个政党的长期执政是可以不靠暴力、谎言、威胁和强制的。人民行动党会不会永久执政呢？新加坡的议员和部长说不会，比如最近这次补选，人民行动党又失败了，那就让别人上，作为反对党的工人党就很强势地来了。

人民行动党取得了这么好的成绩，在2011年的大选中得到的公众支持率却降到历史最低，所以他们非常有危机感。但他们没有对反对党进行压制，也没有讲我们必须执政，然后开始拥有军队、强权。他们发现，现在的年轻人与执政的议员年龄差距很大，语言系统完全不一样，思维模式也不一样，这是造成现在支持率降低的原因。于是，崔宪来部长等人非常谦卑地去跟年轻人对话，倾听他们的意见，希望在下次选举中赢回年轻人的心。

他们不认为自己可以永久执政，而认为应该不断适应挑战，赢得选民的心，只有这样才有可能长期执政。如果有一天人民行动党做得不够好，或者已经做得很好，很难更好了，而人们希望更好的愿望是不变的，有可能想换换口味，那么工人党就上去试试，人民行动党可能就下台了。

三

再说说执政党的经费和待遇。党中央这12个人花多少钱呢？党中央一年的经费将近500万新元，包括房租、人员薪资，还有一笔预算就是接待，比如我们去了，给我们一瓶水喝，这都得纳入预算。那么钱从哪儿来呢？党费只有一点点，更多是靠议员、部长，他们捐出自己三分之一的收入，大概有两三百万新元，加上党费大概500万新元。党中央的部长都没有公车，从家到办公室得开自己的车。

做部长比一般人有没有更多的经济利益呢？没有。他们应该就是为人民服务。我以前也听说，新加坡部长的薪资是一两百万新元，所谓高薪养廉，但是要知道这是裸薪，以后是没有退休工资的，如果你不当部长了就一分钱都没有，另外也不会管你的用车和看病。这有点像明星拿片酬，片酬之外都靠自己打理。这样算来，部长们的薪资不算高。他们都是名校毕业的精英，比如同是剑桥毕业，在私人公司工作的同学一年拿一百万新元，当部长的话却只有七十万，这就叫机会成本。因为你是为社会大众服务，所以你要减少三分之一，从这个角度来讲，部长真是做奉献。再对比香港的公务员，虽然他们名义工资很低，但是退休以后的二三十年国家都会管。所以按劳动力市场的标准算，当新加坡的部长应该是市价的七折。如果以后不当部长了，他们可以去做公司，相当于咱们国企控股的那种，也可以在私人公司当董事，还可以自己去做生意。因为部长是裸薪，以后还得养活自己。

在新加坡的公务员体系中，部长以上的可以参加政党，而常任秘书（即相当于常务副部长）以下的公务员不参加政党。参照英国的体制，公务员、军人、警察中的事务类人员都不参加政党，只有政务类的部长、副部长参加政党。如果以后工人党竞选成功，可以把部长换成工人党党员。

新加坡人民行动党的入党程序不是多么严格。比如某次选举过后，发现某个年轻人不错，就会说服他参加人民行动党。他入党后就开始接受培养，通过一套很严格的面试体系，包括心理测试，最后一关就是代表人民行动党出来竞选，选上了就当部长，选不上就该干吗干吗。一些人年轻时被选中加入人民行动党，但是后来放弃政党，如果后来选上公务员了，可以再做一次审核。专业团队不需要什么倾向，就如公司员工不需要代表各自的股东，否则公司就乱套了；对于一个执行团队，事务类以下的全部是非党，属于职业技术官僚。

偶尔走进新加坡人民行动党的党中央，我发现世界上的华人地区还有这么一个政党，通过选举掌握政权，通过吸纳民意来为人民服务，凭借精英团队和良好业绩长期执政，而且不以永久执政为目的。

在中国，共产党的执政让中国经济有了30多年的荣景，也很成功，但是在现在的社会转型中也面临很多挑战，面临未来中国社会如何整合社会政治资源，从而创设更好的国家治理形式的问题。新加坡人民行动党创造的经济和社会发展模式，可以带来很多参考，这也算是我这次旅行的意外收获。

世界未来基金会

冯　仑

2015年4月7日

本书献给已故的母亲。尽管我曾给她带来痛苦与失望，但母亲的拳拳挚爱之心与坚定不移的信赖，令我毕生难忘。她教导我相信上天的力量，永不动摇。

前　言

撰写本书的想法源自家人和朋友。在听过我早期职业生涯的一些逸事之后，他们不断询问我为何不将之记录下来。事实上，他们想知道得更多。于是，我开始从记忆深处挖掘，试图回忆起每件事和所有的细节。有些回忆令人愉悦，有些却让人感到痛苦，这种痛苦甚至至今萦绕在我的心头。

我将永远感谢那些在困难时期给予我支持的人。正是因为他们，同时也出于天意，我才有了今天的成就，而不是成为一个小贩的帮手——这是我在青年时代预想过的结果。

回想起敬爱的父亲自杀后，我和母亲以及兄弟姐妹的生活如何被撕成了碎片，母亲带着七个孩子如何遭受亲戚们的遗弃和鄙视，我至今仍会热泪盈眶。更让人难过的是，我后来的出走，给母亲带来了莫大的痛苦。作为长子，在应该陪伴她左右、安慰和支持她的时候，我却弃她而去。直到今日，我依然无法原谅自己当年的行为。

时间流逝而往事依然清晰。回望起来，一生中具有里程碑意义的事件历历在目。对大多数人而言，第二次世界大战是一场灾难。而对于当时正值青春年少的我而言，由于对世界和战争知之甚少，在学会了一些简单的日语之后，这场战争给我带来了机遇。有生以来，第一次有人称赞我头脑灵活。当远离家庭和所有亲人时，我太需要他人的援助来解决生存问题，任何一点点意想不到的鼓励都足以让我重建信心。

当我第一次见到未来的妻子时，我的生活发生了变化。我下决心给她留下一个好印象，赢得其父母及社会的普遍认可，尤其是日占期间与他们交往的长辈们的赏识。当时，假如按照某些人希望的那样，利用我对日本长官的影响力做一些坏事，我可能已被引入歧途。而事实上，二战结束后，我并不担心受到惩罚，因为我没有做任何伤天害理的事情。战争一结束，我便认识到人是很容易遗忘的。无论我曾冒着多大的风险帮助他们渡过这样那样的难关，有些人却刻意与我保持距离，仿佛从未认识我也从未接受过我的帮助。

在我的职业生涯中，大部分时间是作为一名公务员为政府工作（除了在《海峡时报》工作的那段时间）。我的政治生活充满了变故：亲历了工会运动中的左翼叛乱及失败；有幸在关键时刻为外交部的建立和发展贡献了一份力量；当大多数人享受着宁静的退休生活时，我却负责着新加坡两项最重要、最敏感的外交事务——吉隆坡和华盛顿特区。

最后，同时也出乎意料的是，我受邀参加新加坡的总统选举。

新加坡独立后所取得的成就，应归功于那些在公共或私营部门的各行各业勤勉工作的无名英雄。每一位新加坡人都发挥着他或她的作用。我很荣幸能与我们的先驱领导者们共事，近距离见证他们一心一意地致力于为新加坡人谋求长期福祉。我将永远感谢这一机会。

本书并不是一部包罗万象、面面俱到的新加坡"官方"近现代史。若为此目的，你必须寻找其他资料。这是一部个人回忆录，记录着我与蒂莫西·奥格的长篇对话，加以自己的注解，也倾注了工作人员不懈的努力。在书中，我详尽地叙述了自己亲眼看见、记忆犹新的事件，所表达的完全属于个人观点。

对书中可能出现的任何错误，我都表示深深的歉意，希望读者能够事先接受这一点。至于某些信息的遗漏和叙述重点的不同，这是一个主观问题。我只是试图讲述自己亲历的事情。毋庸置疑，其他人对这些事的描述可能是完全不同的。

新加坡正在极速地变化。尽管本书并非一部学术著作，但我仍希望我的故事不仅能够引起经历了那个时代的人们的兴趣，而且能够引起年青一代和那些遥远的非新加坡人的关注。

作为一个发展中的弹丸之地，新加坡面临的挑战一如既往。很多事情并未发生太大的变化。倘若不了解过去，没有人能够明白今天的新加坡将如何正确行事，未来又会遇到怎样的考验。

考虑到这一点，希望我的个人经历能够帮人增长见闻，给人以启迪，同时最重要的是，令人愉悦，让大家觉得值得一读。

致 谢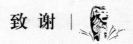

在此之前，我从未预想到会著书讲述自己的一生。可妻子乌米、儿女朱蒂卡和欧西斯听了我对过去的追忆后，认为应该让更多的人分享我的回忆。在他们的鼓舞下，我改变了初衷。若无家人持久、慷慨的支持、帮助和鼓励，本书将无法付梓。

在陪伴我走过人生旅途的人当中，有我终生的挚友，如已故的谢长副和郑绍桦。我们之间的友谊，我一直铭记于心。还有C.K.罗摩克里希纳·皮莱，在过去的70年里，他对我的关怀已经远远超出了一位普通兄长应该给予的。同时，我将永远感谢马来西亚皇家学者翁库·阿齐兹教授，正是他引导我走上大学之路。

待时机成熟时，我开始撰写回忆录。在撰稿初期，通过与梅拉·昌德谈论其著作《不一样的天空》以及我回忆青少年时代的稿件，我受到许多启发。从那时起，梅拉一直不断地给予我支持和建议。

动笔之前，前同事雪莉·休给予了我诸多鼓励。她向我介绍雷蒙德·傅劳尔的著作《回放》，该书阐述了如何撰写回忆录。这促使我完成了《克服万难》一书，由雪莉·休负责出版。

当我的第一本书《我为何在这里》由新加坡国立大学出版社推出后，在与迪德尔·米乐的一次谈话中，这部回忆录的主题被正式确定下来。米乐是我在时报出版社时的同事，交情长达30年。那时，他已开设自己的公司，在东南亚及其他地区颇有名气。米乐愿意赞助该书的出版——我所要做的就是将之完成。

本书中提到的、与我有50年交情的挚友李成辉博士曾提出由李氏基金支付编辑费用及相关费用，以解我的后顾之忧。自20世纪50年代我与其父亲——杰出的慈善家、拿督李光前一起共事时，我便认识了李博士。李博士幽默诙谐、生性淡泊、气质独特，兴趣不仅仅局限于银行和商业领域。此外，李氏基金会对我的社会服务工作也给予了很多支持。在此，我向他致以诚挚的谢意。

我还要感谢外交部的几位官员。陈幸负责整理我在外交部两次任职期间的资料，对记录了当时重要事件的老档案做了仔细的筛查。马克西·肖邦负责收集我出任美国大使时期的资料，以及任职新加坡总统期间国事访问的详尽信息。前同事里拉·卢·罗伯茨为国事访问部分的撰写工作提供了帮助。黄德显对我在美期间的有关章节提出了颇有价值的建议。关于我出任新加坡驻马来西亚最高专员的章节，何颂廉做了许多工作。还有不少朋友和同事阅读了部分内容，并提出了宝贵意见。特别是S.贾古玛教授，他在百忙之中抽出时间阅读了关于外交部和马来西亚时期的草稿，以及本书的校样。

特别感谢那些在成书过程中同意接受采访的诸位朋友：洪清渊、帕特里克·凯尔迪克特、詹道存教授、张业成、巴里·戴斯克、贺爱丽、林恩·荷罗威、邝云峰教授、林廷龙、陈庆炎博士和张赞成。

感谢私人秘书杰西·刘和德斯蒙德·杨以及他们之前的张长虹所做的工作。他们一遍又一遍地对各部分的草稿进行整理，任务艰巨而烦琐。

特别感谢文书助理蒂莫西·奥格，他精心而巧妙地给我提示，通过无数次对话让我的记忆慢慢鲜活起来，自从孩提时代至今的各种回忆中撷取最为珍贵的片断。他仔细研读了所有的文献，包括我的著述、官方记录及其他资料，从而使这一本严谨有序、通俗易懂的著作得以呈现于读者面前。毫不夸张地说，没有奥格，这部回忆录将难以问世。

对所有在撰写过程中给予我各种帮助的人，致以深深的谢意。

假若无缘与李光耀、吴庆瑞博士和S.拉惹勒南等人并肩奋斗，我的人生旅途也不会走到今天这一步。正是他们的艰难前行，为今日的新加坡奠定了坚实的基础。他们对目标始终如一的坚持、为实现理想而不屈不挠的精神一直深深地影响着我。我希冀这本回忆录如同一位亲历历史的最直接的见证人，重现他们的丰功伟业。

目 录

CONTENTS

第六章
涉足报界

第七章
驻马来西亚最高专员

第一章
童年与战争

1. 童年时代

1924年7月3日，我出生于新加坡。孩提时期，我们一家住在柔佛州西海岸的一个小港口——麻坡，从家里可以俯瞰麻坡河。当我五六岁时，这条河令我和姐妹们深深着迷。来往于麻坡和新加坡之间的船只远远地出现在地平线上，经过家门，驶向码头。每当船只出现，我们常常冲到窗边，看着它变得越来越大、越来越近。这一景象令童年时代的我编织了许多关于遥远而神秘的国度以及冒险生活的梦想。

从楼上窗口，不仅可看到阳台上跳跃的麻雀，还可以远眺来来往往的麻坡渡轮，这是人们和车辆通行于柔佛州新山和马六甲之间的唯一渡河方式，当时还没有桥。车辆通过手动放下的木排，驶上渡轮。渡轮满载后，用一根木杆拦着船尾。渡轮没有发动机，被推离岸后，由一辆汽艇拖曳着驶向对岸。

沿江驻扎着政府办事处和警察署，以及一排挨着五脚基①的律师事务楼。我们住在其中一栋的楼上，房子至今安在。楼排尽头是香港上海汇丰银行麻坡分行（即现在的分行所在地）。再远处是一幢依水而建、富丽堂皇的房屋，为柔佛苏丹儿子的住宅。路边有几个养着马匹的马厩。

父亲塞拉潘替一名律师工作。除了母亲阿布拉尼外，家人还包括我、拉马纳丹和两个姐姐帕鲁瓦姗和阿姆尔姗。事实上，我还有一位大姐希瓦尤嘉。但当她还在襁褓中时，母亲就将她送给了姨妈。这种事情并不少见。淡米尔②人有一个传统：如果一个

① 早年新马一带的华侨习惯将街称为五脚基。
② 中国称"泰米尔"，新加坡、马来西亚称"淡米尔"。

婴儿出生时，星象不佳，时间不利，那将是不祥之兆，小孩必须被送走。大姐被送到神庙，祭司举行了仪式，将孩子"交给了神"。随后，大姐由姨妈帕克亚姆抚养。

童年回忆非常美好。父亲的工作一帆风顺，我们的日子过得舒适惬意，偶尔可以享受一下奢侈的生活。有时，我们可以尝到英国的饼干和糖果。我的一些玩具买自新加坡莱佛士坊当时最著名的罗宾逊百货公司。我尤其喜欢一只木头摇马。有一回，我切断它的尾巴，坚信尾巴能再长出来。我们在家附近的球场上踢足球——姐姐们穿着普通的鞋子，用绳子缠绑起来，看上去就像是专业足球鞋。

六岁时，我开始上学。学校是淡米尔人K.K.校长开设的一所私立小学，校舍靠近法院，是一间小洋房。如今我还能记起初学ABC时的兴奋之情。姐姐们就读于附近一所学校。整个学校生活充满了欢乐，让我们有机会结识其他小伙伴，每天无忧无虑。班级规模不大，大约有十名学生。

然而，幸福生活没有持续太久。20世纪30年代，橡胶工业开始衰退，一切都变了。父亲工作的律师事务所的大部分客户是橡胶种植园园主和小农户，他们的破产使诉讼业务量遽然减少，这意味着父亲的收入也急剧下降。压力实在太大了，与客户喝酒应酬本是父亲工作的一部分，他过往偶尔也会喝得醉醺醺的，但现在却明显有了酗酒的问题。

我们在新加坡居住了两代，虽不知祖籍何处，但隐约知道是在印度南部某地。对父亲的过去，我知之甚少。他身材高大，以前是新加坡马来人足球队队员。麻坡有很多人主要是因为他运动员的身份而认识他。我们已经本土化——母亲穿衣极具马来风格。我们的生活基本脱离印度化，但麻坡的印度庙（至今仍在）却是我们非常喜欢的地方。那里时常庆祝节日，银色的彩车从我家门前缓缓驶过，烟花绚丽多彩，令孩子们深深着迷。所有活动皆由印度雀替尔①举办。由于外祖母嫁给了一个雀替尔人，所以母亲具有这个起源于淡米尔纳德邦的商族的血统。传统上，雀替尔淡米尔人从事信贷和银行业务。母亲与当时的人一般虔诚，每个星期二、星期五都会去点长明灯，定期拜神。我们虽属于当地印度社区，但并不算狂热的教徒。

在家里，我们讲淡米尔语。一到学校，我便讲英语。和姐姐们说话时，淡米尔语中会夹杂几个英语单词。而在父亲的办公室，他们只说英语。

① 雀替尔在印度种姓制度里属商人阶层，其成员多是南印度的淡米尔人。雀替尔人多从事金融与放贷业务。

父亲曾经是相当成功的商人，在新加坡拥有一些地产。后来，他陷入一场官司，也丢掉了工作，甚至可能还坐过牢。无论什么原因，他不得不离开，而我们也就这样举家迁至麻坡。

我还能忆起当时被送去新加坡读书的情形，我们叫了一辆出租车。因为要去参加大堂兄苏普拉曼尼姆的婚礼，父亲也带了姐妹们随车同行。一路上，我唯一记得的是第一次看到现在的纽顿熟食中心的情景。在当时，那里只是一个回旋处，立交桥是后来才建的。那年我六七岁，住在大伯瑞格萨米家——胡珀路10号。那里的房子大部分都住着市政府工作人员，很多是欧亚混血儿。

我就读于英华小学一年级。史密斯小姐是校长兼任课老师。校舍是国家档案馆的原址。操场在房子后面，福康宁山山下。男孩子们喜欢顺着英军驻地的防护栏往山上爬，但有一回，一个人掉下去摔死了。从那以后，我们再也不被允许进行这样的冒险。

我很喜欢校园生活，顺利升到二年级。然而，关于二年级的全部回忆只是生了一场水痘。二年级老师是汉南先生——一个很可爱的人，学校三名印度教师之一。他是一名基督徒，衣着得体，头发微卷。后来，其女儿成为政府最著名的牙医，儿子约翰·汉南成为肃毒局局长。

学校教育包括基础课程，如算术、历史、地理和英语写作，但没有科学。虽然我是印度人，但我们都去教堂。（这是一所卫理公会教会学校，母亲常说："无论你是什么宗教或种族，神都是一样的……"）音乐老师是罗素小姐，我们组成了唱诗班。唱得最好的在第一组，而我在第二组。犹记得当年与好友们忘情地唱"神剃吾王"，这是理所当然的——英王乔治五世留着一把漂亮的胡子嘛！有一天，罗素小姐打断我们。"你们唱的是什么？"她厉声问道。"神剃了国王啊。"我茫然地说。"不！不！"她哭了，"是'保佑'。保——佑！"我们都笑了。①

堂姐拿瑞尼对我关怀备至，每天帮我穿戴整齐。二堂兄卡乃桑负责送我去学校。他在邮局工作，利用午休时间来接我。每天放学后，我在维多利亚街亚美尼亚教堂旁边的巴士站等他。堂兄乘坐有轨电车，每次都准时到达。到站后他看见了我，一把把我拉上来，一同坐到胡珀路站。几个月后，我就能自己坐电车去上学

① 在英语中，剃胡须（shave）和保佑（save）的发音比较相近。

了。我至今仍清楚地记得那些有轨电车——与无轨电车不同，它们依靠架在空中的电线的电力驱动。有轨电车是城市主要交通工具，在新加坡一直运行到战后。二战前，电车使用的是实心橡胶轮胎，战后则是充气轮胎，噪音比较大。一些次要路线则由老式单层汽车在运行。

有些堂兄不如卡乃桑友好，常要我晚上出去买东西。街道上只有几盏气灯亮着。胡珀路紧挨着英国人的公墓，我非常怕鬼，出去买东西时总是感到毛骨悚然。最难过的是我很想念母亲和姐妹们。然而没有电话，联系不像今天这样方便，我一直在想象着她们可能在干什么。

我在新加坡入学后数月，父母亲和三位姐妹就来与我团聚了——家里添了一位小妹妹桑达瑞。看到家人我非常高兴，但家里的情况已不怎么好。父亲的酗酒已影响到工作，他被辞退了。全家人匆匆离开麻坡，什么也顾不上收拾，因为父亲欠了雀替尔们的钱而无力偿还。这是姐妹们后来告诉我的，大家都受到了沉重的打击。雀替尔们相当不高兴，他们得到法院的指令，查封了我们所有的财产。这让我对雀替尔们非常反感——如果需要你的帮助，他们就对你和和气气；一旦你没有用处，他们便翻脸无情。

父母住在我的大伯家，也许是因为大伯想补偿一下——家境好时，父亲替大伯支付了两个较年长的儿子的学费，他家里只有这两个儿子接受了学校教育。然而，我因年幼无知并不了解所有的情况，只是很高兴能和家人团聚。

这种兴奋之情没有持续太久。我得了肺炎。起初无人察觉，但父亲很快就看出来我生病了，便带着我和母亲来到小姑妈贾伽桑姆贝家中，她的丈夫卡纳伽萨拜是名法庭传译员。姑父替我们叫来医生。当时治疗肺炎的方法是在胸部绑上石膏，这是一种很不舒服也很可能无效的治疗，但最后我还是康复了。

父母原打算返回胡珀路的大伯家，但很快意识到因在那儿待得太久已不受欢迎，其实我们只住了一个月左右。这让我意识到亲戚并非理所当然应该提供帮助的。幸运的是，住在锡兰路甘榜屋的大姨妈帕克亚姆听说了我们的困境，便邀请母亲带我们去她家住。由此，我们从胡珀路搬到锡兰路147号。从那时起，我从锡兰路坐公交到哥罗门街，然后走路到学校。

锡兰路的房子有一个院落，空间很大，我们可以四处乱跑。大姐希瓦尤嘉已被送往槟榔路的另一位伯父家。在新家，她生活舒适，活到94岁才去世。姨妈的孙子卡斯甘和我们住在一起。虽然他比我们小得多，但为人友善。从那时起，他与我们情同兄弟。

让人痛心的是，父亲没有改掉酗酒的毛病。这一定很让母亲为难，因为是住在她姐姐的房子里。但在我印象中，姨妈从无怨言。她心地非常善良，对母亲疼爱有加。当时，我过于年幼而无法领会她的好心。如今回首往事，倘若没有姨妈的照顾，我不知道我们将如何熬过这段艰苦岁月。多年后，姨妈在我的守护下去世了。姨妈的继妹和女儿不太喜欢我们——事实上，她们让母亲的生活苦不堪言。母亲忍气吞声了一段时间，最后还是不得不离开。我们搬到现在红毛丹路的一排小亚答屋区，离如切坊不远。

父亲四处寻找工作。他有几个走得很近的朋友，如查理斯·帕格拉医生（后文将提及）、一两个华人承包商，但这些关系都帮不上忙。橡胶行业衰退，经济形势严峻，新加坡所有律师事务所都不需要聘请新人。

经过漫长而绝望的寻找，父亲终于得到一份工作，不在律师事务所，而是在樟宜的一个采石场上班。他当管理员，必须看守工地。采石场提供住宿。这意味着每周上班时间，他都不能回家。有时周六下午回来，但身无分文，可能是买酒喝了。我不知道母亲是怎么应对这一切的。

一天晚上，汉南先生偶然路过我家。他看见我，停下来问我是否住在这里，接着看到父亲坐在阳台上，便走过去和他说话。他们进行了一次长谈。汉南先生很关心我家的情况。从那时起，他一直对我很照顾。

尽管如此，幸福时刻也时常降临。小弟弟苏比亚出生了，我们都十分疼爱他。

然而，悲剧发生了。一个星期天，父亲买来螃蟹做午餐。所有人，包括父亲在内，都喜欢吃螃蟹，我们尽情地享用了一番。饭后，父亲离开我们回到樟宜。当晚，警方带来消息：父亲喝家用消毒液"来舒"自杀了。到现在，我仍然不知道当马来佣人发现父亲时，他是否已断气。

得到消息后，瓦伊提·马赫玛带我到锡兰路接姨妈。当时，我只有八岁多，不明白发生了什么事，只希望父亲是得了可以治愈的病。我还记得跟着老人一边走一边问父亲是否会回来。后来我得知，父亲给我留了一封信，但我从来没见过。堂兄苏普拉曼尼姆从胡珀路赶来，出席了法庭审讯。多年后，我问他是否拿到了这封信，但他说没有。几十年过去了，我仍然不知道父亲在信里和我说了些什么。

我还记得自己在沙滩上玩，母亲却在一旁悲痛不已。我参加了葬礼，履行作为长子应尽的职责，但懵懂无知。父亲被安葬在比达达利公墓，现在公墓已被清除。至于谁主持了葬礼以及灵车和下葬的费用，我当时一概不知。

父亲过世后，我的世界土崩瓦解。这意味着生活开始困顿，开始了我一生中最窘迫的日子。然而，一位陌生人的善举一直让我铭记于心。葬礼后的第二天，我坐公交车去上学，车票是五分钱。同住一个街区的一位欧亚混血女士坐在我对面，让我收起钱替我买了票。她一定是听说过我家的变故。我非常感动，但当时太小了，都不知对她说声"谢谢"。

父亲曾是新加坡家庭福利协会的成员。在他去世后，查理斯·帕格拉医生来拜访我们，他是我们搬到麻坡居住之前父亲的一位老朋友。帕格拉告诉母亲她能得到一些钱，并已装在信封里带来了。

帕格拉对我们很好。他虽然是名合格的医生，但却不知为何被停牌，所以他在如切路当时著名的塔森索哈医生的诊所的厨房里坐班。虽然塔森索哈负责开处方，但大家都愿意找帕格拉看病，他对病人和蔼可亲。一直以来，帕格拉从未向我们索求任何回报。他性格外向，唯一的毛病就是似乎总在不停地换妻子——第一位妻子是一名泰国女子，接着他娶了自己的妻妹。我们长大后，当帕格拉前来探望时，母亲会问他："现在你的妻子是谁呢？"他笑笑，丝毫不介意。

不幸的是，帕格拉带来的钱并没有到我们手中。舅舅都莱萨米当时在场，他把钱要过去说是替我们好好"看管"。但他肯定将之挥霍一空了，因为母亲再也没有见过一分一厘。

父亲去世后，我们几乎沦落到睡大街的悲惨境地。好在姨妈帕克亚姆再次伸出援手，让我们搬回来与她同住。从此，我们在锡兰路住了很长一段时间。姨妈家位于锡兰路的穷人区，再下去就是芽笼路。小区过去的样子与现在完全不同，地面尽是白色沙尘，街上零星亮着几盏汽灯。与锡兰路交叉的是德明路，在当时被称为"新路"，是一条碎石铺成的宽阔马路，车流量很小。过了德明路是锡兰路的富人区，通往东海岸路。这里居住着较富裕的锡兰淡米尔家庭，大多数人在政府部门工作，自视高人一等。此外，没有太多的印度人居于此。

附近有一条火车轨道穿过锡兰路。马路常被暂停通行，让运土火车驶向林路（后更名为"蒙巴顿路"）。不远处是建筑工地，正在建设加冷机场和周边设施。多年后，在机场附近修建了国家体育馆。离姨妈家不远有一条人工河，将我们这段锡兰路和一个通往丹绒加东路的小区隔开。

那个小区现在改名为海格路。在我的印象中，那儿到处都是沙土，椰子树随处可见。

居住于该区的大多数华人是峇峇或在马来亚定居数代的海峡华人。他们热情好客，讲究家里的摆设。到了中国农历新年，路上挂满了红色横幅。除了几句方言外，他们几乎不会说中国话，主要讲马来语。当时，这些人的族群意识比现在薄弱得多。

姨妈帕克亚姆拥有一个沙地院落，可能继承自她的丈夫。事实上，这是两套房子：前面是一套较大的木房，带阳台，一半建在支柱上；后面的木屋较小，是亚答屋顶，但建在地面上。大房出租了，那是她的收入来源。她和我们一起住的房子虽小，但还够宽敞，而且是木地板。在后屋厨房前，有一个木板大平台，用来储物。我们在平台蹲坐着吃饭，煮饭用的是柴火。屋里家具很少，只有一张桌子和几把椅子。这儿没有电，晚上照明用手提煤油灯，但足以让我完成作业和准备考试。睡觉时就把垫子铺在地板上，有自来水和洗澡屋。屋后是便桶式厕所，每天都有一个华人来倒马桶。

由于磨损开裂，亚答屋顶经常漏雨。有时雨不大，我们翻出所有能用的盆碗来接水；有时雨下得很大，家里的大人，包括母亲在内，就将亚答叶条或硬纸板塞到屋顶上。如果重新用捆好的亚答叶条翻修屋顶，使用的时间会更长一些，但费用也高得多。亚答叶条约三英尺长，可以在芽笼士乃出售五金和维修材料的华人商店买到。

我清楚地记得邻居库尼亚——戒备心强但比较有钱，不知何故向当局揭发了我们草率维修屋顶之事。这使得建筑质检员经常过来查看，但每次只说声"不会有问题"便离开了。库尼亚的父亲桑德姆·皮莱曾在"冷藏超市公司"工作，是姨妈的一位老朋友，对姨妈一直很好，称她为"小妹妹"。库尼亚的孩子同样对我们不友好，即使我们长大后也依然如故。他的妻子和孩子们经常受到他的责骂。然而，因为他们是邻居，库尼亚又是长辈，母亲和姨妈总是原谅他的所作所为。二战结束后，库尼亚在谐街公共工程局办公室做职员，与我弟弟苏比亚和外甥卡斯甘成为同事。

由于年幼，我们不敢跑到离家太远的地方冒险，紧邻姨妈家的是一些亚答屋和两座小洋房。

第二次搬进锡兰路，我多了好几位弟弟妹妹。除了两位姐姐帕鲁瓦姗、阿姆尔姗和出生于麻坡的妹妹桑达瑞，还有出生于红毛丹路的弟弟苏比亚。父亲去世时，母亲在锡兰路的姨妈家生下了最小的妹妹瓦丽。此外，还有卡斯甘（姨妈的孙子），比弟弟稍大，是我们永远的好伙伴。母亲视他如亲生，直至去世。即使日后两地相隔，我们家里的任何大事也都少不了他的参与。卡斯甘与我和家人十分亲近。他文静谦逊，深得所有人的喜爱。

姨妈和母亲关系亲密，相处融洽。她唯一的收入来源是靠出租空房收取的一点租金。然而，她尽力让我们过得舒心，我们从来没有短缺过食物。饮食以印度菜为主——蔬菜、鱼，有时还有鸡。她经常去芽笼士乃，在路边最便宜的小摊买鱼买虾，让我们打打牙祭。如今，徜徉在品种繁多、质量上乘的超市里，每一个新加坡人都无法想象过去的日子是多么艰辛。除非有重要的客人，我们平时很难吃上一顿肉。母亲的厨艺很好，负责准备饭菜。

我们没有庆祝过节日，如屠妖节等，也没有庆祝过生日，或买新衣参加一些重要的活动。因为与其他亲戚来往不多，我们也不渴望拥有这些东西。

母亲知道如何用一台手摇缝纫机缝制衣裳，不知道是谁教会了她。或许因为最初给两位姐姐的衣服缝缝补补，经过实践和摸索后，她无师自通了。后来，我们偶尔也能穿上母亲用便宜布料做的衣服。现在回想起来，我不知道自己上学穿的衣服从何而来，但母亲肯定有办法解决这个问题。

卡斯甘的妈妈和奶奶也住在姨妈家，当姨妈不在时，她们动辄奚落我的母亲。母亲饱受折磨，我常看到她暗自垂泪。我和姐妹们坐下来陪她，劝慰她不要哭。有时去上学时，我会为此伤心难过。然而，生活总是要继续的。

我读四年级时，姐姐帕鲁瓦姗嫁给了D.苏比亚。他是我的表哥，舅舅都莱萨米的二儿子。他们住在槟榔路的政府宿舍。婚礼持续了三天，我担任新郎的伴郎。姐姐结婚，让母亲放下了心里的一块大石头。姨妈自生了表妹瓦丽（后来成为T.P.奈杜[①]夫人）后，母亲偶尔去槟榔路住几天，陪陪我的舅妈（姐姐的婆婆、都莱萨米的妻子）。

随着我逐渐长大，大人开始允许我出大院到更远的地方去玩。我常去小伙伴P.V.夏尔马的家里。他的父亲艾耶先生在加美路，即现在与锡兰巷交叉的地方管理新加坡第一所英印学校。每天晚上，我去学校看男生打羽毛球，在一旁帮忙捡球，他们打完后也会让我上场。我和夏尔马的哥哥拉马达斯成为朋友，一起玩了数年，直到后来我去跑马埔路410号的堂兄家住才分开。那时，夏尔马显得有些小资情调，常穿西装。后来，他成为马来亚共产党或其地下组织的领导。他的妹妹S.德维后来成为卫生部医疗服务助理主任。

在锡兰路居住的日子给我带来一些美好的回忆。姨妈将大房子租给帕克瑞萨米，他是惹兰友诺士区上方甘榜峇达建筑工地的起重机操作员，白天负责将土方装上火车以便进行机场建设（位于现在蒙巴顿区）。他的家人包括妻子萨拉达、岳母及岳母的母亲。萨拉达非常喜欢我们这群孩子，我们也逐渐视她为一位大姐姐。帕克瑞萨米对我特别好，休息时就坐在走廊上抽一根烟，告诉我在外面陌生而广阔的世界里发生的各种事情。他常让我去买一份英文报纸，然后读头版新闻给他听，再用淡米尔语解释一遍。我尽我所能，但有时会故意夸大报道。对我的解释他深信不疑，朋友们来玩时还会重述一番。每当此时，我会忐忑不安，唯恐谎言被揭穿。

① T.P.奈杜是新加坡教育家。

每周日，帕克瑞萨米都有客人来往，其中一位是山萨纳姆，另一位是迪那达雅拉·奈杜，他后来有一个很有名的孙儿维文·巴拉克里什南①。奈杜的两个儿子拉玛和巴拉年纪与我相仿，我们玩得很投机。客人来了以后家里很热闹，美食的香味让我盼望着他们能常来做客。然而，母亲不希望欠下人情，常把我们兄弟俩支开，不让萨拉达有机会请我们过去。

　　从萨拉达"阿卡"（"阿卡"在淡米尔语中是大姐姐的意思）那里，我听到了许多印度神话。她有全套关于罗摩衍那故事的大唱片，每分钟转数为78，每张用纸套套着装在唱片盒中，这些唱片流行到20世纪60年代。不同的播音员扮演各种角色，绘声绘色地讲故事——恰如电台播音，还穿插着音乐。拧紧播放机的发条，放上沉重的金属探头和钢针，我们一边听唱片，一边听萨拉达发表评论或加点小情节。后来，我和兄弟姐妹假扮故事人物，开始演戏。我们随手捡起地上的树枝、草根，当成刀、剑、弓、箭，四处"打猎追杀"。

　　生活简单、平静，周围没有多少娱乐场所，我记得"乐声"和"牙力"电影院是人们常去消遣的地方。每到周末，若无其他事情，我一天的生活就是起床，吃早饭，然后走到如切路或芽笼士乃，到电影院看看放映什么，读读海报，然后走回家。有时，萨拉达带我去芽笼女王电影院看一场淡米尔电影。看着看着，想起待在家里的姐姐弟弟，我会忍不住掉眼泪。晚上睡觉时，我常做噩梦梦见失去了他们。

　　萨拉达是我们家的一分子，直至去世，那时她已成为寡妇。家里每一件重要的事情都少不了她的参与，我们永远不会忘记父亲过世后她对我们的关爱之情，而那时许多亲戚只是怜悯地看着我们，从未伸出援手。

　　在英华中学，我是一名"官资学生"。一年级到四年级，我学习刻苦、成绩优异。而五年级时，我离开了学校。

　　我的一位朋友S.那达拉亚是莱佛士书院的学生，比我大几岁。他常向我和他的弟弟马卡多介绍世界重量级拳击冠军乔·路易斯等人的故事，向我们讲乔·路易斯如何击败白人对手。在我们眼里，那达拉亚如同榜样，他身形高大、待人宽厚且善解人意。二战期间，他迎娶了我表妹拉惹曼妮——姑妈伽文杜和A.J.萨姆博的女儿。战后，他在税务局上班。有不少同学与我一样热衷于拳击赛。在当时，这是一项在新加坡很

① 现在是新加坡环境与水资源部部长。

受欢迎的体育赛事，我们也陷入狂热的追捧之中。然而，这给我带来了巨大的麻烦。

学校里每个同学都收集拳击手的照片，贴在旧练习本上。由于家里无报纸，我只能用两分钱的零用钱从同学手里买照片。随着对收集越来越狂热，我开始向同学借钱，然后他们收取我的零用钱作为还款。

事情变得愈来愈严重，最后欠款达到好几元钱。我受到同学们的威胁，不得不卖掉课本来还钱，但他们坚持要我把余款还清，并威胁说要向班主任戈帕尔先生告发我。于是，我打定主意，拿了他们两本书卖给勿拉士峇沙路的二手书店。我没把书还给他们，他们把这一切报告给了戈帕尔先生。先生直接把我带到校长面前。校长是李遵英，是我后来的好朋友李荣杰医生（公立医院前辈、领导人，资深医师，现已逝世）的父亲。校长根本没问发生了什么事或我这么做的原因，当场就开除了我，让我回家。

我感到绝望，想解释为什么要卖掉同学的书，可没有机会。我失去了"官资学生"的身份，无法在学校待下去，没有人能够帮助我。在回家的路上，我一直想着如何把这个坏消息告诉母亲。当晚，约翰·汉迪——曾在学校挨了我的揍——跑来报复性地告诉母亲我被开除的事，她惊呆了。

于是，我不得不全盘托出事情经过。母亲没有表现出太多的激动，只是拽着我，找到大堂兄苏普拉曼尼姆，告诉他一切。堂兄安慰母亲说，他将去见校长，尽力让我重回学校。然而，尽管他替我苦苦求情，还是遭到了拒绝。

自那以后，我时常回想起这段经历。在英华小学和中学，我学习了宗教知识，去了教堂，听了圣经故事。被开除后，我对这些基督的教育产生了怀疑。尽管在教堂我们常被教导对他人要抱有一颗宽容、友爱之心，但基督教的怜悯之情并未降临在我的身上。回想起来，我依然认为这是一所教会学校未能言行如一的实例。

事情已成定局，母亲决定让我跟着苏普拉曼尼姆一起生活。苏普拉曼尼姆现在是家里的男主人，他的父亲瑞格萨米（我父亲的哥哥）已经去世。他们不再住在胡珀路，而是住在跑马埔路410号，房子属于寡居的伯母。苏普拉曼尼姆在教育部工作，安排我到仰光路下午学校上学。这是一所为落后生开设的补习学校，名义上延续英华学校，大多数是成绩落后的华人学生。

我在1936年搬了家。锡兰路的家主要是女性，而跑马埔路的家却以男性为主。苏普拉曼尼姆在教育部工作得非常出色。他结了婚，和妻子住在一间大平房里。弟弟卡乃桑在邮政总局上班，常被戏称为"送报的"。还有三堂兄尚穆根，似乎没有上班，但生活惬意，在跑马埔路的家和妹妹尼拉姆拜尔在麦肯齐尼路的家之间跑来跑去。他相貌英俊，穿戴整齐，一丝不苟。在所有堂兄中，他最热情友好。

尚穆根经常让我把他的衣服送到附近华人开的洗衣店去洗。麻烦的是，堂哥经常赊账。于是，我经常被卷入他们的争执之中，如果不结清欠款，老板便拒绝接收他送洗的脏衣服。尽管如此，通过断断续续的清算结账，他们依旧维持着业务往来。尚穆根对我很好，我成年后也始终与他保持着密切的联系。

堂弟那达拉惹早已辍学，也没工作，常待在家中，举止就像这个家的成年监护人。他有一个奇怪的习惯——每天太阳落山时，开始洗澡，然后穿上长袖衬衫和裤子，出门走到鲁马米斯金-劳明达街和实笼岗路的交界处，顺着五脚基从一个街角走到另一个街角。至于他为什么这样做，我一直没有弄明白。

最小的堂弟克里希纳斯瓦米（或称"克里希纳"）也在仰光路下午学校上学，与我最为亲近。我们一起上学，一起玩，甚至一起参加越野赛。他说服我和他一样加入童子军。他爱踢足球，喜欢当守门员，但学习成绩不好，只是勉强及格。在家附近，他有许多华人朋友。

伯母很少让克里希纳帮忙干活，如买东西或陪她走亲戚。自我来后，这一任务就落在我头上。当时，我很讨厌每次被叫去做事，有时还耽误了学习。后来我才知道，伯母是在以这种方式表示关爱，让我真正成为家里的一分子。她督促我准时吃早饭、去上学，给我洗衣服。过屠妖节时，让我和她自己的孩子一样穿上新衣——以前我从未享受过这样的关爱。遗憾的是，虽然我的母亲在伯母生病卧床时一直陪伴在旁，但在伯母去世之前，我从未有机会报答她的养育之恩。

除了儿子外，伯母还有三个女儿——已快成年的大女儿希瓦米、二女儿瓦丽和三女儿瓦拉姆巴尔（后成为足球裁判G.苏比亚的妻子）。接着，又多了两个媳妇——苏普拉曼尼姆的妻子和卡乃桑的妻子。

我的生活从此多了男性的陪伴。我开始学习如何做一个男人——如何行事、如何解决争端、如何自娱自乐。我和他们一起喝酒、观看比赛、赌博（主要是一种纸牌游戏）和乐透彩票。这是成长的一部分。我很庆幸有这样的机会，否则完全在女性庇护下长大的我，恐难以适应日后的成年生活。

在仰光路下午学校读书时，我结识了同学伽文达萨米。他是新加坡印度人最大驳船船队老板——"舯舡"[1]苏比亚的儿子。舯舡驳船队里主要是印度人，这种船比同行的中

① "舯舡"（Tongkang）是马来语，一种人力驳船，20世纪初活跃于南洋各码头，为新加坡早期的经济发展做出了很大贡献。

国大舟（古）船底更平。苏比亚的船队来往于瓜拉登嘉楼和新加坡之间，将瓜拉登嘉楼的铁矿石运至停有大型货船的新加坡。成年后，我的工作与苏比亚的业务联系密切。

我和伽文达萨米常在一起玩。有一回，我从高处跳下，摔得很重，想强忍住疼，可疼得实在受不了。跑马路四周有不少大人，但无人帮我处理伤口。幸亏小堂弟给我的母亲送了信儿。那晚她急急忙忙赶来，送我到中央医院。我们必须先坐公交车，然后步行上山去医院，至今我仍记得当时剧烈的疼痛。A.C.辛达医生给我做检查，照X光后说我的锁骨骨折了。他给我的胳膊缠上绷带，开了止痛药。我回到锡兰路，由母亲和兄弟姐妹照顾——这是我一直渴望的。为此，我休学了近一个月。

到仰光路读书时，我刚满12岁。我没有重读五年级，而是直接升六年级。我的功课很好，在全班名列前茅。之后，我转到维多利亚下午学校，那里有两位老师特别疼爱我。一位是地理老师李光耀——从吉隆坡来的跳高运动员。我很喜欢上他的课。他讲课口若悬河，从未要求我们只看课本。另一位是吴遵仪老师。后来，我在柔佛州又遇见他一次，他在那里教书。

在维多利亚下午学校，我成绩突出，接着又转入维多利亚上午学校VII-A级。我喜欢读书，但跑马埔路的环境总是不能让我集中精力学习，我能在一间车库里阅读，做功课，但我总是被打发去跑腿——一会儿被差去竹脚买吃的，一会儿被叫去拿这个那个东西，总之有理由让我乘坐无轨电车到处跑。

到上午学校读书时，我常在下午5点左右到马里士他区看足球赛。我见到了著名球星朱成贵。但当时，他还在一些不太出名的俱乐部踢球，如邦加岛拓。

除了足球，我还经常看羽毛球赛。堂弟那达拉惹球技出色，是"尤斯弗"羽毛球队队员。另一名队员是位年轻男子，名为黄金辉（他们在一起打球时，金辉称堂弟为"拉惹"）。没想到的是，黄金辉有一天会成为新加坡总统。那达拉惹待人友善，与许多羽毛球球员一般活泼幽默。每一个羽毛球爱好者团队都自成一派，如五月花羽毛球队和虎胆龙威羽毛球队。他们经常聚会，凑钱买羽毛球，在队友家里练习。

我常悄悄溜进仰光路的文员联盟厅，见到了许多优秀球员，不仅有黄金辉，还有黄秉璇、黄彭南、陈崇智、A.J.瓦斯等。球馆是木质建筑，墙顶的木横条可以通风，只有一个球场。我常蹲在地板上，把掉到附近的球捡起来扔回去。有一次替少年冠军黄金辉捡球，我非常兴奋，好像置身于云端之上。这些未来冠军从来不计较我们这群小男孩待在场外看球。我偶尔也有机会上场打几下。我有一个球拍，虽无天赋，但水平也不低。

我有时会去德申宋路的初级公务员俱乐部网球场当球童，捡球两个小时挣五分钱。我曾当过曾代表新加坡的林奉洙的球童。不幸的是堂兄的朋友看见了我，威胁我要告诉堂兄我在做这样低贱的事情。就这样，我辞掉了当网球球童的工作。

在维多利亚上午学校，我遇到了新麻烦。由于缺少几门功课的课本，连旧课本也没有，上课时老师很生气，不停地责怪我没有完成作业。我感觉老师处处针对我。

我七年级考试不及格，但可以复读。我到另一个班级，由俊吉老先生任班主任。他和蔼可亲，安排我和同学一块儿用课本。我不知道他来自哪里——也许是锡兰马来人。复读时，我的成绩得到提高，顺利进入Ⅷ-A级。

学校开了拉丁文课，由校长E.F.威尔逊讲授。与接受英文教育的同辈人一样，至今我还能背上一段"一张桌子，啊桌子，一张桌子……"的课文。有位同学能大段大段地背诵文学戏剧，如莎士比亚的作品。他戴着厚厚的眼镜，似乎成天沉浸在自己的世界里。我还记得他的鞋子特别大。他叫蒂凡那。

升学后，我再一次遇到没有课本的问题。一旦遇到没有课本的课程，我就得到课堂外罚站。被罚站的滋味很难受，于是我开始逃课。如果没有这门课的课本，我就旷课，每周总有两三次假装去上学，实则在外东游西荡。常用的借口是我"生病了"或"下大雨来不了"——当时并非每家每户都有雨伞。

然而，倒霉的事情再次发生。一天晚上，我去看学校旁边惹兰勿刹体育场里举行的板球赛。我与几个男孩为了看得更清楚些，就站在走廊的屋顶，事后证明这是一个蠢主意。那天，一位同学丢了课本——本来放在教室的课桌上，但不见了。我受到怀疑，因为我一直待在教室附近。我否认偷了课本，但前班主任黄先生不相信。一两天后，一位相当张扬的老师提摩太·周（出乎意料的是他的儿子后来在我的手下做事）向我进一步施压说："所有证据都指向你。如果不主动坦白，我就送你到警局。"我进退两难，不知该怎么办，只好说："先生，不管你怎么想，我告诉你我没有拿书。我发誓，先生，我没有。"他不相信，不停地责骂我。我百口莫辩，顿时觉得穷人无处伸张正义。

我被带去见校长威尔逊先生，他用藤条打了我的手心一顿，甚至没问清楚情况，就通知我被开除了，并递给我遣送证。我试图解释，但被勒令"闭嘴"。在求学生涯中，我第二次面临灾难。

此刻，我决定离家出走。

2. 流亡生活

第二次被学校开除时，我已经16岁，无法不考虑我屡被开除对母亲的伤害。从学校回到家，我告诉母亲还要上一节课，拿了一壶咖啡，往书包里装了几本书，就离开了。

我先去了皇家剧院，那里正上演淡米尔语电影。我花一角钱买票进了剧院，一直逗留到傍晚。电影结束人群散去后，我藏在一个阴暗的角落里，枕着书本睡了一晚。第二天清晨，剧院寂静无人，我从篱笆上的一个洞钻出去，悄悄地离开。

在接下来的四五天，甚至一个星期，我睡在城市各个地方的五脚基。还记得自己在阿拉伯街、桥北路等地游荡，等着店铺打烊后找个地方凑合着过夜。今时今日的新加坡已经很少有人露宿街头了，在以前却很常见。许多老人、咖啡店和其他商店的员工晚上就睡在五脚基。晚上10点后，街道很安静。主道上有电灯照明，小街上有煤气灯照明，但五脚基的光线非常暗。我曾向人讨饭，有时很走运，能吃一顿，而有时只好喝自来水。如今，每当夜晚坐着舒适的汽车经过城市各街道，我眼前时常浮现出当年挨到天黑，四处寻找一块安歇之地的情景。

我离加东越来越远，最后来到靠近港口的丹戎巴葛区，圣安德鲁教会医院曾设于此。此时，身上的衣服已肮脏不堪，书本也被扔了。我在医院得知，每天中午时分港务局将给工人分发食物，我也许能领到一份。

于是，我去港务局为印度工人设的摊点乞食。当时，港务局没有什么"保护区"的概念，也没有守门人，任何人都可自由出入。我排在工人队伍中。轮到我时，希望破灭了："只给工人，你不能领。"他们甚至拒绝给我一点点吃的。

有个人目睹这一切，看到我暗自流泪，于是走过来问："你为什么会沦落到乞讨呢？"我没有告诉他我是从家里跑出来的以及原因，只是说："我饿了，需要吃东西。"这个人把自己的那一份让给我，又拿来一些水。饭菜实在太香了，我一扫而光。接着，他把我带到家里——丹戎巴葛正祝街34号屋后面一个临时搭建的房子。他是一个转租人。他借来一条纱笼给我穿，还拿来一块肥皂，让我洗澡洗衣服。我沉沉地睡了一天一夜，醒来后恢复了精神。我觉得必须告诉他整件事情，然后问能不能和他在一起。我告诉他我不想回家，并威胁说如果他强迫我回去，我就再逃跑。最后，他说："好吧，我会帮你。"他叫帕瓦德，是港务局的一名船夫。

一两个星期后，他介绍我到联厦一家瑞士公司阿本斯商号做勤杂工。这栋商业楼位于哥烈码头，靠近香港上海汇丰银行，十分显眼。大门富丽堂皇，宝德集团设在一楼。阿本斯是一家建筑公司，楼上小办公室的一个角落里插着一面国旗。多年以后，我才知道这是瑞士国旗。阿本斯先生是瑞士领事，也是一位和善的老人，但他的妻子负责管理，嗓门很大，总是警告我若稍有闪失，就会立马被解雇。

每天上班的第一件事是擦灰、扫地、扔垃圾。然后，阿本斯太太会交给我几份建设规划资料，让我送到市政大厦（现在的政府大厦）市政理事会办事处盖章，再将副本拿回来。由于我身无分文，帕瓦德每天给我两角钱买午餐。晚上回到正祝街后，他会带回一包食品与我一同分享。我在阿本斯商号工作了一个月左右，拿到了第一份工资十元钱，如数交给了帕瓦德。他替我买了上班穿的两条长裤和两件衬衫。

然而，我一直忧心忡忡，担心会碰到在丹戎巴葛上班的姐夫，怕他们一旦找到我，就会将我带回去。尽管我日夜思念着母亲和兄弟姊妹，但真不愿意再度伤害他们。我只想将来出人头地后再回去。

于是，我决定远走他乡，北上柔佛州。工作两个月后，我带着第二个月的薪水，坐船来到麻坡。在这里，我仍然有着美好的童年回忆。那时，海峡轮船来往于新加坡和麻坡，晚上在新加坡上船，第二天清晨抵达麻坡。我会记得能乘船北上是因为小时候曾和父母乘坐过。在哥烈码头，我发现花一角钱能租一条舢板船，把你送上轮船。到了船上，和级别最高的马来或中国舱面水手说两句，可以花一元钱在他的床铺上休息。轮船上自然有正规的乘客设施，但这是一种暗地里的交易。假如没有铺位，就得睡在绳圈后面的甲板上。

到达麻坡时，我口袋里只剩九元钱。我还记得以前的熟人阿拉古理发师，他对我们一直很好，于是我去找他。他的店铺在丝丝街。当我告诉他我是谁、正在找工作时，他认出了我。我当时住在一家华人旅店，几乎花光了所有的钱。阿拉古邀请我："你为什么不到我这儿来？"于是，我在他家住了好几个月。理发店大多数顾客是雀替尔，常给阿拉古及雇工带来丰足的食物。因此，我们不愁吃的东西。阿拉古的妻子甚至替我洗衣服。为了维生，我开始做家教，每月约一元钱。招收的第一名学生是一位华人当铺老板的儿子，大约九岁，在麻坡华校读书。

随后，我想办法找到一份工作，受雇于一位专门帮人写英文文书的张姓华人。只懂中文的顾客告诉他内容，他将之写成一份文书，让他们签名，然后将文件递交出去。主要的内容是资产交易，或者是给地方政府的普通文书。张先生对我说："要不你来帮我送文件？"每送一份文件，他就支付我几分钱。不久，不想成为别人负担的我离开了理发店。

小时候，我认识一位印度穆斯林老人卡德尔。他现在在麻坡大草场旁边的马来学校卖饭。他建议我来帮他："我包伙食，还付工资。"于是，我和他一起住在甘榜吉打州的甘榜屋，靠近苏布拉马尼安寺庙。我称卡德尔为"娜娜"（淡米尔语，叔叔的意思）。隔壁住着一家马来人，有两个儿子。其中一个叫诺丁，在官办英文学校读七年级。另一个是奥马尔，在马来学校读书，他在我到这个家两三个月后离开了。

我在甘榜住了近两年，很适应这里的生活。每天除了在学校食堂供餐之外，还有很多自由支配的时间。诺丁是一个好伙伴，我可以和他练习英语口语，他也可以从中受益。

前文曾提到，我童年时候的消遣就是看着麻坡渡轮从父母家的窗前慢慢驶过。在我住的地方，大多数人都沾亲带故，都在渡轮上工作。柏兰邦公司经营船运，垄断了麻坡和柔佛州另一个城镇峇株巴辖的渡轮业务。负责驾驶和管理这些渡轮的马来人，将自己的血缘追溯至马来亚北部的吉打州。因此，这群马来人居住的村落被称为"甘榜吉打"①。轮渡服务从早到晚都开放，快捷方便，运送人、汽车、摩托车和货车。另外有一队汽艇，一些专门用来载客，一些用来拖拉载了汽车和卡车的渡轮。这家公司的运行效率在日后向我证明了：若给予机会，马来人完全有能力经营这类服务行业，从中盈利并每月按时支付工人薪水。他们自己进行修理和维护，无须聘用华人或印度工人。

① 甘榜（Kampong）是马来语，村和家的意思。

麻坡渡轮在日占期间一直运行，且持续多年，直到20世纪60年代建起跨河大桥才停运。战后到新加坡上班，我经常乘坐渡轮往返。我常常想了解曾在渡轮工作的人们日后的去向。据我所知，该公司一些管理人员进入柔佛马来民族统一机构（巫统）。巫统是国民阵线联盟政府的主要政党，统治独立后的马来亚联邦（即后来的马来西亚）。

渡口被称为"东加峇株"，是麻坡城市生活的中心，有几辆出租车往返于渡口与峇株巴辖、柔佛新山之间。傍晚，人们在这里散步，欣赏日落河口的美景。远处可看到耸立在马六甲海峡波涛之中的大停泊岛。

回到麻坡的第一天，我便是到这儿。

与理发师阿拉古一块住的时候，我壮着胆子来到小时候住家楼上的律师楼，遇到了父亲的老同事。律师事务所现属于M.V.皮莱先生和他的儿子约翰。M.V.皮莱名声显赫，他主要的业务在新加坡，但偶尔来麻坡和峇株巴辖分行视察。我遇见了主管古拉姆、书记艾哈迈德·苏密斯和勤杂员伊斯梅尔——小时候已认识他们。他们见到我都很热情，却不能提供太多的帮助，因为他们无权聘请任何人，只能等老板皮莱从新加坡回来再说，但不知道他何时回来。

几个月后，父亲的老同事来信让我去律师事务所，M.V.皮莱的儿子约翰正好来到麻坡，我被带去见他。我介绍了自己的情况，希望他能提供一份工作，无论薪水多少。而约翰几乎不曾抬头看我，目光一直没有离开手中的一份报纸，只说了句："这里没有工作。"就这样，希望落空了。多年后，当我正处在责任重大的工作岗位时，约翰·皮莱曾赶来莱佛士酒店见我。当时，我虽有报复他的念头，但我对自己说："忘掉过去吧！"

我和姐姐们对M.V.皮莱的妻子印象颇深。她皮肤黝黑、头发蓬卷、打扮时髦，总戴着不同颜色的帽子。还记得很小的时候，她带我们坐车到马六甲，在一家豪华的冰激凌店吃冰激凌。后来，随着见识增长，我想她肯定来自西印度群岛，皮莱在英国攻读法律时与她认识。她离开麻坡后，我们便失去了联系。皮莱高大魁梧、生性活泼，据说在新加坡、柔佛等地有数位妻子。当我们来到新加坡，住在姨妈帕克亚姆家时，遇到过其中一位妻子——一个马来人，在20世纪60年代前一直住在德明路和加东路交界处的一间平房里，旁边是贝塞斯达教会（至今仍在）。皮莱在麻坡的马来妻子，与我母亲的关系非常密切。若没记错，她叫马德，离我们麻坡的家只隔数户。同样，皮莱在峇株巴辖也应该有一位马来妻子。过去有钱的印度人和华人娶马来人为妻的现象相当普遍，但往往没有正式登记。当时的马来社会并不像今日一样反对这种做法，也不会受到伊斯兰教教规的惩罚。日占期间，M.V.皮莱被日本人任命为最高法院法官。

在父亲工作过的地方，我第一次遇到了K.P.南德——我未来的岳父。他住在我家隔壁。小时候，我和姐妹们并未见过他本人，但知道他性格暴躁，生气时喜欢扔碟砸碗，大家都怕他。父亲的朋友穆苏·克拉尼（淡米尔语中是"办事员"的意思）告诉他我是谁，他就问我在做什么。我说正在找工作，他没有再说话，我也没有多说什么。当时，我并不知道他，或更确切地说，他的女儿有一天会在我的生活中扮演重要的角色。

在律师事务所找工作徒劳无果之后，我继续当小商贩的帮手。我终于得到一个机会，给甘榜吉打区家附近一群扫马路的淡米尔人教英语。他们住在麻坡卫生督导员史丹利家后面的环卫工宿舍。史丹利是位年长的欧亚裔人（看起来很像欧洲人），他的儿子后来成为鹰阁医院的眼科医生。我晚上过去教英语，每月挣一元钱。一个额外的好处是我可以在那里洗澡并使用他们现代化的洗手间。有时，他们也会邀请我一起进餐。负责人是拉惹伽姆，他辈分最高，受到大家的尊重。他生活严谨、努力刻苦，但学习进度缓慢。我们学习时只能借助一盏小小的手提式煤油灯的灯光。

孤独寂寞时，我常幻想生活将会为我预备什么。教英语只是为了打发时间。我还帮朋友诺丁养鸡，有时我们一同观看公鸡打斗。当饲养的小鸡在一些重要的节日，如开斋节或屠妖节，必须被杀了吃掉时，我心里很难受，对这种行为很抗拒。

有时，我和诺丁会去路边的公共水管接水运回家。管道水资源珍贵，只用于饮用和做饭。生活风平浪静，至少表面看来如此。奇怪的是，除了发过一次烧之外，我几乎没生过病。万一有了病痛，抹点万金油就好了。

可是，在内心深处，我饱受煎熬。我仅有的一双木屐如珍宝般穿了很久。有时，我爬上院子里的樱桃树暗自流泪——极度想念母亲和兄弟姐妹。而唯一值得安慰的是，他们的生活应该不会像我这般糟糕。甘榜附近的印度庙及老家旁边的寺庙（现在的马里安曼寺）都不欢迎像我这样的流浪儿。我感到被人遗弃，举目无亲。尽管母亲常说："没有上帝的存在，一切皆不可能发生。"然而，在当时我一直不相信有上帝。

在此期间，有两个人鼓励我要乐观起来。一位是生活在一起的卡德尔叔叔。他是印度纳戈雷苏菲圣人的一名信徒。当我情绪低落时，他常向我讲起这位圣人的故事和奇迹，向圣人祈求精神慰藉。另一位是甘榜朋友诺丁。他向我介绍伊斯兰教、真主和先知，常背诵伊斯兰祈祷文。他教我念"除真主以外别无他神，穆罕默德"。我觉得他正试图让我皈依伊斯兰教，因为这是改信伊斯兰教必须背诵的第一句话。在马来节日里，他让我穿马来服装、戴上无边帽，一同上街庆祝。然而，绝望的情绪郁积不散，我一直没有对伊斯兰教产生兴趣。

在很长一段时间里，我都没有与新加坡的家人联系。一天，我请卡德尔前去探望母亲，并捎一些衣服回来，因为现在穿的衣服太单薄。然而，母亲拒绝给他衣服，请求他劝我忘掉过去，赶快回家。于是，家人得到了我的地址。有一天，我收到了一封姐夫D.苏比亚（二姐帕鲁瓦姗的丈夫）寄来的挂号信，催促我回家，并随信装了一些钱。他提醒我想想圣经中浪子回头的故事。我写信感谢他，发誓不成功不归家。

我买了一双帆布鞋，坐巴士到马六甲，希望能找到一份工作。我几乎不认识任何人，住在我在麻坡理发店的一位故友开的理发店里。工作机会渺茫，连在小商铺当助手的机会都没有，我失望而归。

这是1941年年底我17岁时发生的一切。当时，我无心关注世界大事，成天为生计奔波，也买不起报纸。然而，世界正在发生的事件将彻底改变我生活的方向。马来亚和新加坡即将卷入一场战争。

3. 战争爆发

/

麻坡到处散播着战争即将来临的传闻。当局忙于设置空袭警报系统,装备空袭监察支队。听说新兵将获得两套制服、一双皮鞋和小额津贴,我立即报名参加,但由于年龄小而被拒之门外。

随后,我看到一个招聘广告,招收"铁路学徒"。我填了申请表,很快得到答复,要我去吉隆坡面试。为了赶上火车,我不得不先到淡边,但手头没有一分钱。我向卡德尔借钱,可遭到拒绝。他真正担忧的是吉隆坡如此遥远而危险,我如何在那里生存下去,尤其面临战争爆发的可能。他指出现在我还有吃有住,而在吉隆坡我很可能会一无所有。于是,我打消了这一念头,不再想到麻坡以外寻找工作。

日子一天天过去,麻坡镇依旧热闹非凡,一派和平景象。商店里熙熙攘攘;影院正常营业——亚洲影院放映英语电影、中央有声影院放映华语和淡米尔语电影;渡口附近的律师事务所业务繁忙。在主干道旁边,靠近麻坡河岸,有一排房子,雀替尔在此做买卖。小镇尽头是一个大市场,与平时一样人来人往。

没过多久,便传来新消息:日军已入侵内地。由于买不起报纸,我只是道听途说。传闻新加坡遭到空袭,但麻坡的人们还是相当放松的,主流的态度认为,因为这里除了一支由马来人组成的柔佛军队外别无其他军队,麻坡将会免于战火。又听说日本不会侵占柔佛,因为早些时候苏丹受过日本天皇的勋奖。同时,在柔佛还有不少日本人开设的铁矿和橡胶园。

然而,我们遭到了意想不到的打击。1942年1月11日,日本空军袭击麻坡,用机枪扫射并扔下许多炸弹。空袭发生时,我正在邮局附近,马上跳进路边的排水渠躲避,所幸毫发无损,周围也无人员伤亡。

从那日起，逃离麻坡的人越来越多。有钱的华人早已离开。穷人，无论哪个种族，也开始逃离，沿着主道涌向甘榜内地，进入峇株巴辖和巴克里（离麻坡十英里远，有一个花岗岩采石场）。麻坡逐渐变成一座空城，时常发生趁乱打劫的事情。

第一轮空袭后不久，英国军官带领几队印度兵抵达麻坡。我见过许多年轻士兵，他们看上去对自身的处境浑然不知，很少人会讲英语或淡米尔语。我想他们大多来自北印度，因为我完全听不懂他们使用的语言。当他们的军官不在场时，其中一些士兵会鼓起勇气和路人说话。令我困惑的是，他们有的以为自己身在南印度某地区，而有的则以为是在阿萨姆邦。少数的几个士兵是淡米尔人，说他们被告知去印度其他地方抵御日军侵略、保卫国家。他们之中大多数是年轻的男孩，直接从农场加入军队，基本没有完成军事训练。

卡德尔和我决定留在麻坡，因为我们无处可去。诺丁和家人已搬到内地，他们没有问我们是否同去，因为不知道内地是否有人愿意接纳他们。

显然，麻坡即将开战。廓尔喀人机枪队在基本空无一人的甘榜（如麻坡其他地方）看见我们，示意我们赶快离开。我用英语告诉他们，我们无处可去。随后，其中一名士兵对着空地的树木开了几枪驱赶我们，直到我们离开通往麻坡足球场的主道。

轰炸后数日，大批部队陆续到达，有澳大利亚人、印度人。很多澳大利亚士兵四处抢酒，喝得酩酊大醉。我还记得他们从军车里开枪乱射，打中了隔壁的房门，伤着一个孩子，至今我都不知道她是否活了下来。

一日，麻坡河上驶来一艘伪装过的船，给镇外约两英里的新仓库运送大米。第二天早上，人们惊讶地发现船已沉入河中。这是有意为之，目的在于防御随时可能在对面马六甲河岸出现的日军。战争期间，这艘船一直待在河底，大米浸泡腐烂，发出阵阵恶臭。

我和卡德尔不得不离开，另寻居处。通向峇株巴辖的河岸路原来主要住着马来人，现已空无一人。为了躲避日军，人们匆匆逃往内陆，留下了鸡和家具，甚至有一家连洗好的衣服都还没来得及晾晒。当时的我少不更事，无法深刻地体会到人们仓皇抛弃家园时的恐慌。

我们离开巴力巴卡尔镇向峇株巴辖走了几英里，路上遇到了一群住在一所马来房子的印度人。他们向我们打招呼，问是否愿意留下来。虽然素不相识，但他们看到我们已经步履艰难、疲惫不堪，肩上只搭个小包——他们肯定明白我们最需要什么。于是，我们接受他们的好意，留了下来。

我们暂时待在这座甘榜屋。同屋居住的均为男性，看上去像是劳工和车间工，其中一位年纪稍大，受到其他人的尊重。他负责分配，并提醒我们有责任看管好这座房子，不要损坏家具或其他设施，等原房主回来后再离开。我们一天吃一顿饭，有些蔬菜、咸鱼和一点米饭。卡德尔在这时派上了用场，他的厨艺不错，为我们准备热腾腾的饭菜。

麻坡渐渐荒废，到处都是烧杀抢劫。我和新朋友一道去了镇里几趟，看看有什么可以捡回来，说不定还能找到一些大米和香料。

然而，有一回寻找大米时，我们惨遭不幸。等找到想要的东西后，我们骑自行车沿主道往回赶。当走到麻坡足球场附近的交叉路口时，忽然听到防空警报。同行的皮尔冲进一个小树林，我躲进一道水沟。刹那间，炸弹爆炸了。我开始不知道它落在哪里，等警报解除后，我跑到皮尔藏身的地方。那儿什么都没了，只剩下一个巨大的弹坑，皮尔一定直接被炸弹击中。我手足无措，只好拎着大米回家。当时我还太年轻，并没有想过如果我和皮尔一同躲在马路对面，将会发生什么事。

对战事进展的了解，纯粹来自小道消息。我买不起报纸，同屋的人也买不起。电台已停止播报，况且我们也没有收音机。当时的收音机必须插电源——使用电池的晶体管收音机数十年后才问世。事态发展表明，战争开始移向马来半岛。有消息说，日军在吉兰丹州北部的哥打巴鲁登陆，进军迅速。后经事实证明，的确如此。

回想往事，当时的心态让我特别相信宿命。当初离家就没有抱太大的希望有一天可以回去与家人团聚。面对日军入侵，我的态度是"听天由命，如果死了，就死了"。也许是少不更事，我没有意识到形势的严峻。作为在海峡出生的印度人，我像很多人一样相信英国人很快就会扭转局势，把日军驱逐出去。我也安慰自己，既然拥有的不多，那么失去的就少。与其他人相比，我是过一天算一天。

我没有目睹1942年1月16日麻坡最后的沦陷，那天盟军与日军之间爆发了一场最激烈的战役。守卫麻坡的第45印度步兵旅几乎全军覆没，增援的两个澳大利亚步兵营也遭受了不可估量的损失。

谣言开始蔓延，说日军已驻扎麻坡镇。我们决定搬回镇中心附近，在另一所空置房里住下来。第二天，我壮着胆子走到皮尔被炸死的地方，希望能找到他的尸首。在路口的弹坑附近，我撞见一具欧洲士兵的尸体，已经死了好几天，恶臭阵阵，让人无法忍受，成群的苍蝇围着飞来飞去。那一刻，我第一次满心恐惧，第一次实实在在地意识到自己正处在战争之中。

一天，在我们居所附近我和几个马来男孩看见来了三四个骑着自行车的日本兵。他们戴着垂有布条的帽子，肩上扛着步枪，一副凶神恶煞的样子，但个头很矮——事实上，还没有我们高，朝着我们大嚷："喂！喂！"我们根本不懂什么意思，也不知应留在原地还是离开。我猜他们在问路，于是告诉了他们进城的方向。

最后，我大着胆子独自进城。一路上，一些建筑被烧毁，包括二大道（华人福建方言①对主道的称呼，像表格罗列一样：一大道、二大道等）购物中心一排华人杂货店。许多地方遭到大面积破坏——不知道谁是罪魁祸首。最可怕的是，在一些十字路口，割下来的人头被绑在电线杆上，下面贴着看似中文的牌子，这是对所有趁乱抢劫者的严重警告。街上到处都是死尸，有些是普通百姓的，有些是欧洲士兵的，都散发着令人作呕的腐败气味。

日占早期，街上几乎没有商铺营业。于是，我常去渡口理发店，找朋友消磨时间，其中一位朋友名叫尚穆根（后来回到霹雳州太平市的家）。我仍然认为英国人还会打回来，但朋友们都不相信。一天晚上，麻坡仍在日军的封锁之中，两三架英军战机袭击日占地。我将之视为英国人努力夺回麻坡的信号，但不幸的是，英军战机都被击落了。这一令人尴尬的事情发生后，朋友们揶揄我说："英国人连炸弹都没来得及扔就再也回不去了，怎么可能再来重新夺回麻坡？"

直到1942年2月上旬，新加坡方面仍无消息。而到2月底，听说已经沦陷。朋友威利亚从中看到一丝机遇，我们可以带点东西从麻坡骑自行车去新加坡卖掉，然后从新加坡带点东西回麻坡销售。于是，我们决定这么干。

我和威利亚、约翰三人决定合作。日占前通过贩卖被弃布店的布匹赚了一些钱，以这笔钱为资本，我们每人背了几袋干鸡丁和大米，骑车经由峇株巴辖、亚依淡希塔姆和新邦令金，傍晚八九点到达古来，在五脚基睡一晚。第二天早上，骑车前往柔佛新山。

去新柔长堤②必须经过许多日本哨卡。每一次，我们都不得不从车上下来，弯腰鞠躬，让日军搜身。到了长堤，我们被截住并被告知若没有通行证，我们就不得通过。

我们决定在柔佛新山过夜，第二天再去碰碰运气。我们到镇中心的马里安曼寺休息，由于身上的钱很少，我们向住持讨了些吃的，然后在寺庙的地板上睡觉。电力供应仍然没有恢复，小镇漆黑一片。睡在庙里的人们开始讨论引起停电的各种原

① 新马一带将闽南话称为福建话。
② 将柔佛州和新加坡连起来的大桥被称为新柔长堤，简称长堤。

因，还谈到了英国人将马上打回来。

半夜，我们被一声尖叫惊醒。睡在我旁边的一个人叫个不停，而且神志不清，浑身战栗。我们想他可能是在发烧，但后来发现不是。经过长时间的询问后，这个人才勉强愿意告诉我们困扰他的究竟是什么，但要求我们在庙神面前发誓保守秘密。我们答应了，住持也加入进来。他这才说自己刚刚从日军在乌鲁地南（通往哥打丁宜）橡胶园进行的大屠杀中逃出来。他在一个欧亚裔人家庭当厨师，这家人与其他欧亚裔一同到橡胶园园主的平房里避难。一卡车日本兵赶到后，躲在平房里的一个人向他们开枪。日军还击，然后进入平房四处乱射。他跑到平房后面，躲在草丛中，直到日本兵离去。当他回到屋里时，被眼前血腥的屠杀吓呆了。由于担心日本兵回来而可能会被抓到，他跑出橡胶园上了主道，走了一段路后搭上一辆过路的货车才来到柔佛新山。

作为唯一的目击者，他很害怕被日本人抓了灭口。他保守这个秘密，但不停地做噩梦，总是梦见那天看到的一切。我们向他保证绝不泄漏半点风声。住持在他身上撒了些香灰后，他似乎稍稍平静了些。

他讲述的是一个真实事件。几个月后，我听说柔佛几个有声望的欧亚裔家族，包括妇女儿童在内，在橡胶园被屠杀。其中就有勒内·凡·斯库贝克一家，他们来自麻坡，为了躲避日军入侵而留在柔佛新山，但还是难逃一死。

第二天，我们经过新山镇。在桥上，看到一个华人的头颅被日军钉在杆上，还挂着写有中文的牌子。我们再去长堤试试运气。我用手语和马来语向一个日本哨兵恳求说，我们希望回到自己的家，其中"爸爸"和"妈妈"这样的字眼发挥了作用，他让我们通行了。

长堤尚未完全开启，当时长堤的一端可升可降，让船只通航。英国人在撤回新加坡前将长堤炸毁，日军临时用木板搭起了一座桥。英国人在地面嵌入一些箱状的金属物，以降低日方机械化部队的进军速度。令人惊讶的是，在去往新加坡的一路上，我们没再遇到关卡。我们骑车经过武吉知马路和布莱德路。新加坡被攻陷时，油库被摧毁，天空弥漫着火焰和黑烟。据目击者称，好似整个新加坡在燃烧。我们到达时，烟雾已基本散去，武吉知马路并没有太多血战的痕迹，因为主战场在武吉知马路上端一家福特汽车工厂的另一边。这里没有烧过后的房屋废墟或推翻的车辆——路边只有一些被遗弃的小车和卡车。

我们前往实笼岗路尽头的村子，在麦波申路的交界处，从圣安德鲁学校那幢西班牙风格的建筑远眺可见，过去被称为兀士维。附近有一条路通向阿尔卡夫公园。

日侵前，公园里有一座日式桥、铺得整齐的人行道与花坛，而现在已成垃圾场，乱七八糟地塞满了英方军用卡车和汽车。

在与麦波申路交叉的实笼岗路上，有一排未竣工的房子。1930年经济衰落时，房子就停工了（直到战后仍未竣工）。前面一条碎石路通向甘榜村——带牛棚和牛车的亚答屋群。我们在一间牛舍停留下来，这里邻近威利亚亲戚家，然后想办法兜售带来的东西。

几天后，毫无预警地，我们听到一个巨大的爆炸声。紧接着，更多的爆炸声连续响了不止一天。我们决定不再久留，马上回麻坡，带了些准备倒卖的炼乳和沙丁鱼。后来才发现，爆炸声来自英军设在芽笼路的芽笼英文学校的弹药库。

我们的归途与来时一样，花了两天多的时间。我们在新山第一次遇到哨卡是在苏丹皇宫前的沿海公路，这耽误了一天。哨兵坚持要没收我的自行车，即使它已经破旧不堪。他没有说为什么，但比画着非要不可。我向他求情说还要走很长的路，甚至送上好几罐来之不易、原本打算卖掉的炼乳。但他很坚决，并做样子威胁我，嘴里也嚷嚷着。这时，他的上司过来了。经过一番拉扯后，他们给了我一辆丢在哨所大院的自行车，车胎已经扎了一个洞，没法骑，而朋友们劝我接受它。等到我们推着它走到新山镇，找到一家修车店并花了五角钱将其修补好时，已经将近傍晚了。当晚我们住在新山，第二天一早离开。这是一辆皇家恩菲尔德牌（女式）自行车，我骑着它回到麻坡。

在新加坡停留时，我饱受思家之情的折磨，但最终没有回去。我担心，如果回了家，家人再也不准我出来。我依旧下定决心：不成功，不归家。

4. 与日军交易

从新加坡回来后，我成天和朋友在麻坡理发店打发时间。这一天，来了一群骑自行车的日本兵。

一名军官不知道如何去市场。他会说英语，想请我们其中一个带路。朋友们指着我，我便骑上车，带他们来到市场。之后，军官坚持要我留下来，帮他和鱼贩、菜贩交易，我照做了。他看上去比较友好，公平交易，用日本军票支付菜钱。以后，他定期要我带他去市场。我虽然不清楚他的级别，但称呼他为"阿马亚山"，后来才得知他是少尉。作为值勤员，他系了根红腰带，衣服打着补丁，而且肮脏。大多数日本军服都破烂不堪，已经在开缝。

随着了解日深，他邀请我去麻坡河口丹戎区的军营——以前政府高级官员办公的平房。他让我替他跑腿，如买日本人喜欢吃的菠萝、木瓜。其他士兵也让我捎东西，有时是小椰子。他们一般用日本军票支付，有时也用一包包的日本香烟付账。香烟在黑市卖得很好，成为我每天赚钱的主要来源。一段时间后，我的生意规模开始扩大，与一个华人水果商贩建立起固定的联系，先拿了需要的东西，转卖给日本兵后再和他结账。当时，英镑和日本军票可以兑换，但我们没有意识到日本军票的一个致命缺陷：发行数量没有上限，这导致日占后期的恶性通货膨胀，令我们蒙受了巨大的损失。

军营四周设置了带刺的铁丝网，只允许日本人出入。阿马亚山把我介绍给一些士兵，用日语说了一番话，但我不明白他说了什么。他给我一个袖标、一份盖了钢印的日语公文，告诉我每次进营时就拿给哨兵看。于是，每天我都会过来问他，是否有需要做的杂务。

如此一来，我在军营中开始有些名气，不但替阿马亚山，还帮其下属办事。他们每周仅被允许进城一次，从上午10点到下午5点，到咖啡店坐坐或拍些照片。我收入均衡，足以满足每日之需，还能有些闲钱。除了能说常买的水果，如香蕉、木瓜等日语外，我与他们的交流主要通过打手势。

　　一天，阿马亚山随口问我为何不学日语。我没有马上回答，因为学日语将意味着放弃一些赚钱的好机会，而我的经济情况并不允许我这么做。此外，我认为英国人很快会再回来。见我犹豫不决，他想了一会儿，问我是什么国籍。这是我有生以来第一次被问到"国籍"问题。我是一个在海峡出生的印度人，在此之前一直以拥有英国国籍为傲。但我不知道阿马亚山如何看待这件事，担心可能被关进监狱，于是我继续保持沉默。

　　接着，他提起我母亲和已故的父亲，问他们是马来人、华人还是印度人。我回答："印度人。"他问我为何要学英语，这又是一个我从来没想过的问题。"为了谋生。"我答道。然后，他又说既然日军将在这里待"一段时间"，我为什么不能以同样的理由学日语，接着笑着离开。

　　再见到阿马亚山时，他带来一本由三省堂出版的英日词典（相当于日本的口袋"牛津词典"），说我会发现它很有用。词典中的日语单词均用罗马拼音表示。此后，我通过查词典与主顾——日本兵进行交流。我尽量理解他们所说的话，从一知半解到能使用一些词，同时也慢慢地模仿他们说话。通过听，我掌握了一些语法规则（与淡米尔语比较相近），并记住了日本兵常买的一些东西的日语名称和价格。借助词典，我将一些句子串起来讲，由此开始掌握日语。

　　我开始直接和日本兵对话，常记下不懂的词去问阿马亚山。他看到我很努力，又给了我一本三省堂出版的日英词典。我开始认真学习日语，尽管最初讲得生涩、口语化，但在买卖水果和香烟的时候，更方便我办事，也能赚更多的钱。

　　几个星期后，阿马亚山带我去见其上司和连里的其他军官。上司是位中尉，另外还有两名手下：一个是少尉，一个相当于"见习军官"。中尉的名字是国分。他年纪较大，不苟言笑，与人保持着一定的距离，说话声音不高，但似乎颇受下属尊重，办事能力很强。

　　这个连是来自东京的帝国卫队成员，与后来的驻军部队很不一样。大多数人是大学毕业生，会说英语。

　　国分有一个年轻的勤务兵叫丸山，专为他处理事务。如果国分想召见人，勤务兵会替他安排。一开始，我对中尉又敬又怕，但他对我还好，常微笑着问我吃过饭没有。有时，他让丸山给我些吃的。就在那时，我初次品尝并喜欢上了味噌汤和日本腌菜的味道。

　　后来，国分问我能否找人清理大院，但不付薪水，可以给一些大米。我找来两个印度人，他们曾是英国陆军的逃兵，常在麻坡镇五脚基过夜。麻坡大多数印度人认识他们，知道情况，但没向其他人提起他们的身份。他们愿意为吃饱肚子而干活，但我得解释是在日军军营里。事实上，对他们而言，相对于白天暴露于众人耳目之下，这里反而是最安全的地方。我告诉他们，除了提供饮食，别无薪水，但如果日本人同意，我尽量在大院帮他们找一个晚上睡觉的地方。这两个人只懂淡米尔语，我是他们与负责维修的日本兵进行沟通的唯一桥梁。他们非常勤劳，从早干到晚。一天至少吃两顿，还可以带些香烟和食物回家。遗憾的是，我不记得他们的名字（日占后期，我获悉他们已加入印度国民军）。

　　由此，我成为国分中尉连里不可或缺的人物。通过观察军营中的日常生活，我发现国分是一个很内向的人。他很少离开宿舍。每周一次的放假日，当手下纷纷外出找乐时，他则邀请我骑自行车在麻坡镇四处转转，偶尔去中国人开的饭店，替我们各叫一盘面条。他将点的东西用汉字写在一张纸上。每次吃完，他都会仔细把找回来的钱数清楚，并留下零头。我提醒他别忘了拿钱，他只是说："留给他们吧。"我的口语水平已有提高，所以他只说日语，这能帮助我增加词汇量。

　　一天，国分中尉令我和他及其手下骑自行车出门一趟。他没有透露去哪里、需要多长时间，只是说执行任务去组建什么东西。清晨，太阳还没升起，我和他以及其他的五六十个人一起出发。我们骑了约十英里，在一处政府平房［后来我才知道，这平房是为当地的公共工程局（PWD）主管盖的］前停下来，离巴克里村大约一英里。院子规模较大，一边地势较高。士兵们开始清理灌木丛和杂草。空气中弥漫着一股恶臭，不知从何而来。

　　大部分时间，我和中尉坐在阴凉处。如果士兵们有什么问题，就解释给他们听，或者指导一个随队而来的印度工人干活。这些印度人告诉我，他们曾是公共工程局的雇员，负责这里的道路维修，被日本人征调来为这个项目工作。他们说，恶臭来自日澳两军三四个月前一场激战中死去的士兵们的尸体，这里是新加坡沦陷前英国及盟军与日军的最后一场战斗的发生地。

　　接着，我们又来了两三次，院子开始成形。日本兵和印度工人从附近挖来一些花草灌木栽下。最后，运来一根刻着日文题词的大原木，矗立在一个水泥基座上。我没有问其中缘由，后来得知是为了纪念那些在巴克里战死的军士。我猜测，这仅仅是纪念死去的日本军人。

在施工过程中，国分给了我一些建议，对我在日占后期及以后的生活大有益处。我们坐在树荫下，吃着日本便当里的米饭，国分用日文告诉我，他想"教"我一些东西。他说我还是一个孩子，也不是日本人，往后还有很长的路要走，必须小心行事。可当时我不太明白他的意思。他接着说，在日本，像我这么大的孩子不允许抽烟。我说自己不抽烟，他说这让他感到高兴。他又指出我不应该喝"清酒"（在日语中一般是概指酒）。然后，他神情凝重，非常严肃地说，这场战争与我无关，我应该成为一名优秀的年轻人。他要我记住：由于我会说日语，与他和其他军官有来往，总会有人请我帮忙，做些"坏事"。他提醒我应该小心，即使受到指责也不要随便答应别人。他说，如果有人向我求助，我必须先凭良心判断这样做是对还是错。在战争岁月里，每每遇到有人试图说服我去赚大钱或整某人时，我常常会想起国分曾向我提出的这些忠告。

在柔佛日占区，晚上一般比较安静。除了影院放映战前的中文、英语和少量淡米尔语电影外，唯一的娱乐场所就是每座城镇都有的游乐园。这些游乐园规模虽小，但都效仿20世纪20年代新加坡新世界游乐园而建，上演马来龙根、舞蹈和戏剧，有小吃、大排档，还可以参加比赛。赌场是其中最有利可图的生意，基本每天都开设"字花"，日落时分公开一个号码，每个人都热切地等着开号，希望中奖。游乐园的所有机构均由与日本人有关系的中国裔商人垄断经营。他们每月上缴现金，经常送些名表甚至"情妇"，让日本主子满意。

1943年我被调到麻坡警区时，东甲河对岸小镇利丰港的蔡松林一再缠我，要提前得到麻坡赌场每天公布的中奖号码。我再三拒绝，一段时间后，他停止纠缠。战后，他成为马来西亚政坛中的显赫人物，最后进入内阁。

到1943年，华人对日本军官和商人的影响颇为广泛。由于日本贸易公司在柔佛新山设立分行，他们需要华人经营买卖，并从边远地区的小农户收集生橡胶块。郭鹤年同样为了谋生，曾在柔佛新山三菱分公司工作。

当时我收入不高，面临着许多诱惑，而想引我误入歧途的人也因被我拒绝而有激烈的负面反应，但国分给我的忠告促使我坚持立场。后来，这被证明是明智之举。日本投降后，英国军事管理机构接管新加坡等地，对那些严重犯错或伙同日本人卖国的人进行惩治，我全未受到犯罪指控。假如当初被假象迷惑或追逐名利，那么我很容易误入歧途。

与国分的合作快结束时，他对我说："小心使用权力，因为它可以使一个人迷惑。要有节制地使用权力。如果不利用权力就能办好事情，那就最好不过了。不到万不得已，不要动用权力。"在后来的职业生涯中，我发现国分的话不啻至理名言。

有一次，国分请我带他去找一位裁缝，他要定制一件卡其色衬衫。被量过身材后，他又叫裁缝给我量制一件衬衫。这让我十分意外，又很感动。很久没有遇到这样的事情了，我从未想过一个陌生人会以如此随意的方式赠送我一件礼物。当时国分说话时自然而然的神情一直铭刻在我的脑海中。

一天，国分通过勤务兵丸山传信要我去见他。我来到他的房间。他让我坐下，倒了一杯饮料，说想请我帮一个忙，但不知我是否愿意。连队将被调至其他地方待两三个月，离新山不远，也很安全。虽然他将配有一名日本翻译员，但其只能译成英语，而且在数里外的另一城镇，不能随叫随到。而在连队将被调至的地方，马来语会比较实用。他问我是否愿意同行，说明虽然没有薪水，只能提供饮食，但他会从自己的薪金中支出一些钱给我，50元左右。

听到要去这个神秘的地方，我很兴奋。由于孤身一人毫无牵挂，我可以自己做决定。我告诉他愿意去，只是如果不再需要我了，必须保证把我送回麻坡。国分问我，是否需要得到其他人的许可。我解释说，母亲远在新加坡，我独自在麻坡谋生。

于是，几个星期后，我随着卡车车队，越过麻坡河，来到吉隆坡，晚上在一间铁路仓库里过夜，我不知道将往何处。早起后继续开拔，抵达瓜拉立卑，我认出是在彭亨州。第二天，车队继续前行，到达连突的彭亨河边，由于水流湍急无法涉水过河，而平时靠电缆拉曳过河的渡轮也没有运营，我们只好停止前进。这时，国分才告诉我们，连队准备进驻关丹。

抵达关丹后，国分与少尉阿马亚山共住在一家医院大院里的一间平房里。我、丸山及汤古里（后来我们成为密友）住在平房后的一个小屋子里。我的任务不是太多，每天陪同采购队采买，帮助他们讨价还价；此外，还跟随他们去电站、地区政务处及其他办公点办理事务。几天后，我遇到一群雀替尔。他们邀请我只要有时间就一起吃印度菜。在关丹的两个多月里，我常常欣然赴约，因为对印度菜情有独钟。

来关丹约一周后，国分告诉我他要去北干皇宫觐见苏丹。由于官派翻译不谙马来语，他想请我一同前往。我告诉他苏丹能讲英语，皇宫也有官员进行翻译。国分察觉到我不太情愿，便问我是否害怕去见苏丹。我说从来没有见过马来皇室成员这样高级别的人物。国分向我保证这次拜见很轻松，因为他只是向苏丹表示敬意，并想向苏丹借一部汽车。他需要一辆汽车——不可能每次拜访关丹或边远地区，如瓜拉立卑的官员时，都开着一辆军用货车。国分又一次善意地劝告我：苏丹只是一个人而已，除非你要伤害他，他是不会伤害你的。他说："万一你陪同我或翻译时出现了任何差错，苏丹也不会因此杀了你。对一个人来说，最可怕的事情是被夺取性命，而苏丹不会这样做，所以你没有什么可害怕的。"

他又接着说："平时当你面对这样的处境时，你要做的不是加害他人或对他人表示不友好。应该扪心自问：如果做了正确的事情，我有可能被砍头吗？假如不会受到伤害，就应当坚持履行自己的职责，说该说的话，做该做的事，但说话行事一定要有礼有节。"

第二天，拜见苏丹之行非常顺利。苏丹的私人秘书——一位兽医在北干接见我们，在那里需要渡过一条河。这位秘书说一口流利的英语。我松了一口气，因为我不知道如何用正确的宫廷马来语称呼苏丹。这一天平安度过，老苏丹阿布·巴卡尔·里阿亚图丁——彭亨州现任苏丹艾哈迈德·沙阿的父亲对我说话时和颜悦色，甚至欢迎我随时来访。他表示，如果需要与日本人打交道，希望我可以做他的翻译。当然，我不能确定他这样说是经过了慎重考虑还是仅仅出于礼貌。富丽堂皇的宫殿、午宴中的美味佳肴让我目不暇接、手足无措。苏丹将自己的一辆汽车赠予国分，已加满汽油，足以将我们送回关丹。这是一辆美国制造的大型霍普莫比尔牌汽车（战争之前颇负盛名，但1940年已停产）。国分十分感激，像对上级一样向苏丹鞠躬不止，第二天一早送给他两桶每桶44加仑的汽油，并许诺假如苏丹有需要，将继续提供汽油。第二天，在早餐桌上，国分问我这次拜访的感想如何，他说："苏丹没有杀你，对不对？"我承认他没有。

在关丹待了几周后，我被告知将会返回麻坡。出发前，国分下令将苏丹的车送回去，并附赠数桶汽油。在汽车被送回之前，国分请我和苏丹通电话，对他的慷慨表示感谢；告诉他汽车一直保持着最佳状态，几桶汽油只是对苏丹的款待的一点回礼。我将国分的谢意如实传达给苏丹的私人秘书。第二天，秘书回电相告汽车已归还，维护妥善，并转达了苏丹对国分相赠汽油的谢意，说"汽油比黄金还值钱"。

我们回到麻坡。接下来的几周内，我像往常一样工作，只是可以领到薪水。国分说服了军营营长迈摄巴少校，每月发给我30元津贴。作为回报，我需要协助营地军方翻译官与地方政务官拿督奥斯曼打交道，处理驻地各种事务，如卫生、供电、供水等。

两三个月过去了。一天清晨，国分告诉我他有一个令人难过的消息：他所在的军团正准备撤离麻坡，调至其他国家——地点则需要保密。他说，没有计划另派驻军来此，他不知道我将何去何从。我说会发挥自身的优势，也许到政府某办事处谋职，因为许多马来官员不懂日语，而且对我的能力也表示过赞赏。国分听后，一语不发。但在他离开的前几天，他要我第二天一大早穿戴整齐来见他，他想带我去一个地方。第二天，我准时到达，和他一起骑车进城。虽然没有提及前往何处，但国分显然有相当明确的目的。

我们来到河边一幢三层楼高的建筑，一家日本公司驻于此。招牌上写着日本汉字，但我不认识——我的日文阅读能力只有初级水平，仅限于片假名和几个平假名。

国分让我在前台等候，他进去见一个日本人——阿拉以，一位戴眼镜、穿长袖衬衫的绅士。国分的到访让他很吃惊——从他招呼客人的方式可明显看出——毕恭毕敬地站着，直到国分示意他坐下。他们谈话时，不时地朝我望望。然后，国分示意我过来，用日语向公司经理阿拉以先生介绍，让我向他鞠躬敬礼。我照做后，阿拉以请我坐下，用日语问我是否会读写英语，是否会说马来语。最后，他要我第二天来办公室上班，帮助他与下属——一个年长的华人"阿成"和另一个只会读写中文的职员沟通。办公室刚成立不久，仅一个月左右。

我和国分赶回营地。他嘱咐我要照顾好自己，工作须尽职尽责。他说我应该成为一位受人尊重的人，他完全相信我不会辜负他的期望，成为一个"好人"。还说第二天就要离开了，但很高兴为我做了一件事，作为我对他及其手下给予许多帮助的回报。

最后，他赠给我一句话"不要逃避责任"，便转身回房去了。当时，我只觉得很突然，等长大后回想起来，我意识到当年国分可能有些伤感，为这样一个少年身陷动荡的战争年代、前途茫茫不可知而隐隐担忧。多年后，我才明白国分是担心如果日本战败，我的命运将如何呢？

第二天一早，我在上班之前骑车来到营地，想向国分表达最后的敬意，也想目送军队离开。令人惊讶的是，营地已空无一人，铁网栅栏全被拆除。国分和部下一定是在昨夜离开了，丸山和汤古里丝毫没有透露这一计划。多年后，我在日本遇到汤古里，他告诉我国分不准他们向我透露半点风声，以免我伤心难过。

一年多后，我在麻坡接到国分从新加坡（当时称为昭南岛）打来的电话。我简直不敢相信自己的耳朵，他从新加坡转道回日本。由于在"南部"（没有说明具体地点）遭遇一场卡车事故，腿部受伤严重，他被送回东京治疗。我不知道他如何找到了我。他说，原来联系的那家公司告诉他我已经离开，要他找到柔佛新山警察局，从而得到了我的联系电话。他询问我近况如何，很高兴我自己找到了一份好工作。他提醒我别忘记他之前对我讲的忠言，希望战争结束后有一天能够再相见。还告诉我会寄来一张写着联系地址的纸条，然后挂了电话。几天后，我收到一张来自新加坡的纸条，小心地放入钱包，一直保存到战后。20世纪50年代，我根据纸条上面的地址在日本寻找国分。20世纪60年代，我们终于见面了，我当面将纸条还给了他。（见附录）

5. 新工作

　　我去阿拉以先生的公司报到，开始新工作。阿拉以让我坐在邻桌，担当他的私人助理。我替他接电话，尤其是那些非日本人的来电。阿拉以每月支付我100元薪水，这是一笔可观的收入，因为物价基本与日占前期一致，当时日元面额与英国马来亚货币持平。阿拉以不在时，我也可以接听日本人的电话。这样过了一个多月，工作比较轻松。我每天早早过来上班，晚上等阿拉以回到同楼公寓后再回家。

　　渐渐地工作开始繁忙了。东京急行运输公司的主要业务是组建一支运输车队。最初，公司只有一辆载重三吨的卡车。阿成年事已高，但体格看起来仍健壮，作为公司主要经纪人，他经常到麻坡镇外，如乡村、麻坡橡胶园、峇株巴辖和昔加末县寻找被闲置、匿藏起来的卡车。他设法找到业主，说服他们出售。由于车辆搁置太久，没有汽油且耗损失修，阿成先用福建话和买主讨价还价，然后返回麻坡安排阿拉以出面做最后的拍板。大多数时候，讲价的余地很小，阿拉以随身携带一捆日元当场达成交易。买主很高兴把汽车处理掉，由于汽油匮乏，车辆放在那里也会腐蚀生锈。汽车买下后，阿成一般开着公司的车给刚买的车加上汽油，看是否能够运行。如果不行，就只好把车拖回来。

　　我敢肯定，阿成在赚买卖双方的钱。我跟随阿拉以走遍了麻坡、峇株巴辖、昔加末和居銮区，阿拉以坚持不让阿成出现在价格谈判现场，他怀疑阿成与买主在暗地里交易——明知公司会付款买车，所以故意抬高价格。

　　阿拉以对我越来越信任，甚至带我一起去马六甲海峡和新加坡旅行，同住一家颇为高档的酒店。这是我第一次入住豪华酒店——北桥路阿德菲酒店，战时专门接待执行公干的日本人。酒店位于现在的阿德菲购物中心，一座大教堂附近，在当时堪称一流。

一次住在阿德菲酒店时，我遇见一位马来绅士，身穿一件白色带毛领的夹克式鲨鱼皮衣，头戴马来式椭圆形无边帽。鲨鱼皮衣在当时非常时髦。他腋下夹着一根手杖，给人的印象相当深刻。我向酒店前台打听他是谁，得到的回答是："来自印尼的苏加诺。"后来我才知道，苏加诺是印度尼西亚民族党的领导人，而彼时他的名声不如后来大，在马来亚并不广为人知。他身边围绕着一群日本人和爪哇人，对马来亚激进党派——马来青年协会的建立有着间接影响。该组织在二战爆发时与日本人合作，旨在创建一个包括马来亚在内的马来群岛政治联盟。1942年，"印度尼西亚"一词尚未普遍使用（我们仍称之为"荷属东印度群岛"）；然而，在马来亚和新加坡，对日本政治宣传电影的评论常常引入这一概念。苏加诺提出的"大印度尼西亚"理念成为20年后因马来西亚争取独立而爆发马印对抗的根源。

数月后，即1943年年初，阿拉以告诉我他将到峇株巴辖建立一个新的分公司。新公司的主要任务是为麻坡和峇株巴辖的货车队招揽业务。他请我一同去峇株巴辖。新公司设在惹兰玛特岔路口的一座大厦里，正位于通往渡口的主干道。我们花了一个月左右的时间进行装修，一楼设有柜台，楼上住宿。装修期间，我们住在一家华人经营的酒店。

两三个月后，阿拉以告诉我其上司内田负责柔佛州市场，由于迫切需要懂日语的人手，希望我能调至总部帮忙处理办公事务。于是，我搬至新山，担任经理特别助理。总部位于镇市场对面的纱玉街。新山公司不仅配备了货车车队，还有一支出租车车队。

我住在新山日本上司的家里——面临柔佛海峡西班牙风格建筑群的其中一栋。这些房子属于柔佛苏丹，即使在今天驾车沿海峡景观大道前往柔佛苏丹寝宫时，这群建筑也格外引人注目。然而，我发现住这儿离镇里有点远，便决定在火车站附近的明里南街租房。曾照顾过我的卡德尔叔叔也搬来新山与我同住。

1943年7月，我得知姐姐结婚了。一位堂姐的丈夫与我的朋友拉玛——战前麻坡学校的老师取得联系，打听我的下落。我借了一辆车，在峇株巴辖与他们见面，并把他们接到麻坡。他们劝我不要担心挨骂，应该回去探望母亲。我解释说不是因为怕责怪，而是不想再次伤害母亲。他们再次强调不必如此担心。于是，我择日来到跑马路的堂姐家，和大家一同去见母亲。这次终于和母亲、姐妹们欢聚一堂，弟弟尚小，懵懂无知。母亲见到我只说了一句："你终于来了，我的孩子。"后来，她又说："常回来看看。"母亲没有阻止我返回柔佛，只是嘱咐："多多回家。"

在新山运输公司做了一个多月后，我被派到警察局处理公司货车和出租车登记事宜。警察局（至今仍在）面临新柔长堤，一楼设有车辆登记处，乃警务管理的下属单位，日语称为"保安科"。

　　登记处的负责人拉特纳姆比较会刁难人，他又高又瘦，态度傲慢，前来登记车辆的人都有些怕他。他总是叼着一根雪茄，不断威胁、叱呵所有人。柜台工作人员告诉我，他往往对那些拥有大型车队的用户开绿灯，因为可以得到金钱和美女的贿赂。他手上戴着好几只明晃晃的金戒指。显然，他是唯一可以接近日本老板——一个身穿日军行政制服的人。我逐渐发现，拉特纳姆确实让人又恨又怕。

　　还记得第一次与他接触的情形。我从柜台外问是否可以进去和他说话，结果他咆哮着，丢出一连串脏话。我忍无可忍，决定想办法去见他的日本上司，最后确定上司在总部隔壁的房间。我敲了敲旋转门，听到一声"嗨"后走了进去。上司坐在桌后，中等身材，穿着制服，正用烟斗抽着雪茄。他猛地抬头看见我，没等他来得及提高嗓门质问，我连忙用日语向他道歉"冒昧打扰"。他被吓了一跳，然后面带微笑问我需要什么。我把公司的情况说了一遍。他似乎对我说日语比较感兴趣，问在哪里学会了日语，而不急着打发我走。随后，他叫来拉特纳姆，用比较生硬的马来话命令他办理我的业务，要求如有问题，立刻上报。

　　拉特纳姆对我怒目而视。来到他的办公桌前，他恼怒地嘟囔着我越级上报，要给我点颜色看看。我打断他说，如果他还想刁难，那我将会再去找他的上司（科长）。没过多久，日本上司走出来看事情进展如何，并请我到他的办公室去一趟，也要拉特纳姆办完事情马上过来。他很客气地再一次款待了我，问我什么时候到的这家公司、薪水如何、负责何种业务。事后我才明白，他这么问另有目的。

　　此后，我经常被派去登记处办事，便与这位日本上司熟络起来。他叫原宿，是日本政府民事警察翼的成员，从日本借调到马来亚挂职。他带我去见各位上级，其中一位是柔佛州警察总监滝沢上校，年近花甲，为人和善。不知不觉，我成为原宿的一件展览品。他不时地打电话要我去警察局帮忙翻译一些需交给当地马来警察的特别指令。但我不知道的是，这些事竟然造成了他和内田之间的紧张关系。

　　一天，我感觉公司里的日本人正忙着操作一些事情，但无人相告——我不被允许加入他们的讨论。我被安排到内田办公室外的大办公室里坐着。公司高层人员和警察总部不停地交换意见。第二天，我得知公司被勒令暂停营业，因为有"若干问题"需等待上一级处理。由此，新山公司所有日本官员必须离开柔佛州，而我也不得不随之离开，估计他们仍需要一个翻译。

当晚，我们越过新柔长堤，在新加坡纽顿广场（现在的纽顿熟食中心）拐角的一间公寓落脚。事发原因还是个谜。第二天，我鼓起勇气问内田发生了何事。每个人看起来都没精打采。

此时我才知道，一切因我而起，公司与柔佛警察局发生了纠纷。原宿曾向公司要我过去为他和柔佛警察总监工作，但公司迟迟不愿答应，显然也相互说了些难听的话。结果，由于公司必须通过他的行政监管才能给车辆挂牌，原宿动用权力，令公司停业并撤出他的管辖范围。原宿的所作所为似乎也得到警察总监泷沢的默许。

在新加坡停留了三四天后，我得知在新加坡负责马来亚所有经营事务的公司上一级高层已经妥善处理好一切，并已决定让我们重回柔佛新山。

在回去的路上，我被告知我将被调至警察局工作，服务于原宿和总监泷沢，报到日期已定。这一切均未征求我的意见，也无人告知我新工作的条件如何，只是警察局将支付和我在公司时一样的薪水。

就这样，我受雇于日军民事警察部，一直待到日本人投降、战争结束。

6. 柔佛日治

我前往警察局报到，原宿表示热烈欢迎，只字不提与公司的纠纷。我的第一个任务是帮他翻译一些交给新山警区马来警长的公文。警长身形矮壮，战前曾在警队里担任级别很高的职务。尽管我人微言轻，他完全没必要多加注意，但言谈还是相当得体周到。他说欢迎我的到来，这样与那些不懂马来文或英文的日本军官打交道时，就可以减少不少麻烦。

原宿直接带我拜访了柔佛州级别最高的马来警长拿督[1]穆萨。他是一位和善的老人，同样对我表示欢迎，再次指出当地警务人员与日本同事交流时存在很大的语言障碍。

几天后，原宿请我陪他去见总监滝沢上校。在那里，我第一次见到总监年轻的勤务员苏莱曼·尼纳姆·沙阿（他注定将成就大业——后来成为马来西亚巫统大会主席敦[2]苏莱曼）。原宿向上司介绍我就是引发与东京急行运输公司纠纷的那位年轻人。总监和颜悦色，一边欢迎我，一边请我暂到隔壁办公室工作，因为他可能也需要我帮助他们与当地警方联系。我点点头，退下。

不久，原宿出来了。我问他自己应该怎么做，他说按照上司总监的吩咐行事即可，但原宿和其他警长也可能会请我帮忙，若如此，我必须通过勤务员让总监知道我的去向。总监要我随他住在武吉鹏——这是战前对柔佛政府高官官邸的称呼（现

① 拿督是马来西亚封衔中最低的级别。
② 敦是马来西亚封衔中最高的级别。

在官邸区依然在那里）。我拥有一个舒适的房间，并获得一日三餐。如有需要，总监会打电话找我（但实际上，我多半时间会回明里南街与卡德尔叔叔一同吃饭）。我先后在三位警察总监手下做事，印象中他们皆衣着整洁、彬彬有礼、深谙权术，从不大声说话。

日子一天天过去，我成为州警署和地方警局上下不可或缺的人。作为唯一的翻译员，我每天忙个不停。除了原宿，马来高级官员也是我服务很多的对象。有一两个月，我常为柔佛新山警区首席警长做事，他的头衔用日语发音是"柔佛州新山警察署署长"，可惜我已记不起他的名字。他前去霹雳州瓜拉江沙参加由日占政府警署总部召开的一个重要会议时，在路上遭到袭击，被抗日伏兵杀了。

到警局工作后，我一直牢牢记着国分中尉的忠告——由于对日本人有一定的影响力，地方警官又需仰仗于我，我很容易一时头脑发热而滥用职权。我所处的位置颇为特殊，能够近距离接触日占期间柔佛政府民事部门和警力由内到外的治理方式，饶有兴趣地全面观察整个组织结构。

战争期间，柔佛苏丹一直留在新山。尽管他没有实权，但日本人对其颇为尊重，让他自由居住在巴西柏兰宜。战前竣工的皇家武吉寝宫被用来接待到访或过境的日本军官。苏丹经常前往新加坡，经过新柔长堤时受到了应有的礼遇，无须下车检查。日本总督办公室负责安排苏丹如此通行。马来亚的苏丹们能享受这样的特殊待遇是日方的一位谋士德川侯爵提议的。

马来亚当时的行政单位军监部（或马来亚中央军事部）隶属于日本军方，但主要由文职官员运作，并大量运用马来亚战前的行政资源。在柔佛州，初期只有极少数日本高级官员在管理，且多在新山。

州行政首长是名日本总督，军监部成员有与部队军衔相应的级别。总督相当于将军，被称为"柔佛总督"。日占期间，柔佛的总督没有更换过，他身形矮小，很少在公开场合露面或发表演说。他管理一个日本人"行政处"，负责总督办公室下达的日常工作安排。此外，总督办公室还负责托管"敌军的属地"。

民政局向总督负责，类似各部门与地方政府的关系。警署名义上隶属于总督，实则比较独立，直接向瓜拉江沙中央军监部负责。中央军监部通过日本警察总监管辖马来亚和苏门答腊地区。

战争期间，柔佛中央和地方各级军监部与各级警局一样主要使用英语，偶尔也使用马来语。日本人之间直接用日语交流，各地方部门雇员无法参与向日本上司的信息汇报。有时候，日本官员让华人职员抄写文件，对于汉字写得好的华人的需求特别高。据我所知，本地雇员对日本同事向上级报告的内容一无所知，甚至当地政府的马来官员亦如此。教育部开办了一所教师培训学校，从日本招募了几名日语教师。学校设在原来的贸易学校，位于新山镇的另一头。马来西亚政治家穆萨·希塔姆的哥哥雅国、我未来的妻子及其妹妹曾在这所学校任职。

日本侵占马来亚后，马来青年协会立即宣布每个人必须讲马来语、一切交流必须使用马来语。出乎意料的是，日军制止了这一举动，并下令柔佛官方交流语言必须使用英语。于是，政府的日常运作、所有相关管理，如公共账单、内部信函等皆用英语，新加坡的情形与之相似。因此，新马两地都没有失去使用英语的能力。

我大部分时间在山上政府大楼的警察总部上班。借做翻译之便，结识了不少马来部门的负责人。他们常需要我担当其与日本军官及其他访客的翻译，其中一些人对我相当关照。1946年英国结束军事管理后，这些人重新上台执政，仍不忘当年与我的交情。

政府各部门均有一位马来负责人，虽然各部均受总督办公室管辖，但实际上都比较独立。政府主要由马来人组成，处理大部分政务。多数马来高官曾在战前苏丹政府担任高级职务，如州务大臣和州秘书长曾是苏丹内阁举足轻重的朝臣，现在仍担任公职。翁库·阿卜杜勒·阿齐兹（前马来亚大学副校长阿齐兹教授的叔叔）在整个日占时期甚至到英国实行军事管理之后都一直担任州务大臣一职。各区由马来官员管理，并向州政府负责，而在战争爆发前，柔佛州的这些职务也一向是由马来人出任的。

政府机关，包括州务大臣和州秘书长的办公室，都汇集在柔佛新山的政府办公大楼，这楼直到最近才搬至努沙再也。办公楼的塔楼曾被新加坡英军的炮火打穿，虽经过修补，但痕迹依然清晰可见。

同楼还驻扎着各管理部门，如土地管理部、柔佛新山民政事务部、财务部、食品管制办公室、港口办公室和公共工程局总部等。

某些部门独立运作，如交通运输部（我来数月后从警察署分离出来），负责车辆牌照及相关事务。尽管署长是一位日本人，但人员主要是华人和印度人。工人党后来的领导人J.B.惹耶勒南也和我一样在警署做翻译。宣传部同处一座办公楼，部长也是日本人，负责组织街道演出、宣传广播。P.拉玛沙米是宣传部的日文翻译，后来到全国职工总会工作。

劳工部也属独立部门，部长为日本人，副部长为印度人K.G.奈杜。大多数州设有劳工部，由一个日本人和一两个印度官员领导。他们常到橡胶园，强征劳工修建泰缅铁路，向缅甸日军输送供给。一次强征10～15名劳工，往往隐秘进行，很少出现在大城镇。有些警察在开往吉隆坡方向的火车上执勤，告诉了我这些事情。尽管日本人从一些小种植园购买橡胶，但许多大种植园已濒临倒闭，割胶量很小，劳工们陷入饥饿困顿之中，由此很容易成为征募目标。然而，一旦出现有关修路条件艰苦的传闻，日本人就采取恐吓的手段招工。修筑铁路无异于做奴隶。据我们战后的了解，约17.8万名劳工和6.2万名盟军战俘被送去修路，死亡人数分别约为8.5万、1.3万。约7.5万劳工来自马来亚。除了强征海外劳工，当地政府也招募劳工从事附近的农业和基础建设，15至45岁的男子每250人中征召20人。

日治期间，警署总部从新柔长堤附近柔佛新山警局迁至政府大楼。1944年时，日本在柔佛的高层都在这栋大楼办公，每个部门由来自日本相应部门的官员负责。他们没有军衔，但所佩戴徽章的颜色能显示出不同的级别。到1943年年底，不少级别较低的台湾人被派来新山做福建方言的翻译。

所有当地雇员的月薪用日元支付。随着战争的深入，日元出现通货膨胀，到了1945年情形更为严重。警局和其他重要部门的一些雇员可以额外得到香烟的补给。日本香烟在黑市的价格很高，在战争后期，一条香烟的价格比一个月的薪水还要高。

除新山外，柔佛每个地区设有一名马来民政事务专员。大多数时候，他们住在既有的民政事务专员住所。麻坡区专员住在河边的一栋房子里，为战前柔佛苏丹儿子的住处。我记得小时候见过东姑·艾哈迈德（苏丹易卜拉欣的二儿子）在麻坡河上进行摩托艇比赛。日本人对民政事务专员相当尊重，给予很大的公共权力。

在柔佛大部分地区，日本人没有直接设立日方行政官员。受日本军监部管辖的地区主要有居銮、峇株巴辖、麻坡、昔加末，但对这些地区的民政事务专员监管相当宽松。其他地区，如哥打丁宜、丰盛港和唐卡的民政事务专员虽名义上受制于柔佛新山州政府，但在很大程度上实行自主管理。小地方，如丰盛港、兴楼、哥打丁宜和笨珍在战争期间几乎看不到日本人。日方断断续续地在麻坡、峇株巴辖驻军，但在昔加末和居銮区有永久驻军。

日本军官很少被派驻到地方部门。例如，医院和学校的员工均为当地人。专门行业，包括医院在内，直接接受柔佛州新山各自总部的管辖。

柔佛州所有主要城镇设有一个办事处，负责水电供应以及清洁工作（事实上，后者并不存在）。电站通常位于城镇郊区，完全由本地人独立经营管理。所有这些事务均属于民政事务专员的管辖范围。尽管缺乏相关培训，电站工作人员却能凭着实践经验完成工作。当地技术员负责维修水管，并利用一切可利用的资源维修道路。因此，尽管困难重重，市政管理仍发挥了一定作用。这些机构一直没有日本官员参与，完全依靠柔佛市政服务及相关机构的马来官员或其他种族的专业人士和技术专家管理。

由本地人负责政务管理这一事实具有重大的现实和象征意义。我们认识到，我们可以独立完成很多工作，而在此之前却一直依赖于英国政府。日后当我们从英国政府那里寻求独立时，这段经历增强了我们的自信心。

柔佛新山的大医院被日军占用，本地人不得不到医疗部毗邻的露天诊所就医。然而，在新山以外的地方，医院未被占用，仍为当地人提供服务。整个柔佛州药品紧缺，黑市交易猖獗。奎宁是治疗疟疾的常规药，但容易导致耳鸣。由椰子树制成的酒精饮料——棕榈酒被用来治疗脚气病，棕榈油代替鱼肝油。地方医生和医院助理掌控了战前剩余的药品库存，只卖给那些有钱购买的人，价格往往高得离谱。我通过朋友萨利赫也倒卖过一些药品，如磺胺类药物（抗生素的前身）。萨利赫曾做过医院助理，在新加坡药品黑市混得不错。

州警察署最高长官相当于（英国的）警察总监。第一位总监是位军人，滝沢上校，但几位后任是从日本国内警察系统借调来马来亚的警员。他们采用日本国内警察阶衔，但在这里任职时会被抬高一级，而日本行政人员则称这些阶衔为陆军阶衔。

地方警察的阶衔较少：巡查相当于警员，巡查部长相当于警长，其次是见习警部，最高级别为警部。战争快结束时，出现了更高的级别——警视。

州警察署高层领导中，最多时有六名日本军官。警察总监配有一名副手，负责与和平卫队的协调工作，和平卫队主要由镇压抗日军的华人警官组成。其他分支机构负责人包括总务课长（负责总务）、刑事课长（管理犯罪）、保安课长（管理车辆及其他事宜）和警察校长（负责警官培训）。

警察署有两支独立的作战联队：一支处理日常警务事件，另一支对付"共产主义"（后文待叙）。我经常参加例会，会上地方高级警官向日本上司简要报告对警方有利的事情。至于一般警务，他们通常提得不多，因为在这一特殊时期大多数犯罪行为根本微不足道。

我越来越清楚地认识到警察署宛如一个独立王国，除了警察总监须向军监部部长汇报之外，很少与其他日本官员有官方来往。

在地方，首席警长负责一般警务管理和日常治安工作，设立了由当地警员组成的地方总部。马来人担任地方警局的大部分高级职位，往往在战前就已升至此位，这意味着许多在职人员已接近退休年龄。他们手下有一批积极进取的马来青年人，在战争爆发前夕加入警局，并在日本人手下接受了专业训练。这些年轻警官认真工作、尽职尽责，竭力迎合日本新上司，满怀晋升的希望。他们当中有些人在后来飞黄腾达。

日治早期，只有柔佛新山警局设有一位日本局长（首席警长）。而后来从重要的边远地区开始，如麻坡、峇株巴辖，越来越多的日本军官被任命为局长。到1944年，除笨珍和丰盛港外，每一地区均设置了日本局长。在某些地区，局长是当地唯一的日本官员。

这些日本警官被安排居住于本地员工的政府宿舍，譬如麻坡警局的日本局长与麻坡高级教师张先生（新加坡国会议员张泰澄博士的父亲）比邻而居。在此，他们没有专门的居住区。

局长以下是数名马来或印度高级督察以及一帮无警衔的华人警官。警察大多是马来人，此外还有一些锡克人。负责侦查的警探多数是马来人和印度人。各级汇报层次与任何一个警察组织相似，每个部门对地方局长负责。华人警官可以绕过当地马来督察，直接向日本局长报告。

警局最底层的工作，如在审讯室里，警员是以马来语沟通的，即使在战后多年的新加坡亦是如此。英语是官员阶层的语言，日本人没有禁止使用英语，因为它已经是内部交流的通用语。马来官员几乎没有参与对反日组织的调查，如"马来亚人民抗日军（MPAJA）"，他们一般做现场工作，如需要警力到场的丛林搜捕等。

地方警局甚至州警署很少有华人警察从事常规、传统的警务工作，如驻守警局或巡视公共场所，他们主要集中于其他方面，如"维和"，打击"共产党"分子、马来亚人民抗日军和其他抗日游击活动。华人高级警官从战前侦探督察队中获得提拔。华人警官和侦探负责严肃查处共产党人，一般在偏远地区，具有很大的自主权。

后文将详尽描述我所亲历的马来亚人民抗日军活动。我曾参与多次有关这类活动的汇报，这些汇报往往比一般警务汇报详细得多，有详细绘制的地图和指示图。听了抗日军从藏身之处袭击日军的多次报告，我对抗日军团的部署了如指掌。

日治后期，许多级别低的华人警察，如警佐、警员，凭着对付"共产分子"的出色表现，很快晋升到领导地位。在主要城镇，如麻坡、峇株巴辖、昔加末和居銮，这些华人大多不大理睬马来警官。在柔佛新山，华人警官与日本宪兵队总部联系密切。在日军驻扎的地区，他们直接为军队服务，用中文写成报告，直接呈送日本上司，而不需要翻译。

工作的最初几年，地方警局的华人警官与我的日本上司几乎没有联系，彼此之间的协调工作由州警察署的华人高级警官完成，并直接向本署的一名日本高官报告。

州警署负责华人事务的部门与宪兵队办公室密切合作。宪兵队办公室设在新山镇的另一头，全面负责柔佛州的"反共"侦查工作，与军监部权责分明。

文职警官对宪兵又敬又畏，即使是警察总监，对宪兵军官的到访也是小心翼翼，其下属都放下手头的事情随时待命，以示尊重。相比之下，华人警员与日本宪兵的交往显得较为自在，而且相当独立，从来没有人对他们与宪兵的来往表示质疑。日本文职警官常常以轻蔑的口吻谈论宪兵，让我们觉得至少在日本，文职警官的地位是高高在上的。

华人警官一般处于强势地位——日本人依赖于他们的情报。有些华人警官随意逮捕、勒索百姓。不属于"和平卫队"（日本人如此称之）的地方警官无权接触卫队挖掘出来的情报及工作，而这些人在较为偏远的地区，往往更加滥用职权谋取私利，腐败现象层出不穷。除了向当地有钱有势的华人社团、生意兴隆的商铺勒索钱财，他们还经常强抢看中了的姑娘。即使在日统区，他们仍受到日本上司的青睐，横行霸道、为所欲为：向日本人献女人；强行介入每座大城镇的赌场，然后向日本上司大送现金、名贵手表等。

一般而言，负责打击抗日游击队的警队可以随意逮捕任何人——只要他被贴上"共产党分子"的标签。我还记得，在麻坡警局外有时能看到华人妇女或老人在等着见某位华人警官，而不找马来或印度警官，因为他们坚信这位华人警官有本事替被指控与共产党有关系的人洗脱罪名。

日本投降后，那些参与政治腐败交易的人成为马来亚人民抗日军严惩的对象。当中几个人事先就从柔佛逃往新加坡或马来亚其他地方避难。战后，我在新加坡曾遇过两位——一位在香港上海汇丰银行工作，另一位在一家华人船运公司上班。

回到上文所提及的警察培训学校。1943年首批接受培训的警察大部分被派往地方警局及下属单位。警力得到补充后，就加强了特警队的训练。到1944年，特警队包括五个连，主要负责镇压在麻坡、昔加末、居銮及后来哥打丁宜警区偏远地区马来亚人民抗日军的叛乱。

这种反叛乱工作变得越来越迫切。招募新兵之后，我待在培训学校的时间越来越长。新兵均来自农村，我不得不把日文的讲课内容翻译成马来语。于是，我学会了如何抓住讲课重点，而且无须记笔记就能记住。通过这样不可多得的机会，我学会了如何省去无关紧要的信息，传达重点、要点，让听众既能把握住实质内容，又没有漏掉细枝末节。

培训学校设在柔佛警局库房，有一个大练兵场和操场。培训主要包括操练、体育活动和使用武器，武器大多数是303式步枪以及日军在爪哇缴获的荷兰短步枪。第一堂训练课是带新兵上靶场，但后来由于缺乏弹药而被取消。于是，新兵往往是在战场上才第一次开枪。

其中几堂有关警员操守的课，以日本警察为榜样，向学员们宣讲值得推崇的行为准则，重点在于倡导一种精神以及进入特警部队后所应履行的职责。

我被授予一个警衔——见习警部，成为地方警官中的一员。据说，这有助于我与穿制服的人员进行交流。对我而言，这也意味着薪水和食物配给量的提升。

柔佛新山没有大型军营，在修道院学校和阿逸摩列路马来学校各有一支驻军。镇上的日军有一个骑兵团。居銮的日军驻守规模较大，有一个大军团负责柔佛州事务，还有一个空军基地。

随着战争临近尾声，盟军收复缅甸，在笨珍巴辖、麻坡沿海城镇的日本军力明显得到增强。日军沿海建立木架哨岗，监视来袭的盟军战机。接着，在新山到处挖掘地壕，在柔佛政府所在山头修筑地道及匿藏处，准备和英军背水一战。

7. 游击抵抗
/

　　刚到警局上班时，除了向地方警官，尤其是马来警长传达日本上司的指示外，我别无他事。而自1944年马来亚人民抗日军日益活跃后，我亲历了一些事情。

　　本书只是一部我亲身经历的回忆录，而不是叙述日占马来亚的抗日历史。然而，若在此提供一些背景资料或许对读者有用。马来亚人民抗日军是日占前在英国不情愿的默许下由马来亚共产党（简称"马共"）组建而成。马共对日本人的仇恨源自两次世界大战期间，从20世纪20年代起受到中国共产党的支持。尽管提倡多种族主义（士兵军帽上的三颗星代表华、马、印三大种族），但实际上以华人为主，被称为"三星军"。

　　还有一个因素在起作用：马来亚殖民地不存在根深蒂固的民族意识，许多华人仍将中国视为自己的祖国，效忠于马来亚的共产党或国民党。印度出生的或与印度保持联系的印度人也是如此。对中国的效忠在某些地区激发了反帝国主义浪潮，人们认为中国自19世纪鸦片战争以来一直受到西方强权的凌辱。1937年日本侵华后，又掀起了反日高潮。新加坡和马来亚的一些华人积极支持中国，建立起南中国赈灾基金。日本侵占马来亚前夕，掀起了有组织的抵制日货行动。新加坡的日本人商店遭到袭击，如在密驼路，一小群人，包括一些与中国联系密切的华裔富人，组织人们进行反日抗议活动。志愿者被招募前往中国，包括一些利用滇缅公路给中国提供补给的南洋机工。

　　马来亚人民抗日军在马来亚丛林一带活动，其中两个基地设在柔佛——麻坡奥基山和居銮或哥打丁宜的中间地带。当日军入侵已不可避免时，1940年英国军官私下商讨地下抗日的可能性。1941年年初，中校J.M.L.加文在新加坡成立101特种作战训练学校，由斯潘塞·查普曼上尉任副司令，根据英军最高统帅的指令，"对各种人——无论军人还是平民、欧裔还是原住民——进行非常规作战和收集特殊情报及其他信息的训练"。但迟至1941年年底，英军最高统帅对游击战术的兴趣依然不大，而马来亚的防御仍是传统的常规军事模式。

1941年7月，地下组织马来亚共产党向英军当局提出共同"抗日卫马"。12月8日日军袭击吉兰丹州哥打巴鲁后，马来亚共产党再一次提出这一主张，强烈要求英军释放所有在押共产党员，让他们加入抗日队伍。作为回报，马来亚共产党将召集支持者和华人协助英军作战。由于日军快速挺进，再加上英军两艘大型战舰（"浅水湾"号和"威尔士亲王"号）被日本空军击沉，伦敦战时办公室在12月15日接受了马来亚共产党的提议。12月18日，尚未获得英方答复的马来亚共产党决定"依靠人民的力量继续抗日"，并建立了一支地方武装。

然而就在这天，英军与马来亚共产党正式接触。两名英方军官，包括查普曼上尉与两名马来亚共产党代表，包括秘书长莱特举行会谈，同意马来亚共产党组织抗日军，英军负责训练，但英方要求抗日军在敌后方活动。随后，新加坡总督珊顿·托马斯爵士解除了对马来亚共产党和国民党的禁令。

12月19日，远在新加坡沦陷之前，马来亚共产党已建立一个超越党派的前线组织——新加坡华侨抗敌动员总会，囊括马来亚共产党、国民党、华人同商会及其他种族团体，目的在于招募志愿者。自英军负责训练后，更名为"星华义勇军"，由马来联邦警察部队中校约翰·达雷领导。陈嘉庚先生被提名为新建的动员总会会长。

1941年12月21日，新兵开始训练，共165人参加了为期十天的速成班，成为马来亚人民抗日军的主力。第一批新兵被迅速派往森美兰、雪兰莪及柔佛。

日本占领东南亚后，为了重建秩序并打击猖獗的犯罪现象，采取了极其严厉的手段，包括枪决和斩首示众——正如我在麻坡、柔佛新山亲眼所见。然而，对于华人，日本人更为残忍，并认为所有华人都是反日分子。这部分原因在于当地华人在抗日战争中公开支持中国，同时也可能是在前赴新加坡途中与星华义勇军恶战后迁怒于华人。

尽管许多华人对中国的困境感伤、痛惜，但他们并没有参与袭击日本人商铺或任何反日行动。表面上日军在新加坡的打击目标是那些支持英国、支持马来亚共产党或国民党的人，但实际上他们对所有华人都宁枉勿纵，在海峡出生的华人、穷苦的人力车夫、农民、店员等，都是如此。1942年3月的肃清行动屠杀了数千名华人。

讽刺的是，这一行为反而促使成百上千名年轻的华人加入马来亚人民抗日军。

日本宪兵在柔佛采取了几次报复行动，抓捕所谓亲共的华人。但日本人是得到了协助的，华人亲日者掌握了自己人的动向，将情报提供给日本人。可以说，他们与日军一样罪大恶极，为了钱或女人看风使舵，抓住一切机会利用身边懦弱的同胞。

印度人和马来人并不能如华人一般了解华人社群的动向。日本人曾加强马来青年协会的建设，后者在日侵期间与日军有过一段合作。马来人视日军为"解放者"，自己为受压迫者，并普遍认为日本人会善待马来人。到后来，他们才发现同样不能逃脱日军的暴行。至于印度人，作为英国臣民，他们对命运诚惶诚恐。但后来成立了受到日军支持的印度国民军和印度独立联盟，得以自保。欧亚裔也担心受到日军的迫害，而到了战争后期，当战况日渐对日军不利时，这种担忧成为残酷的现实。

1942年至1943年，我跟随日本上司在柔佛各地采购汽车时，完全不担心会遭到马来亚人民抗日军的袭击，即使在柔佛中部和最偏远的北部也如此。我去过的地方包括巴罗、三合港、三板头（靠近丰盛港）、巴莪、岭嘉、武吉甲洞和麻坡班卒，那里的日军相当自在、无忧无虑。

直到1943年年底，我到警局上班，为警察总监翻译哥打丁宜警区马来警官所做的报告会时，我才第一次真正意识到抗日活动的严重性。一艘内河小艇载着一支巡逻队返回哥打丁宜警察总部的途中，在河口小镇瓜拉素塞迪里遭到伏击。当时小艇正蜿蜒前行，警察几乎全被枪杀或淹死，只有一两人游到对岸，死里逃生。对于袭击事件，他们只听见枪声从河道拐弯处的山上传来，其他则一无所知。

听了这信息量不大的汇报后，总监下令撤离瓜拉塞迪里警哨，停止对哥打丁宜沿河岸偏远地区的犯罪追查。后来，柔佛部分地区，即东部沿海岸、与居銮邻接的哥打丁宜范围，成为三不管地带，发展为马来亚人民抗日军第四独立队的根据地，在居銮、古来、哥打丁宜形成的三角地带——临桂锡矿山活动。

到1944年年中，马来亚人民抗日军运动愈演愈烈。第五独立队的活动地区覆盖麻坡、昔加末、居銮和峇株巴辖，司令部设在麻坡、居銮和峇株巴辖交界的奥基山区。抗日军经常攻击这些地区被孤立的警察局，到处撒下画着锤子和镰刀以及三颗星的共产主义传单后撤回根据地。通常他们会杀死一两个年老的华裔男子，曝户荒野以恐吓当地居民。

我对马来亚人民抗日军发动的其中两场突袭印象特别深。一次是在麻坡的一个偏远小镇，另一次是在昔加末（当时被抗日军占据了好几个小时）。应该是1943

年的一天，马来亚人民抗日军进攻离麻坡镇约20公里远的巴我警察局，彻底将之摧毁。该警察局是一栋红砖建筑，并设有家属营房。估计有10～15名马来人警察，与家人住在那里。麻坡警方是在突袭之后的第二天早晨接到警报的。我与日本警长及一队警察赶往现场，发现那里已被夷为平地，警察及其家人无影无踪。我们向住在附近的人询问他们的去处，但似乎无人知晓——起码当时他们给我的印象是如此。麻坡警局也无从追查他们的下落。直到战争快结束时，才与其中一些人取得了联系，我相信他们只是逃走了。这是唯一一个警局被攻陷且被夷为平地的案例。其他一些乡村警所也受到攻击，但一般马来亚人民抗日军很快就撤离了。

1944年后期，我在柔佛新山警察总署工作时，接到一份报告说马来亚人民抗日军在前夜攻占了昔加末镇几个小时。我认为这场袭击尤其大胆，因为昔加末是为数不多的日军驻地之一（驻扎于从昔加末通向金马士的路边山上）。当天上午，警察总监带我们赶到昔加末，得知前一天下午5点左右，马来亚人民抗日军发动突袭，强占警局，开了几轮火，约一个小时后就撤退消失了。令人意外的是，山上的日本驻军却一点也不知情。等到派军进镇，抗日军早已离去。昔加末镇人烟稠密，光天化日之下在日军眼皮底下做这样的事实在胆大。这一定经过了相当精心的策划。令人钦佩的是，警局遇袭时，在审讯室值班的警员们只是被缴了枪械，而未被打死或打伤。由于事发傍晚，大多数警员已下班回家，审讯室只留下很少的人。

住在昔加末的朋友赛义德·阿帕（其叔叔开了一家杂货店）告诉我，当时看到一些陌生人在镇里走来走去。他们没有伤害任何人，但能让人感觉到他们的存在。除了上述两起袭击案，马来亚人民抗日军还破坏了巴力拉惹清真寺，立即引发了马华种族骚乱事件。

如前文所述，日军一般很少到达乡村地区。马来亚人民抗日军趁机占据了麻坡的武吉甘比尔、岭嘉，以及其他一些内陆的偏远村庄（带有小橡胶庄园和小木薯农场）。主要沿海大道和西海岸的干线公路较少受到抗日军的攻击，除了偶尔突袭"提醒"一下当地人。当时，铁路线及火车也没有遭到破坏，大大不同于战后紧急状态时期的情况。

当马来亚人民抗日军在1944年加紧活动时，警务部门的每一个人，尤其是边远地区的警员，都在更加积极地参与解决"抗日"问题，致使各地区的日本警官与警署总监办公室的联系愈发频繁。越来越多的华人警官（包括警探在内），在抗日军叛变者的情报协助下，积极参与这项工作。

需要翻译的任务越来越多，有时还不得不随同警察总监前往各地，听取当地警官的报告。有段时间，还给我配了一把缴获上来的荷兰式手枪。每打一枪需要上一发子弹，要真遇到什么情况可能派不上用场，但这也许是我作为警务随行人员的一种身份象征。执行任务期间，我的日语水平有所进步。

1944年年底，我被要求陪同警察总监到居銮三角区哥打丁宜丛林中心的一个警察哨所视察。总监专门受到一支特警队的保护，该特警队主要由年轻的马来新兵、几名锡克教徒和日本警官组成，指挥官为督察希沙姆·宾·那瓦威（20世纪70年代成为柔佛首席警长）。此外，还有一支来自新加坡的警察分遣队，包括几名日本警官。

一切准备就绪，大家在哥打丁宜警区总部会聚，度过一夜。第二天日出前，乘坐摩托艇逆流而上，黎明时分到达目的地。我们下船等着其他人跟上，然后沿着一条废弃的铁路轨道向丛林腹地徒步前行。后来我才知道，这条铁路原来连接临桂锡矿区，即现在的临桂坝。铁路穿过茂密的丛林。我们走走歇歇，日落时到达目的地。这地方大而空旷，树木杂草均被清除，到处是沙堆，有一个亚答屋大村落。在来的路上，我第一次被水蛭叮伤，即使腿上绑着绑带（用长条形的毯布将小腿全包裹起来），水蛭也能钻进肉里。只有涂上汽缸油，水蛭才会松口掉下来。

原来这里不仅仅是一个村落。我们来到抗日军第四独立队的司令部，看到里面的情形，可以断定抗日军撤离时很仓皇。这里有练兵场、培训学校及各类办公室。位于小山上的营地视野开阔，可俯瞰山谷。到处张贴着中文海报，既有标语又有图画，向人们灌输着强烈的抗日思想。营地后面是未清除的茂密森林。

我们在那里待了两晚。日本长官睡床，其他人不得不睡泥地板，用帆布当铺盖。

第三天回程路上发生了变故。清晨，我们离开营地，赶回摩托艇停放的地方。到中午，我们几乎走了一半的路程，这时突然听到一阵枪声（似乎是自动枪），每个人包括我在内都急忙找地方掩护。枪声来自右侧丛林覆盖的山丘，左侧是一条小溪和灌木丛。我们开始还击，不一会儿，枪声停止了。

我们检查自己人的情况。我有些受惊。警察总监的武士刀被子弹打穿，不少人因刚才乱成一团而被擦伤。

正当此时，我们看到一群马来人穿着类似日军的制服，提着剑和日式步枪向我们走来。他们一直跟在后面，竟然是义勇军成员。义勇军和印尼的乡土防卫义勇军类似，是1943年10月由日本军政府在马来亚授意按照日军制度成立的。日本人的本意是若英国企图回攻马来亚，希望义勇军能与日军一道抗击英军。领导人易卜拉欣·雅各布中校前来拜见了警察总监。他是一位著名的马来政治领袖，是马来青年协会的创始人。战后，他积极参与马来国民党，并在印马对抗时期支持印尼的马来左翼组织。

日落时分，我们终于抵达河边。当我撩起河水洗脸想让自己清醒清醒时，感到脖子右边一阵刺痛，当时以为是被虫子叮咬的就没有理会。

几天后在新山总医院，我才意识到问题的严重性。我本来想向伊彭医生（吉隆坡著名医生吉米·伊彭的父亲）要些感冒药，顺便请他开些治蚊虫叮咬的药。当他看到我的脖子时，惊呼起来，一直问我去过哪里、发生了什么事。听了事情的经过后，他说："孩子啊，你真够幸运。如果再深半英寸，你就没命了。"他拿来一面镜子，让我看皮肤表层上三道平行的伤口，三颗子弹擦过我的脖子，我真是死里逃生。

第二天，我告诉了警察总监，他说当时自己肯定被锁定为目标，因为我正站在他的身后，所以被伤及。作为补偿，总监给了我一些钱，另外还有几箱烟。香烟的黑市价格高过我一个月的薪水。

我被派往居銮三角区哥打丁宜营地——总监及部下视察后建立起来的，待了两周，过了1945年新年。警察培训学校校长石仓带领一队人马驻守营地，需要我做翻译。尽管有所顾虑，我还是去了。营地设在丛林深处，与世隔绝，没有无线电。我们无法预测将会发生什么情况，一直要守到两三周后另一批人来接替。没有医疗设施，也没有足够的弹药对付任何围困。但我还是接受了任务，因为石仓是一位友善和气的长者，乐于帮助当地人。他尽管身为长官，但愿意听取下属的意见，与许多日本军官不一样。

这次驻守平安无事。每天例行的公事是：几个小队会在营地外巡察，看是否有抗日军前来收割他们原来种的大米和木薯的迹象，但双方一直未曾遭遇。我们用煤油灯照明，而太阳落山后一切归于寂静。早早用过晚饭，除了警卫组和预备警卫组外，其他人都准备上床睡觉。石仓一夜起床两三次，看看警卫是否睡着了。

1944年12月31日，新年前夜，我和石仓有了一次有趣的对话。他谈到在日本的家人，现在只剩一个未出嫁的女儿，妻子死于名古屋一次大规模轰炸之中。他悲痛万分，高声质问1945年将给他、给我们带来什么。他说日本已经输掉了这场战争，但还在愚蠢地继续战斗。我问这是什么意思。他说，日本已很难扭转局势。他认为日本应该求和，返回本土。我大吃一惊——尽管英军在缅甸取得胜利，但我从来没有从一个日本人口中听过这样的话。由于他心情忧郁，我没有继续谈话，然而很感激石仓对我吐露真言。与那些日本政府领导人所提倡的盲目爱国主义相比，石仓的诚实难能可贵，我与他结下友谊，一直持续到战争结束。至于我，由于太过年轻，不懂这严峻的情势可能对我带来的后果，我只觉得我在从事一份正当的工作，没伤害他人，战后应该不会被清算。

1945年，抗日军在麻坡内地的活动更加频繁。有报道称，丰盛港出现潜艇的踪迹，甚至有装满枪支弹药的小船顺河漂流，落入日军手中。更严重的是，这些活动将来将导致当地种族关系的破裂。

1945年5月下旬的一天清晨，警察总监告诉我准备好前往峇株巴辖，需要几天的时间。他看上去心事重重，一脸严肃，我也不敢多问。按照惯例，我们乘坐专车从艾尔希塔姆路离开，武装护送队尾随其后。路上经过的第一个村庄巴力拉惹让我吃惊不小。这里曾经热闹非凡，市场熙熙攘攘，沿路摆满了卖当地水果、蔬菜和杂货的小摊，而现在整座村庄空空荡荡，被人遗弃。我问总监这是怎么回事。他说"事态变得非常严重"，一路上我们将看到更多这样的情景。事实上，从巴力拉惹到峇株巴辖几英里之内十分荒凉。男女老少走在去峇株巴辖镇的路上，几乎两手空空。其中有马来人、华人，但两群人各走一边，中间隔了些距离，他们满脸恐惧。到达峇株巴辖警局后，我才明白究竟发生了什么事情。

一下车，我就问高级警官R.C.约瑟夫（詹姆斯·普杰立的父亲，詹姆斯后来成为新加坡政治家和工会领导人）。约瑟夫先生扼要地告诉我峇株巴辖镇内外爆发的种族冲突事件。日本人首席警长向总监做简短汇报，副警长拿督阿卜杜勒·萨马德也在场。

马来人和华人双方都有严重的死伤。灾难始于巴力拉惹。一伙来自铁山村（峇株巴辖上游一座铁矿附近的村）的抗日军经常骚扰巴力拉惹的村民并收取保护费。村民摄于抗日军的威胁，往往会同意缴保护费，但抗日军索取的保护费越来越高，而缴不出的村民会被残酷对待。据说村里的马来妇女对抗日军的行为感到特别害怕。冲突的前几天，抗日军以占据村里的祷告室并在里面宰了一头猪的行为来羞辱村里的马来村民。村民们认为这不仅是奇耻大辱，更是亵渎神灵，这就激怒了村民中的曼惹人（来自婆罗洲马辰）。

关于马来亚人民抗日军的所作所为，一向有不同版本，警方不知该相信哪一个，但两族之间的矛盾已经积累了一段时间。抗日军隔一段时间就会来村里，直奔最近的华人杂货店（马来甘榜大多都有）集合，然后从那里散开搜索村长和其他马来长老。店主自己也经常受到抗日军的恐吓。尽管商品寥寥无几，华人杂货店仍扮演着许多商务角色。它们负责向小橡胶园收购橡胶片，同时也往往是村里的银行。杂货店老板居住于此已经数代，与马来街坊关系十分密切。尽管如此，马来村民仍认为华人店主与抗日军勾结，并感到愤怒。抗日军宰猪的那天晚上，马来村民认定杂货店店主明显与抗日军沆瀣一气，决心采取报复。他们残暴地攻击并杀害了店主全家，连孩子也没放过，这显然是致使华人报复马来人的导火索，随后引发了峇株巴辖、南到文律（靠近笨珍）各村的报复行为。我不知道在引起大屠杀的冲突之前，马华村民之间是否存在积怨，当时太年轻而不懂深究，只记得峇株巴辖警官（包括华人）向总监所做的汇报。当时，我并未意识到这是抗日军为将来武装"革命"制造有利条件而有意为之，但现在我认为该地区的抗日军领导人不可能没有考虑到马来人会有怎样的反应。

土地一片荒凉，人们匆匆离家出逃，家禽、羊群无人照看。人们逃向峇株巴辖、小笨珍避难，等待一切恢复正常。这是我们所听到的报告内容。

在《我方的历史》一书中，马共领袖陈平提出马来亚人民抗日军在此期间没有挑起马来人对华人的仇恨，反过来声称宰猪等事件是日本人乔装抗日军游击队所为。但我从峇株巴辖难民那里亲耳听到的事件经过让我很肯定，当晚去华人杂货店集合的是抗日军，因为在当时很难想象日本兵会在深夜去杂货店，即使经过伪装。这家店别无选择，只能让携有武器的抗日军进来。马来邻居亲眼看到事件发生前后抗日军都出入了这家店，因此认定这家人与抗日军串通一气。如果是由日本兵假扮的，那肯定骗不了那些自称第一次见到抗日军的华人村民。肇事人说着华语，这一点就排除了日本兵乔装的可能性。

听取报告后，警察总监和日本首席警长单独待在一间房里，与柔佛日本州长在电话里商议。第二天，我被告知慰问团已前往笨珍南部的文律镇。慰问团一行人包括马来地区警长、日本首席警长、伍德哈尔医生（其儿子是悉尼，也称桑德拉·伍德哈尔，后文将提及）、一名华人医生（据说是台湾人）等。他们准备做什么、如何恢复地方秩序，我一概不知，我的理解是文律镇已陷于瘫痪状态——毫无法律秩序可言。慰问团的任务是尽快恢复两族间的和平。

这次灾难事件给我留下了深刻印象，尤其是马来人高度的宗教敏感性。如果群情激愤，尤其是发生宗教亵渎行为，他们会以自己的方式伸张正义。假如争议的焦点在于宗教问题或事件，便很可能引发骚乱。当他们认为本族人或信仰受到威胁时，就全然不顾与非马来人或其他族群长期建立起来的交情。

马来人的反抗事件层出不穷。鲁莽的年轻人带着帕兰刀，随时随地准备攻击抗日军和华人。事态蔓延到麻坡巴力士隆。在那里，一位叫哈吉·萨利赫的人宣称能赋予马来斗士不可战胜的力量，从而激化了种族暴动。宗教狂热已波及峇株巴辖。有迹象表明，在年轻的马来警察中，已准备发动一场针对华人的宗教战争，他们称所有华人为"马来亚人民抗日军魔鬼"。包括峇株巴辖在内的马来人在头巾上印着《古兰经》的原话。当天的气氛相当紧张、凝重，接近日落时，警局接到消息说文律镇慰问团遭到袭击。

1945年6月10日，文律镇慰问团中了抗日军的埋伏，其中一名成员藏了起来，躲过枪杀。马来地区警长、日本警官和伍德哈尔医生不幸遇难，台湾医生被当作人质抓走。

一支警队立即被派往文律镇，晚上传来更多的详情。慰问团在文律镇商业中心的华人商会休息时，被抗日军包围，遭到枪击。地区警长和日本首席警长在第一轮火拼中被杀，后来尸体受到残忍的虐待——日本警长的头被切下、马来警长被刺得尽是窟窿，伍德哈尔在设法逃跑时被枪杀。

接到消息后，总监震惊不已，马上打电话向在柔佛新山的州长报告一切。后来，我与他一起去峇株巴辖医院，见到尸首。医生夏尔马虽不是外科医生，但被请来负责火化和次日下葬事宜。他告诉我，清理工作包括缝合切割伤口，甚至接上断头。在第二天伍德哈尔医生的葬礼上，我第一次见到他的儿子悉尼（桑德拉）·伍德哈尔。他还是一个小男孩，当时我无法想象他日后会成为新加坡左翼政治领导人。

与总监在柔佛各警局巡视时，我目睹了日占期间人们的各种生活状态，不仅认识了许多当地警察的家属，而且也见过地方日本警官的情妇。如峇株巴辖日本首席警长中西（慰问团被杀警长的继任者）的情妇，名叫唐玫瑰，来自槟城。我叫她"姐姐"。她一直对我很好，甚至帮忙洗烫衣服。她有一个两三岁的孩子。"姐姐"接受的是英语教育。她时常对我长吁短叹，说为了槟城家人的生活，才被迫走上这条路。是一名亲戚当中间人介绍她来的。

骚乱后，我们又去了几次峇株巴辖。有一回，我得了疟疾。当时，唯一的药物是奎宁，有时也用万金油减轻症状。服用奎宁后烧会退，但很快又会烧起来。当总监到峇株巴辖时，我的病复发了。原本第二天早上应该启程去麻坡，但我开始浑身发抖。中西得知我的病情后说不用担心，并送我到他家要求"姐姐"负责照看。看到我的样子，玫瑰让我躺在空房的床上，脱下衣服，用万金油蘸醋搓遍我的全身，然后为我盖上两三床毯子。她在我身边坐下，抱住我不让我发抖，直到我睡着。经过几回出汗，我第二天一早醒过来，觉得精力充沛，可以出行。玫瑰做了一顿丰盛的早餐——面包加鸡蛋，还送我一包万金油粉防止发烧。我一直没有忘记她的恩情。战争快结束时，我非常担心，怕她受到报复。战后第九年，我在槟城遇见了她，但不知道她是如何度过那些艰难岁月的。

次日，柔佛日本州长在一帮日本警官的陪同下来到峇株巴辖，随从人员中包括负责治安的日本副总监，以及三位在日本留学三年刚回来的马来警官。这三人相当出众，他们是翁库·阿齐兹、旺·哈米迪（战后被扣押，最近在马来西亚埃索退休）和翁库·莫生（柔佛苏丹的亲戚）。英军投降后，日本顾问德川立刻安排他们到日本学习。这项计划旨在从马来亚、印度尼西亚和文莱甄选马来青年，送到日本名校学习。战争快结束时，这些人都回国了，除了几个留在日本并死于广岛和长崎的原子弹爆炸。

州长一行人刚到，就在菇农索加的休息室召开会议。平时只要有当地人参加会议，我就必须参加，但这一回，被告知需要回避。我一直等着被传，但始终没有传出消息。会议持续了两三天，这次非比寻常。我不知道会议进展如何，也不想向总监打听。一直到几天后，我才了解到大概发生了什么事，但也只是我个人的猜测。

这次会议似乎计划利用当前马来人，尤其是曼惹人中普遍蔓延的反抗日军、反英情绪，对马来亚人民抗日军进行策略性打击。拿督翁·加法尔作为代理民政事务专员也来到峇株巴辖，加入秘密会议。日本总督及军方极力劝说马来人接受这一计划，懂日语的马来军官翁库·阿齐兹负责翻译。在此期间，峇株巴辖和麻坡的马来人中的紧张气氛愈演愈烈，英军空投宣传单，威胁攻击抗日军的马来人将受到惩罚。我还看过一份发给峇株巴辖马来人的马来文传单。这反而激怒了更多的马来人。

我们在峇株巴辖停留了一个多星期。总监要等着迎接一位从日本前来访问的重量级人物——梅津将军（战后被指控为战争罪犯而被处死）。我不得不充当将军、总监、拿督翁之间谈话的翻译。

总监简要地表达了对抗日军攻击的震惊。在峇株巴辖，马来人和华人原本世代和睦相处，从未发生像今天这样的冲突、骚乱，而现在整个地区几乎空无一人。抗日军在文律发动进攻，远离其作战基地奥基山，是日占期间沿海相对平静的地区。

马来亚人民抗日军基地设在北部，远离海岸，隐藏在马来半岛中央山区，如果要进攻文律，肯定很容易被发现。日军百思不得其解，不知抗日军是如何做到对文律发动袭击的，是不是有不为其所知的新抗日部队活动在沿海地区。他们认为英军飞机在骚乱区散发的传单有可能证明该地区藏着抗日军，因为传单内容显示英军相当清楚当时的地面局势。

作为译员，我决定使用马来语，因为将军肯定不会喜欢敌人的语言——英语。梅津表示支持马来人回击马来亚人民抗日军，宣称马来人与日本人为同一伟业而战。但马来人不能指望靠柏兰刀赢得战争，日本将向他们提供枪支武器。

拿督翁回答时颇显犹豫，说了些"必须深思熟虑"之类的话，但我不知他的真正的意思是什么，于是用日语说他（拿督翁）目前暂时还不需要武器，他想弄清楚到时候是否必须动用武器。我不完全懂得拿督翁的顾虑，只是有种直觉：假如马来人，尤其是曼惹宗教狂热分子掌握了武器，将会引起更大的灾难、更多的流血事件以及更多无辜的人死亡。我认为，拿督翁的犹豫也是出于这样的道理。

就在此时，梅津将军突然用流利的英语问道："年轻人，你从哪里学的日语？"我当即想，也许他或他的人注意到日语翻译有些不准确的地方，但马来语是没问题的，因为他们不懂。我回答"看书学的"。他又问学了多长时间，我告诉了他，然后鼓起勇气问："长官，请问您是哪位？"他说是日本帝国总参谋长，因为局势变化，所以来马来亚视察。

作为新任民政事务专员，拿督翁明白必须尽快恢复社会秩序，控制整个局面，但同时也担心随着马来人和华人相互残杀，种族暴动将变得更严重，反而招致马来亚人民抗日军更多的报复行为。一个月内，峇株巴辖基本恢复正常。尽管村长和华人社团领袖呼吁华人离开城镇，但大多数华人仍执意留下来。

据报道，拿督翁上任的头一个月经常骑着一辆摩托车四处巡视，和每一个村庄的村民交谈，劝说他们放弃戒备，恢复以前的正常交往。暴动后，人们返回家园，但自行隔离为马来人社区和华人社区。翁库·阿齐兹告诉我，拿督翁向两个社区呼吁，许诺保证他们的人身安全。然而，一直到英军回来，峇株巴辖地区的种族紧张气氛和不稳定现象始终存在。有报道称，甚至在1946年年初，还爆发了种族冲突事件。1946年4月成立战后民政局，社会秩序才得以完全控制。

在《我方的历史》一书中，陈平称抗日军曾抓获拿督翁及手下。对此，我可以否定。从拿督翁因抗日军屠杀慰问团而上任那天开始，我一直目睹他在峇株巴辖的行动。其间，拿督翁走遍整个地区，游说马来人和华人社区，致力于恢复秩序。如果真如陈平所说——日本投降后拿督翁被抗日军抓捕，消息会立即传到柔佛新山，而且将进一步激怒对华人恨之入骨的马来人。这样的消息是掩盖不住的，肯定会人人皆知，至少瞒不过他的侄子翁库·阿齐兹。

在日本投降、英军还未到达峇株巴辖的权力真空期间，柔佛新山的确出现传言说马来亚人民抗日军在峇株巴辖到处搜捕拿督翁，但一无所获。事实上，那时他已经在瓜拉江沙，与各州的马来官员参加由日本人发起的印马两国领导人会谈，旨在建立一个"大印度尼西亚"。据我所知，英军重返峇株巴辖后，拿督翁才再次出现。

同样，传言说马来亚人民抗日军已围捕马来滋事者并缴获柏兰刀。这也属于谣言，因为"柏兰刀帮"一直较为活跃，日本投降后在峇株巴辖一度制造种族骚乱。

8. 烽火中的印度人

日本入侵时，柔佛苏丹于战前建造的皇宫尚未被使用。新山首席警长是最早在东南亚服役的日本警官之一，经常带我去他的官邸。苏丹皇宫处于他的管辖范围内。有一次，我爬上皇宫塔楼，看到一个木板窗，上面有两个用刺刀扎出来的探视孔。据警长介绍，日军攻占新加坡新柔长堤附近据点失利后，山下将军曾从这里了解日军的渡海情况。墙上用蓝笔和红笔画着简单的地图，既有箭头，也有日文。

1943年7月的一个傍晚，首席警长要我陪他去苏丹皇宫，说有重大事情将要发生。他下车坐在离门稍远一点的地方，然后让我站在旁边。一队刷有迷彩图案的豪华轿车陆续到达——这是从英军手里缴获的美国汽车。警长告诉我认真观察，仔细识别下车的每一位重要人物——假如我看过新闻，肯定都认识。

在护卫车的引导下，轿车鱼贯而来。每辆车都悬挂着表示将军军衔的黄旗，下来的是非日本官员。从第一辆车下来的是泰国的銮披汶元帅，当时是泰国总理，身穿军装，脚蹬带有马刺的马靴。接着是缅甸战时政府首脑巴莫博士，穿着典型的缅甸服装，用一块像手帕的头巾裹住头。第三位是身穿白色热带西服的文弱老者，日占期间菲律宾总统约瑟·P.劳瑞。接着高音喇叭响起，似乎是给予另一辆车的特别敬礼。从大轿车中下来一位偏矮胖、戴眼镜的光头男子。日本高级军官向他立正行礼，而其他贵宾只有普通接待规格。

警长问我是否认识他，我回答不认识。他说我应该知道，让我猜几回，并暗示说他是一位非常有影响力的印度民族领袖，可我还是不知道。他告诉我，这是苏巴斯·钱德拉·鲍斯。我说这不可能是真的，因为战前英文报纸报道鲍斯准备逃离印度时，已在西北边境某个地方遇害。首席警长说，如果我不相信，就应该去新加坡证实，鲍斯计划在政府大厦大草场做两天的演讲。警长还说，我到时就会对鲍斯有更多的了解——不过我必须在下午4点前赶到，因为可能会出现人群拥挤的情况。

我家在新加坡居住已超过两代人，家人对印度政治的兴趣不大。作为英国子民且与印度毫无联系，我们对那里发生的一切漠不关心。然而，许多印裔工人、小店主十分关注印度局势的发展，大多数人模仿印度政治家的打扮，戴甘地帽、穿卡迪手织粗布。我听说过尼赫鲁（1936年访问新加坡）、圣雄甘地，也偶尔听过苏巴斯·钱德拉·鲍斯。当时，他的地位不如现在如日中天，我以前见过他的照片——一个戴着甘地帽、胖乎乎的男子，而无法与眼前这位穿着热带西装、从豪华轿车下来的人物联系起来。

第二天，我打电话给曾在柔佛新山印度独立联盟工作的印度朋友M.B.达斯，求证这一切。达斯后来从办公室打电话告诉我事实的确如此，我们决定同越过长堤到大草场去看看，于是上了一辆烧炭的出租车，来到梧槽路，从那里走到政府大厦大草场。

政府大厦大草场是新加坡殖民地举行大型公众集会的地方，每年举办国王生日游行和各种体育赛事。我们下午5点左右到达，道路已被封闭。会场挂满了旗面中间画着一个大纺轮的印度国大党旗帜。人群已开始聚集，许多人已经就位，前排坐着一对对衣着光鲜的印度夫妇——都是印度社区的精英，大家都翘首以待。一队豪华轿车准时出现，下来几位穿着英式夹克军服的人，跑上台阶，后面跟着几位日本高级将领（从车上插的黄旗可以判断）。不一会儿，我在苏丹皇宫见过的鲍斯出现了，他缓缓地走上主席台。台上所有的人一直站着迎接，直到他坐下才纷纷落座。

苏巴斯·钱德拉·鲍斯站起来，开始演讲。他先说了几句印地话，达斯解释说是向印裔"兄弟姐妹们"问好。接着，鲍斯开始说英语，演讲主题是反对英帝国主义、争取印度独立。天空渐渐飘起了细雨。坐在前面的人们开始坐立不安，寻找避雨处。就在那一刻，鲍斯通过麦克风提高声音说了一段让我至今印象深刻的话。他说自己冒着巨大风险千里迢迢而来，为争取印度独立而奋斗不息。当他看到眼前为了一点牛毛细雨而极力躲避的人群时，感到相当震惊。这些到底是什么样的人呢？还有没有一点热血？难道为了一点微微细雨就要躲起来？鲍斯愤怒地指责英国人把这些人变得如此脆弱、胆怯。难道大家不都是兄弟姐妹？难道这些人就没有看到自己应当担负责任，把仍在苦苦挣扎的兄弟姐妹们从英国人的奴役中解放出来？人群安静下来，坐在各自的座位上，直到演讲结束。最后，鲍斯离去。

演讲中有不少即兴发挥的地方，但这个当场训斥振聋发聩，给我印象最深。这是我第一次目睹如此引人入胜的演讲，旁征博引、义正词严、荡气回肠。当时我耳轻，身份卑微，看到精英们被臭骂有一种快感。

鲍斯的淡米尔语说得不灵光，听说他虽然来自孟加拉，但孟加拉语也很一般。他曾在伦敦接受培训，在印度文官考试中出类拔萃，可并没有按部就班成为文官。他的英语措辞和表达无懈可击。尽管一半听众听不懂他在说什么，但他们对其相当敬畏，产生了共鸣。我突然明白了，为何关于印度独立的言论能够极大地激励那些将根留在印度的人。

这是我第一次接触反英政治，令人神往。我突然间觉醒，产生了投身轰轰烈烈的政治事业的冲动。这也最终导致我参与由李光耀通过20世纪50年代的政治集会发起的政治斗争。

当时，在被派往麻坡协助首席警长工作的六个月里，我与鲍斯有一次更亲密的接触。有一次，我们接到任务护送一位贵宾。我当时很奇怪为什么日本人不自己做。有人说："嘘，这家伙不是日本人！"鲍斯正在马来半岛巡访。柔佛警方负责新柔长堤的安保工作，等他过了麻坡河就移交给马六甲警方。于是，我打算上前看一眼这位名人。鲍斯下车后，我跟在他身边走向渡轮。"你是印度人，"他说，"为何不加入印度国民军？"

"我在海峡出生。"我答道。

他反问："有什么区别呢？"

我想不出如何回答。这时渡轮到了，鲍斯上船离开。

为什么鲍斯能够吸引大量的新加坡印度人？不可否认，他说英语时口若悬河、滔滔不绝，对那些讲英语的人士相当有吸引力。然而，他的魅力远远不止这一点——他善于凝聚当地印裔民众。绝大多数齐聚一堂听他演讲的人，包括劳工、种植园工人及其妻子，只对自己的母语——主要是淡米尔语或泰卢固语，感到亲切。在公共集会上，他们走上前，伏在他的脚下，以印度人的方式表示尊敬，妇女们纷纷捐出自己的珠宝首饰——我很多次亲眼看见这一行为。

二战后，鲍斯被贴上准"准独裁者"的标签。他穿上军装和军筒靴，看上去确实很像意大利法西斯头目贝尼托·墨索里尼。我推测，他这身行头有利于他管束那些目无法纪的战俘。他肯定无法知道这些战俘中有多少人诚心诚意地跟随他，又有多少人只是想逃避日军严苛的监禁。

那时，我还不知道他对于宗教信仰的虔诚。曾骑车带我去新加坡的一位朋友约翰，后来成为鲍斯的一名管家。他告诉我，鲍斯每天早上淋浴后，都会穿着湿衣服进入祷告室。每个人都得令一个小时内不能打扰他。祷告结束后，鲍斯才换上衣服吃早餐。

鲍斯的政治圈包括许多争取印度独立的杰出人物。1946年，尼赫鲁受蒙巴顿勋爵邀请访问新加坡时，尼赫鲁订了一束玫瑰花，人人都以为花是送给蒙巴顿夫人埃德温娜·蒙巴顿的。而当花送到时，尼赫鲁将之放在印度国民军纪念碑（被返回英军拆毁）原址前，弯身鞠躬，（据目击者称）热泪盈眶。尽管与鲍斯互为对手，尼赫鲁仍认为鲍斯是一位坚贞的爱国者。

东南亚印度人还应该承认鲍斯的另一贡献。鉴于他显赫的领导地位，日本人不像对待其他傀儡政权一样等同视之，而称之为"阁下"，配备相应的警卫队和一名日语翻译——森达少将。也许是因为鲍斯的影响力，日本最后攻打印度时需要得到印度人的支持，因此马来亚和新加坡的印度人尽管是英国子民，名义上属于"敌国国民"，但除了被征往泰缅修筑"死亡铁路线"的劳役，大部分都没有像华人那样遭受日本的暴行。

回想起来，鲍斯的政府大厦大草场讲话标志着马来亚印度人群众政治运动的兴起。此前，只有日本人公开反对英国的"暴政"，称必须推翻它，没有一个华人或马来领袖做过这样的演讲。报纸报道了鲍斯的每一次讲话。马来人和华人虽然并未参与印度人寻求独立的斗争，但鲍斯的露面却营造出一种氛围，促使许多人积极参与工会活动，如战后要求英方提高待遇。在这个过程中，印度国民军和印度独立联盟发挥了巨大的作用：战后，印度劳工不再受到农奴一般的待遇，他们训练有素，积极性高涨。

战争刚结束时，不少印度人因为反英而受到严厉的政治处置。在紧急时期，那些加入马来亚共产党的印度人或被抓、逐回印度，或因私藏武器而被判死刑。事实上，英国当局宣布紧急状态的原因之一就在于都柏林庄园爆发了大型游行示威——参加者几乎全是吉打州的印度劳工。

假如日本战胜，这对印度意味着什么呢？鲍斯坚信他能够领导印度脱离英国独立，同时不臣服于日本。当他去缅甸前线时，他打算领兵先进入印度。事实上，这一要求给日军司令造成了一定的困难。许多人相信，假如鲍斯以胜利者的姿态进入孟加拉，孟加拉人民将团结在他的周围。有人认为，1943年孟加拉饥荒是人为的，目的在于防止这种局势的出现。

在新加坡，随着时间的流逝，鲍斯对年轻人和老年人已不再有吸引力。在战后60多年里，新生一代印度人和新加坡印裔对他只有模糊的印象。与甘地、蒋介石一样，鲍斯成为一个褪色的传奇。也许他遗留下来的遗产是其富有远见的印度统治模式，即使当今表达有所不同，但鲍斯对印度提出来的理念至今仍有不可磨灭的影响。

9. 战争结束
/

日本投降后几天，英军还未到达。我得知马来亚人民抗日军曾试图与柔佛日军达成一项协议。在日本投降的两个月前，我陪同警察总监在麻坡做常规巡查。老朋友石仓（当地警局局长）邀请我上他家坐坐。

我们开怀畅谈，一如既往。早早吃过晚餐后，石仓回忆起当时发生的一切，然后告诉我他已经和麻坡马来亚人民抗日军取得联系，就休战问题达成协议。他说，警方已将从麻坡向内地七至十英里的边远地区划出去，马来亚人民抗日军不再发动攻击，除非受到军事或警务侵袭。

他说日本败局已定，在战争结束前最好尽量不与马来亚人民抗日军发生进一步冲突。我简直不敢相信一个日本高级警官能讲出这样一番话。石仓信誓旦旦地说没有瞎编乱造，所说的一切将成为事实。我说我相信他，但很为他担心，因为宪兵和麻坡日本驻军可能不会容忍这样的举动。石仓说，军方正被其他事情弄得焦头烂额。在麻坡、峇株巴辖及其他沿海城市的驻军都预计马来亚会再度成为战场，英军可能在沿海岸任何一个地方登陆。

我问他如何与马来亚人民抗日军达成这样的协议。石仓说，已通过一个黄姓华人警官告诉被捕的抗日军：如果抗日军领袖有意休战，石仓愿意和谈，防止造成更多的伤害。只要保证人身安全，他答应出麻坡镇见面。显然，石仓的主动得到了反馈。收到消息后，他出麻坡镇，前往班卒方向、约十英里外的一个庄园与抗日军代表见面。那儿被称为"克莱格里庄园"。石仓和翻译被蒙上眼睛，走了几英里，进入庄园内。他与抗日军领袖面谈，达成协议。他被要求表现出诚意，在规定的一个月内，其下属的警官不能侵扰华人。石仓能做出承诺，因为他当时已逮捕一个名叫黄傅华，绰号"共产主义破坏者"的警探。

石仓请我不要告诉任何人，包括警察总监在内。我很难相信，他在未经上司同意的情况下，竟然擅自采取这种出格的措施。在战争年代，这无异于叛国。迄今为止，我仍不知如何评价这件事。

在被捕前，黄傅华一直担任日占期麻坡警方反共支队队长。镇上无人不知、闻风丧胆，包括马来警察在内：任何人只要被指控与共产党分子有牵连，黄傅华即可随意逮捕。他与驻军及宪兵代表密切合作。石仓说已找到足够证据来"逮捕黄傅华"，但不能在麻坡动手。于是，他安排黄傅华去柔佛新山，名义是接受警察总监的嘉奖，实际是送他入狱。然而不幸的是，战后英军返回，释放了黄傅华，尊其为英雄，将其被监禁视为抗日之举。后来真相大白，军事战犯团准备逮捕他，可黄得到英方警察的事先报信逃脱了，我认为他去了苏门答腊。

1945年8月15日，日本天皇通过广播宣布无条件投降，消息到达麻坡已是五天以后，英军直到9月5日才返回。一周后，即9月12日，新加坡日军正式投降。在英军在马来亚和新加坡重建统治之前，出现了两周左右的权力真空期。马来亚人民抗日军控制了整个柔佛州，对当地人民实行恐怖统治，并私设公堂追算之前得罪过他们的人。

马来亚人民抗日军对那些所谓曾与日本人合作过的人群的报复，引发了新一轮他们无法控制的种族冲突，一直到英国军事管理机构来到柔佛州，这些私设的公堂才取消。

在日占期间，特别是在这段"报复期"，传出了马来亚人民抗日军骇人听闻的暴行。游击队员最常用的恐吓行为是将对方的一只耳朵割下。我并未亲眼见过这类行为，所以我只是通过传闻理解这些事。有关挖眼珠、剖腹等行为的传闻非常广，即便有些夸大，仍是相当可信的。而且，当时许多亲眼见到这些行为的人都公开发表了他们当时的经历。我个人对这些事又因我在战后亲眼所见的一件事（参阅下一章）而多信了几分。

二战即将结束的三四周前，我得了黄疸，病得不轻。当时能治这种病的药物不多，许多天后我才逐渐恢复。直到回去上班，我才得知战争结束了。我来到办公室，大多数当地警官不知将会面临怎样的命运，就连战前已在位的马来高级警官也忐忑不安。日本上司更关心自己的处境，忙于投降准备，在丹柏建起一个临时营地，在英国人到来之前随时准备疏散。柔佛州政府的最高级马来官员同样忧心忡忡，由于与日本人合作，不知英国人将如何处置自己。

所有警察分局的日本人都集中在柔佛新山，等候最后的命令。石仓晚了一周或十天才到达，但仍赶在英国人之前。其他日本官员对他避之唯恐不及。石仓告诉我他如何从麻坡而来，并替马来亚人民抗日军第五独立队向马来亚日军司令转达一条口信。事实上，有两条口信等待回音。

第一条口信转给"日方最高军事首领"——我不明白这指的是柔佛麻坡方面还是马来亚最高司令。该消息称日本应该带械向马来亚人民抗日军投降，共同合作阻止英军返回或向返回的英军宣战。石仓得到的答复是，日军将按照天皇的命令向英国投降，在此之前将继续维持治安与秩序。这一切发生在日本宣布投降后，英军将抵时。

陈平在回忆录中提到，日军曾提出与马来亚共产党携手抵御英军返回。他说，1945年8月15日天皇宣布投降后，日军司令试探着寻求与马来亚共产党及游击队谈判，希望建立联盟。他当时人在霹雳州。然而，石仓却提出不同的说法，似乎比陈平更为可信。石仓对我说，新加坡日军司令会晚几天正式宣布投降，因为当时正在等待上级对这件事的答复。

另一条口信是：警方应该将武器上交给马来亚人民抗日军。但石仓坚持要把所有的武器倒入麻坡河。

这是我最后一次见到石仓，随后他与其他军官一起转到丹柏营地，受到拘禁，最后被遣返。

我为日本警察总监做的最后一次翻译工作是苏丹易卜拉欣的儿子东姑冠冕到访，准备接管柔佛州政府。警察总监很客气地告诉他目前没有得到指令可以交权，他将维持现状。他保证英军到来之前，日本人负责维稳。

日本公开投降后，柔佛新山所有的商店都挂上了国民党旗帜，仿佛在欢迎中国军队。事实上，菜市场已有传言国民党要来。最初几天，当马来亚抗日军在街上抓人报复的时候，的确看到136部队（英国领导的地下组织）的一些华人士兵在镇上出入。在各街道路口维持秩序的是端着刺刀的日本兵。每次马来亚人民抗日军碰见他们，便仓促撤退。马来人随身带着柏兰刀，多次聚会秘密商议如何反击华人。1945年9月5日英军抵达新加坡时，新山镇的紧张气氛一触即发。当晚，两名英国军官与印度随从人员一行24人抵达柔佛政府办公大楼，州务大臣翁库·阿卜杜勒·阿齐兹和几位马来高级官员上前迎接。会谈后，他们决定第二天不必将各线工作的人员召集起来见面。

对于马来人和印度人而言，英国人的到达无疑是一大安慰，因为他们担心华人将加入马来亚人民抗日军对他们实施暴行。

我有些为自己的命运担忧。我高调地为日本人做翻译，而且又是在警察局上班、为总监服务。但我又安慰自己从未滥用职权，从未刻意害人，而且尽可能地帮助更多的人逃离暴虐。我的确没有受到牵连，在城里自由出入，无人与我搭讪，甚至也没引起马来亚人民抗日军的注意。

日本统治终于结束。回顾当时，我认识到自己的经历与各族人民（包括新加坡华人在内）所历经的苦难不同。第一次遇到日本兵时，我正值年少，几乎身无分文，自视低微。日本人给了我提升自己的机会，其中几位私下里待我很好。有生以来，我第一次意识到自己的头脑还算灵活。

我观察到日本人在柔佛州的管理比较专业、公平，基本由马来人和印度人负责行政事务，由华人处理共产党问题；继续以英语为行政语言，沿用英国人建立的大部分政府机构。然而，为什么包括新加坡在内的马来亚有如此多的人不得不忍受身体的凌辱与磨难？

这个问题永远不会有答案。日占期间的主要恶人是日本宪兵。在柔佛州，我感觉到人们对宪兵的戒心，甚至日本人也如此。后来，看到他们在迁政信上校的指示下对新加坡华人的所作所为（尤其是日占早期），让人毛骨悚然、不寒而栗。新加坡的日本宪兵只有区区数百人，却配备了约千名辅助人员，年轻的士兵们大多来自广岛，思想简单，没有文化，只会盲目服从命令，即使是极为残酷的指令。

屠杀了许多新加坡华人的"肃清"行动，没有在柔佛重演。"肃清"造成的死亡人数估计为5000到5万。无人能为这一残酷的行动辩护。

马来亚和新加坡的日军部队里有不少来自福尔摩沙（中国台湾）的中国人。当时，福尔摩沙被日军占领，一些中国人为宪兵做翻译工作。还有很多士兵来自韩国，他们有日本名字。他们在柔佛各镇已成为当地驻军的重要组成部分，他们同样凶狠无情。日占期间，人们颠沛流离，尤其是华人和欧亚裔历尽磨难。腐败和社会分崩离析加剧了人们的痛苦，一直持续到战后数年。

我一直在思考是否可以从文化的角度对这一问题进行阐释，这就涉及东北亚、中国和日本共享的文化特性。日军在新加坡是否也是通过制造恐怖来使人臣服？由于事实如此，日军在战争中犯下了罪行，日侵统治成为日本历史上的一大污点。

战争期间，日军是否利用便利的现代通信工具击败了抗日游击队？这是一个有意思的话题。战时日军和处于紧急时期的英军在反叛乱活动中均体现出技术上的优势。事实证明，战时马来亚共产党和马来亚人民抗日军没有无线电通信，完全依赖纸条传递消息，每支"团旅"由各自长官独立指挥。通信闭塞也许是陈平为何能如此长时间担任马来亚共产党秘书长的原因，同时也能解释为何其前任莱特能成为英军和日军的双面间谍，直至被杀。

战后，马来亚共产党被允许以合法组织的身份，与许多"统一战线"的卫星组织进行一些简单活动，在1948年7月英军宣布进入紧急时期后被取缔。它再次武装抗争，但这次是针对英国殖民政府。1945年英国接管后不久，马来亚人民抗日军被正式解散，但核心组织转入地下，返回丛林，加入马来亚共产党对抗英殖民政府和刚获独立的马来亚，双方之间的冲突一直持续到1960年。随着时间推移，马来亚共产党不得不撤退到泰国南部，在马泰边境活动。20世纪80年代马泰达成协议后，马来亚共产党最终解散，残余力量留在泰国南部。

马来亚共产党在20世纪50年代被禁后，仍然通过工会等组织招募新兵而继续发挥影响。尽管英国殖民政府利用逮捕和遣送等手段捣毁了马共，但我将在接下来的岁月里亲身体会马共的行为对经济所造成的严重威胁。

第二章
战后岁月

1. 英国人归来

/

战争结束了，柔佛新山的气氛紧张但平静。大家都在忐忑地等待英国人的到来。商店的橱窗里都挂着国民党旗帜——传言称中国军队即将入驻。对此，非华裔人群甚为担忧。马来人认为中国军队将增强马来亚人民抗日军的力量，而镇里镇外的抗日军正伺机报复。当136部队小分队身穿英军制服，由抗日军分子领队，作为第一支入镇军队在镇上出现时，人们的恐惧心理进一步加剧。奇怪的是，当时他们并没有从日军手中接管维护公众治安的责任，日本兵仍守卫在交叉路口。

马来亚人民抗日军在新山四处搜捕那些他们认为曾与日军合作过、应该接受惩罚的人。目标是为日本宪兵工作过的每一个人——主要是华人警察，他们早前曾参与逮捕和折磨抗日军的支持者或告密者。在新山镇，政治迫害没有明目张胆地进行，我后来得知那些在过渡期被抓的人被送到古来、士乃等偏远地区，抗日军私设公堂、处以责罚。骇人听闻的行径不时传来，抗日军在农村继续滥用私刑，就如他们在日占期的郊区折磨告密者一般。柔佛有传言，他们胁迫民众观看他们把人的眼球和肝脏挖出来并杀掉。

马来人开始不安起来，私下商议着要拿起柏兰刀，保护自己不受现在被视为"华人"而非"马来亚人民抗日军"的那些人的"正义"侵犯。有报道称，马来亚人民抗日军挨家挨户搜查峇株巴辖民政事务官拿督翁，不知道抗日军是想阻止他通过与印尼合并换取独立（受到日本公开鼓励），还是想惩罚他。然而，当时拿督翁已被日本人秘密送到瓜拉江沙，参加由印尼领导人组织的印尼政治统一会议。

在此情形下，仍在新山镇战略要地把守的日军，多少让非华裔人稍感心安。

9月5日，英国人终于抵达。而日本人早在几天前便撤至已准备好的丹柏营地。

政府大部分本地雇员仍坚守岗位。太阳西沉时，一队英国军官乘吉普车抵达。在柔佛州政府大楼台阶下等候他们的是柔佛马来官员——州务大臣翁库·阿卜杜勒·阿齐兹及几名柔佛州政府高级官员。在政府大楼举行的欢迎仪式结束后，他们召开了一次会议。接着我们得知第二天不用上班，等候通知。

我原以为还会得到他们的通知，后来才意识到当时是多么幼稚。我为日本人工作已告一段落。回想起来，如果自认为在二战中勤恳做事、不伤无辜，且为许多人提供了帮助，从而对我现在有利，显然是不切实际的想法。曾与我密切合作过的人，尤其是马来和印度高级警官，如今仍然和我友好往来（日本人离开前，大部分华人警官已离职）。然而，知人知面不知心，一些最亲密的朋友开始背叛我。

其中一位曾被我当作挚友——V.N.拉惹。日占期间，我尽力从每月工资和在黑市倒卖药品的收入中积攒一些钱。另一位朋友萨利赫曾是战前昔加末的医院助理，在新加坡黑市买卖中非常活跃。他付我小费，安排我传送药品。每次和总监从新加坡回来（总监常去新加坡岛上的艺伎馆），我负责帮萨利赫把药物带过新柔长堤关卡，因为总监的专车无须搜查。我常常将药品送到偏远的昔加末。一位叫帕尼亚的人在那里开了一家药店。当时，昔加末是游击队活动的据点，局势相当不稳定。我从不过问这些药品（磺胺类片剂和安瓿注射液）的去向，但猜有些流入了丛林之中。该买卖持续了好几个月——也可能是一年多的时间。我把赚到的钱存起来，交给拉惹去投资生意，我可以分红，但没有问多少比例。他表示我完全可以放心，战争一结束便可以拿到报酬。

现在，战争终于结束了。我找到他，索要应得的份额。他原打算将一部分钱兑换成英镑，而不幸的是，英国已宣布所有日本战时货币失效。拉惹给了我一大包"香蕉钞"①，说这就是我的那一份，都在这里，我爱怎么用就怎么用。他说话时毫无歉意。我十分震惊，顿感绝望。更侮辱人的是，他又扔来一辆旧自行车说归我了。这给我一个教训：不要轻信他人。然而幸运的是，还有朋友如萨利赫、赛义德·阿帕阁下、C.K.R.皮莱（后成为室友和良师，又成为姐夫）一直支持我，倾囊相助我渡过难关，直到找到下一份工作。

日本战时货币停止使用给人们的生活造成了毁灭性影响。此时，大多数普通人

① 当时日币印有香蕉图案，所以日币也被称为香蕉钞。

手中没有一张英镑（日本人称旧货币，要求换成新货币。用英镑将带来麻烦），甚至无法购买最基本的食物。如果没有军队在街上巡逻，早已爆发严重的暴乱。有钱人拿手表或珠宝典当，或卖掉一些黄金。我能做的就是拿些小东西（如笔、手表等）以物易物，朋友们也尽其所能给我些吃的。而英国当局采取这么激烈的措施是为了应付严重的恶性通货膨胀。战前五元钱能买到的东西，1945年年初需要150日元才能买到。投降传闻出现后，通货膨胀完全失去控制。英国当局本应该向每个家庭提供一些日用必需品，并让一些货币流通，但却没有这样做。这引起不少恶感，而在不久的将来，当文职人员的战时工资被拖欠之事（详见后文）出现时，将使问题更为严重。

但往好的方面去看，我在柔佛新山与华人邻居一直相处融洽。那时，我住在明里南街51号一间出租屋，靠近国会大厦剧院。房东是印度店主，娶了华人为妻。隔壁有一家华人旅馆，另一边是一家华人理发店。他们都知道我在战争期间为警察工作，但我从未感到任何敌意——这让我更坚信自己光明磊落。

从10月起，局势基本上稳定下来。英国军事管理机构似已站稳脚跟。我觉得应该认真找一份工作。我来到原来上班的警察局找。曾经共事的官员，如约瑟夫和其他马来高级警官，都认为我诚实可靠并对他们谦恭有礼，希望我能继续工作。他们和我一样对英国人和马共的新关系有所顾虑。英国人以联合抗日为条件容许马来亚共产党公开活动。马来亚共产党虽没有正式注册，但此时并没有被禁。马共的分支和社团如雨后春笋般出现在全马各地。

事情会如何发展呢？马来亚人民抗日军肯定不会自行解散，即使会，他们一般也会把武器藏起来。尽管举行了正式的武器上交仪式，但缴获的器械中似乎不包括被空投到丛林中的最新装备（其中一些已落入日军手里）。许多以"三颗星"为标志的组织纷纷成立。据抗日军宣称，"三颗星"代表马来亚三大种族。事实上，所有组织均由华人领导，大部分人几乎不懂英语，而且只有几个马来人和印度人，这让人们怀疑他们是否能够真正代表所有族群。无论如何，他们在日占期间以及之后使用的残忍的暴力手段，我是感到反感和害怕的。

在几名位高权重的马来警察担保下，我准备应聘侦探调查官一职。当时申请书被层层上递，最后到达英国军事管理机构在任最高官员麦克莱恩少校手中。他个头不高，留着胡须，战前曾在柔佛警局工作，英国军事管理机构授予其少校军衔。

由于警局朋友的关系，最后的面试很快得到安排。刚一开始，麦克莱恩少校就表现出敌意，显然不接受我在日占时当翻译的经历，指责我为通敌者。我向他保证没有从事真正的警务工作，如调查、逮捕或审讯等。当谈到马来亚人民抗日军时，我们的意见完全相左。我认为抗日军本质上属于共产主义，旨在建立一个共产主义国家，与英军结盟只是权宜之计。而麦克莱恩提出反对，非常不切实际地大谈马来亚人民抗日军如何与英军并肩作战、如何发动对日军的追击战等。我不得不打断他的夸夸其谈，因为我知道抗日军的真实作战情况——直到1944年才出现零零碎碎的几次袭击，而且发生在偏远地区的小警所，那里只有几名装备很差的马来警察驻守。在柔佛州，马来亚人民抗日军和日军很少有实质性的军事接触。作为警察总监的翻译，我每天翻阅警情简报，参与总监与日本高级访客的谈话，相当了解当时的防御情况。麦克莱恩听了，很泄气。当我提到石仓向马来亚人民抗日军转达日军司令的话时，麦克莱恩指责我捏造事实。我告诉他，总有一天他和英国同僚们会发现新伙伴的真面目。我说宁愿替爱斯基摩人冲锋陷阵，也不愿为英国拿起武器，因为我对英国人毫无效忠之心。麦克莱恩听了，更加恼怒。

说完我愤然离开，就这样断了在警局找工作的可能性。

但这并不是我最后一次与英国军事管理机构打交道。不久，英国陆军安全服务官埃文斯下士来家里找我，说要问一些问题。我们去了附近一家咖啡店，他询问日占期间我的工作情况、做翻译的职责。我详细地告诉了他自己到麻坡以后的经历。他做了大量笔记，然后离开。

两天后，埃文斯又带来了一些日本宪兵的照片，问我是否认识。我坦率地说从未和宪兵来往，除了大家都认识的新山宪兵队队长——一名又矮又壮、留着山羊胡的男子外，其他一概不知。我补充说，除了日本人，警局中那些充当宪兵眼线的华人警官也干了很多伤天害理之事。

自那次谈话后，我和埃文斯建立起友谊，一直持续到一两个月后他启程回英国。他消除了对我的怀疑，鼓励我去找工作，答应提供担保。我们经常见面，一块喝咖啡，一块吃面条、咖喱饭或印度煎饼。他思维严谨，详细地向我介绍社会主义以及广受爱戴的拉斯基教授等，并送给我一些宣传其思想和著作的小册子。后来我才知道，哈罗德·拉斯基是伦敦经济学院政治学教授，是一位出色的演讲者和左翼学者，左右了整整一代政治家的观点，包括新加坡一些战后到英国求学的名士。拉斯基等人的著作对新加坡受英文教育的政治活动家影响匪浅。

当我读这些政治小册子时，觉得晦涩难懂。我只受过七年小学教育，而埃文斯正准备上大学。当时，新加坡、马来亚均没有一所大学。埃文斯博学多才、通晓国际形势，给我留下了深刻印象。准备离去时，他送给我一份亚伯拉罕·林肯的演讲稿。我深受触动，不禁回想起日本良师国分对我说的话，只不过林肯是以更优雅的语言表达出来的。我非常珍惜埃文斯的礼物，在往后的职业生涯中，林肯的一席话一直伴随我左右：

面对所有攻击，我只是泰然处之、不做回应，那么谣言终将难以再起。

我将全力以赴——做到最好，一直坚持到最后。

假如结果证明我是正确的，那么所有的攻击都将烟消云散；

假如结果证明我是错误的，那么就是十个天使来替我开脱，也无济于事。

2. 从事文职工作

/

　　一位在柔佛新山从事劳务交流的朋友告诉我，英国军事管理机构的工厂有一个空缺，建议我去申请。我去了，在埃文斯下士的指引下找到一份财务文员的工作，每月80元，按月支付。

　　日占期间，该车间曾属于柔佛新山日产公司，现在为英国军事管理机构修理汽车。工人们正在一队日本战俘的帮助下进行清理，负责人是英军上尉卡本特。我的顶头上司是办公室主任昆儒，一个非常可爱的人，曾在东京急行运输公司担任同等职务。还有几位当地人，其中一个是鲍勃·科尼利厄斯，后来成为摩托车王牌赛手（并且是车间中除我之外，至今唯一在世的人），还有肯尼·罗德里格斯和王玉来（其哥哥王玉良后成为新加坡国立大学董事会主席）。我们相处融洽，最大的乐趣就是看卡本特工作。他对汽车一窍不通，每当有人来维修时，只要把引擎盖打开就能解决的问题，他却钻到车底下去。但他为人和善，不随便指手画脚。我在那里一直工作到1946年3月31日英国军事管理机构结束统治，车间结业。

　　之后，我们几个到公共工程局做临时文员，但薪水会减少。我与公共工程局首席秘书T.舍瓦苏瑞在战时就认识了，他给了这个机会，并解释说每月薪水比之前减少30元，但他会尽最大努力帮我转为正式工。尽管薪水不高，朋友也劝我另寻工作，可我还是留了下来。

　　就这样，我开始在柔佛州政府上班。到第二年（1947年），我还是一名临时工。直到7月舍瓦苏瑞实现诺言，让我和其他几个人进入政府文员编制，成为正式工，薪水稍涨。需补充的是，进入编制绝非易事，战前柔佛州政府规定不得聘用苏丹柔佛国民以外的人，即使是在马六甲出生的马来人也无缘从事这种工作。正是因为舍瓦苏瑞足智多谋、四处活动，我和其他几位非马来文员才得到雇用。柔佛政府马来高级官员端哈吉·安华·马利克也鼎力相助，他认识我的父亲，在日占期间认识了我，后来成为拿督翁·加法尔的秘书。我们能够进入编制，也得益于战后过渡时期这一事实。

柔佛州政府所有部门，包括公共工程局，都设在同一栋楼，位于新山武吉廷巴兰路。尽管塔楼表面有被炮弹击中的痕迹（至今可见），但楼内毫无损坏。工程师们各有办公室，我在一间拥挤的房间上班。中间坐着使用大型手动打字机的打字员，旁边是财务人员（包括我在内）的办公桌，另一边是处理一般信件的文员。房间里没有空调，但通风良好，甚至用不着吊扇。

我工作努力，赢得上司们，包括公共工程局局长和各部门的英国工程师的赏识。所有外发信件和递交上级主管的报告上都必须有他们的签名。我虽然在财务处，但经常被派去做人事工作，如呈送晋升、增薪资料等。因此，在1947年、1948年我能接触到文职工资拖欠事件。我尽职尽责、勤勤恳恳，受到大家的一致好评。在通往新马工会运动领导核心的大道上，我迈出了第一步。

1946年3月31日，英国军事管理机构结束统治，取而代之的是马来亚联盟（包括马来联邦州、非马来联邦州和前海峡殖民地，但新加坡除外，新加坡已成为直辖殖民地）。整个马来亚（不仅是柔佛州）都热衷于政治。

除了新加坡的非马来人以外，马来亚地区大多数非马来人对马来亚联盟的态度比较消极。我感觉大部分柔佛非马来人可能更倾向于接受这一事实。然而，马来人提出反对，激烈抵制。柔佛各地举行公众集会，州务大臣拿督翁等人发挥了主导作用。各马来政党召开会议，提出抗议。如拿督翁领导的巫统号召马来人反对马来亚联盟，而其他马来人组织，有的面向青年，有的针对妇女，有的则明显偏向印尼。我认识的马来国民党领袖哈姆扎博士后来娶了一位政治狂热者卡哈提亚·西迪。20世纪60年代，西迪成为国民党领袖以及巫统妇女部负责人。哈姆扎如慈父般和蔼可亲，我在麻坡就认识他了。当时，他因与所谓的不法分子来往而被华人警察抓捕。与之交谈后，我了解到马来国民党提倡民族主义，旨在像印尼一样建立一个独立的马来亚共和国。该党反对现今亲苏丹、亲英的马来政府，哈姆扎称后者为"封建主义"。党内成员还有东姑·阿卜杜拉——柔佛的王位请求者、现任苏丹易卜拉欣的亲戚。他身强体壮、脾气暴躁、不守规矩，去政府部门时通常以拍桌子、叫骂结束。

与哈姆扎及其政党结成同盟的，有马来亚北部一些知名印度裔律师领导的马来亚印度国大党，以及代表劳工、文化团体和青年组织的共产主义前线组织。在新山的惹兰易卜拉欣，该同盟经营两处房产，正对柔佛海峡。一处是一楼的阿旺医生诊所，另一处属于谢医生，其岳父是马来西亚商界大亨郭鹤年。

当时的我还没有形成自己的政治观点，但认为马来亚联盟将有利于非马来人。作为一名"出生于新加坡的马来亚人"，我像很多新加坡人一样，希望新加坡能加入联盟。

当马来亚联盟被马来亚联邦取代时，我周围的马来人都没有认真想过马来人与其他族群的关系。当时我关注的是身份证的使用，觉得英国人凭此把我们一一贴上标签（必须明确"种族"身份）似乎完全是多此一举。但现在我认为很有必要——在紧急时期，凭身份证能够识别出叛乱分子（因为游击队无法获取身份证）。那时，身份证只是一张卡片，非塑料制成，照片也没有盖钢印。

作为"马来亚人"中的非马来人，我们把自己与印度籍印裔人和中国籍华人区分开来。马来亚联盟成立时，我们认为新加坡不加入马来联盟对我们有百害而无一利。最初我们只是感到失望，而当巫统成立并完全获得英国人支持后，我们更加关注新加坡的走向。我常与端哈吉·安华讨论局势发展，他与拿督翁走得很近。安华让我不要担心，但我仍惴惴不安。安华向我们解释巫统全称为"马来亚民族统一机构"，这个解释有点超前——巫统实为"全国马来人统一机构"的首字母缩写，该称呼沿用至今。

民政部门成立后的几个月里，共产党联盟组织不断举行抗议集会、游行示威。共产党活动家无所不在，领导人和积极分子四处宣传。人民行动党成立初期的领导人也是这样扩大影响的。他们不放过每一个对英国权威表示蔑视的机会。

他们有时会去民事官（即后来的驻地专员）办公室，制造一些混乱。然后，反复夸耀他们如何惩治英国人，如何准备为当地人谋福利。

私下里，共产党人及支持者声称正如三颗星所示，他们为三大种族的福祉而奋斗。我深不以为然。显然，这些策略的背后隐藏了一个目的——他们意在争取非华裔人的支持。一些共产党人也鼓动像我这样的人加入他们，志愿为其简报服务，如修改英语、提出一般性建议等。

正是在这些接触中，我认识了郭鹤年的兄长郭鹤龄。他说话温和、英语流利，常去隔壁马来国民党所在的大楼。有一次，我去他的办公室拜访。他指着一位名叫余柱业的年轻人说他是莱佛士学院学者，为同一理想而奋斗。虽然日占期间我有特殊经历，但郭鹤龄与其同志热忱友好，全不在意我的过往，并且随时欢迎我造访。我去了几次，尽管有些敬佩他们，但我很快开始对他们的真实动机表示怀疑。

不久，印度国民军佩剑中尉伯鲁马邀请我一起去新加坡丝丝街的新民主主义青年团俱乐部。该俱乐部与华人青年运动保持联系，设有一间阅览室。伯鲁马说他正协助反英斗争，由于一直在印度国民军供职，频频受到灌输，他发现这些"事业"非常具有吸引力。伯鲁马请我到俱乐部找他，助其一臂之力。我去过两三次。那里经常有华人大型聚会，很少有人会说英语。我帮助他们校对用模板印刷的英语刊物。我拜读了其中一些，处处可见强烈的反英、亲华、亲共的倾向。正如萨利赫指出的，此类俱乐部完全属于共产主义前线组织——只需看看他们的红色标识、无处不在的马来亚人民抗日军象征（三颗星）便一目了然。过了一段时间，我决定远离俱乐部和伯鲁马。

回想起来，我感觉他们试图拉拢我，绝非简单地看中了我的英语能力，而是认为像我和伯鲁马这样的人在战争一结束即变得一无所有，可能会对英国人充满仇恨，并且认为我们可以为他们的事业添砖加瓦。事实上，他们并没有完全估计错误——许多前印度国民军、前马来国民党成员均参与了早几年马来亚共产党武装斗争。不少前印度国民军成员在1948年紧急时期前领导了橡胶园工人暴动。1947年3月，原国民军电报员积极参与吉打州都柏林庄园骚乱，工人及工会代表与警方的对峙造成一名工人死亡、五人受伤。此次事件后，英国军事管理机构宣布进入紧急时期。

日复一日，我一直做着文书工作，和不同的科室及人员打交道，不断积累经验。但我时常有危机感，因为我不像其他同事那样拥有一张剑桥学校的文凭。我只好比别人付出更多的努力，常常工作到很晚。

第一位上司是柔佛文职部高级官员萨提曼·本·朱凯，他指导有方、办事高效。其手下干将是在职教师陈福才。陈福才是一位热心的天主教徒，工作认真。我们相互合作、团结一致。我的努力引起了英国上司——部门各工程师的注意。他们负责签署所有外发信件并向上级部门汇报陈述，当需要特别报告时，往往找我来做。读书时学到的英语此刻派上了用场。

在柔佛公共工程局就职期间，我积累了一些非常宝贵的经验。另一位上司是财务助理巴克斯顿，欧亚裔，来自吉隆坡联邦政府，现任工程局财务处处长。1948年马来亚联邦成立后，政府部门出现人事调动。某些岗位由非政府人员接管，这自然引起行政人员的不满——在财务处，甚至出现抵制被夺权的现象。巴克斯顿刚上任时，我们拒绝与他合作，但很快被他的能力及管理所折服。在这位出色的领导手下，我一直工作到1952年10月，之后成为一名马来亚大学的学生。

在巴克斯顿手下做事时，是紧急时期的最激烈阶段。联邦政府向州政府拨了一大笔资金，作为反共经费及用于新村建设。这笔费用无须审计，只需政府总工程师或其授权副职签字。例如，在共产党开始撤退到柔佛北部的昔加末时，英国军事管理机构拨款将柔佛南部地区大量铁丝网拆除、储存，然后重新出资将其运至新地区安装。一样的铁丝网运转各地，发票重复开了一遍又一遍，显然有人故意从中渔利。当我试着提出这一问题时，总工程师告诫我不要多问，只要做好本职工作即可。

尽管不需审计，但这些费用仍须入账。巴克斯顿经验丰富，巧妙地解决了这些问题。他传授我不同的记账方法，均为经验之谈，是书本上学不到的，而且在现行的柔佛行政制度下也无法学到，因为马来上司经常将我们非马来人排斥在外。

一天，三位英国军官来到居銮公共工程局，需要审查一栋建筑物，因为对账问题需要将之"注销"。他们带来的图纸显示，这是一栋亚答屋顶、带有砖柱的木屋。我把他们领到图纸表明的位置，那里高高的拉朗草丛生，不见任何建筑物或基石的踪影。附近一对夫妇也说，这里从来没有建过房子。显然，有人凭空捏造了一座房子，从而中饱私囊。在英国军事管理机构统治时期，这种骗局相当常见，腐败无处不在。许多军方仓库管理员就以这种方式大肆敛财。

巴克斯顿对工作孜孜不倦，他依然独身，而且需要照顾年迈的老母亲，但他经常工作到很晚。他很赏识我的能力，交给了我很多需要他自己完成的任务。他教我如何行文简要、重点突出。我的水平大大提高，越来越受到巴克斯顿及英国上司的器重，为日后的工会工作积累了经验。

有一次，我收到一封来信，质问一些人事问题。信的内容失实、口气唐突，令人反感。于是，我起草了一封措辞严厉的回信。草稿被送到巴克斯顿先生的办公室后，他把我叫进去，什么也没说，只是让我出去走走，15至20分钟后再回来。我望着他没动，他又重复一遍，我只好照做。等散步回来，他正拿着我起草的回信，也没还给我，而是叫我再去写一封，希望我重新处理这件事。我回到自己的办公室，这次已经冷静下来，重新回信，先对来信内容进行有理有据的反驳，然后客气地要求对方重新考虑。读了第二封回信，巴克斯顿先生把我叫到身边，让我对比前后两封回信。显然，第一封是一时冲动之作。巴克斯顿先生说，如果你想得到对方积极的回应，这可不是一个处理问题的好方法，针锋相对只会让对方更顽固，不肯退让。当然，坚持己见不是错的，但也不能让情绪冲昏了头脑。从那时起，我开始学习努力控制自己，不管多么愤怒，绝对不带着情绪动笔。

另一件让我心生感激的事情是，虽然我们平时都很讨厌英国佬，但不得不承认他们当中还是有一些有良知的好人的。有一次，一位英国高级执行工程师与同样来自英国的驻地专员发生了冲突，后者是柔佛州地位最高的英国官员。起因是几位高级技术助理申请索要拖欠的工资一事。技术助理们是印度人，曾经因为与印度国民军有牵连而被判刑。我起草了很多份申请书，由主管工程师J.R.斯彭斯签名，但所有申请都被上一级主管部门否决了。最后的否决来自驻地专员办公室，带着他本人的签名。我把上级的回复拿给J.R.斯彭斯，他看了二话不说，直接叫我跟着他，径直走到驻地专员办公室，把申请书摊在专员面前，问这样的回复到底是什么意思。专员回答他就是这个意思，根本找不到一点理由要给叛徒发放报酬，并且补充说，这对叛徒能拿到工作已经算走运了。斯彭斯先生直视专员的眼睛，说道："你有什么权利谈背叛？你有什么权利要求忠诚？你都没能尽到义务保护他们，把他们丢给了日本人！再说，他们不过是为了从英国统治者手里解放自己的国家罢了，你怎么能说他们是叛徒？你应该为自己感到羞愧，竟然给出这样的回复！"（以上由本人改述，并非原话）说完，他转过身，叫上我，大跨步走出房间。

我真的很为他担心，因为他的举动简直是以下犯上。我劝他不要惹火上身，他却说，当一个人发现一件事是错误的时候，不能害怕说出自己的真实想法。他承认刚才有些失态，但话已出口，无法收回。"记住我说的话，年轻人。"他说道。我后来才知道，这位工程师是苏格兰人，非常直率。几天后，专员给出简短的回复，说经过重新考虑，批准这对夫妇的申请。通过这一小插曲，我发现并非所有的殖民地官员都不讲道理，其中一些坚持道义的人，总会挺身而出，伸张正义。

在公共工程局时，我还遇到过一件趣事——设计马来亚联邦国旗。拿督翁和哈吉·安华想找一位会画画的人，正好我们有一位叫穆罕默德·哈姆扎的绘图员，于是他被请去了。我清楚地记得，他们要求哈姆扎按照美国国旗来设计，画上红白条纹，在左上角加一个方形，"星星"则取自柔佛苏丹的旗帜。这样的设计没有考虑任何传统因素。

3. 工会运动

由于我在公共工程局的工作涉及薪酬分配和行政事务管理，自然而然地，很多针对政府（作为一个雇主）的机构都会拉拢像我这样的人。柔佛州行政协会（JCSA）曾邀我帮忙。当时这家工会还未注册。

工人组织早在战前就已存在，但大多数采取的是互帮互助的"友好协会"形式，而且受到各种法律的约束。20世纪30年代，由于马来亚雇员骚乱与中国激进的劳工运动之间出现了明确的联系，工会活动受到政府的压制。直到20世纪40年代，我们今天所熟知的工会，即作为享有一定程度的法律保护、有权代表成员谈判的机构，才得到法律的认可。

从其章程来看，柔佛州行政协会更像一个"社团"，而非工会。当时虽然有人认为应该有所改变，却不知如何去改。协会服务于柔佛州各级雇员，但不包括"日薪"工人，因为后者属于共产党领导的工会。联邦成立初期，柔佛州坚持保留自治权，强烈反对任何联邦机构的干预。而同时，大多数高级行政人员（包括柔佛民政部官员——由马来官员组成的精英阶层）都不愿意把协会变成工会。

姑且不论其法律角色，协会的作用应当包括争取解决公务员的欠薪问题，即要解决政府雇员在日占期间的工资应支付多少这一复杂的问题。问题的关键在于，由于日占期间的英国籍官员都拿到了全额工资，新马的雇员认为自己亦有权获得合理的工资，而且金额应该高于早先批准的三个月薪水。直到1948年，双方依然围绕这一问题争论不休。这起事件致使新马公务员怀着一股怨气争取更好的待遇，也标志着白领阶层加入反对英国统治的政治浪潮中。

同时，他们还强烈呼吁调整工资，因为当时的工资仅为战前标准，远远低于当时的生活水平。此外，还有一些关于本地公务员服务条款的问题。

官方为处理这些问题而做出的第一个大举措便是在1946年成立马来亚公务员薪金委员会，由哈里·特鲁斯提德爵士任会长。地方官员开始着手准备撰写委员会的备忘录。我被舍瓦苏瑞硬拉来，和其他人一起帮助他们收集数据。

我们并没有多少时间来做准备，而且要调整柔佛州内所有政府雇员的薪资显然是不可能的，因此，协会决定重点解决文书人员和柔佛文职人员的薪资，并特别强调在本地公务员工作条款中广泛地存在着不公正的现象。但这次调整不包括医生、工程师和技术助理——其要求交给在吉隆坡的联邦协会来处理。

处于文职最高级别的哈吉·安华组成团队，负责起草所有的交涉要求。由于我是他的部下，给我分派的任务是核对信息。我的贡献有限，但通过跟进所有的讨论，我着实受益匪浅。

备忘录的第一部分是关于"儿童津贴"的内容。本地公务员抱怨道，英国同事的第一个孩子从出生之日起，每个月可拿到75元的津贴，第二个孩子是每个月50元，直到第三个小孩为止；而普通文职部门的本地公务员都受过九到十年的教育，拿到剑桥学校的文凭，却没有任何儿童津贴，月薪才50元。从1938年麦格雷戈委员会临时津贴发布之后，英国公务员所享受的种种优惠开始被人讽喻为"麦格雷戈的赏金"。以上提及的只是存在的主要争议，此外还有其他事宜。备忘录将这些事项一一列出，措辞强硬。我们派出哈吉·安华和T.舍瓦苏瑞作为代表，与委员会见面。

我着急地等着代表团回来，急切地想要知道事情进展如何。他们满怀希望地回来了。哈里·特鲁斯提德爵士貌似对他们提交的事项深感同情，甚至承认他也发现发放儿童津贴一事很不公平，尤其是本地成人公务员的薪资还不如儿童津贴高。这让大家感觉一切进行顺利，我们的意见确实受到了重视。

然而，当薪金委员会的报告出来后，我们才发现希望全部落空。委员会承认，与接受了十年教育的本地公务员相比，英国公务员在儿童津贴方面确实存在明显的不公。所以，他们觉得没有正当理由必须发放儿童津贴。但是从另一个角度看，被派驻殖民地的英国公务员为了尽到做父母的责任，应当给予孩子一定程度的照料，把他们送到国外或进住宿学校接受教育。政府觉得有必要给予这些做父母的公务员一些补偿。因此，委员会建议，向那些已结婚生子的英国公务员发放"外籍工资"（expatriate pay）。消除一项不公平的政策，更加有利于欧籍公务员的政策制度得到重置。这就是"expatriate（外籍）"一词在新马被普遍使用的开始。

不公平并未就此终结。在20世纪50年代的最后几年里，贝纳姆薪酬委员会做出进一步改革，外籍工资可纳入退休金中，并将发放范围扩大到未婚雇员。只要本地雇员在争取自己的权益方面获得一点胜利，委员会马上就有新的借口给外籍雇员更多的优惠，使得本地雇员的胜利大打折扣。

我一直参与工会工作，且介入日深。直到翁库·阿齐兹就任主席，我最终成为工会秘书长。那时，阿齐兹还只是柔佛州一名公务员，同时在莱佛士学院兼职。也正是在那个时候，协会成员们认为，如果协会想要真正有效地代表、捍卫其成员的利益，就必须注册成为合法的工会组织。另一种办法是将协会变成一个专业机构，但这是不现实的，因为它没有足够的具有专业资格的成员。因此，注册为工会这一决定很快被采纳，而我们也有必要联系全马来亚联邦各地的公务员工会组织。我们在吉隆坡——联邦政府所在地就成功地联系上了相关组织。

我和翁库·阿齐兹前往吉隆坡开会。第一次会议的参与者是公职人员联合行动委员会。在那里，我认识了许多联邦工会运动的主要领导人，他们当中有些人后来在马来亚政治界相当活跃，如来自槟城的黄添寿，当时还是马来亚工人党的一名活跃分子；李莫生，后来成为马来亚外交家；穆罕默德·绍丕·谢赫·易卜拉欣，后来成为一名大使。他们当中除了绍丕后来成为巫统的一位重要领导外，几乎没有人与今天的任何其他政党有关系。在紧急时期最紧张的阶段，马来亚几乎不存在工业工会，其中邮政工人和铁路工人更为突出，他们基本不带有华人性质（华人和印度人一般比马来人更积极参与工会）。来自槟城的邮政工人奥斯曼·斯鲁、曾领导过一次铁路罢工的M.P.拉贾格帕兰都是当时政府雇员中的英雄。而其他政府白领阶层的代表说起话来慷慨激昂、极富斗志，但行动却温和如绵羊。

我第一次参加的大型工会集会是1950年马来亚职工总会首届代表大会。会议地点在吉隆坡中华大会堂，我和翁库·阿齐兹作为柔佛代表出席会议。就是在那里，我首次近距离见识了什么是游说。马来亚职工总会的领导权尚未落定，几位竞选者都想成为会长，其中包括马来亚种植工人联盟的P.P.纳拉亚南。由于大部分代表是印度人，总会领导权的争夺很大程度上可以说是印度人之间的事。在交通、采矿、港口以及其他工业领域内的华裔工人大多是无组织的，因为他们过去由共产党领导，但在紧急时期，他们都属于可疑分子。

杰克·布拉兹耶担任工会官方顾问，该职位是1942年英国人为了战后回马来亚而设置的。当时他们预计左派势力会在英殖民地发展，便打算用这个职位来监视战后的工会运动。由于日本占领了一段时间，所以直到1946年或1947年布拉兹耶才到达马来亚。他以前做过火车司机，是英国国家铁路工人工会的组织者之一。虽然布拉兹耶是政府公务员，也没有表现出任何极端的左倾思想，但他对当地工人的处境深表同情，这让我感触很深。布拉兹耶和我们所知的大多数欧洲人不一样，他能轻松地与当地工人打成一片，但与保守派（即马来亚行政精英们）的关系并不好，和当地种植业主的交情也一般。有一天他告诉我，如果没有杰拉尔德·坦普勒先生的帮助，他可能已被遣送回国。在紧急时期，杰拉尔德·坦普勒是英国反暴乱行动的总策划人。

为了达成橡胶工人和英国种植园主的共识，布拉兹耶在谈判中起到了关键的领导作用。种植园主希望领地内的工业稳步发展，而当时正值紧急时期最紧张的阶段，橡胶价格飞涨，须全力生产才能满足需求。布拉兹耶试图提高P.P.纳拉亚南和马来亚种植工人联盟在下一轮工人薪酬谈判中的地位。政府相当重视种植园区的工业稳定，因为当时马来亚共产党正想方设法破坏当地的橡胶产业。谈判从要求种植园主建立新的薪酬制度开始，理由是现在的橡胶价格因朝鲜战争已开始飞涨。

经济学家翁库·阿齐兹被指任为工人们的上诉委员，布拉兹耶让他游说纳拉亚南，希望后者能担任会长。种植园主们也极其需要一个可靠、强势的工人组织，需要一位负责人能和他们一起处理当前事态。事实上，他们更希望由他们自己的工会，即全马来亚产业工人工会，代表橡胶产业工人。他们推举的候选人是V.M.N.梅农，此人后来成为立法大会成员。布拉兹耶相当重视这次谈判，积极地进行公关活动，他希望工人能获取胜利。直到看见他在汤姆·柏文的帮助下，露骨地向与会者推荐纳拉亚南和周德杜瑞（种植工人联盟的出纳员）时，我才明白他的用意。汤姆·柏文是国际自由工会联合会农业工人联盟的代表。

会议期间，翁库·阿齐兹告诉我，在现有的候选人中，除了纳拉亚南，别无选择。很多候选人空有抱负，但追随者甚寡。如来自槟城的奥斯曼·斯鲁，虽然作为邮政工人的领袖，带领工人们进行过全国性的罢工、破坏邮政系统，成功地维护了工人们的权益，但他是马来人，而由于大部分代表是印度人，他胜出的可能性很小。而V.M.N.梅农虽然代表橡胶产业工人工会，却一般被视为站在种植园主一边。

翁库·阿齐兹认为，如果想要纳拉亚南取得进展，建立比橡胶工业现行条款更有利于工人的薪酬体制，很有必要坚定他本人的信念。阿齐兹还认为，随着朝鲜战争的推进，橡胶工人如果坚持要求薪资和橡胶价格挂钩，他们将会获利。我很欣赏阿齐兹的正义感，于是听从他的话，同周围所有代表交谈，游说他们投票给纳拉亚南。最终，纳拉亚南当选为马来亚职工总会会长。从这次会事的游说经历中，我学到了不少东西。

在我的职业生涯中，曾无数次与翁库·阿齐兹先生共事。阿齐兹最先研究马来亚农村贫困问题，后来在马来亚大学做了17年经济学教授，担任20年大学副校长。其父亲是马来人，母亲是德国人，所以他小时候因为浅肤色，被取绰号为"翁库·乔尼"。让我感到惊奇的是，阿齐兹虽然具有贵族血统，却拥有一种能与各种背景的人打成一片的天赋，无论是在马来人的圈子，还是非马来人的圈子，他都游刃有余。我们之间的友谊一直持续到今天。

自马来亚职工总会成立后，我越来越深入地参与工会工作。工会不仅接收柔佛州的政府公务员，还吸纳全联邦内的政府公务员。我曾与马来亚职工总会中央委员会的许多成员一起工作，如在公务员工会相当活跃的李莫生，熟悉财政规章制度、思想深刻的黄伯才，还有来自马六甲的公共信托人萧文福。其中，最能言善辩的，要数劳工部首席书记官阿劳卡萨米，他负责带领文职人员谈判小组。劳工部中的大多数英国官员对他的立场表示支持，这使得他处理关系时更加得心应手。我最终被吸收到吉隆坡的联邦谈判小组，与副检察长格里菲斯-琼斯正面交锋，他是马来亚行政部门政策的坚决拥护者。1951年以后，对手换成了该部门的后起之秀穆斯塔法·艾尔·巴克里。直到那时，英国人还在不断地搞一些小动作，如与工会讨价还价、阻止野心勃勃的工会成员当选马来亚行政部门公务员，从而保卫英国人的地位。体制内的英国人非常注意维护自身的权益。

我们的一大优势是得到了马来亚行政服务的支持，该部门的级别比马来亚行政部门低，雇员全是马来人。这些人受到排挤——他们只有在工作表现特别优秀时，才能被考虑晋升或纳入马来亚行政部门。他们希望文职公务员的谈判代表能提供建议、指导或支持，以对抗联邦政权。于是，为了满足这一需求，文职公务员形成了一个战线，给他们提供了很大的帮助。这些公务员也成为我们与作为政府谈判代表的马来公务员之间的中间人。

其间，我在1952年离开柔佛州去上大学。那时，关于文职公务员的薪酬谈判已结束，而有关其他条件的谈判仍在进行中。

我与马来亚工会的联系并未就此结束。我刚入学时，马来亚职工总会还请我参加泛马来亚大会。大会在新加坡举行，由新加坡邮政和电信工人联盟组织。联盟秘书是G.堪达萨米，出身于邮政工人阶层，受人尊敬且博学多识。当时，引发热议的是政府拒绝承认K.M.伯恩为公务员工会的谈判代表，而工会声称伯恩是一位官方代表，善于"建设性"谈判。伯恩的这种对抗姿态招致了纪律处分。直到人民行动党在新加坡掌权后，他才被任命为劳工和法律部部长。我也是直到担任海员福利官后，才进一步了解此人。

事实证明，早年的工会经历对我后来的职业生涯有着不可估量的价值，特别是当我任职于新加坡外交部，经历亚非人民团结运动的时候。这段经历对我在新加坡处理工业关系的各项工作也极有益处，这些基础都是在马来亚时奠定的。

早在柔佛州公共工程局工作时，我就已认识到，如果想在事业上更进一步，我需要获得一些资历。参加剑桥学校证书考试是不可能的——我需要花大量的时间待在办公室，根本没时间准备考试。但我也很清楚，如日侵时期所证明的，我有学习的能力和潜力，并且可以学得很好。当全州政府文职考试成绩出榜后，这份自信得到进一步增强。这次考试与文职人员薪水的等级挂钩，柔佛州每年举行一次考试。成绩公布后，我排名全州第二，比第一名仅少一分，第一名是一位马来人。成绩优秀者直接进入柔佛州行政部门，但只招收马来人。柔佛州行政部门与马来行政部门属于同级单位，与英国人共同瓜分对马来亚的统治权。我知道，一个非马来人无论多么出色，都不可能在文职工作之外的地方获得任何晋升机会。

我需要掌握自己的命运，于是决定通过自学来提升自己。我上夜校，参加伦敦商会打字证书考试，同时还报了簿记班，参加簿记证书考试。我以优异的成绩拿到了两个证书，再次证明自己确实有自学的能力。我需要的是机遇，需要一个值得尊敬、能够发掘出我身上最大优点的老师。这样的一位老师就是簿记司徒老师。他鼓励我更进一层，报考伦敦商会高级打字和会计资格证的考试。

因为柔佛新山没有这类课程，我必须到新加坡去上课。公共工程局的同事A.纳鲁萨米（后来担任槟城港口信托秘书）和我一块在新加坡工商学院报了名，住在密驼路一栋房子的二楼。在这里，我第一次遇到P.S.拉曼，他后来担任新加坡驻印度尼西亚大使和驻苏联大使。

这些额外的资格证书，虽然很普通，却给了我很大的信心。然而，随着年纪的增长，我仍然需要正视自己缺乏正规高等教育这个事实。翁库·阿齐兹及其夫人阿雅经常说我完全有能力接受高等教育，但他们却没意识到，我甚至没有剑桥学校证书，这可是柔佛州公共服务体系中任何一个高级一点的职位最起码的要求。

所以，我在沃尔西学堂报了名。这是牛津大学的一个学院，为全世界学生提供函授课程。我用平邮的方式将答卷寄过去，两三周后，他们将批好的答卷和评语再寄回来。整整一年，我一直在努力学习函授课程。每天在办公室处理好工会事务，下班后吃过晚饭，就回到出租屋学习。晚上8点半上床睡觉，早上4点起床，学习三个小时左右，冲个澡，然后去上班。这是我一天的生活，安排紧凑，没有空闲进行任何娱乐活动。1951年12月，我参加了考试，自然获得了好成绩，拿到了二级证书。说实话，这样的成绩比我想象中的好。

取得了这样的成功，翁库·阿齐兹鼓励我继续下去。虽然拿到学校证书的确让我很振奋，但我只有工作收入，没有存款可供我读完全部大学课程。而且由于没有扎实的学习基础，我总觉得读大学是超出我能力之外的、难以想象的事情。翁库·阿齐兹却坚持说我不应该放弃，还暗示如果我能被大学录取，他会帮我申请一份奖学金。他让我留意新加坡的马来亚大学（那时阿齐兹在此大学担任讲师）的招生计划，这所大学打算在1952年新开一门授予社会学学位课程。招收成人学生有特别规定，申请者要参加特定的录取考试。招生计划一公布，他便将课程的详细介绍和申请表带给我，可我还有金钱上的问题。翁库·阿齐兹坚持要我先申请，经济问题以后再说。他甚至提议，如果没有奖学金，他会找其他人凑钱资助我读书。

1952年年中，我参加了特定入学考试，决定认真学习这门课程，拿到社会学学位。也就是在那时，我第一次见到谢长福。他来自新加坡，是由社会福利署资助的考生。从此，我们结下了友谊并持续了一生。

我被马来亚大学录取了。虽然不知道有哪些奖学金以及如何申请，但我还是向柔佛州政府申请了无薪假期，并根据我的条件申请了六个月的半薪假期（时间长短由服务年限决定）。也就是说，大学上完六个月之后，我就变成了"无薪"阶层。但不管发生什么事，我决定豁出去了——翁库·阿齐兹答应有需要时会帮忙，让我安心了一些。值得庆幸的是，到10月份离开柔佛新山去上大学时，我拿到了壳牌助学金——每年两千元，一直到两年课程结束。大学期间，我住在新建成的杜尼安阿姆路宿舍。

对一个年纪不小的人来说，做出上大学的决定并不容易。有一个理由我还没有说，这是一个可以说是更为重要的决定，而这一决定带来了非常美好的结局——我悄悄地订婚了。这又是一段故事，接下来我将详细叙述。

4. 遇见未婚妻

/

战前跑回麻坡时，我不知道会面临什么样的后果。我只想摆脱第二次被学校赶出来的那种深深的羞耻感，想要出人头地。那时候，我无法预见随着日本的入侵而出现的各种挑战，也不知道自己将来会有一天准备拿大学文凭。然而，这样的选择对我的个人生活也产生了重大影响。

我在麻坡度过了童年时光。那时的家在一排临街店铺的上层，一楼有几家律师事务所。隔壁住着脾气火爆的K.P.南德先生。如前文所提，南德先生发起火来，喜欢摔碗砸碟。

我和南德家的一个儿子相熟，在日侵后的几年，他经常和我一起骑自行车外出。一天，我去南德家找他，从窗口见到了他的小妹妹，惊鸿一瞥，给我留下了极深的印象。她的名字叫乌米拉，小名叫乌米。为了完成日本兵派给我的差事，我需要骑车往返于城里的商店和兵营之间，而正好路过律师事务所所在的那排商店街。我发现自己经过她家门前的次数越来越多——有不少次是完全没有必要的。那时，我只有一件衬衫，是淡紫色的，而据可靠消息，这件衣服在当时给乌米留下了深刻的印象。

我和这家人相处得越来越融洽，开始时不时地造访他们。我的朋友开始怀疑我之所以来他们家，一半是因为和他的交情，而另一半是为了他的妹妹，他非常不高兴。我猜她的父母大概也不太愿意女儿跟我谈恋爱，也许他们认为我只是一个小混混、儿子的一个狐朋狗友而已。毫无疑问，他们可以替女儿物色到一个更好的对象，首选是像他们一样的孟加拉人。当时的风俗是父母包办婚姻，最理想的是让女儿嫁给本地优秀的医生或律师。不行的话，来自印度的也可以。

我只好给她递纸条。每次我留下纸条，一两天之后，她都会给我回复，我再偷偷跑来把回复的纸条拿走。我们之间的秘密交往持续了几个月，直到我不得不随着日本人离开这里，前往彭亨州。

　　当我再次回来并离开兵营加入货运公司后，她搬了家。南德家有位叫韦斯特伍德的朋友，是一所官方英文学校的校长。韦斯特伍德在学校里有栋房子，因为自己是单身暂时不住，于是让南德一家住一段时间。我偶尔去那里拜访他们——当然主要是为了给心上人传纸条。

　　一天，乌米的父亲突然告诉我，他们想搬到柔佛新山去，乌米的大姐在那边找到了一份教师的工作，但他们不知道该如何搬东西。为了讨好他们，我主动提出帮忙解决运输问题。和日本雇主打了招呼后，我借到一辆卡车，把南德家的家具连夜运到柔佛新山。而那时，我得到公司的调令迁至新山。从那时开始，乌米的父母对我的看法稍有改观，偶尔还能让我跟他们一起吃饭。有时候我出差回来，带一些鱼或其他吃的东西给他们，或者替他们去城里跑跑腿。这些举动对改善他们对我的看法很有帮助。南德家的儿子们和父亲的关系都不好，也帮不上父母什么忙。所以，在南德家看来，有我这么一个人在身边还有点用处。

　　战争结束后，我到柔佛州行政部门工作。乌米的哥哥对我的厌恶之情更甚，甚至威胁我要把我和他妹妹之间的秘密来往告诉他父亲，而且开始敲诈我。没错，就是敲诈，他开始向我要钱。这种敲诈从1946年一直持续到1952年我上大学为止，曾有一次要我交一半的工资给他。

　　情况糟到，我不得不向放债的锡克人借贷。无可避免地，我发现自己根本还不清这笔债。我成天琢磨着如何还债，正在此时，命运终于向我招手了。一天，我遇到几个马来朋友，他们叫我拿出一笔钱一块去槟城买彩票。我们赢了！我分到两千元，这在当时算是一笔巨款。我欣喜若狂，第一件事便是还清锡克教放债人的钱，然后给自己买了一台德律风根牌收音机，又拿了一些钱给妈妈以及乌米的父母。当然，我还得继续送钱给敲诈我的那个兄弟。

　　我下定决心一定要拿到学校的证书，然后再拿到大学学历，因为我担心自己没有受过正规教育，会造成阻碍，令我无法获得乌米父母的同意而和乌米公开交往，更不用提让他们同意我们的婚事。那样的话，我和乌米的结合将成为一个遥不可及的梦想。

　　1951年，乌米拿到了学校证书，打算做一名教师。她到柔佛新山的一个修道院学校当实习生。1952年，出现了一个新情况。英国柯克比的一个教师培训项目向全马来亚教师发出邀请，并声明提供奖学金。乌米符合申请条件且接到面试的通知。显然，她很可能被选上。我想，她的父亲大概也希望利用这次机会让她离开两年，说不定会改变她对我的看法。而我的大学学位课程也需两年才能完成，对乌米来说，提交申请也是有道理的。她的申请果然获得了批准，预计8月离开，而我也准备在10月开始大学学习。

与乌米两地分离是一件非常痛苦的事，此时我们的秘密交往已有十年之久。按照行程，她先从新加坡加冷机场飞到吉隆坡，在那里停留一天，然后和其他马来亚候选人会合，再直飞英国伦敦。在她离开新加坡之前，我们将不再有机会见面，即使是暗地里也不行。所以，我们悄悄地在吉隆坡见了一次面。之后，她转机飞往伦敦。

乌米离开的那天，柔佛新山公务部门正好放半天假。我告诉她的父母说周末去新加坡看望母亲，但事实上，我坐上马来亚航空公司的飞机飞去了吉隆坡。我们在吉隆坡一个叫戴斯·萨斯库纳姆的好友家里见面，戴斯是我们在日侵时期认识的朋友。我和乌米一起照了相，发誓在分开的两年里会一直保持通信。送她离开对我来说实在太痛苦，我不知道是不是真的能够将这段始于少年时期的感情持续下去。我含泪送走了她，然后乘飞机回到新加坡，沮丧地回到母亲家。我一个人坐在那里，只觉得满腹心事无人倾诉。

这时，母亲走过来安慰我："不要伤心，一切皆由天定。如果上天显灵，你们的愿望会实现的。"我永远也不会忘记母亲这番充满慈爱、温暖的话语。

5. 大学新体验

我在马来亚大学读的是社会学大专课程，需用两年时间（1952—1954年）完成。班上每一位同学都比普通大学生的年纪大很多，当中很多人已有工作经验。

班里唯一一位没有工作过的同学是塞西莉亚·洛佩斯（现在是塞西莉亚·纳亚女士），也是年纪最小的。年纪最大的学生是一位王姓同学。有两位已婚女士：赛格拉姆女士，是女童子军的活跃成员；英文名为霍斯利的蔡月兰女士，出生于怡保市。此外，包括我在内，班里的同学还有加进福，其父亲是位医师；谢长福，来自社会福利署，后来成为外交部常任秘书。

课程负责人是系主任让·罗伯逊教授，她有两名助手：一个姓黄，负责学生的实习分配（课程的重要环节）；另一个是秘书克雷格太太。授课教师是从课程所涉及的其他专业院系调来的。在第一学年，托马斯·西尔库克教授教基本经济学，约翰·哈特兰斯旺教授教哲学，艾哈迈德·易卜拉欣博士教法律，柏里尔·莱特博士教心理学。到第二学年，查理·伽姆巴博士教劳动经济学、翁库·阿齐兹（当时为讲师）讲授马来亚农村贫困问题。核心专业课程——社会个案工作，由让·罗伯逊博士教授。

每位同学都被分派不同的实习项目，以积累实践经验。一个学期的实习项目时间长短不一，但大部分安排在每周周一或周二。我的其中一个任务是调查在市政理事会卫生、清洁和劳工福利等部门存在的劳工问题。长期实习项目一般安排在每年的长假，持续六周左右。这种实习是否有价值，很大程度上取决于所在部门的主任。一般而言，实习都很有价值，我们都感到受益匪浅。

作为学生，我们每天的日程包括上课、导师辅导——这是我从未经历过的，以及泡图书馆。上完一天的课后，我们一般在食堂里聚一聚，因为大部分人住得离学校很远，不住宿舍楼。已婚人士经常要早早离去，照顾家庭。

我们一起上导师辅导课，导师要求广泛阅读，聆听知名专家授课。其中一位是吴庆瑞博士，讲授统计学。这门课深奥难懂，尽管吴博士已尽量简化内容，但我们还是听得相当吃力。有学生说，吴教授低沉的嗓音、平板的语调，再加上午饭后下午炎热的天气，所有的一切都让人昏昏欲睡。还有州佐审官艾哈迈德·易卜拉欣博士。他是一名非常优秀的律师，但他讲课的效果却被本人的口吃给毁了。很多时候，我们忍不住替他说出就在他嘴边但一直说不出来的那个词。这些都是小事，却给我们带来了很多欢乐。

一开始，大学的教学方式对我来说很陌生。一直以来，我总是先掌握课堂内容，然后机械地背诵知识点。现在，我需要更加透彻地理解课程内容，从不同的角度进行诠释。譬如经济社会史，大部分内容以英国为中心，刚开始我看不出这门课与本地实际情况有何种联系。到后来，我改变了看法——两者的确存在联系：英国社会存在的贫困、不公和残酷现象引发了重要的社会变革，如1942年年底的贝弗里奇报告。报告指出了大规模的失业和其他社会弊端带来的一系列影响，并奠定了建立现代福利国家的基础。了解英国工业革命及其影响，有助我更深刻地理解激进的工会运动及其产生的原因。

一年之后，我们才逐渐明白，课程培训的目的，是要求大家客观地看待问题、分析潜在原因，从专业角度探索解决问题的方法和步骤，而不是被个人感情所驱使。一个关键的原则是，帮助客户找出相应的解决方法，而不是像维多利亚时代的贵族一样，只知道分配福利。

这些课程教会我正确地看待事物——我认识到现在存在的、比以往任何时期都要严重的社会性掠夺；我学会了分析人类的行为，这可以帮助我观察和思考当时许多人赞成的政治议题；我学会了用不偏不倚的方式看待马克思主义和其他形式的左翼思想。因此，我很感谢大学，若没有这样的基础，我可以肯定自己绝不可能在人生道路上取得如此大的成就。

当我刚到新建的杜尼安路宿舍楼时，面临的是极其混乱的局面。来自马来亚各地的学生络绎不绝。那些"老生"，即早先搬进宿舍楼的二年级或三年级学生，正忙着寻找从各州或母校来的老乡。

因为一直和成年人共事，宿舍生活对我来说是全新的经历。周围全是一群刚刚完成中学业的年轻男孩，大部分人不到20岁，踌躇满志，憧憬着即将踏入的成年人世界。在他们眼中，大学学位意味着远大前程，他们或许会在马来亚或新加坡的公共服务部门找到一份体面的工作。那时，马来亚正努力争取独立。"马来亚化"是当时很流行的一个词。每个人都希望自己能够取代最终一定会离开的外籍人员的位置。

以"入学介绍"的名义捉弄新生在当时颇为盛行，所有新生皆为目标，包括我在内。很明显，"老生"们的目的是修理一下新生，让他们不要那么狂妄自大，不要那么感觉良好。

许多"老生"最开始以为我也是十几岁的"新仔"，但后来有人发现我的年纪比他们大得多——事实上已经28岁了。从那时起，大部分人对我总算有了一些尊敬，但还是有几个家伙企图欺负我。我决定顺其自然，不做反抗，而且如有可能，多结交其中一些人。于是，我尽量忍受他们的恶作剧。如此一来，也认识了许多朋友。他们来自各个种族，有些只有十几岁，有些年纪稍大，20多岁。其中不少人至今还和我保持着深厚的友谊，如南洋理工大学的林崇椰教授、陈大强博士、陈祝强博士以及新加坡现在的一些知名人士。

搬进宿舍楼几个月后的一天，我突然发高烧，高达104°F（当时用的是华氏温度计，相当于摄氏温度40℃左右），连续三天都没有退烧。舍友开始担心。被派来照顾学生的墨菲医生认为，我只是需要性爱。"我给你一个安全套，"他说，"出去玩一玩吧。"这让我觉得这位医生不太可信。我的一位同学得了阑尾炎，墨菲医生也没能诊断出来，幸好那位同学最后被及时送进了医院。

后来，我出去找了我家的一个老朋友帕格拉医生，他给了我一片近几年才有的抗生素——四环素。然后，我就奇迹般地康复了。生病期间，乌米的父亲过来看望，让我很吃惊。他说是妻子让他过来的。我猜他们以为我生病是与他们的女儿分开后，情绪低落引起的。他的真心关怀让我很受鼓舞。我开始满怀希望，虽然他并不太喜欢我们的交往，但至少从现在开始逐渐接受这段关系了。

舍友阿卜杜勒·马吉德（朋友们称其为"杜勒"）是一个即将毕业的文科生，年龄比别人大许多。他之前因为紧急时期的规定而被拘留在圣约翰岛，刚被释放出来。我们相处很融洽。他为人友善随和，从第一天起就给我一种归家的感觉。他做事井井有条，始终保持房间干净整洁。他每天都比我早起床，泡好咖啡后，检查要洗的衣服是否已经被拿走，洗好的衣服是否被完好地送回。

我和杜勒一直都是好朋友，尽管我对他的政治立场有所怀疑。我们从来不讨论政治，但我很快觉察到他和他的许多大学朋友一样，具有马克思主义倾向。在我们同住的那些年里，他好像从来没有学习过——他对左翼学生的深夜聚会更感兴趣。杜勒与詹姆斯·普杰立走得很近，詹姆斯也刚从拘留所放出来。杜勒、詹姆斯和其他几个人一起创办了一份激进杂志，刊名为《马来亚胡姬花》。他们两人都是在学业中断之后重新开始上学。常来往的朋友包括桑德拉（悉尼）·伍德哈尔以及医学会几位有左倾思想的人。有时，我会不小心听到他们谈话的只言片语。但当我在旁边时，他们就停下不说了。

我喜欢杜勒的一点是，他一直致力于帮助穷人。他曾经在蒙克山学校的英马夜校做志愿者。由马哈蒂尔·穆罕默德主持，成人教育委员会推行一个项目，鼓励大学里的马来学生去夜校教学，作为马来社区服务的一种形式。马哈蒂尔·穆罕默德是一名医学生，前程远大，后来成为马来西亚总理[1]。在当时他已表露出这一志向和雄心，而我们还以为他会在医学界有所发展。第二学年快结束时（1954年），我因社会工作任务前往吉打，而马哈蒂尔已经在那里开始了自己的医学实习。于是，我经常光顾他的医务室。除了忙于马哈蒂尔的项目，杜勒晚上还经常将附近寮屋的学生带到宿舍辅导功课。如果他没有空，便会请我代课，他不想让学生们养成该上课时不上课的习惯。

第一学年结束后，杜勒离开学校，但我们依旧保持着联系。1953年毕业时，由某一左翼国际学生组织赞助，杜勒前往布拉格参加学生大会。他在那里待了好几个月，回来后向我讲述在莫斯科和喀拉拉的经历。在喀拉拉，他遇到了印度共产党领导人E.M.S.南布迪里巴德；他还去了北京，遇到了流亡于中国的老朋友陈升禄。

在敦阿卜杜勒·拉扎克担任马来西亚总理期间，杜勒的运道呈上升趋势，当上了副部长。后来，因安全问题，在位时被拘留。这是马来西亚和新加坡安全部门合作的结果（当时我就职于国防部，负责情报工作）。他被释放后，这件事并没有影响到我们之间的友谊。他于2010年去世。

杜勒离校后，取代他的是李亚子（真名为李廷辉）。他和杜勒一样，都是我很好的伙伴，因为我比他年长，他对我也比较尊重。李亚子来自怡保市的一个贫困家庭。他是一名举重运动员，以不可思议的胃口著称。如果我们当中有人不去餐厅的话，就把那一份给他吃。从一开始，他就是左翼培养的对象，因为他既有华校背景

① 中国翻译为"总理"，新加坡马来西亚称为"首相"。下同。

又是草根出身，很可能会理解和支持他们的反英（但不亲共）诉求。

事实上，李亚子本人的政治立场有些复杂。一方面，他想反对那些在他看来压迫劳动阶级的人；而另一方面，他是靠奖学金支持学业的，对父母和妹妹又要尽为子为兄的义务，所以他很希望成就一番事业。我发现自己和他在这方面很相似，虽然我对当时的政治目标深表理解，但我也需要养家糊口。我们经常一起讨论这些事情。

每次李亚子从左翼人士，如詹姆斯·普杰立、悉尼·伍德哈尔等举办的政治会议回来，就像刚跑完马拉松似的，看起来疲惫不堪、忧心忡忡且充满矛盾。心里的那根弦有时紧绷到一定程度，他会做出一些鲁莽冲动的决定，这些决定后来影响到他的婚姻及家庭生活，导致妻离子散。他没有安全感，因为他不像其他激进的马来亚大学生那样，家境富裕，拿着州政府或联邦政府颁发的奖学金。他认为社会不公的思想深深植根于其个人经历中。

后来，李廷辉开始练习瑜伽，并皈依佛门，这给他带来了心灵上的平和。在克米阿尔·星·桑德胡教授的帮助下，他成功地拿到了博士学位，并在新加坡大学（即新加坡国立大学）历史系谋得一份工作。退休前，他发表了不少重要的政治作品。最近几年，他在东南亚研究所里搞学术研究。

宿舍楼里还住着一些形形色色的人。楼上住着新加坡人陈杰明和来自槟城的邱兴学。另一个房间里住着来自太平的柯文新和来自霹雳州的美格诺丁。他们都是个性非常鲜明的人。

陈杰明对待学业非常认真，除周末外，其余时间几乎从不回家。他后来就职于政府化工部。邱兴学一定来自富裕的家庭——家人常寄来吃的东西和礼物。为了让他不用总是往邮局跑（邮局在纽顿，约两英里远），他的父亲曾经让新加坡的朋友给他带过邮票。兴学喜爱出门游玩，常去看电影，经常在我们这些人面前扮演"父亲"的角色。看完电影，尤其是晚上，他往往会带几包面条或其他零食回来，坐在那里看我们吃完，自己从来不吃。他还喜欢做一些奇怪的事情。有一次，他骑着摩托车，沿着林路逆向行驶，结果被撞了，然后被送进医院。我们很担心，就跑到医院去看他。虽然卧床不起，但他却在我们面前絮絮叨叨地说什么我们"拿他当小孩"等烦人的话。他有时候很固执。因为二年级文科生不需要参加年度考试，他就旷了大部分课程。到学年末，校方不准他升入三年级，即最后一个学年。他跑到系里质问，让他们指出哪里有条款规定学生出勤是强制性的。他赢了这场辩论，学校最终同意他升入高年级。毕业时，他拿到了历史学荣誉学位。槟城的邱氏宗亲会在他们的大楼里立了一块碑，庆祝他在学业上取得的优异成绩。

柯文新和气友善，受人欢迎，比他的舍友大很多。他相貌英俊，风华正茂，但独来独往，似乎无论是在学校还是在家乡太平，都没有女朋友。每天他总是起床很晚，学习态度也很随便。美格诺丁则是一个典型的马来学生。他有时会学习一下，但真正的热情却放在摩托车上。一年级期末，他骑着摩托车进行国内旅行，结果发生了严重的事故，他的朋友皮特·黄在事故中不幸遇难。皮特就住在我楼下的房间。后来，美格诺丁进入吉隆坡马来西亚电力局工作。

大一时，楼下一个房间住着两位我在日侵时期就认识的朋友：罗克曼·穆萨，后来升为马来亚教育部高级官员；来自柔佛州东甲的M.S.吉尔，后来成为新加坡武装部队的准将。

在第一学年期末，我的长期实习任务是在马六甲，和英国红十字会一起工作。他们有一个小队在州内各地区进行医疗救援工作，当时的马六甲仍处在戒严状态。我遇到的一些案例非常令人痛心，是对我的专业素养、能否保持理性思考的极大考验。我记得，有一次在一个橡胶园遇到两个孩子，一个7岁左右，一个12岁左右。他们的母亲早逝，父亲刚刚死于肺结核。我真不知道他们是如何养活自己的。我做了自己所能做到的一切，但无异于杯水车薪，因为我待在那里的时间有限。

第二学年，我的周围又有了一些变化。罗克曼·穆萨搬出去了，住进来的是另一个柔佛人，名叫詹兴钦，其父亲开了一家电机工厂，柔佛新山的许多人都定期光顾过。兴钦最后成为吉隆坡很有影响力的银行家，退休后当起了律师。直到现在，我们还是好朋友。新住进楼下房间的其他高年级学生有陈祝强，后来成为公务部门常任秘书；还有王力云，后来作为邮政局局长退休。

我住在杜尼安路宿舍楼的两年时光里，宿舍楼里的住户大多热心友善。这里几乎没有人吵架，虽然我们的笑声很吵。这栋建筑所在的位置很好，从杜尼安路朝着餐厅走，第一栋建筑便是。这里虽然是我住的地方，但其他学生也经常过来。一楼休息室可作为阅览室，窗口更是绝佳位置，从这里可以看到去餐厅吃饭的女生。其他宿舍区的学生也利用这一有利位置观察主干道上的过往行人。其中最诱人的便是那些马来女生，她们从隔壁的寮屋走出，婀娜多姿地经过宿舍楼，走到杜尼安路尽头的水管处，那里靠近现在的小贩中心。她们通常在日落时分经过这里，把身上的纱笼系得高高的，直到胸口，露出香肩。

亚米特·产格，后来成为工会主义者，那时他经常来我这里的走廊，朝着他的马来女性朋友打手势、发信号。庞正宝，后来在公务部门成就一番事业的人，那时经常在课间到我的房间里消磨时间。与我来往的还有在这片宿舍区居住的朋友。我和这条路上其他宿舍楼的许多同学成了朋友。直到今天，当我遇到旧日的大学同学，这些经历都是我们追忆往昔时的主要话题。

1953年后半年进入第二学年时，我已经适应了大学生活。周围是各种各样的人。当中有许多人博览群书，受过良好的学校教育，且有机会发展各种兴趣。对那些过着舒适小康生活的人来说，尤其如此。相比没读过大学预科的学生，那些读过预科的学生对校外话题更有兴趣，了解的范围也更广。另外，也有同样多的人没那么复杂，这类人更喜欢将精力集中在书本上，平日的娱乐也不过是去电影院看场电影。

大部分马来学生都是拿着马来亚政府奖学金来念书的。课后，他们一般只与自己人交往。或许他们是因为共同的兴趣才聚在一起，不管是上课还是玩游戏。马来学生当中有些是宗教狂热分子，从不与我们混在一起；也有一些是世界主义者，愿意与华人学生和印度学生打成一片。杜勒便是如此，还有奥斯曼·卡塞姆，后来成为马来西亚的一位常任秘书。一般而言，华人女性最为和善，与其他人和睦相处，是很好的伙伴。来自马来亚同一城镇或相同学校的人容易抱成一团。我也发现自己与来自熟悉的地方的人相处起来感觉比较舒畅，尽管大家上的课程不同。对我来说，这个熟悉的地方指的是柔佛州。我的老乡有K.R.钱德拉，后来在律政部常任秘书的岗位上退休；埃里克·阿尔弗雷德，一位动物学家，继卡尔·吉布森山之后成为国家博物馆馆长。时光飞逝，在我周围，种族隔阂越来越淡化，大家的交往越来越融洽。

那些有政治倾向的学生会寻找特别吸引他们的奋斗目标。涉入政治的机会有很多。那时候，随着整个亚洲国家主义的兴起，中国毛泽东的军队打败腐败的国民党取得胜利，在新加坡的华校里，学生政治正变得越来越激烈。新加坡国内政治的热点在于对市政理事会和立法大会的地方代表制进行改革，当时代表们全由上面任命。宿舍楼里来自新加坡以外的同学，对关于马来亚独立的政治争论更有兴趣。在此须提及的是，我们当中许多人将新加坡和马来亚视为一体，虽然新加坡是一个独立的英国殖民地，而马来亚在独立的道路上走得更远一些。我们这些非马来却生长于斯接受英国教育的人，坚定地认为我们成长的家乡——马来亚，是一个多民族、宽容、（在当时）没有种族歧视的地方。

校园里到处充斥着各种政治词汇，时不时地出现论坛和辩论。那些在华校里读过书的学生，和那些震惊于中国大陆各项进展的人，最支持反英斗争。他们对以中国为中心的政治充满兴趣，特别是其中反西方的一面和对马来亚的潜在影响。而其他人则是在原则上反对英国殖民势力。詹姆斯·普杰立在战争中成熟起来，与我之前的经历相似。他曾在缅甸前线担任印度国民军军官，战后被拘禁在加尔各答时，同共产主义者和民族主义者有过联系。在这群人中，他是最政治化、头脑敏锐的人，为左翼事业不懈奋斗，尽管他的父亲——我称之为"约瑟夫叔叔"——是名高级警官，极为反共。他父亲曾经跟我说起，20世纪30年代他是如何在新加坡红灯码头的联厦里捣毁了一个共产党聚会的窝点，当时的头目是一个说法语的越南人。

然而，并非所有的学生都加入了政治派别。有一组天主教徒学生就对这些左倾宣传完全免疫。他们并不认为有必要积极反抗英国人，而更赞同马来亚逐渐过渡到独立政权。天主教反共小组由杰克·席尔瓦领导，此人后来在马来亚外交部崭露头角，被派往数个重要国家担任马来亚大使。壳牌的斯蒂芬·沈也在这一小组，后来成为新加坡驻香港专员。

虽然有些教师偏向左翼思想，但我并没有发现他们有特别极端的倾向，这包括在一年级新生中颇具影响力的一些欧洲教师。他们的魅力在于，他们有别于那些非常传统的英国公务员或我们常见到的商业代理，他们的眼界不同，思维更加开阔。而且对他们来说，与当地人混到一块是自然而然的事。

由于我是在战火中长大的，因此对政治很有兴趣，赞成建立一个独立的马来亚国家。听了苏巴斯·钱德拉·鲍斯的演讲后，我被印度反殖民斗争深深地触动。然而，更主要的是因为自己在工会的工作经历，才产生了想加入这些政治辩论的想法。我经常参加校园里有关各种政治话题的学生论坛。正是在其中一个论坛里，有人认出了听众中的两位名人——李光耀夫妇。每当有人提问，李光耀就会额外关注，他的眼神机警而敏锐，让我很惊异。他全神贯注地听大家发言，态度极为认真。说实话，在接下来的几个月里，我们有些人被他与那些极端左翼分子，如普杰立、伍德哈尔等之间的联系搞得晕头转向。我们找不出他的动机何在。直到人民行动党上台之后，我们才明白他的长远计划，正如他所说的，"驾驭左翼这只老虎"。

宿舍楼也被政治气氛笼罩着，那些不住在里面的人可能会忽视这一点。此时，紧急时期逐渐结束。东南亚的总警监——温文尔雅的马尔科姆·麦当劳在学生中名气很大，他本人和学生们相处极其融洽，尤其是和那些被他请进柔佛新山苏丹皇宫的女生。他一直住在那里，后来搬至新加坡植物园附近陆运涛的一栋房子里。马尔科姆和拿督翁、陈祯禄一起，召集社区联络委员会，目的在于建立一个多种族联盟。该联盟召开多次会议，积极说服拿督翁脱离巫统，建立马来亚独立党。联盟的工作重心在于为马来亚自治政府的建立做准备，为完全独立吹响号角。另外，在马来亚各城镇，议会开始为选举做准备。

所有这些进展我都密切关注。然而，我也清楚地明白，我必须完成学业，对母亲和未婚妻负责。于是，我陷入进退两难的境地：到底是全心投入政治活动，还是应该以学业为重？

6. 戏剧性的毕业年

/

马来亚大学医科学生中盛传一些或左或右、比较极端的政治观点。1953年2月，杜尼安路宿舍楼成立大学社会主义俱乐部，成员包括思想极端的医学生。社会主义俱乐部成立时没有大张旗鼓地宣传——几乎没几个人知道它的存在。傅树介是主要负责人，后任秘书长。据记载，出席会议的除了他本人外，还有詹姆斯·普杰立、悉尼·伍德哈尔、亚米特·产格、林福寿、M.K.拉惹库马等。王赓武当选为首任主席，伍德哈尔为首任出版秘书。当第一期杂志《法查尔》（刊名的阿拉伯语意思为"破晓"）放在餐厅出售时，俱乐部开始引人注意，但只有那些平时爱谈论政治的人才会关注。成员们希望这本杂志能吸引比原来由詹姆斯·普杰立、杜勒等人主办的《马来亚胡姬花》更多的读者，但销售情况仍没有起色。林福寿请我为杂志撰写一篇文章，我答应了，内容好像是和社会工作有关。

参与大学社会主义俱乐部的学生被视为激进分子，成为大一一些新生的偶像。然而，与我同龄的大部分人，无论住不住宿舍楼，只对社交生活、学生会和运动协会的活动感兴趣。

到了1953年，政治辩论日趋激烈，尤其是在杜尼安路餐厅。在那里经常会看到同一伙人围着几位白人讲师聚会。学生们常到黄仲涵馆组织论坛，讨论政治议题，有时也在医学院学生宿舍碰头。1953年，华校发生了一系列骚乱[1]，促使在大学生中弥漫的

① 20世纪50年代，新加坡华校中学生发起了一系列学生运动，其中最著名的是"五一三"事件。当时华校生为了抗议殖民政府强制学生服兵役，罢课并把自己关在教室里静坐。

紧张气氛更加紧张，对政治比较敏感的那一小群人更是如此。各个团体都在为各自的立场辩护，并辩论是否或如何支持将自己关在学校里的华侨中学和中正中学的学生。

那时，我注意到舍友李亚子受到学生抗议活动的鼓动，明显同情那些学生。他有这样的态度并不奇怪，因为他有华人背景，对中国大陆的政治颇感兴趣。他的政治立场还表现为对中国研究系系主任何教授的极端厌恶之情。何教授经常穿着传统的马褂，像孔雀一样在校园里走来走去。这让李亚子非常反感，我们经常为此争论。"他是个国民党。"李嘟嘟囔囔地说道。

我坚持认为，不管李亚子如何看待何教授，他还是何教授的学生，那就应该认真上课，积极参与学术活动。我劝李亚子不要因为政治影响到课堂问答。我们两人谁也承担不起因政治原则而丢掉学业的代价，因为我们还要担负无法忽视的家庭责任。我希望他明白，那些催促着我们为某项事业牺牲学业的家伙大多来自富裕家庭，不像我们。他们承担得起这个代价，可以重读一年甚至更长时间都没问题。

我注意到宿舍楼经常出现一个名叫安东尼·思库林（后成为蒂凡那的内兄）的英国人。他不断地劝说杜尼安路上的学生去华校游行示威，参加抗议活动，支持华人学生。李亚子对这类抗议活动跃跃欲试——想要立刻加入示威队伍，或跑到政府大厦（今天的总统府）前抗议。我觉得这件事很奇怪：一个英国人，国营马来亚广播服务公司的员工，竟然鼓励我们向政府示威。我同李亚子争论起来，我让他好好想想，为什么这个英国人要鼓动我们去做那些事，尤其是这个人和殖民地政权还有密切联系。听了我的话，李亚子陷入沉思，承认这个思库林确实有点古怪。

思库林并非唯一一个常来学校劝说我们去抗议的英国人。还有几位也经常出现在各种严肃的讨论和辩论场合。他们提倡学生采取激进的反政府行为，不仅在政治讨论中，还要将立场公之于众。在我看来，他们似乎在想方设法说服那些有政治倾向的人，特别是那些天真的人。他们渗入学校政治，不禁令人担忧。但我摸不清他们的目的何在，于是决定远离这些团体，同时努力说服李亚子放弃。幸好，我成功地阻止了他去充当人墙。

大二时，在别人的劝说下，我曾担任大学社会主义俱乐部的秘书。工作委员会成员有亚米特·产格、王邦文、纳德斯瓦兰、杨基宏、奥斯曼·卡塞姆、哈希姆·撒尼（后来出任马来亚高级法院首席大法官）、詹姆斯·普杰立以及悉尼·伍德哈尔。最初几个月的会议很有趣，主要讨论马来亚的政治发展，几乎没有提及新加坡政治。

《法查尔》由俱乐部的出版干事负责，现在已记不清是谁了。我主要负责拉广告以支付印刷费用和一些日常工作，如召集会议、做会议记录。

刚开始，我并没有真正了解该俱乐部的政治实质。从正式会议看不出什么蛛丝马迹，而一些非正式的社交性质的互动反而透露得更多。俱乐部似乎分成两个派别：一派以詹姆斯·普杰立为代表，是激进的反英倡导者，整天围绕所谓的"斗争"和其他抽象概念夸夸其谈；另一派更加中立，更擅长分析，他们以纳德斯瓦兰和亚米特·产格等人为首，对四处流传的每一个观点进行犀利的分析。

在俱乐部委员会早期聚会中，我第一次听到百德新馆的"茶会"。百德新馆是医学院学生的住处。据普杰立和一两个中坚分子所言，这种"茶会"像是一种"小组会议"——参与者不愿跟我们说起会议内容。但他们频频提到李光耀以及他对华人学生和激进政策的同情。我不得不又一次怀疑李光耀和他们是"一路人"，是秘密的共产主义同情者，因为据说他不愿与委员会的其他人接触。俱乐部主席哈希姆·撒尼向我们透露，他对俱乐部的发展方向深感忧虑。开始有人扪心自问，是否愿意背离初衷、卷入纠葛，以社会主义的名义为共产主义事业服务。

经过深思熟虑后，我决定不再表现活跃，只做最少的工作。他们要我组织论坛。由于我正准备着毕业论文，需要做调查，所以没有认真履行他们的要求。我的态度让委员会的左倾成员非常不满。

但他们并没有直接开除我，而是采用一种委婉的方式，问我能不能辞去秘书一职，因为很明显我必须忙于最后一年的学业，同时建议我可以继续留在委员会。我答应了。他们开了一个专门会议，做出安排。傅树介成为秘书，拉惹库马是助理秘书。作为委员会成员，我仍要参加会议（大部分是非政治争议性的），拉广告，筹集以"工作委员会"名义出版的杂志所需费用。

一般来说，在每月例会的最后几分钟，需提交《法查尔》的下一期样稿，供委员们讨论、批准。也就是说，大家并没有太多时间来通读这些稿件，或对内容深入思考。最初倒是无伤大雅，但后来，稿件内容越来越具有煽动性，措辞也越来越尖锐，隐隐预示着我们应该提高警惕。一天晚上，有人在杜尼安路宿舍楼到处撒满宣传共产主义的手册，没人知道是谁干的。杂志的大部分文章没有署名，以委员会的名义发表。（信件有署名，但我怀疑大部分是别人代笔——所用词汇、笔触老练世故，像出自普杰立或与之相似的人的手笔。）

我们当中的许多人马上要准备期末考试，工作委员会决定将《法查尔》的出版任务交给编辑部。编辑部由二年级学生组成，不需要担心考试，包括埃德温·苏姆博、蔡善进、托马斯·瓦尔克、柯文新、蓝冠杰等。他们非常高兴能够接到这份任务，得到委员会认同。要知道，委员会成员都是他们平时仰慕的学生精英。想法虽好，但后果却异常不幸。第七期杂志正好在我们期末考试的时候出版，事实上，内容根本没有经过编辑部仔细审阅，里面有一篇社论，作者不详，大标题为"侵略亚洲"。这篇文章激起了官方的强烈反应，当局指控编辑部犯了煽动罪。

期末考试即将结束的前两天，警方突击搜查宿舍楼。那天早晨，我和平时一样七点醒来，朝窗外一看，发现柯文新正准备进入一辆汽车。这太奇怪了，正常情况下，柯绝不会在中午前起床！我问舍友李亚子：柯这么早是要去哪儿？他只是叫我看看自己的桌子。这个回答很古怪，而且他的语气和平时也不一样。接着，我被眼前的一切吓了一跳：桌上一片狼藉，论文被扔得到处都是，抽屉被打开，里面的东西全不见了。我问李亚子为何不叫醒我，他说警察深夜过来搜查，命令他不许叫醒我。我睡得太沉了，完全不知道发生了什么事。李亚子告诉我，柯文新被带到政治部接受审讯。据他所知，警察还逮捕了杜尼安路宿舍楼的一些学生，搜查了好几个地方。警方没有说他（指李亚子）是不是涉及在内，也没有对我的处置下达什么指示。

我不知道该做些什么。用过早餐，我去学校找系主任罗伯逊教授谈话。她建议除非警察来找我，否则什么也不要做。期末考试的最后一天，即警方搜查的两天后，一个胖胖的北印度人出现在宿舍楼，递给我一张通知，要求我下午到罗敏申路的政治部去一下。政治部在刑事侦查局大楼，即现在的资金大厦所在地。我很焦虑，不知道会发生什么事，也不知道警察们搜查的目的以及为什么给我发通知。我在刑事侦查局大楼旁边的空地上徘徊良久，这时看到王邦文坐在那里。他告诉我，所有这些事都与大学社会主义俱乐部有关。他当时正参加期末考试，抬头看见警察在教室外面等着他，一时忐忑不安，就跑了出来。我不知道他是否做完了考卷。如果没记错的话，他后来又读了一年书就才拿到荣誉学位。

太阳快下山时，我被叫进了一间房间，里面坐着一位怒气冲冲的印度警官。他让我在一旁站着，然后命令我交代所有关于大学社会主义俱乐部的事情。我问他具体想知道什么。他让我坐下，然后审问我在俱乐部的地位，对《法查尔》出版的参与程度。我告诉他，作为工作委员会的一员，我主要为每期杂志拉广告赞助，至于杂志内容，由编辑部负责。他又要求我说出委员会成员名字，我照做了。他问我是否读过《自由新闻》，我回答完全没有。接着，他离开房间，临走前让我仔细想想，因为他深信，作为工作委员会的一员，我肯定见过这本刊物。但我真的想不起来。反复审问之后，这位警官变得越来越愤怒，坚持认为我在撒谎，声称我会"为此付出代价"。最后，他给我几张纸，要我写下自己的信息以及所知的俱乐部活动。于是，我写道，我反对共产主义，也不支持共产党或左翼人士，但我并没有指明哪个学生有左倾倾向。然后，我被告知可以走了，随时等待传讯或上法庭。那是我最后一次见到那位警官，他叫艾哈迈德·汗（后来得知），政治部部长，是英国人从印度警方带来的几位官员之一，在处理政治运动方面很有经验。

本节后记：许多年后，我终于记起什么是《自由新闻》。那不过是马来亚共产党发行的一种小传单，学生们经常能拿到。现在想来，我的确曾见过。

7. 毕业

学期一结束，我就离开了宿舍楼，仍要完成当年的实习任务。我被派往吉打州亚罗士打的社会福利署。虽然我仍然在等待政治部的处理结果，但我在亚罗士打过了非常有意义的六个星期——到处考查、调查福利署里的案件。

与柔佛不同，这里处处是田园风光。许多村子里的小棚屋（或称茅棚）错落有致，里面住着接受伊斯兰宗教教育的全日制学生，责任教师称为白僧。白僧在自己的小屋里给学生上课。学生们下课后，嬉戏玩耍。他们穿着传统的马来礼服。在稻谷收获季节，这些学生会干些农活，得到未脱壳的谷子作为报酬，然后交给老师，作为上学和培训的费用。

粮农的生活比较困窘，经常欠村里商店老板的钱。稻谷收割后，商店老板以自定的价格收购大米，然后向村民们提供贷款。假如收成不好，而大米的价格又不足以让村民们还清欠账，赊欠的部分将累积到下一次收获粮食的时候再算。由于没有其他贷款门路，粮农不得不依靠商店老板。老板大多是华人，还有一些来自喀拉拉邦的印度穆斯林。这次实习，让我见识了一种从未见过的生活方式，也学会了当地吉打州马来语的一些词汇。

那时，吉打州社会福利署署长是布莱克小姐。据我所知，她唯一的资历是曾参加过奥运会的赛跑比赛。她写信时，从来不加句号或逗号，我经常需要给她订正。有一天，她把我叫进去，严厉地问："这文件是谁改的？"我爽快地承认了，可她的回答却蛮不讲理："你难道不知道我是一位英国女性吗？"我哑口无言。工作人员都很怕她。她下达命令时总是相当自以为是，从来不给出明确的说明，只会简单地宣布我们是"一个大团队中的一分子"！她成为我学习如何管理人的一个反面教材。

在吉打州的每时每刻，我从来都没有忘记政治部的事，总担心可能会有的处置。然而，在亚罗士打的最后一天，一件怪事发生了。平时，我经常到郎加路一家印度餐厅吃早餐，每次都能遇到一个印度绅士，共用一张桌子。那天让我惊讶的是，他竟然出现在火车站为我送行。候车时，他非常尴尬地说感觉很羞愧，想要对我坦白一些事情。他实际上是一名警探，由新加坡当局派来专门监视我的行动。他说没有发现我有任何不妥之处，打算向上级汇报我并未与任何具有安全问题的人物有联系。其实，在我来往的朋友中，唯一有问题的可能是杜勒，他曾经来亚罗吉打看我，然后一块去了玻璃市的亚劳。听了这位警探的话，我虽然吓了一跳，但仍然很感激他的坦白。有了这次经历后，我对陌生人稍稍提高了警惕。

1954年的《法查尔》案在政府内部引起了相当大的争议。大学社会主义俱乐部的法律顾问是李光耀。他安排了一位名叫D.N.百特的女皇律师为学生们进行辩护，而他辅佐。最后，学生们被无罪释放。我那时在居銮工作，所以没有出席审判，但我对事情的经过非常感兴趣。

我利用柔佛行政部门的"无薪假期"学完了大学课程。最后的期末实习结束后，我回去工作，接着被告知被派到居銮，那里有个临时性的职位空缺。我在居銮一直待到1954年年末，在工作的同时焦急地等待着考试成绩公布。

成绩终于出来了，我获得了社会学学位证书。我考得很不错，而且得知我有机会获得一份特别荣誉证书。对此，我特别感谢系主任罗伯逊教授——是她极力改变规定，替我申请成绩优秀荣誉证书。她最终获得成功，新出台的相关规定使我符合了要求。罗伯逊写信告诉我这一好消息，至今我还保留着这一封信。

回顾往昔，我发现大学是我真正成为一个知识分子的开始。大学经历弥补了我在学生时代错失的所有东西。人们常说，大学的价值并不仅仅是储存知识。对我而言，这句话尤为正确。大学教会我如何去学习。让学习变成一种习惯，一种对于知识的不断渴求，不管这些知识是否针对当前的问题、当时的政治发展或社会事务。我意识到，自己还有很多东西不懂。这种对于阅读和不断学习的兴趣，即使在上完大学后，也深刻影响着我的职业生涯。在兴趣的引导下，我不需要任何具体的指示，便能找到前进的方向。

在宿舍楼的日子里，我结下了许多持续一生的友谊。如今，只要提到杜尼安路，就能引起曾经住在里面的人的共鸣，无论是与我同时入住的，还是后来入住的。据我所知，那时交往的一些朋友后来成为高级教师或校长；有些留校做学问；

有些当了医生；许多著名的学生成为公务部门的精英。不管他们选择哪一条道路，我知道我们之间的友谊会一直持续下去。事实证明亦是如此。

回到工作岗位后，我吃惊地发现我还是拿着原来的工资。按照规定，工资应该相应上涨。我提出抗议，但被告知这是州财务部"行政处"给出的指示。再次抗议后，我又被告知这个决定来自"更高一级"。这说明，不给我涨工资的罪魁祸首就是行政处处长艾哈迈德·派朗。在我担任工会秘书时，曾和这个人发生过争吵。看来，这是明摆着的公报私仇。我不再瞎忙乎，开始申请吉隆坡联邦行政部门的岗位，社会福利署总部就设在那里。我收到一份邀请函，对方要求我从州行政服务部门调过去，这是常规做法。但我的申请被原部门拒绝。他们告诉我，我必须先从州行政部门辞职，然后才能接受新工作。这和联邦公务部门的一般做法正好相反，实在不合常理。

这是压垮骆驼的最后一根稻草。我决定到新加坡找工作，希望我的资历在那里能得到更好的认可。

但是，未婚妻怎么办？

在分开的两年时间里，我很担心她会找到一个更具吸引力或更有社会地位的人，又或是更符合她家要求的孟加拉裔男子。然而，在那段日子里，我们始终如一地和对方通信。随着航空信的出现，单程只需一周便能到达。据我所知，她在利物浦的求学生涯非常愉快。马来亚当局在柯克比买下一排旧兵营，里面住了大约150位马来男生和女生。在那样大的一个群体中，他们感受不到文化冲击。当然，许多当地人对马来亚一无所知——他们以为乌米和同学是到那儿之后才学会说英语的！偶然遇到的当地学生让乌米大开眼界——乌米自幼被修女教育成人，利物浦学生那种粗鲁无礼、理所当然的态度让她大吃一惊，但他们大部分本性善良，也喜欢上课时提问，这也是乌米在修道院学校从未见过的现象。

乌米终于回来了。1954年8月，她的父亲叫我一块去吉隆坡机场接她。那时，他一定意识到任何想要斩断这段情缘的努力都是白费力气。我们坐火车回到柔佛新山。这是一段令人非常紧张的旅程，我能感觉到，她的父亲仍然像鹰一样，目不转睛地盯着她的一举一动。我们根本无法私下交谈。我很泄气，被派到居銮工作时也闷闷不乐。直到年底，我都必须往返两地，周末回柔佛新山。乌米也和我一样，甚是沮丧。她有时会乱发脾气，或许是希望借此刺激我离开她去找别人。但是，我依然坚持。

我曾经提起过，我曾被她的兄弟敲诈。乌米为此很烦恼，坚持认为必须制止。

我们不得不面对这一切。何况她在家里也遇到了问题，和嫂子的关系有些紧张。所以，有一天，我鼓起勇气，找到她的父亲，告诉他我想娶乌米。

我原以为他会发火，事实上他没有生气，只是说我们还得等一等。他的大女儿去上大学了，之前她为这个家庭做出了贡献。他说，乌米也必须出去赚一阵子钱，帮助姐姐支付课程费用。当她姐姐完成学业，结了婚，我和乌米就可以结婚了。既然乌米的姐姐能与一个说马拉雅拉姆语的喀拉拉邦人成家，那么让乌米嫁给一个南印度淡米尔人也就不足为奇了。虽然她父亲的回答并不是我想要的答案，但事情总算出现转机。而乌米变得更加不耐烦："为什么我们还要等四年？"但我的母亲很固执——要求我们绝对不能私奔，或做出什么鲁莽的事。对乌米父母来说，我就像儿子一样。她说："他们一直对你很好，你不能让他们失望。你们已经等了12年，只要再等四年就行了！"所以，我们只能等待。

1958年12月，我们终于结婚了。与此同时，乌米的姐姐嫁给了我以前的舍友C.K.R.皮莱。注册仪式在柔佛新山举行，寺庙婚礼安排在第二天——我母亲希望能在新加坡桥南路的马里安曼兴都庙举行。历经这么多波折，我对任何仪式都不感兴趣，我告诉母亲只想系上"塔利"——结婚的象征，就算完事。我只邀请了自己的姐妹、姨妈及双方父母参加婚礼，结果其他亲戚都非常生气。婚礼很短暂，但我很高兴终于有了完美的结局。

婚后，我们在武吉班让住了一段时间。当妻子怀孕后，岳父要求我们搬回柔佛新山。他帮我们从银行贷款，让我们在新山买了房子。由于我当时在新加坡担任海员福利官，必须在两地之间来回跑。新加坡当时的交通并不便利，从长堤到市中心比从加东要快得多，因为加冷河大桥很狭窄，经常堵车。直到1965年，我们才在新加坡定居。那时，我们已经攒了足够的钱，在锡兰路买下一栋房子，也就是我们现在住的那栋，离我小时候住的地方很近。

然而，这是多年之后的事了。暂且让我们回到1954年，社会学学位证书给了我新的发展方向。从某种意义上说，它奠定了我在新加坡整个事业的基础。

第三章
起点新加坡

做医院社工　　　　大卫·马绍尔的召唤　　海员福利

打破常规　　　　　海外解难　　　　　　人民行动党当权

政界乱象与新机遇　提高海员待遇　　　　加入工会

1. 做医院社工

/

尽管一年前就以优异的成绩获得社会学学位证书，但直到1955年1月，我依旧没找到合适的工作。有一天，我碰巧遇到原大学系主任罗伯逊教授。她告诉我，新加坡一家医院正好有个施赈人员的空缺。她认为，这项工作对我的工作经验将大有裨益，至少短期来看，我应当考虑一下。我接受建议并提交了申请，她为我写了推荐信。不久，我得到面试通知，并顺利通过，于1955年2月正式上岗。

一个世纪之前，施赈人员就是那些向穷人散发"救济品"（即金钱）的人，如今则为医院社工，通常情况下由女性来做这份工作——男性做社工，还是非常罕见的。我的工作分为两个部分：上午在中央医院门诊部上班；下午去陈笃生医生的结核病诊所。

我必须与医务人员建立融洽的关系，这可不是一件易事。然而幸运的是，综合医院门诊部主任马库斯医生看到了我的工作价值。每当医生们休息的时候，他会邀请我加入其中，参与病例讨论。他们把我当作专业人士而非辅助工作人员来看待。我在门诊部门待了三个月，然后被转到另一个部门。新部门的兰塞姆教授、佘真祥教授以及蒙泰罗教授也认可我的贡献。

然而，我与其他医生的相处却并不顺利——事实上，除了上面几位优秀医生外，我能感觉到大部分医生都把我和我的社工工作视为麻烦。

有些患者的问题无法用医疗方法来解决，他们是我经常打交道的对象。一些患者一次次地来就诊，但根本没有好转的迹象，有时完全是心理原因。我与他们面对面交谈，试图从其经历中找到线索；还有一些患者则希望拿着这里的收据到社会福利署申请财政援助。我还需要经常联系那些没来做后续治疗的患者——有些是因为负担不起就诊路费，有些是对自己不负责任或不信任医生。最为艰难的是与那些患不治之症的病人进行交流。无论何种病例，我的工作都是与患者接触，劝服他们信任我和医生，并深入了解病历之外的他们。

由于医院总是人满为患，因此，保持患者人群的流动性以及清理病床给医院带来巨大压力。然而，有些人就是无处可去。很多华人和印度人自年幼时便移民到新加坡，与原籍地早已失去联系。现在，他们或患有结核病，或因中风而卧床不起。我曾去过他们在新加坡的家，却没有找到简单的解决办法。许多贫穷的印度人居住在实笼岗路周边拥挤的小屋里；贫穷的华人则居住在被分隔成若干小隔间的店铺或亚答屋里，有时候也可以住在会馆，但只能白天休息一会儿，洗个澡、喝杯茶，晚上就得另觅他处。

有时候，我们不得不向医生求助，但往往无果。他们态度恶劣，要我们自己为这些贫穷的病人寻找住处，即使为他们提供租房津贴也在所不惜。但这不仅仅是钱的问题，这是照料人的问题。如果给某位患者找到一张床，身边的人就必须做好长期照看他的准备。否则，这些生活无法自理的病人又如何应对吃喝拉撒？我们与医生据理力争，胜利过，也失败过。

门诊医生的工作强度很大——每位患者看病只能有一两分钟的时间，社会工作就比较费时间，需要进行深入交流。医生们也的确关心这些工作的结果。他们当中比较年轻的实习医师会主动与教会联系，看看是否对患者有所帮助。但有时候医生们也会不耐烦，觉得我们这些施赈人员碍手碍脚。

几个月后，我被调去武吉班让、武吉知马七英里以及巴耶利峇的农村诊所，那里的医生比较紧缺。武吉班让诊所只有一位医生、两名护士和一名配药师，但服务范围却从武吉知马路延伸到兀兰区，向西一直到林厝港和亚妈宫。在一些妇幼福利诊所，还有助产士等。农村诊所提供免费看病，药品由政府资助，但治疗水平各有不同：巴耶利峇诊所的医生医术较高、治疗范围全面，但加东和樟宜等地的诊所却连医生也没有。如果既想看病又想得到免费治疗的话，一般需要上城镇医院。幸运的是，在甘榜生活，左邻右舍通常乐于伸出援助之手。

我曾到过很多边远地区，如林厝港、蔡厝港、榜鹅等，那里早已建设为新城镇。从本质上讲，我所做的工作与在医院一样，需要从患者的疾病中寻找心理的、精神的或其他非物质原因。我曾到患者家里走访，发现这远比在医院工作有趣得多。

这是我在新加坡期间第一次真正接触农村生活。许多村庄与蔬菜农场相连。椰子树（椰子落下来可是相当危险的）和带亚答屋顶的木屋错落有致。有些人还饲养家禽，孩子们在旁边嬉戏玩耍。这里的人们虽然贫穷，但知足。有些房屋漏风漏雨、破败不堪，住着的人也无钱修葺。武吉班让和榜鹅等地区的天主教会非常活跃——牧师与当地居民相处融洽，为他们提供了不少帮助。但很多地方并没有教会。

有时候，在这些地方会遇到一些意想不到的人。我的感觉是，一些左翼煽动者匿藏在甘榜等地，在那里他们可以掩藏形迹，不易被当局发现。有一次，我去林厝港西北部的一户人家，一名"学生"租了其中一间卧室。当我见到那人时，发现他和我的年龄差不多，甚至比我还大，估计有30多岁，自称是南洋大学学生。我问他读什么学科，他嘟囔了几句，含混不清。他肯定不是学生。

我主要与这些农村地区的马来人和华人打交道。印度人一般住在城镇里，或者是劳工居住区。

那时候也有综合医生，但大部分收费。只有少数人是慈善行医，如我们家原来的家庭医生帕格拉。有些患者私下里来找我寻求经济帮助，于是我帮他们给社会福利署写信，申请公共援助。即使有援助项目，他们也不知道如何申请。如今，同样的问题也经常出现。社会福利署也有其怪异的地方，比如在受理申请时，他们会表示同情，然后询问申请者在没有任何收入的情况下依靠什么生活。有的妇女可能会解释说她们会做些针线活贴补家计，那么，援助金额就会被削减。这实际上是一个贫穷陷阱，该部门非但没有帮助人们渡过难关，反而把事情弄得更糟。

我曾在特拉法加疗养院（一家麻风病人疗养院）工作过一段时间。那里的修女遵从达米安神父的教诲，从事着英雄式的工作。尽管她们相当清楚疾病的传染性，且有十年潜伏期，但她们仍然对患者的伤口进行清洗、包扎。她们告诫过我这份工作的危险性。如今，麻风病已可以治愈，但在当时，看到一个年幼的孩子只有七八岁，却被诊断出这种病，即便尚未发生任何可见的症状，也令人痛惜。他们必须同父母分开，被永久隔离。其中有些十三四岁的小姑娘，看上去身体健康、风华正茂，却愤世嫉俗。她们当中有些人晚上偷跑出来，以卖淫来报复社会。看到警察将她们押回去的场景，实在让人于心不忍。

和大部分需要与人打交道的工作相同，我的工作也有轻松愉悦的一面，充满各种有趣的故事。曾经，有一位漂亮的犹太女士因家庭问题来找我。交谈后，我说想见见她丈夫。第二天，她又来到我的房间说："我把我的丈夫带来了，他就在外面。"我建议她先出去散散步，一个小时后再回来。我走出去，在等候室看了一圈也没有找到一个长得像犹太人的人。她回来后，非常生气地对我说："你让我带我丈夫来，我带他来了，可你却什么也不做。"我说没有看到她的丈夫。"怎么可能？"她反驳道，"他就在那里。过来，我告诉你是哪一个。"她指了指一位皮肤黝黑的男人。

我大吃一惊，让他进屋后，立刻问他："你是如何跟这位犹太女子走到一起的？你是印度人吧？"他说："是的。我是来自喀拉拉邦的黑种犹太人。"那是我第一次听说在喀拉拉邦还有犹太人。于是，我们俩开始侃大山，完全忘记了他来找我的初衷。当晚，他把我领到史格士路的一所房子里（即如今喜来登酒店所在之处），向我介绍其他印度犹太人，满满一屋子。我发现与这种不熟悉的类型的人打交道非常有意思。

那时候，对助产士的需求比今天要大。由于医院人满为患，于是鼓励妇女在家分娩。一天，一位医生来找我，说："有位女士已经来了，但拒绝用助产士。我们好说歹说，就是不管用。"于是，我上前询问原因，但也没弄清楚。旁边有位病房护士，我请她出面问问这位女士为何如此固执。不一会儿，护士笑着回来了，告诉我准妈妈说的是："哎，你找这个连男人那话儿都没见过的18岁小姑娘来？我都生了三个孩子了！你让我怎么相信她？"

我被外派到板桥医院（精神病院）工作三个月。在那里，我认识到，生活中有时候根本分不清谁是疯子、谁不是。院长是布朗医生。有一回，他让我跟着一起去卫生部，路上可以讨论一些事情。准备离开他的办公室时，我发现他穿的鞋子一只是棕色的，一只是黑色的。我说："先生，您是否要换下鞋子？"他茫然地看着我："鞋子怎么了？"又反问道："右边的鞋在右脚上，没穿反吧？"我解释说："先生，是颜色的问题。"他回答："颜色不要紧。"我当时就想："天啊，他已经被感染！"

还有一位医生邀请我到他家里喝茶。进门后，我看到一个装满手表的盒子，有十来个，都没有表带。"这个家伙太调皮了。"医生解释道，"他比其他的都快。""哪个家伙？"我一边四处张望，一边问他。"当然是这块手表啦。"他说这话时，看似挺正常的。当我离开时，他开车送我到巴士站并对我说："你看，我有三辆车。如果这个家伙调皮了，我就开另一辆。要是那个家伙调皮了，我就开第三辆。所以呢，他们难不倒我。"板桥医院的医生待人都很真诚，但我觉得如果在这种环境里待得太久，我很可能也会变成他们这样。

施赈人员的负责人是帕梅拉·哈里森，后来我成为总统，能有幸再次遇到她，让我非常开心。我的助手中很多是高级官员的妻子，其中一位是E.P.尚克斯的夫人。1957年，尚克斯成为新加坡总检察长。他们真正关心他人，而没有自视高人一等的居高临下之感。他们本可以舒服地待在家中打发时间，但他们没有。他们创办的许多慈善机构，如新加坡视障协会等，至今依然存在。

我做施赈人员的经历同样也是一次重要的学习经历。我们很容易忘记20世纪50年代新加坡面临的社会问题是多么严重，某些方面的形势甚至比马来亚半岛还要严峻。在马来亚，人们能回到自己的村庄，靠农场竭力维持生计，街坊邻里互帮互助，彼此能感受到身心的慰藉；而新加坡人群拥挤，城市化程度越来越高，贫困问题越来越突出，很多家庭的支柱被日本人杀害，整个社会摇摇欲坠。

另外，这也给予我们重建的机会。有时候，我会拿新加坡的情况与印度做比较：在通往独立的道路上，印度经历的破坏要少一些，但后来却走了英帝国的老路；在新加坡，我们能够更彻底地解决问题，在建设新社会的道路上也面临更少的阻碍。

2. 大卫·马绍尔的召唤

到1955年第三季度，我仍是医院的一名施赈人员。一次，我刚从新加坡北部的榜鹅农村拜访一名病人回来，办公室的电话响了。首席部长大卫·马绍尔打来电话，想马上见我。我放下手头的事情，以最快速度驱车直奔马绍尔每天工作的地方——浮尔顿大厦。

一路上，我纳闷究竟会有什么事情。难道我做错了什么？还是被人告了状？马绍尔在接见选民时，曾让媒体在场，并要公务人员当场回答群众的投诉。难道是对我的投诉太多了？一到目的地，我就找到王柱生秘书（后来我们成为很好的朋友），问他到底是因为什么事把我叫来，但他也说不清楚。

首席部长坐在一张大桌子后边的转椅上。我进门后，不等我开口，他就开门见山地说手下有一个海员顾问的职位，现任是英国人T.A.怀特，等他期满离职后，希望由我来接手怀特的工作。我唯一能说的是如果这是首席部长的意愿，我非常乐于接受。他叫来高级马来亚公务员弗雷泽，告诉他已经跟我谈过，让其负责我的任命事宜，然后向我表示感谢后就让我离开了。

面试到此结束，在此次会面之后的十几年里，我再也没有见到马绍尔。我得到一份新工作，或者说看似如此。后来，当我把个人资料交给弗雷泽，并想打听更多消息时，他对我说："等着就行。"我什么也不需要做，只是等正式的公务员任命通知。我问他是否该向医务部上司报告一声呢？"最好不要。"弗雷泽如是说。

我不清楚是什么原因让首席部长选择了我，甚至不明白他为什么会认为我可以按照他的想法做事。正如他所说，怀特是从英国的全国海员工会借调过来的，一直担任海员顾问。尽管我并不十分了解怀特的地位和职责，但显然他在这一方面经验丰富。而我唯一的相关成就，则是在马来亚大学时撰写的题为《新加坡商船船员福利工作的性质及程度》的社会学学位论文。

几个月过去了，我没有得到任何消息。马绍尔辞去首席部长的职务，取而代之的是林有福。我本以为工作机会就这么泡汤了，但没想到在1956年2月，我接到通知，要求3月1日找总务长（该职位设于莱佛士时期，1965年后更名为海事处处长）报到。我担任"海员福利办公室助理"。没有人再提起"海员顾问"一词，也没有任何职位描述。

按照指示，我到海事处报到。总务长是一位老船长，他从我身边经过，径直走到副手沃姆斯利跟前。他也不知道该怎么办。沃姆斯利建议我去拜访怀特。如果马绍尔原来的提议能得到执行的话，我本该接替怀特的工作。

曾经做过海员的怀特，体形健硕，有一双大手。听过我的任命后，他对我说，一位名叫吴信达的行政官员也从劳工部调来，担任海员劳资关系主任，但要向工商部汇报工作。看来，他（怀特）的工作分给了我们两个人。吴先生的职责与劳资关系、工会以及马来亚—亚洲船员联盟相关，马来亚—亚洲船员联盟专门为当地交易或本土交易船只的非欧洲船员服务。怀特说，他的主要任务是先帮助本地海员建立工会组织，接下来与船舶公司谈判，并达成关于雇佣条款和条件的集体协议。他已经成功地促成了三个工会组织与新加坡海事雇主联盟（SMEF）达成集体协议。其中就包括由卡里姆·德扎菲尔领导的马来海员工会、由迈克·陈领导的新加坡华人海员协会，以及由公寓管理员M.A.卡迪尔领导的巴基斯坦海员联盟。怀特解释道，新加坡海事雇主联盟主要代表外商独资船务公司，这些集体协议涉及在他们国内外贸易船只上工作的新加坡海员。联盟最重要的成员是海峡轮船公司和荷兰皇家邮轮航海公司，此外还有其他规模较小的欧洲公司。

还有一些工会没有参加集体协议，如由M.A.马吉德领导的印度—马来—巴基斯坦海员工会。据怀特介绍，该工会只是一场个人秀，没有真正意义上的成员，也不是某个人出于理想追求而将流动海员号召起来组成的组织。马吉德处理所有涉及印度船员的事务，包括那些在穿梭于加尔各答和新加坡之间、没有固定航期的货船上工作的印度船员，以及来自果阿、在餐饮部工作的一大帮人。马吉德体形高大，留着胡须，头发花白蓬松，他是出了名的"官司专业户"，除非不得已，否则船东和官员都不希望跟他打交道。穆斯林福利协会主席因1950年的玛丽亚·赫托争议而声名鹊起，但马吉德的出名比这还要早。

在怀特帮助下建立的工会，根据指示需要向吴信达寻求协助。我当时都不清楚自己应该做什么。换言之，我在一个新的领域开始一项新事业，而应担当的角色无人能够明确界定——海事处上司没有给出定位，我所关注其利益的海员没有，就连雇用海员的船主都不能给出答案。

3. 海员福利

/

如今，从红灯码头眺望大海，所见之处是在填海土地上兴建的滨海艺术中心、滨海湾金沙酒店塔楼以及新金融区的摩天大楼。曾几何时，该地区还是一处真正的海滨，处处洋溢着港口城市的气息。而今天很难想象，在那时此处到底是何种情形。

这里曾是滨海港口的商业心脏地带，海事处办公地点以及船业公司、代理行、银行皆位于此。海事处负责管理港口和"通外道路"的区域，包括军舰和军火船只的停泊处；代表英国运输部认证海事官员（非海事工程师）；向路过灯塔的船只收取"灯塔"费以及其他费用；为港口上络绎不绝的小型船只——小船、驳船、小艇等发放执照。海事处总务长一般年龄较大，监督商船条例各项条款的落实情况，同时还负责引航。

丹戎巴葛码头及周边地区由新加坡港务局监管，这是一个独立的实体，不属于我们的管辖范围。几个月后，我注意到，由于某种原因，双方关系并不友好。每次提到港务局领导，我的上司就会做鬼脸，不屑一顾。

渐渐地，在海事处工作的高级官员越来越多，从三个人发展到五个人，都是有资历的船长，均为外籍人士。他们非常清楚自己的职责所在，少数人表现出明显的殖民倾向。一位名叫理查德的船长让我记忆犹新，其言行举止尤其具有殖民意识。他认为，作为一名公务人员，必须严守本职工作。每当我为了解决海员问题而超越了自己狭隘的职权范围时，他总是用各种方式刁难。其他官员则比较简单、直接，如总务长本人、副手沃姆斯利船长，还有托尼·帕维特船长。我与帕维特相处融洽，后来当一些比较偏激的人民行动党成员让我身处困境时，帕维特总能给我提供建设性的提议，帮助我渡过难关。他离开新加坡后，我一直与他保持着联系。我还清楚地记得布朗船长——我们称之为"布朗神父"，因为他说话时总提到上帝。

海事处办事处设在浮尔顿大厦。一楼是邮政总局，往上分别是几个政府机构，如电信管理局、外汇和商务主管部门、海员注册局，然后就是海事处。我们在二楼，面向大海。通往我楼上的办公室入口是连接大厦的加文纳桥桥尾，大厦的另一端入口通向新加坡俱乐部。俱乐部占据整个顶层，受到高层英国商人及其夫人的青睐。

海滨区有一个供邮局使用的小码头（沿公路下方的一条隧道便可到达），还有一个总务长的私人码头，州长也可使用。再往东是一家供水船公司，主要为船舶提供淡水，也向一些偏远的印尼岛屿供水。值得一提的是，即使在政治局势紧张，与印尼对抗的那些年里，对其偏远岛屿的供水服务也一直没有间断。

红灯码头的中心地带是红灯码头，建于1933年，在庄士敦码头西部。那时，大部分人通过海路到新加坡。大型船舶在东部通道停泊，游艇穿行于大型船舶和红灯码头之间，把乘客从船上运到码头。重型远洋客轮停靠在港务局指定的丹戎巴葛码头。小型船只源源不断地穿梭于各码头之间，运送粮食及其他物资。大型物资要么直接在丹戎巴葛码头卸下，要么用驳船沿着新加坡河运往仓库或再换卡车。

驳船码头停满了木制船体的驳船，一排排整齐排列，方便驶向沿河而列的仓库。20世纪50年代中期，新加坡河、梧槽运河以及直落亚逸流域上依然有500多艘驳船在经营。船员大多是随便雇用的华人，来自中国东南部，说福建话和潮州话，以"Taikong"或船主为首。他们运送货物，而非乘客，把大船卸在丹戎巴葛码头上的货物搬到仓库——都是橡胶、木材、粮食与其他农产品、水泥以及煤炭等大宗商品。那时候，从船上卸在路上的所有商品中，大约有一半是由他们负责运送的，但不包括石油。搬运工在不稳固的木板上跑上跑下，在驳船间跨来跨去，装货卸货，与潺潺的流水、周边的环境形成一道风景。驳船是非机动的，被小艇牵引，拖至泊位。

相比之下，小艇上的员工大多是马来人和博亚人。一些小艇负责运输货物，大部分为华商所有。另外一些则载客，多数属于大型欧洲贸易公司。

每天从清晨到深夜，小交通艇络绎不绝。在红灯码头，只需花十分钱便可让一条小船载你到目的地。遥想二战爆发前，作为一个年少的逃亡者，我辗转至此，就是乘坐一条舢船登上了当地一艘来往于新加坡和麻坡之间的轮船。

红灯码头是一个社会中心、聚会之地，尤其是马来亚海员，他们会集在此打发时间、交流信息、等待工作机会。船东们则到这里来找零工。

在担任海员福利官期间，我常常与船舶公司以及代理行的管理层打交道，其中比较公道又务实的是帕特里克·凯尔迪克特，我跟他很熟悉，至今仍保持联系。尽管现在已是90多岁的高龄，但他仍时常写信问候我。最近他写了一张便条，回忆起红灯码头当年的盛况："不仅对赖以生存的人至关重要，对于那些离海较远的人来说，这里的美景也相当适合散步游玩。三面环水，视野开阔，长长的码头延伸入海，空气微微清冷。宽敞的码头足可容纳来来往往的人。搬运工、出租车司机、小贩、食品和饮料售点一应俱全。货运代理、乘客、各国船员、贸易商、装卸工、船舶商人、供应商、工匠等熙熙攘攘。当然，还有各级官员。这里的生活五彩缤纷、喧闹繁华。码头建构不仅富丽堂皇，而且极其实用，完全是重要港口现实生活的写照。"

沿红灯码头矗立的是一排排宏伟的商业建筑，包括联厦（后更名为海运大厦，即在香港上海汇丰银行的左侧）以及海洋大厦（在红灯码头是第二栋使用这个名字的建筑，后来被两栋摩天大楼取代），看上去有点像外滩。在海洋大厦，第一层是曼斯菲尔德公司（英国阿尔弗雷德·霍尔特船务有限公司附属公司）及马来亚航空公司和旅行社，第二层是海峡轮船公司，第三层是蓝烟囱轮船有限公司。办公室有高高的天花板和吊扇，来自海上的习习微风让人感觉分外凉爽。

舯舡船队是新加坡外海一个令人难忘的景观。这些重型驳船融合了中国和欧洲船只的工艺，带有平底帆船装置。早期，船队沿新加坡河自由通行，但大桥建成之后，船队转移到哥罗福街的海滩道及加冷河河沿岸，20世纪50年代又转移到丹戎禺。它们主要通航印尼的一些岛屿和马来亚南部各州，运输木材、木炭和西米等初级产品。

20世纪50年代，当我成为海员福利官时，舯舡船队正日渐衰落，因为它们所运输的产品需求不断减小。此外，船只极易受到风力和潮汐的冲击，而且机动船只适合运输易腐烂变质的商品。1954年至1957年，新加坡舯舡船队的船只数量从399艘减少到290艘。

驳船、小艇以及舯舡船队的船员的雇佣条款不受《商船条例》保护，也不在我的工作范围内。然而，这些船员不时地来寻求我的帮助，我都会尽力帮他们。大型船只与小型船只、蒸汽动力和帆船动力、亚洲航海传统和欧洲航海传统，所有这些混杂在一起，形成新加坡港口当时的环境。且不说港口带来的社会问题，其活力、永不停息的喧嚣，都是令人难以忘记的。

这就是我从上班第一天抵达浮尔顿大厦后所进入的世界。我和吴信达各司其职，开始进入工作角色（分别为"劳资关系"和"海员福利"）。而很快我们就意识到，现实并非如此泾渭分明——两份工作相互关联、彼此交叉。吴信达的级别比我高，他决定由他来处理所有工会问题，我来处理个人问题。我们就这样运转起来。我制定了一份灵活的安排表，交给吴信达，由他来决定目前手上的哪些个人问题需要由我来处理，我来决定把哪些与工会相关的案例交给他。在最初的一段时间里，我只有一位年龄比较大的印度人做"办公室助理"，负责看门和传递信息。除此之外，我没有其他文书助理。

"新加坡海员"包括哪些人？我应该关注哪些人的福利？没有明确定义。在新加坡以外的地方工作的大多数海员都不符合"本地定居"的条件，他们在本埠没有家庭或永久居住地址。一些海南人在新加坡安家，通常是在比较偏远的地方，如樟宜附近的甘榜菜市。然而，他们通常把地址写为海南宗亲会所在的地方，如密驼路、连成街、贝恩街等。当一个人失业时，宗亲会是个非常好的去处。海南人大部分在地方和远洋船上做管家和厨师，同时越来越多的年轻人开始在小船上从事与发动机相关的工作。发动机舱的海员大部分来自广东。在甲板上工作的主要来自广州以北的福州。他们没带家属，围绕着丹戎巴葛租房居住，比如道拉实街、正祝街等。有些人——多数是广东人，在规模较小的当地船只上的发动机舱工作，被称为"引擎驱动者"，由专门的政府部门认证为验船师。

除了一些出生于博亚或印尼的船员以外，马来人船员主要来自马六甲沿海地区。他们都是甲板工人，只有少数在新加坡有家室，其他人一般住在博亚人棚户区（由金属瓦楞板搭建的简易房屋）以及惹兰勿刹区的亚答屋。还有一些是来自今天孟加拉国的巴基斯坦国民，他们在燃煤船上也从事类似的工作。巴基斯坦人在当地没有自己的家，他们因居住在特定的旅舍而明显不同，这些旅舍与其原籍地（如吉大港、诺哈利以及锡莱特）紧密相连，主要分布在诺里斯路和仰光路周边的实笼岗路一带。

原则上，所有在新加坡雇用和解雇的海员都必须在海员注册委员会这一法定机构进行注册。当然，有些华人公司小货船的海员并未登记。在新加坡注册的海员在等待就业机会时遇到困难的，有些船只或公司牵扯到申诉案件的，由我来向他们提供援助，而那些小船（当地帆船、舢板、平底船及海港轮）的问题则不属于我的职权范围。

我的名声越来越大，一些不在新加坡的海员若遇到困难，也会来向我寻求帮助。其中，有些是在新加坡被解雇、等着被遣返回原籍的外国人；有些被留在新加坡等待就医；还有一些是利用被遣返之前停留在新加坡的这段时间解决与就业相关的问题。

什么是"福利"？T.A.怀特认为，福利意味着提供娱乐设施。还有人认为是通过社会福利署的管理计划来寻求财政及其他方面的支持。事实上，福利的内涵比这两种观点更丰富，比这些部门的职能更广泛。

我决定本着务实的原则，解决各种问题，从而使职责更加明朗化，并适当地扩大我的责任范围。幸运的是，关于我的工作应该怎样做，办事处的其他同事并没有更多的想法，也没有进行干涉。我和吴先生合作愉快，这份友谊一直持续了很多年。最初来找我的海员只有零零星星几个人，后来越来越多。他们肯定听说我善于倾听又乐于助人，至少能够尽最大的努力来帮助他们。初次交谈时，我请他们坐下，说说各自的情况。这个要求看起来简单，其实不然，因为他们习惯站着向高级船员或当地公司汇报，有些人甚至需要哄着才敢坐下。

船员们讲述时经常使用汉语方言，文员傅文古（一段时间后才与我共事）须替我翻译。海南人和孟加拉人往往特别唠叨，他们总是从海上工作的第一天开始，绘声绘色地把辛酸史娓娓道来，最后才切入正题。我必须把他们倾诉的一大段话进行提炼，再整理成有说服力的英文版声明。我把这份声明念给他们听，请他们签字。为自己的信誉着想，我也需要这样一份确认书，证明我已经准确地表达了他们的投诉。同时，船务公司有时也需要一份这样签署过的书面声明。然而，还是有些人拒绝签字，骂骂咧咧地走了。

我不得不应对各种各样的问题，如因不当解雇索取补偿的、拖欠工资或额外加班的、待遇差的、因公生病未得到医疗救助或被解雇的，诸如此类。有时能胜诉，有时会败诉。我也有可能受到投诉人的欺瞒，他们总是希望我能把问题解决到他们满意的程度，这显然是不可能的。尽管大部分人满意而归，然而有多少人失望地离开，我不得而知。

因为没有法律支持，我对公司及其代理必须特别客气，向他们陈述我所知道的情况，如果符合事实，便向他们寻求补偿措施。有时公司的回应很不合理或相当傲慢，我就得表演得夸张一点，可能会当着受损方的面拍桌子，但这不过是为了表明我没有被吓倒，而且尽我所能为其争取。

根据英国法律制定的海峡殖民地商船条例，受保护的对象只包括在英国和英联邦船上工作的海员。英国注册船只雇用的海员必须到海事处船长那里签署协议。然而，如果在外国船上工作，则必须到当事国的领事馆签署协议。船长的绝对权威不容置疑，同样，船员违规违纪也必须接受惩罚。尽管这些国家明确规定了船员和船主的权利，但这些条款明显更倾向于保护船的所有者及其代表的利益，他们在雇佣和解雇船员以及船员的常规待遇方面拥有绝对的权威。我在海事处的上司认为，执行船长所做出的决定是理所当然的分内工作。

　　如果是英国船只，我需要向海事处的船长做出申诉。如果是外国船只，则需要向相应的领事馆申诉。立法只规定了最基本的福利条件，但对那些在新加坡之外非英国船上工作的船员而言，他们的利益毫无保障。这些人需要求助于其船只注册国在新加坡的大使馆或领事馆的官员，他们的船只适用于这些国家的法律。在处理这些案例时，我没有发言权。假如海员工作的船只不属于新加坡海事雇主联盟制定的集体协议范围，我们就需要遵循这些船只所签署的条款。换言之，一般需要遵守船只注册国所制定的航海传统和法规。

　　我经常与海事处的某些上司发生冲突，他们指责我在《商船法》方面有些越权。严格来说，他们是对的。然而，这部19世纪制定的法律过于陈旧，支持法律的一些思想观点更加迂腐。幸运的是，吴信达并不用向他们负责。在这些争议上，吴信达是支持我的。

　　我采取做专职社工时所用的方法，但并非一直见效。假如寄希望于客户自己设法解决问题，这是不现实的——很多问题不是个人所为，而需要从不同的角度考虑。前来求助的不仅有个人，也有团体，都是被船主非正常解雇的，他们有的体弱多病，有的还要养家糊口。有的人虽然在海员注册委员会的就业花名册上排名很靠前，但也会因没被雇主选中而对我们大发脾气。海员注册委员会只是负责规范就业机会，让海员们有序就业（吴信达是该委员会会员）。

　　向当地代理或船主做申诉，经常需要历时数月才能得到结论，因为他们要给船主一个解释的机会。在通常情况下，被解雇的海员很少能说英语，也听不懂英语，船长必须找一个懂英语的船员做翻译。那么"翻译"和受损人之间很可能产生误解，结果回到新加坡后，船员们往往用暴力解决争执。当时，黑社会十分猖獗，尤其是华人船员，他们往往有"社团"帮他们去谈判。

　　还有一些案例涉及偷渡或因涉嫌向外国港口走私鸦片被解雇。这种案例通常出现在美国和欧洲，那里有当地华人组织负责与移民及其他机构进行交涉。新加坡的许多华人海员不是新加坡公民，也没有新加坡护照。他们的海员登记册通常由地方当局的出入境登记代替。由于新加坡那时仍是殖民地，海外无外交代表，只能依靠英国大使馆或领事馆。那些非法入境被抓的人常常利用国籍争议，一拖再拖。由于他们大多数原籍在中国，很可能会被遣送回中国。在美国的主要港口，有专门负责此类案件的律师，与当地相关的华人组织联系密切。有时，马来海员也会偷渡，一般发生在英国和荷兰的港口。

往来于东南亚各地的新加坡海员大多是马来人，他们经常被区域港口，如雅加达港解雇。有一次，我办理当地一家华人航运公司——德华航运有限公司的案件。该公司解雇了当地一名高级船员，因为一个印尼人只要5000卢比（相当于很少的马来亚元）便可以做同样的工作。然而，该船员的合同期为六个月，在船上只工作了两周。这种情况屡见不鲜。

在船上不服从命令、船员之间打架、刺伤和袭击高级船员等，都会成为外国港口解雇新加坡海员的理由。而当被解雇的海员回到新加坡时，则又是另外一种说法。即使对他们的说辞有所怀疑，我依旧认真对待，拿出当年做社工的劲头仔细倾听。我必须赢得他们的信任，扮演"保护者"的角色。但由于船只在海上航行，无法取得联系，因此得等到几周甚至一两个月之后船方才能回答我后续的提问。与此同时，受害人会时不时地来找我。他们大多数愿意安心等待结果，但也有少数人变得不耐烦，拍着案子责难我之所以拖延是因为我和公司串通一气。他们进而做出种种威胁，我只能学着淡然置之。

一些本地的小型华人航运公司比较吝啬，对船员相当苛刻。海员离职时，他们要求支付小额赔偿金，有时不足十元。但如果在规定的期限内不能付款，他们便要求海员注册委员会采取行动，禁止该船员再就业。

那时的船只，尤其是区域航行的船只，普遍规模较小，船员设施比较简陋、狭窄，有些还是经过翻新的旧船。船上没有员工食堂，船员们吃饭时随便找地方蹲着吃。航行距离较远的客轮、较新的货船和油轮空间相对宽敞。甲板部船员大部分是马来亚人，发动机舱和餐饮部船员以华人为主。为穆斯林人和非穆斯林人准备餐饮的船员工作时分开进行——马来亚厨师避免使用那些储存过猪肉的冰箱。尽管同住一处，除厨房外其他设施均为公用，但我从来不需要处理任何种族纠纷。奇怪的是，马来亚人和华人之间很少发生口角，更别说肢体冲突或攻击了。而华人内部，如广东人、海南人和福州人之间纠纷不断，有时还在船上发生冲突，华人船员的乡土情结相当强烈。

事实上，无分种族和宗教，我都能感受到海员之间真挚的友情。他们彼此扶持，非常珍惜一起共事的情谊或对那些雪中送炭的人感恩戴德。曾有好几次，大家召集起来，从每月工资中拿出一部分，捐给去世海员的遗孀，有时候他们甚至不曾见过那些遗孀。华人海员尤其，经常对同伴及其家属表现出强烈的责任感。我觉得他们虽然念书不多，但品格很高尚。

海员们见多识广，十分了解周围世界及本国所发生的一切，但他们普遍对政治不太感兴趣。譬如华人，他们的政治意识颇强，同样了解中国的现实状况，但除了那些非常年轻和易受影响的人以外，他们很难受到左翼激进思想的影响。

海外各大航运公司和新加坡远洋航运公司的代理人与我来往时，通常有礼有节。但介于合同的规定，有时很难达成协议。他们通常会寄来大量的事实证据，包括船长的事件证词及航海日志摘要。一些航运公司的欧洲管理人员和代理，往往带着殖民主义偏见，与之来往时能觉察出他们和当地人之间的社会鸿沟。然而，帕特里克·凯尔迪克特是一个例外。他最初在曼斯菲尔德公司做事，后来在海峡轮船公司担任高级职位。

信函往来比较费时，因为与海上航船取得联系并非易事，有时他们正在世界的另一端，不像今天可通过电子邮件进行沟通。如果是油轮，船员需要签两年的合同，而他们的船几乎不到新加坡。船员通常是被安排乘飞机到船停靠的船舶基地，如委内瑞拉附近的库拉索岛。当地的华人小公司一般拒绝一切信函往来，他们派代表亲自到访，希望得到我的支持。这往往使事情变得更糟，因为在这种情况下，只能费尽口舌解释、劝说。船员利益受到损害时需要感情抚慰，而同时，当最后的结局没有达到船方的预期时，也需顾及他们的"面子"。

正如前文所提，英国船海员的投诉可依据《商船法》进行仲裁。其他船只则受登记国的管理，雇佣合同中没有规定像我这样的人可以从中调解，最后的仲裁者是该国的领事代表。这些领事官员不会听取我的陈述，甚至拒绝见面。于是，航运公司拒绝做出让步。属于这种情况的船只大多在巴拿马注册，打着"方便旗"（指商船为逃避税收而向别国注册并挂该国旗帜），回避更严格的、国际公认的安全法规及其他条例。而且，巴拿马的总领事特别难以应付。

工作几年后，航运公司及其代理才开始接受我的工作，尽管他们仍视之为一大麻烦。然而，我最终赢得他们的信任，他们开始以商讨的态度来解决争端。帕特里克·凯尔迪克特曾形容我为调解员——客观陈述事实，解决问题不偏不倚，不具备攻击性。如今他依然记得当年我看上去年龄很小，我却回应说我与他是同龄人！

如前文所述，代表海员的工会组织在很大程度上低效无功。他们纷纷声称拥有坚实的群众基础。在递交工会登记局的申报表中，会员数量多得不切实际，但他们的收入报表暴露了这些说法的荒谬，事实上都是负债维持。

在大多数情况下，华人和巴基斯坦人的工会领袖为了自身利益而担任领导职务，是工会的债权人。至于这些债务是如何发生的，无人能说清楚。巴基斯坦人的工会领袖还经营宿舍，失业的海员多数欠了他们的钱，于是被牢牢控制。

在众多管理混乱、贪赃敛财的工会中，也有一个例外，即由卡里姆·德扎菲尔领导的马来亚海员工会。战后初期，隶属于马来亚国民党（紧急状态法令颁布后被取缔）的卡里姆·德扎菲尔一直活跃在马来亚政坛，尤其是在组建青年组织方面。卡里姆对改善马来亚海员的境遇，有一种强烈的使命感。该工会至少从表面上来看比较正规，设有领导和会员们的办事处，地点位于惹兰苏丹。这里也是处于萌芽时期的马来亚作家及早期马来亚国民党政客的聚会之处。

吴信达曾尝试建立更理想的工会，从全体成员中遴选领导人，以便能够真正为海员谋福利。他认为不能完全否定现有工会，于是决定从那些与新加坡海事雇主联盟签订集体协议的工会中选出三个，召集一次成员联合大会。他很快意识到这一想法是徒劳的——新加坡华人海员协会领袖迈克·陈品格有问题，并拥有许多我们不能理解的生意；巴基斯坦海员工会领袖卡迪尔作为宿舍老板，显然不愿放弃既得利益。此外，还面临一个更为普遍的问题：即使联合会议可以顺利召开，但海员流动大，意味着不可能有足够的人出席会议，而且很有可能演变成一场失业人员的聚会。吴先生离职后，仍鼓励其继任者郑绍桦继续朝着这一方向努力。然而，其目标始终没能实现。

在其他问题上，吴信达也坚持不懈，从不放弃。当时，有许多马来亚"国内贸易"船长，在区域水域有丰富的航行经验。当时，马来亚和新加坡双方一直致力于实现公共服务的"马来亚化"，吴信达决定协助这些船长申请引航员资格，使之能够将船开入港口。迄今为止，批申权一直被退休的英国船长通过引航员委员会垄断。引航员委员会很有权势，与政府官员关系密切。时任马来亚高级船员联盟主席的莫哈末·塞得船长发起运动，要求面向所有具备资格的"国内贸易"船长公开引航服务，吴信达对此大力支持。虽然他离任时这一问题也没有解决，但吴先生的努力奠定了基础。继任者郑绍桦继承其事业，最终促使引航条例得到修改，一小部分马来亚船长获得引航许可证。

大约在1960年，郑绍桦从劳工部调至工商部。鉴于工会停滞不前的状态，他发现自己的角色并没有起到太大的激励作用。尽管我和他在财政部人事官员中并不受欢迎，但他依然说服部长把我们的工作合二为一，让我负责两个领域的事务。虽然在身份和收入方面没有任何改变，但我仍然接受这一职位，成为"海员福利官"。

4. 打破常规
/

20世纪50年代，海员们的生活十分艰辛，在岸上也是如此。我曾提到巴基斯坦人的宿舍，那些在新加坡没有家室的华人海员也得到同样的待遇，有住处、食物及贷款。然而，居住环境与当时拥挤的唐人街相差无几，相当恶劣。在丹戎巴葛地区，有20多所广东海员的住处，福建海员少一些。人们睡在公用的木制平台上，离地大约三英尺，铺的是草席或油毡，头上拉着晾衣绳，必须自己做饭。他们时时面临失业威胁，而住在宿舍的海员会因此一直拖欠老板的钱，债务控制了他们的生活。而马来亚海员的情况则有所不同，被解雇后，他们一般返回马六甲或印尼，等有机会再回船上工作。

年纪较大的海员既不能继续在海上工作，也没有其他谋生手段，在新加坡也没有亲戚朋友。他们大多是福州人和海南人，背井离乡、一生漂泊、历经苦难，让人痛心。而宿舍老板却急于把他们赶到大街上。政府公共援助计划也没有太大帮助，因为申请条件包括个人收入调查、拥有公民身份和其他一些纯粹的技术标准。我不得不向商船海员管理基金会求助。该基金会推行一项扶持贫困海员的计划，即使条款的限制性很强（并非所有人都符合条件），援助金额也少，但至少能每月支付一笔固定的资金，这样可让宿舍老板安心，并基本满足海员的日常开支。

海南人的境况稍好，他们可以在密驼路区的宗乡会馆找到休息和洗漱的地方，其中很多人在樟宜附近有住房和家人，少数体弱多病的人都不愿留在新加坡，更乐于被送回海南，尽管他们与家乡几乎没有联系或近期内没有联系，而且家乡的亲戚也几乎都不认识他们。我能做的就是采取当年做医院社工时所使用的方法，给海南乡镇或农村的"政府部门"写信，请他们接收相关人员，安排其回老家。必须指出的是，他们的回复一般比较迅速，来信内容（中文）通常让人感到欣慰。我从认识的好心人、商船海员管理基金会及其他渠道筹集船员所需路费，安排船员坐船回国。有一两家新加坡航运公司提供往返中国的廉价船票，只收取行程的实际成本费。

每当遇到身陷绝境的海员，我会情不自禁地倾注个人感情。尽管我所受的社会工作训练要求我保持中立，协助当事人找到其自身的解决方案，然而说起来容易，做起来难。有一天，看门人告诉我门外有人在哭，不知道能否寻求我的帮助，因为他不是海员。我说把他领进来。他叫迈克尔·吕，原就职于曼斯菲尔德公司，二三十岁的模样，说一口流利的英语。几个月前，他失业了。说着说着，他失声痛哭起来，看起来想轻生。由于母亲卧床不起，弟弟已辍学，他需要养活三口人，还要支付甘榜的房租。如果找不到工作，更确切地说，付不起房租，他和母亲就要被赶出小屋。他说，因为向一位新来的上司提意见而被非法辞退，这位上司总是习惯性找他的碴。

他的经历听上去真实可信。看到一个成年人如此痛不欲生，任何人都不可能无动于衷。他想要一份工作，做什么都行，甚至愿意当一名海员。因为他能在出海前预支薪水，直接帮家人渡过难关。我很想帮他，明知困难重重也不愿意放弃。

我告诉他，我先自己掏钱帮他解燃眉之急。整整一周，我想尽办法在各公司为他找工作，但都没有找到。他的境况越来越窘迫。我决定找拿督李光前（新加坡社会服务联合会会长、知名慈善家）帮忙。作为该联合会的名誉干事，我与他关系不错，他待我像待儿子一样。我没有提迈克尔的困境，只是请求他给我增设一个兼职助理的职位，每月支付100元。他爽快地答应了（钱由李氏基金支付）。于是，我让迈克尔做这份工作。起初几天，让他负责把联合会所需资料送交给拿督李光前，只是为了向拿督表明，助理的薪水不是为我自己拿的。

随后，联合会批准聘用他为全职行政人员。之后，我又把迈克尔调去做联合会办公室职员和勤杂工，后来，他又到海员注册委员会上班。迈克尔确实吃苦耐劳，文笔尚可，诚实可靠。然而，他又有些情绪化，不懂如何得体地回应上司，这可能就是他就业不顺利的根源。

多年来，我一直向他提供援助，帮他弟弟在康奈尔中心谋得一份工作，还帮他在海员注册委员会找到一个更稳定的职位。20世纪60年代，我们失去了联系。1996年，我卸任驻美国大使回国后，收到一张写着"感谢你"的卡片。但遗憾的是上面没有地址，我也无法回信。直至今天，我一直没有再联系上他。

另一个案例与姓彭的一家有关。彭女士带着三个孩子来到我的办公室，她的丈夫是船务组长，1957年死于英格兰东北岸的航海途中。她四十来岁，神情凝重，有三个孩子需要抚养，但无以谋生。她希望我能向已故丈夫的公司索取一些补偿，这是她丈夫服务了一辈子的公司。我把该案例提交到管理层，但无济于事。我所能做的只是从商船海员管理基金中每月给她非常少的津贴。她看上去很端庄，或许过去生活十分舒适，但这点津贴简直就是杯水车薪。

然而，我被其长子彭金富的境况所触动。当妈妈让他休学找工作时，他还没有读完中学二年级。当时，就业形势严峻，他不可能找到工作，因为年龄太小，连毕业证也没有。这让我回想起自己的年少时期，以及父亲去世后所经历的一切，那时我才九岁。我下决心帮助他。但怎么帮？首先，必须给他找份工作。但谁能雇用他？他又能做什么呢？其次，鼓励他读夜校。可是，所有这些事情都需要钱。

我当时是海员福利委员会主席，秘书长迈克尔·梁是我的老朋友，退休后被我聘用。他一直亲力亲为，没有文书助手。我问他能否让金富做助理，边工作边培训。与此同时，我们都鼓励他在工作之余继续学习。我每月提供给他100多元的底薪，让他安顿下来。他在那里工作了几年，拿到了毕业证书，成为海员注册委员会的文员/翻译员。他对志愿军非常感兴趣，1964年参加了新加坡武装部队。

多年后，我们再次相遇。1981年第二次被派往外交部工作后，我让国防部长朱维良将军从那些提前退休的人中挑选几位品行端正的武装部队人员。礼宾部人手短缺，需要加强人员配备及物流管理工作。选送来的人当中就有彭金富上尉，当时他已有家室，口碑很好。虽然相对较低的学历限制了他在新加坡武装部队的进一步发展，但上天再一次把他带到我的身边。他在部里一直服务到2000年5月才退休。

类似的案例时有发生，我本可以移交给其他机构或只根据原则办事，但我想尽力多帮助一些人。我永远无法忘记当年年幼的自己举步维艰、身无分文却求告无门的窘境。

有些单干的海员也经常来找我帮忙，尤其是本地马来人（那些在马六甲没有成家的）。身强体壮、魁梧高大的海员前来时，泪水直在眼眶里打转："没钱给孩子买奶粉，除了去偷，我不知道还能干点什么。"有时，我自己掏钱给他们，事后他们一般会还给我。有时，我还求助于教会组织，他们从未因海员有不同的信仰而拒绝帮忙。

有时候，我必须巧妙地向航运公司或代理施压，令他们不能以合同条文作为借口。我找到当记者的朋友约翰·达拜士惹，他在码头区颇有名气。他告诉那些公司他准备进行报道，揭露他们的铁石心肠。如果见诸报端，公司的信用将会受到影响。在大多数情况下，公司会出面解决，但并非每家公司都愿意这样做，如知名的国际公司就坚决不做让步。有一次，一位寡妇希望已故丈夫曾工作的航运公司能把丈夫的遗体还给她，但公司拒绝了，条件是她必须清偿债务。我把这件事告诉达拜士惹，他如实做了记录。很快，他回来对我说编辑不打算发稿，我问其原因。达拜士惹说，该公司是报纸的广告客户。既然不能通过媒体曝光，我便向新加坡英国圣公会主教亨利·贝恩斯求助。刚开始，他拒绝了我的请求，我们在电话中争吵起来。然后，我建议他下周讲道时提起此事，引起会众的关注，并要求他们拿出点基督教徒的实际行动来。主教的教徒中有该公司的高级管理人员，信奉基督教的博爱。主教非常勉强地把这件事讲了出来，最终让公司高层动了怜悯之心。

我学会了如何做出艰难的决定。这段经历让我在今后的职业生涯中受益无穷，尤其是当我不得不处理棘手的安全问题，决定是否要给予同情时——这样做要么是正确的，要么是错误的。无论是越南的"船民"还是劫机者，与他们交涉时，我必须从国家利益的角度出发采取行动，而不能让情绪左右我的判断。在这种情况下，应遵循的原则是不要对错误的行为表示仁慈。

我在前文中曾提到新加坡社会服务联合会。该联合会成立于1958年年底，沈名坚任名誉秘书长，恩师罗伯逊教授是董事会成员。我被邀请入会，最后接替沈先生成为名誉秘书长。该联合会的主要职责是协调自愿性社会服务机构，提高其公共服务能力。例如，人们在举办国旗日各类慈善活动时，时间上或许会发生冲突，联合会的首要任务之一就是制定一个日程表，按照先到先得的原则分配日期，在指定日安排慈善活动。

每年，我们在维多利亚纪念堂举办圣诞集市或义卖会；独立后，总统夫人曾出席。我们这样做的原因在于，很多慈善团体会生产一部分产品出售，作为筹款活动的一部分，但很难辨别哪些产品不受欢迎或不适用。通过实体销售（或脱销），义卖向慈善团体展示了哪些产品好卖、哪些不受欢迎。

随着时间的推移，我们成为政府的咨询机构，成员来自社会各界。由于已故橡胶大王黄奕欢的慷慨相助，联合会后来迁至亚洲保险大厦办公。随着联合会的不断壮大，我们需要更大的办公场所，拿督李光前为总部建设捐助了专用资金，政府在槟榔巷提供了土地。20世纪70年代至80年代，我们一直在槟榔巷办公。20世纪90年代，联合会被迫搬迁，理由是办公楼存在安全隐患。然而，该楼至今依然矗立，在我们搬迁20年后租赁给了其他客户。

我在董事会一直任职到1970年。这一完全自愿承担的职务让我更加深入地洞察人性的矛盾。槟榔巷办公楼有一排展示橱窗，可以陈列福利机构生产的商品。有一位叫陈源兴的盲人大学毕业生非常有才华，他想在那里开一家书店。然而，要说服联合会的同僚，让他们认识到书店带来的积极影响，实在太难了。他们认为这一建议毫无意义，觉得大楼必须首先用作办公场所。

　　这种态度让我大失所望。尽管余炳亮博士一再挽留，我还是以国防部工作太忙而无暇顾及为由，离开了联合会。

5. 海外解难

当海员在国外发生问题时，航运公司通常的做法是由当地政府根据当地法律或传统来解决。他们一般把船员全体解雇，送到其他地方。但这样做的代价非常高。我曾两次被派往国外，现场解决问题。第一次是到巴基斯坦。

总务长得到消息称，停靠在卡拉奇的安信号朝圣船爆发骚乱。当时，满载几千名朝圣者的安信号在驶往吉达的返程途中，停靠在卡拉奇，接上派往东巴基斯坦（现孟加拉国）的巴基斯坦士兵及其家人。朝圣季结束后，航行的方向正好相反。

一个巴基斯坦士兵控诉马来亚船员猥亵其女眷。这些士兵是住在印度西北国境的阿富汗人，视名誉为生命，如有必要，誓死捍卫。如果找到罪魁祸首，很有可能被杀掉。士兵们四处寻找案犯，并拒绝让船起航。船长让士兵带着女眷到甲板指证。声称被侵犯的女性无法辨认出骚扰者，原因是她们戴着面纱，甲板灯光昏暗，无法看清船员的面容。或许在她们看来，所有马来人长得都一样。事情一时陷入僵局。

我被派去调解。随同前往的还有已故的哈吉·艾哈迈德·汗，穆斯林顾问委员会的知名人士，也是巴基斯坦人。因新加坡尚未独立，在巴基斯坦没有设外交代表，我们只能求助于马来亚大使馆，帮助我们前往卡拉奇，联系政府相关部门以及巴基斯坦航运代理。

与几位相熟的马来船员交谈后，我搞清楚了事情真相。他们原本是去给安置在甲板下舱的士兵家属们送水和大米，可是其中一名船员在递食物时，忍不住握了一位女士的手。她皮肤白皙滑嫩，船员承认自己无法抗拒，忍不住抓住她的手腕，希望能看看她的脸。甲板下舱灯光昏暗，他本以为可以逃脱惩罚。不幸的是，女子大声喊叫，引发一片混乱。他和一些船员认为，明智之举是迅速靠岸，直到事情平息之后再出来。

我向船长建议解雇案犯和其他几个想离船的人，将他们遣送回新加坡。我们必须让案犯混在其他人当中离开，以便掩人耳目。我又建议让士兵再搜一天，一天后船就起航。士兵们曾威胁说一旦抓住歹徒，就要他的命。而我的建议果然奏效了，成功解决了这次纷争。

还有一件事。当时，印尼强烈要求归还荷属新几内亚（印尼人称为伊里安岛巴拉特或西伊里安）。1960年9月28日，新加坡港发生了一场意想不到的事故。对新加坡海员来说，事情的结局竟然有些"塞翁失马，焉知非福"的意味。

欧吉是荷兰航运公司一艘两万吨重的豪华游轮。这艘游轮停靠在新加坡，满载830名乘客即将进行环球航行。就在准备起航的六个小时前，公司220名长期雇佣的印尼船员集体上演了一出"闪电"罢工。他们支持印尼关于归还荷属新几内亚的要求，他们"放下手中的工具"，并得到印尼领事馆的支持，保证立即遣送他们回国。于是，只剩几名荷兰官员。公司急于招聘船舱和餐饮部船员，而海员注册委员会（根据花名册管理本地海员就业的机构）只能提供一两百人应急，而且这些人基本上没有在世界游轮上为有钱人提供餐饮服务的经验。况且，联系到所有人并让他们在几小时之内赶到，无异于天方夜谭。

鉴于游轮的起航时刻逼近，海员注册委员会没有足够的时间召集登记在册的船员。于是，航运公司临时召集了200多名新加坡人来填补空缺。然而，已注册的船员如果得不到工作，很可能发生暴乱。没有及时联系上的注册船员很可能在第二天找来，发现赚钱的机会已被排名靠后或被根本没有注册的人抢走。况且，海员福利委员会虽制定了条例法规，但并没有免除海员工作的权力。

事故原因既然存在政治因素，印尼政府将会做何反应？船员罢工是一场政治运动，却让人不得不怀疑是对新加坡进行的报复。

时间一分一秒地过去。我意识到必须马上做出决定。尽管常遇到船员罢工事件，但这样大的空缺实属难得、不容错过。我来到副总理杜进才博士的政府大厦办公室。他具体负责航运和港务事务。

我向杜博士汇报了情况，他也认为这是一个不应错过的机会，尤其是在当前岸上和出海船上的工作岗位非常稀缺、失业率不断攀升的情况下。他叫来帕维特船长（当时已是总务长），指示委员会采取措施，尽可能找到更多的人。如果人数不够，委员会应授予公司豁免权，允许其招收任何符合条件的人。杜博士做出承诺：

由此引发的任何法律或政治后果、劳工动乱，由他负责承担。

如此一来，该公司几乎没有聘用委员会提供的船员，而是找了其他想要这份工作的人，包括一些意想不到的申请人，如在港务局码头工作的警察。他们脱下制服，上船报名，因为这等于免费旅游欧美等国。

尽管新员工缺乏经验、未经实地培训，荷兰船长对他们的表现却还满意。结果，新加坡人从这家公司和其他公司得到更多的就业机会。这些公司不但薪酬优厚，而且以美元支付的小费往往超过每月的基本工资。

杜进才博士处理这一事件的方式正符合他平时留给我的印象：平易近人、求真务实，不过分强调等级。有些人抱怨他经常发脾气，而且他有时候看上去很严肃，但这并不意味着他难以接近——他的务实性和判断力的确值得赞赏。

1961年9月，在秘鲁首都利马，荷兰航运公司的另外一艘游轮约翰·凡·奥尔登巴内费尔特发生了严重的违纪事件。由于之前招聘的新加坡海员在餐饮部工作出色，公司的其他轮船开始竞相聘用新加坡人，主要做乘务员及船舱服务生。每艘轮船有300至400名新加坡海员。

船主收到船长的投诉，指控新加坡船员在太平洋航行中存在大量违规行为，服务质量严重下滑，纪律形同虚设，连乘客们都受到了威胁。船长因此想解雇全体新加坡船员。对于一直致力于为越来越多的失业青年寻找航海工作岗位的我们来说，这无疑是一大打击。当时岸上的左翼暴动正值高潮，这样大批解雇的行为无疑会影响到其他雇主的选择。波及面广的话，荷兰航运公司很可能解雇所有游轮上的新加坡船员。

杜进才博士决定让该公司允许我们进行实地调查，挖掘问题的根源。公司同意让我上船看看，他们也从荷兰派了高级船员负责人前往游轮。这是我第二次解决海外纠纷。当时，游轮停靠在秘鲁最大的港口卡亚俄。我用了两天时间才到达，正好赶在游轮起航之前。游轮准备前往迈阿密的埃弗格雷斯港，然后转驶纽约（进入大西洋前的最后一站）。1961年9月18日，我坐飞机从新加坡起飞，先经过香港、东京，到火奴鲁鲁，而每经一处都需停留几个小时。然后，飞往洛杉矶、迈阿密，再换乘泛美格雷斯航空公司的飞机，最终到达离卡亚俄最近的机场——利马。下机后，我实在疲惫不堪，竟然站在入境队列中睡着了。

我得到海员注册委员会的全力支持，授权我在现场可采取任何必要的行动。我还随身带了一些注册委员会的小册子，准备发给新加坡船员，告诉他们注册委员会和劳工部对此事很关注。但如果船员对工作仍然不负责任，则会警告他们将受到严厉的处罚。

我和如期到达阿姆斯特丹的荷兰负责人都不清楚问题的症结所在。我们示意游轮起航，准备随船航行，查明事实真相并提出解决办法。我的到来在一定程度上缓解了紧张局势，有几位船员原来就认识我。

第一天晚上，我和船长、几位乘务长随意讨论了一些事情。很明显，正如我所了解的，船上的纪律已形同虚设。餐厅里发生的事情愈演愈烈，已变成彻头彻尾的流氓行为。近几周来，游轮服务低劣得实在令人震惊。乘客还在吃饭，桌布就被收走，导致食物都溅到乘客的衣服上。孩子们也遭受同样的待遇。短期聘用的餐饮船员甚至担惊受怕。这不再是一艘服务周到、充满欢乐的游轮。船长担心，一旦到达埃弗格雷斯港，乘客们很可能会要求下船。

有六七名船员似乎成天无所事事，像是买了票的乘客。有人告诉我，每次抵达港口后，他们就像其他游客一样上岸，既不正式请假也不履行船上的义务，而其他船员却都"自愿"代替他们工作。

我感到特别纳闷，因为以前游轮上从未发生过这样的事情。很快，认识我的人开始来到我的住处，假装为我端杯喝的或问问需要什么。他们哀叹目前的状况，对即将失去工作深深地担忧，因为船长已表示到达下一个美国港口时会将他们解雇。他们承认船上出现了大麻烦。但有人劝告我不要在船员全体会议上提及此事，因为罪魁祸首会参加会议，他们怕我会受到威胁。

我让一位荷兰乘务长告诉大家，我想和每位船员单独见面。当晚，我要来花名册，开始着手安排。每天晚上，船员10点下班后来我这儿谈话，直至深夜。自游轮驶过巴拿马运河，到达埃弗格雷斯港和纽约之前，我夜夜如此。一有时间，就赶紧睡上一觉。与荷兰负责人及船长商讨之后，我们一致同意继续保留解雇海员的说法，直到我与所有人结束面谈。在游轮准备进入大西洋时，我终于查明了事情的来龙去脉以及谁是始作俑者。

问题主要来自一个由五六个人组成的小集团。他们表面上在餐饮部做各种工作、当服务员，但实际上是秘密社团的成员。他们不工作，每天下班后就开设赌局，逼迫每个船员拿出现金做筹码。这些钱都是乘客给的美元小费。那些不顺从的船员会受到惩罚，工作时会被故意捣乱，因而出现掀桌布的事件。反抗者会遭到殴打，甚至被威胁抛入海中——这些事情在船尾进行，值班员根本注意不到。我了解到这些人随身携带指节铜套、棍棒等武器，有海员说救生艇内还藏着左轮手枪。

我设计了一个方案，首先让船长致电纽约的游轮代理，联系警察和海关。等船入港，就让警察搜查全船，包括救生艇在内。一旦找到武器，船长和官员们立即宣布在靠岸之前给船员时间自我供述。

让船员主动供认的希望不大。但除非警察和海关同意，否则任何海员不允许离船。假如无人招供，船长有权解雇一批人，包括那些我已确定的罪犯，以及出于自身原因想要离船的人。船长同意不采取"非法"手段，而是与往常一样，正式解聘他们——这是为了避免让其他船员以"非法解雇"为由，挑起事端。令人惊讶的是，那些被解雇的人到达纽约之后，并未提出任何反对意见。

荷兰航运公司对事件的处理结果感到相当满意。我飞回新加坡，但事情还没有结束。

我向注册委员会提交调查结果，指出只是一部分人的责任，并解释了将其赶下船的理由。然而，该公司在新加坡的代理主张注册委员会应该把相关人员从花名册上注销。解决这些问题花费了好几个月的时间，因为注册委员会需要拿到船主的证明，但船主不准备进一步追究此事。根据我的建议，注册委员会决定不再进一步实施惩罚，既然已签署"协商同意书"，就不应再有对这些船员的任何不利记录。

几周后，其中一个被解雇的船员来到我的办公室，手指扣着腰带，问我为什么向船长建议解雇他。我解释说，只要解雇是合理的，被解雇者可获得应有的赔偿。但想要解雇谁是船长的权力，我无权过问。他并不满意，警告我来马来亚时"小心点"，然后就走了。等他离开后，一位目睹这一幕的海员自告奋勇要做我的保镖，因为我显然没有注意到这个人与秘密社团的关系。手指扣着腰带表示他属于强势的"08"秘密社团，而我对此却一无所知。

当时，新加坡的确存在华人秘密社团，但从不公开。还有一两个马来帮，但规模较小。虽然以前偶尔也有一两个温顺的海员，由一个看似更强势的人陪着出现在我的办公室，我却从未受到如此赤裸裸的威胁。但是，无论什么样的事情，我都有能力轻松应对。

6. 人民行动党当权

1959年，我对新一届人民行动党政府抱有极大的期望。当年的政治运动，让公共服务部门中的大多数人更加急于摆脱欧洲的统治。人民行动党候选人的演讲针砭时政，大大提高了我们的政治意识，得到广泛的支持。那时，新加坡的民族意识还很弱，更多的只是反殖民统治。

我的朋友、同事郑绍桦与我一样热情高涨。马来亚化以及公共服务部门的本土化，多年前就已被提上议事日程。当我还是医院社工时，就开始关注这一问题。《海峡时报》称："马来亚化首先要关注的不是本地员工的福利，而是要建立一个由本地人组成并有效的行政部门。"这话说得没错，但马来亚化不只是一个政治热门话题，在运输和代理机构，外籍人士也逐渐被当地人所取代，其中既有商业利益的驱使，也有政治原因。争取独立的十年间，马来亚化成为建立新政治秩序的工作中心。我们期盼在新一届政府的领导下工作。

然而，公务人员却受到了冲击。新一届人民行动党上台后，在一个周六宣布强制实行减薪。除日薪制人员外，公务员，包括最底层服务部门的人，月收入都被削减三分之一，没有任何通知或解释。幸运的是，我和妻子都有工作，避免了陷入穷困、窘迫的境地。其他几位同事就比较悲惨了，他们需要还房贷，支付孩子的国外教育费用。更何况，在减薪前，他们的经济状况就已经十分拮据。

我们不明白为何我们全力支持的政府会采取如此突然的举措。我们首先尝试找出一个政治解释。我们怀疑左翼分子是否已经接管政权。我们在大学时候的就一直无法了解有社会主义倾向的朋友的思想，当中不少人如今是人民行动党的领袖人物。许多级别比较低的基层干部盛气凌人，我不得不每天应付他们对公共服务的频频抱怨。他们经常提出无理的要求，认为我没有尽力办好他们交代的事情。处理正当的福利纠纷，我当然游刃有余，可他们总是给我一些代理人有不正当行为的证据，如船员逃跑或因走私鸦片和其他违禁品而被解雇之类的案件。假如为这些人辩护，不仅在道德上不光彩，而且会损害到新加坡海洋产业的声誉以及未来的就业前景。

除了政府以外，其他机构的情况也堪忧。人民行动党主导的市政理事会在某些方面为所欲为，从新政府上台后便如此，让我们对未来更加惶恐。当时的新加坡市长王永元就像一个暴君，专制独裁，和手下完全控制市政理事会，因一些微不足道的小事就随意解聘、胁迫职员。我们非常担心政府也会对服务部门采取类似的迫害手段。像我们这些来自前殖民政府、受英文教育的人似乎已成为众矢之的，也许在职的日子已屈指可数。

人民行动党的积极分子异常活跃，到处寻求公众对政府部门服务的投诉，简直到了吹毛求疵的程度。他们曾考察过我的工作，1959年、1960年我都受到过威胁和恐吓。一些有华校背景、工作声誉有问题又无理取闹的海员也趁机刁难。那些因从前的违纪行为（如擅离职守或走私）而很难再被聘用的船员，便利用这些政治变动，在公司里煽风点火，制造混乱，并捏造事实进行投诉。而投诉案件往往未经证实，便定期提交给部长、政府或市政理事会秘书长。

公共服务工会一直反对大幅度降薪，但政府却反其道而行之，这让我们的疑虑更深。服务部门对那些激进的左翼分子和学生煽动者感到反感，以及谴责政府在日常公事往来中政策明显倾斜的人，也不知道新加坡政治将何去何从。一些人明显支持左翼主张，尤其是工会、市政理事会中的一些党派代表，其政治背景就表明了他们与左派的关系。我深度怀疑这是一个左翼政府，只不过披着民族主义的外衣。

工会的力量越来越弱，尤其是为公共服务部门提供服务的工会日渐萎缩，加剧了我们的担忧。减薪后，工会在各级服务部门的拥护者纷纷离开，新任政府对此十分清楚，但完全无视他们的抗议，有时候甚至表示出蔑视。政府只关注那些为低收入群体（如日薪制、第四等级员工、邮政和电信工人）服务的工会，后者与人民行动党的关系在前文中早已提及。这些具备行动能力的工会，在某种程度上能与政府对抗。它们容易与左翼形成联盟，或许政府非共产主义领导人认识到了该群体的左翼倾向，万一形成对抗，将给政府带来很大的麻烦。

公共服务部门笼罩在一片阴郁的气氛之中。1959年7月，当我们听到总理在维多利亚纪念堂的一次讲话后，心情更为沉重："此刻，我要对公共服务部门及相当不称职的领导们说一句……如果暂时还没发生比损失津贴、比面对来自非英语教育的激烈竞争更悲惨的事情，那么他们应该屈膝跪下，感谢上帝宽恕了他们的灵魂。"我们开始怀疑自己的希望寄托给了错误的对象。

这种政治氛围引发了海员们一连串的无理要求。有一次，我不得不介入一个货物管理员的案件。货物管理员是指那些在航行于本港水域的船只上充当中间人、不在船上服务的船员。他们安排港口之间的货物运输，除看守船舶货物以外，还可自由做点贸易。船家赚钱后，按照一定比例支付给他们佣金。案件当事人与海峡轮船公司的合同已终止，然而，他请求我运用对船主的影响力进行调解。我担心如不采取行动，我的工作将会受到威胁。海峡轮船公司有关负责人也意识到政府不好惹，经过一番劝说后，同意协商给予当事人特殊待遇。

接着，又发生了一件事，差点令我丢了工作。一艘瑞典轮船的一名新船员因严重违纪被解雇，我被要求介入。事实上，我原来已处理过他的案件，发现解雇合乎程序。瑞典船的外籍工人与瑞典人同工同酬，通常比他们在其他国家船上的工资多好几倍，因此应聘者很多。此外，瑞典船的员工与瑞典海员工会成员享受同等待遇，受到瑞典集体协议的保护。在这一事件中，瑞典工会也赞同解雇该船员。瑞典总领事告诉我事情的真相（涉及瑞典船只的案例中，他拥有管辖权），的确是这位船员的过错。该船员直接找到财政部部长吴庆瑞博士出面干预，吴博士分管贸工部，我所在的部门属于他的管辖范围。为了满足吴博士的要求，我再次向瑞典官员提出此事，后者劝我不要徒劳。然而，部长先生受到蛊惑，认为我没有尽力。他可能不清楚，在这种情况下，瑞典方是唯一的权威，不管是我，还是新加坡政府，均无权干涉。后来，我听说，吴博士曾要求解雇我，但有人明智地建议保留我的职位，直到真相大白。

过于奉行政府规章制度也会产生事与愿违的结果，大约在1959年年底便发生了这样一件事。当时，一群海员正在等着见我。这时，一位寡妇带着三个孩子，怀着失去丈夫的悲伤，前来寻求帮助。看着她伤心欲绝的样子，我决定提前处理她的事情。我向等候的海员们说明情况，他们均没有异议。

然而，旁边的一个年轻人很生气，声称每个人都应该排队，这是人民行动党政府规定的。他认为我的举动严重违反了政府政策，威胁说要把事件报告给财政部部长的政治秘书林清祥。说完这些，他怒气冲冲地上楼去找林清祥。林的办公室也在浮尔顿大厦，不过是在楼上。林清祥的助理来找我，要求我放下手头工作，立刻上楼去见他。林清祥问我，为什么不按照排队顺序。我向他解释原因，他说我的做法不对，应该让每个人按序等候。我什么也没说，回到办公室继续工作。

然而，事情并没有结束。当时，一直在排队等候且目睹事件经过的那群海员，主动去找了政治秘书。他们坚定地对他说，既然大伙都愿意等，为什么那个年轻人不能等？他们的话产生了一定作用。我接到林清祥打来的电话，让我忘掉他刚才说过的话，假如今后有人需要优先考虑，我可以自行决定。

后来，这群海员找到这个对政治狂热的年轻人并警告他，如果在附近再看见他的话，不会放过他。那是我最后一次见到这位年轻人。我不是纵容威胁，但这却证明了海员们对他们的同事及其家属的一片关爱之心。

还有一件事，一个年轻的海员因为一个完全不合理的要求没得到满足，就跑去部长政治秘书那里投诉。我坐在办公室里，闷闷不乐地盯着天花板。那一刻，我感觉自己的工作真是吃力不讨好。就在此时，来了一位意想不到的访客。

福克斯神父走了进来，他是海星天主教会的传教士，负责海员的传教圣事。他经常来我的办公室，替一些外国海员或其他人寻求帮助。他问我是怎么回事。我对他倾诉了一切，包括这次被上司责骂和胁迫的事。他一直听我说完。我告诉他，我正考虑辞职。沉默片刻后，他问我："你有没有问过自己为什么会在这里？""为什么？"我问。

"你做这份工作时，"福克斯答道，"有多少人走进这扇门，因为你帮他们解决问题或克服困难而感到欣慰？或许他们没有表达感激之情，但他们相信有你这样的人，能在他们身陷困境时伸出援助之手。你必须明白，人本不应该强求感恩。所以，无论你为他人做了什么，或者我为他们做了什么，我们永远不要惦记着被感激。否则，只会失望。一个忘恩负义的人伤害了你，上司处理事情时不够公正，就因为这些，你便想辞职。我的孩子，好好想想：'我为什么会在这里？'如果想通了，你就会找到答案，而且心灵也会得到满足。"说完这些，他就离开了。

自那以后，在职业生涯中，我不断思考这个问题。它教我放宽眼界，不再对眼前的利益斤斤计较。

然而，部长花了很长时间才了解到海员就业的复杂性以及当地劳工法的局限性。事实上，我经常面临着被解雇的危险。但我一直兢兢业业，热心服务，这份工作带给我极大的满足感。如果不能顺利解决这些问题，无法做到让人民行动党的工作人员满意（不论多么不合情理），那么我的职业生涯很可能会画上句号——在当时，一旦被解雇，想再找到一份好工作基本上是不可能的。我决定在发生冲突之前先辞职，另找一份自己的努力能够受到认可的工作。既然我已成家，妻子又有收入，那么可以冒险一搏。

7. 政界乱象与新机遇
/

1960年的一天，同事郑绍桦过来告诉我刚刚召开的一个重要会议，当前局势出现新转机。

会议的主要发言人是李光耀。在这次秘密会议中，李光耀对公共服务部门的常任秘书们做了讲话，针对政治局势，尤其是人民行动党的发展，提出了一些看法。尽管政府对外看似团结，但内部存在分歧，需小心处理。他向在场的各位指出政治出现内讧，公共服务的性质必须改变。公共服务部门不再是一个面向英国政府的殖民机构，而要对新加坡公众负责。因此，必须提防那些企图破坏政府的势力，不能让他们在政府运作方面找到抱怨的借口。

不久，我们得悉会议结束后，将建立一个政治研究中心，协助公共服务部门了解其角色变化的要求。

在人民行动党政府早期的高压政治下，我们当中很多人受到了打击。现在，政府领导层的意识形态似乎出现分歧，但表面上还不明显。在那些我们所敬佩的领袖和那些欲将我们排挤出局的领导人之间，我们觉察到一种平静而又持久的权力之争。对我和同事们而言，这是一个转折点。我们认为，如果屈服于淫威统治，将大错特错。

我和郑绍桦开始发现，政府领导层中逐渐形成一个核心集团，与左翼力量抗衡——集团成员包括吴庆瑞、S.拉惹勒南、杜进才、杨玉麟以及李光耀总理。与马来亚合并的争论使这一核心集团明朗化，我们能清楚地看到哪位部长属于哪一派。随着合并的争议愈演愈烈，公共部门中的一些人发现与反左翼、非共产主义群体拥有许多共同点。这一群体旨在代表新加坡共同利益，我开始看到人们朝着这一目标积极努力。我们越来越全身心地投入，同时越来越脱离公共服务部门原来的中立的立场。

在人民行动党彻底分裂之前，我感到这种政治氛围有利于建立一个能够真正解决海员问题的新工会。政府对劳工运动的态度发生了变化，很可能会做出指示，要求合理组织海事劳工。在过去，由于行动党左翼分子的掌权，海事劳工被忽视，焦点集中在代理机构的产业工人和白领工人那里。我应该对建立新工会（全国海员工会）表示支持，让他们更好地了解海员问题。等工会成立后，帮助他们招募会员。如果这样，我将可以停止一直在处理的劳资关系问题。

我面临选择，作为一名公务员，我完全可以袖手旁观。那时，我已在海员中建立了良好的声誉，他们以及一些船运商业团体对我十分尊敬。虽然没有任何人是无可替代的，但他们显然认为我的工作相当有价值。然而，我觉得自己正处在一个决定未来的岔路口。海员们在某种程度上对我个人非常依赖，我认为现在应该及时退出，建立一个组织严密的工会，来代替我的位置。

据我观察，有几位年轻人可以考虑。在海事处商船海员管理主任的办公室，我遇到一个叫邓添金的年轻人。在与船长的争执中，他与同事据理力争。他给我的印象比较理智，具有领导才能。他会说中文，富有正义感，能够辨认出哪些是不合理的需求或申诉。我尽最大的可能帮助他，全国海员工会成立后，逐渐让他和同事负责处理申诉案件。接着，又来了一位叫何标的年轻人，他接受中英文教育，曾是童子军的领袖。在乘独木舟环游新加坡岛之行中，他积极主动，对海员问题表现出很大的兴趣。何标很快学会了马来语。我认为，在领导方面，他可以成为邓添金的得力助手。在人民行动党的鼓励下，他们开始一起组建新工会。但他们渐渐左倾，人民行动党分裂后，最终站在社会主义阵线一边。

在与航运代理的谈判中，何标言辞犀利、一针见血，很快成为新工会的主导力量。然而，新工会迅速被卷入人民行动党的左派与温和派的斗争之中。表面看来，新工会领导层似乎对我很有好感，天天到我的办公室咨询意见，讨论海员们提交给我的问题。而到1960年年末，大家都在谈论与马来亚合并的可能性，政治分裂有即将公开化的迹象，我觉察到何标对亲共左派表现出莫大的同情。

当政治派别彻底分裂时，各条战线上的劳工动乱愈演愈烈，海事部门也不例外。我看到何标利用海员的纠纷，引发种族仇恨，形成反欧阵线。即使完全有办法解决，他也一拖再拖，使双方争吵不休，大部分案例的起因都是些鸡毛蒜皮的小事。船舶停靠港口时，发生任何纠纷都会导致误点、延误离港，有海员会趁机提出无理的要求。何标及其助手在船上制造事端，扰乱船期。认识我的海员则要求由我亲自过问。我像往常一样，告诉他们新工会将处理此事。他们说新工会对解决问题不感兴趣，因为他们的地位岌岌可危。也有海员指责我碍于与何标的交情，宁可袖手旁观。

有一次，一帮海员根本无视新工会的存在，几乎强行拉着我上船解决矛盾。他们都是华人（海南人）海员，我完全没有料到他们对新工会领导如此不满。到达现场后，我立刻明白怎么回事了，工会领导正冲着船长破口大骂，压根没有解决问题的意思，就想着拖延起航时间。很明显，我必须出面干涉。

讽刺的是，我必须先对工会代表破口大骂，才能提出海员的事，并与双方顺利对话。船员急切地说他们想让我处理这件事，并要求新工会代表允许我来处理。我学到了重要的一课——角色扮演的重要性：如何正确地进行干预，如何在形势紧张的情况下掌握主动权。在今后的岁月中，当我进入劳工研究所，特别是当工会温和派试图从亲共派手中夺取权力时，这一经验让我受益无穷。

很多海员告诉我，新工会对我出言不逊，认为我不值得信任，说我是船主雇佣的一个印度人，是政府的走狗。然而，自始至终，邓添金一直不偏不倚，对我的做法也相当赞同。对于他的支持，我心存敬意。

回想起来，新工会那时一直在想方设法在新加坡海岸线上制造混乱，企图制造海外新闻头条，把新加坡港污蔑成一个不适合停靠的港口。当时，新加坡一直是一个重要的区域性航运中心和佣工来源地。新工会通过制造麻烦，驱使船主绕过新加坡港，停靠别处。如此一来，新加坡船员将被解雇，失业率又会上升。再加上越来越广泛的工业纷争，动乱将引发世界的关注，并影响到新加坡吸引海外工业投资。

8. 提高海员待遇

从20世纪50年代起，新加坡海事部门面临着一个影响深刻的变化：海事劳动力中的临时工逐渐减少。二战前，华人和印度海员的招募工作由宿舍老板和土地经纪人（又称为歌西朗）来做，后者同时还经营宿舍。根据当时的商船条例，港口官员给这些代理人颁发执照。至于马来人，就业和安置并没有成文规定。他们常聚集在红灯码头或船务公司的办公室外，等待工作机会。玩忽职守的现象非常普遍。为了保证就业，海员们经常被迫掏钱"贿赂"招募人。

海员注册委员会成立于1948年，给海员颁发就业许可证。想要找工作，必须先在注册委员会注册，然后由总务长安排。然而，这一体制并没有充分发挥作用，偏袒、徇私比比皆是，海员们怨声载道。

鉴于来自国际劳动组织的下属机构国际运输工人联合会的压力，殖民政府开始规范海员雇佣制度。1957年，船员注册董事会成立，负责将新加坡所有未就业的船员登记在册，规范就业有效程序。船主只能根据花名册聘用船员。

董事会根据不同职位，建立海员花名册。当海员被解雇时，则按照日期把名字登记下来。这样一来，他们在名单上的排名就以一种公平、有序的方式向前推移，目的在于优先考虑那些失业时间较长的人。在一般情况下，这一体制运作良好。除非是那些在船上有不良记录的人，轮到他们时，船主会拒绝接收。当我在劳工研究所时，担任了一段时间海员注册董事会的主席，近距离观察了体制如何运转以及存在的问题。

对那些有良好记录的海员来说，这种安排深得人心。1973年，国家海事委员会成立后，借鉴了海员注册董事会的做法。随着时间的流逝，这套轮序体系也得到了修改。1982年，当航运公司得到授权发布职位空缺广告和直接招聘后，轮序体系被完全废止。

那些面临严重经济困难或年龄太大、不能从事体力劳动的海员，基本上只有依靠救助体制。20世纪50年代，只有盎格鲁—萨克森石油（东区）有限公司推行覆盖全体海员的退休福利计划。如壳牌公司的福利政策只针对因病伤或年老退休，且在船上连续服务年限不低于十年的华人。前十年每月支付一半工资，第二个十年每月支付四分之三，二十年后支付全月工资。由于当时航海工作的随意性，我怀疑没有太多人能在一个公司连续干上十年。

那些退休、贫困或惨遭不幸的本地海员，只能求助于另一个覆盖面更广、更易申请的系统——商船海员管理基金。基金主要来源于周日工作船只赚取的周日劳动费，以《商船条例》为依据，接受委员会管理。总务长出任主席。商船海员管理基金为新加坡急需帮助的人员和船员提供救济。申请资格为60岁以上、海上工作不低于15年，同时申请前必须连续在海上工作五年以上。对船主征收周日费，源于基督教传统。

到1964年，商船海员管理基金的收取与发放权被转交给海员福利委员会（成立于1956年），1973年归国家海事委员会管理，同时更名为海事福利基金。

在担任海员福利官及后来的海员注册董事会主席时，作为工作的一部分，我广泛参与提高新加坡海员福利的各项决议，并始终保持关注，一直到培训计划付诸实施。

前文所提及的印尼海员罢工，导致荷兰公司从岸上雇用了数百名毫无经验的人。因此，一项对船员进行培训的计划问世了。荷兰公司主动针对乘务员和服务员的岸上培训，制订了一套计划，让他们能够在船上和其他公司工作。政府同意资助该计划，于是开始客舱乘务员岸上培训的第一阶段。

第一个训练场设在亚洲海员俱乐部。餐桌布置和餐饮服务的培训设在高级船员的老字号宿舍康奈尔中心。荷兰公司自费委派一名高级官员协助制定和实施方案。海员福利委员会定期向新加坡求职者发出邀请，鼓励他们参加培训和获得资格认证。那些只有小学或初中文化水平的人失业率一直居高不下，因此求职者源源不断。此外，不仅工作本身具有吸引力，同时也是一个顺便游玩世界的好机会。参加培训的求职者没有任何收入，只有一小部分津贴，但提供一日三餐。一旦通过认证，他们将被海员注册委员会登记在册，并能上船就业。

该方案实行了数年之久。许多经过培训的海员顺利找到了工作，大部分受聘于荷兰渣华轮船公司（1970年与其他三家公司合并），有的就职于其他航运线。

为了创造更多的海上就业机会，帮助新加坡海员与香港及其他地方的同行进行有效竞争，政府决定推行一项雄心勃勃的海员培训计划，甚至包括甲板部和发动机室的内容。1963年，政府斥资16万马元从海峡轮船公司购买一艘旧船"马鲁都"号，拆除发动机和货运设备后，进行了翻新。该船建造于1924年，改装后可容纳120名学员。船只停靠在港口，离岸有一段距离。船上有宿舍、教学设施以及发电机。该船更名为"TS新加坡"号。1964年5月，副总理杜进才委任该船开始服役，并永久停泊在东锚碇。同时，还扩建了一个新货舱，为甲板人员和机舱手提供基本的航海前训练。

培训计划由英国蓝烟囱轮船有限公司培训部门的两名专家制订，提供为期12周的出海课程，主要包括基本航海和逃生训练、专门的特色培训，以及对那些岸上技术人员，如厨师、木匠等的定期测试。

多年来，培训计划不断发展、完善。1979年，"TS新加坡"号被拖至废料厂，取而代之的是三巴旺新建的一个陆地培训学校。在"TS新加坡"号服役的15年间，5060名海员接受了培训。新学校建成后，"TS新加坡"号的名称继续沿用，以纪念这艘旧船。

随着旅游业的不断发展，海员们有了更多选择。那时，新加坡舍特（SHATec）国际酒店与旅游学院还没有建立，许多接受海上餐饮服务培训的人进入酒店行业工作。在那里，他们所学的经验被证实非常有用。

20世纪60年代，另一培训的目的是培养船上厨师，尤其是马来厨师。在义顺的英国陆军餐饮学校提供协助，并系统地设计了一些很好的理论和实践培训课程。接受培训的人都要进行测试。通过认证的学员后来成为马来亚和印度餐系的优秀厨师。该计划正式启动时，我正辞去海员福利官的职位。后来，听说很多学员在海上工作一两次航程后，一旦回到岸上，都能成功地建立自己的小型餐饮企业。

亚洲海员俱乐部的创建，是为了满足在新加坡靠岸的过路亚洲海员生活之需。在19世纪，类似的设施还包括康奈尔中心和宝德海员学院，如今已不复存在。遗憾的是，这三大会所均不是亚洲海员所能负担得起的，实际上主要服务于那些来自其他地方的高薪人士或有雇主代为埋单的人。

康奈尔中心于1953年得名，但兴建于1924年，原址位于今天安顺路的淡马锡大厦。这是一幢颇具殖民地风格的建筑，借助一名老工程师遗留下来的基金建成，主要为那些被解雇等待遣返或等待再就业的非新加坡籍船舶官员和船员提供食宿。尽管理论上对所有人开放，但费用却不是当地船员或官员可承受得起的，除非有公司付账。一般公司不安排亚洲船员到康奈尔中心的借口，是他们不习惯那里的食物和服务。康奈尔中心每月会举行一两次社交活动，欧洲船舶公司管理层的夫人们有时不得不充当服务员，并监督那些自愿做男士舞伴的人。这里到处洋溢着"做基督善事"的精神。

宝德海员学院与之类似，起源可追溯至1892年，是用爱德华·宝德的遗赠建成。爱德华·宝德（演员大卫·尼文的曾祖父）创建了同名的船舶公司。土地由丹戎巴葛码头公司捐赠。与康奈尔中心一样，宝德船员学院的主要顾客是欧洲海员，其食宿费用都记在公司账上。

亚洲海员俱乐部建于1957年，但费用昂贵，远远超过当地失业海员的承受能力。前身是由国际运输工人联合会远东地区特派员乔治·里德提议，于1948年成立的亚洲海员福利中心。当年，乔治呼吁殖民政府应该出资建立这样一个中心时，遭到工会的反对，提议被搁置多年。毫无疑问，反对之声主要来自掌控工会的宿舍老板。

1950年年初，海员顾问T.A.怀特上任后，该提议被重新采纳，这一次将重点放在娱乐建设上。而事实上，大部分失业海员无家可归且负债累累，根本没有消费能力。但怀特丝毫不为所动，在他的努力下，亚洲海员俱乐部开始筹建，1957年开业。

该俱乐部提供住宿和一些娱乐服务。相比当地海员，俱乐部更受那些被中途解雇的亚洲海员欢迎，费用由船舶公司的当地代理商支付。俱乐部位于南码头，出入的道路环抱海岸，紧邻华人基督教青年会（YMCA）。该建筑如今依然屹立，共有七层，属于新式的宿舍风格。有一层楼是工作人员的房间，此外还设有礼堂、餐厅、剧院和穆斯林祷告室。俱乐部依靠海员福利委员会拨款。为补贴经营成本，一层楼租给了新加坡理工学院的学生。作为海员福利官，与一些大船东代表一样，我曾在俱乐部的董事会服务过一段时间。

9. 加入工会

/

文化部的政务次长是G.堪达萨米，兼任新加坡邮政和电信工人联盟秘书长。我在马来亚工会时与他结识，上大学后一直保持联系。有一天，他邀请我去坐坐。

在聊天过程中，他谈到准备组建一个新工会（尚未取名），为政府所有行政人员服务，特别是针对那些二、三、四级雇员。他意识到公务员因受减薪的影响产生了抵抗情绪，当前的工会已背离表达公务员意愿的初衷。尽管很同情那些受影响的人，但他说自己的使命是要为未来做好准备。他承认，一个代表公共服务部门的工会除非能够强大到在合法纠纷中足以与政府对抗，否则在眼前动荡的政治环境中绝不可能生存下去。这也是左派思想不断得以扩张的原因。他想让我助其一臂之力，至于如何帮忙，他没有多解释。

对于马来人、印度人以及在当地出生、接受英语教育的华人来说，这是一个令人焦虑不安的时代。在劳工事件中，华人左翼力量的影响越来越大，而且影响到政府各个部门。堪达萨米解释了为何将中等公共服务部门职员划入较低收入的第四级雇员范畴，其中用意颇深。他指出，当与雇主——政府谈判时，第四级雇员凭借其庞大的规模，可以带来不可忽视的影响。除非工会能囊括所有级别的员工，而不仅只有第一级管理阶层，否则政府将继续采取强硬措施，正如宣布减薪时的做法。如果受中文教育的人继续对领导层及其政策施加影响，那么结果将不言而喻。我问他，为何作为政府官员，反而希望建立一个工会，与政治同僚对抗。他回答道，政府已不如表面那么团结，主要领导人也赞成建立这样一个工会。此番话证实了我们觉察到的人民行动党领导层出现了真正的分歧。他让我好好考虑，希望我（当时是第二级雇员）加入其中，共同创建新工会——公共雇员联合会。

我与朋友郑绍桦分析了这次谈话，一致认为政府内部可能出现了重大分歧。但我们仍然不明白他们削弱既有工会的力量后，为何又主张建立一个强有力的公共服务工会。

回想起来，我必须承认堪达萨米对公共服务工会的建立做出了巨大贡献。没有哪个公务员愿意把建立工会的任务包揽在自己身上。工会建成之初，公共雇员联合会的主要力量为其下属机构邮政工人工会成员，大多是第三、第四级公务员，其他的都是后来加入的。尽管很多在公共服务部门的人具备会员资格，但他们仍选择独立于公共雇员联合会之外。他们怀疑联合会会被人民行动党利用，作为实现其政治目的的工具。那些曾经活跃在公共服务工会并逐渐沉寂下来的人，对此也疑虑重重。那些对政府怀有强烈不满的人，怀疑政府之所以争取他们，是因为需要他们的支持。

堪达萨米对公共雇员联合会的定位非常明确。他深信，把其他级别的公务员，尤其是第三、第四级雇员与自己所在的级别联合起来，组成一个单一工会，将挽救公共服务工会被注销的命运，还可防止公共服务部门的左倾趋势。我最开始有些怀疑，总感觉堪达萨米的计划背后存在着某种形式的政府支持。事实上，该工会完全可以形成对政府构成威胁的统一战线，又可以有效阻止容易轻信的人被依附于人民行动党的左翼工会的甜言蜜语哄骗。此外，它还可以协助政府建立公共服务集体谈判机制，比目前公共服务工会杂乱无章、日渐衰败的局面强多了。

随着时间的推移，公共雇员联合会获得了大力支持，并成为非管理层公共服务人员的唯一代表工会。从一开始，它就能以单一工会的身份与政府就第三、第四级雇员的工资、条款和工作条件进行谈判。假如堪达萨米不致力于此，公共服务工会很可能永远停留在混乱阶段。发生争议时，政府面临的是一个完全不同的公共服务人员群体，这个群体与公司白领职员不同，很可能会诉诸武力。假如爆发罢工，很可能会受到左翼煽动，引发劳工环境的动荡。

在此之前，工资协议单方面签订，没有任何集体谈判。当左翼的分裂演变成一场政治危机时，公共服务部门的混乱状态成为左翼活跃的沃土，进而导致公共服务严重中断。

公共雇员联合会并非乔装打扮后的邮政工人工会，堪达萨米显然需要一位外部人员来做领导。在20世纪60年代初的大背景下，我同意加入公共雇员联合会，担任一年的主席（第二年周年大会上，堪达萨米安排了继任者选举）。由于当时仍住在柔佛新山，我提前说明除工作之外不会有太多时间管理工会事务，除非有非常重要的事情需要我在场。堪达萨米同意了。领导层除了李玉成和欧庆涛外，还有一个全职团队负责处理日常事务，办公地点设在实笼岗路。

我加入后，协助他争取邮政和电报工人以外的会员。那些日趋萎缩的工会迅速地流失成员，工会领袖对我有着极大的怨言，其中包括一些一级官员和公共服务部门的精英，他们的影响力因人员流失而大打折扣。这种不满导致一些针对我的敌意行为，在以后的岁月里，我在公共服务部门的提升也因此受到不少阻力。

第四章
劳工研究所

万想不到的征程
／新加坡前总统纳丹回忆录／

1. 局势动荡

/

1961年12月，我接到财政部部长吴庆瑞博士的电话，让我去办公室找他。当月早些时候，我接到通知，上级调我到劳工研究所（简称劳研所），任助理所长。这让我感到困扰，因为这个单位好像并不存在，并且这次不同于常规调令，事先并没有征求我的意见。劳研所似乎不对政府任何部门或法定机构负责。因此，我给部里写信，希望得到解释。

等我入座后，吴博士直奔主题。他详细地谈到与亲共左翼正在进行的政治斗争。不仅在政治层面，而且从工会方面，都需要和那些与亲共左翼结盟的工会领导者争夺工人的拥护。这些领导人正背离政府，而工人们如今却倾向于支持政府，我们需将后者保留"在我们身边"。正是出于这样的目的，吴博士才准备筹建一个研究所，我被安排到所里工作。

吴博士承认没有征求我的意见，我也有权质疑，为何被安排到一个看似并不存在的组织。他说："我们知道你正在从事的工作以及你对工人的同情，于是自然地认为应该让你进入这个团队，而且相信你也会同意。"

吴博士强调了形势的严峻性，告诉我现在正经历一场"生死之战"，不可掉以轻心，因为胜负犹未可知。他说："要是他们赢了，我和你恐怕会被拉到大草场上枪毙。"我很理解事态的严重性，非常清楚马来亚人民抗日军和共产党如何惩罚那些拒绝合作或配合的人。这份后怕在《白衣人——新加坡执政党不为人知的故事（1961）》一书中得到了充分的印证，那时人民行动党的亲共派企图叛变，当时的立法员陈志成道："你怎么敢挑战我们？终有一天，当我们胜利时，会把你们当作叛徒枪毙。"我相信他们说到做到。于是，我告诉吴博士我同意去劳工研究所，并尽可能提供帮助。"助理所长"（对新成立的组织来说，该头衔略显夸张，对于具体职责我知之甚少）实际上就是一个事事亲力亲为的工会活动家。

要了解为何成立劳工研究所及随后的全国职工总会，首先需了解战后新加坡劳动关系的变化（2011年年初出版的《克服万难：职总创建初期的劳动研究所》一书有更详尽的介绍）。

二战前，新加坡实际上还不存在今天这种形式的工会。战争结束时，马来亚共产党成为英雄，可以公开自由行动。从二战后期到1946年3月，新加坡一直由英国军事管理机构管制，其间几乎每天都发生工人罢工和动乱，而随后的人民行动党执政期间劳工运动更为严重。我在柔佛新山曾目睹多起共产主义分子公开对抗英军当局，扰乱公共秩序的事件，类似事件也在新加坡发生。新成立的工会及其他形式的工人代表，要求雇主提高工资、改善其他条款条件，在马来亚共产党控制的泛马来亚工会联合会的领导下，制造了许多破坏性事件。共产党人很快成为马来亚和新加坡工会活动的中心人物，几乎没有一天不发生罢工。

通过渗透工会，共产党人策划建立"统一战线"，掀起浩大的工人运动，借助工人对英国军事管理机构统治下经济衰退的不满，使已经敌对的劳资关系进一步恶化。1948年，共产党领导的暴动导致英军宣布进入紧急时期，并取缔了马来亚共产党。

马来亚共产党被禁后，虽然偶尔还出现公共服务工人的行业行动，但的确暂时减缓了新加坡和马来亚的劳工动乱。

20世纪50年代的头几年，马来半岛的工业环境依然保持平静，但新加坡又出现了公开的煽动行为，有共产主义再次介入的迹象。当时，正遇上华人中学学生爆发骚乱。学校表面上看是为了保护华人教育，但潜在目的是对抗殖民政府，创造有利于共产主义斗争的革命条件。在此期间，我正在马来亚大学学习，目睹了很多类似于二战刚结束时发生的事件之事。尤其是武吉知马工业带遭到严重破坏，那里有福特汽车、谦洋工业、国营碳业（永备牌电池的制造商）等公司。一些带头煽动者被逮捕，随后被放逐到中国。在1955年约发生了300次罢工，共损失94.6万个人工日，对经济造成了破坏性影响。

20世纪50年代，政治和工会领域所发生的变化直接塑造了新加坡的历史。1951年，新加坡工会协会成立。林有福为创始人之一，后来当选首席会长。协会受到殖民当局支持，尽管在紧急时期，当局仍担心马来亚共产党会通过组织中的劳工制造侵袭。1954年，人民行动党成立，旨在结束英殖民统治，改善人民的命运。1956年，共产党发起暴动后，几名与工会运动有联系的人民行动党高级领袖被拘留，其中包括林清祥、方水双和蒂凡那。

1957年，亲共派试图占领人民行动党和新加坡工会协会。在组建中央委员会（12名成员）的投票选举中，六名亲共候选人胜出，剩下六个席位由李光耀及其非共产主义同事赢得。亲共人士准备在党内夺权，但被林有福政府制止了，并拘留了那些被认为有威胁性的政治人物及工会领导，包括五六名刚刚当选委员会成员的亲共人士。

有种观点认为，林有福政府的行动拯救了人民行动党。但人民行动党秘书长李光耀却不以为然，他指出在人民行动党的选举中，亲共派并没有取得胜利，而是以平局结束。在他看来，林有福采取的安全措施，是为了拯救自己的工会基地，以免被亲共派占领。然而，在李光耀及其同事加强对人民行动党的掌控后，林有福的新加坡工会协会却未能阻止被支持李光耀的工会接管。来自新加坡邮政和电信工人联盟的G.堪达萨米成为协会秘书长。

2. 民心争夺战

1959年5月举行的大选，为新加坡获取自治铺平了道路。尽管人民行动党赢得了51个席位中的43个，但始终坚持要求先释放被拘留的八位最高领导人，再组建政府。为了避免宪法危机，英军当局同意了人民行动党的要求。于是，林清祥、方水双、蒂凡那、曾超卓、S.伍德哈尔、詹姆斯·普杰立、陈从今和陈世鉴走出了樟宜监狱。出狱前，他们签署了一份文件，支持人民行动党通过与马来亚合并来争取独立的计划。但事实证明，只有蒂凡那没有食言。

政府及人民行动党的劳工领袖就如何进一步提高工会效率，进行了广泛的讨论。新加坡工会协会进行重组，更名为职工总会，由十人组成的秘书处负责管理。秘书处有四位是非共产党人，分别为G.堪达萨米、蒂凡那、布安奥马尔·朱尼德和欧庆涛。其他六位是林清祥、方水双、S.T.巴尼、亚米特·星、S.伍德哈尔和多米尼克·普杰立，均为亲共派。无论他们的政治倾向如何，职工总会秘书处的成员被媒体称为"十壮士"。

作为秘书长，堪达萨米负责所有的英文谈判，以及公共部门、银行、保险和其他商业机构的工会谈判。林清祥负责所有中文谈判以及工业部门的谈判。方水双的工作是监督运输行业的工会，但不包括新加坡电车公司工人工会。堪达萨米委派蒂凡那担任会长一职。

1960年5月1日，在惹兰勿刹体育场举办的集会上，职工总会领导成员小组宣布成立。同时，政府首次宣布5月1日（很多国家确定为劳动节）为公共假期，进一步证明人民行动党对有组织的劳工的支持。

在这个阶段，人民行动党和职工总会中的亲共派与非共派表面上通力合作，共同致力于改善社会。但私下里，他们对新加坡的宪法制未来进行了激烈的争吵。亲共派担心中央政府对他们施压，因此不希望新加坡加入马来亚。当合并到马来西亚成为大势所趋后，亲共人士才吐露这一真实意图。

1961年，在安顺进行的补选中，林清祥和职工总会秘书处的其他五名成员都表示，只有新加坡政府放弃合并、废止安全法律、释放所有政治犯，他们才会支持穆罕默德·阿旺作为人民行动党的候选人。当政府拒绝这些条件后，亲共派开始要求他们的追随者支持前首席部长大卫·马绍尔作为工人党候选人。他们不考虑穆罕默德·阿旺是职工总会的主席，而马绍尔曾是他们咒骂的对象。在此期间，蒂凡那作为一个关键人物从非共派中脱颖而出。

人民行动党在补选中以微弱的劣势败给了马绍尔，党内主要亲共派立即遭到解雇。被解雇的亲共派形成由林清祥领导的社会主义阵线，大力反对人民行动党政府，尤其在合并问题上。人民行动党下属分支单位纷纷倒戈，李光耀及同僚冷静对待，着手重建政党。

由于劳工运动的加速分化，堪达萨米敦促政府解散职工总会。继而亲共派和非共派组建了各自的工会。

亲共派组成了新加坡工会协会，由林清祥掌舵。非共派成立了一个14人筹委会，来组建一个新工会，即全国职工总会（简称职总）。尽管职总成立于1961年并于当年9月6日提交注册申请，但直到1964年才正式注册。

作为筹委会主席，穆罕默德·阿旺发表了一份声明，炮轰林清祥一伙解雇那些拒绝加入新加坡工会协会的人，并诬陷他们是李光耀政府的傀儡。穆罕默德·阿旺提醒道，分裂前，林清祥和其他亲共派曾公开支持人民行动党政府。新加坡印刷雇员工会有一位名叫何思明的官员，积极肯干、能力很强，被选为职总主席。蒂凡那担任秘书长一职，堪达萨米任副秘书长。

新加坡工会协会和职总之间的竞争导致更多的劳资纠纷出现。1961年，发生了116次罢工，损失410889个人工日，1960年损失了152005个人工日。1961年发生的罢工中有72%是由新加坡工会协会召集的。但在随后的两年中，职总占了上风。在1964年的一次演说中，蒂凡那回忆道，1961年至1963年，职总比新加坡工会协会组织了更多次罢工。但与后者不同，职总不会将政治与劳资纠纷混为一谈。

在20世纪50年代，亲共派表现出希望工业平稳发展的意愿。但在20世纪60年代，他们迫使工会放弃任何仲裁与和解，并利用工人的不满，在那些只想提高工资和改善工作条件的工人中煽风点火。他们使用暴力，用烟头烧或殴打管理人员等方式恐吓非罢工人员。尽管很多罢工表面上是为了解决工人的不满，但本质上具有政治性。新加坡工会协会对劳动冲突采取的策略，与同时期学生骚乱背后的策略如出一辙，手段强硬，使用武力发动罢工，破坏人民行动党政府的名声。其目的在于挑起人们对政府的怨愤、失望和仇恨，最终让人民行动党与马来亚联邦的合并宣告失败。

即便在非共派发动的罢工中，左翼势力也经常会起作用。例如，当市政理事会工人举行罢工时，亲共工会领导对市政理事会工人施加压力，使运动更加激烈。他们派出负责人去见理事会工会领导，让争端更激烈、时间更长、形势更恶化。

20世纪60年代，紧张的状况不断加剧。1961年10月，政府为避免引发基础服务部门的工人罢工，做出了种种努力，但均失败了。公共日薪雇员工会联合会领导罢工的负责人在与劳资部部长的会谈中没有露面，因为忙着准备海报和横幅。政府认为这次罢工没有必要，因为问题不在于服务条款的条件，而在于官方对联合会的"认可"。罢工给公众生活造成了诸多不便，水供应每天被迫中断六个小时，基本服务也被中断，大大影响了民众的生活与健康。罢工结束后，李光耀总理认为，尽管基础服务遭到破坏，但有一点可以放心，那就是公共日薪雇员工会联合会的领导没有容许共产党人利用罢工达到目的，否则只能让共产党人从损害工人利益的劳工行动中受益。

中断供水相当麻烦，需要绕岛一大圈把所有的总管道都关掉。刚开始没有受到影响的单位，如医院等，到后来也被迫中断供水。因为罢工，民众被迫自行处理垃圾，把垃圾放在有盖的垃圾桶中或屋内的纸箱里，当垃圾车来时再把垃圾拎出来。这关系到重大的健康问题。居民被告知不准把垃圾扔进排水管，因为会造成堵塞、滋生蚊虫。同时，也不能把垃圾扔到路边、后巷及公共场所，因为这些地方都是滋生苍蝇的温床。在边远地区，由于没有垃圾车前往，政府只好鼓励居民在空地或专门的地方掩埋或焚烧垃圾。

居民不得不自行处理粪桶，或只有等装粪车晚间开来时再清理粪桶或换成新的。当装粪车不能准点服务时，政府提出"检修孔"计划，即打开一些下水道检修孔，允许居民将排泄物倒入孔内，否则就必须在空地自行挖坑焚烧粪便。罢工人员经常阻止装粪车上街服务。有一次，因为罢工工人坐在大门口堵住粪便车，警察不得不用绳子把罢工人群推后，以便清出一条路来。有好几次，个别罢工工人从警戒线下面钻出去，随即又被推开。在一次混战中，一个凳子被扔到空中，差点砸中一辆行驶中的装粪车。受挫后，罢工人群冲向其他地方。如果找不到装粪车，他们就踢翻垃圾箱，把垃圾沿着武吉知马路撒得满地都是。有些人推倒竹脚妇产医院外面"禁止通行"的标识牌，而开车的司机们不得不突然猛打方向盘，以免撞到罢工者。

罢工期间，居民们还面临着其他种种不便，被要求不得随意打电话，不得堵塞水、气和电力部门的交换机，以此来配合工作。

除垃圾和粪便收集外，大部分基础服务运转良好。月薪制雇员和非罢工人员负责电、水和供气服务。当临时雇工被送到各单位时，罢工人群会发出嘘声、喝倒彩。

10月底，新加坡军队不得不介入其中，保护因罢工而停止的市政理事会发电站、燃气厂和水厂。当警察赶来增援时，罢工人群推倒垃圾桶制造路障，并形成人墙阻止卡车通行。清洁工不得不在武警的陪同下，上街清理垃圾。

人民协会也遇到了麻烦，400人日日夜夜蹲守在协会总部的门口。所有民众联络所均遭到破坏。1961年11月，罢工者抗议人民协会总部迁往劳工部办公楼，并与警察发生了冲突。罢工者袭击了人民协会的一名前往劳工部的雇员。当警察试图营救他时，罢工人群又反过来攻击警察。目无法纪的罢工者鼓动旁观者加入其中，共同袭击警察，有些人就真的参与进去了。结果导致六名警察受伤。

11月12日，人民协会不得不让警察来保护其志愿工作者免受"恐吓和暴力"。11个民众联络所被支持社会主义的工人破坏，他们在墙上写标语，劝告市民不要去民众联络所。在严基特和直落亚逸，电线被切断或损坏，随时会电到人。在密驼路，民众联络所的窗玻璃被打碎，原职工停播了一个公共电影节目后，引发了暴乱。在红山，石头、猪粪被扔进民众联络所，孩子们被赶了出来。

接下来是工程大队的罢工。1959年人民行动党执政后不久，创建了这一组织。登记在册的主要是建筑业和维修业的失业青年。180多名会员在营地设置路障，直到新加坡步兵团将之包围，方才解散。

只有当人民行动党和社会主义阵线就合并问题展开激烈的公开辩论时，人们才有可能认清各个部长及其部下的政治归属。在此之前，谁是"跟风者"，谁是追求社会主义事业的非共派，尚不清楚。如今，关于人民行动党的领导人中哪些人真正代表雇员利益，公共服务部门的雇员们开始有了更加清晰的概念。

人民行动党的分裂也体现在工会运动之中，两派人马基本是从人民行动党中分离出来的。支持人民行动党的职总和支持社会主义的新加坡工会协会彼此对抗，竞相拉拢工人。公开决裂后，争夺人心的竞赛重新开始。双方均发起会员战，试图从竞争对手那里争取会员。

亲共派起步迅速。人民行动党的下属单位一个接一个倒向社会主义阵线，工会也紧随其后。很快，新加坡工会协会得到82个工会的支持。在华人控制的工业工会中，70%的会员都加入了新加坡工会协会，新加坡综合雇员工会（前身为现已不存在的新加坡工厂和车间工人工会）是中坚力量。

左翼工会控制了大部分地区的经济，势力扩展到许多制造公司和商业机构（包括英属公司），并进入公共交通、港口和海军基地。其领导层人才济济，能说会道，深谙集体谈判的技巧。

1961年2月，职总只得到12个工会的支持，相比之下，实在少得可怜。如果没有新加坡公用雇员联合会的支持，使其能够从低等级的政府雇员中吸收会员，那么职总的情况或许会更加糟糕。

争夺工人之战还在继续，比较突出的是新加坡手工和商业工人工会与新加坡商业机构雇员联盟之间的竞争。前者与蒂凡那结盟，后者则支持新加坡工会协会。由于新加坡工会协会开始变节，新加坡手工和商业工人工会在商业机构赢得了大批对左翼领导人失去信心的白领的支持。

反对合并的政治呼声越来越高，在劳工事件中表现得越来越明显，有时还会发生交战。非共派工会试图以拥护工人的利益为突破点，打败竞争对手新加坡工会协会。结果，导致双方斗争不断升级。1961年大分裂时，罢工造成410800个人工日损失，而在人民行动党执政的1959年，损失了26578个人工日。

之前几乎没有动静的码头工人和船员，也被卷入工业动荡之中。码头骚乱显然受到了亲共派的怂恿，为的是给外国人留下新加坡越来越动荡的印象，在国际航运圈中引起不安，让外人怀疑新加坡是否是一个适合船舶停靠的安全港口。我并没有感到意外，做海员福利官时，找我解决事端的人越来越多，新成立的新加坡全国海员工会提出的案件有真有假，我必须对由此引发的争议进行处理。

到了1962年，骚乱蔓延到商业贸易公司和银行。因职员拒绝遵守社会主义阵线和密驼路工会结盟亲共派的有关规定，爆发了几起身体攻击和恐吓事件。

尽管新加坡民众在1962年的公投中，已对人民行动党提出的方案进行了投票，但亲共派仍竭尽所能地破坏马来西亚联邦的形成。1963年2月，人民行动党启动"冷库"行动，禁止亲共派煽动更多反对马来西亚联邦的暴力行动。林清祥和方水双再次被拘留，还有他们的许多亲信。

1963年10月，新加坡工会协会召集为期三天的大罢工，抗议政府注销他们的七个主要工会。由于响应的人很少，这次罢工仅仅持续一天就结束了。随后，七个工会被解散。新加坡工会协会的登记申请被拒绝后，自身也面临着瓦解。1961年，该协会与职总几乎在同一时间申请注册。

3. 创建劳研所

/

　　第一次提出"劳工研究所"的概念是在1960年，当时蒂凡那担任职工总会的研究秘书。1960年11月至1961年1月，国际劳工组织的一位官员在新加坡进行了一次关于新加坡工人教育和培训需求的调查，还建议利用劳工运动促进工会研究。

　　这些建议并未被立即采用，因为工会很快就陷入关于新加坡宪法制未来的混乱中。职工总会被解散，取而代之的是新加坡工会协会和全国职工总会。

　　直到1962年12月，蒂凡那担任职总秘书长时，劳工研究所才正式建立。这是一个由政府建立，服务于工会的自主机构。政府不仅为研究所的运行提供资金，同时在其成立期间还找来国际劳工组织的另一位官员协助。他叫哈里·J.瓦斯格拉斯，加拿大人，1963年11月至1964年5月在劳工研究所工作。随后的几年里，我听说蒂凡那曾要求他帮忙解决那些脱离亲共联盟的工会里日益加剧的争端。这些问题曾被拿到一个高级别的会议上进行讨论，其中就有蒂凡那、李光耀总理以及财务部部长吴庆瑞博士参会。会议指出，除非得到正确的指导，否则这些分裂出来的工会又有变回亲共信徒的可能，他们急需帮助。

　　创建劳工研究所的另一理由，或许可追溯到1959年人民行动党政府做出的一个承诺，即许诺协助在与雇主的纠纷中处于弱势的工人开展运动。根据劳动法的相关规定，政府可以支持其创建，并通过拨款提供财政援助。据国家档案馆记载，政府预算中列出"为慈善组织做贡献"一项后，资金马上就到位了。而事实上，鉴于形势的紧迫性，许多政府部门被勒令节省资金，社会福利署等机构不得不从自己的储蓄中拿出一部分用作劳工研究所的创建资金。

4. 加入劳研所
/

当吴庆瑞博士让我加入劳工研究所时，他明确地表示我并不需要在意雇主究竟是政府、法定机构还是公司，只需认真为相关工人提供服务。

劳工研究所成立后，许泽光担任所长，我和来自移民局的R.O.丹尼尔为助理所长，来自税务局的陈伟辑被任命为行政和财务主管。还有一位（法律）助理主任，为工会提供法律咨询，尤其是提交到劳资仲裁法庭的有关案件。最初我们选择了一个拥有剑桥大学法律学位、获得女王学院奖学金的人，但他刚从法律部门借调过来，便辞掉了公共服务的工作。后来，劳工研究所签了资深的私人法律顾问林庆贵（律师兼剧作家林初比的父亲）。此时他已不再从事法律事务，而是指导学生准备伦敦法律资格考试。他为集体谈判以及如何准备仲裁、调解提供法律指导，还根据工人的意见向工会提供综合建议。

劳工研究所位于国家博物馆的一角（斯坦福路的尽头，临近国家图书馆旧址），有两个大房间，需要重新改造成办公室。完工后，我问许泽光我的任务是什么。他只说我和R.O.丹尼尔都是"为工会提供帮助"，我们之间没有明确的分工。许泽光和我们一样初来乍到，只是把手头上的案件随意分配下来。在最初几个月里，我们都是摸着石头过河。

起初，我们举步维艰，没有方向感。虽然我们被告知要协助工会，但无从下手。对于工会的争议，我们应该干预到什么程度；如果做出的建议或服务出现差错，我们应该向谁寻求解决，这些问题都没有搞清楚。然而，我们依然迎难而上。我起初是助理所长，等1964年1月1日许泽光回总部（财政部国内税务局）后，我就任所长一职。事实上，是他挑选我作为继任者的。

那么，劳工研究所的工作是怎样的呢？

每天都有工会代表请我们协助他们起草工资协议提案、修改工资条款等。我们必须制定详尽的条款和条件，协商一份新的"集体协议"。有时，也有代表需要我们协助起草申诉程序。这样的请求虽然很少，但仍须认真对待，因为这样做常常可以有效地防止一个小问题演变为大争端。

我很快就意识到，我们所承担的任务已经超出了幕后工作者的工作范围，而且每天都会遇到新的挑战。在集体谈判中，我们越来越多地被要求作为代诉人，申诉工会代表所面临的问题。

事实上，我几乎担当了工会领袖的角色。原因在于，一些工会领导无法用英语表达清楚。即便他们懂英语，但其中一些人，比如那些代表银行和保险公司雇员的工会领导，动辄拍桌打椅、出言不逊，这对解决问题毫无裨益。我们必须让他们相信我们做事的方式更加有效，并提醒他们，如果不听取劳工研究所的建议，他们只能自行解决。这样的最后通牒往往可以让他们冷静下来。

我经常扪心自问，如果发现工会领导的要求是不正当的，我是否应该继续公开作为他们的索赔代诉人？是否应该坚持他们的要求？我不知道相关的工会领导会做何反应，但我必须根据他们的声誉和脾气来调整策略。

在通常情况下，我会征求领导人的意见，按照其意愿准备集体协议草案。待他们把草案提交给雇主后，才开始集体谈判。必须承认，一开始提出不切合实际的要求，往往比保守、适度的提议有着更好的结果。当草案进入积极谈判阶段时，我会在如何推进谈判的问题上，给予工会领导一些建议。渐渐地，我与一些工会领导，尤其是那些意识到自己的不足并乐于接受建议的人，建立了良好的关系。这些人比较容易规劝，容易看清形势，明白事理。而有些人在工会圈颇有声誉且希望继续保持威信，则希望我们听命于他们——我们只需准备集体协议草案或提交给劳资仲裁法庭的陈述词。但当集体谈判陷入僵局时，我往往能够起到关键的作用，提供可行的建议。

何思明、佘美国和其他经验丰富的工会会员，以及非共派工会的高级官员对我的工作帮助很大。他们在集体谈判中的出色表现、作为仲裁代诉人的成功履历，让他们在运动中赢得了广泛的尊敬。假如我的劝说失败了，他们就会从中干预，让事情又有回旋的余地。

慢慢地，我开始处理一些更加复杂的集体谈判事件，以及劳资仲裁法庭上的重要争端。埃索公司原雇员楚水宏，成为工会的主要代诉人。他曾与一位著名的刑事律师长期合作，极富公开听证会的代诉经验。在法庭上，他不卑不亢，句句在理，极具说服力，而且不惧经验老到的雇主代表的威胁和恐吓。他得到了林庆贵在幕后的大力支持。

我越来越清楚地认识到，劳研所的工作在某些方面与海员福利官的工作没有太大差别。那时，我代表的是那些没有工会支持的个人和群体。而现在，我作为工会代表站到了第一线。当某位工会领导不需要我的直接参与也能继续进行谈判或自己做发言人时，我就充当幕后顾问。

几个月后，我不再纠结于自己作为一名公务员，如何在雇主和工会的纠纷中取舍之类的问题。我公开为各种工会服务，不再顾忌公共服务须保持中立的形象。我逐渐认清劳研所正在扮演的角色，同时，考虑到目前不可预测的政治局势，亲共派为了扰乱政治而一味制造更多事端，我应该担当一定的责任。为了履行这一职责，劳研所以各种方式，帮助广大劳工及其家庭。

我意识到我必须在劳研所工作几年，起码要等到领导的新工会站稳脚跟，我着手准备面对一场长期战争。

1962年至1963年，随着案件量的增加，许所长从新加坡教师工会和商业公司工会中请来一些人，聘为"工业关系员"，从事全职工作，如阿卜杜勒·阿齐兹·本·卡里姆（壳牌）、D.戈帕拉克里希南（《海峡时报》）、威廉·孙玉松（华侨银行）、李翁成（渣打银行）、林金显（渣打银行）、皮特·林芝浦（保诚集团）、楚水宏（埃索公司）以及拉里·郭向凯（埃索公司），并承诺他们在收入及工作前景上不会受到任何损失。劳研所为他们支付工资。后来，香港上海汇丰银行的N.伽文达萨米、张润志、谢坤祥、S.T.那格亚和王觉昌也加入进来。他们逐渐承担了我和R.O.丹尼尔的工作。尽管工业关系员的职能发展最后造成了内部的紧张关系，但在当时的背景下，他们的作用十分重要，原因请见后文。

由于缺乏明确的概念，我不得不摸索着解决工会遇到的一系列问题，同时还和形形色色的雇主打交道。一次，在涉及新加坡手工和商业工人工会与新加坡防痨协会之间的争端中，我第一次被要求表明立场。新加坡防痨协会是一个预防、治疗肺结核的志愿组织。肺结核在当时非常普遍，人们对此十分恐慌。

作为一名公务员，我之前曾与新加坡防痨协会打过交道。我不太确定应该采取何种方式代表新加坡手工和商业工人工会。我很快发现该工会的代表不太愿意与雇主作对，谈判时支支吾吾、顾左右而言他。显然，为了有效地进行谈判，我不仅要做发言人，而且还要亲自上阵。诊所主任N.C.森·古普塔博士看到我扮演的这一角色感到十分吃惊，尖锐地质问我，作为一名公务员，我"煽动"工会究竟有什么目的。我回答，我代表的是劳工研究所。古普塔从未听说过该组织，却假装知道。于是，我们继续谈判。后来，又召开了几次会议，才解决了这些有争议的问题。

来劳研所寻求帮助的工会领导，大多数很理性。他们需要帮助。意识到自己在集体谈判或仲裁中缺乏经验，一些人带着问题来找我，并不以此为耻。原来属于亲共派的工会，以前一般让他们的左翼（现在是社会主义阵线）领导来处理这类事情。他们承认自己曾被卷入支持共产主义事业之中。与左翼领导人脱离后，他们群龙无首，就来到了劳研所。

也有些工会会员过于自信，希望劳研所的人不要多言，只需听命。还有些顽固不化的人甚至不顾将来是否会发生问题，反对履行应有的申诉程序，因为他们已经习惯了用威胁、破坏或暴力来解决问题，以前这样做相当奏效。他们认为，当前局势更有利于他们向外界展示工人们对他们的支持，担心申诉程序会削弱他们的影响力，从而无法继续维持浩大的声势。一些工会领导喜欢在成员面前摆姿态，希望表现出强硬的一面，让自己看上去不容易被劳研所说服，能够坚持到底。后来，他们发现劳研所的干预还有点用的，既能让他们在艰难的谈判中做出必要的让步，又保全了名声。在那些代表公共服务机构和一些工业机构的日薪制工人工会中，尤其如此。

对待工会代表需要有极强的耐心，因为很多人居高自傲，就像对待仆人一样把我们使唤来使唤去。有些人说话啰唆、反反复复。有些人相当自满，容不得他人对他们要求的公正性提出半点质疑，不但不听取我们的建议，还喜欢采取对抗的形式。有些普通的工会成员模仿其领导的行为，利用劳资关系，报复那些曾经发生过节的管理人员和上司。有些工会人员非常喜欢他们的角色，因为这让他们有机会在车间摆摆架子。"工会活动"经常被他们用作工作时间不在岗的借口。雇主为了维持车间的正常运作，只能大事化小，干脆免掉了这些人应有的职责。对此，给予的解释是他们正忙于工会代表的工作。其实，这一解释相当苍白无力。

通过花时间耐心细致地与工会代表相处，忍受他们的脾气，无论我们如何意见相左，都能建立起良好的关系。同时，我们也获得了车间和工会运动的第一手资料。了解各个工会的地盘至关重要。另外，在工会内部，领导之间的竞争暗流涌动。这些资料无比珍贵，可以让我们了解到怎样才能引起大多数会员的共鸣。

有时，一条非常合理的建议不一定能够得到采纳。但当工会发言人恰巧位高权重、令人敬畏时，人们会倾向于接受任何建议。让那些有影响力的人物来处理问题非常见效，尤其是当提议只被少数人接受而大多数人反对的时候。同时，当需要降低要求以符合现实情况，达成一个没有太多严重分歧的解决方案时，这些人的影响力也同样能发挥作用。当然，也必须保证解决方案对于大多数工会成员是公平、可接受的。

我们遇到的人中不乏粗野、好斗之徒，但蒂凡那对他们一再容忍，我一直不明白为什么。是因为他们有着相当坚实的群众基础，还是因为对更大范围的政治斗争来说，更需要像他们这样的人，我无从得知。亲共派工会的残余力量正伺机重组并重获工人的支持。在对抗他们制造的动乱及暴力时，上述领导人很有帮助。因为蒂凡那正组织跟随者筹建一个新工会中心，我想唯一的解释是蒂凡那不愿意约束他们，免得他们又回归亲共阵营。

在这一段时间，那些与亲共工会关系密切、不讲英语的工厂工人都远离研究所，甚至远离蒂凡那。尽管遭受了不公或对雇主不满，他们依然对我们敬而远之。一些雇主利用这一时机，趁工人曾经蒙恩的亲共工会领导被拘留的时候，打压工人。显然，这群工人仍忠于自己的领导，并一直受到亲共派秘密组织的强烈影响。1964年年底到1965年，最终有些工人，如公共汽车雇员等，还是来找劳工研究所，因为他们需要帮助。尽管他们的敌意因此减少了一些，但他们仍不太情愿向劳研所求助。当他们来找我们的时候，工业关系员对他们的真实意图心存疑虑，不太确定我们应该如何回应。

有一个真实的案例，新加坡全国记者联盟与海峡时报有限公司（马来西亚）发生纠纷，他们前来找我们求助。1962年，双方曾签署了一份关于记者、摄影师和设计师工资等级的集体协议。

1963年，"冷库"行动导致记者联盟委员会中所有经验丰富的工会会员被逮捕、拘留。《南洋商报》和《星洲日报》的工会分支（或根据英国记者联盟的传统，称为"记者工会"）集体辞职，但《海峡时报》的会员还留在全国记者联盟。联盟中政治保持中立的官员，如威廉·坎贝尔、林廷龙等担当起领导重任。他们对政治一窍不通，缺乏工会工作经验。而政府、人民行动党内部以及《海峡时报》的新加坡管理层，却一直怀疑林廷龙和联盟的政治倾向。

1964年，当全国记者联盟就集体协议提出新要求时，《海峡时报》的新加坡管理层向工业仲裁庭提出延期申请，但记者联盟希望重新谈判。双方相互猜疑、彼此仇恨，事情陷入僵局。快到年底时，全国记者联盟的代表，包括林廷龙和弗朗西斯·罗扎里欧在内，来到劳研所寻求谈判指导和法律援助。

其时，全国记者联盟内部存在争议，大部分记者认为他们不应与任何政治团体结盟。在政治大分裂时，劳研所被视为站在人民行动党一边。同时，劳研所内部也出现了纷争，有人怀疑全国记者联盟仍然有对左翼的同情。我必须说服这些同事，使其愿意向全国记者联盟提供帮助。

我们努力帮助全国记者联盟进行集体谈判，并争取最好的结果。经历十个月的听证和为期五天的罢工后，工业仲裁庭给出了令人满意的结果，但那时我已经离开了劳研所和职总。此外，我和林廷龙及其联盟同事成为终生挚友，促成了全国记者联盟与全国职工总会的结盟。当然，那时我还不知道几年后，我和林廷龙会成为同事。

早期的工作经历，包括解决海员纠纷，对我在劳研所处理类似事件非常有用。我经常不得不先听工会领导的一大堆抱怨，谈些无关紧要的事。但他们认为，这些事对处理案件至关重要。倾听的过程十分费时，而且极其考验我们的耐心，但我别无选择。

有时，我需要说服工会代表，让他们看到要求的不合理。在这种情况下，我必须小心谨慎，不能让他们认为我之所以这么做，是因为对他们的雇主或政府有偏袒之心。我使用一些小技巧，让不合理的要求优先被摆到谈判席上，再召开一次公平的听证会，可以让他们做出让步。在劳研所，耐心、宽容和灵活性对于我们发挥职能十分必要。如果对方失去对我们的信任，则极易引发严重的后果，让一触即发的争端变为游行示威、停工甚至罢工，这些都是劳研所极力避免发生的事情。

我们的目标之一，在于缓和全国职工总会的某些领导的攻击性所导致的紧张局势。他们大部分是中央委员会成员，借调到全国职工总会。在早期与亲共派的斗争中，他们皆为中坚分子。然而，在各自的领域，这些领导人物创建了自己的"法则"，不受管束，容易在一怒之下召集劳工行动，制造破坏。他们不守规矩的行为经常造成局面濒临失控，让人开始觉得职总比亲共工会也强不到哪里去。一些雇主本指望职总能找到更加温和的解决方案，不会对生产经营造成严重的破坏，但往往徒劳而返。

蒂凡那经常叫我参与雇主和工会的和平谈判。有时，某些工会领导想起他们听说的一些小道消息，我的从中调解就容易引起他们的不信任和误解。工会有时会认为我辜负了他们对我的信任，有意与他们的事业对抗到底。无论如何，这对我来说是一个持续的挑战。

有一次，林金显（因其粗鲁的行为而闻名）领导的新加坡银行雇员工会，威胁渣打银行，他们将采取劳工行动，除非满足其所有要求。渣打银行是一家重要的英属金融机构，为现在的渣打银行的前身。林金显与当地一家小银行已达成协议，企图迫使渣打银行同意协议中的所有条款。但是，谈判破裂，因为渣打银行的管理层认为他们的要求不合理，谈判方式不合规定，可能会破坏银行的相关规定并影响内部的纪律和士气，而这些规定在银行业和主要的外来雇主中早已达成共识。如果置之不理，这次事件等于是对新加坡劳工情况的负面宣传，会对政府当时迫切需要的吸引外资、建立新产业的努力造成恶劣的影响。在投资者眼中，这种纠纷与1962年至1963年发生的社会主义风潮并无区别。

蒂凡那让我去见银行总经理约翰·威尔逊。首先，我们要了解争端中管理层面临的真正困难是什么，其次，要看看他们有什么解决方法。蒂凡那说，如果银行的建议比较合理，他会想办法让工会接受。我必须秘密去见银行高管，不能让工会知道，然后再提出解决方案。此外，我还要去见工业仲裁庭主席，告诉他这次秘密之行。蒂凡那打算，如果这套方案失败，就采取备选方案，以政府的命令进行仲裁，但这将引起更多的外媒关注，招致不良的宣传。因此，仲裁并不是蒂凡那的首选。

我非常小心地执行这项任务，因为如果让林金显知道，将会引起灾难性的后果。我必须不惜一切代价做好保密工作。为了与威尔逊见面，我不得不出入各地的新加坡板球俱乐部（当时是欧洲人专用的）。不知什么原因，我们的秘密会见还是传到了林金显的耳朵里。他大发雷霆，威胁说要疏远劳研所和职总，并警告我后果非常严重。他的极端做法，让我们的关系陡然紧张起来。

林金显不知道，我是奉职总秘书长蒂凡那之命行事。后来我得知，当林金显抱怨我的所作所为时，蒂凡那解释说我这么做的初衷是好的，没有任何损害工会利益的意图，还做出保证让我道歉，这才让事态平息下来。于是，我道歉了。从维护职总团结这一更广泛的意义上来说，尽管这不是我的主意，但我不得不同意道歉。我明白蒂凡那为何隐瞒真相，如果下面的人对他失去信任，那么对羽翼未丰的职总所造成的破坏性影响远远比对我的抱怨更为严重。

这并不是一起孤立事件。还有一次牵涉到另一个工会的领导，他同时也是职总中央委员会的成员之一，也因其桀骜不驯而闻名。按照蒂凡那的要求，我邀请新加坡全国雇主理事会执行理事约翰·戴维斯来办公室，讨论一项劳资纠纷。因为理事会正在对与事件相关的雇主进行劝说，要求我对戴维斯说明情况，让他相信工会的公平公正。我邀请他到办公室来，以免给人留下搞秘密活动的印象。处理此事的工会领导也是劳工研究所的一位员工。戴维斯离开后，这位员工立即来到我的办公室，开始对我说粗话，甚至都没问清楚戴维斯来访的目的。我向蒂凡那说了此事，并说明如果他对我不信任，那么就安排我回公共服务部。蒂凡那劝我不要放在心上，并保证会处理此事。然而，直到1965年12月我离开劳研所，这位职员始终对我充满着敌意。

有时候，调解工作收效甚佳。例如，新加坡电车公司和员工之间的争端。员工们正筹划一次全国范围的罢工。原亲共的新加坡公交工人工会早已被注销，这次其会员做出回应，呼吁中断全国运输。虽然罢工没有真正举行，但形势仍然紧张。蒂凡那担心新加坡电车公司工人的罢工会恰好成为亲共派的一个借口，再次制造破坏。我去会见公司总经理H.M.J.詹森上校，希望能找到可行的解决办法。电车公司管理层对我的努力表示认可，而且也积极配合，使问题很快得到解决，没有产生任何负面影响。

有些困难无异于职业危害。在寻求和解期间，我不得不把工业关系员留在劳研所，而这些人往往拥有工会背景。他们当中有些人对我的方法持怀疑态度，对我而言这比单纯处理纪律问题困难得多。

5. 新兴工业工友联合会
/

最初，我在劳研所遇到的挑战主要是为有时要求非常不合理的工会领导提供服务。我后来才发现，我的任务其实更复杂。劳研所的职责逐渐发生了变化，从单纯在集体谈判和提交工业仲裁庭的事件中提供建议和帮助，发展到在争取新加坡特别是在裕廊市新成立的工业企业工人的斗争中，扮演更加积极的角色。亲共工会的残余分子还在活动，试图成为新建工厂工人的唯一代表。我们必须与新业工业工会代表保持密切的联系，以便同那些亲共人士竞争。

在这场争夺战中，与蒂凡那结盟的工会领导必须开出比竞争对手更加优惠的条件，否则会被指责为雇主的走狗。新加坡工会协会和全国职工总会竞相为工人争取更多的利益，导致双方的敌对关系日益加剧。如果劳工研究所表现出丁点儿好斗性，都会招致雇主和经济发展局的强烈不满。雇主希望劳研所想办法让工人顺服，不提任何关于工资或工作条件的要求，不发生工厂纠纷。他们声称，经济发展局曾向投资者做出这样的保证。而事实上，我们却以顾问和活动家的身份将纠纷公开化，甚至把组织劳工行动作为威胁手段，试图引起劳工部的注意，以寻求解决途径。经济发展局希望劳研所不要采取这些方式，并提醒我们，这样会引起财政部部长吴庆瑞的愤怒，因为他希望在新产业发展中不惜一切代价维持工业和平。经济发展局的官员们经常当着雇主的面，威胁我们要把问题提交给上司，这让我们在想要争取的雇员面前难以维护信誉。我们处在一个令人反感的位置上。经济发展局需要没有纠纷的劳资关系环境，让新加坡在潜在投资者心目中依然有吸引力。尽管如此，我们仍一如既往地与之对抗。

这一角色的扮演越来越困难。一方面，我们的政治任务要求我们在新行业中从亲共派手中夺权，消除他们在裕廊日益增长的影响力。要完成这一任务，我们就必须表现出一定的好斗性。另一方面，经济发展局要求绝对的工业和平，不让主要的国外投资者失去兴趣。正如前文所提，权衡这两方面的因素，上级通常要求我在执行任务时要非常谨慎，避开工会领导，但要让蒂凡那完全知晓。

吴庆瑞博士强调的重心之一是吸引更好的企业投资，尤其是员工雇佣条件比较好的工业产品制造商。他早期曾说服一个来自棉兰的印尼华人企业家投资建立国家钢铁厂，经营船舶拆卸业务，为建筑业供应钢条。当时，钢铁厂刚刚开始计划招募员工。亲共分子已然十分活跃，并蓄意破坏裕廊的劳资关系及工业化努力。吴博士认为，需要帮助投资建厂的公司从一开始，甚至在招聘之前就形成良好、合理、有申诉程序的雇佣环境。劳研所需要协助钢厂项目负责人陈义堂。工作中，我与陈义堂、来自荷兰的欧亚裔克鲁斯（陈义堂的人事经理）密切联系，制定了比较公平合理的条款。

此外，裕廊船厂也是劳研所协助经济发展局吸引投资的实例之一，它是由日本石川岛播磨工业和经济发展局建立的合资企业。我们试图帮助该公司为他们当时正在装配的大型工作车间制定工资结构和工作条件。日本石川岛播磨工业在日本有公司工会，原则上并不反对工会，但希望新加坡工会更具有理性。他们是该公司在新加坡的工会，我们必须让他们认识到工会面临的紧张的政治局势，但没有拿共产主义渗透和破坏的威胁来吓唬他们。劳研所也想从一开始就建立一个基于整体技能水平的可信赖的工资结构，能根据公司的要求灵活安置工人，而不是按照工资严格与工种（如木匠、钳工、焊工等）挂钩的英国惯例——此惯例使当时许多英国企业深受其害。

除了说服在新加坡的日本管理者，我们还需要向东京总部的劳资关系机构以及工会做出解释。该公司工会既不属于有社会主义左翼倾向的日本工会总评议会，也不属于右翼组织、信奉自由民主党经济哲学的总同盟。据了解，公司工会反对公司管理层或政府干预那些他们认为是工会职权范围内的事情。劳研所必须把自己的角色向他们解释清楚，以免产生误会，影响到在新加坡的工作。

在工资及工作条件方面，日本公司试图遵循本国惯例。据我所知，在制定基于技能的公司工资结构方面，当时新加坡还没有可参考的先例。新加坡港务局（即如今的新加坡海事及港务管理局）有一个小型船舶修理子公司，根据工作种类和等级制定了工资结构，但缺乏灵活性。显然，复制这一模式并不符合新公司的利益。由于之前与港务局的工会代表打过交道，我明白如果日本船厂如法炮制的话，将会面临工作界限不清的各种问题。虽然港务局严格按照英国船厂的惯例管理码头，但代表船厂各种技工的工会领导反复无常，常向公司提出各种要求。

为了找到一个可行的模式，我不得不大量查阅工业仲裁庭存档的集体谈判协议，试图寻找线索。这时，我偶然发现一份由当地一家英属工程公司——瓦斯和阿克曼公司签署的协议，看上去适合裕廊船厂。协议设置的工资结构基于技能并且灵活性强，每一类工人设有一个等级，附有工作年限和生产奖励条款。

与在日本的公司劳工管理层和工会见面后，我制定出一套当地管理层能够接受的工资结构。幸运的是，在新加坡与日本总经理（樱井先生）同级的负责人是我的老朋友马汉俊，他曾在一家船舶代理机构担任英国船舶代理。他和其他几位公司成员（新加坡人）与我共赴日本，帮助协商，使日本石川岛播磨工业总部接受了我们的提议。

国家钢铁厂建立后不久，陈义堂跟我提起一些工会代表曾拜访过工人，为新建工业工人联盟招募会员。新联盟的前身是一个不复存在的亲共工业联盟（左翼领导被逮捕后注销）。有很多这样的垂死工会，工会活动很少，但总是严格遵守工会登记法要求，以便合法生存。某个与亲共派结盟的工会被政府注销后，总会有一个从那些潜藏的工会中出来取而代之，并把被注销的工会的会员拉入自己的阵营。他们在国家钢铁厂和新兴公司的活动，让我们意识到裕廊新产业已出现了被左翼控制的苗头，左翼的招募行为很可能将引发工业冲突。

尽管威胁似乎还未迫在眉睫，但我们担心非共派和亲共派工会之间的公然竞争会导致媒体的不良宣传，从而吓退潜在的外国投资者。这一渐渐浮现的危险在当时已真实存在，外国媒体早已把裕廊描述成为一个失败的案例。我们在开始时，并不确定应当如何做出回应。

亲共派工会计划先争取雇主，他们表现得非常理性，承诺和平共处，建立安全的劳资关系环境。征得管理层同意，进入车间招募会员后，他们通常提出一些看似毫无恶意的要求。例如，作为该厂工人唯一的工会代表得到正式认可。接着，他们提出制定一个集体协议并开始谈判。遭到拒绝后，他们经常采取劳工行动加剧环境动荡，并以此作为威胁，除非其要求完全得到满足，从而导致谈判陷入僵局。所有这些都会吸引媒体的注意，并在潜在的海外投资者中丑化裕廊和新加坡的形象。

经济发展局希望裕廊的工业环境风平浪静，没有任何形式的纠纷。公司雇主希望工人顺从，在"新兴工业"特惠期间（最初为五年，但可延长到十年）不提任何要求。鉴于某些雇主最初强加的不利的工资条款，新产业工人拒绝接受这些要求。

劳研所被夹在中间左右为难。我们必须确保裕廊工厂不会爆发严重的劳资纠纷，否则将吸引媒体的注意，引发负面宣传。万一发生了纠纷，也必须保证与劳研所联合的工会无关。雇主们往往不顾事实，一旦遇到工会对工资或工作条件有意见，就会向经济发展局大肆抱怨，指责政府违背了先前的承诺。

我们既要满足雇主的要求，又不能辜负工人的期望。在两者之间取得平衡实非易事，我们经常沮丧。好在蒂凡那与吴庆瑞等领导关系不浅，政府领导层比较理解劳研所的困难，同意我们稍做些斗争，但须保证局面不会失控。直到1965年12月我离开职总时，这样的安排得到不错的效果。

随着政治斗争逐渐升温，很多雇工脱离了原来的亲共工会，工厂工会之间为获得公司管理层的承认而进行的争斗日益增多。1964年，裕廊新厂区事件频发。劳工部被要求介入进行裁定。为了了解工人的意向，劳工部会举行无记名投票，每张票都是私下投出，无须面临投票箱前的压力。这与举手投票不同，后者的投票人会受到胁迫、施压或恐吓。无记名投票后，哪个工会获得大多数人的支持，就会"被认可"为唯一代表，授权处理该公司或工厂管理层与工人之间的争端。我们经常得面对亲共派领导人具有误导性的暗讽、指控及诉讼，当一个新工厂开始招聘时更是如此。有时伴随斗争而来的，还有暴徒或暴力群体的恐吓及身体伤害，甚至面临被泼硫酸的威胁。

劳研所各成员亲身经历了严峻的工会斗争，这是亲共派左翼人士在劳工事件中给我们上的政治课，我从中受益匪浅。

那些把新的追随者从亲共派手中争取过来的工会领导，面临着真正的挑战。他们担心，如果不采取行动解决裕廊新厂区悬而未决的问题，会员们的将来相当令人担忧。他们必须想办法成功解决这些争端，并履行先前关于改善雇佣条款的承诺。在那些等待工业仲裁庭裁决的案例中，他们需要帮助。劳研所帮助他们找到一条出路。

除了裕廊船厂和国家钢铁厂等主要企业外，其他新公司也利用裕廊的优惠政策，如雨后春笋般出现。有些来自中国香港或中国台湾，主要为纺织行业；有些是制糖工业和轮胎制造业（如日本普利司通）。一些公司已开始自定条款雇佣工人，其中一些完全是霸王条款。一些公司则向受益于劳研所援助的公司咨询，在正式营业之前请劳研所帮忙制定工资和工作条件条款。

劳研所开始为新企业提供指导，企业数量也越来越多。然而，还是有一些公司绕开我们，从新加坡雇主联合会或新兴的新加坡全国雇主理事会（其会员由小公司组成）处寻求帮助。

在裕廊的新兴工业区，亲共工会不遗余力地建立组织，如工业工人联盟。我们感觉到，这些新行业可能将成为共产主义渗透甚至统治的沃土。显然，成立一个专门为新兴工业工人服务的工会势在必行。

远在劳研所还未成立之时，蒂凡那就要求新加坡手工和商业工人工会介入，在裕廊新厂招募会员，以挫败亲共派的努力。该工会热情高涨、斗志昂扬地接受了这一任务。为了争取会员，他们把雇主当作亲共派对手一样看待。这让一些新建工厂的管理者非常不安，当中不少人，尤其是来自台湾、香港的老板，之前没有任何与工会谈判的经验，他们发现那些与劳研所结盟的工会或附属于新加坡手工和商业工人工会的团体，比亲共分子更难对付。后者至少还采取比较缓和、劝诱式的方法，在众多新公司中找到了知音。

职总领导必须想方设法确保这些新企业不会被误导而轻信亲共派。同时，劳研所必须缓和新加坡手工和商业工人工会领导的战斗，并劝告他们过度摆姿态将导致严重后果。在这一背景下，新兴工业工友联合会的建立势在必行。

建立新兴工业工友联合会的准备工作需要集思广益、深思熟虑。首先，重点在于起草章程，试图通过合法的宪法程序防止工会被亲共派控制。同时，还需确保该章程为劳研所提供随时参与建议和决策的方式。因此，工会应该具有灵活性，可适时调整其要求。在新兴工业中，工会领导在谈判时必须考虑到公司在起步阶段这一事实以及所处的财务环境。因为在成立初期，公司尚未开始盈利。这些新兴公司的成功发展格外重要，将对政府进一步的工业化努力产生深远影响。

联合会的领导权必须掌握在那些与雇主打交道时能权衡这些因素的人手中。因此，章程设立了组成工会管理委员会的会员资格。这些会员为工会创始人，任期十年间不能被投票出局或者更换。

新兴工业工友联合会成立于1964年，当时的新加坡是马来西亚的一部分。联合会专为新兴行业的工人服务。非共派工会已达成共识，不再作为新兴工业工人的代表，即使这些工会一直试图扩大自己的产业工人基础。

受雇于新兴工业的工人需仔细了解联合会的性质，明白其目的在于协助创建一个健康的劳资关系环境，同时要求雇主公平、理性地对待工人，制定政策时以类似工厂或行业中收效颇佳的案例为参考。

我离开劳研所后，新加坡工业劳工组织于1970年成立。1980年前，新兴工业工友联合会和新加坡工业劳工组织不断壮大，甚至发展为"综合性"工会。这就意味着他们代表的是工业各个领域的工人，而非某一特定部门。一支精明能干的领导团队为工会的壮大立下了汗马功劳，其中一位特别具有组织天分，并且来历不同寻常，但后来因事获罪。他就是彭由国。

我第一次见到彭由国大约在1963年至1964年间，当时他是马来西亚—新加坡航空公司员工联盟的一名代表。该工会主席亲自率领一个小组来到劳研所，主席是位欧亚裔女士，言谈举止咄咄逼人。彭由国是小组成员之一，但寡言少语，有时偶尔发表一下言论，却总是一针见血，给我感觉是一个很有思想的人。

我把他借调过来，让其担任工业关系员，希望他为裕廊的工作组建一支讲中文的工业关系员团队。然而，这让在劳研所工作时间更长的其他工业关系员对他产生了敌意，故意处处为难他。彭由国要求回到原工会，但从未提过感觉自己不受欢迎的事，只是抱怨说有点累了，选择离开。

很久之后，当我们讨论有必要加强职总的地位，努力争取裕廊新兴工业工人的支持时，蒂凡那和何思明让我找一个能担当此任的人。我推荐了彭由国。我向蒂凡那分析了裕廊新厂区日益增长的威胁，指出培养能讲中文的工会领袖的必要性，并解释了推荐彭由国的原因。职总秘书处的主要官员很难获得华人蓝领工人的支持。我介绍了彭由国以前在劳研所的情况，建议让他回来。蒂凡那和何思明同意了，提议把他留在裕廊，避免又在职总秘书处引发争权的现象。

因此，我第二次把彭由国借调到劳研所，让他担任工业关系员，在裕廊工作，职总或其他兄弟工会在那里的代表很少。彭由国做了一些有用的探索性工作，对如何组织这些行业的工人胸有成竹。作为一名工业关系员，他与蓝领工会相处融洽，后者开始陆续来到劳研所寻求援助。一段时间后，彭由国变得更加积极活跃。

彭由国以独特的、平和的方式取得了成功。裕廊许多关于"认知问题"的行业争端在彭由国的努力下一一得以解决。他成功地打下了基础，促使劳工部组织的无记名投票取得令人满意的结果，达到了职总的预期。

我离开职总后，彭由国继续完成我委托给他的任务，且取得极大的成功。在他的领导下，新加坡工业劳工组织显赫一时，组织井然有序。在裕廊及其周边，以及裕廊城建公司拓展的地区的各大公司中都有代表。新加坡工业劳工组织成为一个势力强大的机构，很多人将其归功于彭由国。新加坡工业劳工组织和新兴工业工友联合会的发展，已超出了职总早期领导层的预想。

然而，彭由国的经历到后来却是一个悲剧。他受到怀疑，在一次有关私自挪用工会经费的刑事指控中，于候审期间弃保潜逃。而如今尽人皆知，他不顾家人，自行离开新加坡，此后一直没再出现。

20世纪70年代末，新兴工业工友联合会和新加坡工业劳工组织约有十万名会员，根据当时的标准，规模的确算庞大，"会费"制为其提供财政来源。然而，两个联盟的发展并非一帆风顺。当时，权力明显过多地集中在少数几个领导手中，主导着关键行业的工会活动。

职总的秘书长林子安领导一个特别小组，决定建立更多的分支工会，来解决权力过于集中的问题。特别小组需要对新加坡工业劳工组织和新兴工业工友联合会年轻的工会领导进行评定、培训，然后推荐担任工厂工会的领导。当时的职总主席、新加坡工业劳工组织和新兴工业工友联合会秘书长蒂凡那在向工会成员介绍情况时说道："两大联盟并不缺乏潜在的大校、副将和先锋类的人才，只是他们一直被忽视了，权力被掌握在少数人手中。"

过去新加坡综合性工会的经验表明，工会权很可能被滥用。例如，20世纪五六十年代，新加坡工厂和车间工人工会等综合性工会被亲共派"统一战线"的操纵者把持，以此实现自己的政治目的。有人担心新加坡工业劳工组织和新兴工业工友联合会也会走上同样的道路。综合性工会还使行业的集体谈判变得问题重重。每位工业关系员必须负责15至20个分支工会，分属各行各业。因此，他们变得"样样都懂，样样稀松"。

经过特别小组讨论，决定建立公司工会。假如一个工会囊括了裕廊所有电子工厂的工人，那么将让整个行业在工会的过分要求面前变得软弱无力。随后，新加坡工业劳工组织和新兴工业工友联合会被解散。1984年4月，全国职工总会代表以压倒性优势支持公司工会的成立，前提是必须满足三大条件：公司必须具备一定的规模，必须强调工会领导层的素质，必须重视劳资关系的发展。秘书长王鼎昌指出，职总必须保持警惕，确保公司工会不会变成公司管理的工具。

6. 各项任务

1964年1月，许泽光回到税务局后，我被要求担任劳研所所长。此时，劳研所已公开代表新兴的全国职工总会。我必须考虑除了最初赋予的职责之外，劳研所还应该担负的责任。例如，除了协助职总建立一个有效的工会中心之外，还应做些什么呢？

任务之一是为职总找到一个更宽敞的办公场所。秘书长蒂凡那的办公室设在成人教育委员会，职总秘书处一直在劳研所，最后搬至珊顿大道尚未完工的工会新大厦和新加坡会议中心。此外，还需要一个短期的办公地点，使用期不超过两年。幸运的是，商船会馆曾经使用的一处政府大楼租期将满，可以让我们借用。大楼位于海边莱佛士码头1A号，即现在珊顿大道职总中心所在地。该楼一直由职总租赁，作为总部和劳研所办公室，直到重新迁往总部永驻地。

职总临时中央委员会对劳研所的要求越来越多。他们大权在握，发号施令，一些刚上位的人甚至对研究所炫耀似的卖弄权力。然而，当涉及在集体谈判或仲裁中为工会提供服务时，他们就插不上手了。一些非工会问题，虽然纯属个别工会领导的个人喜恶，但也需要我们花心思解决。

例如，在欧麦尔·普拉瓦淡米尔语学校发生的一次事件就是如此。公共日薪雇员工会联合会主席、职总中央委员会成员之一K.苏比亚对此特别关注。他是新加坡淡米尔语教师工会的负责人，该工会直接参与学校事务。

学校的一名教师和校长反目，彼此恶意指控。K.苏比亚偏袒其中一方，淡米尔语教师工会鼓动公众骚乱。劳研所不得不花费大量时间和精力进行公众调查，来解决此事。幸运的是，几个月后整个事件平息了。

同样地，其他机构中的工会和公司管理层之间也会出现一些摩擦，但琐碎零散，甚至称不上"工作条款和条件"。然而，劳研所及工作人员也必须及时处理，因为这些小问题对职总中央委员会某位成员来说，可能算是极其宝贵的事业。我们必须避免给人留下劳研所毫无用处的印象。

7. 五一群众大会

与其他国家一样，新加坡在5月1日（五一国际劳动节）举行纪念活动，工运人员在这一天重申帮助各地工人实现他们的理想和抱负。

1960年，新加坡首次规定五一国际劳动节为公共节假日。在早期，尤其是与亲共派斗争期间，工会运动如火如荼，5月1日当天到处是激情澎湃的大小群众集会。1968年，S.拉惹勒南在群众集会演讲中回忆说：

"在过去，五一劳动节的集会是一个受迫害的群体为新一轮的战争做准备的集会。当时的演讲实际上是一系列战斗口号，宣称工人阶级的敌人必将被毁灭，胜利最终属于有组织的工人阶级。但从本质上来说，五一劳动节集会旨在展示工人的力量和团结……当有组织的工人必须对抗无情无义的殖民政府、敌视偏见的雇主时，我们必须做激奋的演讲、掀起昂扬的斗志……"

亲共派从人民行动党分裂出去后，五一集会成为双方展示各自工人支持力量的机会。亲共工会在花拉公园举行集会，有数千人参加，并非所有的人都是工会成员，大量政治支持者也参与其中。

1962年，与蒂凡那形成联盟的非共派工会在快乐世界公园举行集会。从1963年开始，集会地点改为惹兰勿刹体育场。最初，召集方没有正式名称，集会规模不如亲共派声势浩大。在体育场（与今天的场地大小相差无几），人群必须分散开来，好让人感觉人比较多。在1963年的集会上，职总向那些工会盟友以及为工会运动做出杰出贡献的人士颁发了金质奖章。首批获奖的有九人，包括李光耀总理、许泽光和我。

有一次，外国众"友好"工会及国内一些代表不同种族工人的工会（如日薪雇员工会）均出席了集会。我见识了一场精彩的领导艺术表演。一位领导使用了某少数民族的语言向一群种族各异的听众发表演讲。而我发现，人群中说着各种语言的工人们，居然准确地知道需要对演讲中的哪些地方表现出支持。我问一个人能否听懂演讲内容，他回答听不懂。显然，这位领导已提前对听众做出了安排。每当他表明一种看法时，就向听众举起手指，示意大家鼓掌，即使他们根本听不懂！在某种程度上讲，这也充分展示了一种信心，即这些追随者无论如何都愿意听从指挥。

1967年以前，劳动节群众大会一直在国家大剧院举行，之后改到珊顿大道新建的新加坡会议中心。

在1967年的群众大会上，工人们做出承诺要提高生产力，宣称全力支持政府的工业化计划，许诺通力合作确保计划成功。他们还决心要将新加坡非工会工人纳入羽翼之下庇护。大会上，人人伤感而坚定。当时，正值英国军队从新加坡撤出，与会者被要求保持冷静、团结一心，坚强面对新加坡经济所遭受的任何打击。

今天，五一群众大会均以和平的方式进行，总理或资深内阁部长多在会上总结经济形势，呼吁加强劳、资、政三方的合作。

8. 第一届代表大会

当职总申请注册时，蒂凡那及工会联盟（包括何思明、佘美国、K.苏比亚）共同努力，从那些还未与之联合共同对抗亲共派——新加坡工会协会的工会中争取获得更多支持。

蒂凡那如此描述自己的角色："我们没有任何财政来源。要知道，职总就诞生在康宁小高地的文化中心。我的办公室在成人教育委员会（我是委员会主席）。在那间办公室里，我做着所有的工作，起草职总宣言。我们需要不断地深入各个罢工现场，尤其是手工和商业工人工会干预的罢工。"

在与亲共派的斗争中，还可能遭到身体攻击。对此，蒂凡那也相当清楚："我不仅做好了死亡的准备，也预料到了死亡。尽管存在危险，我仍将勇往直前。我知道亲共分子会对那些他们认为背叛了他们的人做些什么。那时候，我既没有保镖，也没有私人护卫。我也知道他们对那些怀疑对象会采取什么样的报复方式。但我仍有不顾一切的冲动、不顾一切的勇气。我不怕死。那些日子令人高度紧张……与共产主义统一战线——新加坡工会协会领导下的工会相比，我们实在是少数派。"

职总章程的起草工作交给了蒂凡那的法律顾问P.塞尔瓦都莱。章程完成时，一大批经常寻求劳研所帮助的工会公开表明让蒂凡那担当顾问，他们是职总所依赖的根基。当职总的注册申请最终在1964年1月被政府批准后，这些工会继创始工会之后，成为职总第一批联盟工会。

章程完稿后，开始进行下一阶段的工作——召开正式成立大会。职总第一届代表大会如期举行。大会于1964年4月4日在维多利亚纪念堂召开，是职总发展史上的里程碑。

大会的主要目的是在职总正式注册前，进一步巩固已取得的进步。当时，新加坡通过打击共产主义，已取得政治斗争的胜利。斗争中出现的工会运动倡导健康的劳资关系，必要时表现强硬，且履行责任，从而获得了工人们的大力支持。蒂凡那及其亲密同僚已向众人展示了他们反对雇主不公平、专横做法的决心。

　　第一届代表大会之所以意义重大，还在于大批来自亚非国家的工会领导人出席了盛会，使得这次会议拥有大型国际会议的规格。代表们来自亚丁、埃塞俄比亚、沙巴州、沙捞越、塞内加尔、尼日利亚、摩洛哥、乌干达等地，表明职总已结成海外工会联盟。

　　很多外国代表在演讲中表达了团结一致的心愿，如塞内加尔的易卜拉希马·迪亚涅在演讲时说："我们怀着十分崇敬的心情，追随新加坡职工总会与现实勇敢地做斗争。对新加坡领导人的魄力和意志、支持者们的信心，我们敬佩不已。""新加坡工会运动已成为整个东南亚最强大的民主工会运动。"这次盛会是新加坡工会与亲共派进行斗争，获得国际认可的一次重大胜利。

　　与此同时，来访代表也暗地里提到一些问题。他们指出，职总受到政府的大力支持，如通过劳研所给予财政支援，职总秘书处位于国家博物馆大楼劳研所的办公地点（当时设于此）。这些都是政府介入的"证据"。

　　在争取支持力量的激烈竞争中，羽翼未丰的职总面临的对手是在海外具有多年政治斗争经验的亲共派领导人和工会。后者的激进广为人知，尤其是亚非国家那些政治化工会中心，以及散播激进言论的其他外国工会。从某种角度上来说，由于与政治联盟一起受政府供养，职总及联盟工会的形象被丑化。亚洲其他地区的主要工会对职总的独立性表示怀疑，并指出职总在劳资纠纷中缺乏一定的战斗性。

　　在我看来，职总必须解决两个问题：财政来源和办公场所。目前，似乎只有第二个问题可立即解决，而且事实上我们的确为秘书处找到了新办公地点，如前文所述。

　　至于职总由政府资助这一引起更多关注的问题，则超出了我的能力范围。蒂凡那也认为，职总应该脱离对政府财政的依赖。曾有批评人士指出，不仅职总是一个政府资助的机构，而且劳研所也是如此，一些劳研所的工业关系员同时还是职总的重要领导人。

　　国外兄弟工会表达了他们的担忧。1964年年初，在由国际运输工人联合会发起、在吉隆坡召开的运输工人会议上，马来亚种植园工人工会的P.P.纳拉亚南向到会代表提出了这一点。多年来，亲共派领导人一直在一些外国政客和工会圈中标榜自已是"真正的"反殖民主义者，指责新加坡政府和全国职工总会是"新殖民主义的走狗"，从而在一些亚非运动的激进分子中获得了国际支持。职总需要面对这一问题，尤其是对于保持友好关系的海外团体。

然而，职总的工会联盟资金不足，会费很少，因为收取会费需要人工进行，这对一个规模较大的工会来说尤其困难。蒂凡那认为，职总不能征收过多的联盟费作为收入来源。况且，从工会联盟收上来的资金根本无法满足职总秘书处的运营，更遑论支付秘书处成员和工业关系员的工资了。蒂凡那不能指望工会联盟来为职总提供财政支持，但他认为这一问题终能得到解决，只是时候未到。

事实上，直到职总的地位得到巩固，于1969年召开"现代化研讨会"后，才逐步解决财政问题。工会通过会费制、会员捐献等方式筹集资金，再向职总交纳联盟费。会员捐献自动从工资中扣除，除非本人选择退出捐献计划。

亚洲的许多工会，如日本工会、印度工会，包括那些非常中立、强烈维护工人权利的组织，开始对新加坡职工总会有了新的认识，这也是他们频繁进行直接访问的结果。他们开始让新加坡职工总会领导参与国内外政治问题讨论，通常会进行长时间的辩论。我有幸观看并参与其中。那些以开放的姿态接近职总的海外工会领导，即使起初认为职总对政府的财政过于依赖，最终也为职总解决问题的方式所折服。

为了赢得国外主要工会的支持，我们求助于国际自由工会联合会新加坡代表、来自印度的戴斯格尔·拉马努惹姆。尽管事实上新加坡职工总会还未受到国际自由工会联合会的认可，同时职总一直采取反共立场，但拉马努惹姆仍经常安排国外工会领导访问新加坡，会见职总领导。作为劳研所所长以及了解形势的人，我经常应邀加入讨论。从来访者的问题中，可明显看出，他们是本国激进工会会员，支持亲共工会。职总受到新加坡政府的认同，让他们产生了怀疑。尽管表面上没说什么，但他们的身体语言和嘲讽语气表明，他们严重怀疑职总的信用，或者认为职总与政府站在一条战线上，只不过披着工会的外衣。

所幸在双方交流中，特别是蒂凡那与他们交流时，列举当前新加坡的政治现实，说服他们，并解释了职总为何成为非共国家工会中心的原因。两位来自美国的坚定的反共人士——汽车工人联合会的维克多·鲁瑟以及美国钢铁工人联合会的迈耶·伯恩斯坦，被我们争取过来。澳大利亚工会理事会主席阿尔贝特·默克也被说服了。左翼工会及其领导者支持马来亚共产党通过违宪手段颠覆两国政府，破坏新加坡和马来亚的安全与经济发展，从而制造社会动乱，这一切都被来访者看在眼里。

到1964年第一届代表大会召开时，许多国外工会愿意给予支持并派代表参加，这有助于职总获得合法工会中心的身份。此后，职总的年度代表大会一直有强大的海外兄弟代表团参会。

9. 亚非人民团结组织会议

职总分派给我两个政治任务：一是1964年年初，代表亚非人民团结组织下属的新加坡委员会，出席即将在阿尔及尔举行的运动会议；二是配合新加坡会议中心和联厦的落成，策划和组织一届亚非劳工大会。

亚非人民团结组织由政治团体、工会和其他代表激进力量、解放运动的亚非组织构成。社会主义阵线及左翼激进分子正积极寻找联盟，而他们受到印尼共产党等的支持，亚非人民团结组织的胜利将给他们带来更多的国际援助。这一发展会让新加坡职工总会遭受损失，并影响人民行动党在当前反共斗争中赢取更大范围的国内支持。对于职总本身乃至人民行动党来说，新加坡委员会的运动由职工总会而非社会主义阵线引导至关重要。

一年前，即1963年，在打击反对马来亚合并，支持印尼对抗的风潮中，新加坡委员会试图招募代表，但没有成功。于是，由蒂凡那、易润堂议员和奥斯曼·渥议员率领代表团，前往坦噶尼喀的莫希——当年亚非人民团结组织会议召开地。他们虽极力游说，但没有争取到会员国身份，在很大程度上是因为印尼共产党代表团从中干扰。社会主义阵线的林史宾原打算参加会议，但因被拘留而未能成行。新加坡的会员国身份悬而未决，一直留到本届阿尔及尔会议处理。

蒂凡那和奥斯曼·渥曾充分利用莫希会议提供的机会，介绍新加坡的情况以及在马来亚合并问题上的立场。蒂凡那成功地与埃及、印尼的几位重要领导人建立起联系，如亚非人民团结组织秘书长尤索夫·艾尔萨拜，及其特别助理、受英式教育的埃及人穆尔西萨阿德·艾尔丁，他们表示非常支持新加坡工会运动。

由于亚非人民团结组织新加坡委员会秘书处设在职工总会，因此可以派两名代表前往阿尔及尔。我与袁健昌被选中，袁健昌是伦敦大学研究生，与人民行动党领导关系密切。由于职总年度代表大会召开在即，蒂凡那和中央委员会其他成员无法成行。我提前两天得到参会通知。

当时，新加坡已加入马来西亚联邦，我接到的命令是作为马来西亚代表团成员出席，帮助他们申请会员国身份，并免除社会主义阵线的会员资格。我还被告知需要公开我的新加坡背景，努力寻求新加坡进入的机会。鉴于新成立的马来西亚委员会的不结盟协定，有人怀疑该委员会是否能够得到承认。而新加坡，由于其独立身份和一直以来对亚非国家的支持，反而可能获得更多的支持。早在莫希会议上提交了申请的新加坡，将在阿尔及尔会议上获得优先考虑的资格，而马来西亚是在阿尔及尔会议上提交申请，因此在议程上可能没有优先权。

我随身还带了一封蒂凡那写给阿尔及尔秘书处秘书长的信，以及蒂凡那和奥斯曼·渥列的在莫希会议上结识的重要人物名单。

阿尔及尔之行令我终生难忘。我独自前往阿尔及尔，没有签证，中途在开罗办理签证时，与机场检疫部门发生了冲突，最后被隔离在机场附近的一所房子里。我睡在水泥地板上，只有一条毛毯，这实在是一次惨痛的经历。马来西亚大使馆为我办理签证，三天后我离开开罗。到达阿尔及尔后，我又遇到其他麻烦。由于几内亚比绍总统正在进行国事访问，机场周边的一切活动为迎接他的到来而完全停止，所以我在机场等了很长时间。但我并没有因此烦躁，因为更关心住宿问题。我没有预订酒店，本打算让会议秘书处为我预订。然而，我既没有秘书处的地址，也没有阿尔及尔主办方的名称，不知道是谁授权让我作为"观察员"参会的。

更惨的事还在后头。从开罗起飞的同一航班上有几个代表团，明显是与我参加同一个会议。我想，可以请他们帮忙找到秘书处。下飞机后，我走近一个身材高大的非洲人，他很年轻，嗓音洪亮，看上去像是团队负责人。他问我来自哪个代表团，我说是马来西亚代表团的一员，但来自新加坡。一听这话，他立即对我怒目而视，几乎把口水吐到我的脸上。他向同事嘲笑我是企图参加他们会议的新殖民主义走狗。其他人哄堂大笑，用非洲话对我评头论足。虽然我听不懂，但他们嘲讽的语气我不会弄错。

幸运的是，一个来迎接其他代表团的人看到了发生的一切，问我出了什么事。我告诉他，因为国事访问机场关闭，我不知如何离开机场，而且没地方住。他告诉我不用担心，让我在原地稍等，说在机场还有一些琐事，等忙完了就来找我。我不太相信他，认为他只是出于一片好心。令人惊讶的是，他一个小时后居然回来了，让我坐下来，递给我一杯咖啡。机场再次放行时，他叫来一辆出租车，带我回到他的公寓。当他为我联系会议秘书处时，我简单洗漱了一下。

这时，我才知道他是南非非洲人国民大会驻北非代表约翰尼·马卡蒂尼，也是来参加会议的。在我等待会议认证时，一大批非洲人来拜访他。他们激动地谈论着从南非安全部门的魔爪中逃出来的人，交流那些在监或在逃人员的消息。他们的谈话让人兴奋，这是我第一次了解非洲解放运动。

我花了很长时间才找到秘书处，最后获得批准参会，还给安排了住处。

数年之后的1981年，我在新德里召开的政府间不结盟会议上遇到了马卡蒂尼，他再次作为南非非洲人国民大会的代表出席会议。他的善良友好，我永记在心。

我必须等待马来西亚代表团及同伴袁健昌的到来。袁健昌从伦敦坐飞机赶过来。由唐纳德·斯蒂芬斯率领的马来西亚代表团、阿伊莎·加尼议员及另外一名议员与袁健昌同时到达。我们迫不及待地准备进行游说，力争获得会员国身份。我们需要与尽可能多的代表团接洽，争取他们的支持。从官方角度看，我这么做是因为我是马来西亚代表团的一员，但同时我还需要向代表团表明新加坡的不结盟立场。如果马来西亚不能获得会员国资格，那么可以把新加坡作为考虑对象。

与莫希会议一样，印尼代表团带头反对马来西亚加入。亚非人民团结组织秘书处的高级官员、印尼共产党副秘书长易卜拉欣·伊萨就是领头人物。大多数与会者是亚非国家的激进分子、共产党和跟风者，公开支持印尼。然而，也有不少代表团对新加坡比较友好。

在机场羞辱我的那个人在会议上提出强烈的反对，继续出言不逊。在过后一段时间里，我的情绪一直很低落。一位年长的非洲代表问我为何看起来闷闷不乐，我解释了原因。他让我指出谁是罪魁祸首，然后笑着说，我不应该为那个人徒增烦恼。

接着，这位年长的非洲人问了我一些相当奇怪的问题，如我有没有什么可以分享的笑料？我大吃一惊，告诉他，自己肩负着一个重大使命，又面临着一个严重的问题，现在不是讲笑话的时候。他说他没有开玩笑，继续解释道，准备好一肚子笑话，反而容易赢取非洲人的支持。他建议我晚上去艾黎提酒店的休息室，代表们在那里聚会（我们观察员住在另一家酒店），然后找个愿意接受邀请的非洲代表，替他买杯喝的。他说，我应该试着对我的"顾客"讲讲最拿手的笑话。如果他听明白了并且很喜欢，那么我就成功了一半。我对他的好意表示感谢，并请教尊姓大名。他说他是坦噶尼喀的教育部部长（坦噶尼喀后来成为坦桑尼亚的一部分）。

我按照他的话去做，很快交到了一群阿拉伯和非洲朋友，并被介绍给其他各种政治联盟，都是为了分享笑话。他们当中有来自意属索马里兰的易卜拉欣·穆巴拉克，还有一位来自几内亚。有些人在整个会议期间常伴我左右。与这些人结交后，我和袁健昌就能在整个会场活动，而不必担心遇到不友好的行为。

大会由亚非不同国家分会的政府和非政府代表团组成，埃及秘书长尤索夫·艾尔萨拜领导的秘书处负责召集和组织。当时正值冷战时期，代表团中既有激进派又有温和派；既有与苏联结盟的共产党、与中国结盟的共产党及跟风者，也有不属于任何阵营的中立派。会议的主要议题是如何深化南非非洲人国民大会对抗"帝国主义"（即"西方帝国主义"和"新殖民主义"）的斗争。

一些代表团覆盖了三个政治派别：亲俄、亲中和中立者。在锡兰人（或斯里兰卡）代表团中，有N.山姆伽达森（亲中派）、阿卜杜勒·阿齐兹（亲俄派）和威克拉玛星赫女士（中立派）。印度代表团由塔拉·昌德博士（一名历史教授，我无法确定其政治倾向）率领。在亚洲代表团中，中国代表团规模最大，代表数量相当多。越南代表团以美丽的平女士为首，每次进入或离开会议厅时，都能得到一片欢呼声。日本共产党代表团规模较小。印尼共产党代表团由易卜拉欣·伊萨领导。奇怪的是，新加坡似乎在亚洲代表团和一些非洲代表团中知名度颇高。至于马来西亚，一些激进的非洲人和阿拉伯人的敌对态度十分明显。我不确定这是否为印尼游说的缘故或者是因为共产主义宣传马来西亚是新殖民主义的阴谋。在这样的环境中，我和温努力赢得朋友，并扩大影响。

大会也有轻松的时刻。我记得接待我们的是中国驻开罗大使。他第一次见我和袁健昌时，极为亲切，邀请我们吃早餐，休会期间偶尔一块去喝酒。我们甚是诧异，因为中国反对马来西亚的成立（新加坡是其中一部分），而他竟然如此友好。他从来不问我们的立场，只是强调会场上通力合作、防止反对"我们各自利益"的决议得到通过。他在会上依然很友好，闭口不谈我们的目标。只是当会议进行到一半时，我们注意到他的态度有些疏离。肯定是发生了什么事情。

代表社会主义阵线的李绍祖医生三天后才公开露面。中国代表团对他的迟到一定非常失望，但没有表现出不满。他们将他收入麾下，此后，不断有人看到李在他们的陪同下出现在会议大厅和会议休息室。李绍祖对我们受到的热情接待一定感到很生气，公开敌视我们。中国代表团此前显然以为我们属于兄弟代表团。值得赞扬的是，即使是在李博士到来之后，中国大使仍然对我们彬彬有礼，面带微笑。

然而，大使的翻译官——一个年轻会员的行为让人感到奇怪。他讲一口流利的英语，带着明显的新加坡（马来亚）口音。与大使谈话期间，他做翻译。一天，我设法在会议走廊面对面地拦住他。看到周围没有人，他说他来自吉隆坡的维多利亚书院，让我不要太亲近，那样将对他不利。我们各自走开，避免个人接触，保持距离。

约30年后，我们又见面了，而我那时已是新加坡驻美大使。在圣弗朗西斯科为新上任的总领事举办招待会时，我负责接待外交受邀客人。当宣布中国总领事时，我马上认出他来，立刻就问："你不是阿尔及尔亚非人民团结组织会上的郑湾祯吗？"他吃了一惊，对我过了30年还能认出他来表示很惊讶。他看上去老了许多，也秃了顶，但样貌没太多变化。

回到新加坡后，我们依然保持联系。我就任总统之后，有一次到北京进行国事访问，约了他吃午饭。

肯定有很多像他这样来自新加坡和马来亚的人，出于意识形态的忠诚选择为中国工作。一些人逃脱了"文化大革命"的摧残，而其他人则深受其害，设法逃往香港，背井离乡，远离故土。然而，他们依旧勇敢向前，坚持认为他们所做的是反殖民主义的斗争。

正是在这次会议上，中苏之间的巨大分歧趋于明显。作为中立方，我们能够观察到各种联盟关系，一些支持中国，另一些则站在苏联一边，如斯里兰卡代表团内部就存在分歧。会上，我们的朋友们与各自支持的人坐在一起。而在会场外，他们的关系特别好，不允许各自的政治阵营破坏彼此间的友谊。这让我懂得：在国际政坛中，无论外在表现如何，总是会形成临时性的权益联盟。

关于大会是否需要起草一份正式的政治声明，大家争辩不休。直到最后一天上午，才开始讨论接受会员国的议程。我和袁健昌所能做的就是守在会场，以防会员国问题被突然提出时不在场。

作为马来西亚代表团的成员，我和袁健昌竭尽全力维护马来西亚的立场。我曾被多次问到亚非人民团结组织新加坡分会与哪个党派联盟，我决定说是新加坡全国职工总会。由于社会主义阵线也是大会所考虑的因素之一，职总的身份还是有帮助的。在李绍祖到来之前，那些了解社会主义阵线的人似乎对我比较中立，这也让我能够以新加坡的名义进行游说。唐纳德·斯蒂芬斯率领的马来西亚代表团在很大程度上处于被动，印尼和北加里曼丹代表团不断趁机打击他们。

我和袁健昌不得不大量印刷介绍马来西亚的小册子。伊萨问题的焦点是北加里曼丹人被剥夺了"民族自决"权。对此，我进行了反驳，制作了一幅北婆罗洲地图，证明文莱不属于马来西亚，但沙捞越和沙巴州是马来西亚的一部分。我在会场到处散发地图，一些代表团找到我们了解情况。文莱确实没有加入马来西亚联邦。我们的努力获得成功，大会再没有出现驱逐马来西亚代表团的呼声，而其他一两个国家的代表团就遭遇了类似的事情。

在与各个非洲代表团接触的过程中，我学到了很多。刚到阿尔及尔时，我认为非洲是一个统一的整体，但实际上有些国家亲苏，有些国家支持中国。有关非洲统一的传闻，起源于非洲统一组织制造的非洲齐力反抗殖民主义斗争的印象。我很快便了解到，非洲有众多权力中心。朱利叶斯·尼雷尔和肯尼斯·卡翁达是非洲南部（不包括南非）的风云人物。乔莫·肯雅塔在很大程度上站在东非一边。在西非，夸梅·恩克鲁玛主导加纳和英语地区的政治，塞口·图雷则控制几内亚和法语地区。北非三国——摩洛哥、突尼斯和阿尔及利亚信仰伊斯兰教，大部分讲法语，每个国家都有自己的政治取向。此外，还有刚果、安哥拉及葡萄牙殖民地。所有这些力量形成了一个统一的表象，但实际上相互猜疑。与非洲代表团互动、了解各方领导人物，对争取我们事业上的朋友至关重要。一旦熟悉之后，他们就会和我分享他们对别人的看法，告诉我各自的政治立场。暗地里，他们的竞争非常激烈。

来自西南非洲（现在的纳米比亚）和意大利索马里兰的自由斗士代表团，在无异于海外天堂的瑞典或开罗过着花天酒地的生活。他们穿着考究，花钱如流水。身为反美主义者，他们却希望把手中的钱兑换成美元，打算在返回的路上，到罗马或巴黎消费一把。南非解放运动团体有两个代表团：南非非洲人国民大会和帕特里克·邓肯领导的泛非大会。有人跟我说，邓肯是一名亲俄的英国共产党员。

亚洲代表团也存在分歧。前文提到锡兰人代表团分亲中派、亲俄派和中立派。中立派的一位代表跟我说，中国和苏联代表团为了拉拢人，对他们频繁游说，希望得到他们的支持。

马来西亚代表团的唐纳德·斯蒂芬斯和阿伊莎·加尼为马来西亚的入会四处游说。会员委员会碰头时，我和袁健昌知道马来西亚的会员申请将会受到严重质疑，因为印尼带头进行抨击。当时我们决定，换一种战术，要求优先听证新加坡的申请，因为申请早已正式提交，但在坦噶尼喀的莫希会议上被递延。委员会同意了。而在讨论期间，我们的申请遭到质疑，理由为新加坡现在是马来西亚的一部分，不能单独提交申请。当时，只有支持印尼的非洲代表团反对我们的申请。但由于我们事先游说并与其他非洲代表团进行交换而获得了支持，我们在穆尔西萨阿德·艾尔丁的帮助下扫清了障碍。艾尔丁是亚非人民团结组织的副秘书长、蒂凡那的老朋友。对于合并后新加坡不再是一个国家、不再有独立身份的争议，我们回应道：这关系到亚非人民团结组织代表团（亚非人民团结组织的兄弟会）是否被认可的问题，而非国家认可问题。申请是由亚非人民团结组织新加坡分会提出的。

塔拉·昌德博士领导的资格审查委员会会议一直拖到深夜，在很大程度上是因为左翼代表团从中作梗，包括亚洲代表团的激进分子——主要由印尼共产党或跟风者组成。不少与会员问题没有直接利益关系的代表相继离开，其他代表则守在会议大厅外面等候消息。

在某个时刻（我记得大概是凌晨2点），会议主席——来自印度的塔拉·昌德博士离开会议厅去洗手间。我和袁健昌拦住他，劝他离场前做出决定。他说不行，并向我们保证他不在场时不会有决定。然而，他太过自信了。等他出去后，印尼共产党易卜拉欣·伊萨主动主持会议，决定邀请社会主义阵线成为正式会员。听到这一消息，我和袁健昌，还有一些非洲代表团好友群情激愤，提出抗议。同时，主席回来后发现这一事实，对伊萨趁其不在主持会议的行为提出反对。伊萨表示昌德博士不在场期间会议依然继续，他有权行使主席权力，按照他所认为的合适方式主持会议。然而，塔拉·昌德博士占了上风，他认为，即便如此，但所有申请会员身份的团体都有听证权，尤其当申请会员资格的不止一个代表团时更是如此，在当时的情况下，听证应按申请顺序进行。在这一点上，伊萨所做的决定被推翻了。

然而，我们仍没有获胜。委员会宣布新加坡代表团不能成为正式会员，并推后到亚非人民团结组织来年在加纳阿克拉召开的会议上再做决定。而且，马来西亚的申请也被延迟。由于新加坡在莫希已提出申请，而社会主义阵线因代表团缺席未能申请成功，所以马来西亚代表团在阿尔及尔会上提交的申请就安排在前两者之后再考虑。

这次会议让我收获良多：知道如何赢得支持，如何在反对派破坏之前采用推迟讨论的战术，如何不急于做决定，耐心地与与会者进行长时间的交流；学会了如何在困境中游说并获取支持；学会了如何在投票表决之前，通过长时间的干预和延迟，来破坏对手的阵营。我终于克服重重困难，为新加坡赢得了支持。

10. 建立工业关系员队伍

在劳研所、职总工作期间，我们意识到，集体谈判并非朝着工人和雇主的共同利益最大化方向发展，更别说对国家利益的考虑了。为一些微不足道的原因发生纠纷，已是司空见惯的事情。

蒂凡那经常跟我谈及此事。他记忆犹新的是20世纪50年代新加坡电车公司长达五个月的罢工，当时他不得不忍受某些工会主席在与公司管理者交涉时，用马来语说脏话。蒂凡那认为，最大的挑战是如何让工会在谈判中表现得更加文明。"劳资关系（体现）为粗鲁原始、蛮不讲理的对抗。工会由那些满腔仇恨的人领导，但他们又缺乏事实根据。"我的经历印证了这一观点。虽然一些老派领导人通过纯粹的粗暴行动与管理层做斗争，在对抗亲共派时也似乎行之有效，但如果进行集体谈判，则看不到任何长期效果。我认为，假如我们对工业关系员进行适当的培训，情况将会有所改观。职总应该建立一支训练有素的工业关系员队伍，能够担任工会或董事会领导，代表工人的意愿，用一种更文明的方式与管理层谈判，解决争端。

1964年年末，我打算利用国家社会服务联会（我当时是名誉秘书长）出访欧洲的机会，走访一些工会，考察他们如何在与管理层达成集体协议方面对谈判代表进行技术培训。通过国际自由工会联合会的地方办事处，蒂凡那为我安排访问瑞典工会联盟、英国职工总会和一些提供管理培训的美国大学，看看是否能找到适合工会领导的培训方案。

令人惊讶的是，在这些外国工会中，没有任何对谈判代表的培训。虽然管理培训颇为盛行，但并没有针对工会的培训。只有伊利诺斯大学香槟分校开设了专门针对工会工作人员的培训，教授处理申诉程序方面的技能，为工资谈判、调解和仲裁做准备。

在大学里，我遇到了所罗门·B.莱文和伯纳德·卡什两位教授，后来（1965年）我邀请他们到新加坡访问，会见了蒂凡那及中央委员会。讨论持续了好几天，富有成效，带来的长期效果便是筹建新加坡劳工学院，即现在的王鼎昌工运领袖学院。在学院建成前，我已离开职总。

作为劳研所所长，我仔细考察职总作为一个强大、负责的工会中心需要改进的地方。目前，已形成比较稳定的领导层，包括蒂凡那、何思明、佘美国、谢坤祥以及其他一些与蒂凡那共事但不太出名的人。至于其他成员，基本来自新加坡教师工会和各种商业机构工会，由许泽光安排借调到劳研所从事全职工作，由劳研所支付薪水。根据1960年的劳资关系条例，他们经原雇主同意到劳研所工作后，可以不必按时到岗，原收入或事业不会受到任何影响。他们包括N.伽文达萨米、张润志、阿卜杜勒·阿齐兹·卡里姆、R.A.哈米德等人，承担研究所建立初期我和其他人做的日常工作。到了1965年，队伍扩大到20多人，他们精通于解决各类劳资纠纷。其中一些成为议员，使得劳工问题变得日益重要。当时，借调期为一年。

除了工业关系员外，工会运动和结盟工会由选举产生的全职领导负责并进行日常维护，但工会工作属于兼职。有些人经常利用工会或分支领导的职位从原单位旷工，抵制管理层对他们的控制行为。工会很少有全职员工。

我觉得，从长远来看，现行人员制度是无法持续发展的。职总必须培养自己的活动家、领导者和谈判团队，可以完全胜任各方面的工作，包括基层工作。制订培训计划势在必行，应在一段时间内实现工会运行、集体谈判和仲裁程序的专业化。根据其能力和工作履历，通过培训的人才最终肯定能赢得各阶层的支持，从普选中胜出，成为工会领导。如此一来，就与仅仅凭借恐吓、呵斥管理层的能耐选出领导形成鲜明对比。

然而，问题在于职总没有财力来聘用这样的人，更不用说对他们进行培训了。联盟费都不足以维持秘书处的全职工作，因此急需其他资金来源。尽管有些联盟工会资金充足，但我怀疑其领导是否乐意聘用那些作为领导而被培养的对象。如果打算向政府申请资金，只有劳研所能为职总做这件事。

我和蒂凡那讨论了这一问题，指出现在的工会活动家是兼职，且大部分接受英语教育，但考虑到非英语教育的蓝领工人所在的行业越来越多，对接受中文教育的工会领导的需求在日益增长。在裕廊，尤其是新兴工业的工会竞争中，职总急需受中文教育的官员，他们要懂工人们的语言，能在工厂基层充分发挥作用。

我强调，资金可以来自政府每年下发到劳研所的资助。至于候选人，可以从南洋大学非共派的毕业生中遴选，他们可以参加职总的招聘，递交申请。他表示极力支持。于是，我向吴庆瑞提交了一份报告，扼要介绍了培训计划和所需资金用途。报告得到吴博士和蒂凡那的批准，资金随即到位。我起草了一份20至30名候选人参选的方案。候选人必须具有南洋大学的学位，与政府公务员同薪，但属于劳研所的直属员工。我还起草了一份安全调查计划书，防止亲共倾向的出现。入选者将在波那维斯达的国家青年领导培训学院接受培训。我与该机构的以色列顾问就计划及目标进行了讨论。除了培养领导技能外，受训者还需提高应对长时间工作、在基层工会可能遇到的压力等方面的能力。

广告在中文报纸刊出，响应者云集。在文化部政治干事邝摄治的协助下，300多名申请者进行了单独面试。邝摄治用普通话考问他们对各种劳资问题和政治问题如何采取应对措施，我负责评估他们的英语和马来语的熟练程度以及身体语言的运用。我们从申请人中选出了25人，送往国家青年领导培训学院进行培训，最后留下12至15人，然后带到劳研所实习。经过一些基本实践后，一些人被分配到新兴工业工友联合会，在那里接受语言熟练程度和工会工作适应性的测试。

当时我并不知道职总领导层和劳研所员工对此会有负面反应，我虽然听到一些抱怨，但那些借调到劳研所的人以及职总中央委员会的某些成员经常对一些无聊的话题肆意评论，我起初并没有太在意。

1965年，在亚非劳工大会（庆祝新加坡会议中心和联厦的正式启用）即将召开的前几周，我惊讶地发现，在职总中央委员会的一次会议上，我成为抨击对象。日薪制工人联盟领导和一个委员会成员K.苏比亚在开会期间出来跟我谈话，质问我最近究竟在做些什么，是否企图搞特洛伊木马危害职总及领导层。我完全惊呆了。我让他镇静下来，想弄明白究竟是怎么回事。他说委员会的某些成员情绪比较激动，对我提出指控，暗示我的行动是一项长期计划，声称我有政治野心，为达到目的而利用劳研所。

我问他，中央委员会领导是否有人解释这项计划的目的，并说明计划实施前，已获得他们的批准，蒂凡那、何思明，还有法律顾问P.塞尔瓦都莱和蔡善进都是计划的知情者。他说没人站出来为我辩护，他们都假装不知道，而蒂凡那曾说过，如果指控属实，他会安排我回公共服务部门。

苏比亚又说，因为他了解我，相信我不会破坏工会，才决定在会议结束前找我。他说回到会场后会为我说话，我相信他会这么做。

然而，事态的发展对我产生了深远的影响。我觉得再待在职总及劳研所实在是浪费时间。亚非劳工大会召开在即，我正负责组织。我决定，会议一结束，就去找蒂凡那，告诉他我要回公共服务部门。

该计划在中央委员会会议上遭到非议后，进一步的招聘工作被迫推迟。那时，完成培训的候选人已被纳入劳研所团队，接受实习，准备为职总指定的联盟工会服务。其中一些人进入了新兴工业工友联合会，充分体现出他们的价值。不幸的是，我离开职总后听说，除了一两个人之外，大部分人纷纷离去，就职于私营部门，或许是因为他们对职总某些领导的反对态度感到失望。如此一来，该计划宣告破产。对工人运动来说，我认为这是一大不幸。

在这里及回忆录的其他地方，我都提到了职总某些官员因为蒂凡那指示我做的事情而兴风作浪或任意辱骂的事实，但我依然精神抖擞地接受他委派的任务，因为我了解他正在进行的反共斗争。在斗争中，他或许认为某些人士尽管举止粗暴，但仍有其用处。事实上，他们的方法有时是非常必要的——或许这就是一个很充分的理由，让我相信尽管蒂凡那待我不错，也愿意就职总问题与我共谋对策，但他有他的难处。我不希望让读者误以为他毫无理由地弃我而去。当时，我的精力全放在与左派的斗争之上，没有关注周围环境的变化，因而没有意识到平时工会内部存在的问题。他或许应该让我在更广泛的背景下看看什么是不恰当的行为，这才是明智之举。

11. 亚非劳工大会

由于这次会议以及新加坡会议中心和联厦的开幕将于1965年10月举行（其时新加坡脱离马来西亚已有两个月），职总决定广泛地邀请亚非各工会代表团，需要列出一份详细的受邀者名单。职总虽然有一份兄弟工会的名单，但数量不多。国际自由工会联合会亚洲办事处在新加坡的代表拉马努惹姆提供了大力支持，尽管由于意识形态的分歧，职总不是国际自由工会联合会的最佳选择。作为一个反共产主义中心，国际自由工会联合会完全反对世界工会联合会及其铁杆联盟，而职总支持非共产主义，两者不是一回事。职总希望维持其非共产主义性质，这对当前与新加坡共产党的政治斗争至关重要。尽管存在分歧，国际自由工会联合会却非常理解职总为何采取非共立场。

在国际自由工会联合会的帮助下，一份关于非洲各方的受邀者名单最终确定。问题是我们如何才能及时把邀请函送给他们，特别是当时新加坡在非洲甚至除吉隆坡之外的亚洲都没有外交使团。即使通过航空邮寄，也不能确保不耽误时间。又是在国际自由工会联合会的帮助下，我们解决了这一难题，但需要制定非洲几个偏远地方的代表团的行程安排，如毛里塔尼亚、乍得、尼日尔等地。新加坡的马来亚航空公司没有相关航班，当地旅行社也没有能力承接。职总不知道安排这些行程需要花费多少。

幸运的是，我和蒂凡那联系到美国运通旅游服务公司的副经理罗兰·洪，向他求助。蒂凡那保证支付账单，无论金额多少，但公司必须提供机票、签证及其他旅行文件，无论当事人在哪儿，有多么远，必须保证联系到。美国运通承担了这项任务，蒂凡那只给了他们一个口头保证。如果没有这家公司，想让来自亚洲和非洲不同地区的代表齐聚一堂，根本是不可能的。

众多亚非代表出席了会议，其中包括H.D.慕克吉（印度）、G.B.佛伽姆（西喀麦隆）、弗兰西斯科·I.萨欧扎（菲律宾）、T.L.欧伽姆（加纳）、M.E.贾洛（冈比亚）和萨尔·布迪（毛里塔尼亚）。

会议的官方名称为"国际劳工研讨会"，主要议题是发展中国家的工人问题，重点围绕三大领域：

① 工会对社会发展的促进作用；

② 发展中国家的工会和外国资本问题；

③ 劳工纠纷、冲突及和解。

此次会议意义重大，世界各地的工会均认为发展中国家的工会领导经常聚会、交流心得、集中经验、交换意见十分必要。"尽管从表面上看，我们形态各异，但亚非人民之间存在更深远、更基本、更持久的共识，通常被不同情者、西方观察家和评论家有偏见的想象所忽视。"蒂凡那如是说。国家可以采取不同的发展路线，但共同目标是创造繁荣。来自非洲、亚洲、南斯拉夫和马耳他的34个工会的与会代表接受并赞同这一观点。

代表们也心存忧虑地承认，发展中国家与发达国家的经济差距越来越大。与会者强调，市场的保护和歧视是问题的根源。他们认为，发达国家通过不平等贸易条款，阻碍发展中国家的经济发展步伐。这些问题只有通过和平方式才能解决，工会应当为缓和国际关系而努力。劳动力创造的物质财富应该用于人类发展，而不是人类破坏。与会者呼吁所有国家应该重新承诺遵守《联合国宪章》。《联合国宪章》呼吁尊重各国人民的主权和领土完整，必须放弃干预他国内政。《联合国宪章》不反对双边防御部署，但反对在发展中国家建立军事集团或军事基地，以谋取集团利益。通过和平手段解决冲突的理念在《联合国宪章》中得到充分体现。

在新加坡签署联合公告的所有签署国表示，同意保持并进一步加强和巩固他们与职总已经建立的密切关系。为实现这一目标，与会者呼吁职总扩大其研究所的范围，使其能够作为一个发展中国家交流工会问题和经验的信息平台。

李光耀总理致开幕词。新加坡从马来西亚独立出来后，此次大会为他提供了机会向民众传达一个坚定有力的信念：新加坡必须生存下去，朝着新的方向开辟新道路。日本和德国是值得学习的榜样。二战惨败后，两个国家自力更生、再次崛起。关于德国的成功，总理说道："（德国）虽输了这场战争，但现在比赢得战争的英国更加繁荣。"

总理在讲话中强调，不论转型多么痛苦，新加坡必须迅速进行调整。当初新加坡加入马来西亚是因为不想付出惨痛的代价，但既然已从马来西亚脱离出来，不再有1100万人来缓冲，那么新加坡别无选择，只能为生存付出代价。他接着指出，工会运动必须找到一位有胆有识、有勇有谋的领导来赢得战争："我庄严地许下承诺，我一点都不想输掉战争，我要为胜利而战。正是基于此，我期望职总和新加坡有组织的工人运动能够积极合作。"

会议的筹备工作非常具有挑战性，如制定讨论组的主题，确定大会发言人——必须能够应对政治上敏感的问题，理解亚非政治的性质。完成这些任务具有一定的难度，而职总中央委员会某些人的不配合更是加大了这一难度。他们不赞成进行外部招聘、适当培训工业关系员。事实证明，由于劳研所相关人员及大学候选人的协助，这些任务才得以圆满完成。林廷龙、弗朗西斯·罗扎里欧、张明祥以及新加坡全国记者联盟的同事们给予了大力支持，他们在会议组织、会议记录和起草报告等方面做了许多实际工作。

会议结束后，财政部常任秘书责备我没有根据既定的公共服务惯例，事先征得财政部正式批准而产生费用。当被问及得到谁的许可时，我的回答是"总理"，并解释当时情况紧急，不得已才先斩后奏。许泽光最后解决了这一问题。在我离开劳研所后，他回来继续担任所长。

随着会议的圆满结束，我感觉，鉴于之前所提到的缘由，是该离开的时候了。我已经对职总做出了贡献，决定找机会回公共服务部门。

在随后的几年里，我继续作为劳研所管理委员会的一员为职总服务，同时还参加了职总关于"工人运动现代化"的研讨会。我提交了一篇论文，并主持了"财政自由、领导和结构发展的重要性"分会。会议成果之一是工会捐献比率的标准化以及"会费"制度的引入，为职总联盟工会提供了筹集资金进行日常工作和参与职总下属企业的渠道。直到1988年2月到马来西亚执行外交任务之前，我一直是职总的董事。

劳研所后来的发展如何？职总成立之前，劳研所的宗旨是为工会服务。1964年3月，人民行动党参加马来西亚大选，只有蒂凡那赢得了一个席位。作为孟沙国会议员，他必须花时间在新加坡（还是工会负责人）和马来西亚两地来回跑。新马分离后，他放弃职总职位，回到马来西亚，专注于那里的政治工作。然而，蒂凡那在离开新加坡之前，让职总收编劳研所，作为下属组织之一。1965年10月，职总第二届代表大会批准了机构调整，改名为职总研究所。更关键的是，职总中央委员会明确表示，应当保证研究所平稳运转，避免被个别成员的私心杂念所干扰。职总中央委员会随后又一次对研究所更名，成为众所周知的职总行政研究署，职能不仅仅限于研究工作。

第五章
外交部风云

万想不到的征程
／新加坡前总统纳丹回忆录／

1. 跻身部委

/

1965年12月，新加坡独立后的几个月，我接到通知前往新成立的外交部报到，当时我正在全国职工总会下设的劳工研究所上班。在外交部成立之时，位于政府大厦西翼三楼的外交部办公区还未完全建成。行政司人员已各就其位，由高级行政长官A.赛缪尔任司长。礼宾司规模不大，但人员工作经验丰富，由安瓦尔·易卜拉欣任司长。在自治期和马来西亚时期，安瓦尔曾负责总理公署礼宾工作。外交部部长和常任秘书由于首次出席联合国联合大会，因此暂时不在国内，由首席助理秘书弗朗西斯·D'哥斯达代管日常工作。

之所以把我调入外交部，在某种程度上是需要为李光耀赴尼日利亚出席英联邦政府首脑会议做准备。

到达外交部后，劳研所接手工作的人告诉我，由于调职时没有出示必要的"调遣令"，我已受到指控。我的确没有调遣令，但一切都是根据外交部部长的指令行事，所以最终没有被追究责任。

当时，我们不得不学会"临阵磨枪"。无论有无经验，无论是否擅长，只能硬着头皮干，即使最重要的工作也是如此。我想自己被调到外交部，或许是因为在工会负责外交工作的经验，比如参与亚非合作事务。当年正值41岁，在毫无外交实践经验的情况下，我被委任为助理秘书。"瞎子国里的独眼龙"用来形容当时的我真是恰如其分。因为首次接触新马双边关系问题（当时是一个敏感问题），我不得不快速学习。

刚开始，工作并不多。直到1966年年中，行政官员施泽文（新加坡人）、刘德顺（马来西亚人，多年后担任新加坡大学政治科学系主任直至退休）、张亚发（马来西亚人）入职后，政治处才正式运行起来。张亚发不久前刚从美国某大学毕业归来，写东西用的全是美式英语，我不得不重新改写大量材料。

部门成立后的第一年，我们一直负责处理递交上来的各种材料，工作具有相当大的临时性。1966年年初，常任秘书从联合国归来，带回新加坡获批加入联合国的好消息。从那时起，外交部逐渐建立工作任务分配机制，部门组织结构也日渐清晰。建立这一机制主要基于行政服务部门传统的双向工作流程：助理秘书→首席助理秘书→副常任秘书→常任秘书→部长；然后反之，指令由部长下达，直到助理秘书。这形成了一条清晰的指挥链，其中常任秘书担任行政部门负责人，部长是政治总负责人。

作为链条中的一个环节，对于自己应该做些什么，我实在毫无头绪。至于应该根据什么基础和标准对国外政治事件做出反应，我们当中谁也没底。我们还需要认真研究新加坡外交政策的实质内涵，这样做出的分析和政策建议才能站得住脚。我也曾问过部长，在资料处理的过程中，究竟应该负责那些具体事务，他却答道："不用担心，该来的事自然会来。"

在起步阶段，我们每天面对新的进展，随机应变。其他国家的外交官员不断打来电话，要求了解我们对外关系（尤其是新马关系）的实时情况，或者就新加坡政治官员公开演讲及其他评论性语句，要求我们做出解读。一两个月后，在完全没有上级指导的情况下，我和同事们决定集中关注马来西亚和印度尼西亚的政治局势，尤其盯紧马来西亚媒体发布的关于新加坡及其对外关系的报道。

对我们而言，全面独立来得很突然。在外交部，几乎找不到可供参照的先例。只有两位官员在处理对外关系上稍有些经验：一是常任秘书阿布·巴卡尔·帕瓦迟，在新马对峙前，曾作为新加坡贸易代表在英国驻雅加达大使馆工作。他比较清楚海外使馆的常规工作。另一位是弗朗西斯·D'哥斯达，曾参加殖民政府安排的海外外交事务培训。

除了在亚非人民团结组织阿尔及尔会议及后续会议中做过游说工作外，我全无外交工作和培训的经历，而那次仅有的经历对后来的工作帮助甚大。面对非洲人对"马来西亚"的敌意，我学会了不沮丧、不气馁。在一些非洲会员的支持下，我经受住讥讽、奚落，能够读懂非洲政治的真正内涵，与那些开诚布公的会员结为朋友，尽管他们在言语上与非洲激进代表休戚与共。亚非人民团结组织让我对现实中的亚非关系、"不结盟"政策有了新的认识——非洲新独立国家的联盟纯属虚构；"团结一致"、"肝胆相照"等说法不切实际；当"利益"受到威胁时，这些措辞就会产生花样百出的新"解释"。这些在书本上绝对闻所未闻。

我四处搜罗外交部常规运作流程的相关材料，希望能从中理出一点头绪。《萨道义外交实践指南》被礼宾司同事奉为"圣经"，是当时重要的、也是唯一的参考资料。能够找到的外交期刊对我们帮助不大，因为涉及的对象均为大中型国家。有关小国外交政策重点的信息少之又少。

当时我们没有信息数据库，只能完全依赖凯星剪报机构，但他们提供的不一定是最新消息。新加坡没有像泰国、英国那样悠久的传统惯例可以借鉴，同时求助于其他国家的外交使团也绝非谨慎之举（尤其是马来西亚使团），这无异于向别国展示我们的无知，让他们有机可乘。渐渐地，随着信心的增长，同时与英国、印度和澳大利亚使团团长进行非正式的讨论，我对外交部组织结构的建设有了初步认识。

我开始寻找制定新加坡外交政策的依据。所幸部长拉惹勒南是一个不难接近的人。每当重要的外国使团要求我们对总理在国内外媒体所发表评论的具体细节做出解释或提供更加清晰的解读时，我常常向部长求助，他会给我一连串的解释供我向外界传达。当国内编辑要求我提供信息时，我也会向他咨询。

新加坡独立前，我国领导人已公开表示不结盟、坚持社会主义立场。在各类演讲中，甚至在内部自治时期，他们始终对海外追求独立的人民表示强烈支持。在与其他国家领导人、自治期的友国进行对话时，他们不断强调新加坡独立之路所面临的种种困难，解释寻求与马来亚合并的原因，阐明马来西亚领导人和马来亚政治家所推行的政策的区别，对随着越来越严峻的局势而层出不穷的尖刻评论、某些马来西亚领导人引起公众关注的举动进行点评。这些讲话迅速提升了新加坡的海外关注度，实际上也成为新加坡外交政策的一部分。新加坡开始在国际社会崭露头角。

在最初几个月，即使是部长，也是边做边学，随时需要当场做出决定，在新马分离后政治大变动的背景下更是如此。然而，部长向我们指出一条基本原则：新加坡要"和所有国家交朋友，不与任何人为敌"。

在此期间，拉惹勒南曾做过两次极具启发意义的演讲。第一次是1965年9月，见证了新加坡加入联合国的历史时刻，同时清晰阐明几大外交原则。其中几处关键性的段落摘录如下：

> 我们周边都是实力雄厚的大国，用武力解决双边问题是新加坡绝对承受不起的。因此，新加坡将严格遵循不使用武力、通过和平谈判解决国家分歧的政策。

在英殖民统治下，新加坡不但发展成为东南亚的商业中心，同时也是巩固西方帝国主义统治的军事基地。如今，随着新加坡的独立，我们将不再充当英国在东南亚推行殖民主义统治的前哨。新加坡已正式宣布，决不允许将国内军事基地作为侵略之用。军事基地的保留，只是为了在军事关系日益紧张的地区保证本国的安全。

现代国防必将通过集体防御实现，这一点对于小国来说尤为重要。正因如此，我们相信，最终我们的防御和安全必将通过联合国一致、有效的努力得到保障……然而，在联合国能够切实保障小国安全之前，我们不得不尽力寻求暂时性的自我保护。

如果不想让独立和自由成为空喊的口号，那么我们必须继续集中所有资源，打赢这一场关乎我国民众福祉的唯一战争：我们面对的敌人是贫困、无知、疾病、失业、恶劣的居住条件，以及任何践踏国民尊严、破坏国民自由的行为。

我们绝不干涉他国事务或内政。反之，在双方处理各自内政的方式出现差异时，也希望其他国家能友好相待……这正是新加坡选择不结盟的原因。简言之，我们不希望卷入某些致力于将自己的意愿强加于他人的联盟之中。两国的友谊不应该以是否拥有共同意识形态、共同的朋友或敌人为前提。

而后，在1965年12月的国会讲话（首次涉及外交政策）中，拉惹勒南强调说，新加坡的外交政策主要是保证我国的独立安全不受他国威胁，最终与各国建立友好关系，尤其是与周边邻国。必须防止我国沦为任何外界力量的走卒，确保不在邻国之间加重紧张或恐惧的气氛。因此，我们承诺绝不结盟。

正如前文所说，我们首要关注的重心应放在最近的邻国，先是马来西亚、印度尼西亚和泰国。缅甸、越南和柬埔寨最初不在关注之列，就连菲律宾也未引起重视。

出于对安全的考虑，我们选择与英国、澳大利亚和新西兰保持较密切的关系，但不急于向美国靠近。当时，领导人对英国/英联邦有相当程度的依赖，因此给新加坡和我们于1970年加入的不结盟运动的关系带来了压力。在那时，相对于韩国，我们与朝鲜的关系更为密切。冷战期间，新加坡与韩国、南越南甚至菲律宾等国家始终保持距离，因为这些国家是与美国签署条约的合作国。马来西亚总理东库·阿都·拉曼自然而然地向西方靠拢，与南越南保持友好往来。

不结盟运动的中坚力量主要是印度和埃及，下文将详叙之。我们意识到苏联可能会在新加坡申请加入联合国的表态中投反对票，因此印埃两国能够帮我们聚合更多的支持力量。

我曾就这些问题与常任秘书阿布·巴卡尔·帕瓦迟展开讨论，但拉惹勒南才是我征求意见最主要的人。然而，他很少明确地表达态度。我们不得不统观全局，然后自行做出结论。

我国外交的主要宗旨是：尽可能多地发展长期、稳定的友邦关系。拉惹勒南在1965年12月16日的国会讲话中，阐述了我们应该如何判断其他国家是否有可能与我国建立友邦关系：

> 我们应该长期保持警觉，观察一个国家的外交政策和外交行为之间是否存在不吻合之处。只有这样，我们才能为本国建立起合理的、切实可行的外交政策。例如，我们不应该因为某些国家对我们表示友谊长存和高度尊重，或对世界人民表达和平友好的愿望，就错误地将这些当作安全的保障。我们首先要确认，发表这些声明的国家是否做到了言行一致。
>
> 同样地，某些国家由于治国原则的差异而对我们没有好感……这并不应该阻碍双方正常关系的进展。只要对方不将理论矛盾转化为实际行动，我们就应该做好与他们建立外交关系的准备。

此后，这些原则成为我们每次发表建交声明前进行判断的标尺。在更广泛的安全问题上，我从郑绍桦那里得到一些实用性指导，当时他担任国防部安全情报处处长。

工作方法和程序成为一大新挑战。我们都有行政服务工作的经历——已习惯成熟部门的工作流程。常任秘书也认为我们应该按照传统的办事方法，先处理材料，然后逐级上报，有关命令也是逐级下达给我们。理论上应当如此，而实际上部长和总理常常要求我们直接采取行动，比如对来自马来西亚的反映我国独立后政治震荡余波的批评性评论，需要马上草拟一份回应。我很快意识到，在外交部工作，我们经常不得不在极短的时间内做出政治评论或给出相应建议。

国际政治气候从未有轻松的时刻。新马关系已到剑拔弩张的地步。外交部部长需要为其内阁同事提供即时信息。因此，为了得到快速、直接的回复，拉惹勒南经常跳过既定程序，将任务单独分派给某位官员完成。常任秘书即使知情，也还是经常感到不快。让他理解快速解决工作的紧迫性费了不少时间，也造成他和我们之间的紧张关系。而我在学生时代就和拉惹勒南建立的交情，使事情更加复杂。所以始终对拉惹勒南恭恭敬敬，保持一个下属对部长应有的礼貌。

幸好这种紧张关系只是暂时的，到1966年年底，情况开始好转。自黄华香担任常任秘书后，气氛出现明显改善。他是一个会为了效率而忽略不必要程序的人，这一点深受总理及其内阁的赞赏。

有时候，政要们会拿我们的工作效率和英国外交部做一些让人不快的对比。我想，把三名新手和一个有一百多年历史、拥有数百名官员的成熟机构进行比较，有失公允。如今回头再看，仅凭一点经验，我们却做出了那些成绩，实在是不可思议。

然而，我们也有出错的时候。1968年六七月间，我们迎来一位朝鲜访客——朝鲜民主主义人民共和国副主席康良煜。由于美英没有与朝鲜建交，无法提供有关此人的任何信息，于是我们向马来西亚（他本该先到访的国家）咨询他们为康先生设置了怎样的接待礼仪。得知在外交礼仪上，他作为主席派遣的特使，应该享受国家元首的规格。我们依葫芦画瓢照做了。当康抵达巴耶利峇机场时，我们鸣炮欢迎，设国宴款待。

数年后，另一位朝鲜特使来访新加坡。在专门的招待会上，李总理询问先前来访的副主席康良煜的近况。特使说他（康）还在平壤。李总理又问是仍然在职还是已经退休，让我们惊讶的是，特使说他们还在一起工作。原来在朝鲜，只要是伟大领袖金日成派遣出国的特使，都会被授予副主席头衔，当时已有大约40位这样的官员被特派出国之后荣归平壤了。

这次经历给了我们一个教训：如果没有探清对方头衔下的真实身份，不能急于用特等规格迎接来访者。

组建合适的团队在当时并非易事。外交部在招募必需的工作人员时，遇到了各种阻碍，无论是部门招新还是授予海外官员外交头衔都限制重重。但假如没有恰当的外交身份，相关人员在海外根本无法有效开展工作。如果想要顺利采集境外信息、并与东道国政府官员和其他国家外交使团进行良好互动，外交使团的负责人就需要来自行政部门的人力支持。尤其当各负责人大都是半路出家的外交官时，这种人力需求尤为紧迫。每一个使团至少需要一名行政人员，这不仅是出于对上述需求的考虑，也是为使团内部管理和人员安排提供保障。起初，公共服务委员会在为我们分配人手时十分配合，尽管有些时候安排到位的工作人员让人不太满意。1966

年，财政部下令，这些官员一夜之间全部降级。决定显然荒谬至极——降级意味着我国官员在东道主国接触高级官员的权限大打折扣，甚至与本国其他外交官员的工作接洽也骤然受阻。一等秘书发现自己突然降为二等秘书，同时贬谪的通知还将公布于众。虽然外交部官员一再呼吁并试图干预这一决定，但这给官员们带来的羞辱，对工作权限带来的限制，并未引起部委领导的关注。不幸的是，部长还选择了置身事外。

对于已下发给海外使团用以购置设备和支持服务的专项资金，财政部却荒谬地强加各种限制。由大使提交的海外采购请求和当地辅助人员的雇佣请求都被财政部一一驳回。在曼谷，以每月30美元的薪水为大使雇用园丁的要求遭到否决，财政部做出的反馈是：大使应该像伦敦使团一样，聘用兼职园丁。这样的比较既荒唐又不公平。为驻曼谷大使的新居购置泰国柚木家具的资费申请也没获得批准。大使陈锡九得到的指示是，家具应从新加坡迪特黑尔姆购入——这批家具运抵泰国仅三个月，就因酷热的气候出现了裂缝。于是陈大使不得不在酒店住了三个月（如果没记错的话，酒店名叫艺提），这笔花销远比"从新加坡买家具"省下来的钱要多得多。陈锡九——这位领着一点点象征性补贴、尽心为国家服务的有名望的银行家，经过这次羞辱之后拒绝再担任大使。另一事例发生在华盛顿哥伦比亚特区，驻华盛顿大使申请购置雪地轮胎，而从财政部得到的回复是，大使应该向久居寒冷地带的人们学习，把铁链缠绕在车胎上就能解决问题。诸如此类的事情不胜枚举。

我们开始追查这些愚蠢决定的源头，发现指示皆来自财政部常任秘书——一个仗着自己受过培训，就自以为应该在外交部也能担任常任秘书的人。他没有当上外交部常任秘书，是因为当时考虑由马来人出任此职，对独立初期的新马关系或许有所帮助。没过多久，他被调往其他部门（后来去了马来西亚），财政部的工作才慢慢恢复正常。自此至1967年年初，我们和财政部的关系也逐渐缓和。我们利用部门内有限的人手和借调来的几位老师，建立起新使团。首先在伦敦和联合国增设了新驻团，接着在曼谷、开罗、新德里、波恩、东京、堪培拉、惠灵顿和华盛顿特区派驻使团，在莫斯科派驻一名贸易代表。当时，吉隆坡和雅加达是最重要的外交对象，我们大部分的注意力都放在这两个地方。

除吉隆坡、雅加达和伦敦以外，其他使团的成立虽大都没有计划性，但其中隐含着一定的建立依据。有些国家和地区对新加坡独立问题的态度，会严重影响到我国主权和领土的完整，那么其优先权自然提到首位。那时，新加坡的贸易很大程度上需要依赖邻邦。

第二，堪培拉和惠灵顿分别是澳大利亚、新西兰的首都。这两个国家是我们在五国联防中的两位合作伙伴，其他三位成员为英国、新加坡和马来西亚。五国联防建立于1971年，遵循以下原则："当出现任何针对马来西亚或新加坡、有组织的或得到境外力量支持的袭击或威胁时，'五国政府'需立即商讨，决定共同或分别采取应对措施。"与之相配套的是，在马来西亚北海（威省）成立马新联合空防系统指挥总部，该系统的主要职能为：执行联合空防任务。新加坡在五国联防成员国中强调英国的地位，从而加强对企图席卷新马地区的共产主义暴动进行防御，同时震慑来自印尼的任何威胁。当时印尼对新马两国采取对立政策。

华盛顿正在与越南境内共产主义势力的扩张做斗争，并时刻准备着，一旦英军撤离（在当时看来是迟早的事），就填补英国留下来的势力真空。印度既是英联邦成员国之一，又是不结盟运动的主力（正如埃及在阿拉伯世界的地位），因此地位尤其重要。

到1971年1月我被调至内政部之前，外交部的行政工作有时是由借调来的、对工作任务毫无概念的官员们处理。这些人的态度极端不认真，很多人似乎只是一边打发时间，一边盼着早日拿到海外肥差的调遣令，还想当然地认为：反正自己用不着承担无作为带来的后果，任何问题就留给下一任去处理吧。于是他们在文件上签字，然后一级一级传达下去，侥幸地认为等真正要实际操作时，他们已拍屁股走人了。他们本应当负责观察对出使国产生影响或在出使国出现的各种问题，但他们态度拖拉、行动迟缓，无所事事。鉴于我当时的位置，我无法直接对这些现象提出异议。几年后，我回到外交部，提高工作效率就成为重心之重，需要我想方设法扶上正轨。

那时还没有现在的驻外办事处，也没有任何规章制度可指导工作，甚至连驻外领事也无章可循。部长仍然会与某位官员单线联系，下发指令，并希望直接得到回复，就这样时常省略了传统的工作流程。然而，在缺乏有能力妥善处理政治和外交事务的中层管理官员的情况下，这样的现象或许不可避免。

外交部当时采取的政策是，不惜以牺牲本部官员数量为代价，增援海外使团。而外交部本部应该是指挥外交有效行动的神经中枢，是践行外交政策于外交活动中的决策者。在我看来，当时的政策带来了不良后果，建立由真才实学的官员组成的外交核心部门刻不容缓。然而，行政司和常任秘书受困于来自驻外使团人力需求的压力，对我的劝说充耳不闻。直到1970年1月，公共服务委员会隐约透露外交部有可能将接收一批具有政治科学、历史、经济和人文教育素养的行政人员。不久，消息成为现实——事实上，很多新来的官员是突然调任的，其中皮特·陈、巴里·戴斯克、林常英、迈克尔·卓、西迪基·托尼和几个月后入职的马凯硕。他们皆有良好的教育背景，有几位还曾是校园活动的积极分子，对国内政治和国际局势都有敏锐的触觉。

新增力量的到来明显提高了工作的质量和效率。当我需要陪同总理先生赴卢萨卡参加不结盟大会、短期内到访多个国家时，我要求他们准备计划访问的所有首都、首相的相关信息。他们出色地完成了任务，资料收集的深度和广度远远超出外交部已有的档案。我记得西迪基·托尼提交了一份有关淡米尔纳德邦的达罗毗荼进步联盟的资料，质量上乘。当时政府对达罗毗荼进步联盟知之甚少，甚至连新加坡的非淡米尔裔政治家对此也不了解，因为与达罗毗荼进步联盟相关的政治事件的影响力大都在淡米尔纳德邦内，而没有上升到国家级别。在随后几年里，这些新官在外交部内外都取得了卓越的成绩。

在那个年代，贸易、经济、安全和防御等非政治问题通常交由相关部委处理，而对于一些介于"外交事务"和本单位职责之间的任务，这些部委经常以其中的涉外因素为借口拒绝接受，推给外交部。有一次，外交部在提前不到两周的时间接到通知，要求我们接待一个日本政府资助的、有关东南亚经济发展的部长级会议。当时外交部既无经济领域的知识背景，又无足够人手接待东南亚各国和日本的部长们。常任秘书黄华香接受了这一任务，向我们强调，任何延误都是对新加坡国家声誉的破坏。他把所有人员召集起来，从档案中挖掘一切有用的信息。在财政部经济发展处和国防部一些年轻官员的帮助下，大会终于取得圆满成功。

2. 环球访问

/

在后文我将详述新加坡与东南亚邻国的交往，但新加坡的利益并不单单系于东南亚一带。1970年年底，我陪同李光耀总理踏上长长的环球之旅，首次出席在赞比亚首都卢萨卡召开的不结盟国家首脑会议。借此行程，我们寻找机会与不同政治信仰的国家建立和深化友谊，提高新加坡作为独立国家的国际知名度，表明新加坡在一些重大问题上的立场。

第一站是锡兰（现在的斯里兰卡），然后是印度、坦桑尼亚、赞比亚（出席峰会）、阿拉伯联合共和国（现在的埃及）、苏联、法国、德国和英国。接下来是美国，李总理在哈佛大学、耶鲁大学和普林斯顿大学待了三周。10月中旬，出席在纽约举行的联合国大会。会后访问华盛顿、芝加哥、圣弗朗西斯科，随后飞往东京。离开日本后，李总理接着去了香港，直到1970年11月21日才返回新加坡。我时任外交部副常任秘书，跟随总理访问华盛顿后，于1970年11月回国。同行的还有外交部部长拉惹勒南、公共服务委员会主席费生沃医生（担任总理的医生）。总理夫人在从新加坡到印度孟买、德国、英国的行程中与我们同行。当总理在美国大学做短暂休假时，夫人便回到新加坡。作为代表团中唯一一名外交部官员，我从陪同总理出席的每一场会议中受益匪浅，见证总理和各国领导人的会晤是一段不可思议的经历。

接下来并非要全面记录这些访问经历，如欢迎仪式、正式社交场合、有关政治时局和经济问题的各种讨论。然而，有几件事情在我的脑海中留下了历久弥新的印象。

我们的第一个目的地是锡兰，即今天的斯里兰卡。锡兰（正如印度）是不结盟运动中非常有影响力的成员，而且在当时，锡兰的经济发展态势一片大好。1970年8

月26日晚，我们一行抵达科伦坡卡图纳亚克机场，受到班达拉奈克·斯里玛友总理热情的问候，康提舞者用节庆的鼓敲出欢快的节奏，仪仗队后面是锡兰皇家空军代表团。在车队开往缅栀轩长达一小时的路途中，数千锡兰人夹道欢迎。缅栀轩是班达拉奈克夫人的官方府邸，那是一座绿荫环绕、鲜花灌木随处可见的殖民时期的建筑。

第二天的经历让我意识到，即使是府邸管家也可能对礼宾问题的解决起到至关重要的作用。班达拉奈克夫人为李总理准备了一场下午四点出席的聚会。在大太阳下忙碌了一上午之后，总理想休息一下。午饭后，他叫我转告班达拉奈克夫人，希望夫人原谅他无法出席聚会。按照惯例，我向锡兰礼宾司司长传达了这一信息，但司长却直接拒绝，说不能干涉本国总理做出的安排。当时已是下午三点。随后我找到锡兰外交部常任秘书，他也直言拒绝，理由是访问日程在我们到访前就已经与我方确认过了，他丝毫没有妥协的意思。眼看班达拉奈克夫人就要到达，李总理却还在休息，我急得在前厅里踱来踱去，不知所措。

缅栀轩总管家问什么事让我心烦意乱，叫我不要担心——他可能会有办法让班达拉奈克夫人理解总理的缺席。当时我以为他只是出于礼貌而已。

时间一秒秒过去。班达拉奈克夫人准时到达。我看到总管家在门口迎接她，用僧伽罗语跟她说话。走进大厅时，夫人告诉我，她已得知李总理无法出席集会，愿意单独出席并向与会人员说明情况，还让我不要打扰总理。一切就这样解决了。总管家处理这件事的方式让我暗自惊诧。班达拉奈克夫人离开后，我问管家是如何做到的。他说只问了班达拉奈克夫人一个问题：聚会和国宴哪一个更重要？面对这样的选择，班达拉奈克夫人自然同意李总理不参加聚会。这一小插曲看似微不足道，但提醒了我，小官员往往和上司关系更近，有时反而能办成让高官们摸不着门道的事情。

李总理还走访了位于佩勒代尼耶的锡兰大学校园，参观了佛教图书馆和僧伽罗民族收藏。副校长（毕业于剑桥大学）私下里邀请总理坐他的车，去山顶俯瞰校园风景，并请斯里兰卡的助理官员不必陪同。我是除副校长和总理外唯一在场的人。副校长亲自开车，载着我们到达山顶。他停下车，指向远处地平线上一座由本校工程师建造的桥梁。谈起培养优秀工程师所面临的问题，他不禁叹息道，那些接受英语教育的学生能直接阅读最新书本杂志，来填补课程不足之处；而接受淡米尔语教育的学生，则相对落后好几年，只能依靠博学多识的工程师导师为他们将英文原著翻译过来。说到僧伽罗语的状况时，他绝望地摇了摇头。这些学生一样可以接触到大量英文版的专业书籍和期刊，但文献翻译者却是毫无工程学知识的语言学家。他半开玩笑地说，如果这三组工程师一起造一座桥，可以想象，三分之一的桥结构完整坚实；说淡米尔语的工程师建造的三分之一，至少能支撑一段说得过去的时间；然而在说僧伽罗语的工程师建造的那一段，就不敢往上面放什么重物了。

他想说的是政府推行语言政策所产生的影响，锡兰政府要求人们使用僧伽罗语。他不知道其他院校是不是也会存在如此严重的分层。一边叹息着，他一边开着车把总理送回欢迎宴会。

结束锡兰访问后，我们出发去马德拉斯，开始为时六天的印度之行。8月30日我们抵达马德拉斯。到达后，李总理拜访了正在印度南部考察的吉里总统。晚间，他接到淡米尔纳德邦首席大臣卡鲁纳尼迪先生打来的电话，出席了淡米尔纳德邦邦长及夫人萨达米·乌贾尔·星为总理专设的邦级晚宴。

席间，不会说英语的首席大臣看上去有点孤独。我于是决定用淡米尔语与他交谈——这是他在处理选民事务时使用过的、也是唯一会说的语言。他的背景很不寻常，曾经是一位著名的淡米尔语电影编剧。我问他，为何他的电影中有那么多唱歌的桥段，有时在最意想不到的场景，即使是打斗中，也会有很多激烈的对白。他解释道，他的电影不是拍给我这样的人看的，观众大都是印度南部农民，在露天电影院（新加坡多年前也有这样的电影院）里看电影。故事情节至关重要。观众们喜欢看到一位英雄人物用他们所熟悉的语言，说他们平时不敢说的话，挑战地主之类有权有势的人。演员们演出的是观众的理想，歌词是电影音乐中最重要的元素。这些电影在受过西方教育的人看来或许觉得可笑，但在它们真正的观众群体中却能引起心灵共鸣。

第二天，我们乘坐印度空军为贵宾专设的喷气式飞机，前往班加罗尔。迈索尔市市长斯里达哈马·维拉和首席大臣斯里威尔卓·帕蒂尔热情地问好，为我们戴上花环。车队送我们到政府大厦安德拉邦，地上已铺好深红色地毯，一层的套房装饰一新。日程安排包括参观班加罗尔工业区，显然是为了向我们显示印度工业取得了如何显著的发展。我们参观了国营印度斯坦机械工具厂、手表装配厂和印度科技研究所。研究所占地400英亩，学生人数达到一千。

我们还参观了迈索尔植物园，接待人员向总理介绍植物园的历史和一些名贵植物，如神圣的阿育王树——无忧花。植物园内绿意葱茏，两株木槿树分别以李总理和夫人的名字命名。园长是一名男子，仪表不凡，获得英美国多个学历。总理与他聊了很长时间，询问其薪酬几何。当把数额换算成新加坡元后，总理不禁问道，凭这样丰富的资历，完全可以拿到国际标准的薪资，可他为什么还选择待在这里？这位先生答曰，他一直有一个信念，就是要回到印度，为国家独立贡献一份力量。虽然在美国拿到的报酬的确高得多，但他还是毅然决定回国，况且现在想再回美国也为时已晚。这时候，我嗅到了一丝失望的味道，可眼前这位男子还是从在园内培养青年人、为印度独立做贡献的决定中得到了慰藉。

我们于9月1日抵达新德里。在那里，李总理受到热烈的欢迎。印度总理英迪拉·甘地夫人正在国会参加答问，无法出席欢迎仪式，由副总理戈帕尔·斯瓦如普·帕萨科和外事部长斯瓦伦·星负责接机。在欢迎致辞中，副总理帕萨科称赞李总理年轻、富有活力，是一名勇敢睿智的国家领导人。他强调新加坡令人叹为观止的发展速度，宣称新加坡向世界展示了"如何通过议会民主，将社会主义的美好愿望转变为现实"。接着又补充说，印度和新加坡对世界的发展有着共同的看法，双方有很大的合作空间。李总理回应道，印象中，德里一直是一座温暖、友好、好客的城市，在这里总能找到志同道合的朋友。他对印度政府和人民热情友好、彬彬有礼、乐于助人深表感激。车队将李总理一直送到印度总统府，沿途插满两国国旗，迎风飘展。

在回忆录《从第三世界到第一世界》中，李光耀曾这样描述留宿过的总督府：

> 看到这个国家逐渐衰落，我心有戚戚然。衰落的迹象，甚至在总统府里随处可见。陶器、餐具质量低劣。晚餐时，我手里的餐刀就这么突然折断，差一点崩到脸上。尽管印度生产空调已多年，但运行时轰轰作响、效率低下。佣人穿着脏兮兮的红白制服，一声不吭地从房间边桌上拿走招待用酒……在公众面前，政治官员们摆着虚伪造作的面孔，穿着手工缝制的土布衣服，装出一副和穷苦人民打成一片的样子，背地里却不声不响地收敛钱财。所有一切将逐渐削弱官场精英、人民群众和军队的士气。
>
> 在总统府待了几天，在招待会和各种场合与印度高层领导人会晤时的所见所闻，实在是一段发人深省的经历。

第二天（9月2日），李总理与甘地夫人进行了一场为时一小时的谈话，作为会议记录员，我陪同在场。他们就印尼局势展开讨论。总理对甘地夫人说，越共将对马来西亚和新加坡的安全造成威胁，因为泰国很可能答应越南得胜后自泰国境内借道的要求。他还谈到，西哈努克亲王在共产主义力量的支持下回归，将给周边地区的局势带来严重影响。两位领导人均赞成，为了尽快和平解决争端，需要在日内瓦协议框架下进行谈判。他们呼吁各国尊重人民选择未来道路的权利，支持海外军队从印度支那全面撤军的意向，维护印度支那半岛各国主权、中立、独立和领土完整。同时，两位再次重申走不结盟道路的坚定信念和信心。

离开新德里前往孟买（访问印度的最后一站）的路上，我们沿途游览了阿格拉和奥兰加巴德。在阿格拉，李总理不禁慨叹泰姬陵的炫美，让人想起印度桂冠诗人拉宾德拉纳特·泰戈尔的一句诗——宛如"永恒面颊上的一滴泪珠"。在奥兰加巴德，我们参观了举世闻名的埃洛拉和阿旃陀石窟、道拉塔巴德堡。最后到达孟买，李总理来到邦长府邸，与马哈拉施特拉邦邦长共进晚餐。邦长是一位来自海德拉巴邦的贵族，他和夫人对世界局势了如指掌，高贵优雅的贵族风度给总理留下了深刻印象。

9月5日，从肯尼亚首都内罗毕转机后，我们到达坦桑尼亚。朱利叶斯·尼雷尔总统携全体内阁成员及外交大臣前来接机，这已超出常规礼仪。非洲鼓点活力四射，热烈欢迎总理一行。仪式原定程序之一是鸣放十九响礼炮，但因意外没能顺利进行。据报道，这是第十八响礼炮走火所致，事故造成四名坦桑尼亚士兵受伤，其中两名重伤。车队载着尼雷尔总统和李总理从机场出发，驶过拥挤的八公里路，抵达位于印度洋岸边的议会大厦。

9月6日，李光耀总理在达累斯萨拉姆大学发表演讲。他强调，不结盟运动发展至今，重点已有所转移，正"越来越远离军事纠葛"。"不结盟的当代定义"，应该把经济发展作为"分母"。发达国家和发展中国家之间贸易和科技输出的新格局，将大大推进许多世界性问题的解决。

坦桑尼亚首都达累斯萨拉姆陈旧不堪，建筑物破破烂烂，马路坑坑洼洼。即使是我所接触到的中产阶级亚裔人士，从衣着上也能看出他们的生活不尽如人意。我认识了帕西女士，她与尼雷尔总统的政党来往密切，是当地英文报纸的编辑。帕西承认，靠现有的收入，想要维持比较体面的生活不是件易事，但她从尼雷尔的"非洲社会主义"事业中看到了美好的未来。

访问中，我还结识了总统的私人秘书威尔金斯女士，一位英裔女子。所有提交总统的消息及总统的一切指示，均由她转达，同时她还负责安排总统的全部日程。她个性直率，颇具才能，与之接洽总是令人如沐春风，且效率很高。我们之间的友谊一直持续多年。1971年，在新加坡举办英联邦政府首脑会议期间，我们正为非洲方面的回应一筹莫展时，威尔金斯女士鼎力相助，帮我分析非洲领导人关于公共消费的发言，以及在向南非出售武器、南罗得西亚政治体制现状等争议性问题上非洲各国真正的立场。

下一站是赞比亚。9月8日，李总理抵达卢萨卡参加不结盟国家第三次会议，受到热烈欢迎。肯尼斯·卡翁达总统来到机场迎接李总理，以及搭乘同班飞机的马来西亚副总理敦阿卜杜勒·拉扎克。

在卡翁达总统的陪同下，李总理登上检阅台，此时新加坡国歌奏响。随后，在当地陆军和空军指挥官的陪同下，李总理检阅了赞比亚团仪仗队第三营。十九响礼炮响彻机场，鼓手敲出欢快的节奏，部落舞者载歌载舞，以传统的形式迎接总理的到来。欢迎仪式大约持续了45分钟。

仪式结束后，总理乘车来到特别建造的"穆隆古希"（赞比亚语，意为"人们会面的地方"）。那里有为代表团官员搭建的62座小木屋——由南斯拉夫捐赠，当时南斯拉夫还是不结盟国家中的一分子。像其他领导人一样，总理由九位赞比亚工作人员照料日常起居，大部分是大学生。第一天，我们就看出他们完全没有厨房经验，每个代表团不得不从市区酒店请至少一位专业人士来协助工作。

在9月9日不结盟会议的发言中，李总理说，发展中国家如果希望得到发达国家的重视，就必须显示自己充分利用本国自然资源和人力资源的决心、耐力和组织能力。他还就不结盟政策对世界局势的影响做出评估，指出重新定义那些寻求安全和发展的新国家的需求和问题是非常必要的。"我们必须为不结盟国家找到一个新的联结点，在变化的形势下挖掘新的存在意义"。据美联社报道，各国代表普遍认为李总理的发言是本次会议最有意义的发言之一。

大会中，对发达国家的征讨之声此起彼伏。引领这些言语攻击的是圭亚那的福布斯·伯纳姆。他强调说，与发达国打交道，发展中国家手中有一个强有力的武器。各位代表应当铭记，地球上所有的矿产资源都属于发展中国家。如果发达国家想得到这些资源，他们就必须付出相应的代价，至于多少，则由发展中国家决定。另有几名代表也就此做了讲话。

随后，李光耀总理发表演讲。他把代表们的注意力转向印尼代表团停放在离议事大厅不远处的那架飞机上。指出，苏哈托总统将飞机停得这么近，是为了能迅速和雅加达取得联系。目前通信的效率之低，总让人头疼不已——所有从卢萨卡拨出的电话，必须经过达累斯萨拉姆、内罗毕、伦敦，然后是新加坡，最后才能到达印尼。他说这番话，旨在强调在新时代，科技的重要性不容小觑。他敦促大会关注实际，充分认识发达世界和发展中世界相互依存的关系。发展中国家的确拥有全部的矿产资源，但仍需要发达国家的技术才能顺利开采，并保证资金到位。

来自中非地区的一位代表尤其惹人注目。他身穿军装，胸前满满当当地佩戴着各种勋章。他们代表团中的一名成员刚好站在我身边，于是我向他询问这些勋章的来历，是谁授予的呢？这位代表笑了一笑说："没人"。显然，这位政治家自己给自己颁奖，在他府中一定有满满一柜子的勋章供其任意更换。

代表中还有一位女士令人印象深刻："越南南方共和国临时革命政府"（即越共）的代表阮氏萍。她身穿华丽的奥黛（越南民族服装），飘然进出于会议大厅。每次亮相都能获得非洲代表们雷鸣般的掌声，所有人都想跟她合影。她此行的使命是提交一份要求美国从越南无条件撤军的方案，包括十点具体要求。越南统一后，她成为教育部部长，最后，当选为副主席。

在大会之外，李光耀总理特地单独举行了两次重要会谈。9月10日，总理与印尼总统苏哈托进行了半小时的会晤，这是双方在两位印尼突击队队员被处以死刑后的第一次会面。双方冰释前嫌，就柬埔寨和越南的时局及各国在东南亚关系中的地位交换了意见。在朝鲜特使、外交部副部长金正海的邀请下，李总理与金先生单独会面。金此次约见的目的是希望新加坡在朝鲜和韩国排除外界干涉、和平统一的进程中提供一定的支持。总理重申了新加坡面对分裂国家的一贯态度，国家的分裂或统一属于内政，新加坡不愿站在任何一方的立场进行干涉，这是底线。

离开卢萨卡后，我们一行人继续前往（中途在达累斯萨拉姆停留一夜）埃及（1971年前，该国家官方名称为阿拉伯联合共和国。1958年埃及和叙利亚联合建立共和国，叙利亚于1961年正式退出），展开为期三天的访问。如今乘客们经常为安检程序抱怨不停，其实安检不是近些年才有的。我们出发的时间延后了一小时，因为机场和英国海外航空公司的官员们对我们的每件行李都进行了细致的检查，飞行员说这都是由近期大量劫机事件的威胁造成的。在中途停留的内罗毕，安检甚至比出发时还要烦琐。登机时，工作人员不允许我们携带手提箱等小件行李，发给我们塑料袋装个人物品。起飞前，又一丝不苟地两次清点人数。

在开罗机场，副总统安瓦尔·萨达特率领数名部长和官员前来接机。第二天（9月15日），李总理与贾迈勒·阿卜杜勒·纳赛尔总统在总统府举行正式会谈，随后受邀出席私人晚宴。晚宴客人除了我之外，还有费生沃医生、S.拉惹勒南，埃方的安瓦尔·萨达特和外交部部长马哈茂德·里亚德。

我还记得纳赛尔总统非常惋惜阿拉伯世界错失解决中东问题的良机。席间，他说了一段话，大意是："这些年来，我一直致力于阿拉伯的团结统一，但往往徒劳无功。我自认为已经为阿拉伯世界付出了足够的心血——现在，我该集中力量为埃及做些事情了。"这时，外交部部长里亚德说了声抱歉，然后起身离开房间——从他的身体语言不难读出，刚才总统说的话让他感到很不高兴。

几天后，9月28日夜里，纳赛尔总统突发心脏病去世。那时我们一行已抵达西德波恩，并打算顺路访问莫斯科。李光耀总理向代理总统安瓦尔·萨达特发去吊唁信，信中说道："好友贾迈勒·阿卜杜勒·纳赛尔总统的突然辞世使我深感悲痛。埃及人民失去了一位伟大的领袖。总统先生在为和平努力奋斗的重要时期骤然离世，对阿拉伯联合共和国而言，是十分沉重的打击。"新加坡驻开罗大使代表新加坡出席了葬礼。

在此需提及的是，一年前新加坡与以色列建交，引起埃及官方极大不满。但这件事对我们的访问并未造成任何负面影响。相反，纳赛尔总统和李总理相谈甚欢，彼此直呼其名。纳赛尔的逝世令我们大为震惊。

然后，我们的访问进行到了一个非常重要的阶段——李总理首次正式访问苏联（9月15日—23日），这是总理第一次有机会接触和了解苏联领导人。我们在莫斯科时间晚上九时顺利抵达。当夜非常寒冷，第一副总理德米特里·帕莱亚斯基前来迎接。仪仗队的表现让我叹为观止——每位士兵都人高马大、身姿挺拔，他们整齐划一地踏着正步前行，似乎丝毫不受严寒侵袭。

第二天，9月16日，刚巧是李光耀总理47岁生日。苏联总理阿列克谢·柯西金派人送来一个水晶花瓶，插着47支红色康乃馨。当天早上晚些时候，在李总理与帕莱亚斯基先生的谈话中，帕莱亚斯基表示，希望能够借用新加坡的海港对苏联船只进行维护和修理。李总理没有明确表态，却说此行是以认识和了解苏联为目的的。对于任何与军事有关的暗示，李总理都是谨慎回避，但很愉快地强调，新加坡能够在商业基础上提供高质量的维修设备。我们以往与经过新加坡海域的苏联渔船队有过联系，但始终遵循一条原则：仅让它们使用南部海域的商业设备，而不允许它们使用北部专供军事船舶使用的设备。双方的这次讨论引起五国联防中几大盟国的担忧。然而据我推测，总理可能是在用极其微妙的方式，向五国联防成员国暗示，英国撤军后留下的军事空白中潜藏的危险。

李总理与尼古拉·帕德高米主席也进行了会谈，他特别提到了新加坡在促进国际贸易方面的突出贡献。两位领导人就联合国大会可能出现的国际性议题进行了讨论。当晚，新加坡国歌首次在莫斯科大皮特罗夫大剧院奏响，随后上演芭蕾舞剧《吉赛尔》。

第二天，我们前往索契，来到黑海之滨的度假胜地匹斯达一座政府专用的度假宅邸。李光耀总理在那里会见了苏联总理阿列克谢·柯西金。我们乘坐政府特别提供的图波列夫-13客机飞抵阿德勒机场。两位领导人进行了长达三小时的会晤，比预期时间长了一小时。李总理曾这样描述柯西金总理："我见到的是一位言语不多、意志坚定的男子。虽然他担任众多职位，但他对东南亚及新加坡却有很深的了解，而且渴望了解更多。"

晚餐时，主人带着下属官员们开始敬酒——俄式敬酒，花样繁多。他们喝起了伏特加，坚持要我也一起喝。我当时惴惴不安，担心最后可能会倒在餐桌下，让总理无比难堪。坐在旁边的官员察觉到我的顾虑，指了指桌上的一罐奶油球，解释说这是专门用来帮助像我这样的人。他建议把杯中酒一饮而尽之前，先吞下一颗奶油球。这个办法好像真的奏效，我最终相对清醒地撑到宴会结束。

索契镇是一个旅游胜地，一天到晚挤满熙熙攘攘的人群。当地有数不清的保健中心，利用地面渗出的硫黄，治疗关节痛和鼻子的毛病。门诊部摆放着一些医疗器械，器械的一头连着人的腿、膝、肘各处关节或肩膀。然后，机器开始从地面抽取硫黄，直达患处。费医生用这个办法治了治鼻子，的确缓解了不适，但不知道疗效能持续多长时间。我们在黑海岸边看到一家疗养院，风景绝美，配备了医院里才有的各种设施。据了解，共产党的重要人物会时不时来这里休养一段时间，有时一年来两次。在一个仪式里，总理在友谊之树上嫁接了一小枝柑橘树（象征着新加坡和苏联友谊长存）。

离开索契后，我们来到高加索地区的格鲁吉亚苏维埃共和国首都第比利斯。总理特别期待这次访问，因为他想看看格鲁吉亚人民普遍健康长寿的说法究竟是真是假，如果是真的，他们又是如何做到的。我们参观了高加索山脚下格鲁吉亚的古都姆茨赫塔，又去了镇里一座小山顶上的狄查里修道院，这里曾经是格鲁吉亚的宗教中心。在第比利斯用早餐时，摆在我们面前的食物多得难以想象，各种肉食和菜品，还摆满了俄罗斯白兰地和伏特加。我们目不暇接，尝尝这个试试那个。而格鲁吉亚的官员们已经把白兰地当作白开水一样大口大口地喝个不停，却没有丝毫醉意。据说格鲁吉亚人每天早餐后，必会去周围山林散步，消消酒劲。清新的空气、适度的锻炼造就了他们豪放的举止、强健的体魄，甚至到80多岁的高龄也能健步如飞。

9月20日，我们抵达伏尔加格勒（苏联称为斯大林格勒）。在二战最艰难的一场战役中，这座城市几乎被夷为平地，当时战役持续了五个月之久。第二天，总理来到斯大林格勒英雄纪念碑，在烈士广场献上花圈，这座广场纪念着数千名英勇牺牲的烈士，他们从伏尔加河一路成功击退进犯的德军。随后，总理参观了当年战争的遗址。

晚宴之后，我们观看了一部有关斯大林格勒保卫战的电影。没想到，伏尔加河竟然如此之窄，对岸清晰可见。然而俄罗斯人却在此成功地阻挡住德军前进的脚步，最终击退敌人。我依然清楚地记得那具高达数米的英雄纪念碑：一位女兵，一手高举武器、一手抱着孩子，巍然矗立，象征着祖国母亲——俄罗斯的精神。

访问期间，俄方派出的最高级外交官员是M.S.卡皮查，同时也是苏联外交部执行管理委员会委员。他身材魁梧，早餐时爱喝白兰地，一整天都能保持好酒量。当时，他是苏联针对东亚和东南亚地区政策制定的负责人。我和他相处不错，他说着地道的英语，和代表团里的每一个人交往自如，包括总理和外交部部长拉惹勒南。一天晚上，他找到我，直截了当地问新加坡在德国统一的问题上持什么样的态度。我说，我们已经与德意志联邦共和国（西德）建立了外交关系，但没有与德意志民主共和国建交。"为什么会有这样的偏向呢？"他问道。我告诉他，据我回忆，西德在新加坡独立后第一时间承认新加坡作为独立国家的身份，从未改变过立场，同时还声称西德代表整个德国。而根据所谓的哈尔斯坦主义，德意志联邦共和国不与任何承认东德地位的国家建交。卡皮查否定道，那些都是废话，东德和西德都代表德国。他问我们会不会赞同东德和西德都加入联合国。我答曰，如果联合国允许，那么想不出新加坡有什么反对的理由。卡皮查把话题转向其他存在分裂问题的国家。我以为他指的是朝鲜、越南，但他提醒还有另外一个国家，我一时想不起来。"中国，当然是中国了，"他说。令他很不理解的是，为何东德和西德没能加入联合国，但台湾占有联合国的一个席位，北京却被拒之门外。我的回应还是那句话——如果联合国允许双方以独立国家的身份加入，那么新加坡又有什么别的话可说？我表示，我们和中国台湾达成了共识，并在台北设有商务办事处，但这并不构成在外交上承认台湾代表中国。

在苏联的最后一站是列宁格勒（现在的圣彼得堡），我们停留了两天两夜。当时天气极其寒冷，当地人也告诉我，这样的低温在秋季并不多见。送别晚宴相当隆重，主宾把酒欢饮直至深夜。当晚我有点担心，因为必须在代表团启程去巴黎前，把总理和俄方领导的对话整理完毕。于是我如实向俄方代表官员说明情况，他拿来了一瓶称为"凤仙花"的利口酒，由44种草药酿造而成。显然，当本地人需要打起精神时，就喝两口提劲。想不到，这种饮料还真有效果，当晚我一直保持清醒，还顺利完成了整理工作!

对苏联的访问是建立国家间友谊的一次演练。然而这并没有改变总理关于共产主义的看法，尽管共产主义制度对许多发展中国家极具吸引力。总理对莫斯科新闻记者说："许多国家以为只要自称社会主义或共产主义，就一定会有进步，但事实并非如此。只有努力奋斗，才是进步的开始。"

我们离开苏联，来到法国。9月23日抵达巴黎，开始为期一周的正式访问。这次访问已被推迟了两次——一次是1968年受五月风暴学生运动的影响，另一次是因为1969年法国总统大选。

第二天，李光耀总理与法国总理雅克·沙邦—戴尔马就国际问题进行了一小时的会谈。但是，李总理此行最重要的一个项目是拜访乔治·蓬皮杜总统以及接下来的午间国宴。在讨论中，蓬皮杜总统提出，希望法国国有里昂信贷银行能在新加坡开设分行。李总理虽然原则上表示赞同，但又告知总统，如果这样做只是为了提高信贷额，那么这对双方都不会有什么好处。李敦促法国投资商像日本、美国和英国的商人一样，尽快参与新加坡的工业开发，希望投资商能够到新加坡参观访问，商讨具体项目计划。正如总理在后来的记者采访中所说："我认为，来新加坡参与竞争的国家越多，我就越不觉得受制于哪一国。不然的话，我看上去就会像半个美国人半个日本人了！"

午餐时，蓬皮杜总统向李光耀总理敬酒，称赞道："总理成功地建立了一个多民族的国家——国内每位公民，无论是何种族、有何信仰，都能各得其所。"在外交部部长莫里斯·舒曼主持的国宴上，部长从三方面表达了对新加坡的敬意：首先，新加坡向世人证明一个快速发展的国家也能保证政治民主；第二，新加坡堪称致力于社会发展和努力提高人类生存条件的楷模；第三，新加坡告诉我们，一个全力发展的国家同时也能保持蓬勃的活力。

德国统一之前，德意志联邦共和国的首都位于波恩。我们搭乘汉莎航空公司的航班从巴黎出发，于9月28日抵达波恩，开始为期四天的正式访问，此行目的地包括不伦瑞克、西柏林、法兰克福和威斯巴登。西德总理兼西柏林前任市长维利·勃兰特前来机场欢迎李总理，此前通过社会党国际两人已相互认识。在勃兰特主持的一场午宴上，李总理表示非常期待此次西德之行，不仅为了重叙旧谊，也是为了向德国的经济奇迹——战败后非同寻常的经济振兴学习成功之道。希望能从德国获得启发，将新加坡前进的发条拧得更紧，"从而使新加坡和周边地区都能像德国一样富裕起来"。此外，李总理还与古斯塔夫·海涅曼总统、外交部部长亚历克斯·默勒分别举行了会谈。

李总理还参观了社会民主党支持的弗里德里希·艾伯特基金会，该基金会于当年7月在新加坡设立区域办事处，目的在于向两大国际大众传媒项目——电视成人教育生产与培训中心和亚洲大众传播研究与信息中心在新加坡的建设提供资金支持。数年后，弗里德里希·艾伯特基金会与全国职工总会建立密切联系，举办了几届劳工研讨会和大型会议。

在布伦瑞克，我们参观了禄来工厂。厂方计划在新加坡建立第一个禄来生产基地。我们每人获赠了一台即将投入大规模生产的禄来相机。我拿到的那台相机一直跟随我好几年，直到1973年李总理出访印度尼西亚时，提约克鲁普朗图将军爱不释手，于是把它当作纪念品留下了。（外交部补偿了我一点钱！）在德访问期间，总理多次敦促实业家们来新加坡建厂，与日商形成有效竞争。

柏林当时还处于东西分裂，我们游览了柏林墙，而如今柏林墙已剩不多。行程最后有一段令人愉快的小插曲：我们一行人来到剧院，庆祝总理和夫人结婚二十周年纪念日。10月2日上午，我们动身前往伦敦。

当天，我们顺利抵达英国，开始六天的正式访问。这次有机会接触和了解英国保守党新政府。今年早些时候，保守党在爱德华·希思的领导下，以微弱的优势战胜当时掌权的工党，与民意测验的预测结果恰恰相反。

翌日，总理放了一天假，一早离开酒店，到圣詹姆斯公园散步，并混在游人和观光客中观看了白金汉宫（女王陛下在伦敦的官邸）卫兵换岗仪式。

第三天开展工作，我们出席了外交大臣亚历克·道格拉斯—霍姆先生准备的午宴，谈到英国向南非出售武器的计划，那时南非仍实行种族隔离政策。我们刚抵达伦敦机场时，已讨论过这一话题，总理当时谴责这次出售计划是对少数白裔统治政策的强化，认为英国应该选择的正确做法是公开放弃这笔交易中即将进账的750万英镑利润，这样才能让非洲国家重新感受到英国和他们站在同一战线。午餐时，总理向外交大臣重申了这一观点。

李总理出席了在亚历山德拉公主府邸举办的晚宴。早在1969年，公主就发出了这一邀请，那时她代表伊丽莎白女王出席新加坡建埠150周年庆典。这也是在非正式场合与亚历克·道格拉斯—霍姆先生再度见面的一次机会。

10月5日，日程上排满了与英国各领导人和官员的会谈。首先，与国防大臣卡林顿阁下就东南亚军事防御体系进行了一小时的会谈，然后与财政大臣安东尼·巴伯会晤。在政治方面的讨论中，英方最大的担忧似乎是苏联借用新加坡海港进行船舶维修保养的提议。英军已从"苏伊士以东"撤离，于是担心新加坡是否已与苏联达成了某些危及英国利益的协议。他们不断地询问我，是否与苏联做出了这样的安排。我说没有，但他们半信半疑。当晚，英国首相爱德华·希思在唐宁街10号为我们举办了宴会。自18世纪，唐宁街10号一直是英国首相的官邸。建筑内部比从外面看起来大得多，前门就是电视新闻报道中常常出现的熟悉背景。我和新加坡驻英国最高专员①A.P.拉惹陪同总理一齐出席了宴会。

借此机会，总理和工党几位重要领导人重叙旧日友情。他们当中许多人曾与我们的官员打过交道，如前首相哈罗德·威尔逊、工党副主席罗伊·詹金斯、前国防大臣丹尼斯·希利。

为工人们提供工作机会，始终被新加坡政府视为己任。总理此行的目的还在于鼓励英国普莱西、德国禄来等技术先进的公司提高我国员工的工作技能，帮助新加坡追赶更为发达的国家。在普莱西董事长哈丁阁下（曾任远东地区英军总司令）举办的午宴中，李强调了希望英国企业家来新加坡发展的愿望。正如他后来对新闻媒体所传达的那样，新加坡已提升了眼界——对相对复杂、具有高附加值的产品更感兴趣。

10月7日上午，总理从英国出发去往波士顿。当天下午，总理夫人则乘航班返回新加坡。面对英国媒体，总理呼吁英联邦各国关注本国人民生活水平的提高，不要只顾"相互挑刺"。他十分期待1971年1月将在新加坡举办的英联邦政府首脑会议，期待会议将带来的影响，但不确定届时到会的代表人数有多少。同时他还忧心忡忡，由于非洲抗议英国向南非出售武器计划，一些非洲代表将拒绝出席。从几位非洲国家领导人尤其是赞比亚总统卡翁达情绪激动的声明中，李总理感到英联邦的未来着实令人担忧，英联邦政府首脑会议很可能一事无成。

尽管新加坡和马来西亚对英政府的武器政策始终持坚决的批判态度，李总理还是透露，新加坡从未考虑过要离开英联邦。他担心在英联邦首脑会议中，英国将成为众矢之的，但希望最好不要出现这种情况。对他而言，日程表上的首要议题是20世纪70年代英联邦应该扮演何种角色。路漫漫其修远兮，还有许多问题需要携手合作、共同解决。

李总理环球访问的终点站是美国，行程最重要的安排是在三所美国大学——哈

① 共和联邦国家相互派遣的大使称为最高专员。

225

佛、耶鲁和普林斯顿大学享受三周的休假研究。10月22日，他暂停在大学校园的活动，赴纽约参加联合国大会，当晚出席了罗马尼亚总统尼古拉·齐奥塞斯库举办的宴会。接下来几天里，李总理参加了一系列会议：与英国外交大臣亚历克·道格拉斯—霍姆先生的会谈（就向南非出售武器的问题）、与纽约市长约翰·V.林赛的会议，以及与美国银行业几大巨头的会晤。之后，他（用他的话）"礼貌地"拜访了联合国秘书长吴丹。

此次拜访为纽约之行画上了圆满的句号，总理随后去费城。这也是我所参与的行程的终点。之后我回到新加坡。

3. 会聚一堂

1971年，新加坡举办了一场在各方面都具有十足象征意义的重大会议。大英帝国已逐渐消失，取而代之的是一个更为松散的"英联邦"。与英国、加拿大、澳大利亚等老牌大国一样，新独立的国家扮演着同等重要的角色。英联邦成立了专门的秘书处，由加拿大人阿诺德·史密斯担任秘书长。邦内各国首脑的会议也不再想当然地以伦敦为主办地。自1971年，大会重新命名为"英联邦政府首脑会议"，由各国轮流承办。1971年1月14-22日，新规定实施后的首届大会上，31个国家的代表齐聚新加坡。在我看来，这是对新加坡自治后十几年间政治经济发展的最好肯定。会上各种政见百花齐放。有些坚持走不结盟道路，有些是防御条约组织的成员；有些主张混合经济道路，有的坚守社会主义原则；有些已实现工业化，而其他则是发展中国家。

大会会场设在珊顿路的新加坡会议中心，一张巨大的环形椭圆会议桌已摆设妥当。李光耀总理主持大会，我被分配到总理手下担任随行官。召开全体会议时，外交部部长拉惹勒南坐在总理左侧，秘书长坐在右侧。我的任务也必不可少——负责总理和其他代表团首脑以及秘书长之间的联络工作。随着大会议程的推进，我与秘书处的工作联系越来越多，在起草联合公报大纲时合作尤为密切。

讨论的议题相当广泛，譬如：鉴于英国有可能加入欧洲经济共同体及其将对原贸易伙伴产生的影响，有代表提出在这些变化中"英联邦究竟扮演怎样的角色"的问题。政治方面，每位代表都关注两大主题：罗得西亚（今天的津巴布韦）的非法政权、英国向南非大量出售军火的计划。这笔军火交易引起了巨大争议，以至有人怀疑大会还能否顺利进行下去，有些非洲国家领导人以联合拒绝出席大会作为要挟，还有些国家表示考虑退出英联邦。李光耀总理早在伦敦就为这些可能发生的不测事件表示了担忧。大会开幕之时，大多数非白裔英联邦国家代表明确而强烈地反对军火交易，认为这无疑是对种族隔离政策的支持。

大家都在猜想新加坡如何处理这一棘手的局面。我们竭尽所能地与非洲领导人的下属官员及其他英联邦国家代表进行沟通协调。我仍记得坦桑尼亚总统尼雷尔的私人秘书威尔金斯女士（1970年随李总理出访各国时结识），救我们于危难之中，对非洲各国领导人变幻的立场提供了有效的解读。

新加坡总理致开幕词的时间到了。之前，我们对他如何开口一无所知。他开门见山，直接谈到这个问题。指出，关于军火交易的分歧已持续半年以上。作为会议主席，他的工作首先是使所有重要议题得到充分讨论（当然包括棘手的南非问题），其次每位与会者都有平等的机会发表意见。他申明，不管代表们持有何种疑义，都应当坦白直率、犀利中肯，但必须保持风度。总理又声称，如果最后没有达成共识，大家必须同意各自保留不同意见。

总理还警告，如果英联邦领导人不能"包容我们现在在武器销售问题上出现的分歧，那么英联邦不可能长久存在"。

在按照议程进行的幕后协商中，是否将南非武器销售问题作为细目议题进行探讨引起了长时间的争论。最初，英国主张将之视为"世界政治形势和潮流"总则的一部分来处理。但最后，在几位非洲代表施压下，该议题还是作为细目议题讨论了。

会议期间出现了一个很奇怪的巧合。1月15日周五下午2点半，一架皇家海军直升机报告，两艘苏联军舰，后面还跟着一艘液货船和补给舰，正经过新加坡正南方向的莱佛士灯塔，向北航行穿过马六甲海峡。知情人士透露，虽然平时苏联一些小型驱逐舰经常借道而过，但巡洋舰已多年未在新加坡水域出现。既然出现了这种情况，希思便以苏联海军在大西洋和印度洋的活动为由，为向南非供应海上防御武器进行辩护。而苏联战舰的出现，是否有特殊含义或仅仅只是一个巧合，至今仍然众说纷纭。

会议的管理和安排对所有人都是一大挑战。阿诺德·史密斯先生和联邦秘书处事无巨细亲力亲为，赢得了我们的尊敬——正如李总理在会议结束时所说："若没有他（阿诺德·史密斯）积极努力解决大部分棘手难题，我们的会议可能已经失败。"会议期间还召开了几次夜间会议，关于南非武器问题的争论一直持续到凌晨四点。

回首当年，有一个技术故障令我难以忘怀。每次轮到锡兰总理班达拉奈克发言时，她的麦克风就开始出问题，让技术人员异常沮丧。除此之外，整个会事进展顺利。新加坡的国际形象大大提升，因此有机会在18年后，即1989年再次举办一届英联邦政府首脑会议。

在这次大会中，我所做的幕后工作，也是我作为外交部副常任秘书完成的最后任务。

4. 新任务

1971年年初，我出任内政部代常任秘书（原常任秘书郑绍桦获得艾森豪威尔助学金前往美国，所以不在任）。时任部长是王麟根博士。该部门的管辖范围相当广——移民、身份证、警察、民防等。我的工作之一，是参加安全联络委员会每月例会，主要处理公共秩序法和内安法规下出现的问题。这是一项很有趣的工作，可以切实了解到政府在处理安全问题方面所做的努力。各部门一直强调安全问题，在当时，黑帮成员还是很活跃的。

一两个月后，当时的国防部部长吴庆瑞博士召见我。闲聊后，他突然宣布，派我去国防部担任安全情报署署长，负责向政治领导人和高层提供外部安全信息。

我首先提到自己缺乏这方面的经验，接着又说将要启程去美国某所大学，参加一个由公共服务委员会赞助的管理培训项目。吴博士回复我可以边做边学，而且即使不参加美国那个假期研究项目，我的事业前景也很好。他说等郑绍桦回内政部后，我就马上上任，还嘱咐要严格保密，既不能通知公共服务委员会主席，也不能告诉美国大使查尔斯·克罗斯，两者为达成我的美国之行做了不少努力。在就职前的几天，我终于获准将新职位告知委员会主席和克罗斯先生，他俩非常生气，为了平息其怒气，我只得说明是奉国防部部长的命令严格行事，希望能得到他们的理解。

新办公室设在余东旋街下营房内部暨防御部二楼。内部安全局以前附属于安全情报署，直到这时才从中脱离，对内政部负责。

吴博士大力扶持我在部门内树立自己的权威。有几个周六，他和我一起到部里，让工作人员向我汇报工作。或许他觉得，我这么个"菜鸟"成为他们的头头，这些工作人员不会好好配合，可能隐藏信息。刚开始，对部门人员日常工作进行恰到好处的管理并非易事，我花了两年时间才摸到一点门道。

一些外国情报部门常与安全情报署"联络"，特别是美国、英国和澳大利亚。借此，我们可以获得访问中国或苏联的经历和信息，但实质性的内容很少。我想，大家都一样，他们也观察着我们，对我们关注的东西感兴趣!

我主要致力于提高组织的工作效率，统筹管理，调查和行动。我还要应付署里的内部政治。我想这在任何依赖个人专业技能和辨析能力的机构里都是无法避免的。这一点在评估中国方面尤其明显，因为大部分调查员是从英文书籍和文献中获取背景知识，而其他来自中国的华裔工作人员则完全被中国记载的历史所左右。

内部安全局和安全情报署的分离，引起某种程度的关系紧张。内部安全局局长杨秀华，一度希望兼任安全情报署署长，但这样的头衔会引起误解。提议一提出，便遭到吴博士的拒绝。

让部门人员有良好的职业发展路径，是我关心的主要问题之一。我初来时，大部分员工是合同工或借调而来的警员。有些警员因为害怕错过晋升机会而希望归原属部门，但对安全情报署安排的工作有异议时，他们也经常以回原来单位为借口进行威胁。因此，部门人员金字塔的根基相当不牢固。

因此，我必须尽力招募、培训和雇用一批新员工，来充实和扩大安全情报署。在执行任务方面，有必要扩大一线工作人员的核心团队，多收集硬性信息，而不是臆测或流言蜚语。我们需要做出实时威胁评估，收集政治和安全形势发展的评估信息，帮助领导层做出反应、制定政策。为了达到这一目的，与财政部磋商之后，我建立起一个适当的薪资体系，给借调的警员提供快速晋升的机会，让他们更安心于情报工作。事实证明颇有成效，人心渐稳。

我们开展情报工作，探寻相关信息，目的在于消弭误解、拨乱反正、展示真相，但人们往往对此产生误会。事实上，这种工作常常可以安定人心，让大家了解到国外的发展并非公众猜测和媒体暗示的那样具有威胁性。正如外交工作，安全情报更多地是为了消除不安、而非制造不安。

除外交系统外，情报渠道对于有效传达、接收高层信息也很有用。相比前者，后者更加直接，不拘泥于细节，能方便我们与一些对手逐渐发展友好关系，不仅包括英国、澳大利亚、美国，还包括政治关系偶尔会有些紧张的印度尼西亚。我们与菲律宾、泰国及缅甸的情报局也有来往，但与马来西亚对外情报组织无联系，反而通过内部安全局与其政治部保持联络。这种关系经受住了时间的考验。后来许多国家，如德国、法国、印度、韩国和日本，逐渐重视我们对东南亚发展的评估，以及对中国发展的评估。

日本情报部门向我们提供了一些关于二战的独特见解。吴庆瑞博士决定，我们应当邀请参与马来半岛战役的将军们来新加坡，向新加坡军队传授经验。吴博士相信，我们能从战败者身上学到很多东西，因为他们可能已经非常认真地分析了战败的原因。吴认为，日本人打了一场失败的战争，但我们的军官尽管能够对日本人所分享的提出很多批评，却都是纸上谈兵。

在处理海外关系与安全方面，要铭记的一点是，任何事情都是有可能的。1977年，有人问我们在吉隆坡的最高专员，是否欢迎巴勒斯坦解放组织（简称"巴解组织"）领导人亚西尔·阿拉法特在吉隆坡参加一个官方集会时访问新加坡。

我们给予了积极回应，并要求访问时间能根据我们的日程来安排。虽然没有直说，但我们需要几天时间做好保安工作——阿拉法特一直是以色列和巴勒斯坦敌对势力暗杀企图的目标。亚西尔·阿拉法特回复等不了那么长时间，因为他还需要参加其他地方的重要会议，但可以委派外交部部长法鲁克·卡杜米和另两名部长代替他进行访问。

在没有对外公布任何消息的情况下，我们做了匆忙的准备。有关来访客人的行程和停留地点，仅限于极少数人知道，包括外交部、国防部和内政部的高层官员，以及机场管理局和移民局的官员。最关键的是，不能被以色列大使馆截获消息。我们担心以色列大使馆或其相关组织会采取报复性行动，阻挠我们与巴解组织建立任何可能的关系。我们也担心会发生针对法鲁克·卡杜米本人的刺杀行为——他在叙利亚的排名相当靠前，同时也是巴解组织重要领导人之一。

访问团和吴部长、拉惹勒南部长进行了多次会晤，成果之一便是建立起新加坡与巴解组织的官方联系。客人们对学习新加坡的经验，尤其是政府管理和经济发展方面的经验表现出极大的热情，令两位部长印象深刻。特别是吴博士，他对愚笨之人没有太多耐心，经常避开与阿拉伯人进行官方会谈，因为他发现大多数阿拉伯人更关心政治上的花言巧语，而不是实质性内容。而面对这一次的巴勒斯坦客人，他态度非常积极，告知他们一旦建国，新加坡可以在所擅长的专业领域提供援助。这次访问总体而言相当成功，没有任何安全纰漏。

有些读者可能希望，我能更多地透露一些在安全情报署工作的细节。但出于国家利益的考虑，我不便着墨过多，而且也不希望给现在的继任者带来任何困扰和麻烦。一言以蔽之，当离开这个部门时，我深刻体会到：在这一变幻莫测的世界上，新加坡需要提高警惕；该部门各位同仁正在进行的工作，至关重要。

5. 重返外交部

1978年年末，我接到通知，回外交部担任第一常任秘书，谢长福为第二常任秘书。这次工作主要集中于内部事务。我受命改进工作方式，提高工作质量，特别是提交给外交部部长、总理和内阁的报告的质量。高层领导一直抱怨不停，说外交部按流程递交上去的不少文件，内容东拉西扯、不着边际。有人还就此批评我们能力欠佳、办事不力。高层给我两年时间进行改进，如果整顿失败，总理将解散外交部，将其纳入总理公署。

任务十分艰巨。显然，必须努力做出实质性的整改。我先谨慎地取得嘉先生的信任与合作，在各自的分工上达成共识。我负责提高政治和经济两队人马的素质，改进外交部上交报告的质量。我提议设立"早会制度"，由我俩共同主持。每天，让司务人员在早会上通报当天新闻，尤其是路透社和法新社的最新报道。他们也可以利用这个机会咨询当天的各项指示。之所以要求司务人员做这样的通报，是为了督促他们阅读最新的新闻。我们需要不断监看国外发展对新加坡的外交政策、经济以及安全利益所产生的潜在影响，这一点非常重要。只有通过这样的训练，才能培养工作人员预先估测的能力。为了使各部门人员更快上手，我们要求他们详细汇报所负责国家的国情、近期内影响新加坡的事件。每周就一个国家的细节，轮流抽查考问他们。

刚开始，有些人没做好准备就来参加早会，指望用平淡无奇、泛泛而谈的东西蒙混过关。我告诫那些没好好准备的人，不管什么身份、地位，都一视同仁。受到教训之后，他们才开始认真对待早会。我进行严厉的点评与责备，毫不留情面，因此在部里不怎么受欢迎。但很快，我们就能看出谁是栋梁之材谁是枯朽腐木。我将那些没做好分内工作的人员派驻海外，下达明确指示，让他们清楚自己在派驻期间应该做些什么。

接下来的工作，主要是搜集有关国外发展的资讯，接收、处理来自我国外派人员和外交使团传回来的信息，将他们的分析判断写成书面报告，从中选择一些资料编写《资料便览》，该刊物直到现在还在外交部内部印发。这些文件先通过政治科中层领导审批，然后由我亲自详细检查，保证所有的预测结果有理有据，于是大大提高了信息的整体质量。之后，做好的报告被提交给"顾客"——内阁部长们，特别是供那些与文件主题有直接关系的部长参阅。经过一番努力，外交部做出来的东西总算得到了些许赞赏。

对那些年轻有为的工作人员，我很是器重，尽量不派他们到国外去。我希望他们能在外交部待上一段时间，处理各项工作，这样可以比较透彻地了解和熟悉政府所关注的事务，也更理解驻外人员收集的信息的内涵。这可以保证在有需要的时候，如果被派驻海外，他们能因对政策目标了解得更为深刻而表现愈加出色，而非老是等待总部指示。

1979年到1981年，我们一直致力于提高外交工作的质量，原来那批新人皆成为外交部的中流砥柱。在副秘书陈文生先生的英明领导下，1970年形成的团队积累了相当丰富的海外经验，再加上从堪培拉回国工作的施泽文（回国并非他本人所意），我们就有了足够的兵力，可以交付他们较重的工作任务，提出高要求，让他们负责培训新人。这些人后来均在外交部任职，其中王景荣还荣升为东盟秘书长。

他们代表外交部努力游说，争取联合国、不结盟运动峰会等国际组织的认同，反对越南占领柬埔寨、苏联入侵阿富汗。他们站在新加坡的立场上发言，在众多与我国利益息息相关的国际问题上争取海外支持。

回顾我在外交部的早期工作，有一项工作大大增长了我处理国际关系的经验，即做笔记，记录外交部部长、总理、国防部部长与到访的外国政要的谈话。我手头上积累了丰富的资料，尤其是在外交部的头五年，我恰逢时机参与了外交部部长与外国访客、记者们的多次谈话。此外，英联邦国家领导人来访时的重要谈话也记录在册。这些会议纪要告诉了我新加坡以外的世界所发生的一切，包括影响我国安全利益的事件等。借此，我能够了解领导人在处理双边关系、地区问题和国际问题时的考量。这些谈话从侧面反映出我国采取的战略政策，也体现了我们在努力让英联邦国家对我国更加友好，更能理解我们的困境，更支持我们的立场。

往事如风，令人难忘，尽管有时面临很大的压力。我发现自己比任何时候都渴

外祖母阿姆瑞珊及儿女们。后排从右至左依次为：伽文达萨米、帕克瑞萨米和都莱萨米。前排从左至右依次为：堂姐都莱萨米·塞拉潘、姨妈帕克亚姆、外祖母阿姆瑞珊、母亲阿布拉尼、姨妈马力姆杜和堂姐伽文达萨米·维斯瓦纳坦。中间坐在地上的是堂妹维亚雅拉萨米。（个人收藏）

家庭合影。后排站立的是父亲塞拉潘。前排从左至右依次为：姐姐帕鲁瓦姗、母亲阿布拉尼、姐姐阿姆尔姗、我、母亲疼爱的外甥、大姐希瓦尤嘉（后来被送与姨妈帕克亚姆）。（个人收藏）

位于锡兰路姨妈帕克亚姆家的房子，由一位画家所绘。1936年我曾在此居住。（个人收藏）

姐姐阿姆尔姗和她的女儿普瑞玛。（个人收藏）

当年我大约18岁。照片由国分中尉的亲属相赠。（个人收藏）

◀ 我和国分中尉。（个人收藏）

▼ 日军在麻坡为战死的日本兵所建的纪念碑。
1945年英国人回来后将之摧毁。（个人收藏）

国分（左起第二）、勤务兵和国分向彭亨州苏丹借来的一辆霍普莫比尔牌汽车。我是左边第三位，
穿着白衬衫。（个人收藏）

和未婚妻乌米的合影。1945年6月
（二战结束前）秘密摄于柔佛州。
（个人收藏）

与两位战友C.K.R.皮莱（左
下）、赛义德·阿帕（右下，
后来加入印度国民军）。我站
在后排。（个人收藏）

1952年9月4日和乌
米摄于吉隆坡。随后乌
米乘飞机前往英国柯
克比参加教师培训。
（个人收藏）

和李亚子（左）合影。李亚子是当初他在杜尼安路宿舍楼时的名字，现在已恢复本名李廷辉。（个人收藏）

新加坡马来亚大学入学典礼。我坐在前排左边第三位。（个人收藏）

1989年霹雳州苏丹阿兹兰·沙阿当选为最高元首。摄于1989年4月28日苏丹与我的会面。1990年我离任驻马来西亚最高专员时，曾礼节性地拜会了苏丹。（个人收藏）

1988年6月下旬李光耀总理访问马来西亚期间，我和马哈蒂尔·穆罕默德博士在兰卡威。（个人收藏）

1990年10月24日向美国总统H.W.布什递交我的委任书。（个人收藏）

1990年10月24日与布什总统在讨论中。（个人收藏）

20世纪90年代初的一个春天，华盛顿的樱花盛开，我与妻子摄于下榻的格拉斯酒店前。（个人收藏）

与前总统杰拉德·福特。摄于我和外交部同事在科罗拉多州阿斯彭对他的访问期间。（个人收藏）

在外交部的办公桌前，摄于参加总统竞选前。（SPH奉献）

清晨在东海岸公园散步后，回到锡兰路的家中。我大部分时间住在这里。（SPH奉献）

在2008年社工日，我获颁新加坡社会工作者协会"荣誉会员"。旁边是陈会长（左）、副教授安（右），我在马来亚大学读书时便认识了安副教授。（SPH奉献）

2005年7月7日国庆日，参加由新加坡57个狮子会为300名孩子主办的免费午餐活动。（SPH奉献）

2008年4月13日印度屠妖节庆典期间，参观阿拉沙克斯里斯万印度庙，将vivam（维姆）、nochi（诺淇）和lnell（内尔）叶子放在湿婆神和帕娃提女神像上。（SPH奉献）

和乌米在客厅。"我们在一起有57年了，感觉很幸福。"乌米说。（SPH奉献）

和乌米、孙儿孙女在一起。
（个人收藏）

和孙儿孙女一块散步。
（SPH奉献）

望扮演好这一角色，我敢肯定这种切身经历远远胜过一切圣贤书，事实上，没有哪本书或哪所大学能提供如此丰富的经验。我竟能置身其中，见证新加坡独立的历史时刻，幸哉幸哉！

在与我们的领袖一起共事的日子里，我的整个生活都受到他们的引领，有机会分享他们的经验和意见，这是何等荣幸！他们为信仰奋斗不懈，对我而言这是一种言传身教。尽管摸着石头过河，信息常常不够充分，但他们随时当机立断，采取合时合地的决策和行动。他们在紧张的地缘政治环境中让新加坡屹立于世界之林而不倒的决心和无私奉献，让我深深折服，从而奋起，要为国家建设做出一点微薄贡献。

6. 坎坷之路
/

回首以往，早年在外交部工作期间，我在重重压力之下，处理与马来西亚的关系时如履薄冰，从一开始这就是一个敏感话题。现在我们首先要清楚一点：马来西亚的任何动静，不再"牵一发而动新加坡全身"。尽管偶尔有人抱怨我们干涉马来西亚联邦内部事务，包括有人指责我们，在某种程度上，支持马来西亚反对派——民主行动党，但我们只想告诉世人：新马已经分离，没有任何牵连，仅此而已。

据我观察，李光耀总理和马来西亚总理东库·阿都·拉曼保持着和谐的关系，从未公开表示任何敌意，但和巫统里，包括东库的几位继任人在内的激进分子就没有这么好的关系了。我们也意识到，马来西亚的华人和印度人对我们的突然离去感到有些失望。

我来到外交部不久，就接触到"第三方照会"。"照会"是国与国之间、外交部和大使馆之间最常见的沟通形式。虽然通常带有部长和大使的签名，但使用第三人称，如"某大使馆向某国外交部致意，建议/请求……"此类措辞。照会是1965年新加坡处理马来西亚问题时所采用的方式之一。随后几年里，正如李光耀在回忆录中所说："（收发照会）是处理与马来西亚的关系时妙趣横生的一大时刻。"1965年到1970年，两国互通的照会的确印证了这一观点。

其实我来到外交部之前，两国已比较频繁地互发照会，当时的各种情况可见一斑。1965年9月，就有一份照会说李光耀在接受本地电视台采访时发表了一些在马来西亚人看来是蔑视马来西亚政府但又毫无根据的评论。马方希望新加坡保证以后不再出现这种言论。我们表示，发表制造种族不和或干涉邻国内政的言论，都是不智之举，同时指出，对新加坡的轻蔑言论经常现于马来西亚报端，这也是极不恰当的。我们希望马来西亚保证，以后不要在部分领导人或巫统控制的报纸上，故意煽动新加坡的种族、宗教冲突。

马来西亚回复称，我们应当区分来自部长和政府的言论与个别人以私人身份表达的意见。新加坡回发照会，对马方的答复表示万分遗憾，看来马来西亚未能停止对新加坡的污蔑，指出，50年代引起重大伤亡的玛丽亚·赫托暴动事件的言论正是个别人以私人名义发表的。

在1970年我离开外交部前，新马出现了好几次这样的交锋，照会互发频率在1966年7月达到顶峰。

我们曾经发照会提出抗议。一次，马来西亚某媒体报道援引沙捞越首席部长的话，大意是："已有证据表明，许多新加坡人潜入沙捞越，进行颠覆活动，大肆宣传，想要破坏农村地区的人民团结。"对此，我们在照会中声称，这是一项严重的指控，并要求马来西亚提供证据，以便我们调查。然而照会发出后，对方却毫无回应。1966年12月，我们再度向马来西亚询问此事，仍毫无结果。这无中生有的指控背后，究竟隐藏着怎样的意图，我们始终不得而知。

没多久，马来西亚又提出指控说，李总理在国内的一次演讲中有干涉马来西亚内政之嫌。这指的是1965年10月在新加坡印刷雇员工会的一次晚宴上李总理的讲话。马方发出照会强烈抗议，说总理"沉溺于毫无根据、不负责任的批评，竟然说马来西亚是'一个中世纪封建社会'，讽刺政府机械低效、深陷腐败泥潭而不能自拔，还说马来西亚政治领导人与企业主勾结，采取非民主的手段攫取利益"。马方对李总理评论中"王公贵族中有价值的，只是那些真正为谋生而工作的人"等言辞表示强烈反对，在照会中称，这是谋算着要破坏他们最高元首和马来西亚统治者的宪法地位。新加坡回复马方并提醒道，在做出这样的言论时，应当遵守互不干涉内政的原则。我们呼吁两国以非常谨慎的态度对待类似问题，避免通过任何行为或评论直接干涉对方内政。

1966年4月15日，马来西亚突然对持新加坡护照、试图通过新山海关检查站的人加强了安检，4月19日召开新闻发布会对此做出解释。马来西亚内政部部长敦伊斯梅尔·阿卜杜勒·拉赫曼博士称，因为印尼即将承认新加坡，由于印尼的"对抗"，马来西亚必须采取上述举措。马方担心新加坡和印尼之间的亲密交往，"会使敌人在我们（即马来西亚）家门口对我们造成不利影响"，会威胁到马来西亚的内部安全。1966年4月25日，新加坡正式收到马来西亚发来的照会，获悉马方正准备采取全面的移民控制政策，限制新加坡人入境。在两国对抗早已终结的前提下，马方竟准备实施这样的政策，我们表示十分诧异。我们就马方控制的船只和飞机入境问题进行了交流。马来西亚有权订立自己的移民政策，有权认定签证是否有效，但新加坡认为，无限制的交流是保持民间关系和贸易自由的最佳措施。我们更深一层的顾虑是，马方的政策可能导致新加坡也必须采取签证等措施，而这可能会限制人们进入新加坡的自由。

我离开外交部前，与马方进行的最后一次交流是在1970年。那年8月，马来西亚发来一份照会，提及新加坡逮捕了三名马来西亚游客，指控受到新加坡警方的虐待。马来西亚内政部部长敦伊斯梅尔·阿卜杜勒·拉赫曼博士通过外交部，向我国提出强烈抗议，说有一名华裔和两名马来裔人士遭到我国警察的盘问和侮辱，包括言语攻击个人、种族和领导人。获释时，三人还在警察局被人强行理发，并被迫支付了一元。马来西亚方面称，这样做违背了国际行为准则和友好精神，希望新加坡对此做出全面解释。

我国文化部随即对此做出了书面澄清，文中称："8月14日约8点30分，一队便衣警察对乌节路停车场的一个饮食摊位进行检查，发现某黑社会团伙的成员在此聚会。这次行动中一共逮捕了三名马来西亚人以及四名新加坡人。"由于便衣警察局的拘留室人满为患，他们被关押在配电房和拘留室之间的过道上。第二天早上，探员审讯疑犯。在审讯过程中，警方确实因反嬉皮士的政策而就他们乱糟糟、猩猩似的长头发和西方嬉皮士的作风，正常训诫了一番。然后，问他们愿不愿意每人支付一美元，理个头发。声明中说，当时"他们没有提出任何反对意见"，因此警方就"安排了警局的理发师给他们剪短了头发"。

在新柔长堤的另一边，起码有一些人对我们处理"青年文化"的做法表示了认同。东库·阿都·拉曼在《观点》一书中，谴责了马来西亚年轻人中的各种颓废现象。"至少李光耀……意识到了危险。他看到了超长的头发对社会腐化造成的影响。尽管没有说过什么，但他知道这样的行为可以对社会产生怎样的破坏性作用，如果失去控制，将给这个岛国带来多么严重的道德沦丧问题。防患于未然，所以新加坡政府已禁止留长头发。"东库·阿都·拉曼并没有明确地将禁令扩大到外国人和马来西亚游客，"但如果他们选择生活在新加坡，就必须遵守这些为国人好的规章制度。"

李总理在后来一个新闻发布会上代表政府做出道歉，表示"或许这三位马来西亚人被误捕，且遭受到不良待遇"。但他认为这是一个小事件，即使在世界上管理最好的地方也会发生。由于马来西亚人和新加坡人不容易区分，因此他们和四个新加坡人被警察一起带回去，当作黑社会嫌疑人进行了问讯。这不过是茶杯里的风波。遗憾的是，马来西亚没有事先与新加坡核实，就将之公之于众，才致使事态闹大。

时任马来西亚外交部常任秘书的丹斯里安萨里·沙菲益听闻此事后，第一反应是："天啊，不必闹到这个程度吧！"新马刚分家时，李光耀总理将独立后首次访问马来西亚探讨如何推进两国关系的计划推迟。不久，人们对此次事件的关注就逐渐消失了。

还记得另外有两件事，足以说明新加坡独立后面临的种种困难。一个存在争议的问题是，在新加坡仍有马来西亚驻军。马方认为独立协议赋予了它在岛上驻军的权利。实际上相关文件中的术语是"不可分割的安全问题"，而这句话的解释是可以商榷的。

对抗期间，在英军的支撑下，一支新加坡步兵部队曾被派往沙巴。这是我们对国际冲突区做出的贡献。然后，等士兵回国时，发现马来西亚人仍占着英国人留下的营房，拒绝交还，还说，"我们来这里是为了保护你们"，所以我们的军队不得不在花拉公园搭帐篷。当然，这一问题最终还是得到了解决。

另一个问题就是警察工作。合并期间，两国警察被合并到一起。1966年我们举行第一次国庆游行，当时警队还未完全分开。我们希望警察乐队为国庆游行奏乐，但被告知马方拒绝批准他们参加。我们只好从不同的地方，如学校乐队、女子管乐队等调来人手，组建自己的乐队，以便在重要场合，如国庆，进行大型表演。

回首往事，那些鸡零狗碎的争端，如今看起来就像一场场滑稽剧，但又说明了当时的情形。合并的前前后后，连空气中都充满了政治的紧张气氛。在此，我并非指责谁比谁犯的过错更多。同事们大多是生手，和马来西亚那边的外交人员没交情。我倒是认识不少人，即使不熟，也起码知道名字，"那家伙又在玩什么把戏！"——这是当时很多人心中所想的。我知道，要处理好与马来西亚的关系，就应当控制好自己的情绪，独立思考问题，并扪心自问，对方是否确实有理由抱怨。如果我认为我们没做到这一点，我会提醒部长。

另外，英文媒体有时反而煽风点火。1959年实行内部自治前，《海峡时报》总部搬迁到吉隆坡，说是害怕共产主义占领新加坡。但在我们看来，该刊物在报道新加坡事务方面有亲马倾向。有时马来西亚英文报说的是一回事，但马来报纸的报道却是另一回事。而记者们则极尽渲染，唯恐天下不乱。有些报刊可能言之有理，值得参考，但有些报刊却是迎合马来西亚读者的道具。当时外交部部长拉惹勒南就意识到该问题的重要性，要求我们密切关注对新加坡的一切报道，无论是马来语还是英语。他策划了一个摘录汇编计划，在《海峡时报》开辟了一个题为"他人之语"的栏目，还在电视台播出。该栏目引起马来西亚人长期的不快，成为他们口诛笔伐的对象。数年后，栏目才停止了刊发和播出。

第一次到外交部工作时，新加坡与以色列的关系以及在新加坡的以色列军事顾问，是影响到新马关系的一个重要问题。是否正式允许以色列在我国建立一个大使馆，是我们考虑已久的一个问题。从1959年内部自治到新加坡寻求与马来西亚合并之时，以色列政府早已提出请求，希望在新加坡建一个领事馆。他们告诉新加坡，马来西亚总理东库·阿都·拉曼已向他们保证，建馆计划不需要等待马来西亚方面的认可。李光耀在回忆录中写道，他曾回复以色列，如果东库是真心表示同意，在马来西亚成立之后设立新加坡以色列领事馆，应该没有什么问题。但就像我们猜的那样，1963年9月马来西亚立国后，东库不允许以色列建立驻新加坡领事馆。

1965年8月，新加坡从马来西亚分离出来，以色列很快就提出帮助新加坡进行军事训练。在我们的邀请下，1965年12月以色列派来一小队人。随后，他们一直要求在我国建立外交存在。由于马来西亚对此相当敏感——如果知道以色列人在新加坡有外交足迹，马来"极端分子"将会怒不可遏，所以我们将以色列军事训练官称为"墨西哥人"。再者，印尼也表示了同样的敌意，虽然不那么强烈。

多年来，认可以色列的压力日益增加。尽管以色列以撤走军事人员为威胁，但我们没有屈服。李总理的立场很坚定，认为以色列知道这样的撤军对他们是个更大的挫折。正如他所料，以色列的军事存在并没有撤离。

1967年阿以战争爆发后，尽管我们赞同以色列作为一个小国也应当有存在权，但在联合国大会上，我们仍对谴责以色列行为的决议投了赞成票。该决议呼吁以色列归还在耶路撒冷占领的土地。1968年10月，新加坡允许以色列在新设立商务代表处，由一位大使级别的官员哈盖·迪坎领导。哈盖为人谦逊，对自己商务代表的身份毫不介意。和他打交道十分自在，他平日从不把民族主义情绪表露在外，和每个人都相处得极好，包括马来裔和印裔穆斯林。

1969年，我国做出允许成立以色列大使馆的决定，驻开罗大使K.C.李一直与埃及政府保持沟通，特别是给埃及总统纳赛尔报告过此事。李总理于2月20日写信给纳赛尔，告知新加坡的决定，并称新加坡支持联合国和其他国际机构关于中东问题的决议。我们会按照我们认为正确的道路去走。中东国家和民族以及巴勒斯坦难民都应该得到公正对待，同时也应该接受以色列存在的事实，其领土主权不应受到侵犯。

1969年5月13日晚，发布建馆公告。

我给埃及临时代办马克洛夫先生打了电话，提前解释了我们的决定。他在4月16日会见我说，埃及对此表示痛心疾首。4月29日，他与我国外交部部长拉惹勒南见面，表示该消息对埃及外交部部长马哈茂德·里亚德是一个打击，他们感到"非常痛心、有点失望"。马克洛夫说，新加坡的决定会影响埃及令以色列退还被占领土的要求，并对以色列给予了不必要的尊重——新加坡是1967年6月战争后第一个与以色列建交的国家。拉惹勒南解释说，新加坡已经出于尊重埃及的意愿，将该决定推迟了近三年，但由于英国决定1971年甚至可能更早准备从"东苏伊士"撤军，这一问题变得十分紧迫。

我最关心的是国内马来人、马来西亚的马来人，包括更极端的、一直蓄意挑起马来对新加坡敌意的巫统等可能有的反应，心怀恐惧，一直关注着设立以色列大使馆的消息宣布后马来人圈子包括马来出版物会有怎么样的反应。

消息如期发布。但恰好5月13日雪兰莪州，主要是吉隆坡及其周边，发生了一起严重的种族骚乱。根据马来西亚国家行动委员会后来公布的一则报告，5月和7月13-31日的骚乱中，196人死亡，数百人受伤，5000多人被捕，而外媒报道的死亡人数更高。两地引发了广泛的恐慌，人们担心骚乱会蔓延到新加坡。事实上，只是一些小规模的冲突，肇事者已经受到应有的惩处。马来西亚花了好几周的时间恢复秩序，1971年2月前，紧急状态结束，议会恢复正常。

马来西亚发生惨烈的暴力事件，报道铺天盖地，数周内一直占据着头版头条，导致以色列驻新加坡大使馆的开幕式在马来西亚和新加坡媒体的报道中寥寥无几。

我们非常担心会挑起国内马来人团体的反对情绪，这不是杞人忧天。1964年7月12日，在我进入外交部之前，巫统极端分子在巴西班让星光剧院召开大会，通过一项决议，要求马来人能够像他们在马来西亚一样享有特权。但合并协议已明确规定，这些特权不适用于新加坡马来人。几天后，在庆祝先知诞辰的游行上发生了暴动。虽然没有官方证实，但当时普遍认为，有部分暴徒来自峇株巴辖，以佩带帕兰刀（即"长刀"）而闻名。这些传言让人联想起日占期间活跃在峇株巴辖和巴力士隆的社团暴力，那时候帕兰班江刀就成为保卫信仰的一种象征，灵感来自哈吉·萨利赫的护身符及其个人魅力。事实上，政治保卫处曾顺藤摸瓜查出了几个外籍的幕后指使者，但准备抓捕时，他们离开了新加坡。

在外交部期间，我对新加坡和马来西亚警察队伍在工作上合作的默契，感到很意外。当时马来亚共产党的武装叛乱仍是一个重要的时政问题。但无论局势多么紧张，尽管有些杂音出现，双方负责调查犯罪的警察、负责安全问题的政治保卫处成员，仍能继续一起非常有建设性地工作，至今依然如此。

我的工作大多涉及新马关系。其中，供水问题引发了双方广泛的讨论，此事原本按照分立协议进行。我加入外交部不久后，受托将该协议提交联合国备案，防止马来西亚有违约之图。巫统代表大会不断呼吁马来西亚政府切断对我国的供水。巫统虽然不是政府，但在技术层面上说，却是一个重要的国内政治组织，他们的决议竟在各方面得到广泛宣传，我们担忧很有可能这就是马来西亚政府自己的意思。

两国分立在众多领域给我们带来了不少难题，如电信、铁路和领空等。但在我第一次任职外交部期间，这些问题不是被理智地解决，就是还未成为时局热点。几年后，我被调到国防部，注意到一件事可被视为将来一个重大问题的预警，这就是白礁问题。当年马来西亚公布了一份地图，有史以来首次标记霍士堡灯塔为"马来西亚领土"，而在以前的地图上，该地为"新加坡领土"。马来西亚对地图的修改一事并未公开宣布，我发现后，立即告知国防部同事，同时送了一份副本到外交部。

虽然当时我们的压力很大，且两国关系依然紧张，但我在外交部及派驻吉隆坡期间，与驻新加坡的马来西亚外交官及马来西亚外交部的关系仍然比较融洽，有时还十分友好，尤其是和那些当年一起在马来亚大学读书的，还有同住杜尼安路宿舍楼的同学。

我忘不了最初几年，马来西亚驻新加坡最高专员丹斯里贾马尔·本·阿卜杜勒·拉提弗犹如慈父，关爱之心难以言表。后来成为警察督导的敦哈尼夫·奥马尔也与我关系密切，奥马尔曾住过杜尼安路的宿舍，也是马来亚大学的校友。还有60年代马来西亚驻新加坡副专员、后来升任为马来西亚外交部秘书长的丹斯里卡米尔·加法尔，也与我相当熟悉，至今仍是亲密好友。

此外，还有许多马来西亚朋友，如丹斯里扎因·苏龙、丹斯里萨达斯万和丹斯里汤耀鸿等，在此就不一一列举了。但尽管长期与众多马来西亚官员甚至政治家打交道，但有一个人很难相处，那就是马来西亚对外情报局局长丹斯里艾哈迈德·尤索夫。他的种族意识非常严重，我第一次遇见他是在年度东盟情报首脑会议上。从认识的第一天开始，他就表现出敌意，此后每次相遇都出言不逊，甚至在社交场合、我日后作为最高专员在马来西亚期间，他也要侮辱挖苦一番。

我在国防部任情报主管时，发现很难与马来西亚情报同行搞好关系。无论是保卫部还是内务部的马来西亚情报员，均不如外交部人员友善，但他们的部长丹斯里安萨里·沙菲益和东姑·里陶丁似乎特别喜欢我，待我亲切，一如自己人。我和菲律宾、泰国、印尼及缅甸等各国安全部门同行的交情也不错，尽管彼此间有些猜疑，但这仅仅限于业务问题。

这或许反映了当时新马两国军方普遍存在着不安感。我常常自问，为什么会有这种不安？

新加坡独立时，除了由英国人朱维良将军（当时任少校）负责的一个连队外，我们没有自己的常备军。

从殖民时期开始，马来西亚就成立了马来兵团。1957年独立后，兵团成为马来西亚武装核心部队。紧急时期，由杰拉尔德·坦普勒将军任最高专员，他很有远见，在波德申港口设立联邦军事学院，后来许多马来西亚军方高官都是从这里毕业的。1965年，马来西亚已经有了一支正规军，而新加坡只有一个连以及一些志愿兵。我们军队的士兵基本是通过兵役征来的。

在我们面前，马来亚（后来的马来西亚）军队总有高人一等的优越感，也许因为他们有联合国维和经验和反叛乱作战经验。独立时，他们的首要职责是反游击作战。

看到新加坡在以色列顾问密切的帮助下组建军队，我敢肯定他们对我们的真实目的一定怀有满腹疑惑和揣测。到1975年，他们对新加坡武装部队的先进程度已经万分惊诧。我猜测，马来西亚武装部队中必有人反对新马分家，而他们一定会继续以更多的猜疑之心来看待我们。1969年，马来西亚副总理敦阿卜杜勒·拉扎克应邀出席新加坡国庆日游行，为加强两国关系牵线搭桥。随之前来的还有一个由政治家和高级军官组成的访问团。当他和随员们观看了我们的军事检阅时，就清楚地意识到，新加坡武装部队诞生虽然仅十年，但实力已不可小觑。这是我们第一次展示我们的阿曼士（AMX）坦克。这次检阅对马来西亚的外交政策产生了些许影响，但我们明确表示这些军事硬件只用于常规演习。尽管真实目的的确如此，同时我们也想告诉他们我们可不是好欺负的。至于他们对此的认识有多深，我们只能靠猜测了。

我第二次回外交部任职时，马哈蒂尔已经是马来西亚总理。不久，他于1981年12月17-18日首次正式访问新加坡，我时任外交部常任秘书。在接受新加坡马来报纸采访时，马哈蒂尔表示，他相信两国领导人"将进一步努力改善政治和经济关系。"他用"务实"一词来描述新加坡领导人，意识到马方已经不得不去适应新加坡作为邻国的现状。因此，他正试图探索两国间进行更为密切合作的道路。马哈蒂尔指出，马来西亚"必须正视与新加坡之间的现实关系"，要强调"合作"，减少经济合作的障碍，加强政治及共同安全方面的合作，因为双方都面对着共同的敌人——共产主义的威胁。

马哈蒂尔又说了一番话，让我们放下了心中一块大石。大意是，新加坡脱离马来西亚一事给马来人带来的情绪已开始消退，马来西亚正试着把新加坡当作一个独立国家来看待。

访问期间的交流讨论涉及许多问题，不少问题已在一段时间内影响到两国的交流，其中还提及一些多年未解的顽结。马哈蒂尔博士此次访问的总体基调，就是希望这些年走过来，两国关系能够变得更成熟一些。李光耀总理称这是一个具有真正意义的会议。但在接下来的几年，新马关系的发展并不是那么令人欢欣鼓舞。

由于新一代缺乏像上一代那样的共同经历，他们对双边关系的判断是否或多或少会带有一定的个人倾向？对此，李总理称，新加坡和马来西亚的互相理解，有助于控制事态，特别是在20世纪六七十年代处理棘手问题的时候。他还指出，正出于这个原因，马哈蒂尔呼吁从部长到议员的各级官员不懈努力，促进两国在各个领域开展更广泛的交流合作。

当被问及新加坡人在马来西亚人面前是否有优越感，李总理谈到，有许多从前是马来西亚国籍的人，如今已身处新加坡社会的金字塔顶端。他承认，新加坡刚脱离马来西亚独立时，必须证明可以靠自己生存下去。我们证实了这一点，所以现在不需要用一种挑衅的姿势来面对他们。

马哈蒂尔博士指出，在东盟经济合作方面，大家需要改变心态——寻求从合作中获取利益，而不是担心会失去什么，也不是试图依赖国内吸收来发展民族产品和产业，企业家们需要认真思考一下，怎样才能实现共赢。

我认为，那时两位总理的会晤，表明两国关系已有所改善。我也期望他们能够用更为成熟的语气来进行讨论，减少争议和公开的分歧。然而几年后，担任驻吉隆坡最高专员时，我发现前方的道路依然充满坎坷。

回顾在外交部工作的几年，我认识了几位派驻马来西亚的大使和高级委员。首位最高专员是高德根，可惜工作不到一年就去世了。其继任者是另一位富有跨国商业经验的连瀛洲，曾是华联银行和文华大酒店的主席。

我在担任海员福利官时就认识了连瀛洲，因为瑞典名誉领事办公室就在罗敏申路华联银行大楼。新加坡独立后，弗朗西斯·D'哥斯达、我和连瀛洲交情不浅。连不止一次地邀请我们和妻子到他新加坡的家中吃饭，他太太热情好客，让我们感到宾至如归。

我见证过拉惹勒南与连瀛洲的多次交流，很快意识到，连的角色不仅是一个传统的外交官。他与东库的关系非常好，两人在社交圈子中有着不少的互动。对他来说，向东库直接传达信息并非难事。他们都是很随和的人。等我出任最高专员后，那里的工作人员告诉我，连瀛洲曾经非常照顾他们，甚至会自掏腰包支付一些外交官员和其他履职人员的接待费用。他在待人接物方面毫不吝啬，很多工作人员都受益于他的慷慨。即使在局势紧张的情况下，他也有能力通过与东库及其他马来西亚领导人的交流讨论，将事态降温，避免马来西亚方面采取冒险的外交政策。这样的情谊，实在是无价之宝——不是通过传统的外交方法可以培养的。

他的继任者是莫里斯·贝克。莫里斯1967年从事第一份外交工作，在印度任职，但我之前就已认识他，当时他还是马来亚大学的一个英国文学讲师，在工会里代表学术界员工。

莫里斯很有本事。他和东库的继任者，即1969年5月13日动乱后、于1970年上任的第二任马来西亚总理敦阿卜杜勒·拉扎克有着密切关系。他们在日占前就已经在佛士莱学院读书，并相互认识。新马关系尽管有所改善，但仍相当紧张，这样的人物在很多场合缓解了不少问题。有时，一个措辞严厉的信息按照原来的语调传到马方，但他明白外交官的职责是无论如何不能让事情变得更糟。他是一个洞察世事、老练精明的大师级人物，但偶尔也会遭到来自国内的批评，说他处事太过软弱。

与此同时，海峡时报集团成功重组——《新海峡时报》从原来的《海峡时报》完全独立出来，成为一份独立报纸，而《海峡时报》把办公地点搬回了新加坡。莫里斯·贝克去马来西亚第二次担任驻马最高专员时，我即将离开外交部。这一次，他将在吉隆坡工作近八年，1988年我去那里时，他就是我的前任专员。

由于莫里斯·贝克成功地与马来西亚人维系了良好的外交关系，1988年，马来西亚授予其皇室英明将领荣誉勋章以及"丹斯里"的头衔尊称，这是马来西亚给新加坡外交官授予的唯一高规格荣誉，至今，除他以外，还无其他人有幸能获得如此殊荣。

贝克在第一次访问张泰澄博士（1971—1973年）和黄金辉（1973—1980年）之后，成功连任驻马最高专员。当他访问张博士时，李光耀总理接受敦阿卜杜勒·拉扎克总理的要求，首次正式访问马来西亚。

7. 成立东盟

1967年年初，媒体文章就开始提及，一个由原东南亚联盟，即泰国、马来西亚、菲律宾和印尼等国构建而成的新区域合作组织即将建立，但其中并没有提到新加坡。

尽管有迹象显示，泰国是第一个提出建立东盟主张的国家，但其实这一想法本质上是印尼提出的。马来西亚早在1966年4月17日就在一份声明中表示，准备考虑印尼的提议，组织一个比东库推动之下成立于1961年的东南亚联盟更为广泛的国家同盟，后者被普遍视为过于亲西方、过于充斥着反共产主义色彩。那时，有报道称，印尼已经试探过菲律宾、马来西亚、泰国甚至缅甸和柬埔寨的口风，但他们不愿加入该组织。最早提出保留意见的，是柬埔寨西哈努克亲王。他给印尼苏哈托将军回了一封信称，他虽然赞成这一建议，但担心可能会带来其他问题，从越战到美国在东南亚日益增加的影响，无不存在着相当大的风险。缅甸直接拒绝了该动议。后来有消息说，新加坡没有得到相关的征询，是因为鉴于新马之间的不稳定关系，很可能会给出类似的否定回应。

同月，泰国就此事谨慎地通过泰国央行行长给新加坡财政部部长林金山的一封信征询新加坡的意见。咨询了总理和外交部部长之后，林回信说，他和同事们均已阅读了该信，并表示，媒体早已多次引用印尼外交部部长亚当·马利克和泰国外交部部长萨奈特·考曼的这一想法，我们对此很有兴趣。林在信中还写道，新加坡认为逐步扩大区域组织不仅十分必要，而且还代表了该地区的长远利益。在信末尾，林又重申，新加坡并不反对东南亚联盟在这一过程中扮演催化剂的角色。

外交部部长拉惹勒南访问马尼拉的途中，曾在曼谷稍作停留，与萨奈特就更广泛的东南亚国家组织概念进行了讨论。拉惹勒南积极回应此事，并给出了一些建议。

后来有媒体报道，新加坡在这个问题上虽然相当谨慎，但已有迹象表明，如果该组织的宗旨真是纯粹基于经济、社会、文化和技术上的交流发展，新加坡就愿意加入。我们虽然没有明着说出去，但显然新加坡绝不会加入任何旨在进行军事合作的组织。这种谨慎或许与美国日益明显的意图有关，他们想要得到东南亚国家允许，加入亚洲和太平洋理事会（简称"亚太理事会"）。亚太理事会于1966年由韩国发起设立，旨在解决安全事务及反对共产主义，组织成员包括澳大利亚、新西兰、日本、中国台湾及韩国本身。它被国际社会视为东南亚条约组织（50年代在曼谷设立）的继任者。如果共产主义实施任何侵略行动，东南亚条约组织承诺会采取集体行动。美国、泰国和菲律宾是该条约组织的成员，而不结盟国家——新加坡、马来西亚、印尼没有加入。印尼作为万隆声明的主要推动者，对美国人试图增加在该地区影响力的各种行迹特别敏感。任何有可能被解释为替代东南亚条约组织、并承袭冷战时期影响的组织，新加坡都是不愿意加入的。实际上，东南亚条约组织和亚太理事会分别在1977年和1973年正式解散。

对于那后来被命名为"东盟"的新组织而言，首个正式的命名提议在1967年6月1日由新加坡发起。印尼外交部负责政治事务的总干事安华沙尼和苏哈托将军的特别助理索纳索将军曾与拉惹勒南商议此事。安华沙尼强调，印尼希望新加坡成为该组织的创始成员国，且请我们8月就职的新任外交部部长提交一份联合声明，他们还询问新加坡是否愿意公开进行此事。

拉惹勒南称，新加坡早前一直试图实现与马来西亚的政治团结，可惜失败了。我们觉得，该组织专注于经济合作是现今最明智的做法。他十分欢迎这一区域合作计划，只要目标完全是经济而非政治方面的努力，不针对任何国家和地区，且不妨碍各国自身原有的双边或多边经济合作。

拉惹勒南还解释说，他不会在外长会议之前，太早地进行公开承诺，以免引起公众的太多讨论，他不想阻碍事情的发展进程。

安华沙尼向他保证，成立东南亚国家联盟的计划与东南亚联盟无关，尽管他承认有些目标的最终实现与东南亚联盟的意愿是一致的。他希望东南亚联盟在将来也能够承认，我们已经成立了更大规模的组织，以此取代早前的组织，他更希望早前的组织能够整合原有的主要事务，与新组织合作。

只是东盟的"地域"应当如何定义呢？这个问题相当重要。印尼人认为应该止于印度和巴基斯坦东部及中国南部边境。拉惹勒南认为，该组织应该寻求地理区域之外的国家，如印度、日本、澳大利亚和新西兰等更多友好国家在经济发展上的支持。新加坡认为，澳大利亚和新西兰若是加入将能使成员国在经济上受益。我们如此建议，但显然没有被采纳。

该组织联合声明草案中提到了"外国基地"：

> 东南亚国家共同分担确保地区稳定和维护地区安全的责任，反对任何形式的颠覆和侵略，以确保各国的国家安全，确保地区和平进步，确保各国能够按照各国人民的理想和抱负得以发展；
>
> 我们同意，外国基地应是临时性质的，绝不允许任何国家利用这些基地，进行直接或者间接破坏所在国民族独立的活动，并应当安排相应的防御训练，不可为任何大国的特定利益服务。

外国基地是一个敏感话题。英国在三巴旺地区设立了一个海军基地，澳大利亚则在马来西亚半岛西海岸北海拥有一个空军基地。不结盟国家普遍较为敌视外国军事基地，视之为大国试图掌控该地区的一种手段。这种观点也获得共产党的认同。然而，拉惹勒南明确指出，在他看来这两个段落其实完全没必要，因为我们不希望东盟接管东南亚条约组织的事务；我们更不希望该组织成为美国的走卒。同样地，声明序言里必须阐明，我们的初衷是经济合作，而不是寻求政治或军事联盟。

1967年8月曼谷会议之前，安华沙尼对新加坡及其他东南亚国家进行了多番访问。他每次来新加坡告知我们关于草案内容的更新问题以及一切有关的新想法之前，都会先与其他国家商量。他坚持不懈地在曼谷会议前试图缩小各国之间的分歧，不过，即便在东盟成立之后，到他80年代时因身患重疾淡出政坛之时，各国的分歧也都一直存在。安华沙尼是个很有魅力的人，他的妻子是一位荷兰籍人士。他性格温和、很有耐心，在与他们的外交部部长——那也是一个出类拔萃的外交官——商量问题的时候，总是愿意尊重部长的意见。在某些方面，他还就谈判瓶颈问题给我传授了许多经验。

安华沙尼每次来访，拉惹勒南都认真听取他的意见，并表示希望东盟宣言不是为了说说而言，还应该可以取得一些更深层次的效果。这符合拉惹勒南强调实体经济合作项目的观点。安华沙尼对此自然颔首赞同，认为东盟若能完成一些具体项目，即便是规模很小的项目，将能够提高它的声誉。安华沙尼来往了好几次。在曼谷会议之前，他告诉拉惹勒南，印尼也认同了他的观点，尽管他们并未表现出太多追随的热情。

8月终于到来。五个国家（印尼、马来西亚、泰国、菲律宾和新加坡）在1967年8月5日至8日相聚曼谷会议，新加坡外交部常任秘书黄华香、驻泰国大使陈锡九和他的一等秘书林金奎，财政部的严崇涛，经济发展局的项目总监S.丹纳巴南、局长唐义方等人随新加坡代表团参加会议。唐局长此行是试图让东盟发起我们之前提议但未被采纳的经济合作项目，他未和其他团员住在一起，但我们要求能随时与他联系以便必要时向他咨询经济议题。虽然我们和他保持着电话联系，但可惜没有向他咨询的必要或机会。当时曼谷还没有手机可用，而电话系统又不那么令人满意，但我们也能凑合着用。

为什么安排如此多的经济官员参加这次会议？其实，这是因为拉惹勒南计划着要在会上提出一些经济合作的建议，并期待各国能在部长级会议上认真讨论。他在开放贸易、盘活区域旅游资源、形成地区采购链条及电信服务的连接协调方面提出了有关建议。他从一开始就认为，如果东盟会议的结果只是单纯发出一纸声明，那将毫无意义，除非也能发出促进相关经济领域合作的声音。

新加坡代表团只在会议上收到了一份资料，是关于"外国基地"条文的删除意见，但要泰国提出这一要求。因为虽然在泰国没有美国基地，但泰国和美国都是东南亚条约组织的成员，两国之间也签署过类似条约。这意味着如有必要，美国将介入泰国国防。在会议上，与预期相反，泰国人准备参考使用该条文，大概是为了大会团结。

正式和非正式的部长会议，在泰国东海岸度假胜地邦盛海滩的国宾馆举行。当时越战仍在激烈状态，度假胜地城内满是暂驻休整的美国士兵。那时候泰国经济严重依赖美国的消费——美元在当地使用甚广，城内的酒店和商店几乎没有用泰铢消费的。

大多数代表团抵达邦盛海滩的时间是8月4日，但印尼代表团在5日非正式部长会议开幕之前几个小时才到。有迹象表明，他们决心在会上寻求各国支持，反对颠覆，要求撤离军事基地，并在会上争取得到共同防御计划安排。

马来西亚默许印尼关于"外国基地"问题的提法，声称对此已无兴趣，反正英国人都将从该地区撤出军事存在。这不是新加坡欢迎的举动。他们暗示，印尼的担忧正是来源于设在新加坡的外国基地，因此那也是新加坡的问题。我感觉，马来西亚是间接把新加坡放到火上烤，试图让我们给会议带来一些阻力，除非他们真的是想告诉印尼，马来西亚才是印尼真正的朋友。泰国也准备好了与印尼一起反对外国基地条文，菲律宾也曾表示反对，可在正式讨论的时候，他们却没怎么发言。

　　非正式部长级会议在下午4点左右开始。我陪同外交部部长出席，代表团其他人在附近一个房间里等待。会上还有亚当·马利克（印尼）、敦拉扎克（马来西亚）、萨奈特·考曼（泰国）和纳西索·拉莫斯（菲律宾，他是未来总统菲德尔·拉莫斯的父亲）。大多数代表团都带着不少官员待命，虽然所有的代表团都被要求只能带一名官员。印尼的团队规模最大，包括许多位高权重的军官，反映了当时军事在该国的地位举足轻重。索纳索将军（随后担任印尼驻新加坡大使）也在出现在会上，还有印尼未来的外交部部长阿拉塔斯，当时是亚当·马利克的私人助理。菲律宾代表团的官员人数仅次于印尼。马来西亚（与会官员是阿兹拉莱·扎因和安萨里·沙菲益）、泰国的军方代表只有少数几人。新加坡的官员就我一个。看到其他代表团都带这么多官员入场，我赶紧打发人去找黄华香及其他可能在附近的人。黄却坚持遵守东道国之前的规定，不愿入场。

　　部长们济济一堂进行综合性讨论，没有让助手进去。时间一分一秒过去，眼看着就要日落西山了。拉惹勒南打电话让我进会议厅，一见我进来便离座了，还交代要拿好他的文件，边走边对我说待会儿再向我解释。这看来是要以离席给与会者施压。就在他快到门口时，印尼外交部部长亚当·马利克随即喊道："拉惹，你回来吧，我们还是可以讨论的，不要就这么走了。"我看得出，明显是拉惹勒南在外国基地问题上表现出异议。拉惹勒南并没有真的离去，他站在门口，跟里头的部长们说了一番话。

　　他质问部长们，怎么可以期望新加坡接受这样的修改？我们各国正在和共产党进行一场生死攸关的斗争，这是新加坡和马来西亚都面临生死存亡的关键时刻。英国和澳大利亚的军事存在，将共产主义成功逼退，难道我们要自毁长城？正如在场的其他国家一样，我们是倡导不结盟运动的，但我们无法保护自己。拉惹勒南还让各位部长想象一下，如果没有这些外国部队的帮助，会发生什么事。他问他们是否忘记了为什么要建立这个组织——就是要努力形成共同战线，可以肩并肩一致对外。如果共产党赢得了越战，而我们又未能联合一致，想象一下会发生什么事情呢？我们所有人的命运将会如何呢？泰国外交部部长萨奈特·考曼对此表示支持，并称他会敦促各位部长同意拉惹勒南的这一主张。拉惹勒南还表示，理想是美好的，但当生存受到威胁，我们就必须为自己最重要的利益做斗争。

　　亚当·马利克向他保证，此事一定会在稍后的会议进程中做进一步讨论。这时，拉惹勒南走回座位，然后让我离开。

过了一会儿，应该是日落以后，我再度被叫了回来。这一次拉惹勒南解释，新加坡和菲律宾都对撤销该条文表示反对，其他部长也认同，外国基地有其必要性，直到我们的安全威胁不再存在。他让我修改相关文稿。新加坡其实早已向泰国提交过类似的草案。敦里扎克（马来西亚）随后让我与他的助手阿兹拉莱·扎因一起草拟，萨奈特·考曼让他的特别助理索彭·苏查里库博士也加入进来。我们三人马上投入了紧张的工作中，以新加坡的草案作为基础，经过多番努力，终于形成定稿。定稿反映了亚非国家"开罗宣言"中的一些说法，建议只要符合有关国家人民的意愿，外国基地是可以存在的。

当晚，我们把修订后的议案新版本交给各位与会部长，这是会议最后做出声明的重要参考资料。但直到最后印尼代表仍坚称，他们的修改建议应当保留，否则亚当·马利克干脆在回雅加达之前辞职。显然，印尼的外交部和军队有着明显的分歧。

因此，东盟声明序言中有这么一段话：

> 我们明确，外国基地都应当是暂时的，并只有在相关国家的同意下才能留下并不被允许用于直接或间接地颠覆区域内国家的独立自由或阻碍这些国家的发展。

官员的会议在8月6日举行。会议一直进行到当天午夜，几乎拖到了第二天。大部分讨论都聚焦在声明的措辞上，而非会议声明中的实质内容。主席安萨里·沙菲益的讲话不断被菲律宾副部长何塞·英格莱斯打断，英格莱斯一直在对某些条文应该如何表达指指点点。他提倡美式英语，而安萨里·沙菲益使用的却是英式英语。歧义被注在括号里，留待部长们第二天讨论。

新加坡代表团则努力游说其他国家，主张会议应该关注更广泛领域的合作，这才是东盟应当做的。我们明确提出，东盟应该联合开发相关项目，包括开展自由贸易、维持价格稳定、促进旅游和运输业的发展等。而泰国人却不认同，阿南德·班雅拉春大使是反对呼声最高的一位。最终结果是，我们不得不做出相应妥协，表示可以在正式的会议声明发布之后，另外对经济事宜进行简要发布，提及以下内容："部长们同意将向常务委员会提出相关建议，为拓宽旅游、船舶和渔业发展，扩大区域内贸易方式做出一定的努力。"

第二天，在东盟组织宣布联合声明之前的8月6日晚，我们回到曼谷，受到泰国总理的接待。括号里的歧义被交给部长们，除了稍微修改言辞外，基本上被采纳。然而新加坡想让特定的经济项目和区域自由贸易等问题纳入声明，就有点困难。反对之声主要来自泰国和马来西亚，他们不同意在声明中出现任何提及"自由贸易区"或"贸易自由化"的条文。

第一阶段会议开始后，宣言草案中就剩下一个问题亟待解决——组织名称。我们作为工作人员一一离场，由部长们来决定如何取名。

事情在最后一分钟还是出现了变卦。

敦拉扎克宣布东库·阿都·拉曼已经向锡兰（今斯里兰卡）总理做出承诺，要帮助锡兰加入该组织。拉扎克一向不会食言，他要求与会的各位部长和官员理解这一举动。我们对此表示惊讶。在声明中，地理范畴已说得很明白，不会延伸到缅甸以西的国家。各国很不情愿地决定等待锡兰的申请。但后来，什么都也没有发生。时间一点点过去，而泰国希望组织的诞生不会误了吉时，便宣布会议结束。根据日程安排，会议接近结束时间。不久，萨奈特·考曼宣布部长们已决定将组织命名为"东南亚国家联盟（东盟）"，并感谢亚当·马利克想出如此值得赞誉且大家均能接受的名字。一个新的区域组织自此诞生。

几年后，斯里兰卡前驻新最高专员古那欣哈姆才告诉我们，斯里兰卡的申请未能继续下去的原因。当时，他向科伦坡政府提交了一份全面的地缘政治分析报告，指出："区域内国家正逐渐意识到，为了稳固东南亚的战略环境，仅靠美国的军事存在和东南亚条约组织提供的庇护是不够的。"他提到一个"众所周知的常识，即多米诺骨牌一旦开始倾倒，就会不断地倒下去，而目前的形势正是如此。除非受到威胁的国家能够联合起来，奠定先决的政治基础、统一意志和目标，创造出一个相互合作的环境，否则危险的形势还将继续下去"。

古那欣哈姆说，他跟泰国外交部部长萨奈特·考曼讨论过，后者看起来好像非常欢迎斯里兰卡加入，并暗示其他国家的外交部部长也抱有相似的想法。

将这些信息传回科伦坡后，古那欣哈姆没得到任何回复。对此，他后来分析，斯里兰卡总理当时不仅面临国内左派的压力，还遭到来自外部的印度（担心其在南亚的势力会被吞食）、苏联等国家的施压。一些不结盟国家认为，如果斯里兰卡加入东盟，它就会失去其不结盟地位。这样一来，就像他所说的，"斯里兰卡想要从南亚的束缚脱离，成为南亚与东南亚、东亚国家以及亚洲沿海各国的联络点的希望全部落空了"。申请被搁置，后来斯里兰卡国内安全形势恶化。

仪式过后，各国部长发表了演讲。拉惹勒南在讲话中传达的意思非常明确。

> ……我们中许多人都知道，经过20年的去殖民化，单凭民族主义，并没有为我们的国家和人民带来或实现更加幸福和丰富的生活，以及更高的生活水准……我们不仅要考虑到自身利益，也要以地区利益为背景来进行整体考量：这是一种新的思考我们所面临的问题的方式……地区性存在意味着我们要针对各个国家的做法和想法做出痛苦的调整。我们必须做出这种调整，否则，地区主义就只能是一个美丽的空想。

他着重强调了一点，那就是，其他国家不应该将东盟看作任何形式的威胁。

> ……我想要强调的是，东盟以外的国家不应该将这个组织看作反对任何事或者任何人的存在。……因此，我强烈要求地区外的人们，不要误解我们五国和其他东南亚国家的这种集结。我们想保证东盟代表着东盟自身的利益，并由此给世界的和平与繁荣带来积极影响。我们感兴趣的只有这些。而且，如果其他国家考虑到未来，愿意帮助我们达成这一目标，我们会把他们当作朋友，并表示欢迎。当然，我们也会成为对他们有价值的朋友。

拉惹勒南非常博学，但我却见识到了太过博学带来的危害。在会议早些时候，为了强调团结的必要性，他引用了本杰明·富兰克林的一句话："假使我们不团结在一起，我们将一个个地被绞死。"①之后，某个代表团的成员满怀疑惑地过来问我："你们部长为什么说我们必须上吊？"

开幕式之后，在一个为驻曼谷的外交团体成员举行的小型招待会上，一位苏联外交官走近我，说道："所以，你们还是对美国人唯命是从。"我问他这话是什么意思。"东盟这个名字就是证据。"他回答。我说这个名字是亚当·马利克起的。但这位外交官并没有被我说服，而叫我回去看罗素·H.费菲尔德的《美国政策中的

---

① 英文双关语。原文是We must all hang together, or assuredly we shall all hang separately。英文的"团结"和"绞刑"都可以用hang表达。

东南亚》，就会明白了。我在国庆节前夕回到新加坡。假期过后，去国家图书馆找那本书，查到名字的出处。原来美国在20世纪60年代就将一个地区性合作组织命名为ASEAN（东盟）。这真是一个令人尴尬的巧合。先不说别的，那次谈话显示了俄国人对美国的出版物查阅得多么透彻。

我意识到美国对和东盟建立某种形式的关系很感兴趣，也想知道我们要不要在讨论阶段提及这件事。拉惹勒南表示反对，因为如果美国介入，无论这种介入如何不起眼，用他的话来说，都将会是"死亡之吻"——看起来好处不少，实则会带来毁灭性后果。他要求提出这事的美国人离远点，让这个组织自己站稳脚跟。

8. 出使联合国
/

　　我参加过两届联合国大会。第一次是在1967年，进外交部工作的第二年，李光耀总理刚结束对美国白宫的首次正式访问。第二次是1970年总理环球访问途中，这次还参加了在卢萨卡举行的不结盟国家会议。两次与会的时间相当短暂。

　　当时，外交部拨给联合国使团的资金非常有限。幸好联合国每年都会拨款，但最多只够五名代表参加大会的费用。总检察长办公室占了一个名额，国防部占了一个，留给外交部的名额还有三个，我是其中之一，另外两个分别是社会事务部常任秘书奥斯曼·奥马尔和国会议员庄日昆。

　　我在纽约只待了一个月。因为外交部留在国内的人手很少，根本抽不出时间待到大会结束，而且他们也只是想让我体验一下联合国的职责和运作方式。刚开始我颇感失落，因为审议中并没有与新加坡有直接利益关系的重大争议性事务，不需要我密切参与。委员会的数量比出席代表还多，我们也不确定到底关注哪一个合适。新加坡常驻代表王麟根随便我们选择任何感兴趣的委员会议旁听。我选择了政治委员会，有时也根据当时热议的话题顺便旁听一下其他会议。但我感到力不从心，因为对背景几乎一无所知。此外，我们还去联合国主会场观摩代表们辩论。场内，每位代表都有固定席位。直到11月份左右，大会才开始正式地制定决议、展开讨论，所以我错过了最重要的环节。

　　我曾在世博会期间到过一次纽约，那时还是海员福利官，出差来此，故对这城市有点印象，但没意识到这个地方到底有多大——只是天真地认为大部分代表团都住在联合国大厦附近。我想找一位大学老同学，他曾被任命为马来西亚常驻联合国副代表，但寻找过程比我想的要难得多。

我们的津贴非常少——每天只有50美元，支付食宿和其他各项费用。住在富丽堂皇的华尔道夫酒店旁一家狭小的旅馆里，那是能找到的最便宜的旅馆了——我们不在里面吃早餐，而跑到附近找更便宜的东西吃。一块来的内阁部长是杨玉麟，他和我们同吃同住，但一次我们到华尔道夫酒店出席外交聚会时，杨大发雷霆。原来他发现，经济发展局局长竟住在华尔道夫酒店，而他身为内阁部长却住在便宜的地方。于是爆发了一场激烈的争吵。杨威胁说，如果不能住到好一点的地方去，第二天他就回国。最终他胜利了。

与其他代表团联系时，我们从不透露住处，我们会告诉他们让我们在华尔道夫下车，然后大摇大摆地走进酒店前门，几分钟后再偷偷摸摸地出来。

比起以前参加的亚非会议，整个联合国的气氛不太友好——这里的人更看重地位，彼此很少主动交往。女性工作人员趾高气扬地在走廊里走来走去，像服装模特似的高傲冷淡。秘书长与级别低的人，比如代表，没有任何接触，而且几乎不与任何低于部长级别的人说话。

第二次联合国之行收获更大。大会第一个月的内容主要是政策声明，报告通常很长。但非洲发展中国家做声明，更注重国内政治对此的反应。有一个例子。大会一般提前规定何时停止辩论、何时对议案进行表决。有个代表团提出强烈抗议，因为他们还没有做政策声明就已临近表决时间。该代表团原计划在本国首都的媒体上发表这一声明，而大会决定将声明推迟到第二天，这让发言人——该国外交部部长非常尴尬，因为发言稿已被传回国内，将刊登在第二天的晨报上。显然，这次发言在国内产生的影响才是这位外交部部长关注的重点。

无论过去还是现在，联合国对新加坡来说一直很重要。新马分离后不久，东库愿意提名新加坡加入联合国，这对我们得到认可相当关键，但我们担心苏联会投反对票，于是派使团到莫斯科，解释新马分离到底是怎么一回事。我们不想让人误以为新加坡是中国的代理人，而苏联人却倾向于这种看法。驻联合国的联络员也帮忙劝说，让他们相信新加坡与中国是不同的。与此类似，联合国承认新加坡为主权国家，在新马对抗的余波中也相当具有意义，因为当时印尼先后将马来西亚、新加坡描述成新殖民主义的走狗。

外交部部长S.拉惹勒南在大会的第一个月里通常留守在联合国，在一个月内，各国领袖、政府首脑和外交部部长需要在一般性辩论中做国家政策声明。拉惹勒南每年自己准备发言稿，根据联合国正在审议的事务和国际议程来确定侧重点。他的发言深受好评，时至今日，仍因表露出来的正直坦率而被人们铭记于心。

每年大会期间，新加坡常驻代表会提醒外交部注意一些正在讨论的特别话题，以及对新加坡很重要的决议草稿，他认为有时我们应该联合发起决议，有时可以投赞成票或弃权。于是经常出现这样的情况：那些代表团，无论大小，都试图说服新加坡（或其他代表团）来共同发起或支持他们的决议。在双边外交事务中，小国经常被忽视，但在联合国，小国同等重要。各个国家，不管大小，都垂涎小国的投票。

其他国家很多派驻联合国的外交官在多边外交事务上经验丰富，大都驻守纽约多年，或者作为代表参加过多届大会，对这些事务了如指掌。新加坡只是一个新独立的国家，历史不长，人力资源有限，无法涉及和参与联合国议程范围内的全部事务。所以我们的常驻代表挑选议题时非常仔细，主要集中在与新加坡安全和经济重心有关的事务上。

虽然如此，很多情况下，因形势变化太快，来自总部的命令很快就过时了，这些过时的指令几乎没什么帮助。如同大部分小国，我们必须置身"列强"之中，与对手竞争，与他们施加的压力抗争，尤其是涉及对他们特别重要的议题时。我们很快发现，想要贯彻执行独立的外交政策并非易事。我们常需要做出一些艰难的决定，完全不知道那些列强会如何回应这种拒绝和怠慢。

事实上，正是大国之间的竞争，让新加坡的联合国成员资格更有价值。五个安全理事会常任理事国——美国、苏联（现在的俄罗斯）、英国、法国和中国手里的一票否决权，对保护新加坡的安全来说也是非常重要的一种手段。我们认识到，与五大国中的某个国家交好极为重要，因为如有必要，希望他能为我们的利益行使否决权。

联合国让我们有机会了解世界范围内国际关系的演变，甚至不需要往各地派驻代表。因为大部分国家在联合国设有常驻使团，我们可以在那里同没有新加坡大使馆的国家打交道。

在某种程度上，我不认为事情从那时起就发生了多大的变化。不过，虽然我个人从未被派驻到联合国，但我认为这样的经历，对任何年轻的外交官来说，都是珍贵无比的。在那里，可以学会理解国际政治的本质，近距离观察强权政治和当前政治现实，还可以学会如何让一个小国避免卷入大玩家之间的权力游戏中。美国有句谚语："大象打架，小草遭殃。"作为小国代表，必须学会避开某些陷阱，远离某些事务。

还必须学会建立人际关系，这在外派任务中很重要，在联合国尤其如此。还需要懂得讨价还价。这种事虽然天天发生，现在却变得越来越重要，因为各国之间不断进行交易，为了获得联合国和其他国际论坛选举中的候选人资格，为了各式各样的职位和决议而寻求支持。过度敏感无异于四面树敌。不管一些国家的政策多么令人反感，我们的外交官都要学着应付这些国家的代表，甚至还要与之一起出现在某些发表意见的场合。所有这些技巧，对与志同道合的国家建立联盟，也不无裨益。如此这般，我们方能保障新加坡在联合国的国家利益。

两次联合国之行令人大开眼界、增长见识。我逐渐领教到，某些国家为了追求自己的利益，会罔顾事实，曲解真相。争议的任何一方都将自己的理由说得天花乱坠，令人信服。我们必须保持清醒，分析每个人的说辞能相信多少。无论什么事务，我们必须不偏不倚。因此，我与巴基斯坦人、印度人同时建立友好关系，与阿拉伯人、以色列人也是如此，这是责任所在。

对非洲国家而言，联合国是一个特别重要的舞台。非洲代表与众不同——由于来自非洲大陆不同的地区，当中有的说一口优雅的法语，有的说着流利的英语。他们待人友好，和善可亲。但我仍然无法将这些打扮鲜亮、口才了得的外交官和他们国内经常存在的糟糕形势联系在一起。

新加坡成为联合国的一员后，我们很快就发现在联合国没有全权代表所带来的危害。在拉惹勒南第一次访问期间，常任秘书阿布·巴卡尔·帕瓦迟任命一位联合国官员为一等秘书，驻守总部。该官员是新加坡人。从那时开始，我们定期收到一些委员会的讨论记录，标着显眼的"机密"或"最高机密"字样。待在新加坡的我们，非常钦佩那位一等秘书的明察秋毫以及工作效率，于是妥善保管那些文件。

约一年后，王麟根作为大使被派驻华盛顿，和他一起的还有我们在联合国的首席常驻代表。不久，我们收到王的一个隐晦指令，让我们不要再看这个一等秘书传来的任何东西，但并没有给出具体理由。后来我亲自参加联合国大会时，王才解释说，第一秘书提供的所谓机密文件，其实是联合国工作人员所做的流程记录，每天会议后人人都有的文件。那些"机密"等级不过是障眼法，我们完全被耍了。

王麟根教了我几个在联合国生存的法则，很有帮助。我平日没有喝酒的嗜好。在一次外交招待会上，他把我带到一边，说："这可不行。如果不喝酒的话，在联合国你哪里也去不了。"又给我出了个好主意——用金巴利苏代替，这是一种漂亮的红色饮料，看起来像酒，但不会让人醉倒在酒桌底下，其实主要是苏打水。当我不得不和非洲使团觥筹交错时，金巴利苏打真是帮了大忙！

我和王麟根从大学时代就是好朋友，那时都住在杜尼安路宿舍楼。他毕业于

1954年，而我那时早就已经是海员福利官了。当我进全国职工总会时，王是新加坡大学的历史讲师。1968年成为国会议员，属于蒂凡那一派。新加坡独立后，上面决定派他到开罗出任大使，我作为副手一同前往。不过最后我们都没去成开罗。1967年到1968年，王被派往华盛顿，成为新加坡第二位常驻联合国代表。

那时正值1967年阿以战争爆发，空气中弥漫着浓烈的战争气氛。在新加坡，我们都受到埃及大使和以色列贸易代表的游说。我感到同事们同情的不是阿拉伯人而是弱势的以色列。王具有一个历史学家的开阔眼界，利用在联合国的有利条件，替我们出谋划策。他极力主张我们保持中立。我们在处理大部分事务时始终坚持这一立场，只有一个问题例外，即以色列的存在权。无论是以色列还是新加坡，小国的生存权不容侵犯。然而，我们又必须保证，新加坡不能被指责为过于同情某一方。这是一种微妙的平衡手段，对我们的外交官来说，却是一种必不可少的训练，因为很多人完全不熟悉联合国的游戏规则。我们看到了以色列人是如何巧妙地搞定其他代表团的——他们在讲台上非常活跃。阿拉伯代表团也不遑多让，有些人物非常出彩，沙特大使便是其中之一。他一有机会就抽出一张带巴勒斯坦邮票的信封，动作极具戏剧效果。惺惺作态，装腔作势，这些在联合国里司空见惯。就个人而言，我认为自己经验不足，不能正确辨析各种事务的正当性。但我们可以借助这样的机会，多和别人交流。

新加坡政界也出现了亲阿亲以的矛盾冲突。那时作为国防部部长的吴博士就表现出亲以倾向，而李总理更加谨慎，认为我们不应该激怒马来人，因为从地理位置上看，新加坡处于马来人的包围之中。

那时，国防部有不少借调过来的以色列人，帮助我们建立武装力量。他们对埃及大使非常敌视，但国防部没有多加干涉。其中有个人是狂热的犹太复国主义者，做得很过火，来访时特别傲慢无礼地责骂了外交部部长拉惹勒南。他骂完准备离开时，我恰好走进拉惹勒南的办公室。"绝对不能让那个'混蛋'再踏进外交部半步！"拉惹勒南生气地说。我从没见他如此大发雷霆。之后，我转入国防部任职，对那里一个相熟的以色列人道："这个家伙给你们的事业带来的危害，比我能想到的任何一个人都要大。"熟人回答："没错，欧洲以及很多其他地方都投诉他了。他已经被解雇了。"

作为常驻代表在联合国待了一段时间后，王回到新加坡，出任内政部部长，在位到1972年。我们两个人一直致力于新加坡在亚非团结运动中的全面参与，为了巩固新加坡分部的成员资格，我们共赴尼科西亚。之后，王走访了莫斯科，但这次访问后来给他带来灾难性的后果。他听信了俄国会使所有访客变节的传言并深受影响。这种影响后来发展成为一种偏执，令他觉得任何举动背后都隐藏着邪恶的动机。尽管朋友们尽心尽力帮助他，但王的抑郁症仍严重到无法挽回的地步，最终结束了生命。

许通美接替王麟根入驻联合国，在我第二次联合国之行期间担任新加坡常驻代表。他于1968年上任，那时刚刚大学毕业，孩子气十足，甚至有点叛逆。他曾是大学社会主义俱乐部的活跃成员，尽管当时这一组织未成气候。新马合并期间，许通美发表了一些让政界某些人不安的观点，在他们看来，许通美认同一些错误的道理，而且有点愤世嫉俗，所以任命他担任新加坡常驻代表的决定令我大吃一惊。

我要求拉惹勒南注意许通美，因为后者有反政府、主张政治自由的倾向。拉惹勒南则不以为然："你说的没错，但他会改变的。我们会让他看到现实世界究竟是什么样子。"就在许通美即将启程前往纽约之际，正值英迪拉·甘地对新加坡进行国事访问，总理为此举办了宴会。许通美和他刚从医学院毕业的年轻妻子秀英也出席了宴会。我问她："难道你不想留在这里行医吗？"她回答不，决定跟随汤米一起去美国。我被这种牺牲精神深深感动。许通美获得了巨大的成功——他从未冒犯过任何人，合群、思想敏锐、善于说服别人，正是处理多边事务急需的外交官。后来许通美作为大使回到华盛顿，所有与之交往的人都对他赞不绝口。当我作为大使被派到华盛顿时，美国人开玩笑似的问道："是什么让你觉得自己可以胜任许通美的工作？"我答曰："我今年65岁了，心里有分寸，无须模仿他人。谢谢。"话虽如此，但这无疑证明了许通美的成功。

后来，我虽然不再参加联合国大会，但一直关注大会所讨论的事务，特别是越南和柬埔寨的形势，下文将详述之。1973年至1982年召开的第三届联合国海洋法大会上，新加坡表现得相当高调。许通美接过了这次会议的任务。我们推动会议通过一项决议，呼吁联合国秘书处展开调查，消除扩大国家的海事管辖权对所有发展中国家都有利的错误观念。这导致"内陆国和地理不利国"形成一个核心组织，并成为会议主要参与者。会议最终圆满结束，顺利制定出一系列法律法规，这都要归功于许通美。

9. 印尼对抗

新马合并期间，我们与印度尼西亚的关系主要是对抗。1963年到1966年，针对联邦的建立，苏加诺总统打出"歼灭马来西亚"的口号，视联盟为新殖民主义的象征。他害怕马来亚、新加坡、英属北婆罗洲（现在的沙巴州）和沙捞越合并成一个整体，从而加强英国的势力，对印尼在东南亚的霸权构成威胁。而不久前，"大印度尼西亚"这一概念还被人大力吹捧，囊括马来世界大部分地区，包括马来亚在内。新印（尼）疏远期间，印尼大使馆一直被锁着，里面空荡荡的，一个人也没有。该馆位于乌节路，即现在义安城所在处。

我刚到外交部时，对抗仍未结束。但急需弄清楚的是，我们从马来西亚的强制退出要到什么程度，才能让印尼把新加坡从不受欢迎的名单上划掉。我们得出的结论是，对抗仍未停止，而且采取的是一种暴力形式。我们无法忘记在麦当劳大厦香港上海汇丰银行发生的炸弹案件（下文将对此做更详细的叙述），还有其他恐怖袭击。况且，新加坡刚独立时，印尼没有显示出任何迹象会放弃对抗。1966年，印尼在新加坡设立联络官，新方也做出回应，派出一个叫作里兹万·德扎菲尔的人，办公地点被安排在印尼酒店。1967年印尼发表声明，邀请我们建立全面关系。于是新加坡设立驻印尼大使馆，由里兹万担任使馆代办。他有一个很大的优势：不仅家人住在那边，在印尼政界也有很多朋友。他在回忆录中说道："我既和马来西亚的马来人打交道，也和印度尼西亚的马来人来往。我们说着同一种语言，有着相似的文化。"首位驻印尼全权大使是P.S.拉曼，于1968年任命。

这些举动引起马来西亚方面的一些反响。他们怀疑我们想在对抗结束之前，同雅加达建立联系，抢走他们的风头，偷偷超过他们。我们不得不做出解释，说明当时的直接目的只是建立贸易关系，特别是为了能在廖内群岛发展业务。事实上，在新印（尼）对抗期，双方贸易一直没停过——主要是易货交易，用初级产品交换食物、日用品、药物等。在直落亚逸街及附近做进出口生意和航运业务的华人的帮助下，印尼一个贸易代表团来新加坡访问。双方在相关方面建立联系，于是在官方渠道受阻的时候，提供了一条交流通道，有时候甚至能提供一些策略建议。之后又来了一个军事访问团。

乌节路的印尼使馆成为一个棘手问题。经过三年对抗期，这栋建筑残破了不少，非常令人遗憾——我仍然记得那装饰着爪哇雕刻的迷人壁板。我们同意将使馆监管权交还印尼人，但外交权只限于贸易团使用的部分。当印尼商务办事处开始在新加坡运作后，其国家利益也由其代表负责。在这种情况下，一场惩罚两名印尼破坏分子的风波被引发了。

1965年3月，这两个人在麦当劳大厦的楼梯井里引爆了一枚炸弹。大厦里有一家汇丰银行的支行（如今该楼依然存在，位于狮城大厦附近），造成3人死亡、30多人受伤。同年10月，两名印尼人接受审讯，被判死刑。据说两名炸弹袭击者属于国家公民委员会或印尼海军某部门，故称该事件为国家公民委员会危机。

我参与了几次外交部部长拉惹勒南和印尼外交部负责政治事务的总干事安华沙尼的会晤，后来，印方代表换成外交部部长亚当·马利克。会晤主要讨论印尼方面对两人的赦免请求。拉惹勒南的意见是，两名罪犯可以上诉，但必须通过新加坡法庭和枢密院司法委员会。无论结果如何，新加坡将接受诉讼程序的裁决。如果上诉失败，两人就必须得到法律制裁。

两名人犯的上诉被驳回，向新加坡总统尤索夫·伊沙克请求特赫的申辩也失败了。亚当·马利克于1968年6月3日致信拉惹勒南，请求他进行调解。拉惹勒南坚持己见，必须依法执行。

处刑时间定在1968年10月17日。苏哈托总统派出特使提约克鲁普朗图准将，并给代总理吴庆瑞博士和尤索夫·伊沙克总统写了一封信。（当时李总理正在从东京前往华盛顿的路上，而拉惹勒南正在芙蓉市庆祝屠妖节。）但他被告知，绞死两名犯人的决定不会更改，特使便在印尼贸易使团举行了记者招待会。

在雅加达，随着处刑日一天天临近，民众的情绪也逐渐高涨起来。吴博士对我说道："我们得料想到会有麻烦。做好准备。"一如平常，他始终保持着极度镇定。下午4点左右，吴说："你回家歇一会儿吧，晚上8点再过来。那时事情可能就爆发了。"

印尼信息部部长宣布，如果两人被处刑，将被视为民族英雄。当夜，我们收到来自雅加达的消息，说那里的局势非常紧张，但同时也得到保证，新加坡大使和工作人员的安全并未受到严重威胁。

17日凌晨1点，我留守在政府大厦办公室，监控事件进展。一起的有里兹万（刚从雅加达回国）、赫尔曼·赫希施塔特和礼宾司司长拉里·王。由于拉惹勒南正在芙蓉市，代理常任秘书哈利·陈镜豪正参加联合国大会，我们只能依靠自己。电话铃骤然响起，是印尼代办打过来的，想要见我，而且要求马上见面。我们在外交部用来接见来访者的小隔间里会面。他要求处刑后将两具遗体交给他，放在印尼使馆供人瞻仰，还威胁道，如果我们不答应，后果将不堪设想。我告诉他，就新加坡来言，这两个人已依法付出了代价，将与其他罪犯等同视之。

若想受人瞻仰，也不是不可以，但只能在新加坡之外的地方进行。我催促他到时尽快带着两具尸体离开新加坡，然后再做打算。继这位代办后，几位当地商人也陆续造访，希望我们满足印尼人的要求，以免招致更加严重的后果。我没理会，早上第一件事便是将一切告知吴博士，他认为我的决定非常正确。

到凌晨1点半，雅加达的形势已非常严峻。新加坡大使和工作人员听从建议，离开大使馆，搬进印尼酒店。

那天清早，死刑如期被执行。接着，我们尽可能地帮助印尼使团把遗体空运回雅加达。我们异常谨慎，保证在樟宜监狱举行的穆斯林宗教仪式不会出现任何纰漏。仪式由里兹万·德扎菲尔和其他几位马来官员主持。从印尼起飞的飞机原定于早上9点钟到达，但事实上过了中午才出现。下午，在印尼特使和代办的陪同下，飞机载着两具遗体再次起飞，离开新加坡。整个过程中，里兹万始终当值，保证新加坡方面在宗教问题上没有任何失误。

雅加达爆发了激烈暴动。几百个年轻的暴徒洗劫了新加坡大使馆，扯下新加坡国旗，乱踩乱拖。使馆家具全被烧毁，玻璃全被砸碎。一大群人聚集起来，迎接载着尸体的飞机。奇怪的是，无论是总统苏哈托、还是外交部部长亚当·马利克，当时都恰巧不在国内。

照计划，送葬队伍要经过印尼酒店，我们的大使和工作人员接受建议离开了酒店，因为那里已不再是安全之地。他们先在警察总局度过当天，然后转到警方招待所。吴博士给他们发去慰问函电，表示支持，为他们感到骄傲。几乎所有的使馆工作人员都坚守岗位，尤其是拉曼的女秘书海伦·郑秀丽小姐坚定果敢，给人留下了深刻印象。只有一人例外——一名印尼籍华人违反命令，擅自离岗，飞回国内要求见吴博士。他认为拒绝印尼的要求会给新加坡带来灾难，试图说服吴博士。后来此人受到纪律处分，最后离职。

在印尼，人们对绞刑的反应范围之广、情势之烈，远远超出大多数人的预料。警方要求对新加坡采取严厉措施，包括中断外交联系。雅加达高层明显对我们的决定非常恼怒——大多数人将之视为敌对表现。外交界观察家们普遍认为，我们这次有点鲁莽了。但最终，印尼领导人压制住众怒，采纳更为明智的措施，其主要原因在于印尼经济离不开新加坡。种种迹象表明，外交部部长亚当·马利克便是那些主张中庸之道的温和派人士之一。印尼开展了一次外贸关系审查，其中一个限制性条件是禁止实施任何损害印尼贸易的行为。

在这次雅加达危机中，我们对印尼政府高层的态度并无怨言——他们的确在努力控制本国的公众反应，维护新印（尼）友好关系。

当时新加坡驻印（尼）大使的是P.S.拉曼。他卓识能干，当过老师、记者、公关顾问、广播员，甚至还做过成人教育委员会会长。第一次见到他是在20世纪50年代，那时我正在密驼路的新加坡工商学院上夜校，而他就在隔壁教室教书。拉曼相貌出众，眼睛很大，留着两端下垂的海象胡子，经常系着蝶形领结，时不时地出来抽支烟歇上一会儿，频繁地抖着烟灰，动作带有强烈的个人特色。他曾是一名印度国民军，在日占后期，随着英国印度军来到新加坡。他厨艺很好——虽然是婆罗门，却也用猪肉做菜。我有次问他："为什么？""我曾在英国军队待过。"他回答，"从来不操心那些事！"

自治期间，拉曼在广播系统工作，主持一系列谈话节目。他让我也做一个这样的节目，不久又让我去做新闻广播员！我很惊讶，拒绝了，他肯定有些失望。拉曼直率大度，有敏锐的政治头脑。在我担任海员福利官时，我们经常谈论人民行动党内外部的事情，令我收获不小。

驻雅加达期间，有一天，拉曼突发心脏病。他发病时呼吸困难的痛苦样子被王麟根发现，那时王恰好在城里，在赴宴之前接了他过来。在查理斯·卓医生的斡旋下，我们在雅加达当地成功为他安排了治疗。就这样，他捡回了一条命。接着我们又遇到一个问题，如何送他回新加坡呢？我们找英国人协商，后者非常周到地安排了一架英国皇家空军救护机，和几名医护人员一起将他送回新加坡。但降落时耽搁了一段时间——救护机在空中不停地绕圈。后来才知道，民航当局要求英国皇家海军告之谁来支付降落费，否则就不准降落。拉惹勒南告诉他们："别担心，我来付……"

拉曼康复得很好，后来被派驻澳大利亚，然后去了莫斯科。我出任情报署署长时，曾提醒他，时刻警惕在莫斯科遇到的一些友谊背后的动机，因为他很容易轻信别人。在莫斯科地铁里，拉曼的心脏病再次发作，不幸夺走了他的生命。

国民委员会危机后，我们同印尼的关系转入困难期，并持续多年。直到1970年在卢萨卡举行的不结盟会议次要会议上，李光耀总理会见苏哈托总统，并与之交谈，两国关系才开始破冰。为了修复两国关系，有必要采取一些外交措施。于是新加坡做出决定，李总理将于1973年5月对印尼进行首次正式访问。李总理不仅到卡里巴塔英雄公墓向1965年政变中被害的将军们敬献花圈，而且还去了国民委员会危机两名当事人的墓地撒花。总理的这些姿态得到很好的反响，标志着两国关系进入一个新的阶段。

为了纪念这次访问，双方签署了一份协议，对新印（尼）水域做出划分。我负责与印尼军方就协议进行商谈。但这些谈判都是保密的，双方外交部对此均不知情。新加坡这边，知情的只有吴庆瑞和拉惹勒南，因此每次我在谈判中遇到困难，便会向两人求助，寻求政治方面的解释和指导。在我们启程前往雅加达之前，协议被公之于众。外交部的同事们颇有微词，因为除我之外，他们都被蒙在鼓里。

当时的大使李炯才为两国和解奠定了基础。一位印尼联络人告诉他，如果想把两国关系修复到绞刑事件之前的状态，就必须解决一个"严重妨害友谊的感情问题"。于是李开始和苏哈托"王庭"里有影响力的将军们交朋友，结识了赫马达尼少将。此人据说是总统在精神方面和玄秘问题上的密友。

1959年我第一次见到李炯才。他来到我在武吉知马的家里，为议会选举拉选票。他为人和善、不拘小节，和大部分拉票的人民行动党干部很不一样。从那时起，我们成为好友。即使进入政界后，他对我也一如既往。李兴趣广泛，不管到哪里，总是尽力了解当地文化。他学过历史，学过一点绘画，还练习"昆达利尼瑜伽"，与印尼文化中的这一神秘分支产生了共鸣。李与雅加达政府各个分部建立起了良好的社会关系。我担任情报署署长后，发现他的观点特别有价值。对我们来说，把握民间和军方影响力之间的界限是非常重要的。

后来李炯才被派驻开罗，接着派到日本，直到退休。

新印（尼）在20世纪70年代关系紧张所产生的后果之一，便是出现了"国防外交"这一概念。我们说服印尼人，尤其是以苏哈托为中心的军事圈，告诉他们新加坡并不是中国的"特洛伊木马"。我们不支持共产主义，与北京也不存在亲密关系。通过国防部内部讨论，我们决定，必须与印尼国防和情报机构建立联系，特别是苏哈托的头号心腹阿里·穆托波。这些部门的人员不仅在制定印尼外交政策方面举足轻重，同时还是维持整个地区和平与安全的关键势力。他们才是真正施展影响的人物，而非外交部。

于是，我们启动了一个与印尼进行情报交流的计划，以此促进对对方所担心的安全问题的解决；增强地区对共产主义威胁的适应能力；加强双方政治和国防联系；同时最重要的是，开通一条交流渠道，防止小误会演变成大争端。（正是在这种情况下，我能够参与商讨新印（尼）海域的分界线，以及建立海上联合巡逻。）

这项计划在两国之间成功地建立起每年一度的常规情报会议机制。该机制给国防领域也带来了好处，加强了双方最高领导层的相互理解。

10. 越南硝烟

1966年，我刚进入外交部时，"多米诺效应"的说法甚嚣尘上。自20世纪50年代以降，亚洲国家经常被比喻为排成一排的多米诺骨牌。如果一个国家倒向共产主义，有人就推测，其邻国接着也会倒向共产主义，然后轮到邻国的邻国，一直持续下去。然而，当看到美国越战失利所带来的连锁反应，南越被北越接管之后，人们发现事情结果似乎并没有像某些人预言的那样严重。同时，随着全球范围内的冷战逐渐从我们的意识中消退，多米诺理论也逐渐过时。如今，人们对这一理论持有某种程度上的怀疑。但是，我觉得有必要回忆一下，新加坡独立初期世界是如此看待这一问题的。

共产主义的影响真实存在于许多地方。在越南，共产主义的北部（越南民主共和国）和由美国扶植的南部（越南共和国）爆发全面战争，持续了整个60年代，并且没有停止的迹象。柬埔寨虽理论上中立，但实际上依赖于北越；老挝在北越的羽翼之下。马来西亚、新加坡的共产党通过北越共产党和中国保持着联系；泰国、缅甸在忙着应付国内叛乱。我们担心共产主义在越南的胜利将导致老挝、柬埔寨甚至泰国的覆灭，从而使马来西亚易遭攻击。其实，当初并非只有我们才为此担心，然而现在有些人对多米诺理论或对我们于共产主义的担忧不屑一顾。他们之所以有这种态度，是因为时过境迁，同时也没有从历史的角度看待这个问题。多米诺效应没有发生，他们有必要理解这是为什么。

我们支持美国人及其盟友在越战中为牵制共产党所做的努力。对大部分新加坡人而言，这种支持最明显的表现，便是让美国军队在新加坡休假，进行修养、调整。我们允许他们使用当地设施，但必须遵守两条规则：首先，军人必须着便装；

其次，要安分守己，不惹事生非。虽然没穿制服，但想认出他们也并不难，因为这些军人总是成群结伙地一起逛街，但是他们确实没有制造什么大麻烦。然而，当美国海军经同意以西太平洋后勤替补队的形式进入新加坡后，我们的担忧与日俱增。那时，毒品泛滥，我们很担心某个愚蠢的美国士兵会违反新加坡严格的药监法，带着毒品上岸，这样很容易造成全国性的大问题，而且肯定会引起新美之间的政治麻烦。侥幸的是，美国当局非常了解我们的顾虑，向特勤人员通报了我们对待毒品的立场，当他们上岸时，美国宪兵会对其进行严格监管。

尽管支持美国参与越南战争，但这不意味着我们对结局表示乐观。马来半岛近年来经历了痛苦的叛乱，通过采取"笼络人心"的策略，平息了大多部分地区的动乱（但恐怖分子卷土重来，再次袭击马来亚北部）。虽然美国人誓言旦旦，拍着胸脯说会把村民们都争取过来，但他们将徒劳无功。和罗伯特·汤姆逊一席谈话后，我隐隐约约有了这种预感。罗伯特曾在马来亚紧急状态时期任国防常任秘书，根据英国顾问团在南越的经历向美国做出了判断，但他认为美国并没有正确领会这些经验。1968年年初成功击退北越的春节攻势后，美国人开始沾沾自喜，飘飘然了，但我却觉得事情没这么简单。南越和美国对北越提出春节期间的停战要求非常得意，他们想得太天真了——对发生的进攻毫无防备。这展现出共产党的力量，大大挫败了美国公众的信念。

我们那时与南越领导层并未保持良好来往。很长一段时间内，拒绝与之建立外交关系，将双方联系限定在领事级别。但后来，在美国的压力下，我们允许南越在新加坡成立大使馆。北越也提出了同样的要求。在越战最激烈的时候，我们同意北越在新设立一个贸易办公室，但无外交权——如果那样做，南越会气得跳上跳下。（西贡被攻下后，北越企图索取属于南越政府的财产。我们拒绝了，直到后来新政体得到承认。）

我于1974年访问南越，会见了一些正参战的将军，他们都非常可敬。有位将军把守越南中部的波来古镇及附近地区，他强悍坚韧，随时准备真刀实枪奔赴战场。但政府的那些长官却是腐烂到了骨子里，懦弱无能——无异于"一群跳梁小丑"。犹记得当初与国防部部长会面的情景，那人活像电影里演的美国将军，嘴里叼着根雪茄，手上戴着八枚镶着大宝石的金戒指。这些人一直生活在虚构的世界里，与北越的那些斯巴达对手形成鲜明的对比，令人嗟叹不已。

迄今我仍清晰地记得当时发生在新加坡的一幕。南越总统阮文绍宣布辞职的那天，李光耀总理打来电话，简单地告诉我事情最新进展。"局势发展得真快啊。"

他说。那时，南越信息部部长正在新加坡。经商议，我们决定将一切立刻告诉他，这样他可以及时赶回南越。我在一家夜总会里找到他，带回家中，然后试图通过电话联系西贡。但所有线路都被切断，我们一直试到凌晨，始终无法接通。

于是我又把他送回酒店。第二天一早，我冲到酒店，告诉他可以先坐飞机到曼谷，然后转机去西贡。他却不紧不慢地说："不，我宁可再等等。另外，你愿意帮我个忙吗？"后来我才搞清楚因为某个越南女演员，他想将自己的签证延期三天。当时他的妻儿都困在西贡，城市在陷落，而他却只顾到处寻欢作乐。这位部长最后去了美国。几年后，我作为大使前往华盛顿的时候再次遇到了他。我猜想他一定早就安排好了自己的逃亡路线。他从来没对我提过他的家人最后如何了。

西贡终于被攻克。当坦克逼近总统府大门口时，我们不得不到处联系，帮助那些匆忙出逃的人。我收到来自壳牌斯蒂芬·沈的请求，希望我们能够配合——壳牌公司正将员工用飞机送到新加坡，希望能得到新加坡的官方许可。国防部部长吴庆瑞和总理同意了，要求他们随后尽快将人员转移到其他目的地，并答应支付人员在新期间的休养费用。一切进行得非常顺利，壳牌也履行了他们事先所做出的承诺。此外，我们对美英外事代表也提出了类似的建议和帮助（但没有收到来自法国的请求）。美国人带了几百名越南人逃出来，我们在圣约翰岛为他们搭建帐篷、提供住宿。

当然，有些情况始料未及。我们曾遇到一个小问题——刚开始几天，他们不吃新加坡武装部队厨房专门准备的饭菜，包括营养丰富的鱼、肉和蔬菜。我们想，或许他们正在经受感情创伤。吴博士灵光一闪，说："给他们一些鱼露，这东西越南人可离不了。"我们跑到唐人街的食品店买来鱼露，结果很奏效——之后他们就开始吃我们提供的任何食物了。

不久，我们开始提醒美国大使馆和英国最高专员公署，尽快将难民遣返回国。同时，走访每个难民家庭，考察他们是否符合遣返条件，这是一个漫长的过程，由联合国难民事务最高专员公署协同其他大使馆一起监管。

我们诚心诚意地做着这一切，但最后得到的却是惨痛的教训。几个月后，那些国家挑走了受过教育的专业人士及家人，把剩下的无一技之长的农民、渔民和杂工都留给新加坡全权处理。无论我们多么努力交涉，他们给人的感觉就像是一堵密不透风的墙，以一大堆不带走那些人的冗长借口，将剩下的人留给联合国难民署处理。后来，他们又把新加坡推给联合国难民署，对接回本国难民的进程继续推诿。

有了这次的经历后，我国政府才决定，不管他国政府如何保证，新加坡都不再收容"船民"——这是后来对乘船逃亡他国的难民的称呼。我们还坚持，如果有轮船在海上让难民登船，船上的挂旗国家必须保证在商定好的时间内将难民接出新加坡，我们才能允许他们登陆。难民乘坐的船只按照规定进行补给，然后送往其他目的地。印尼和马来西亚对这样的规定表示欢迎。几年后我们才发现，这两国也受到了相似问题的困扰，那些西方国家包括澳大利亚、新西兰，把难民中的专家、人才和受过教育的人都挑走了。

许多来自越南、老挝和柬埔寨的"船民"处境困顿，令人心酸。他们从原来的险境中逃出来——北越获胜后，南越政权的许多支持者被捕入狱，关进"劳改"营，否则就会受到残酷待遇，成千上万的人被折磨、虐待。1979年中越战争爆发，许多华裔遭到政府怀疑，于是想方设法从海上逃离。他们不仅要经受仅凭一只小船在海上漂泊的艰辛，还要忍受拥挤、缺水缺粮的痛苦，受到无处不在的海盗威胁。了解这些人所经历的苦难，让我们做出困难决定时更加痛苦。

但是，对于正在发生的事，我们必须睁大眼睛保持警惕。在某种程度上，难民现象也是一种可以赚钱的非法勾当。最开始的"紧急"阶段后，用小船运送难民成为越南和其他地方的财团的一种赚钱买卖。他们组织性很强，付款只收金子。有些船很大——大到可以当靠近某个可能的目的地时，将难民卸载到小船里。一些有钱的逃亡者甚至还有武装护卫，但我们从来不允许那些武器上岸。

为了自保，我们必须建立一道坚固的防线，否则前来的难民就会泛滥成灾。最好能够区分经济移民和那些确实存在生存压力的人。但根据一些寻求庇护现象严重的国家的说法，如澳大利亚、英国，想要公平地做出这种区分是很困难的。我们这种立场引起了联合国难民署和其他外事代表团的不快。外国政府和非政府组织指控新加坡不近人情、心肠狠硬，但他们好像忘记了自己先前没有履行诺言的事实。

西贡的形势使一些人表现出人性美好的一面。城市陷落几个月后，我在大清早就接到消息，说有一架飞机威胁要在巴耶利峇机场跑道上迫降。我立即赶到那里，发现尽管我们通知他飞往实里达空军基地，但那架飞机已经在此降落。这是一架美国洛克希德C-130大力神号的军用飞机。驾驶员曾发出警告，飞机剩下的燃料只够维持五分钟，所以不管怎样他都必须降落。机身带着北越标志，机上只有驾驶员的家人和一群越南男子。我把他们带到旁边为处理这类问题专设的房子里。

驾驶员看来相当勇猛，举手投足间显露出纪律分明的军人特色——直到给出命令，他才坐下。这群人身份混杂——有些明显是他的家人，其他却是留着长发、不修边幅的乌合之众。驾驶员为自己和家人请求庇护。至于其他人，他说，应该自己提要求——如果他们愿意的话，可以返回胡志明市（西贡），或要求留在新加坡。

盘问时，他说自己是北越歼灭机驾驶员，在越战中曾四次授勋。南越被占领后，当局很快发现他是华裔第四代越南人，于是将他调出歼灭机中队，重新安置在胡志明市的新山国际机场，负责掌管缴获的C-130。这显然是不再信任他了，他认为自己的忠诚将会一直受到质疑，必须寻求逃离的方法，于是策划了这次和家人一起的逃亡。

他决定每天对维修技师组进行常规检查，这些人持有美国颁发的证书，拥有维修和操作C-130飞机的资格。为了防止没有授权的人接近飞机或渗透到维修组，他要求成员每天早上工作之前都要出示证书，进行严格检查，要求人人随身携带。经过一段时间的常规维护后，他经常开着C-130进行短途飞行测试——真正目的在于弄清控制塔在飞机起降时，如何用雷达追踪。最后，他为飞机加满油，准备飞往越南其他地方。

准备出发的那天早上，他要求下属在日出之前汇报操练情况，然后用吉普车将家人接来，在飞机旁下车。他告诉下属自己想要做的事，让他们也登机，任何不想逃走的人可以下去。意外的是，所有人都想跟他一起离开，甚至不带家人也行。于是他们起飞了。飞行高度维持在海拔100英尺，持续了一个小时左右，直到出了雷达侦测范围，才爬升到较高的海拔。他成功策划了这一切，着实令人赞叹。我们把他交给了美国人，后来他在美国寻求到了庇护。

这并不是源自越南难民问题的唯一一起劫机事件。1977年10月29日，星期三，晚上我刚下班到家，突然接到一个电话，说有一架越南空军道格拉斯DC-3即将在实里达空军基地降落。民用航空局局长谭光恒让其从巴耶利峇方向着陆，避免给主机场的工作造成混乱。我立刻开车前往实里达，到后才发现，飞机已经降落。停在铺有柏油碎石的飞机跑道的一头，周围围着警戒线。

首先必须了解这架飞机的目的何在，载了些什么。但这并不容易，因为机上的无线电坏了，无法知道更多信息。我和联合工作委员会（负责处理安全问题的跨部门组织）成员不得不就飞机旁边的人提供的只言片语努力猜测。这种情况实在出乎预料。

国防部部长吴庆瑞很快到场。几小时后，交通部常任秘书沈基文和警务总监陈德钦也赶来与我们汇合。我发现吴博士在现场实在太管用了，每当其他政府部门想要干涉或介入时，他就会拒绝——"让纳丹先做完他的工作"。为此我非常感激他。

同飞机的谈判开始了，机场官员先是从控制塔，后来站在跑道上对飞行员讲话。传到设备控制室的信息刚开始非常简短。据飞行员说，当时他正执行一次国际航行，途径越南，两名机务人员被杀，一名乘务员受伤。

我们要求机长阮文拉离开飞机，方便和我们对话。四名劫机者扔掉武器——刀子和左轮手枪，向飞机周围的警察投降。飞行员在设备控制室接受罪案调查局官员的盘问，我们终于弄清了事情的经过。

劫匪首先向随机机械师开枪，接着射杀无线电话务员，然后把枪顶在飞行员的太阳穴上。那两名机组成员还没断气，于是他们残忍地用刀子杀死他们。劫匪要求飞行员飞往泰国。机上一名乘务人员身受重伤，此外还有13名男性乘客，最小的23岁，最大的64岁，还有13名女性乘客和9名儿童。

同吴博士磋商后，我们决定将伤员安置在大巴窑医院，拘禁四名劫机者。大约晚上10点，我们将机上所有工作人员和乘客接下飞机，转往飞机棚，提供了食物。他们将在那里等候，同时我们开始商议下一步该怎么做。

我们从盘问中得到更多的信息。飞行员称，劫持事件发生在飞离胡志明市15分钟后。航班原定目的地为富国岛。劫匪拿着左轮手枪指着飞行员的头，命令他往西飞，用指南针做定位，确认到泰国乌塔堡空军基地的航线。劫匪要求关闭无线电通信，除非联系泰国基地。飞行员没有无线电频率手册，于是尝试任何可能有用的频率。试了几次后，找到泰国国际频道，于是发出请求，希望可以在乌塔堡停留。他成功地在基地降落，进行了补给，然后被泰国当局送进马来西亚领空，最后在新加坡降落。

劫机者被拘禁后，飞行员请求我们帮助，让飞机载着乘客和遇害工作人员的尸体飞回越南。我们安排了补给，提供了其他必要的技术服务，希望它在第二天日出之前离开，免得事情暴露，引得人们大惊小怪。

起飞事宜一切准备妥当，但又出现了一个新问题。飞行员量了跑道，报告说跑道太短，DC-3可能没法在上面起飞，而跑道的另一头是海！于是我们请来新加坡航空公司的专家来解决问题。

第二天早上9点半，飞行员终于决定试着起飞。但需要把飞机推到跑道的另一头，以便充分利用每一寸跑道。为了保险起见，我们在海上做了部署，防止起飞失败掉进水里。马达快速运转起来，我开始为他祈祷。飞机沿着跑道奔驰而过，就在机场边上腾空而起，此时我才长长舒了一口气。

1977年12月，四名劫匪最长的被判14年徒刑，每人30下鞭杖。

到1979年，许多东盟国家都面临愈演愈烈的难民问题。联合国终于决定在日内瓦举行相关会议。我陪同外交部部长拉惹勒南参加了此次会议。

新加坡基于最初呈递的议案提出两点意见：首先，越南是难民问题的源头；第二，该问题有意破坏地区稳定的企图之一。但第二点在当时没有引起与会者较大的关注和讨论。

从会议议程可明显看出，会议只希望向联合国难民事务最高专员署提出增加捐款额，并希望邻近国家能够承诺收容更多难民，设立更多的难民处理中心。

拉惹勒南在会议室做了即兴演讲。首先，就会议是否能取得成功表示悲观。在一系列议题中，第三大议题显然只集中于人道主义救援，而没有讨论问题的来源——越南。其次，他担心，一个国家未能尽其庇护公民的职责，却希望其他国家为此负起责任，如收容难民、解决难民问题，这种做法会被视为某种先例。他指出，如果某个非洲国家决定摆脱一部分的人口，那么可能会产生300万名难民。难道其他国家就应该负责安置他们，而不是从源头上解决问题吗？

拉惹勒南提出了一个不可回避的结论：解决问题的实质性办法，只有让越南（以及老挝和柬埔寨）关掉产生难民的出水阀。这样，国际社会就可以专注于处理东南亚国家现有的约40万名难民，相信他们应该能够做到。他又指出，第一批设立难民庇护所的国家，可能会遭遇到政治、经济和社会方面的压力。他带有几分讥讽地说道，如果越南愿意的话，肯定能够停止难民流的产生。他还强调，由于这些天连续不断地召开会议，难民流已经几乎降为零。

会议最后没有正式谴责越南，但对该国进行了严厉的批评，指责其是产生问题的根源。越南向联合国秘书长承诺，将在一个合理的时间内努力阻止难民流的产生。这样，国际资源可以致力于重新安置那些已经来到东南亚各国难民营的难民。

从各方面考虑，此次会议不失为成功之举。尽管会议的焦点在于人道主义行动，但实际上，大多数代表团承认，问题的根源在于越南当局的政策。与之前几次会议不同，没几个盟友愿意为越南辩护。而这次会议在保持对越南施加压力这一问题的必要性上达成了广泛共识。

同时，联合国也做出承诺，提供额外的资金在一些国家设立"第一批难民庇护所"，在第三国设立难民营和其他场地。

联合国秘书长在会议的闭幕词中说，我们面临的问题很多，改善难民困境只是其中一小部分。他呼吁制订行动计划，通过提高安置的速度和规模，减少难民问题的积压；就有序遣返事宜在越南和联合国难民署之间达成谅解；建立更多的难民营；特别注意海上搜救工作。

难民问题并未立即得到解决。直到80年代，在马来西亚美罗难民营和印尼廖内群岛仍有船民出现。甚至在新加坡，也有很多人没有被遣返，仍滞留在霍金斯路难民营，直到1996年6月27日他们才被送回胡志明市。该营地三天后关闭。

11. 柬埔寨难题

在我就职于外交部和国防部期间，没有什么事比柬埔寨问题更耗时耗力的了。随着事态的发展，我们曾坚守的那些重要原则遭到挑战。

1970年3月有限军事政变期间，诺罗敦·西哈努克亲王不在柬埔寨，首相朗诺召开国民大会，投票撤销西哈努克亲王的国家元首地位，赋予朗诺在非常时期的权力。而出身于王室另一支的西哈努克的堂弟西索瓦·斯里克·玛塔克王子仍担任副总理。

一直以来，我们秉着友好的精神和西哈努克政府打交道。在这个时候，我们必须决定采取何种态度应对该国政变。一方面，朗诺是在没有经过民主程序的情况下推翻西哈努克政权的；另一方面，朗诺政府已于1966年9月选举产生。在此意义上说，其外交地位没有改变，只是国家元首遭到罢黜。美国和泰国人很希望我们承认朗诺，英国则表现得更谨慎一些。而在新加坡，我们认为此事毫无先例可循。作为一个新生国家，我们处理非常敏感的区域问题时可谓如履薄冰。最后，我们采取的态度是：这是柬埔寨内部事务。1970年10月，柬埔寨宣布自己是"高棉共和国"（为了区别于"柬埔寨王国"），并告知各国没必要委派使节赴柬埔寨提交新的国书。

鉴于柬埔寨局势日益不稳，印尼决定1970年5月16日—17日召开亚洲国家会议。当时各国均担心柬埔寨的麻烦会超越国界，波及泰国和马来西亚等邻国。印尼外交部部长亚当·马利克对会议的最初设想，是让与会国家集中讨论柬埔寨问题，但未能获得广泛支持（近几年传闻马利克一直与美国中央情报局保持联系，我对此事的真假并无自己的观点）。印度、缅甸、锡兰、阿富汗和尼泊尔等几个不结盟亚洲国家拒绝与会，因此出席会议的大多是结盟缔约国，特别是亚洲和太平洋理事会中的反共产主义成员国。新加坡和印尼为其中仅有的两个不结盟、非亚洲和太平洋理事会成员国。

新加坡一直不愿加入亚洲和太平洋理事会，所以最初我们也曾拒绝参加这次亚洲会议。会议的主要参与国是那些反对共产主义的国家，故此我们并不相信它能对事态发展产生什么样的作用。我们觉得，由于这是亚洲国家第一次举行公开讨论印度支那问题的会议，如果多一些更具广泛性和代表性的观点，那么会议在道德和精神上将具备更多的意义。坚持避免与任何一方结盟，不与一切超级大国或其追随者联手，是我们在整个柬埔寨事件中一贯坚持的基本立场。

新加坡最初并未回应印尼外交部部长的邀请，印尼外交部负责政治事务的总干事安华沙尼则携邀请函来到新加坡（1970年5月4日），邀请拉惹勒南先生带领代表团参会。拉惹勒南向安华沙尼解释了新加坡方面的疑虑，但5月14日，却给印尼外交部部长马利克写了一封信，告知新加坡已经重新考虑与会问题，我们已"相当不情愿地"改变了最初立场，将参加会议。拉惹勒南明确表示，这一改变"完全是为了团结一致，以及我们与澳大利亚、新西兰的合作关系"。外交部政务部长A.拉希姆·伊沙克和我代表新加坡出席会议。拉惹勒南在信中敦促称，会议不应给人一种派系结盟大会的印象。公报应该在本质上反映对柬埔寨人的诉求——无论是亲朗诺的还是亲西哈努克的——以及对牵涉冲突的外部势力的各种诉求：一、防止越南战争蔓延至柬埔寨；二、逐步消弭战火；三、努力实现和平政治解决方案。拉惹勒南本人将不会参加该会议，他给出的理由是，之前已安排其他事项而必须出国。

当天外交部发出一份新闻稿，解释派出二人代表团参加会议的原因。新加坡并不是要支持柬埔寨的其中一方来反对另一方或断定哪一方有罪——这件事情由柬埔寨人决定。会议的目的是，与在雅加达的各国商讨：一、如何协助柬埔寨人和平解决国内冲突；二、如何防止越南的战火蔓延到柬埔寨，防止柬埔寨冲突波及东南亚其他国家。"不幸的是，参会国家之中，非亚洲和太平洋理事会成员国只有印尼、新加坡、澳大利亚和新西兰。"

1970年5月16日，会议由印尼总统苏哈托主持召开，他在会上指出，"没有任何迹象表明，在《联合国宪章》的框架下受托维护国际和平与安全的强国，以及根据1954年《日内瓦协议》获得特殊授权的几个大国会对柬埔寨采取任何行动"。因此，这次会议的召开"将迈出第一步，遏制当前日益恶化的地区局势，为柬埔寨重建和平、让柬埔寨人民在没有外界干扰的前提下解决自身问题做出应有的贡献"。

外交部政务部长A.拉希姆·伊沙克在声明中说:"亚太国家不应再是大国自编自导的戏里的龙套角色,一味地附和大国。"事实上,本次会议由直接卷入印度支那冲突的国家组成,包括美国、澳大利亚和新西兰。许多亚洲国家因各种各样的考虑并未出席。马利克对新加坡的低调参与感到失望,但他仍然表示充分理解我们认为会议应该不偏袒任何一方的观点。新加坡是唯一一个由副部长级人员参会的国家,也是与会国中规模和老挝团一样的最小的代表团。

柬埔寨代表团由外交部部长耶姆·萨姆鲍尔带队。尽管南越和泰国尽力游说,试图让他们继续参与会议,即便是以会议观察员的身份,但大家认为,柬埔寨应该在发言并回答相关问题后离会。耶姆·萨姆鲍尔就当前形势做了一小时的演讲。

1970年5月17日,会议发出联合公报,呼吁国际控制委员会(成立于1954年,监督《日内瓦协定》的实施,以此结束了第一次印度支那战争)发挥应有的作用;同时,让1954年日内瓦会议的参会国及其他任何相关者,早日召开国际会议,讨论柬埔寨问题。

泰国、南越和韩国试图将会议焦点转移到外部力量(其实他们所知的就是北越)对柬埔寨的侵略和挑衅行为,指出该力量在柬埔寨领土上已有军事存在,并粗暴干涉柬埔寨内政,但他们的企图未能获得成功。我们曾料想过澳大利亚代表团将会形成强有力的反共阵线,但或许是对能够在这样的一个亚洲会议讨论亚洲发展问题已经心满意足,或许出于对印尼非结盟国家身份的审慎考虑,澳方竟表现出惊人的现实性,对泰、(南)越、韩三国的提议置之不理。

中国的媒体谴责会议公报为"蓄意公开为美帝国主义开脱"在柬埔寨的罪行;公报中的各项倡议也遭讽为"贴上'和平解决方案'的招牌为美帝国主义的侵略服务"、"直接促成日本反动派和其他美国帝国主义的走狗们干涉和侵略柬埔寨"。西哈努克亲王也谴责会议参与国是"众所周知的、受人雇佣的走狗,美国帝国主义的帮凶"(他显然是指新加坡、马来西亚和菲律宾等,虽然没有提及这些国家的名字),并称该会议伪善、做作、极不诚实。他认为,倘若会议真正关心柬埔寨独立并保持中立,那么应当谴责美国和西贡方面对柬埔寨的侵略行为。他要求印尼、马来西亚和日本立即停止干涉柬埔寨和印度支那人民的内部事务。

我在会议上的角色是协助政务部长讨论并参与起草会议公报,确保新加坡的意志和观点能够得以反映，防止南越和韩国谴责外部干涉柬埔寨的问题成为最终版本。结果，我们成功了。

1970年后，柬埔寨朗诺政府和红色高棉之间的冲突日益激烈。地面局势日益恶化，该国越来越多的国土落入红色高棉的控制之中。考虑到形势变化，新加坡一直保持与柬埔寨的低调关系，不提供任何形式的警察和军事训练帮助，也不提供任何外汇支持基金。1972年5月我国大使任期届满后，并未任命新的驻柬大使。我们在柬埔寨的外交存在一直停留在临时代办级别，直到1975年4月红色高棉占领金边、朗诺政府倒台。

红色高棉的掌权，改变了当前的柬埔寨局势。西哈努克被废黜时，我们所要考虑的只是相对简单的问题，即哪一方才是柬埔寨的合法政府。可现在，我们却陷入一个高风险的大国游戏中。1978年12月25日，越南入侵柬埔寨，事态变得越发严峻。至关重要的是，这竟成为一国以"国际人道主义为保护人权"为借口对邻国实施干预的第一个例子，他们的理据是柬埔寨人民遭受到压迫，红色高棉政权犯下了不可饶恕的罪行。

其实，此事广泛涉及各方利益。援助越南与美国开战的苏联，在柬埔寨形势中看到了一个让他们实现全球目标的机遇。他们支持越南侵略柬埔寨。以印度为首的不结盟运动国家，通过印度占有话语权的国际控制委员会，积极推进日内瓦公约的成功制定。由于对苏联有所依赖，印度并不反对苏联在印度支那的利益。印尼在阻止东帝汶加入联合国之事上已忙得焦头烂额，却还在纠结如何既能保住其在不结盟国家中的领导地位，又能在不得罪越南这个老朋友的前提下，反对越南侵略柬埔寨。马来西亚和泰国并不准备因拒绝向反越势力提供帮助而得罪大国。

我对红色高棉政权的本质不抱有太大幻想。柬埔寨政权更迭之际，我在国防部负责情报工作，听到了很多对红色高棉恐怖暴行的传闻。这些传闻均经外交部同事李崇鉴证实过，他曾获红色高棉政府邀请访问柬埔寨（或称"民主柬埔寨"，为1975年至1979年的官方称呼，1979年至1989年则称为"柬埔寨人民共和国"）。红色高棉曾就开放国际贸易的可能性进行调查。李崇鉴将所见所闻告诉我，尽管当时他的行动并不十分自由，但仍然看到首都金边已沦为废墟，杂草丛生，这让他联想到吴哥窟被森林吞噬的情形。作为被数个大国邻居包围着的小国，我们感觉到，柬埔寨被侵略事件会衍生出和新加坡相关的国际原则。越南以拯救红色高棉残酷政权屠戮下的柬埔寨人民为由入侵柬埔寨，一旦开此先例，无论国家政权的性质如何，我们自己的安全都将受到威胁。事实上，越南的论调相当虚伪——他们才不在意什么红色高棉。因此，我们要更加谨慎小心。

在我1979年重新加入外交部之前，另一位常任秘书谢长福已完全致力于越南入侵和占领柬埔寨后，东盟声称的解决柬埔寨问题的外交努力。同年1月12日，一场特殊的东盟外交部部长会议在泰国总理江萨·差玛南的主持下召开。我国外交部长拉惹勒南出席了这次会议。日后证实了此次会议意义重大，不仅因为这是东盟专门就越南入侵柬埔寨做出的反应，更重要的是，标志着新加坡外交部开始积极地提倡反占领。十多年来，新加坡一直冲锋在前，竭力为东盟的外交努力在本地区和国际社会争取各方支持，直到在1991年巴黎会议上问题得以解决。

1979年2月我回到外交部。两周后左右，2月17日中国对越南发起攻击。之前东盟强烈反对越南入侵柬埔寨，而现在面临着如何看待中国进攻越南的问题，他们却找不到支持的理由。值得庆幸的是，中国军队从1979年3月16日开始撤回，距离发动攻击的那天只有一个月，东盟才得以摆脱困境。

与此同时，我们的注意力转向联合国。1979年1月25日—27日，安理会曾开会讨论"考虑东南亚局势及其对国际和平安全的影响"。东盟提交了一份决议草案，呼吁停止在印度支那的一切敌对行为，外国军队全部从所有冲突地区撤出，并呼吁区域以外势力克制。正如我们所料，苏联在安理会上否决了该草案。安理会常任理事国的否决权，能让任何试图获得通过的决议无效。

因此东盟这一年，在联合国的系列工作重心集中在保住柬埔寨在联合国大会的席位，防止柬埔寨政府正式被越南扶持的傀儡政权替代。红色高棉的暴行震惊了众多国家。面对各国对此的抗议，我们始终保持一个简单的态度，那就是无论红色高棉政府有多大的缺点，从技术上来说，它仍是柬埔寨的合法政府，它是被外国势力推翻的。在越南入侵柬埔寨的问题解决期间和之后，既然红色高棉仍是合法政府，就理应占有柬埔寨在联合国的合法席位。尽管越南和昔日伙伴印度四方游说，国际社会对红色高棉的暴行极为厌恶，但我们本着这一态度积极推进多年，得到了越来越多的国际支持。

我们在联合国大部分的工作是致力于游说参与联合国年度大会的国家，从中获得国际支持。此工作主要由大使许通美及外交团队进行，当中有托尼·西迪基、巴里·戴斯克、李崇鉴、迈克尔·卓、T.亚苏达森等。这些外交人员得到很多锻炼机会，磨炼了游说能力，以对抗强大的对手。其中与印度、东欧同行之间的接触，大大丰富了他们的经验。外交代表团成员王贤勤，还清晰记得当年为了获得选票与其他代表发生的冲突：

> 由于大部分联合国成员从非洲、拉丁美洲远道而来，对柬埔寨冲突无
太多了解，也不关乎他们的切身利益，所以我们的拉票工作并不轻松。在
柬埔寨问题投票期间，新加坡代表团比其他东盟国家代表团更为忙碌地穿
梭于礼堂之间，查看那些支持东盟的国家是否有人出席会议，确保他们有
人会去按桌上的投票按钮。如果某国有人缺席，新加坡代表就会在联合国
大楼内四处奔走，寻觅此人。

这种激烈的游说并不仅仅是在联合国。年复一年，柬埔寨问题成为其他越来越
多的论坛、峰会的热点，包括不结盟会议和英联邦政府首脑会议。这十年里，新加
坡相当大一部分的外交精力都花在柬埔寨问题上。托尼·西迪基描述了其团队运作
的方法：

> 五年来，我有幸与以许通美大使为首的新加坡驻联合国团队共事……
从许通美那里，我们学会了"高雅游说艺术"（也有人称之为"游说之厚
黑术"）。这种方法的确简便好用。第一，对西方和不结盟运动组织而
言，东盟是一个可靠的组织。第二，我们有一个稳健、可信、非对抗的政
策环境。第三，我们有一个优秀的驻联合国团队，多年来已建立起较高的
信誉，必要时可以兑现曾经卖过的人情。第四，我们游说的对象广泛，包
括所有对我们的工作有重要意义的联合国成员国。第五，外交部愿意放手
给我们些空间做一点实事，这样的信任非常重要。我们并没有被管得死死
的，可谓是"逍遥法外的牛仔"，可以不拘泥于常规做事，但我们一直牢
记各种政策，确保可以按时"交付成果"。

最初，我们不得不阻止印度和越南的其他友国质疑柬埔寨代表团图谋不轨。
后来，当中国和美国蓄意淡化东盟国家所提出的决议时，新加坡甚至还要想办法
应对。他们有各自的理由，比如美国可能是想报复越南。

1981年7月，在纽约举行的柬埔寨问题国际会议上，中美两国对东盟提交会议讨
论的"七点决议"提出意见。中国想重启决议，遭到当时我国外交部部长S.丹纳巴
南的反对。丹纳巴南提出，如果中国把他们的观点拿出来与东盟商讨，我们可以考

虑对决议做一定的修改，满足中国代表团的诉求。当时中国就决议提出的条文主要反对的是，越南撤军后，建立一个过渡政府的前提是全部解除高棉抵抗部队的武装。新加坡表示，会考虑修改草案措辞来满足中国的建议，但无济于事。中国代表团希望决议完全遵从他们的意图和想法。

随后，我们又遭遇到另一个意想不到的干预。美国首席代表约翰·霍尔德里奇敦促新加坡同意中国的要求，还警告我们不要激怒中国。根据迈克尔·卓和托尼·西迪基的回忆，美国当时要挟称，如果新加坡外交部部长丹纳巴南不妥协，就可能会发生"流血冲突"。我国驻联合国大使许通美认为从美国这一施压行为，可以看出中国在冷战期间对美国有着极其重要的战略意义。但我认为美国口是心非，它并不愿意为了中国而将积累多年的东盟友好关系置于危险境地。

至此，事情还未结束，霍尔德里奇威胁要越过丹纳巴南，直接找之前私交认识的总理李光耀，事实上他也这么做了。得知这一消息后的第二天早上，我让美国驻新加坡大使哈利·塞耶来外交部见我，我训斥了他一通，语气强硬。这番道谈话肯定会传到华盛顿。我正色道，不要把新加坡看得太低，别想通过施压来恐吓我们。

李总理向美国代表发照会声称：外交部完全代表了新加坡政府的态度。几年后，在对美国参议院讲话时，李光耀形容霍尔德里奇的行为"一点都不专业"。最后，联合国秘书长承诺，将努力促进政治和解，并为之做一个初步研究，会议才得以闭幕。

当我们仍积极地在联合国寻求支持时，西哈努克亲王转而反对红色高棉政权。他当时被红色高棉政权带到纽约，在联合国柬埔寨问题大会上进行年度演讲。在我任总统期间代表新加坡对柬埔寨进行国事访问时，西哈努克告诉我当时如何死里逃生。他知道这样赴纽约进行演讲，会让红色高棉政府有效合法化。之后他将被带回柬埔寨，很有可能受到老挝国王那样的待遇，被迫退位，最后还会死于集中营，那这一辈子就完了。于是在演讲前夜，他在宾馆房间里上演了一出好戏。他抱头尖叫，假装全身剧烈疼痛，坚持要被送去纽约医院。红色高棉政府派来照顾他的医疗人员说："不，不用去医院，我们能照顾好你。"他在酒店其他客人面前大呼小叫，继续假扮出疼痛难忍的样子，迫使他们送去医院。西哈努克又描绘了当时如何冒险逃脱：他递给电梯操作员一张纸条，希望操作员会以为是小费，不会马上打开。等众人走出电梯后，操作员打开字条并看到字条上写着："我的性命正面临威胁，救救我。"操作员把字条交了上去，当西哈努克被送到医院时，美国人已经在那里等着了。后来西哈努克得到美国庇护，在大会上谴责红色高棉的大规模屠杀，呼吁将之逐出联合国。他最终要求在美国的保护下，到法国避难。

柬埔寨问题在东盟内部也得到广泛讨论。泰国表现得尤为紧张——他们担心多米诺效应，总感觉自己会是下一个遭到历史强敌越南侵略的国家。我感觉他们很高兴看到柬埔寨置于红色高棉统治之下，这样他们和越南之间还能有一个缓冲。有些人引用了一些"先例"：当年印度入侵孟加拉，也以拯救人民于水深火热之中为借口，这样的先例令越南的行动合法化。然而必须指出，印度在战后不久就扶植孟加拉建立新政府，而且很快撤离该国，但越南没有这样做。我们必须坚定立场，决不承认越南政权在柬埔寨的合法性。无论是在东盟还是在联合国，我们都必须遵守原则，任何国家均无权干涉他国内政。必须抵制干涉行为，就像我们曾经抵制以色列要求合法接收耶路撒冷，作为战利品变成他们的国土。

然而，事实证明红色高棉在国际上早已臭名昭著，该政权毫无人道，统治残暴。我们担心，除非能做些什么来改变当前的形势，否则，国际社会将越发不愿支持保留柬埔寨在联合国和其他峰会上的合法席位。东盟如此维护红色高棉政府显然已站不住脚，同时，东盟也不认同中国在越南撤军后由红色高棉重新掌权的设想。新加坡设法寻求东盟支持，建立"第三种势力"，取代红色高棉政府掌管权力，与柬埔寨其他民族主义政党共同执政。我们需要选择另一条可行之路。

最初我们的努力没有得到东盟内部大多数国家的支持。比起新加坡来，泰国似乎并不那么关心越南撤军后应该阻止红色高棉政府重新上台。起初，印尼也不赞同新加坡的想法，打算通过与北越的老关系，采取自己的方法解决问题。直到越南将印尼吞并东帝汶一事提交联合国，向印尼施压之后，这一情况才有所改变。此后，印尼越发热心于柬埔寨问题。菲律宾事不关己高高挂起，也许是因为地理缘故，认为事态发展只会给东南亚大陆造成紧迫的安全威胁，但不会影响到他们。马来西亚对此也不甚热衷，他们也许在高度警惕中国可能对此做出的反应，特别是在结束马来西亚半岛共产叛乱的秘密谈判进行期间，更加不敢轻举妄为。其他东盟国家，或许除了泰国，在某种程度上普遍不希望过度削弱越南。新加坡也希望看到一个独立繁荣的越南。

在培养"第三种势力"的过程中，新加坡面临着好几个问题。最重要的是，谁来领导这第三种势力？是西哈努克亲王？起初，他并不是一个有吸引力的选择。尽管有其个人魅力以及柬埔寨人民对他的追随，但他在流亡北京期间曾公开支持红色高棉。是奉辛比克党？该党由西哈努克亲王在1981年创立，替代红色高棉取得政权，对抗越南。但在外界看来，它根本无法产生积极作用，很可能只是假装对西哈努克忠诚，实则从中谋取私利罢了。

看到大批柬埔寨人流亡在外，我突然意识到有一个人或许能够既让人尊重，又能应对这场挑战，那就是宋双。他曾是西哈努克亲王政府最后一任总理，目前正流亡巴黎。

我找到一位老朋友——前柬埔寨驻新加坡大使旺萨尼斯，他卸任后在巴黎开了一家餐馆，并邀请他来访新加坡。旺萨尼斯与西哈努克亲王比较熟悉，曾被亲王选派为驻新加坡大使——我国是西哈努克亲王一直非常珍视的东南亚友邦。然而，他觉得亲王已丧失了原有的公信力，因为亲王曾公开支持红色高棉。在他看来，只有一个人能切实给我提供一些建议，那就是前任总理宋双。宋的一些同伙正计划一场抵抗运动。我希望通过旺萨尼斯认识他，并邀请他作为我的客人到新加坡一行。

宋双及其顾问团最终来到新加坡。1981年4月14日—17日，我亲自接待他们，从中了解到宋双在巴黎为柬埔寨所做的一些工作以及他个人关于"第三种势力"的长远计划。

4月15日的会晤中，我坐在拉惹勒南（时任第二副总理）与宋双之间。拉惹勒南向宋双深刻阐述了形成一个广泛的统一战线、用政治途径解决柬埔寨问题的必要性。宋双则指出，其支持者不愿意和红色高棉一同组建联合政府。他急切希望得到军事和资金援助，至少能够支持三万名士兵。他还指出如果和红色高棉形成政治联盟而没有外援，那他的军队就要完蛋。

拉惹勒南说，只有在柬埔寨出现了可靠的联合政府的情况下，才会动员美国、欧洲和日本等非共产主义国家给予支持。他向宋双解释道，只要他同意加入联合政府，他希望得到的援助马上就能兑现。但宋双不为所动，他对未受到支援与红色高棉成立联合政府表示深刻的担忧。此外，也不希望西哈努克亲王成为联合政府的一员，他认为亲王成事不足败事有余。

我们在曼谷、巴黎和新加坡与宋双都有接触，尽管频繁联系、讨论，但在规劝他接受与红色高棉、西哈努克亲王组成联合政府这一方面没有取得任何进展。他一直坚持称，不会进入"老虎笼子"，除非得到"一根足够大的棒子"保护自己。宋相当固执，后来甚至不愿参加新加坡举行的三方会议。最终，在泰国的施压下，他同意参会，但仍不让亲王参与联合政府组建。

说服西哈努克加入谈判则相对容易些。印尼在朝鲜设有大使馆，西哈努克在印尼人的帮助下，已从巴黎转移到平壤。我们派马凯硕与之详谈，他便同意参加会议。

红色高棉人就没有那么好说服了。在曼谷，拉惹勒南和副总理英·萨利及其妻子英·蒂丽斯（波尔布特第一任妻子的姐妹）进行了一次会面。除我之外，还有我国驻泰大使欧阳奇和保安与情报司的廖亚邦。会面在泰国外交部所安排的差瓦立将军一处寓所内进行。

会议召开之初，拉惹勒南态度温和友善。他指出，保存民主柬埔寨在联合国的合法席位已经越来越困难。许多国家越来越反对一个像红色高棉那样有着极端残忍和不人道记录的政权，越来越不愿继续支持东盟的有关决议。我们必须有所作为，才能防止国际支持日渐消减。

拉惹勒南提到一条出路：所有热爱自由、反对越南入侵并占领国土的柬埔寨人，应该搁置分歧，联合起来，组成新的统一战线，以全新的姿态来面对国际社会。

英·萨利在会上却无所作为，只替红色高棉进行辩护，说他们是民族主义者，那些所谓的残忍行径纯属无稽之谈。又声称，红色高棉一直希望将柬埔寨转变为议会制民主国家，这将改善其在国际社会的形象。

会议持续了近一个小时。在下午4点钟左右，拉惹勒南的言辞开始激烈起来。他说起二战时期的恐怖事件，怒斥希特勒想灭绝欧洲大部分犹太人的暴行。他谈到关押在集中营的男女老少被毒气毒死的情形，引用许多战后被曝光的实例，对残忍的纳粹政权进行分析。拉惹勒南对英·萨利说，虽然希特勒极其残忍的行为被后世一直唾骂，但如今国际舆论对红色高棉政权的憎恨已经高出希特勒百倍，他们对自己人民的行径是没有任何一个国家能够宽恕的。他曾亲耳听到太多关于红色高棉恐吓人民的事情以及他们对付人民的手段，没有哪个文明国家会这样去做。拉惹勒南申明，这并非他的个人观点，而是转达了整个世界的看法。

英·萨利听了拉惹勒南的话，只是继续保持微笑。他和他的同事们一样，老是装出一副连只蚂蚁都不会杀死的模样。他反驳道，拉惹勒南只是从反对红色高棉的人们口中听说这一切，这些事情纯属子虚乌有。这时我看到，英·蒂丽斯似乎呼吸开始急促，她身材臃肿，胸脯浮动很大。她越发地生气，一直试图在丈夫说话的时候插入几句，并想和她丈夫说点什么，但英·萨利一直没理会她，继续对拉惹勒南刚才所说的话指指点点。

随着太阳西沉，拉惹勒南意识到会议根本没有取得多少进展，于是提高声音，对英·萨利说，他已经别无选择，只能指示新加坡代表在联合国投票，支持越南政府接管柬埔寨在联合国大会的席位了。话音刚落，英·蒂丽斯非常激动。她走出去，透过玻璃墙壁向英·萨利示意出来，可他却假装没看见。

拉惹勒南接着当着英·萨利的面指示我给纽约发信息，要新加坡代表团第二天便改变立场支持越南。这一举动有了预期的效果。英·萨利马上表态，恳请拉惹勒南收回指令。他向我们保证回去试着说服波尔布特和乔森潘先生，把由在新加坡参加会议的柬埔寨各方政党组建联合政府的有利之处传达回去。此后又多次向拉惹勒南保证他是认真的。

我们来到差瓦立将军的住处。拉惹勒南想把结果简要向他汇报一下，但将军不在家，他们通了个电话。

与英·萨利会晤之后，9月4日，新加坡召开会议。虽然我们是召集人，但在严格意义上来说是在东盟框架下召开的。红色高棉的代表不是英·萨利，而是乔森潘。西哈努克亲王和宋双如期到达。新加坡代表是外交部部长丹纳巴南和外交部官员代表团——我是其中之一，还有托尼·西迪基、李崇鉴、西蒙·克鲁兹等人。印尼外交部部长莫合塔尔的特别助理安华沙尼作为东盟代表出席会议，但没有参与讨论，因为这是三方领导人的闭门讨论会。当天还举办了一场晚宴，主办者为拉惹勒南。所有在新加坡的东盟特使都收到了邀请函。晚宴上，西哈努克公开谴责红色高棉谋杀他的孩子和孙子，并告诉大家在他的朋友周恩来总理的干预下自己是如何幸免于难的。他指着乔森潘，诉说自己如何把他送到巴黎大学学习经济，但回来后他却成了一个屠夫。然自始至终，乔森潘都面带亲切笑容，对西哈努克的批评置若罔闻。亲王接着控诉红色高棉对柬埔寨的无辜人民犯下了一连串罪行。但尽管他们对他的人民造成了伤害，亲王说依然决定为了更大的利益与红色高棉合作，驱逐越南侵略者，恢复国家主权。

根据安排，第二天早上打算避开媒体视线，把柬埔寨领导人及其随从人员带到西哈努克所在的香格里拉酒店。我们的最低目标是让他们宣布合作、支持联合国关于柬埔寨研讨会（即将在巴黎召开）所做的决议。希望他们同意签署一份东盟高级官员原已准备好的声明草案。我们在香格里拉酒店顶层定了一间总统套房，供讨论使用。没想到酒店门口挤满了国际媒体的记者，托尼·西迪基只能通过地下停车场，将乔森潘和宋双带了进来。

我在套房中等候着。第一个到达的是西哈努克亲王，和蔼友善。随后是乔森潘。后来发生的事让我大吃一惊。共产党领导人乔森潘从套房门口爬行到亲王前，表示敬意。然后是宋双。尽管他之前经常强烈谴责亲王，此刻却没有丝毫敌意，同样爬着过来，表现出完全的崇敬。那一刻，我们都清楚，尽管宋双和红色高棉过去极尽批评，但在柬埔寨人眼中，亲王仍是一个受人尊敬的人物。

我把三位领导的助手安排到另一个房间，这样他们可以私下交谈，有希望能拿出一份声明，即东盟已准备好的草案。我安排他们一起讨论草案，然后借故退出，让他们自行讨论。

然而，西哈努克亲王跟着我走出房间，坚持说其他领导和代表会努力达成某种协议。而无论达成什么共识，他都绝无异议。很明显，亲王给了我一个信息——间接表明他是高于所有派系的。他主张的是作为西哈努克亲王而非一方领导的权利。后来，宋双、乔森潘都与亲王进行了会晤。

在东盟安排的新闻发布会上，面对百余名外国记者、当地记者和外交官，西哈努克率领的柬埔寨领导人签署了一份一致同意的联合声明，三方宣布他们将努力达成建立柬埔寨民族统一阵线的目的。

我当时不在新闻发布会上，但有人告诉我，西哈努克亲王明显主导了整个议程，巧妙地捍卫联合声明。与从媒体得到的印象不同，他一点也不古怪，也不难以捉摸。他表现得既冷静又现实。当被问及下一步打算时，三方均谈到建立临时研究委员会的协议。宋双在整个过程中一直沉默寡言。乔森潘用法语坚定地宣称，红色高棉已经改变，正致力于重建尊重个人和财产权利的议会政府。

表面上看，这是一次成功的会议。然而，更敏锐的观察家会注意到协议的临时性本质以及政党间持续的分歧。

这是我作为外交部官员协助处理柬埔寨问题的最后一件事。不久后，我进入职业生涯中的下一个阶段——新闻界。主办下一届年度东盟部长级会议、援助柬埔寨政党进行联盟的火炬传递给了马来西亚。同期，柬埔寨民族统一阵线宣布成立；后来，柬埔寨接管了联合国大会上以民主柬埔寨名义占据的席位。

迈克尔·卓曾在新加坡及后来在联合国积极参与了这一事件。他对我说，在他看来，外交部正是在这个时期成长起来的。我也相当认同。那些年，我们获得了在国际论坛上捍卫新加坡国家利益的竞争力，获得了锻造一批政治上精明、实践中坚定的多边主义者的经验。尽管晚几年才开始，但与柬埔寨问题平行的，是对1979年12月苏联入侵阿富汗的谴责。对于后者，我参与甚少，但目睹了外交官们与巴基斯坦及其他志同道合的国家奔走疾呼，每年都在联合国大会上对苏联进行强烈的谴责。

　　无论面临什么问题，外交部的人都活跃在第一线，艰难地学习。没有可依靠的书本、传统或前例，帮助我们前行的是我们的智慧。

12. "拉久"劫持案

1974年1月31日，我正在主持新加坡三菱重工的一次董事会会议，三菱重工当时仍处在建设之中。内政部常任秘书郑绍桦打来紧急电话。他让我以安全情报署署长的身份立刻赶到加冷盆地的水警总部。一个突发事件牵扯到壳牌在港口的船只。他并未详细说明，因为马上要去总统府的总理公署，说如果水警要求提供帮助的话，让我进行安排。我根本来不及问"为什么让我去"，从逻辑上来说，处理这类危机事件，代表他出面的应该是内政部副常任秘书或警察专员或内部安全局局长。显然，形势非常严重。

当我赶到水警总部，发现一个临时应急指挥部已挤满一群军官。他们正与一艘追踪壳牌公司渡船（"拉久"）的巡逻船进行无线电通信。这艘渡船定期往返于毛广岛壳牌公司装配点与吉港，现在遭到劫持。船员还在船上，劫匪都是外国人，其余细节一无所知。

巡逻船指挥官是水警郑大峇（后来成为驻文莱最高专员）。现场一片混乱——无线电通信困难，因为在同一时间每个人都试图说话。共有十艘警船参与追捕，"拉久"船正朝着印尼桑布岛驶去。郑被告知不许在船上交火，因为考虑到船上的无辜人质。后来，"拉久"改变航向，朝着新加坡港口和红灯码头开去。劫匪被包围后，被迫开向仍在施工的集装箱港口附近的东锚碇周围。15艘水警船和海关汽艇、3艘新加坡海事指挥部炮艇形成警戒线，将被劫船只团团围住。

郑大峇通过船上通信设备与劫匪直接沟通，开始向临时指挥部传回信息，但不清楚船上有多少名恐怖分子，也不清楚多少名船员和乘客面临危险。郑向武装分子保证，如果向官方投降就能保障他们的安全。如果让他知道他们的要求，他会向岸上相关部门传话，保证能提供帮助。

其中一个人把一个塑料瓶扔到水里，里面有张手写的字条：

> 我们属于日本赤军和巴解组织的人民阵线。
>
> 现在，为了越南人民的团结，我们炸毁了毛广岛油库。考虑到今天的石油危机形势，制造了革命局势。
>
> 现在，我们想和你们谈判。马上给日本大使打电话！人质在我们手上，我们有大量炸药。
>
> 如果你们把我们带到机场，我们保证绝不杀害人质。但如果妄想袭击我们，我们就引爆。我们希望到另一个国家。

那么，是什么导致了这一僵局？

后来才得知，四个人在渣甸码头雇了一艘船，告诉船夫他们想在南方群岛的实马高岛钓鱼。途中，他们让船转向毛广岛。船夫拒绝了，因为那里一直是禁区。劫匪把船夫打晕，用帆布盖住，将船驶向毛广岛，但在珊瑚礁搁浅。他们向一艘驶过的毫无防备的驳船呼救，让它帮忙把他们拖到小毛广岛（壳牌公司位于大毛广岛的装配点对面一个较小岛屿）海滩。

船夫不知道，他们携带着各式各样的武器和爆炸物。接近海滩时，恐怖分子跳下船，涉水上岸。在油库工厂大门，绑架了负责保卫的毛广岛预备队的一名警察。在大门口，恐怖分子想拦住一辆承包商开的小卡车。但司机没有停车，其中一名匪徒开了枪。他们又想抢另外一辆车，朝司机开了一枪。司机跳下车，把事件报告给警方指挥办公室。正在执勤的预备队大约20名辅警立即冲向门口。太迟了！当他们赶到那里时，恐怖分子已经引爆了放在四个油库和堆满油桶的院子里的炸药。

四人逃到壳牌码头，"拉久"船当时正在等待乘客上船，当中还有学生。他们跳到船顶，抢占客舱顶部船头凸起的驾驶室。舵手还没有反应过来，准备下达开航指令，其中一个阿拉伯人朝他两腿间的地板上开了一枪。船上五名船员成为人质。然后，"拉久"船驶向大海，追捕开始。

我与现场的高级警官讨论了当前形势，向目前还在总统府的郑绍桦转达了所知信息：劫匪所代表的势力，他们以不杀人质为条件，要一辆车安全到达机场，用飞机送到"阿拉伯"国家。他们还要求联系日本大使，要求他一同坐车离开新加坡。

下午3点，继瓶子里的字条后，通过渡船的无线电话又送来另外一个信息。劫匪告诉警察他们把一名成员留在了毛广岛，但后来证明是假的。

那时，郑大昝已开始与"拉久"船直接联系，通过扬声器与劫匪直接对话。由于联系日本大使的要求没有回复，劫匪通过"拉久"船下了最后通牒："日落时分，就是爆炸之时。"

当时，我建议不要给日本大使打电话，他的参与会让我们不能自由地按照新加坡的规则处理这一情况。我们决定先把船上的无线电电池耗尽，电池容量是有限的。这样，劫匪就不能越过水警巡逻船，与外界进行联系。国外新闻记者和当地记者很快就会涌向港口汽艇，试图接近"拉久"船。我们不想让劫匪有机会对外界讲述一切，把事件国际化。

郑大昝部署其他水警船只阻止记者和旁人靠近。但中止这一地区的海上交通，包括所有正常的港口汽艇和小商船，实在是一大艰巨任务。

大约下午5点，"拉久"船上的无线电话信号开始减弱，不久后完全消失。"拉久"船在警戒线附近兜转。他们显然是希望冲破防线，寻找自由。

郑绍桦回到水警总部，重新负责指挥。然而，他要求我继续待下去。

我们决定让"拉久"船不断航行，耗尽其燃料供应，这应该不需要很长时间。围成一圈的汽艇上，官员们正努力确定船上到底有多少劫匪——郑大昝只能看到驾驶室里有两三个人。唯一能认出的是"拉久"船的马来亚舵手穆罕默德·本尼克。壳牌公司被要求提供船只的内部结构图和船员资料。

郑大昝试图通过其他方式获取劫匪信息。当劫匪的要求上报到政府当局时，郑主动提出要为他们提供食物和水。他想根据所需数量，来摸清船上到底有多少人。但食物被打包放在劫匪指定的水域，他们就把食物捞了回去。等夜幕降临，我们仍不知道有多少人质。

与此同时，水警总部正在上演另外一场戏。日本使馆人员敦促外交部让他们与"拉久"船交涉。大使要求我们配合，因为劫匪已被认定是日本人，这是他的领事职责。

当天夜间，约10点或11点，我们同意让大使鱼本先生去现场。他变得非常激动，稍有耽搁就大发雷霆。那时，"拉久"船已经燃料耗尽，处于漂流状态。

由于我会说一点日语，郑绍桦坚持让我一同前往，确保及时了解所发生的一切。我照他说的做，但没透露我懂日语。劫匪第一次与郑大昝接触时，就要求通知日本大使，但现在却变了调，不想让大使接近"拉久"船。当他们看到他在警船上，就威胁说如果继续靠近，就马上开枪。大使拿起扬声器与他们通话，但劫匪拒绝日本使馆或大使提供任何帮助。沟通变得不堪入耳，劫匪叫骂着让大使滚蛋。如果大使带日本警察来，他们威胁一定会血流成河。在后来的八天谈判期间，我方水警不断听到这样的恐吓。

大使最终被劝离现场。由于临时指挥中心对他不敬，我们不让他直接靠近"拉久"船，也不愿让他参与谈判，大使表达了日本政府的强烈不满。那晚走的时候，他愤愤不平。

因为有了食物供给和安全保证，郑大峇让劫匪平静下来。他们想要一条安全通道，可以离开新加坡，去他们选择的目的地（最初没有指定，后来提出是"任何一个阿拉伯国家"）。还要求提供第二天的报纸、外国媒体的联系方式。但我们没有做出承诺。我们希望熬过这一晚，希望他们因缺乏睡眠而筋疲力尽。由于他们缺乏燃料和任何通信手段，一切都在我们的掌控之中。

深夜，事情有了进展——两名船员成功跳船。一位是一直待在机舱的华人引擎驾驶员，趁着劫匪的注意力被郑大峇和水警转移时，与另外一名马来亚船员从船尾逃出来。从他们口中，我们摸清了船上的人数。劫匪是两个日本人和两个阿拉伯人，我们了解到他们携带的武器的情况，留在船上的船员有舵手、二副和一名马来亚船员。

第二天，我方政府进一步做工作，让日本政府提供一架直升机，把劫匪带出新加坡，去他们选择的目的地。虽然日本外务省因为劫持事件发生在新加坡而坚持由我们负责，但我方坚决不提供飞机。我方官员的共识是，不论为劫匪安排什么样的出境路线，都不能让别人以为新加坡好欺负。否则，我们将成为日后类似恐怖行动的目标。2月1日晚，日本大使拜访内政部蔡善进，传达日本政府的回应。日方不打算专门调一架直升机，但可以安排一架商用飞机接劫匪，条件是登机前新加坡政府必须解除他们的武装，同时还须提前告知劫匪确切的目的地。日本政府只同意为日本人负责，不管阿拉伯匪徒。

当天，我们得知一架日本航空公司的飞机正在曼谷待命，等待总部命令去接劫匪。但总部回应它是一家商业组织，理应由日本政府和新加坡政府处理这一问题。

要把这伙人送出去，必须先让他们交出武器和炸药。但劫匪直到最后一天都拒绝交出——他们不断地向郑大峇强调1972年慕尼黑奥运会事件，说交出武器后德国人就变卦了。

第三天，我们向劫匪提出另一方案：给"拉久"船提供燃料和船员，离开新加坡，去他们想去的地方，但遭到劫匪拒绝。

第四天，日本和新加坡开始寻找愿意带四名恐怖分子离开新加坡的航空公司。新加坡向几个大力支持巴勒斯坦事业的阿拉伯国家寻求帮助，但一切无果。于是我们要求日本大使制定一个详细的应急方案，促使劫匪同意交出武器离开。

直到第五天，劫匪拒绝了所有提议，包括日本大使提出的。他们怀疑日本政府没安好心。新加坡政府开出一个新条件——在新加坡的所有外交使馆均可提供政治庇护，由某一大使馆做出安排，保证劫匪安全起飞。这一条件得到回应。

劫匪指名朝鲜驻新加坡使馆，但朝鲜总领事一口回绝，理由是没有这样的权力。李光耀总理给金日成主席发了一封正式信函，又通过翻译与朝鲜总理通电话，希望让朝鲜政府接受这一提议。尽管有如此高级别的干预，朝鲜政府仍不愿配合。

第六天，事情出现戏剧性的进展。恐怖分子的海外支持者突袭日本驻科威特使馆，劫持日本大使和15名工作人员为人质，掌握了主动权。他们威胁说，如果日本政府不马上派飞机去新加坡接"拉久"劫匪，就开始处决人质，从二等秘书开始。

日本政府最终不得不采取行动，同意派一架日本飞机，并载有全部机组人员和几位日本官员。我们将提议转告劫匪，但隐瞒了科威特事件。劫匪一开始不答应，郑大岜这时声明从现在起新加坡不再插手此事，全部移交日本政府。最后通牒一出，四名恐怖分子终于表示同意。

一切按日本政府的计划行事。我们答应让12名新加坡官员陪同劫匪安全抵达科威特。郑大岜和哈吉·阿都·拉赫曼（曾一直与两名巴勒斯坦劫匪沟通）向劫匪转达了这一意思。哈吉来自新加坡广播公司，懂阿拉伯语。得到他们俩的书面保证后，劫匪同意缴枪，但坚持到登机时才放下武器。而我们的立场是，到机场贵宾厅就必须放下武器，登机时不得携带，陪同的新加坡官员也是如此。他们可以对新加坡和日本官员以及机上人员进行检查，看是否携带武器，也可以对飞机进行检查。我们甚至连座位都安排好了：日本官员和工作人员坐前面，新加坡官员坐中间，劫匪坐后面。所有这些的条件是他们必须释放"拉久"船上的三名当地人质，放弃所有武器和炸药。

劫匪同意了。第七天晚上，他们和人质走下"拉久"船，登上汽艇，到了码头，从那里直达巴耶利峇机场贵宾厅离境处。

当夜稍晚，当劫匪飞往科威特的计划最终敲定时，日本大使告知新加坡当局，飞机晚上无法在科威特降落，科威特将到达期限延长到第二天（2月8日）早上。因此，飞机于凌晨2点起飞。机上日本官员的头头是外务省中东局总干事田中秀雄，9

名日本机组人员以T.康隆雅子队长为首。

国防部部长吴博士指定我带领新加坡官员。在机场，新加坡伊斯兰教法庭官员哈吉·阿布·巴卡尔（曾帮助我们与阿拉伯劫匪进行交流）被要求一起前往，整个队伍有13人。由于这一安排是临时起意，所以哈吉没有护照，登机前也没有跟家人说。没有护照，出入科威特将可能遇到麻烦，这确实需要勇气。幸运的是，一切比较顺利。

与劫匪周旋的八天时间里，所有相关人员都面临着极大的压力，尤其是常任秘书郑绍桦，他不断往返于水警总部临时指挥中心、总理公署和日本使馆之间。同时，他还需要在每天结束时向媒体通报情况。

回顾当初，一些细节问题颇具挑战性。首先，必须向劫匪封锁外界信息，防止他们听到什么风声而决不妥协。我们两天不给他们报纸，即使要给，也得经过我们仔细筛查。所以他们是到达机场后，只知道在科威特的日本大使馆被挟持一事。

临时指挥中心遇到的棘手问题是如何不让日方警察插手，但后者一直想参与其中，因为有两名劫匪是日本通缉犯。由于估计这起事件不会拖得太久，我们在日本大使的帮助下，努力阻止日警飞来新加坡。劫匪从一开始就要求日本警察不得介入，威胁说如果看到他们出现，就会开枪。我们担心人质会受到伤害。

尽管我们百般阻拦，日本警察依然坚持要来。两名高级官员笃行佐佐和东京静流于2月1日晚上到达。《海峡时报》第二天早上报道了他们的到来。我们知道这会激怒劫匪，必须想方设法阻止劫匪知道这一消息，同时也不能让这两个人到大使馆。我们不让"拉久"船得到当天的报纸。安全情报署负责与东京的日本警方联络，接着我让副手林才恒迅速行动：飞机一抵埠，林就在登机桥处与刚下飞机的两人碰面，将之带到一个政府库房，一直款待到当天深夜，设法阻止他们联系日本使馆，而与此同时使馆人员在新加坡到处疯狂地找他们。

不出所料，两名警官在被匆忙带离并软禁在一个库房中之后十分愤怒。林向他们解释不得已为之的原因。当地周围已有90多名日本记者。但我们早已向劫匪做出了保证，如果他们知道日本警察已经来到，形势就会恶化——劫匪会对我们承诺让他们安全离开产生怀疑。

两位警官答应不见媒体，笃行佐佐承认日本记者很容易就能认出他来，他同意不会让人看到与临时指挥中心或新加坡警察有接触。达成协议后，他们被送往酒店。我们后来得知，又有一名日本警察到处游说，坚持要来"处理此案"——他就是田恒章一郎，伪装成一名来自香港的领事。

接下来的两天里，林向两人汇报每日进展，并提供劫匪的信息，他们俩极不情愿地遵守着最初的保证。佐佐要求把信息传回东京总部，要么通过大使馆，要么通过国际刑警组织，因为东京警方面临着媒体的压力。自始至终，他都忙于应付日本媒体。由于无法到达水警临时指挥中心，我们又拒绝让他参与我方警力工作，佐佐非常恼怒。

2月5日，佐佐听说他和同事将被召回东京后，大为光火。日本总部认为如果他们不能向媒体提供每日最新情况，那么就没有必要继续留在新加坡。在我印象中，佐佐是一个相当自负的人，他抱怨自己会毫无面子——日本媒体会说他们被"逐出新加坡"。当天晚上，他们离开了。

林子恒前前后后处理得非常得体。然而，安全情报署与日本警方的关系恶化了数月之久。1974年11月我访问日本，向佐佐和他的同事表示歉意，并解释了没让他们参与的原因。

在登上前往科威特的飞机之前，我有几分担忧。首要的挑战是让我的团队安然无恙地回到新加坡。这不仅仅是在科威特机场坐上飞机那么简单，我必须把四名劫匪交给那里劫持了日本大使作为人质的歹徒。但这群人是谁、有多少人，我们一概不知。第二，在随行官员中还存在由谁领导的纠纷。郑绍桦之前告诉我，内部安全局局长杨秀华强烈坚持应该由他负责。作为内政部常任秘书，内部安全局归郑绍桦管辖，他顶着巨大的内部压力。我向他坦白道，其实自己并不十分乐意负责这项任务，但命令来自总理和国防部部长，他不得不说服他们服从。找到吴博士时，吴坚持让我来领导这一团队。郑成功说服杨接受团队副主管一职，并让我处理可能会出现的谈判。我知道杨的脾气，他情绪激动时有点捉摸不定。我担心途中或着陆时会有麻烦，因为他可能也想参与肯定会发生的谈判。如果必须一直咨询团队内部意见，那么根本就无法进行谈判。第三，我担心劫匪可能会制造麻烦。如果他们让飞行员改变行程，那怎么办？第四，我们不知道在科威特会遇到什么情况。也许会被拒绝着陆，甚至被拒绝补充燃料，或者被强迫飞往别处。说不定只能从这个机场飞到那个机场，就像其他劫持事件那样。还有可能，科威特劫匪不准我们离开，把我们当作讨价还价的筹码，要求释放其他地方（可能是以色列）被囚禁的人。他们知道新加坡与以色列有着密切关系，所以不能排除这一可能。所幸杨忠于职守，整个事件期间始终与我通力合作。

另一个最大的担忧是对我的家人。我必须告诉他们自己要去哪里，情况如何。看了电视播报的"拉久"劫持事件，妻儿肯定忧心忡忡。当头一天晚上离家去机场时，我一五一十地告诉了他们事情始末，但尽量语气轻松，不露任何情感。女儿和儿子尚小，不知形势的严重。但我的姐姐和侄女当时也在场，多少让我稍感安心。2月6日晚，我出发前往机场，离开时尽量不去看家人的眼睛。

我到达机场候机楼。贵宾厅的气氛很紧张，大家都在等待劫匪的到来。我们知道他们正在路上，下了"拉久"船后，换上专门的警察汽艇，乘坐警车，由无线电巡逻车和警卫一路护送从码头赶往机场。上午11点，护卫队到达。警车窗户紧闭，第一个出来的是郑大昝，随后是翻译哈吉·阿卜杜勒·拉赫曼。郑对我说，他和哈吉·阿卜杜勒·拉赫曼不得不做出安全通行和离开的书面承诺，这才劝说劫匪离开"拉久"船。而劫匪坚持先不放人质，直到安全抵达机场，并确保顺利离开新加坡。

一到机场贵宾厅，郑大昝忙着解除四名劫匪的武装。他们必须放弃所有的枪械，才能登机，之前双方已达成协议。如果劫匪还是不愿放下武器，为了表现出诚意，郑允许劫匪头一边用左轮手枪对准他的太阳穴，一边准备登机。这是为了向他们保证不会违背诺言。

看到他们眼中的怀疑、恐惧和愤怒，郑大昝提醒他们已做出的保证。他建议，如有必要，他们可以在自己头头的布朗宁自动枪中放一枚子弹，用来对准他的太阳穴。当郑把持枪的手引向自己的脑袋时，劫匪说没有必要，然后他们都交出了武器。

见到这些劫匪，我首次一一辨认。整个谈判中一直是木村浩在说话，第二名日本劫匪是赤军成员佐藤晃。第三名劫匪是巴解组织人民阵线的萨利赫·萨利姆·阿里，看上去最为凶神恶煞。另一名阿拉伯人叫侯赛因·穆罕默德·萨德。

日本官员和航空公司的机组人员随后赶到。官员们由中东局总干事田中秀雄率领，陪同的还有一位中东专家以萨奥·德可巴。

接着，我向劫匪介绍了新加坡人员，并允许他们搜身，从我开始。木村浩说，没有必要，因为他与警船交流时就已认识我了。其他人也无必要检查。木村浩对过去八天来不知疲倦地与他们进行谈判的郑大昝表现得比较热情。

然后是日本官员的介绍。我大致介绍几句后，接下来的一个仪式让我大吃一惊。无论从哪个方面来说，这两个日本劫匪都算是敌人，但介绍到田中总干事时，田中用日语向劫匪表示歉意，因为给后者带来了这么多困难。虽然是几句常见的客套话，比较零碎，但前几个词的意思很明显。劫匪回答道尽管令人遗憾，但他们每个人都完成了自己的责任。接着每位日本官员如法炮制，首席飞行员及机组人员也是如此。自始至终，双方表面上倒是客客气气的，但在旁人看来，没有几分真诚。

为了避免发生意外，日方与新加坡官员和劫匪被隔离开来。

我要求对劫匪搜身，这在一开始就已达成协议。劫匪愣了一下，但没大惊小怪。郑大峇逐个把他们带到洗手间，确保他们没有携带任何武器或可以用作武器的工具。飞机也进行了搜查，金属刀叉都用塑料的代替了。

完成所有手续后，飞机起飞。由于全神贯注于眼前的一切，我竟忘了事先给妻子打个电话。我担心她会因为没收到我的消息而忧虑，后来得知，她的确非常担心。

飞行过程平静无事。两名新加坡官员手持劫匪上缴的武器，自始至终轮流站岗。郑大峇发现劫匪们都筋疲力尽，最初一直很少说话。飞行期间着陆灯一直亮着，直到我们抵达科威特。劫匪严守在机舱后面，不随便走动。

从一开始，我就计划与劫匪拉近关系。如果我们和科威特当局或占领当地日本使馆的巴解组织发生矛盾，或许还需要他们的干预。飞行期间，我们轮流到后排与他们坐在一起聊天。起初他们还有戒心，我费了一些时间才赢得他们的信任。几个小时后，他们恢复了精神，又信心十足，开始与郑大峇交谈。看到这一情景，我挨着领头的木村浩坐了下来。

等他稍微放松一点时，我问新加坡留给他什么样的感觉，因为他可能永远也不会再来这里。他说对这个地方的"安静"印象深刻。我很意外，因为新加坡一天24小时交通不断，噪音污染众所周知。他说指的是植物园，他和同事在里面待了很久，显然是在制订行动计划。

后来，我们得知他们住在达曼史拉西一个租来的公寓里，就在植物园门口的马路对面。这次袭击计划显然开始于贝鲁特。在新加坡的行动之前，四名恐怖分子三年来一直在黎巴嫩积极为各自的组织服务。佐藤晃甚至到新加坡进行了几次侦查旅行，到毛广岛四到六次。准备实施这次袭击时，这两个日本人于1974年1月23日到达新加坡，另两名巴基斯坦人几天后到达。

我问木村的英语熟练程度。原来他是来自京都的英国文学专业生，估计是京都大学。

我对他们刚才与日本官员和机组人员在机场的交流感到很好奇，为何会出现这样的对话？木村解释说，这是日本习俗，见面相互问候时，另一个人就得这么回答。日本官员回日本后会被问到两个人的举止言行，对官员来说，报告他们坚持传统日本礼仪是至关重要的，否则他们会被认为"没有教养"。

我与佐藤晃闲谈时，他看起来似乎更轻松，甚至老是跟阿拉伯劫匪开玩笑。他似乎很精通阿拉伯语。

对于到达科威特后可能等待他们的命运，他们看上去相当不安。当时，他们不清楚科威特大使馆被占领的消息。我们不得不向他们保证，会向科威特政府解释为何乘坐日本航空公司的飞机，必要时替他们补充说明一切。

气氛得到一定程度的缓和后，我特意向木村指出郑大耆为了他们的利益承担了多少麻烦，希望他们能感激郑在释放及遣返途中所做的努力。我说我和同事们的责任是确保把他们安全送到科威特的同伙处。作为回报，我希望他们能不食言，允许我们返回新加坡。木村承认这是他的责任，于是我转移了话题。

我们接着有一搭没一搭地聊着，包括他们对阿拉伯语的精通。木村说虽然都在贝鲁特的美国大学学过这门语言，但他说得不如佐藤晃流利。我又打听那时他们是否已成为赤军的一分子，他说懂阿拉伯语是他们被纳为成员的必需条件。然后他叫佐藤过来解释，两人说着日语，我能听懂但不露声色。佐藤用蹩脚的英语回答："姑娘们、姑娘们……"

距预计落地时间大约还有三小时的时候，田中把我叫过去，给我看据说是通过驾驶舱接收到的东京的消息。大体意思是科威特政府拒绝允许飞机上的任何人登陆，但会让劫持日本使馆的巴解组织人员上飞机，然后飞机继续飞行。

我很怀疑这条消息的真实性。在新加坡准备登机时，我听日本大使用日语告诉田中说我只知道"科威特态度的一个方面，但不了解另一方面"。此外，田中念的纸条不像是来自驾驶舱的信息。我提醒他日本政府向新加坡做出的保证，以及新加坡官员提出陪同劫匪的前提。

我起草了一条信息，要求发给在科威特处理使馆问题的日本外交官。内容如下：

> 13名新加坡政府高级官员乘坐这次特殊的航班，仅是为了保证4个人（2名日本赤军分子、2名巴解组织人员）安全抵达科威特而已。这4名劫匪已经同意并接受这一点，并且已向新加坡政府做了书面承诺。因此，新加坡政府的13名高级官员必须在科威特突击队登机之前下飞机。在科威特政府同意并做出保证之前，飞机有必要紧闭机门。同意之后，科威特官员应到飞机上传达这一认可和保证。日本机务人员和2名高级官员继续留在机上，与突击队一起抵达最终目的地。

1974年2月8日，科威特时间上午3点30，这条信息从飞机上通过无线电传出。

就在着陆前，我被叫到驾驶舱。首席飞行员绝望地说，科威特指挥塔不让飞机降落，让他继续飞往另一个机场，但燃料不够用了。在这种情况下，我告诉他应该回复指挥塔，燃料不足，无论如何都要降落。我又让他补充一句，机上有十分重要的代表团，有重要的高官。他照做了。

飞行员解释说，燃料之所以不足，是因为在不补充燃料的情况下，从新加坡到科威特是波音707最长的飞行距离。我拿不定这是真是假。不管怎样，飞机应该是还有些后备燃料的，但我也不能肯定。

几分钟后，又通过无线电联系到指挥塔。他们同意飞机着陆补充燃料，并指出着陆点。于是我们降落，按照指示滑行到跑道尽头。飞机刚停下，就被一群坦克、装甲车和数十名手持自动武器的士兵紧紧包围，这场面看起来就像是进入了战场正中心。指挥塔说任何人不许下飞机。我们不知道会发生什么事情。气氛徒然紧张，除了等待，别无选择。

多年后我得知，之前就飞机着陆一事已进行了谈判。在科威特负责解救工作的日本驻伊朗大使田圭佑已经与科威特国防内政部部长进行了谈判，最后终于得到许可，条件是巴解组织和日本赤军的恐怖分子留在飞机上，随后必须离开，前往另一个目的地。

根据一位日本外交官后来的解释，日本人所考虑的，按重要程度排序是：尽快结束这场危机；帮助科威特人把问题的焦点转移出科威特；帮助新加坡移交恐怖分子；帮助日本航空公司把飞机开回来。

等了一会儿，我让机长再次联系指挥塔，要求和负责人通话。立刻有了回复，一个声音问我们想干什么。我插话问他是谁，因为我要跟控制塔的最高领导通话。很快另外一个人接了电话，同样问我们想干什么。考验的时候到了，我开始以不太严谨的方法解释并阐述某些事实真相，介绍自己是新加坡总理的特使，有一个消息专门带给科威特总理。他问什么消息，要我通过无线电念给他听。我拒绝了，说得到指示，必须亲自转达给他们的总理。他再次坚持，我依旧拒绝。来来回回好一段时间。最后，这个人说我把事情变复杂了，问我打算怎么办。我告诉他我和同事会留在飞机上，总理可以到停机坪来，我在那里下飞机把消息给他。

这个人听上去无比愤怒，让我等他转述更高的领导。一个多小时过去了，没有任何动静。两个多小时后，再次联系指挥塔，我问是否已转达总理。他说已经转达，但在得到回复之前，我必须等着。

又过了一段时间。我透过机窗向外望去，看到一个车队开着闪灯、鸣着警笛开过来。其中一辆是凯迪拉克，前灯全部打开。车队来到近前停住，指挥塔让我下飞机，把消息带到车上。我问要见的是不是总理。指挥塔回答总理不会说来就来，但车里是另一位同等重要的人。

我立刻让陈金鹏中校和他的突击队紧紧抓住飞机内的门把手，防止有人从外面破门而入。回想起来，这种防护措施似乎很荒谬。旁边的日本机组人员仍在作壁上观。登机梯靠近门口，外面传来敲门声。陈和他的队员把门打开。

我与杨秀华、哈吉·阿布·巴卡尔迅速走下阶梯。到达贵宾车旁时，我看到一个体形庞大的人，眼神犀利，布满血丝，穿着宽大的阿拉伯长袍，金线镶边。他盯着我的眼睛，问带了什么消息，有什么凭证。后来我才知道他是总督、国防部部长和皇室成员谢赫·萨阿德·阿卜杜拉·艾尔萨利姆·萨巴赫。我说按照我国总理的指示，与四名劫匪一同前来，两名日本人和两名阿拉伯人，他们被释放并允许返回科威特，协助解决科威特日本大使馆劫持事件。我和同事作为劫匪安全抵达的保人来到这里，已经完成使命，现在科威特，受科威特政府的保护。如果我们着陆后遭遇什么不幸，他（科威特总理）的政府要对此负责。说完这些，我对这个人（当时仍然不清楚此人身份）说，我和同事现在由他保护，直到我们返回新加坡。这人明显很气愤，说了一些话，大意是："你胆敢用消息来威胁我？！你怎么如此胆大妄为？"我说我是执行新加坡总理的指示。由于离开时很仓促，我没有带证件，希望通过电报传给科威特政府，当然并没有传。我请求得到他的理解，那时他已经平静下来，和手下说了几句话，让我上了另一辆车。我不知道同事是否还在停机坪，或许他们已被赶回了飞机上。

我反复问他我们什么时候可以下飞机，因为全副武装的士兵把飞机团团围住，我们根本走不了。这位部长没有回复。我继续坚持，他说："你还嫌给我惹的麻烦不够多吗？"后来，日本大使田圭佑乘坐一辆车赶来。我跟他打招呼，告诉他我与四名劫匪一同前来。他一直听着，没有回应。他看上去比较严肃，有点年纪，不怒自威，是一名贵族武士。跟随其身后的是一个年轻的日本外交官，后来才知道名叫隆敏目黑，当时日本驻贝鲁特大使馆的二秘，说阿拉伯语。（他后来也成为一名大使。）

田圭佑大使到来后，与科威特国防部部长坐进同一辆车，目黑和我坐在同车后座。他们交谈了很长时间，后来我得知他们在讨论科威特劫匪如何上飞机、飞机飞到哪里等问题。部长向一名助手下命令，助手通过对讲机把命令传下去。但他们说的是阿拉伯语，我听不懂。又过了一段时间，部长让我回飞机待一会儿。我不知道为什么，但照做了。也许他想让我们飞到别的地方？但劫持日本使馆的科威特劫匪仍控制着人质，问题还没有解决，我敢肯定部长不会这么做。他们俩继续在车里谈判，田中仍留在车外。

时间流逝，没有明显进展，我决定再次下飞机，来到汽车旁。部长和大使还在前排坐着，目黑在后排。我拉开车门坐进去，他们没有提出异议。部长和大使正用英语讨论如何解救科威特日本使馆的人质，但对于如何做还有分歧。田圭佑希望劫匪清除可能在使馆设置的所有陷阱，而部长坚持应该立刻送他们上飞机，尽快离开科威特。田圭佑不断问飞机应该飞到哪里去——劫匪总要被带到某个地方吧，同时希望劫匪卸下武器再上飞机。

讨论中，我试了好几次打断他们，提醒部长和大使我们的详细指示是完成任务后，在科威特下飞机。我和同事必须先下飞机。部长只是不理不睬。我重复好几次后，他失去了耐心，让我闭嘴，否则就逮捕我。我陷入了困境，如果使馆劫匪上了飞机，就必须飞往另一个目的地。假如我们还在飞机上，就不得不随着一道前往。

就在此时，巴解组织的一名代表到达停机坪。我了解到他的总部位于巴格达，来科威特是为了帮助解决使馆危机，但我不记得他是否也是人民阵线的代表。看来他是希望得到巴格达的许可，让飞机飞到那里（我知道之前科威特外交部已与巴格达交涉过，但没有成功）。巴解组织代表和部长用阿拉伯语交谈，部长偶尔会告诉田圭佑大使他们正在谈论什么。我仍不知道这是否意味着我们这些来自新加坡的人将要与所有的劫匪一起去，也不知道伊拉克政府到底是否会接受劫匪。

我时不时地回到飞机上，把进展告诉同事，他们表现出极大的耐心。我来到飞机后部，告诉木村，虽然我们按照他们的想法，成功地把他们带到了科威特，但我们下飞机似乎出现了一些困难。我说无论与使馆劫匪发生什么争端，他们都有义务释放我们。我们已遵守了诺言，现在轮到他们履行约定了。木村让我不要担心，他会采取一切必要措施。他让我耐心一点，等待劫匪从大使馆赶来。

他们来了。惊人的一幕发生了，他们驶入停机坪，登上飞机，仿佛得到指令一般，全副武装。当他们盯着我们的那一刻，从眼神中我们看到了敌意。他们拒绝对话，不知道我们接下来的命运会怎样！我决定返回停机坪，其实也有点希望他们强迫我回到飞机上，但没有发生。当时我是唯一被允许下飞机的人。

部长和大使的争论仍在继续。现在的问题是，假如使馆劫匪们一直保留武器，飞机是否能够起飞。大使坚持不能起飞，部长建议把武器交给机长，大使不同意。

部长又建议劫匪放下手榴弹但保留随身武器，大使仍不同意，但我发现他的立场有所动摇。我觉得这样也很危险，但不知如何开口说出来。如果我说不行，部长会不高兴。如果我用日语告诉大使，一旦被新加坡劫匪知道我懂日语，又会引起很多问题。我必须说出来，但该如何开口呢？

突然我灵光一现，有了主意。我旁敲侧击地问目黑原来干过什么工作，想知道他还会讲什么语言，结果得知他曾出使印尼。我决定和他说印尼语，他能听懂。我让他告诉大使，允许劫匪携带武器上飞机是非常危险的。尽管有巴解组织代表干涉，但始终没有得到巴格达的回音，飞机很可能将被迫飞往其他目的地。

我用印尼语说，大使应该坚持让劫匪放下武器，包括手榴弹在内，把武器收在机舱内，于是大使提出这一点。最后问题得到解决，劫匪可以保留随身武器，但是要上交子弹，保存在机舱内。等大家都同意后，我又被赶回飞机，等待着释放，但什么也没发生。直到下午一两点，我还在飞机上，外交部部长谢赫·萨巴·艾哈迈德·艾尔萨巴及随从来了。我向他们介绍自己，告之为了使日本驻科威特大使馆放心，我们已履行义务将劫匪从新加坡带了过来，现在应该被允许下飞机回新加坡。

接着，我再一次提醒木村浩不要忘记承诺。于是，木村浩走到使馆劫匪身边，开始跟他们说阿拉伯话。

等待已久的转机来了。外交部部长艾尔萨巴走过来跟我说："你们所有人都下机走吧，我已经做了指示。"他用阿拉伯语给一个军官下了命令，该军官叫我们和他一起下机，我们跟着他直接坐上车，来到一个贵宾室。临走时，部长告诉我们回新加坡前，不管在哪儿最好不要扎堆出现，后来我意识到他是在帮我们。如果劫匪走投无路，他们就会坚持把我们带回机舱飞往另一目的地。正如我想的那样，伊拉克拒绝接收飞机，科威特两位部长只得与中东各邻国进行大量协议，最后南也门政府同意合作。

我们等着有人安排交通工具把我们带进城里。我发过一封电报到新加坡，但直到今天我都不知道是否已经收到，我也不知道该怎样再发一条信息。正等待时，我注意到有个阿拉伯打扮的白人，手里拿着一串念珠，在我们身边走来走去，犹豫着是否上来搭话。我去洗手间，他跟了进来。我问他从哪里来，他说是英国广播公司的记者。我请他给新加坡传个信，说我们已经下飞机，正在准备转飞新加坡。他在播报新闻时播放了这条消息，就这样传到了新加坡。之后科威特外交部部长派来一名官员带我们到旅馆，洗了把脸，休息了会，便出发了。

想起部长说过的话，我便叫这位科威特官员安排送我们去集市。我们必须各自走散一会儿，然后在下午6点集合。我从随身带来的资金中拿给每人100美元，各自去购物。

到了约定时间，该官员和我们碰面，先带我们回旅馆，然后匆匆赶到机场。我们坐科威特航班先飞巴林，接着转新加坡航班回新加坡。晚8点后飞机才起飞，午夜时分到达巴林。我们离开时，那架日本飞机仍待在机场未动。

2月9日傍晚时分，我们到了家。

回来第一件事是召开记者招待会。在报告中，我重述了劫匪头领木村浩关于新加坡事件所说过的话。木村浩说他们是为了宣泄对石油公司的不满，并非对抗新加坡政府，他希望通过我们为他们所造成的不便向新加坡政府和人民表达歉意。关于新加坡，他们会向"基地"（但他没说什么"基地"）成员传达正面印象，还保证未来新加坡不会再受到类似攻击。强调他们的保证之词是为了消除国内对再发生类似事件的担忧。

《新国家》午报的一位作者认为我如此看重他们的承诺，未免太天真了。坦白地说，由于各种原因，我也有一些保留。首先，像巴勒斯坦人民阵线和日本赤军这样的组织，是由更高层人物发号施令，而木村浩一类人只是任务执行者；第二，任何国家都是逃脱不了干系的。不管是为了像"拉久"事件一样夺回权利还是为了吸引世人目光，只要一有机会，恐怖分子就会发动攻击。人人都知道新加坡同情以色列，因此我们也是恐怖分子袭击的目标之一。第三，日本赤军将日本政府列为头号敌人，该组织能够在东南亚单独采取行动，其成员能轻易混入当地居民中，后来东南亚地区的又一起劫机事件就充分说明了这一点。但东南亚对日本而言，极具经济和战略意义。

"拉久"事件终结时，《远东经济评论》引用了李光耀总理的一段话："新加坡有明确职责采取一切措施阻止破坏财产和工业生产以及威胁人民生命的行为。我们会将事情的起因最小化，避免任何群体与我们发生争执。"该报评论道，与劫匪对抗将增大阿拉伯国家对新加坡产生偏见的风险，而新加坡正面临着"与中东政府站在同一条战线上"的长期外交使命。美国国务院认为让劫匪安全离开新加坡是明智之举，这将有效防止劫匪对新加坡采取报复行为，不管是在新加坡国内还是针对新加坡的商用飞机，不管是外交使团还是出国在外的个人。

但仍出现一些批评之声。我们了解到，在新加坡的一些外交使团对所采取的一些措施表示吃惊。起初我们提议为"拉久"补给燃料，让劫匪能开船到他们想去的地方，这将有损新加坡与邻国的友好关系。让新加坡的外国使馆向劫匪提供避难所，也属于考虑不周，这将给相关使馆带来无尽的麻烦。

我十分庆幸没有出现流血事件，这是一次很有价值的学习，不仅对我，对所有牵涉在内的政府部门、安全部门、警察和军队来说都是如此。他们都表现得相当优秀。

13. 中国之行

/

当我在外交部和国防部工作时，中国作为一个新兴经济强国还未觉醒，在全球政治论坛中，比今天的中国缺乏影响力。然而，中国并非无足轻重——从二战前到日本侵略，再到抵制马来半岛共产主义反叛和左派工会运动，我们始终能感受到中国政治在背后的强大支持力量。

1965年在一次有关外交政策的有代表性的演讲中，拉惹勒南明确提到，他不会反对任何共产主义体制国家，但反对那些输出自己的价值观、企图颠覆新加坡政治和社会结构的国家。因此我们和中国保持距离，民间交流与贸易却依然在有限的范围内进行。

同时我们必须务实。1967年，我们开始与台湾人讨论是否允许新加坡军队利用他们的训练场地。1969年，中国台湾在新加坡成立贸易代表处，前提是同意这并非表示我们正式认可台湾代表中国。自始至终，我们坚持"一个中国"的政策，即使在经济、防卫和民间关系上，我们已经与中国台湾建立了实质性的友好关系。

在实行自治、争取独立的过程中，新加坡就承认中国的重要性，开辟了与北京的交流渠道。1959年，总统蒂凡那、穆罕默德·阿旺和一位工会代表出使中国。我还记得蒂凡那对我讲起那次访问的印象。让他感到惊讶的是，为了给来访者留下深刻印象、迎合每个人的口味，接待方精心安排了各种活动，向新加坡代表展示中国的强大，尤其是泱泱大国的历史、壮丽多姿的山河。蒂凡那观后震撼不已，完全顾不上了解中国工人的境况。穆罕默德·阿旺是全国职工总会的主席，他很惊讶，无论到了哪里，中方都会为他提供一个做祷告的房间。而在火车旅途中，如果遇到星期五，则会提供一节特殊的车厢。作为一个前共产主义者，蒂凡那受到款待，并被安排和早前被英国人赶到中国的故友陈升禄取得了联系。中国人显然做足了功课。蒂凡那将之视为前期准备，随后中方将以更认真的态度对新加坡来访者进行思想工作。

在20世纪70年代，中新关系仍处于临时性阶段。其间偶尔出现个人到中国访问，同时拉惹勒南在伦敦熟知的一些中国记者也被邀请到新加坡，但这些接触都不是实质性的。

1976年，李光耀总理对中国进行了首次友好访问。当时我刚接受缺血性心脏病治疗后出院，尽管如此，总理还是叫我陪同出访。我很高兴能陪他一起去，因为很好奇李总理将会受到怎样的接待。毕竟，反共产主义是总理国内政治议程很重要的一部分，尤其众所周知的是，他支持西方，以保证新加坡能够得到合理防御。他强烈反对当地共产党以及对待共产党的种种行为，也是无人不晓的。

我们首先去了香港，那时香港还是英国的殖民地。李光耀和当地电影大亨邵逸夫共进了晚餐。我们越过边界进入广州，乘火车旅行。尽管中方对我们以礼相待，但气氛并不轻松。我从来没有去过广州，但知道这是每年举行广交会的地方，与中国有商业往来的人都会去参加这个交易会。原以为将看到一片繁华忙碌的景象，可实际上死气沉沉。旅馆设备十分简陋，去北京的飞机过时、老式，内部装修简陋。我还记得一个内陆航班上分发的饮料都是取自一个普通的家用冰箱。北京机场光秃秃的，没有多少飞机。我们乘坐一辆友谊牌汽车，沿着一条狭窄的马路开往住处。一路上，唯一可见的其他机动车辆就是挂着窗帘的大轿车，这是党要贵宾的日常交通工具。两天内，总理及随从被领着游览了很多地方，参观了许多展现出古代中国宏伟壮丽的名胜古迹。

访问北京的核心是总理代表团和中国总理华国锋的正式会谈。讨论过程中，华国锋送给总理一本书，说："这是中印边境自卫反击战的真实记录，希望能对你有用。"李光耀接过这本书，看了看封面，又看了看封底，说："总理先生，这是你们关于战争的版本。还有另一个版本，印度版。但不管怎样，我来自东南亚，这与我们无关。"他把书放了回去。对我来说，这是一个非常重要的时刻，它明确表示出：尽管李光耀是华人，但他就是他自己，无论如何不会服从中国或中国共产党。新加坡存在独立的多个民族，我们需要宣明：不要想当然地把新加坡视为同伙。中国外交部部长乔冠华情绪激动，但依然努力克制；而他的妻子却不然，气愤地走出了房间。

我怀着虚心的态度去中国。曾读过不少关于这个国家的书，年幼时就很了解它的贫困，但从来没有真正体会过其贫困程度。学生时期，在新加坡和马来亚见过比较贫穷的华人，但与新闻、杂志上报道的中国情况相比根本不算什么。因此，我心情复杂，抱着对人类的同情与迷惘来面对这个大国。我来到中国之后，对这里的矛盾与反差感到震惊。他们知道我来自国防部，就委派一名中国人民解放军的军人跟随我。他像一只老鹰一样紧盯着我不放。同时，中方还分给我一名陪同人员——杨洁篪，担当翻译。杨的英语说得非常完美，用词相当地道，词汇量大得让人难以置信。我问他从哪里学的英语。原来他被派往伦敦经济学院学习了两年。（后来我又见过他一次，那时他是中国驻华盛顿特区大使馆的二把手，再后来成为中国外交部部长。）这里有完整的翻译团队，都是曾被派往英国或欧洲其他国家首都的年轻人，均在那个时候成为中国领导人出色的翻译。我还惊奇地发现，有一名陪同人员不仅会说普通话、福建话、英语，还会说马来语，他是中印（尼）关系僵持时期返回中国的印尼华侨之一。访问北京期间，我们参观了一所外语学校，那里甚至教连斯瓦希里语等这类语言都教。我很清楚，中国有一个复杂的、连续的、长期的战略，意在培养能够在海外任职、进一步扩大国家利益的人才。

但他们也有出错的时候。有一天，我正在无锡听收音机，听到一个说淡米尔语的声音，但不是淡米尔本地人，说话方式非常刻板。淡米尔语广播面向的是马来亚吉辇谷的水稻农民，劝他们起来反抗地主的恶行。广播公司显然并不知道在吡叻州的吉辇谷根本没有淡米尔水稻农民，他们都是马来人。

在我们参观的每个地方，"文化大革命"的创伤依然清晰可见。在上海，我们遇到了欢迎代表团的一位女翻译。一天，日程表中有一个下午的自由时间。她非常羞怯地来找我，问是否需要什么。我问她为什么，能休息一下我还是非常高兴的。她说："我想悄悄回去看看孩子，现在由母亲照料着。我来去需要几个小时，请不要告诉别人。"我说："你快去吧。"看到这么一个受过良好教育的女士不得不乞求片刻的时间去看自己的孩子，实在是让人很痛苦，但在当时的中国，很多人的生活就是那样的。

我们还参观了北京大学，一群博学的教授齐聚一堂与我们见面。他们都是各领域的杰出学者，拥有伦敦帝国学院或德国的大学等名校的学位。而站在他们前面的，是一个年轻的政治狂热者，挥舞着一本小红书，向我们讲授毛泽东思想是如何解决这样或那样的问题的。这就是一场闹剧，而所有这些可怜的学者都坐在那里默默地点头，机械地表示同意。他们别无选择。无论我们去哪里，都能见到这种场景。在上海，我们去少年宫听一些十来岁的孩子讲一个关于港口管理的简要报告，他们训练有素，但也只是装装样子。与此同时，一些懂业务的工程师却不得不保持安静，退居幕后。

去毛泽东故乡的途中，我们曾去了一个农业典范——大寨。这是我们出北京后的第一站，到处都是岩石，光秃贫瘠，令人担忧。在那里，我们听当地党委书记做了一个讲座，这位女士手中挥舞着毛泽东的书，诉说毛泽东思想是如何帮助这一贫瘠之地变成中国典范的。她说得唾沫直飞，我们不得不与她保持一定的距离。接着我们被带到一个供应水源的小山上，那里有个大坝样的蓄水池。她绘声绘色地描述水池是如何在毛泽东红宝书的帮助下建起来的。与此同时，我方代表李炯才走到一边与一位静静站在一旁的男士聊了起来，这个人来自上海，实际上他才是筑造大坝的工程师，与毛泽东语录没有半点关系。

我们访问的时间正好是"文化大革命"快结束的时候。我不敢想象这场革命在鼎盛的时候是什么样子。唯一能看到一点个人意识的地方就是广州。我去看戏，舞台上正上演一场婚礼。这对夫妇结婚后，不可避免地又拿出讲毛泽东思想的书。于是，这对夫妇决定做出重大贡献：他自愿上山劳动，她去农场锻炼。而观众们却没有报以掌声，只是发出阵阵嘲笑声。或许广州远离皇城，多少有点独立。

一般来说，我们被严格禁止私自与当地进行任何联系，以至在北京火车站，尽管我的老朋友泰国驻华大使格森西等着见我，他都不得接近。

中国的铁路系统让人印象深刻——有一段路程是等了一天两夜才坐上火车。那就是我们的第一段旅程——北京至大寨。但沿途风景如画，好像突然间，那些中国画变得生动起来，小山、峡谷，多姿多彩。这个国家天广地阔，令人叹为观止。正是在这次旅行中，我开始了解程瑞声大使，直至今日，我与他还保持着亲密的友谊。程是中国驻印度大使，现在处于半退休状态。我很欣赏他对不同观点的尊重。他说话方式温和，总是试图帮助其他人更好地理解其观点，以及中国在战略和双边问题上的立场。

程在行程中为李光耀总理担任随行官，但几乎不和我们当中的任何人说话，与我们接近时也保持一定的距离。后来，我在华盛顿再次遇见他，他告诉我，当时必须遵守严格的纪律，以免被怀疑同情国家的敌人。

14. 泰国交往

1965年，新加坡独立后，我们与泰国的关系出现不稳定的苗头。在广泛的地缘政治环境尤其是越南局势不稳的背景下，李光耀把泰国称为"街头艺人的猴子"，艺人就是指美国。这让泰国领导者，尤其是外交部部长及其机构，相当不高兴。我在外交部时，曾在李总理去澳大利亚的途中，为其安排会见泰国外交部部长萨奈特·考曼。会议召开时，我亲自记录。我们希望双方之间的不愉快能得到解决。但事实上，这个问题根本没被提出来：会议结果是非常积极的，强调要在未来共同努力。

那次会议让我意外懂得：凡事要简明扼要。之前我太不清楚，因为也没有人告之，我列席这类会议的任务之一是需要做记录。萨奈特·考曼说话很直白，我觉得如果把所有的话一字不漏地记录下来，那么他会感觉受到拘束。但是，我注意到李总理用很奇怪的眼神看着我，他显然是认为我应该做笔记。会议结束后，我立刻回到办公室，根据记忆起草了一份会议记录交给总理。他看后非常高兴。我只记录了关键的要点，舍弃了那些无关紧要的东西。有了这次经历后，又有一回我交给总理一份七页纸的会议记录，他打来电话："你觉得我有时间看完这个吗？最多四页纸，双倍行距！"此后，这便成了我为总理做会议记录的一个规则。高效记录是我学习处理国际事务的一个关键环节，让我有机会更好地了解高级领导，不仅是李光耀、拉惹勒南，还有杜进才博士和法律部部长埃迪·巴克等人。

自1871年朱拉隆功国王访问新加坡以来，泰国人一直对新加坡很感兴趣，并赠送了青铜大象雕塑，如今依然屹立在旧国会大厦旁。新加坡领导人非常重视良好关系的建立，1973年1月李总理正式访泰就是一个象征。我们的行程不仅在曼谷，还包括清迈等省级中心，而且很荣幸地在那里受到国王的接见。

之后，新泰关系明显变暖而且有建设性，政府之间、军队之间的沟通变得容易。纵观整个职业生涯，我的经验是无论是民用行业还是军事领域，不同国家的专业人士在交谈中通常没有什么困难。

正是在那次正式访问期间，我第一次见到当时的泰国总理、陆军元帅他侬吉第卡宗。1973年曼谷学生骚乱之后，他被迫下台，流亡美国。我再次见到他，就完全不同于当年了。大约在1973年年底，一个周六下午，我在狮城大厦（该购物中心至今仍在总统府旁边，只是今非昔比）的超市周围逛。他侬元帅就在那里，手里拿着一个购物袋。我知道他在新加坡，但见到他还是很惊讶。我做了自我介绍。他记了起来，把女婿苏威特·裕马尼叫过来做翻译。我们客套了一番，苏威特向我介绍他的妻子，当时是新加坡国家发展部的一名建筑师。临别时，我说如果元帅需要什么帮助，可以找我。

几天后，苏威特找我帮忙办移民手续——他们的通行证需要每月更新，每次都要元帅亲自排队。我答应下来，还为他及其家人提供交通。他已申请从美国波士顿移民新加坡，并得到许可，条件是不参与政治活动。在新加坡，他严格遵守这一规矩。

我对元帅及其家人了解得越来越多，曾登门拜访过几次，经常见到有身份的泰国商人，甚至重要的泰国领导人、官员来看他。据我所知，络绎不绝的来访者中还有一些是晚上来的、有影响力的军事领导人，还有当时在新加坡进行正式访问的泰国总理江萨将军（克立·巴莫的继任者）。尽管元帅还在流亡中，一些部长（包括行政和军方）也都来拜访他，向他表示敬意。

一天，元帅私下里告诉我，准备到红山的泰国寺庙出家。不久，他真的去了。泰国军方的高层联络人让我帮忙安排他秘密回曼谷。我反应谨慎。学生骚乱导致他流亡美国，如果没有获得泰国政府尤其是皇室同意就返回泰国，我不知道他是否会受到欢迎。

对此，泰国军方向我做出一切保证。于是我把这个问题提交给上司——国防部部长吴庆瑞博士。吴没有直接答应，但让我给他俩安排一次私人午餐，远离国防部和公众的视线。后来，吴博士把他们的对话告诉了我。元帅一直有当僧侣和回家的强烈愿望。他离开美国来到新加坡，是因为美国邻居经常抗议他家飘出泰国烹饪的刺鼻味道，这个味道总是进入整幢公寓的空调系统。他在新加坡倒是更开心一些，但很孤独，而且他年迈的父亲不想客死异乡。吴博士告诉我，我可以帮忙，但不能让泰国政府知道,因为泰国的流亡令还没有解除。

我咨询了泰国情报人员(官方的和军方的),他们向我保证新加坡不会因为帮助他而受到任何牵连,于是我安排他作为僧侣离开新加坡。泰国护照上使用的是他的僧侣名字、照片和必要的出境章。到了那天,就在飞机起飞前几分钟,他从红山泰国寺庙匆匆赶到巴耶利峇机场。在新加坡没出什么问题,但我们更担心的是到达曼谷之后可能发生的事情,无论怎么伪装,他在那里都可能被认出来,敌视他的武装力量依然反对他回国。在他满足某些条件(如没收他在泰国的财产的命令继续有效)的情况下,皇室也保证既往不咎,我信心百倍地认为应该不会有什么问题。

然而,接下来的三个小时,对我以及知情的吴博士和总理来说无疑是相当煎熬的。幸运的是,一切进展顺利。飞机在泰国降落后,还在停机坪时,一个军事护卫队就把他带下飞机,直接送到一家著名的修道院。曼谷没做任何宣传,也没有媒体报道他回国。令人惊讶的是,没有任何形式的公众抗议。

自那以后,元帅和家人一直与我保持联系,很多泰国领导人(包括空军元帅西提·萨维思拉,曾长时间任外交部部长,后来担任枢密院委员),每次都会为我们所冒的风险而表示感谢。

早些年与泰国的来往中,我们有幸得到一些非常出色的大使为国家服务。首先是陈锡九。他是一位老派绅士,新加坡四海通银行行长。他低调温和,从来不炫耀自己的财富。驻曼谷大使馆刚成立时,陈遇到的麻烦,并非来自泰国人,而是源于我们的财政部,外交部与财政部常任秘书长期不和。陈大使因为这些而受挫,但从未大发雷霆。他有一颗平常心。

一天,我因公务去拜访他。他安排在暂居的芒提酒店见面,附近一座建筑发生了一场火灾,现场有很多消防车。大使示意我到窗口看看情况,没有一个消防员开始灭火。我问为什么。他说:"因为他们正等着看谁出的价高。"这些消防员来自不同的消防站,接到火警后都赶了过来。陈说得很幽默,但并不是在开玩笑。

1967年9月,何日华大使继任陈锡九一职。何之前是新加坡驻布鲁塞尔欧共体的常驻代表,这是我第一次认识他。起初,我并不明白为什么会派他到泰国,后来才发现,原因在于他在泰国的长期商业利益以及与泰国商业机构的良好关系,这是新泰关系的重要组成部分。就像陈锡九一样,何是一个很安静、谦逊的人,受过良好教育,拥有美国学位。除了不喜欢炫富,说到其他事情时他总是滔滔不绝。他和妻子甚是风趣。她是一个美籍华人,尽管已经上了年纪,但性格活泼,博学多知,坦率不讳。她还是一个优秀的作家,用李廉凤的名字在《海峡时报》开设了一个题为

"竹叶青"的定期专栏。

1971年，欧阳奇大使继位。欧阳出生在中国，一岁后在泰国长大，17岁回到中国，一直待到50岁。1947年来到新加坡，帮助建立华联银行。银行的成功部分源于他在大米贸易方面的知识以及与泰国的密切关系。在《来自桑瓦德的光脚男孩》一书中，欧阳的儿子欧阳熏讲述周六下班后，他的父亲会"在新桥路、香港街和上环路一带与客户一起喝茶。他每次只请一人……这种方法接地气，能把住 客户的脉。"1968年年底，从事了半个世纪的银行事业后，他"退休"了。

1971年，拉惹勒南任命欧阳奇担任驻泰国大使一职。他是无报酬服务。他的第一语言是泰语，第二语言是中文，第三语言是英语。欧阳对外交官的角色理解很到位。我记得有一次，他收到来自新加坡的一些指令，但没有立即执行。被提醒尽快执行之后，他解释说不想把情况变得更糟。这是一个外交官的责任。他对泰国国王和机构有深刻的了解，知道在这种情况下，正确的做法是让时间来治愈这个问题。欧阳奇的任期一直持续到1988年，90岁时退休。从1974年11月起，他兼任驻缅甸大使。1973年李光耀总理对泰国的正式访问，是欧阳职业生涯的巅峰时期，有重大的政治意义。国王对总理在礼节上的待遇据说是空前的。

与两位前任一样，欧阳言谈举止恭谦有礼。我和妻子每次去曼谷拜访他，看到他已在机场等候，都会感到很不好意思。"你不必这样的。"我多次对他说。"这是我的责任。"欧阳微微一笑。我离开外交部后，常去看他，在他最后一次生病期间也去探望过。他谦虚的态度，几乎无法让人看出他在泰国所受到的尊重和发挥的影响力。他的儿子问他，为什么战后泰国比邻国印度支那更为成功。"国王、宗教、大米，"他回答，"按重要性排序。"

15. 菲律宾印象

新加坡和菲律宾的关系一直比较融洽。当东盟成立、军事基地问题被提出讨论时，我们预测菲律宾对此一定会直言不讳，因为美国在那里有大批驻军。而菲律宾外交部部长纳西索·拉莫斯及其代表团是最早同意宣言草案的一批人之一。

当时是马科斯的时代。1965年费迪南德·马科斯当选总统。虽然他现在经常遭到非议，但在最初几年里，菲律宾在他的统治下比之前要好得多，经济良性发展、社会日趋稳定。共产主义分子的叛乱在麦格赛赛总统的领导下已基本清除殆尽，街头枪战大大减少。马科斯统治时，菲律宾的未来似乎一片光明。

我第一次到外交部工作时，与菲律宾很少有其他方面的联系。等去了国防部，便开始与各方面打交道。那时候，与印尼、泰国和缅甸等国情况的相似，菲律宾一些关键的权势人物都在军队。通过国防事务，我在马拉干鄢宫第一次见到马科斯总统。他送给我几本自己写的书。那时的他喜欢炫耀、独断专行。手下对他俯首帖耳、阿谀奉承，无人敢反驳他，甚至无人给他提建议。其中最突出的是国家安全局局长沃尔将军，是马科斯和他妻子的主要顾问。沃尔在菲律宾叱咤风云，年纪较大，但和蔼可亲、待人友善、愿意妥协，与之相处轻松愉快。通过他，我又认识了国防部部长胡安·恩里莱，办理公务时见过几次。

然而，随着时间推移，情势逐渐恶化。1972年，根据宪法规定，马科斯不能当选第三届总统候选人，于是他宣布了戒严令。腐败渐渐腐蚀这个社会。无论是否有关联，这些变化与在沃尔将军辅佐下伊梅尔达的影响力与日俱增是一致的。每次我访问马尼拉，从马科斯夫妇身边人的行为来看，就能明显看出是妻子掌权。她在体形上比她的丈夫魁梧，而且风度非凡。她是个高姿态的人，力争建筑大歌剧院，不计成本，但一切都是为了作秀。

我再次遇见马科斯是在他和妻子来新加坡国事访问的时候。他们乘坐了两架波音707s飞机，他一架、妻子一架。两架飞机停下后，铺了两条红地毯。到了约定时间，两个机门同时打开。他们相互打了个飞吻，同时下台阶，一步一步，皇室派头十足。然后接见列队等候着的政要和官员。我们则在太阳底下晒着。

我们以高规格的标准组织了这次访问，有音乐会等一系列活动。我们对他们寄予了很高的期望，他们对我们也是如此。马科斯对菲律宾高比例的受教育人口充满信心。

马科斯被说服离职时，病得非常厉害，瘦得不成人形。美国人与我们接洽，要求我们施展影响让他下台并离开菲律宾——也到了马科斯该放弃的时候了。李总理在说服他的过程中发挥了一定的作用。但事实上，我们都没意识到马科斯已病入膏肓，他和妻子在火奴鲁鲁定居，在那里去世。

在于印尼召开的柬埔寨会议期间，我第一次见菲德尔·"埃迪"·拉莫斯，他是纳西索的儿子，当时是菲律宾情报机构的负责人，后来成为菲律宾总统。但我意识到在这个阶段，菲律宾的军队和警察之间存在一种竞争。胡安·恩里莱是国防部部长，但我感觉很可能还存在另一位权势人物。于是，我决定利用老交情与当时的菲律宾警察署署长埃迪·拉莫斯重新建立联系。当我们必须跟他们讨论如何让新加坡空军战斗机利用在菲律宾的美国基地的设施时，胡安和埃迪对我们的帮助很大。由此，我们能够向马尼拉派遣国防专员。

有时，当访问结束离开菲律宾，我常常会想这里的安全形势是否真如东道主所称的那样，一切尽在掌控之中。他们的陈述总是有点华而不实，非常善于使用今天所说的PPT演示，有幻灯片，有要点。他们试图让我们相信一切都在掌握之中，共产党叛乱业已结束，只是南方还有一些小小的问题。在国防部工作两三年后，我了解到菲律宾共产主义分子东山再起，该问题后来出现在菲律宾安全简报的议程上。尽管他们信心十足地认为，问题不会进一步扩大，但我半信半疑。摆在眼前的事实是，事态正在恶化，群岛南方的穆斯林的不满又加剧了这一点。

尽管如此，我发现他们的简报还是很有价值的，再加上美英等其他密切关注局势发展的外国情报机构所做的更冷静客观的估计，这些都有助于我们对菲律宾的安全建设形成一个更相称的画面。马科斯政权倒台后，这些安全威胁公开化，从而也证实了我们的估计。

通常而言，我喜欢与菲律宾人打交道。他们很友好，乐于助人。但我也有一个担忧，每次我们执行国防事务，从巴耶利峇机场直飞菲律宾，我都发现飞机上装有一大堆行李，可能是代表团一部分多余的行李。到底是谁的？不是我们的，我们每个人只有一个手提箱。我怀疑是菲律宾工作人员假借我的或代表团成员的名义，运送箱子和包裹。自那以后，我决定无论何时去菲律宾，都先飞香港，然后转道马尼拉。同事不是很理解，尤其是那些与菲律宾使团比较亲近的人。我怀疑，很多正常情况下不允许进入菲律宾的物品，都打着我的行李的幌子进入了菲律宾。这不由得让我时时担心，尤其是当我怀疑一些工作人员已知道内情的时候。

回顾与菲律宾人打交道的过程，一种失望感油然而生，这个极具才能的国家竟没有得到更大的发展。当中才华横溢的人不在少数，人们也受过良好的教育，拥有丰富的文化遗产。但菲律宾的现状很容易让人想起拉丁美洲，拉丁美洲的教会和大地主各自雄踞一方。新加坡驻马尼拉大使莫里斯·贝克曾采访共产党领袖路易斯·塔鲁克。我还记得贝克在报告中说：塔鲁克有杰出而敏锐的思想，极冷静客观地分析了菲律宾社会。他预测若不进行土地改革，而是继续由一些大家族保持绝对控制，社会将不会有什么进步。

16. 自立的缅甸

由于昂山素季受到的待遇问题，缅甸在过去20年里一直是新闻头条。尽管如此，我在外交部期间，缅甸在我们的雷达系统中仍然没有占据显要的位置。然而，我在国防部时确实认识了一些政府部门的重要人物。1975年，奈温访问新加坡，陪同的是军事安全顾问昂赛尔准将。李光耀总理曾受到一个友好政府（我认为是日本）的请求，希望运用他的影响力劝服奈温释放一艘在缅甸被捕的渔船，这艘渔船被一个地区性组织用来为东南亚国家培训远洋渔民。该船先是以曼谷为活动中心，后来成为日本政府名下的一个地区合作项目，在缅甸海域被捕并被没收。到目前为止，所有请求释放的努力都失败了。

总理与奈温非常熟悉，会上就把这个问题提了出来，我当时也在会场。就算船员理应受到惩罚，他还是希望能归还这艘船，继续实施培训计划。尽管李光耀提出请求，但奈温立场坚定，说这些人是在马达班湾捕捞珍珠，因为那里的珍珠非常大。李总理没有再勉强。当时看来，奈温一概拒听任何的说情。

会后，奈温的助手昂赛尔要求见我。他解释说是从总统办公室来的，他们与我们的外交部没有联络，想和国防部建立一条联络通道。

在适当的时机，他邀请我访问缅甸。在那里我见到了他们的上司——情报部负责人丁乌准将。由于那次接触，新缅建立起互惠互利、坦诚相待的关系。缅甸有个很大的优势，即没有参与围绕越南和柬埔寨的所有争议。为了解决这些问题，东盟已竭尽全力，却无太大进展。我建议丁乌向奈温总统传达一个信息：作为绝对的中立方，缅甸最好可以召集一次东南亚国家会议，来解决越南问题。美国等国家如果想参加的话，也可以参加。他回去向总统汇报，总统召见了我。听完我的提议之后，他拒绝牵涉到越南冲突或其余波之中，说："我不想受到这次战争的污染，不想蹚浑水。"

但是，我们建立起了友好的往来。缅甸欣然同意我们的C-130s从新加坡往返缅甸，为新加坡空军提供长途飞行的锻炼机会。在更民生的层面来看，我发现缅甸有很多物美价廉的海鲜。国防部出价购买，为军队提供供给。作为回报，我们帮助缅甸的一个大米加工厂进行技术升级，该厂的加工技术已相当过时，磨出的大米质量不高，甚至连最贫穷的客户都不愿意购买。这是一个非常有用的沟通渠道，至于他们的内政，我没有必要过问。

每次去缅甸，我都要见见奈温，哪怕只是聊聊天。有一次，我带着妻儿去见他。我们到达后，奈温说："不能只在曼德勒转，到别处看看，我给你准备飞机。"他想让我看看北部的雪山。于是我们坐上飞机，一直到了中缅边境浦头。返航时，到了远离曼德勒的某个地方，飞机飞得非常低，能看到人们在山坡上跑来跑去。丁乌陪着我，解释说他们在捡石头——红宝石原石，这里盛产红宝石。

1997年，我从美国回来的途中又去了趟缅甸，遇见了丁乌和昂赛尔，还拜访了奈温。自上一次造访以来，发生了很多事情。奈温逮捕了我的朋友丁乌，没收了他的全部财产。因为有人告诉奈温，丁乌的一个助手未经允许去了伦敦，还带着一个中国商人。他认为丁乌与这件事有牵连，就把他关了起来。到适当的时候，丁乌又被释放，财产也都如数归还。整件事非常令人费解。

奈温让人难以琢磨，而且相当固执。没人敢告诉他任何事情。一次讨论结束后，我对丁乌说："现在我们已经讨论了，你为什么不告诉奈温总统？"他回答："你是我的朋友还是我的敌人啊？"我问他什么意思。他说："如果我去告诉他，其他三个人就会告诉他一个不同的版本，并且说他的敌人让我把这件事告诉他。那我就有麻烦了。他耳根子软，很容易轻信别人。"

有一次，当我离开奈温的家时，管家把我送到门口，用淡米尔语感谢我。我问他："你讲淡米尔语？"他解释说奈温的住宅里，每一个仆人都是淡米尔人。他们比缅甸人更受信任，因为他们被视为极为顺从的族群。奈温的仆人中没有缅甸人。

我就任新加坡总统之后，在奈温最后一次在医院的时候，去探望过他一次。他的一个女儿在那里，是位医生，叫钦·森达·文。和缅甸的许多社会名媛一样，她身上戴满了珠宝。奈温介绍我为"丁乌叔叔最好的朋友"，说完笑了起来，我们聊了一会儿。那是我最后一次见他。

关于缅甸的未来，我相信其内部的政治形势终究会改变，哪怕只是因为经济上的原因。通过访问，我确信，可以对世界任何地方实施制裁，但缅甸永远不会挨饿，因为这个国家的自然资源和粮食供应实在太丰富了。缅甸人都很可爱，这一刻还充满魅力，下一刻就高度仇外。国际社会施加给他们如此多的压力，但结果却适得其反，其中一个原因就是他们相信自己有足够的资源能够经受得住任何外部的联合抵制。今天，中国和印度积极讨好他们，因为这些国家需要他们的能源，于是缅甸人相当自信可以承受施加给他们的任何压力。

17. 日本旧债

1962年，二战结束后第17年，日本侵略的一个严重的遗留问题引起了公众注意。在实乞纳、樟宜和武吉知马发现了日本入侵后屠杀平民的万人坑，人们义愤填膺、群情激愤，要求日本政府偿还"血债"。

从一开始，日本采取的方针是，按照1951年圣弗朗西斯科和平条约，日本已经与英国解决了关于战争赔款的所有问题。新加坡的要求应该向英国提出，而日本同意在政治和道德上做出一个合适的"赎罪的姿态"。

1962年5月，李光耀总理首次访问日本，向首相池田勇人提出了这一问题。池田为战争期间日本在新加坡的所作所为表示了"诚挚的歉意"，说日本人想做出弥补"以祭亡灵"。然而，补偿问题仍未解决。池田只是同意"认真考虑采取适当措施，来弥补和安慰亡灵"。

1963年8月25日，新加坡公众对日本的态度失去耐心，最终在政府大厦大草场组织了一次大规模游行，总理也参与了这次游行。通过了三个决议，要求所有种族的人民团结起来，寻求让"血债"问题得到满意解决，形式是由日本政府支付5000万马元赔款；如果要求得不到满足，就威胁举行"不合作"运动；要求新加坡政府拒绝日本侨民的入境许可。新加坡中华总商会在推动这个问题上发挥了一定的作用。

1966年，在实乞纳的上东海岸路发现了更多残骸，促使中华总商会再次提出"血债"问题。同年7月，政府决定重启与日本的正式谈判。五千万马元作为最低数额在新加坡华人的思想中已经根深蒂固，政府意识到如果少于这个数额，就会被指责为叛国。

1966年10月25日，椎名悦三郎对新加坡正式访问期间，两国外交部部长椎名悦三郎和S.拉惹勒南最终达成共识。起草联合公报时，我与日本大使馆的一等秘书长谷川（后来任大使）一起共事，我是联络人。联合公报这样写道：

> 两国外交部部长承认，应当及早并彻底地解决二战期间在新加坡发生的不幸事件，为促进日本和新加坡共和国之间的友好关系做出建设性的贡献。双方同意，日本政府向新加坡共和国政府和人民提供5000万马来西亚元，2500万马来西亚元以赠款名义支付，2500万马来西亚元以特殊条款贷款形式支付。两国外交部部长同意两国政府应制定出必要的细节来实现上述目标。

10月31日，李总理给中华总商会主席孙炳炎写了一封信，后来报纸上刊登了这封信。李解释说：

> ……做出这样的决定，政府是出于我们经济发展的实际考虑而采取的行动，并非天真地以为几百万美元就能抹掉日本侵略新加坡期间对成千上万家庭造成严重伤害的痛苦回忆。正如我对日本外相所说的，事情已经发生了，已经发生的事情无法改变。赎罪的姿态所能做的就是让事情简单化，或者至少能减轻痛苦，让我们能暂时不管这些敏感的、不愉快的历史伤疤，为了经济领域的共同利益而合作。

在信的最后，李恳请中华总商会"铭记不再让赔偿问题成为争议性话题是有利于新加坡经济发展的"。

这起事件到此就结束了。2500万马元的赠款用于购买船坞建设的材料和设备、裕廊港口的码头起重机以及地球卫星通信基站的设备。至于2500万马元的贷款，则由裕廊造船有限公司用于进口船舶建造的材料、设备及基础设施项目。

没有人会假装认为该款项可以完全补偿战争期间造成的伤害，但政府要考虑新加坡的经济利益。领导人意识到日本投资的前景，这种解决方式清除了一个障碍。尽管我们是战时暴行最严重的受害者之一，但我们不继续在公共场合敲打他们，日本人必定会松一口气。

那时候，与日本的外交关系还处于起步阶段。与日本的外交往来最初是通过英国来处理的，从1963年开始通过马来西亚。独立后，日本迅速在新加坡建立使馆；1968年我们任命了第一位驻东京大使洪国平博士。

尽管战时就学会了日语，但15年之后，我已经差不多忘光了。记得1961年去秘鲁，中途在东京逗留。入境检查时，我意识到能记得的日语已经不多了。但后来再去日本，开始慢慢记起一些词语，后来记住的就越来越多。这些年来，我在不同情况下会时不时地用用日语，但从未达到以前的熟练程度。

　　那些日子里，对日本进口商品的态度迥然不同，例如很多英国商行不出售日本摩托车。大约在1949年或1950年，新山举办了一次汽车大赛，其中有一场摩托车赛事。老牌参赛者都是欧洲人和美国人，日本车首次亮相。我们没想到他们会赢，从第一圈开始就明显看出了他们要赢的势头。观众们都无法相信，日本的东西向来被视为劣等品，但这一次却给我们留下了不同的印象。

　　既然无法通过已有的经销商如慕娘汽车（一家英国公司）销售，日本人就找到了新加坡和马来亚的华人自行车经销商，给了他们一些车和信贷，让他们来卖。一名华商在槟城开了家自行车店，通过卖日本摩托车挣了很多钱，现在在马来亚和新加坡家喻户晓，他就是骆文秀。

　　日本经济的复苏速度非常惊人。与德国一样，他们被战争彻底摧毁，但或许这也是一个优势。下定决心要恢复经济后，他们完全从零开始。在这个过程中，他们克服了巨大的困难。我还记得1957年住在加尔各答一个水手招待所时，遇到一个日本人。我们一起沿着码头散步，码头到处都散落着稻谷和其他东西。"这些印度人不明白食物的价值。"他说。我问什么意思。他答道："战争后，我们一无所有。如果我们看到这样的东西，就会捧起来，吹干净沙子，然后洗洗做饭。你看看现在，印度有这么多贫困人口，但却能眼睁睁地看着这样的事发生。他们都是些什么人啊？"我能理解他的观点。

　　然而，除了他们的毅力，我还能看到一种傲慢。日本是一个岛国，尽管二战后十余年来，我所遇到的人比那些在日占期间受日本声誉沾染的人更加开明，但我仍能看出他们对外国人的态度有时与早期殖民时期的英国人类似。我经常对遇到的日本人说："在帮助我们实现经济成功方面，你们已经重新获得了我们的尊重，但你们必须努力，来维持这份尊重。战争记忆的消退需要很长的时间。"

　　我前面提到过欧阳奇博士。在建立驻东京大使馆早期，他曾提过一些建议。我们本应该接受他的忠告。他的银行有一个客户，在这座城市拥有一块好地。他建议我们可以买过来，在那里建大使馆。但那时，新加坡太缺钱了，财政部甚至不会考虑这样一个交换提议。如果我们能听从这一建议，情况会好很多。后来，我们不得不为现在在六本木使用的办公场所支付一大笔钱。

18. 扶植印裔群体

整个公共服务职业生涯中，我一直对社会问题颇感兴趣。正如前文提到的，从1960年开始，我就是新加坡社会服务联合会的秘书。这项志愿工作让我敏锐地感受到新加坡人民每个族群的特殊需要。成为总统之后，我非常谨慎，避免偏向某个特殊群体，并且努力为不同的宗教团体提供资助。

然而，在早期职业生涯中，作为一个印度人，不可避免地会特别注意那些影响印度群体特别是那些低收入群体福利的问题。我与劳工运动的关系更加强化了这种渴望。1982年，我在印度咨询委员会（在印度宗教事务和活动相关的社会问题上，为部长提供建议）任职，更加深了这一感情。1983年，我成为印度教基金管理局主席，为政府代管四个印度教寺庙（其中包括新加坡最古老的寺庙：南桥路马里安曼寺）的妥善管理和经营。与我一起接受任命的还有哥比纳比莱、塞特·帕尔·卡达、维亚雅拉特纳姆、克尔帕·拉姆·维吉将军以及其他一些与我一样对这些事务也不熟悉的人。

大概一年之后，我意识到没有关于印度教习俗和宗教节日的书面授权，尤其是那些政府政策似乎对其有影响的书面授权来指导我们工作。社区长老向我们投诉，但他们有关敬神拜祖的知识都是道听途说。由于每个人的奇思幻想，他们的建议都不同，但通常各有各的支持者，必须倾听信徒的呼声，以示表面上的公平。最初我们寻求寺庙的祭司来指导，我们希望他们至少能承担印度教的宗教培训工作。

大约一年之后，我们又面临着其他一些问题。例如，管理局四个印度教寺庙的管理杂乱无章；每个寺庙的收入和支出管理完全交给了办事员（来自印度），很少或者完全没有监督；账户记录潦草马虎；信徒以金银饰品形式献给寺庙的礼品没有妥善记录；印度教基金管理局必须提交给议会的年度决算严重拖欠。寺庙祭司每日祷告时穿着不体面，寺庙场所的卫生问题也亟待解决。马里安曼兴都庙的周围环境无人管理，引来了各种各样的流浪者。

有一个特别紧急的问题：我们需要购买一块地，西凡兴都庙要从现在乌节路的地方搬出来，重新安址，同时政府已经打算把这块地皮用来修建地铁。管理局前成员没有另寻条件合适的其他地方，就接受了补偿条件。

我认识V.R.纳丹（并非我的亲属），当时他在渣打银行工作已有一段时间。我问他是否可以帮忙解决一些问题，尤其是使我们的财务正规化，并制定合适的框架。很快他就推荐来一位专业审计师，让账户提交能够实时更新。他还设计了一个软件，每天晚上把当天的募捐金额存入最近的银行。他建议对金银饰品捐赠进行登记，为每个寺庙设立管理委员会，由印度教基金管理局成员主持工作。

V.R.纳丹受邀作为管理局成员正式加入我们，专门负责财务，他帮着把各项建议付诸实施。显然，他相当认真负责，发挥了很大的作用，例如鼓励一群年轻人来寺庙做志愿者。随着时间的流逝，他想出各种改革方法，解决了一个又一个寺庙的问题。他成功地监督了大巴窑新寺庙的建设，以及后来印度教基金管理局办公楼的落成。

既然马里安曼兴都庙的管理走上正轨，我们决定在一块空置的地方建一个婚礼大厅，并希望以伽文达萨米·比莱家族的名字命名，他们之前对这个寺庙馈赠很多。由于这个家族本身不能提供资助，所以我们去找其儿子（管理局成员莱玛克里斯南先生），提出要建这个大厅，用他母亲的名字命名。他可以通过分期付款进行资助，每年一定数额，来保留这一名字。于是在一段时间内，资金就筹措到位了。

我们开始清算曾经漏掉了多少钱，至少要弄清一个寺庙的情况。在西凡兴都庙寺，老做法是印度教基金管理局每月从祭司那里收200新元，条件是提供经营寺庙的所有费用。第一年之后，V.R.纳丹发现寺庙年收入大约是20万新元！管理局接手管理工作后，年收入逐年增长。到2008年，现金盈余有数百万元。

与此同时，位于乌节路的西凡兴都庙搬迁问题一直未能解决，我们收到了最后通牒，必须从现址搬走。有人建议我们先把寺庙的神灵锁起来，直到管理局找到新地方为止。这个方法根本行不通，人们的反应肯定是恐慌。柏鲁马尔寺也在管理局的管辖范围，其围区内有一处空地。我们决定先在那里安放斯里斯万寺，等到能买得起一块地时，再建一个新寺。管理局先前从乌节路地皮上得到的钱，根本不足以另外买一块地。

为寺庙找个新地方，就要通过投标从政府购买一处地皮，但政府最终以固定价格在芽笼为我们提供了一块地，而没有走招标程序。那时，管理局已经积累了购买土地的资金，但建寺庙的钱就不够了。因此，我们最终靠管理局管理下其他寺庙的收入，成功筹到建寺庙的钱。同样，在随后几年里，管理局管理下的其他寺庙都被翻新，或在现址上进行了重建。

重建的西凡兴都庙应该是独一无二的。我们让V.R.纳丹和他的团队去观摩印度的贝拉庙，该庙的建筑风格非常独特，相当吸引人。我们还希望雇佣一位印度的寺庙建筑师。我去找S.K.贝拉，他是一名印度慈善家，贝拉集团的老总。如果管理局支付路费，他很乐意资助在印度旅行的费用。

于是，这群人在北印度四处考察各种寺庙。传统上曾垄断了新加坡和马来西亚寺庙建设的南印度寺庙建筑师，对此大为光火，激起了本地人的反对，大学生中也出现了骚乱。我指出，印度教并非源于新加坡。为什么我们必须坚持一种特定的建筑风格？于是，从提交上来的设计中，我们采用了最好的一个。因此，寺门（或叫山门）与新加坡其他寺庙是不同的，塔身是在印度样式的基础上进行了修改。我们意在创造一种糅合了各种印度寺庙风格的综合体，彰显新加坡独特的设计。

多亏了V.R.纳丹等人不懈的努力，我们筹集到了资金。一位淡米尔老妇人带来一袋钱，约有五万新元，不求任何回报。

除了土建工程外，我们还必须考察如何庆祝一些重大的印度教节日。最具挑战性的是大宝森节。街头混混把大宝森节游行当作一个狂欢日，踢翻垃圾桶，和着宗教游行队伍的音乐敲敲打打。有些人带着手风琴，演奏流行的淡米尔和印地电影音乐。作为一个公共宗教节日，大宝森节允许街头游行，但也存在被叫停的危险。自从1964年先知穆罕默德街头游行期间发生骚乱以来，除大宝森节之外的一切游行都被禁止。华人甚至都不得不把他们的神灵装在卡车上，因为不允许街头游行。而印度教有每年进行街头游行的特权，只要行为方式恰当。

另外一个问题是行期间沿途非法收集资金。穿着黄色长袍的人出于"宗教目的"，欺骗性地收集资金，表面上是捐给马来西亚的寺庙。

我们与所有的印度警员（巡警及以上）进行沟通，请他们自愿提供服务，他们同意了。警员组织起来，从实龙岗路的柏鲁马尔寺到登路的雀替尔庙，全程伴随节日游行的人群，解决可能出现的任何流氓问题。即使在今天，他们仍是节日期间的中坚力量。游行的前一天晚上，我们还让一些印度军事警察对寺庙进行巡视，确保各处明亮开放，因为我们管理的最初几年发生过一两起夜间袭击事件。

在一次大宝森节游行期间，实龙岗路发生了暴力事件。有人把一家自行车店铺外的一些摩托车推到了沟里，店主出来打架，警察志愿者进行了干预。这两名罪犯是马来西亚印度人，被警察带到长堤，勒令他们离开新加坡。

我们担心这些流氓行动会挑起某些事端，从而导致大宝森节游行被禁止。幸运的是，V.R.纳丹及同事阿斯丹姆、帕里那潘严格执行纪律，确保不会发生这种事情。

V.R.纳丹能力非凡，2005年卸任主席之前，他对印度教基金管理局及印度教群体做出了杰出的贡献。他还应政府的要求，负责"静修处"的管理工作，这是一个药物康复活动，但不在印度教基金管理局的职权范围内。由于没有其他印度组织来承担这样一个公民义务，他将之视为一次机遇，可以将印度教基金管理局打造成一个民间组织，并树立声誉。我不确定他多年的服务是否得到了应有的认可。我俩之间也有过意见不一致的时候，比如在建立印度教基金管理局的印度教幼儿园一事上。我认为目前印度教群体已经够隔绝的了，不能再给孩子们灌输一种可能阻碍他们与其他人交往的意识。然而，后来几年里，作为宗教间组织的印度教代表，V.R.纳丹相当活跃，在该组织里与其他宗教信徒合作密切。政府对他的服务相当认可，2009年国庆节时授予他"公共服务明星"的称号，我感到由衷的高兴。

第六章
涉足报界

1. 结缘《海峡时报》

1981年10月底，我仍担任外交部第一常任秘书。一个周六的晚上，《海峡时报》的林廷龙打来电话。早在20世纪60年代，我就与他打过交道。当时，我在劳工研究所工作，曾协助新加坡全国记者联盟解决记者与报社管理层的纠纷。后来，林廷龙的事业蒸蒸日上，1978年当上报社主编。那天他打电话时，我正要吃晚饭。我猜他在这个时候打电话来，应该是为了一些与我工作相关的新闻消息。他以前也偶尔这样。

林廷龙开门见山地说，他和老板——常务董事林恩·荷罗威与总理李光耀当天下午在总统府会晤。这是多次会晤中的第一次，总理表达了他的不满，指责报社对政府及其推行的政策一味地批评是不公平的，所持态度也有失公允。迫于压力，荷罗威让林告诉总理：他（林廷龙）已经邀请我从政府退休后加盟《海峡时报》。之所以这样说，是因为总理本就有意派资深公务员加入报社的管理层。在电话中，林廷龙向我道歉，因为未经我同意就推荐了我，同时也希望我不要觉得别扭，总理很可能将要把我派去《海峡时报》了。

林廷龙说的话让我吃惊不小。他还说，总理最初是怀疑的。他先是哈哈大笑，笑完了就问："为什么觉得纳丹或任何常任秘书会愿意去《海峡时报》？"林回答说："我们（林廷龙和我）曾经初步讨论过这件事。如果纳丹来报社，可以担任媒体记者的顾问，也可以写些深度报道或者时事评论。"

那天在电话里，我一直在听林廷龙说话，自己却沉默着。他问："你为什么不说话？"我答道，事已至此，我没有什么可说的了。

接完电话后，我要等总理的决定。不管这个决定如何，我只能等。我把电话的大体内容跟妻子说了，然后继续吃饭。妻子听了没说话，也许她在心里琢磨着我会喜欢哪种退休方式吧。

第二周的周一，我以讨论文化部的职责问题为由，主动去见了外交部部长兼文化部部长S.丹纳巴南。S.丹纳巴南知道周六总统府发生的事，也知道政府确实对《海峡时报》有诸多不满。

政府对《海峡时报》不满，是因为它常常无缘无故地抹黑政府。它还经常挖掘机密情报，早早地将其公之于众，却又声称是小道消息。这样使得政府处处被动。S.丹纳巴南说，之前当局曾经当面表示过不满，报社管理方却没加理会。这次，当局觉得是时候采取主动，派自己的人到对方阵营了。

谈话进行到这个节骨眼上，林廷龙就顺水推舟向总理推荐了我。

当时，《海峡时报》的副主编是张业成。时过境迁，数年后，我问他为什么林廷龙会想到推荐我。张业成解释说，报社高层担心任由政府派人参与管理会对公司不利。"民众心目中的《海峡时报》也许会面目全非……两名资深公务员进入管理层……公司高层为此人心惶惶。"张业成还告诉我，荷罗威曾在一个周日晚上，将林廷龙、郑坤德和其他几个人召到那森路的府中开会，决定找我帮忙。报社内部认为，我深得政府内阁的信任，这一点非常关键。张说："无论你在政府任职，还是之前在全国职工总会工作，通过我们与你的交往，我们知道你有头脑，对政治敏锐，而且富有领导才能，完全能胜任这个角色。"张业成告诉我，记者们认为我在外交部工作期间，应对媒体比其他常任秘书从容积极，而且没有官僚惯有的僵化作风。他们对其他人缺乏这种信任。

总理告诉林，他会考虑报社建议的人选。他也想听他们说说对我怎样安排。林廷龙打过电话没几天，总理就邀我见面，问我有什么想法。我告诉他，自己没在报界工作过，不知道怎样才能做好。总理没有理会，却说报社和政府都对我有信心，这就足够了。

年末，总理召集海峡时报有限公司主席陈才清、林恩·荷罗威和另外一名董事会成员范佑安召开会议。会议决定，我加入《海峡时报》，除了担任顾问（这是林及同事最初的打算），同时兼任执行主席。这意味着我在必要时能完全干预公司的决策。陈才清让荷罗威制定出我的具体工作职责。他已经知道会议内容，但我猜他肯定没什么兴趣。从技术上来说，我将在他领导的董事会任职，而不是由政府任命。

政府与新闻媒体的关系有法可依。从1920年颁布的《印刷媒体法》，到后来

（截止到20世纪70年代）出台的类似法案，指导精神一以贯之。1974年颁布的《报纸与印刷媒体法》规定了出版社获得经营许可和进行注册的条件、准许发行报纸的条件、报业公司的公司章程得到注册官批准的条件等，所有这些都延续了之前法案的相关规定。另外，法案规定所有公司理事必须具有新加坡国籍，公司必须发行"管理股"以保障投票权。但是，"管理股"只能发行给新加坡公民和获得文化部准许的本地公司。诸如此类的规定使得政府能间接参与公司管理，其目的用易润堂部长的话来说就是为了"保障我们的国家利益和公民的福祉"。议会在对议案进行辩论时，易润堂部长陈述了政府的立场：

> 我们的目的是实现报刊管理的有序，而不是被一些不良因素引导，这些不良因素会使其方针与我们国家的利益背道而驰……政府的目的不是接管报纸。相反，政府希望在新加坡出现言论自由的新闻媒体。我们绝不是要遏制真实的舆论。相反，我们旨在使这些舆论得到表达。让百花齐放吧。

就这样，我于1982年1月31日再次离开了外交部，离开了政府部门。然后，静待报社邀我加入董事会。

在这之前的几天，我去向总理告辞。我们再次谈到了《海峡时报》。他提到，有两个问题需要注意。第一，《海峡时报》一直抢先公布官方消息，而且热衷于泄露有关公共政策的情报。这样一来，无论政府做什么都屡屡受阻。总理觉得，报社内部有些年轻员工从美国当年的水门事件中得到启发，与国外媒体记者相互勾结，干起了专门挖掘秘密情报的"狗仔"行当。他说，如果政府真有什么见不得人的丑闻，这么做当然无可厚非。而且真是这样的话，他要第一个请求将其向民众公开。然而，这些记者却认定政府的每个政策背后必有阴险的意图。随着英语报刊读者群的扩大和英语语言在教育和行政领域的使用日益广泛，这些怨言将积少成多。如果任其发展，最终会给新加坡造成灾难性的影响。公众将对政府产生敌意，并"憎而远之"。政府推行的社会改良政策必然受到重重阻力。

总理提到的第二个问题是，如有必要，我可以组建一个团队，团队成员须是当地的精英记者。他们能审时度势，洞察社会问题。有了他们的引导，公众才能更好地理解政府的政策。

总理告诉我，假如在工作中有人不配合或者制造障碍，我应果断地采取措施，不用怕谁，也不用给谁留情面。假如公司管理层从中作梗，我应及时和他通气。总理猜测，报社有一小撮记者制订了反政府计划。如果这是真的，那我需要把这些人揪出来。如果他们不思悔改，就要加以惩罚。他会给我一个月的时间，让我来了解那边的形势并进行判断。总理重申，必要时，他会派政府工作组去铲除毒瘤。

可以看出，政府和《海峡时报》之间的关系已到了剑拔弩张的地步。如果后者仍然一意孤行，政府极有可能勒令其暂停经营，进行全面整顿——包括员工在内。

但我心里有两个疑问。第一，政府和《海峡时报》交恶是什么时候开始，又怎样演变成今日情形的？第二，为什么两方都要选我呢？

其实，政府和《海峡时报》之间关系紧张并不是什么新鲜事。早在独立以前，第一任首席部长大卫·马绍尔就曾与《海峡时报》打过口水战。1959年进行了大选，在新加坡即将成立自治政府之际，《海峡时报》曾触怒人民行动党的领导人。那时候，《海峡时报》对人民行动党的关注比其他报纸更多一些，但他们对李光耀进行人身攻击。他们的报道还涉及人民行动党和华巫联盟的关系。因为话题非常敏感，李光耀大为不满，警告报社后果严重：

> 自5月30日起，任何一家报纸如果试图破坏或扭曲马来亚联邦与新加坡的关系，将被视为颠覆政府的行为。任何编辑、社论作者、助理编辑、记者，如参与此类活动，将按《维护公共安全条例》的有关规定处理。我们会把他送进监狱，并让他在那里待着。（《海峡时报》，1959年5月19日）

1959年5月20日，在一次选举集会上，总理承认这番发言直指外国控制的报纸。就在同一天，他在给《海峡时报》写的信中提到：

> 本地报纸批评我们，不管对错，我们都相信这批评是真诚的。因为他们跑不掉，他们要承担后果，为了他们曾经鼓吹的错误政策和事业。但是，《海峡时报》不一样，它的管理者像候鸟般漂泊不定。他们投靠了联邦，有了这个靠山的庇护，他们可以大胆地声明自己可以为新加坡的自由而死……

"候鸟"指的就是报社的外籍高层。他们刚将公司总部从新加坡迁往吉隆坡。马来亚联邦与新加坡相比算是大国，而且政治上独立，商业环境似乎更加优越，而新加坡国内当时劳资关系纠纷不断，而且极左派搅得国内政治局势不稳。公司迁移吉隆坡，显然也是看到人民行动党大选胜利已成定局，为了顾全自己而做的决定。然而，这次迁移显然没有带来很大的转机。总部迁移后，公司原先的广告人员全部留在新加坡，他们创造的广告收入占了公司广告总收入的一半以上。留守的还有少数记者和助理编辑，他们在黄金辉的领导下，向吉隆坡总部传发新闻，同时编辑一两个有关新加坡的版面。助理编辑向吉隆坡总部的编辑报告并接受其指令。稿件在吉隆坡汇总，但在联邦和新加坡两地印刷。公司斥资购入一架塞斯纳轻型飞机，在吉隆坡和新加坡两地公司间运送打印矩阵（业内称为"纸版"）。新加坡政府是不乐意《海峡时报》迁往吉隆坡的，一方面出于原则，另一方面是由于报纸在报道有关新加坡的新闻和做时事评论时已逐渐向马来亚方面倾斜。

1963年，马来亚、沙巴和沙捞越合并组成马来西亚联邦，《海峡时报》总体上对其是支持的。然而，1965年新加坡被迫从联邦分离出来，这导致了后来马来西亚和新加坡政府之间、新加坡政府与《海峡时报》之间摩擦不断。脱离联邦后，《海峡时报》这一新加坡的国家报纸，虽然在长堤以南印刷发行，却仍在吉隆坡总部的控制下进行编稿。这种反常的局面持续几年后必须改变，无论从政治角度还是商业角度上来看都非改不可。1972年，"分家"的行动开始了。《海峡时报》总部和主要编辑室迁回新加坡，以《新海峡时报》出版社命名的公司将作为一个独立的实体在马来西亚自谋生路。报纸印刷机在两国也都得到全面升级。到了1975年，一系列企业组织重组完成后，海峡时报有限公司宣告成立。公司重组后，在新加坡发行的报纸彻底与马来西亚的昔日姐妹断绝关系。根据协议，两国各自发行的报纸禁止在对方领土范围内流通。

回归新加坡后，报社高层开始改善与政府的关系。另外，他们明确地接受了各方对报纸品质的批评，也意识到提高报纸质量势在必行。为了壮大新闻编辑部，增强实力，他们提拔了一批内部员工，同时聘进一些年轻毕业生为其效力。每每面对当地的新兴新闻公司时，当局领导者们都要强调：媒体在国家建设中扮演着重要角色，对政府的思想很重要。

我想敞开胸襟加入《海峡时报》，但我也明晓政府与《海峡时报》之间积怨颇深，造成了当局今日对它的复杂态度。新加坡独立前，是没有什么国家身份可言的。当时的政坛领导人，像吴庆瑞博士、拉惹勒南都怀有远见卓识，致力于国家建设。他们只能通过媒体宣传思想，完成大业。在那个动荡不安的年代，威胁无处不在，随时都可能将刚建立的秩序毁于一旦，每一次取得胜利都历尽艰辛。为了诸多原因，如维护民族和睦团结、防止无组织罢工、实现工人运动现代化、吸引国外直接投资等，我们必须勾画出和谐稳定的画面。我们只是贫弱小国，与很多批评我们媒体的大国完全不同。"求得生存"是我们的不二法则，而且这个法则见效了。从那时到现在，新加坡国民都获益良多，这一点毋庸置疑。

1971年5月，在我担任内政部常任秘书时，政府采取行动制裁了三家国内报纸。三名《南洋商报》的高管因挑起种族争端，涉嫌违反《内安法令》而被捕。《东方太阳报》也因接受香港共产党的资金而关闭。《新加坡先驱报》曾是《海峡时报》的有力竞争对手，也被政府吊销了执照。总理断言，这三家报纸都参与了"隐蔽行动"，并且它们的编辑政策与新加坡的国家利益和安全背道而驰。

由于大卫·马绍尔在国际新闻学会提到了这件事，总理不得不在1971年6月在赫尔辛基召开的一次会议上，将他对国内报纸的看法公之于众。他做了题为"大众媒体与新兴国家"的演讲，评述了世界其他地区的媒体采取的措施，并且评估了新兴国家所面临的选择，即应该如何调控新闻业。报道说，他当时是这样说的：

> 我能且仅能为新加坡回答这个问题。当今，大众传媒可以帮助我们简单明了地呈现出新加坡的问题，并且，如果他们支持相关项目和政策，他们还可以向大众解释如何解决这些问题。
>
> 更重要的是，我们想让大众传媒强化我们在学校里灌输的文化价值观和社会态度，而不是起破坏作用。大众传媒能够创造一种氛围，使得人人热衷于学习先进国家的知识、技能和纪律。如果做不到这些，'提高人们的生活水平'就只能是一句空话，永远也无法实现。

与此同时，总理声明说："新加坡是无法把自己与世界隔绝开来的。"

他还提请大家注意，许多敏感的话题都是因新加坡人口构成的多样性而产生："新加坡的人口种族不是单一的，而是由多个有着不同语言、文化和宗教的群体构成，这就使问题变得更为复杂。"他谈到，媒体很可能通过不同的方式挑起事端，"人们很容易受到书面文字、电台声音的暗示和影响，更别提电视画面的威力了"。他还列举了外界干涉可能引起的危险：

> 我和我的同事们有责任消除他们的这些不良意图。在这种情况下，新闻的自由和新闻媒体的自由就必须符合新加坡的整体利益需求，符合民选

政府的首要目标。尽管代表不同文化价值观和生活方式的各种分裂势力依然存在，但政府还是已经采取并将继续采取强有力的措施，带领新加坡人民向更高水平的生活前进。这才是全体人民的意愿。也只有在有着更高生活水平的社会中，大众传媒才能得以繁荣发展。

　　政府的期许和媒体的角色之间有着不可避免的冲突，正如大家在发达国家里经常看到的那样（某些《海峡时报》的记者也看到了这点）：媒体仅报道那些它认为合理的事情，仅仅在极个别情况下服从国家利益。全世界的记者都认为他们不仅要向政府当局负责——无论其有多么开明，而且要向读者负责。在某种程度上，如何调和对报纸角色的不同解读是编辑们所面临的挑战。冲突仍旧持续着，在1979年的补缺选举后，总理指责《海峡时报》将选举比作一场"斗鸡"比赛。这导致报社内部进行了一场大规模的自我检讨，包括与后任文化部部长的王鼎昌（再后来当选为总统）交换看法。后来，由于《海峡时报》因报道1980年的大选和让工人党的J.B.惹耶勒南取得国会一个席位的1981年补缺选举而导致紧张的局势进一步恶化。在1981年的补缺选举中，《海峡时报》抢在官方声明之前报道了公共汽车费可能会上涨。有人认为，该报道促成了选举的结果。

　　在我去《海峡时报》上班的前一晚，我与总理又一次会面。他再次提到他希望我能对《海峡时报》进行改革，不到万不得已之时，他不想派政府工作小组去强制改革。因为如果采取后面的措施，可能会影响报纸的国际信誉。然而，如果迫不得已，他也会不得已而为之。

　　当我准备离开总理公署时，他却把我叫住。我仍然记得他说的话："纳丹，我要把《海峡时报》交给你了，它可是拥有150年历史的优秀报纸。但它就像一个瓷碗，如果你不慎打破了它，我虽然可以将它粘起来，但它却不会再完好如初。所以，尽量不要毁了它。"我沉默着。他问："为什么不说话？"我回答道："总理先生，您已经告诉我什么该做，什么不该做了。我还有什么可说的呢？我会尽力的。"之后，我就离开了。

2. 顾全大局

／

　　我是应林廷龙和《海峡时报》其他高层领导的邀请而加入《海峡时报》的。林廷龙与我熟识已久，我知道他值得信赖，而且我深信他没有企图诋毁总理及其他领导为新加坡所做的工作。我相信，他真正支持人民行动党，并拥护它实行的政策。因此，我决定抛开一切成见，投入到我的新工作中。

　　我去巴耶利峇路附近的时报中心——时报出版社总部报到上班。《海峡时报》这份报纸实际上是由联署公司——海峡时报有限公司出版发行的，而我即将担任这家公司的执行主席。"时报组织"（Times Organisation）是两家公司联营组成的集团。上任的第一天，我没做什么事情，只是参加了海峡时报有限公司的董事会议。在这次会议上，陈才清宣布他将卸任执行主席一职，并提议由我加入董事会接任他的职务，与会者都表示同意。我感谢这位即将离任的主席长期以来为公司所做的贡献，并邀请他继续留在董事会，因为我知道他仍然可以为公司做出更多的贡献。他接受了我的邀请。

　　就这样，我正式开始担任海峡时报有限公司的执行主席了。一个原来在政府主要部门工作的常任秘书，摇身一变，成了一名不受欢迎的报社主席。之前，我曾在一个等级明确的体系下工作，手握权力，受人尊重，而现在我要扮演一名"医生"，奉命对一组织实行"手术"，而该组织里的成员全都聪明能干、固执而又富有创造精神。这可是一次完全而彻底的转变。

　　没有人张开双臂热情地欢迎我。报纸的编辑工作是在时报大厦进行的，位于里峇峇路和金声路的交叉口处，但那里暂时还没有我的办公室。所以，在为我安排好办公室之前，我只能继续待在时报中心。对此，我很不满。迄今为止，我还都从来没见过编辑室忙碌工作的样子，也不明白要如何替报纸"把关"和进行"质量控制"。倒是常有一些文件送来让我看，大多是以前董事会议的会议纪要，只是记录了一些会议决议或者日常的商务数据，没有记录任何讨论或者观点。对于编辑室的问题或者其与政府之间关系紧张的问题，我找不到任何可供参考的材料，而且报社与政府之间的这些问题究竟有没有呈报给董事会，我也找不到任何线索。林恩·荷罗威和财务总监汤姆·麦克尔万也都没有给我解释一下这些会议的实质内容。他们只是给了我一份上年的年度报告，报告中包含了详细的经营业绩以供股东参考，却几乎没有涉及公司的组织结构或者报纸的生产过程。他们也没有派人来帮助我熟悉一下这些东西。

我所知道的全部信息是：时报组织出版的报纸有《海峡时报》、《商业时报》、《新国家午报》和《每日新闻周刊》，并且这些我早就知道了。不可思议的是，我都不知道原来时报组织是《亚洲华尔街日报》的合作伙伴，二者共同拥有《商业时报》，并且时报组织拥有《亚洲华尔街日报》的股权。一直到后来，我才知晓这一点。另外，与报社的编辑们初次见面时，他们对我的介绍既简短又漫不经心。很显然，去时报大厦工作前，我不能指望有什么作为了，那里才是真正的编辑和生产经营中心。同时，我认购了海峡时报有限公司和《新国家午报》的一些管理股。

一开始时的情形确实奇怪。可是，随着时间的推移，局势却变得更加古怪了。公司大部分的重要管理数据我都无从获知，包括工资、增薪或者奖金等。看起来海峡时报有限公司的产业有一张报纸，就只是政府的出版许可证：公司不雇用管理人员，没有任何家具，甚至连报纸销售的事也不用自己管。海峡时报有限公司与时报出版社这两家公司之间有一面信息墙，这可能是特意设置的。时报出版社董事会怀疑我的动机，这是毫无疑问的。后来，我第一次参加海峡时报有限公司股东周年大会时就搞砸了，因为作为执行主席，我必须在会上回答股东们的问题。荒谬的是，我却所知甚少。

在我来到公司两星期后，我终于搬到了时报大厦，办公室安排在第三层的一个小房间里。时报大厦的主楼是座两层建筑，建于20世纪50年代末，由著名建筑工程公司双麦嘉仁设计建造。最初，楼体表面贴的是灰色和蓝色瓷砖，之后就被深黄色的金属涂层取代了，看上去不是非常显眼。刻薄的报纸观察员很可能会这样写：我和我的秘书辛迪·李被隐蔽在角落的一个楼塔里，位于前门入口处正上方的一个三层小楼中。顶层三楼有一间小办公室，位于同一楼层的还有餐厅和屋顶花园。要到达我的办公室，我要穿过接待大厅和接线员的工作区。倒是有楼梯可以直达我的新天地。这间办公室最初是值班工程师休息的地方。除了我所在的房间，还有一个小小的接待室，分给我的秘书办公用。我所处的环境肯定称不上豪华。但是，离编辑室这一关键区域有点距离，对我也是有利的，有助于消除别人对我意图干涉报社工作的怀疑。编辑室位于一楼，空间很大，大多数记者都在里面忙碌。那里有很多用玻璃隔开的隔间，主编和编辑们就在这些隔间里工作。营业部位于二楼，负责广告、财务等业务。或许，与过去相比，现在主要的一点不同是：过去有很多人吸烟，现在不会。看上去，大家都在忙忙碌碌、马不停蹄地工作着。当然，整个办公场所一点也不优雅：各式家具到处堆放、电线随意乱接、纸张触目皆是。那时候也使用计算机，但尚处于起步阶段。编辑们在一个叫作Talstar（泰事达）的电子系统上准备稿子，但这个系统运作很不稳定，被大家戏称为"吃故事的杀手机器"。

这里的记者和时报出版社的人一样，对我很冷淡，有人会在我跟前用肢体语言暗示自己的敌意，他们中间有些还是我认识的熟人。有些人的胳膊上缠着黑色的臂章，看上去就像华人在丧亲后佩戴黑纱以示悲痛一样。他们心里的确不好受，只不过不是因为失去亲人，而是因为我的到来。

甚至林廷龙也看上去惴惴不安。应我的要求，辛迪从政府行政部门调派到《海峡时报》来辅助我的工作。我让她去打听一下，得到的消息是：林廷龙正在考虑辞职。根据其他秘书得来的消息，他认为我上任后不可避免地会干涉报社编辑工作的正常运行，担心我会参与编辑过程，并修改新闻稿。我决定当面和他谈谈。

我问他是否真的如别人所说，正在考虑离职，如果真的这样，我会非常难过。我提醒他，自己是应他之邀才来报社的，假如他走了，我觉得自己也没有必要留在这里。不管怎么说，如果他觉得不妥，他应该在一开始就提出来，而不是现在才开始沮丧。我到这里的使命就是和他以及其他人一道领导编辑部等部门，并肩工作。我不会改变编辑室的一丝一毫，但如果工作进展不好，我会保留与员工直接沟通的权力。我和他的看法一致：如果政府派工作组进驻报社，那对报社和其出版的报纸来说都不是什么好事，因为问题的关键不在管理或者行政方面。

回想起来，我能理解林廷龙为什么如此担忧。正如他后来解释的："我并不是沮丧，而是在进行思想挣扎，并检讨作为一个在为新加坡与报业的利益而努力的报人，我到底有多失败。我极不愿意看到政府直接干预新闻业。"

我能感觉到林廷龙也承受着来自年轻记者的压力。他的一些属下认为，他和他的上司已是政府的傀儡，想让他"下课"走人。其中有些记者甚至直言，他们对我的到来感到不快。由于年轻气盛、阅历尚浅，这些记者将某些国外资深同行奉为行业典范，对他们的观点颇为认同。而在新加坡以外出版的报刊上，当时所有的新闻报道和评论都认为，我到《海峡时报》就职是政府限制新闻自由的一个举措。政府图谋不轨的证据就是我以前曾当过情报部门长官，他们经常搬出我的这段工作经历来说事。几日之后，我和林廷龙一致认为：在当前的情形之下，我还是与编辑室保持距离为好，以免有侵犯编辑工作之嫌。实际上，我从来都不想挖谁的墙脚。

我和林廷龙就一些具体问题进行了讨论，包括我怎样与他和其他编辑配合工作，以及在处理敏感新闻话题时怎样给他们建议等。我告诉他，我不想仅仅成为形式上的主席，如果我发现编辑们的工作与政府的政策相悖，与国家利益相悖，我就要对其进行批评指导。我来这里就是要告诉他们我的观点，以免他们重蹈覆辙。无论在哪里，只要时机适宜，我都要与新闻人物进行交流，不管他们是公务人员还是生意人。

在我来《海峡时报》之前，资政S.拉惹勒南曾给我一些建议，因为他以前当过记者。他提醒我，千万不要所有重要专栏都看，那样我会修炼成"万能编辑"，到时所有人都会把稿子推到我面前让我来审。这样一来，不光报社的发行工作会耽误，我也会焦头烂额，最终垮下来。他觉得，智取比较可行。我可以先按兵不动，悄悄观察一段时间，弄明白编辑室内部是怎样运转的。我明白他的意思，决定从"后方入手"。

初到《海峡时报》的几个月，我每天都按时上班，包括周六（政府部门在这天正常上班，但通常高管都在这天休息），而且早出晚归，上午9:30到，晚上8:00以后离开。我在工作中一直都坚持亲力亲为。但现在，除了看看当地和国外的报纸，我其实没有什么工作可做。但我暗自下定决心：一定要考察清楚《海峡时报》和其管理层是否真的阴谋损害新加坡的国家利益。

一个月过去了，S.丹纳巴南部长询问我的工作情况，我去外交部拜访了他。他说，总理差他问我进展如何，而且再次问起是否需要派遣政府工作小组。我对他说，需要再给我一点时间，因为我初来乍到，现在还没有找到问题的根源。但是，我觉得问题应该不在于人事管理。本国管理层员工大多对政府颇有好感，明白国家的利益所在，我还需要进一步了解那些外籍员工。当从新加坡角度报道的新闻和评论摆在他们面前时，他们的立场怎样，现在还不清楚。至于那些年轻记者，他们相信自己肩负"调查的使命"，但这个很可能是年轻人的盲目热情，而不是严重的原则性问题。在我看来——我也是这样跟S.丹纳巴南说的——问题在于编辑室的管理怎样，以及记者频频质疑上司和编辑。

对政府派遣工作小组进行整顿一事，我直截了当地表态：没有必要。我不赞成随意给人安罪名，除非真有证据证明他们的报道中怀有偏见或居心不良。S.丹纳巴南表示赞同，并建议我提交一份初期工作报告。在报告里，我起码要强调一下自己的结论：政府工作小组没有必要成立，而且也不会起到作用。我真的照做了。

没想到，在我来《海峡时报》约两个月后，J.B.惹耶勒南竟拿我来抨击政府。他在国会发言说，我虽然从未涉足报业，但有情报工作的经历，所以被政府派到《海峡时报》来消灭任何对政府不满的言论。他在发言时还无端提到，我在日军侵略的年代——那时我才十几岁——还在柔佛当过口译员。我忍无可忍，写了一封公开信给他，问他是否胆敢在没有国会议员身份的保护下重述一遍对我的中伤之词。他没有回应。这个插曲特别具有讽刺意味，因为J.B.惹耶勒南在日治时期也曾经做过口译工作，而且和我共事过。

在接下来的几个星期，我经常外出，与不同的人交谈，包括我认识的一些部长、官员和知名商人，他们是时报的新闻人物。我想了解他们的不满，听听他们对报纸本身、新闻报道和评论文章的怨言。

逐渐地，我开始明白了是什么使得政府如此恼火以及背后的原因是什么。《海峡时报》对本地和国外新闻的报道范围——包括体育和市场题材——相当宽泛，无所不容。许多报道比较注重事实，内容不具什么争议。和其他报纸一样，《海峡时报》也经常受到新闻人物的抱怨，甚至偶尔有些人会指控他们诽谤，将其告上法庭。体育和娱乐版面也不可避免地经常遭到外界的批评。当然，这些都在意料之中。对我来说，编辑室的文化似乎才是问题的根源。

编辑室的管理相当松散，那些年轻记者动不动就和上司叫板。少数记者深受美国媒体影响，也将自己从事的行业称为"第四产业"。但是，在编辑室里追求民主是要顶着压力的。每当这些记者发现自己的稿子被改得面目全非（这在全世界所有的编辑室都很正常）或者和其他稿子合二为一时，他们就会去找主编理论一番。他们声称自己干这一行就是要以读者的需求和利益为己任，这当然难免和当权者的立场发生冲突。这话听上去很是合情合理。虽然局面错综复杂，但我很清楚解决这个问题是不能依靠行政手段来整顿的，严厉的纪律处分甚至开除这些记者也不妥。处理这个问题必须小心谨慎，否则，很可能会在社会上引起不好的反响。

看来，我们还需要时间。不过，可喜的是，林廷龙和他的同事逐渐地意识到：我是来和他们一道解决问题的，而不是来破坏秩序的。而且，我不是仅仅凭借自己以前的经验来解决问题的。慢慢地，时报内部的气氛开始发生变化。

但是，在时报外部，仍然有些报刊继续对我进行诽谤和中伤，比如《远东经济评论》、《悉尼先驱晨报》、《南华早报》等。其实，他们也没有什么证据，除了一点：我以前当过情报部门长官，现在却来到《海峡时报》当主席。毋庸置疑，这并非完全空穴来风，我们的一些记者向国外同行透露的小道消息成了他们奇思妙想的素材。事实上，时报大厦内部的安全很成问题：任何人——不论公司员工还是外来人员，都可以到编辑室溜达一圈。一些看上去邋里邋遢、不三不四的外国记者和特约通讯员也可以自由出入编辑室，要么和谁搭讪几句，要么接女记者或者助理编辑出去吃饭，诸如此类。引入安全出入制度势在必行。

林廷龙仍然对形势不满。尽管我和他已经就如何配合工作达成共识，而且我们一致认为应该尊重彼此的工作职责，但他还是决定辞职，辞职前给予六个月的公示期。不过，过了一段时间后，他又撤回辞职信，这让所有人——起码是大多数人——都松了口气。他终于接受现状，一方面，把我的到任视为两害相权取其轻的手段；另一方面，我也许能化解政府和《海峡时报》之间的恩怨呢。

在《海峡时报》工作一年后，我再次拜见了S.拉惹勒南。他以前当过记者和报纸评论员，对国内外事务相当熟悉，也许他的某些想法会比较有用。他认为，有些记者担心的是：假如他们一直顺着政府说话，就会失去中立的立场。这和我之前得出的结论不谋而合。正如总理之前所说过的，他也认为《华盛顿邮报》披露的水门事件对西方媒体影响深远，而且也影响了新加坡国内的记者。每个人都梦想成为伍德沃德和伯恩斯坦（美国水门事件的主要调查者）。总的来说，拉惹勒南对西方媒体文化没有好感：只要是和"政府"有关的事，都必然可疑，必须根据原则加以反对或进行批评。当他们大唱反调时，有谁曾想到享受言论自由的同时也必须为自己的言行承担责任？

一个重要的问题是，报纸会报道政府尚在酝酿的政策。在政府正式宣布以前，往往媒体已经披露了其中的一些细节并对其展开讨论。有一次，报纸提前泄露MRT（Mass Rapid Transit，大众捷运系统，俗称地铁）即将开通的一条新路线。结果，一些地产商和业主趁机大赚一笔。当报纸提前泄露社会经济政策的变革方案时，在很大程度上会煽动公众的反政府情绪。在某些政策报道中，记者的主观看法和各种坊间传闻都被当成事实真相，但其实无据可依。

我决定每隔一段时间就不定期地拜见副总理吴作栋、通信及新闻部部长杨林丰博士以及其他部的部长。这些部通常与《海峡时报》之间有些问题。见面时，我往往要为时报某些不实的报道和有失公正的评论进行辩解。虽然会受到质疑，但在许多情况下，这对时报是有好处的，对方往往只是要求报纸不要再出现同样的错误。作为和事佬，我必须积极地面对外界的批评。杨林丰部长对我的工作帮助很大，他经常替时报向其他部长求情。由于经常扮演这样的角色，我和他难免会背负许多骂名。时机合适时，我也安排编辑每月和杨部长见一面，共进午餐。后来，也让他们和其他部长定期见面、吃饭。

商界领袖和其他一些经常在新闻中出现的人物，往往被报纸的哗众取宠和一面之词所困扰。对他们的报道往往不够公正，因为这些报道要么反映了竞争对手的观点，要么仅是满腹牢骚的人在发泄不满。他们担心负责经济版面的记者们被别有用心的人欺骗利用，听信各种传闻，一味地追求一些无聊的八卦故事。随着时间的推移，我意识到年轻记者们喜欢找点乐子，经常会把谣言视为新闻，把无凭无据的指责视为事实。而报纸的编辑原则是：给这些编造的故事开绿灯，只要哪天起了纠纷报纸不输掉官司就行。

很明显，有些记者对他们报道的内容缺乏了解，却热衷于发表评论，他们的观点自然就不会准确。我察觉到他们乐于愤世嫉俗、制造疑案，报道的内容纯粹是无中生有，第二天就需要在报纸上澄清说明。这么做的目的就是将故事拉长再拉长，不断地制造新闻。

开会时，我和编辑们就上述这些问题进行了讨论。在通常情况下，这些编辑会为此做出解释，并为记者的清白进行辩护。关于如何应对私营部门的新闻人物提出的批评，编辑们给出了一个非常标准的答案：虽然报道采用了一方的观点，但另一方往往马上会提供另外一种说法。不幸的是，等到这个时候，一切都晚了，伤害已经无法避免。读者们只是记住了第一个故事——往往是一个攻击对方的故事，而拒不接受第二种说法，认为这种反驳早在他们的意料之中。

对不同地区的政治报道是一个敏感话题。报纸的文章偶尔会莫名其妙地暗讽国外的领袖或者其政府的政策。写这类文章的人似乎从我们的邻国记者那里得到了启发。

每逢其他国家的国庆或领导人诞辰时，报社为这些庆典编的特刊也会体现这一倾向。至今，我还清楚地记得一次类似事件。那时，即将迎来泰国国王殿下的诞辰庆典。我与泰国大使接洽，希望他能为时报的庆祝特刊提供帮助，大使答应了。但是，等特刊出版后，才发现里面都是对泰国的负面报道，而且还不乏暗中贬低其皇室的言语。但凡了解泰国的人都会知道事情的严重性。果然，那位大使因为同意编辑该特刊并为特刊埋单而受到政府的问责，非常愤怒。时报这边的特刊编辑却答曰："文章反映了作者的观点，大使如果不满，可以发文进行批驳。"这种不近人情的态度实在让人心寒。

任何报纸都是急于披露内幕、渴望独家报道的。但是，国家利益也必须得到保护。曾经有一次，我让林廷龙介入一篇涉及柬埔寨的政治报道。因为此前的一个晚上，外交部部长丹纳巴南打来电话，让我提醒林廷龙，关于他和越南外交部部长阮基石会晤的报道务必须高度重视，他们在会晤中谈了越南侵略柬埔寨的问题。丹纳巴南部长说，他已经和相关记者通过气，将会晤的事简要地说了一下。但接下来，他却发现这个越南部长约了这名《海峡时报》的记者见面，两人的谈话时间很长。丹纳巴南担心这名记者为了得到独家报道的机会，而最终同意越南方面的说辞。凡对侵略问题进行的秘密交流，这名部长一向惯于歪曲事实。

这还都是我在《海峡时报》早期的时候发生的事。当电话打来时，已经很晚了，我、林廷龙和林恩·荷罗威还在开会。我让林去要一份报道的副本，这样我们就能在印刷前了解一下报道的内容。他有些不悦，觉得我在怀疑记者的诚信。但是，当这篇文章通过传真发过来以后，不出所料，里面的内容严重背离了新加坡的立场。我将情况告诉了林廷龙，问他是否会进行处理，以使天平不会失衡。林廷龙却变得更加激动。我只好告诉他，假如他不情愿，我会截住稿子不让其见报，等我们俩见过丹纳巴南部长再说，也许他对稿子的片面报道就会找到满意的说法了。荷罗威见我们俩僵持不下，就劝林廷龙应该去编辑室看看，说不定就知道该怎么办了。就这样，林廷龙先离开会议，径直奔向时报大厦。第二天，稿子经过修改后见报了。林廷龙在维护他手下员工的报道独立性，这是可以理解的。但在这件事上，挽救我们国家外交部部长的声誉和新加坡的利益才是最要紧的。那篇发送给报社的初稿差点陷我们国家的外交部部长于不义，让他背负说谎的骂名。

我们邀请伦敦《泰晤士报》的前记者路易·海伦来时报工作一段时间，为我们担任顾问。结果，不同的新闻文化之间的冲突却就此凸显。海伦写了一篇关于印度尼西亚的文章，林廷龙让他修改部分内容，他却不同意。我就把稿子要来看。后来，我对海伦解释说，新加坡的处境非常敏感，因为我们刚刚与苏哈托总统达成共识。新加坡与印度尼西亚之间的紧张关系刚刚缓解，我们在发表任何与以色列、中东、伊斯兰有关的报道时都必须万分谨慎。海伦勉强地将稿子做了修改。他后来告诉我，在他的职业生涯中，那是唯一一次丢弃了自己的新闻操守。我觉得他是在怪我。

这些"敏感"领域其实还只是占了报纸的一小部分。除了国内外新闻、财经新闻，还有体育和休闲娱乐报道等。报纸的主要利润来源于广告以及分类版面。虽然深知政府对时报不满，但实际上，我对大多数事情还是颇为满意的。我曾经认为外界对报纸发牢骚是积怨已久的结果，但实际上大多只是就事论事。在很多情况下，他们只是对某一篇文章或报道不满意。在少数极端的情况下，他们会指责某一标题不合适，甚至某个句子措辞不当。正如张业成最近在书中回忆道，人们并不总是能注意到你做的什么事是对的，但只要你做错一件事，他们就记住了。

时间久了，我和编辑室的编辑们也建立了较好的关系。在交往中，我发现他们也没有特别的反政府情绪。他们明白自己身负"守门员"的职责，要对新闻素材进行把关。我也看到了不同岗位上的编辑在报纸生产的每一环节付出劳动，包括从最初的构思到最终的报纸印刷发行。他们要查找莫名其妙的一面之词或莫须有的罪名，检查每句话的逻辑、方法甚至语法，在必要时要进行修改甚至重写，以使其质量合格并符合报纸风格的要求。而主编的任务就是保证印刷的报纸一直坚持最佳的报道原则——诚实、准确、客观、高尚。整个报业集团发行三份英文日报和一份马来文日报，在运营过程中，内容和质量环节的工作必须责任到人。即使这样，在印刷机开动前的最后一刻，责任编辑也不可能仔细阅完整份报纸，因为版面太多、内容太丰富了。当最终的校样被送到他那里时，他也只能草草地通阅一番，心里嘀咕着：相信各版的编辑应该对他们的工作尽责了吧？如果他自己本能地想要关注哪篇新闻的报道、评论或者照片，可能要在最后一分钟才能仔细去看。

我仍然记得曾经有篇文章在内阁激起了强烈的反响，而文章的作者却是无辜的。记者贺爱丽向《星期日时报》的责任编辑陈旺忠提出写一篇文章，主要讨论一群外籍学生对新加坡和他们所就职的新加坡大学的印象。通过邮件了解到新加坡大学新聘员工的名单以后，贺爱丽对其中约七分之一的外籍员工进行了采访，发现他们对新加坡和新加坡大学的评价很是一般。在林廷龙当时的副手张业成的授意下，贺爱丽将采访延期，以期找到"更全面的观点"。同时，她不断地给学校的副校长打电话。校方始终没有表态，却要求在文章发表前看到初稿，包括接受采访的员工名单。报社婉拒了这一要求。双方僵持了一阵子后，陈旺忠最后决定将文章发表。就在发表前一天，张业成决定与贺爱丽、陈旺忠一起将文章再加润色，使得其语气更加温和委婉。

文章见报后，我接到了新加坡大学副校长林彬教授的电话。他说，教育部部长陈庆炎博士非常恼火地打电话找过他。他们两位，还有我，都不明白为什么在校方没有任何表态的情况下，这样的一篇文章居然能登报！校方声称，报社从没有联系过学校的任何一个人来得到校方的答复。万幸的是，贺爱丽在笔记本中保留了她与学校联系的所有详细记录。孰是孰非，一目了然。

后来，贺爱丽不情愿地对学校副校长进行了采访。采访时，校方只是按照之前提出的问题进行回答，开保留要求发表前审核文章的权利。

陈庆炎部长告诉我，他想在出版前能看到这第二篇文章。林廷龙很为难，因为报社一向是不允许这样做的，如果这次答应了，以后怎么办呢？于是，我就问陈庆炎博士，假如由我来亲自审核这篇文章，他是否会收回他的请求。他答应了。后来，林廷龙告诉我，他曾打电话给陈博士，谢谢他对报社工作的理解。对方回答的大意是："我根本就不理解。我之所以答应，只是因为纳丹建议我这么做。"

像以上这样的事件发生过不止一次。我的角色就是在严重争端中充当调解员，尽我所能，使硝烟散去。

我在《海峡时报》任职后期，又发生了一件让我迄今难忘的事：我不得不应对内阁对报社的投诉。对这次投诉，我其实是很反感的。1987年10月，新闻报道了霍乱爆发的消息。卫生部要求《海峡时报》进行宣传，并报道最初发现霍乱的地点。后来，好像是《新国家午报》进行了相关报道。

晚上，我和林廷龙见面的时候，电话响了。打了将近一个小时后，电话才挂掉。这通电话是一个部长打来的，他对报纸报道了瘟疫爆发的消息而不满，一直喋喋不休地在电话里痛斥报纸。我手拿电话，一句话也没有说。后来，林问我为什么我不把电话递给他。作为主编，他可以如此答复：是卫生部把消息告诉我们，并要求我们进行报道的。毕竟，在紧急关头让当地的居民注意防范，防止霍乱扩散是至关重要的。我告诉林廷龙，打电话的这个人居然爆粗口，实在让人难以置信。在那之前，我们之间的关系一直还算融洽。但是此时，那个部长的言行却与疯子一般。

次日，一名《海峡时报》的记者和另外一名摄影记者参加一次活动，那名部长也在场。他很不客气地让那两名记者离开。其他在场的记者主动提出向《海峡时报》提供活动时的摄影，并将那位部长所说的有新闻价值的话记录下来交给时报。他们真的说到做到。所以，虽然记者被赶了出来，《海峡时报》在次日还是很及时地报道了那次聚会活动，而且直截了当，毫不讳言。

我其实可以将这段插曲告知总理的，总理知道了一定会认为我们报道霍乱有功无过。一旦他知道那位部长居然对此大加斥责，那位部长无疑会有大麻烦。但是，我没有那么做。那位部长退休后，我还时常在一些社交场合遇到他，但我一直没有再提起当年发生的这件事。

1986年年初，《海峡时报》卷入新泛电公司的破产清算风波。由于与新泛电崩溃有关，马来西亚商人兼政治家陈群川被指控刑事失信罪，遭警方拘留。另一同时遭警方追捕的马来西亚商人谭永辉逃逸至美国。美国当局介入此案。某天晚上，我方罪案报道记者告诉责任编辑，谭永辉已经被找到并被逮捕。我方警局的商业犯罪科与现场的王警官取得了联系，想听听警方的说法，却被告知谭永辉根本没有被逮捕。夜班编辑只好找到林廷龙，看他怎么说。最后，他们决定采用记者的说法。但是，商业犯罪科的负责人格兰·奈特给夜班编辑打来电话，重申谭永辉没有被逮捕，称我们的报道可能将警方的行动毁于一旦。最后，我们决定放弃报道，并把这个消息告知吉隆坡的《新海峡时报》，因为他们也打算把这个消息放到头版头条来报道。但他们的是南方版，报纸早于我们印刷。不过，吉隆坡方面没有告诉我们本期报纸已经印刷，也没有将之前的稿子撤回。新加坡的少数政要和总理公署都收到了这份马来西亚的报纸。上午，林廷龙陪同总理在斐济进行官方访问。得知总理对此事不悦，我只能吃力地向他解释，我和《海峡时报》都没有把谭永辉被捕的消息告诉《新海峡时报》，以这种方式暗中向谭永辉通风报信。林廷龙后来对此事进行了调查，发现那名记者误导了所有的人。他的消息来源告诉他的是：谭永辉"几乎"被捕了。和他理解的根本就是两码事，谭永辉实际上最终摆脱了警方。

那名记者因此事受到了处分，这本在情理之中。但是，编辑室里却对此议论纷纷，大家猜测这严厉的惩罚在某种程度上是由于报社要平息政府的怒火。林廷龙和我只能出面辩解，这种猜疑是错误的。

随着时间的流逝，为了能使我和编辑室之间、编辑室和外界社会之间相互理解，我必须想想法子了。郑坤德想出了一招：每天傍晚喝咖啡休息时，我、他和其他的同事可以有一个固定的交流时间，大家可以趁机讨论一下自己正打算写些什么样的新闻和评论。

这样的咖啡时间给我创造了一个与编辑们沟通的机会，可谓弥足珍贵。参加我们交流的不仅有国内的编辑，也有外籍编辑，比如《商业时报》的罗伊·麦基等。在不干涉他们独立工作的前提下，我有时会问起某条可能比较敏感的新闻，编辑有时也会对报道的方方面面提出一些问题。这样一来，我就能随时了解编辑室的进展情况，又不会有干涉之嫌。对编辑来说，他们可以通过这个交流的机会，从我这里得知一些国外事件鲜为人知的背景，同时也能了解政府的态度和立场。通过交流，在我在《海峡时报》工作的六年时间里，我们彼此之间都很信赖。甚至直到今天，当年那些每天都碰面的编辑都还和我交往甚密。

自从我到了《海峡时报》，在时报大厦的编辑室里大家就开始担心自己在新闻工作的舞台上究竟还有多大的用武之地。我自己也心怀忐忑，不知道该怎样消除这种焦虑。虽然编辑和记者没有明言，但在他们心里也许是非常不安的，而且这种不安久久不退：报纸也许会变成政府的信息记事本吧？既然这样，我们还需要报道吗？国内媒体也许仅仅为了传播官方的声明和信息？我决定采取点行动，于是向林廷龙建议，我们可以在周末举行系列"新闻研讨会"，参加者仅限编辑室的少数资深编辑和他们的记者。他可以借此机会，让他的手下明白：他想要怎样的新闻。林廷龙欣然接受，说他需要准备相关的课程材料，问我是否想看一下。我说不需要，但我想主持研讨会试点会议，这次会议只有最资深的编辑才能参加。我真的这样做了。后来，研讨会为报社不同报纸的记者轮流召开了几周。林廷龙和各报纸的编辑在研讨会上发言。他们发言的内容无外乎：应该怎样采集、加工新闻并呈现给公众；怎样与其他媒体展开竞争，更重要的是怎样吸引公众的目光，吸引住他们。发言者都强调了一点：必须格外注意新闻标题和副标题的写作。

在开幕会议上，我想把自己的想法向那些年轻记者阐述明白，他们中有一两个人因为其所作所为被我视为"反叛分子"。我解释了自己所担任的使命有何积极意义。同时，我表明自己的观点：时常故意在新闻标题或新闻报道中表达一方偏见，可能会制造轰动效应，但这种做法只是投合了某些外国记者的胃口，对报纸或新加坡国家利益并没有什么好处。不同口味的人总是会排斥不同的东西。我强调，一个人讨厌什么是非常主观的事情，我不会以自己的好恶来评判报纸或报纸上面的文章。记者一直以来都是要寻找新闻、发现新闻的，我没有打算取消他们的这一工作。对此，他们悬着的心可以放下了。

林廷龙和其他负责研讨会的人不辞劳苦地对报社报道新闻的方式进行了考核，发现其中一些新闻标题和文章不尽如人意。其实，这些标题和文章完全可以写得更好，而且不会影响准确性，也不会有片面之嫌，只是需要一定的方法和技巧。他们一起研究了方法。随着这种同行的交流逐渐深入，大家开始认真地自我检讨，解决问题的方法也更具有建设性。对那些桀骜不驯的年轻记者，这些资深编辑意见不一。他们中有些人还算诚实，承认自己没有把某些事情做好。但是，也有一些人仍然认为报纸不符合西方媒体的标准，而对他们来说，这个标准至关重要。

一些在报社工作的外籍记者也参加了研讨会，比如负责财经报道的罗伊·麦基，还有新闻学校的校长皮特·华森——新闻学校作为一个信托机构由报社公司经营。他仔细研究了时报组织采用的出版标准，发现其与英国采用的标准相比毫不逊色。另外一位是皮特·巴纳德，他曾经是《海峡时报》在美国华盛顿特区的外派记者。在那里，记者的采访自由一向被认为神圣不可侵犯。可是，当他在该地工作时，虽然已经具有一定的地位，但仍然不能参加白宫和其他部门的新闻简报会。他离开了美国，来到新加坡，但至今未被美国认为是《海峡时报》的代表。在一次研讨会上，面对一名不依不饶、吹毛求疵的年轻的女记者，他问她是否知道哪里有一处媒体绝对自由的乌托邦，要是有的话他也想去。可以说，任何自由都是伴随着责任而生的，人们进行价值评价时必须在两者之间找到平衡。

一些年轻记者只有接受一些教训，才能成熟。我曾经安排一名年轻的女记者暂时去伦敦的《经济学人》杂志工作几周。这名记者平素总是对新加坡政府看不顺眼。后来，听说她写了一篇稿子投给杂志社，可编辑将稿子扔回来，说："这是什么垃圾文章！回去重写吧。"她听了，简直难以置信。从自己的亲身经历中，她接受了一个惨痛的教训：记者必须全面地看待问题，报道必须忠实于事实，这才是追求媒体自由的最重要的准则之一。

这些事例也反映了在我们这样一个弹丸小国，媒体要招聘训练有素的记者并不是一件容易的事。正如张业成指出的，我们和英国报纸的形势截然不同。在他们国家里，从不缺乏年轻有为的记者，而且这些记者已经在国内和当地报社工作过，积累了从业经验。

随着我对新闻编辑室的进一步了解，我发现记者团队中的学历背景不同也带来一些问题。在新招聘的记者中，拥有大学学历者越来越多。表面看来，这是好事。然而，问题在于：原先的老员工大多没有学历，但他们却管着这些年轻人。由于新闻报道的内容林林总总，覆盖面极广，在处理不同主题的稿子时需要上通天文下晓地理，又需要在某领域术业有专攻，因此记者掌握相关的专业术语是必要的，在进行财经报道时更是如此。

这种教育背景的差异经常使得栏目编辑在工作中处于被动地位。他们碰到的稿子里既有一些有争议的新闻分析，也有一些针对某专业领域的矫情的来稿，对所有这些都要进行评价。而偏偏有些记者喜好争辩，对每一个自己不喜欢的结论都要追究到底。这样一来，编辑室里的一些编辑便无奈地在他们面前让步，毕竟他们手下的学历比他们高，也许他们说得对呢。

考虑到这些编辑的年龄，他们大多不宜再接受高等教育了。所以，我决定让他们每年进行休假研究，他们可以在这段时间里学习必要的知识，开阔一下视野。

能有一段时间远离工作，在国外的某个学术环境里学习并反思，这对他们是大有益处的。

我与英国文化协会的代表讨论了这个问题。我问他，该协会是否可以赞助报社的一到两个员工到英国的学习中心短期进修。他后来回复我，剑桥大学的沃弗森学院有一个为期三个月的进修班可能适合我们。这个进修班是新闻奖学金项目的组成部分，奖学金由纳菲尔德基金会为发展中国家的从业记者提供。英国文化协会愿为《海峡时报》的一名员工提供赞助，但报社需要支付车旅费，提供带薪休假，纳菲尔德基金会支付进修人员在沃弗森学院的所有费用，包括食宿和津贴。

沃弗森学院为每名"学员"指定一名导师，这些导师都是剑桥大学的教职工。学员选定进修科目后，学院会派导师帮助制订有一定结构的阅读计划。学员也可以听其他的课，即使与所选的进修科目无关也没有关系。这样一来，学员就有机会在剑桥感受各种智慧的火花的碰撞，学到有用的知识和思想。的确，学员在进修中确实曾写出一些有价值的文章。我记得迈丁·帕克·穆罕默德就写过一篇关于伊斯兰教及其复兴的文章，思想特别深刻。

比尔·柯克曼现在已退休，担任沃弗森学院的名誉研究员。在退休前，他是进修班的负责人，曾热心地指导进修学员，并帮助他们与剑桥学者建立联系。1983年，《海峡时报》的资深编辑冯元良第一个赴沃弗森学院进修，时间从1月到3月。他对这个项目给予了高度评价。这次"试点"成功后，我在同年的7月份访问了沃弗森学院，之后该项目开始正式运行。冯元良在进修后写了一篇很有用的报告，在他之后一大批资深编辑都去沃弗森学院进修过，比如雅迪曼·于索夫、再诺·阿比丁·拉时德、麦汀·帕克·穆罕默德、P.N.巴基和艾伦·约翰等，人数众多，就不一一列举。纳菲尔德基金会的赞助到期后，报社公司承担了全部费用，这样海峡时报的进修人员就不需与其他发展中国家的记者苦苦竞争了。每年两到三名编辑赴英进修，到1997年项目结束时，总共有不少于25名编辑参加了进修班。在进修中，他们与许多不同背景的人建立了联系，包括剑桥的学者、英国官员和来自其他英联邦国家特别是第三世界国家的进修记者。在交往中，他们受益匪浅。

英国著名的历史学教授莱斯利·韦帕和经济学讲师伊恩·贝格博士曾经被邀请到新加坡政府做内部讲座，并对政治、财经报道和评论等提出指导意见。除了沃弗森学院的项目，还有另外一个项目也让我们的记者受益。1983年，驻新加坡的美联社前记者鲍勃·休伊特邀请我前去火奴鲁鲁的东西方研究中心进行访问，并考察有无可能为《海峡时报》的记者提供另一不同形式的培训，该中心有个杰弗逊研究项目。作为交换，美国记者交叉隶属于新加坡和马来西亚的新闻编辑室以方便了解不同地区的发展情况。但《海峡时报》的管理层不愿提供支持，我只在自己在任期间接受了这个项目。

这个项目的参加者主要来自亚洲的东北和东南地区，也有美国记者参加。在火奴鲁鲁培训一段时间后，来自亚洲的学员奔赴美国西海岸，对当地的城镇报纸进行了系统的参观访问。而美国学员也选择了亚洲东北或东南地区的一处乡村进行访问。

我之所以认可该项目，主要有两个原因：第一，是因为美国记者也参与了该项目，这样他们不但能与我们的记者进行沟通互动，而且还能亲身了解我们的媒体情况，体会到《海峡时报》不愧为一家负责任的报纸。很多美国人认为《海峡时报》只不过是政府的宣传阵地，只发表政府认可的报道和言论。我这样做也许可以抵制美国的这种主流观点。结果，许多美国记者真的来我们这里参观采访，此行让他们对《海峡时报》这家享誉已久的报纸有了更务实的看法，而且对这里的编辑和其他员工也刮目相看。第二，这个项目可以为我们的中层编辑提供机会，让他们从总体上了解美国媒体，而且他们在考察美国地方上的报纸或者乡村报纸时能与当地的记者同行面对面交流。他们能了解到不是所有的美国报纸和新闻从业人员都那么愤世嫉俗。这些规模较小、名气不大的地方报纸一般更加关注当地的形势，报道更加客观，不会把他们的文化和价值观强加于人。

其实，在我来《海峡时报》之前，报社也不是没有为员工发展提供机会的有用项目。但是，我认为其中的一些方案效果甚微，纯属浪费资源。比如，以前员工也有休假研究项目，但组织得混乱无序。在我看来，那仅是公费旅游而已。休假期间，休假员工可以带薪去国外报社公司进行一段时间的访问。报社对此几乎没有什么监督管理。虽然员工有时也会被临时委派去新闻编辑室工作，与重要记者共事一段时间，但这样的项目基本上被视为员工及其配偶每年享受一次的权利，员工和公司并没有真正从中受益。自从沃弗森学院的项目启动以来，这种休假就基本上取消了，只对极少数非常资深的记者保留此待遇。

公司还有另外一项方案，那就是给在职记者们发放大学奖学金，大学指的是新加坡大学。此举的目的是给那些有新闻工作经验的员工提供一个全日制学习的机会。通过学习，他们可以拿到大学文凭。公司为了培养这些没有接受过高等教育的编辑人员可谓不惜血本，员工从公司这里仍然领取足额薪资，而学习期间产生的一切费用由公司承担。每名进修员工要花费公司至少25万美元。

也许一开始这样的人才培养方案是合理的，但时至今日，大学毕业生满目皆是，其中不乏合格的新闻人才，公司仍然实行这样的方案实在有点匪夷所思。我觉得，公司可以把钱用于资助某些学业未竟的人身上，帮助他们上大学，然后他们毕业后来公司工作。我之所以萌生这样的想法是因为曾发生的一件事：有一名员工虽然年龄偏大，但还是得到了公司的奖学金，即使他实际上成绩平平。毕业后，他却离开公司去一家私营企业做起了公关。

奖学金制度被取消以后，员工中间曾有一些怨言。但是，随着越来越多的大学毕业生加入新闻行业，该措施对员工的工作积极性几乎没有什么大的影响。

3. 报界重组

我在《海峡时报》工作的六年期间，新加坡的印刷媒体界曾发生了两次大规模的公司合并。第一次是华文报纸《南洋商报》和《星洲日报》的合并，这两家报纸在新加坡新闻与出版有限公司的庇护下于1983年合并。合并后，公司发行一份新华文早报《联合早报》和一份下午报《联合晚报》。总理指示说，如果能再加上一份英文报纸，报业集团的生存空间会更大。新加坡新闻与出版公司得到许可证后，又发行了一份英文报纸《新加坡箴言报》。与此同时，《海峡时报》集团得到许可，发行一份华文报纸。《民报》开始与我们洽谈，但这份报纸经营惨淡，负债累累。对它进行考察之后，林恩·荷罗威的结论是：如果《民报》加入，对我们集团不利。所以，最终将其放弃。之后，找到了《新明日报》，这是一份下午报，为斧标祛风油的传人梁庆经独资经营。

《新明日报》是由梁庆经的已故父亲传给他的，这份报纸的创始人是查良镛，香港有名的报纸大亨，同时也以写作武侠小说闻名遐迩。由于香港的劳工问题日益严重，查良镛决定在新加坡成立一个公司。在香港，他的报纸冠名为《明报》，而在新加坡就成了《新明日报》。

在海峡时报有限公司联系《新明日报》之前，后者的发行量不算太低，每天八万份左右。其中，赛马报道为其卖点。另外，八卦新闻、丑闻内幕也占重要分量。当然，还有查良镛的武侠小说连载。《联合晚报》要和它抗衡不是很容易的事。《新明日报》是在梁家经营的工厂里完成印刷的，斧标祛风油也在这里生产加工。报纸的印刷机器已经陈旧，梁根本无力投资购买新设备。

海峡时报有限公司雇用了一名顾问，专门负责华文报纸事宜。通过他和另外一名有影响力的华裔商人张荣的努力，终于和梁庆经取得了联系。1982年8月，双方就收购《新明日报》一事达成一致。海峡时报有限公司先购买其45%的股权，其余在1987年8月全部购得。之后，梁庆经仍然担任主席和常务董事，《海峡时报》的郑坤德同时担任常务董事。

荷罗威与梁达成共识：《海峡时报》收购《新明日报》后，将重整旗鼓，努力提高报纸的利润。为了完成目标，必须削减成本，充分利用《海峡时报》的销售和生产资源。《海峡时报》的副编辑冯元良被任命为《新明日报》编辑委员会的主席，他在此职位上一直工作到1986年。查良镛仍然定期向《新明日报》投稿，帮助报纸留住昔日忠实的华人读者。

总理建议我们应该尽力使华文报纸的语言简单易懂，因为越来越多的新加坡年轻一代在掌握英语为第一语言的同时，对华文逐渐疏远，就连看一些知名的华文报纸也力不从心。实在不行的话，我们可以从台湾招聘一些有经验的记者，因为他感觉台湾的报纸阅读起来要容易些。因此，海峡时报有限公司开始着手成立一支华人记者骨干团队，对团队成员的要求是：他们必须认同《海峡时报》的文化，并具备新闻行业的职业水准。

我、林廷龙、林恩·荷罗威都一致认为，我们的当务之急是从海峡时报有限公司找到至少两名资深管理人才，由其负责报纸的接管与改组工作。两人中有一名需要精通华文，并有丰富的编辑经验，另一名需要具备商务管理头脑。最后，我们找了冯元良和郑坤德各负其责。郑坤德精明强干，熟悉报纸生产、发行的各个环节，而且能帮助报纸获得收益。但是，作为土著华人（峇峇），他不太通晓华文。我们决定派他到台湾专门学习。

虽然冯元良的新头衔是编辑委员会的主席，但他实际上做的是顾问和监察工作。由于华文报纸对待《海峡时报》的态度往往相当敏感，冯元良必须审慎从事。经过一番和风细雨的劝导工作后，他赢得了《新明日报》编辑员工的支持。他还安排了一些员工临时在《海峡时报》工作，这样他们就能亲历现场看到新闻是如何采编和刊登的了。他工作中的最大困难在于：提高员工的职业水准，尤其是让他们告别过去胡编乱造、凭空想象式的报道方式。

我们还需要找到一个人能辅助冯元良的工作并能暂时代替他，因为冯元良从一开始就明确地告诉我们，他不想完全脱离《海峡时报》集团的英文报纸和杂志的相关工作。我们想到了吴元华，他是《海峡时报》的社区项目经理兼双语版面编辑。他毕业于南洋大学，通晓华文和英文，但缺乏报纸工作经验。林廷龙找到他谈话，想说服他接受这个任务。但后者对从事一个自己完全没有经验的行业心怀不安，因为他深知记者维护自己的底线和保持工作独立是多么敏感和不易。但是，最终他还是同意去《新明日报》工作，并在1988年成为这份报纸的主编。

1983年3月，当我在火奴鲁鲁的东西方研究中心参加杰弗逊研究项目时，我对鲍勃·休伊特提到了报社接管《新明日报》的事。我告诉他自己正在物色一名拥有新闻从业经验的人，这个人需要帮我对《新明日报》进行评判，发现问题并能提出改进办法。鲍勃·休伊特建议我去找当时在该中心的交流研究所工作的朱谦博士谈谈。我问朱谦博士，他是否愿意赴新加坡短暂访问。那个时候，我不确定他是否能胜任，也不知道他的优势是什么。但一旦他去了新加坡，林廷龙和冯元良就会摸清他的底细，知道他到底能做些什么。

1983年5月底，朱谦博士来新加坡逗留一周，我们向他简要而笼统地介绍了《海峡时报》与《新明日报》编辑室的工作。在他访问期间，冯元良一直陪同左右，并对朱谦博士留下了深刻的印象。他觉得，由于朱谦多年以来一直致力于新闻和大众传媒工作，他非常了解报纸，尤其是华文报纸。而且与中国香港和台湾地区的联系颇为密切，他也许可以帮报社物色到一些精通华文的华裔记者，这些华裔记者的加入将会提升《新明日报》的整体水准。而且朱谦以前曾教过新闻课程，他在新加坡也可以为《新明日报》举办一些短期课程。

在返回火奴鲁鲁的途中，朱谦博士在台湾短暂停留，很快在那里物色到两名记者，一名是"国立"政治大学新闻学系的吉剑耀教授，另一名是《大华晚报》的主编潘斌，他从事记者工作已长达35年，对华文晚报的经营了如指掌。他们两位都同意为《新明晚报》的员工举办研讨会，并对该报纸进行集中评估。1983年7月，他们来到新加坡，组织了一个项目，为期一周。

当年的10月，我试探着问朱谦博士是否有意更长期地担任报纸的顾问，并提出每月可以象征性地给他一点预付金，比如1000美元。在东西方中心，像他这样的人才可以拿到更高的报酬。然而，他似乎并不计较酬劳多少。对他的这种事业心，我很是欣赏。我请他将《新明日报》与其他华文报纸放在一起进行比较并加以评论。他的主要结论是：《新明日报》在冯元良的领导下，完全可以与《联合晚报》分庭抗礼，《联合晚报》已将冯领导的《新明日报》视为劲敌。

次年，我邀请朱谦博士再举办一次为期一周的研讨会，探讨的主题主要包括：怎样撰写新闻标题、优秀的文章和编辑类文章以及编辑室的职责是什么。1986年2月，他在《新明日报》担任的顾问一职被终止，个中原因只有《新明日报》的编辑管理层最清楚。我本人倒是非常感谢朱谦对报纸付出的辛勤劳动，他为了对报纸从不同的角度进行评价与批判，曾花费了很多精力和时间。直到今天，我仍然与他像朋友般来往。

《新明日报》变成了《联合晚报》的眼中钉。有人告诉我，原因主要在于《海峡时报》的高层曾打过收购《联合晚报》的主意，目的当然是想灭掉它。我记得很清楚，有两次（实际上远不止这两次）对方的敌意表现得明显。第一次是对方的高层恳请查良镛与《新明日报》断绝关系，转而将他的武侠小说刊登在《联合晚报》上。但是，查良镛拒绝了，因为查与《新明日报》、梁庆经之父和其他报纸早期股东渊源颇深、由来已久。

另一次事件发生在文化部，那次更加露骨，接近恫吓。一些销售《新明日报》的印度裔摊贩被传唤到文化部，那里的一位当权领导告诉他们，如果他们继续销售《新明日报》，其营业执照将被吊销，他们从印度雇佣的报纸销售商贩的销售许可证也将被撤销。之后这些商贩来见荷罗威。最初，我觉得这件事太无耻，简直令人难以置信。官员凭什么以这种方式祖护一家私有报纸？然而，这些商贩都能叫出那几位严厉训斥他们的资深部级官员（其中的一位是政务官员）的名字。虽然相关官员很可能是擅自对商贩进行威胁，我觉得事情还是有蹊跷。我告诉荷罗威，如果这种威胁仍不罢休，我会直接找当局做主。但目前，我们最好还是静观事态发展。

我将此事告知了国防部秘书潘峇厘，他虽受过高等教育，但与基层民众的联系颇为广泛。他建议我不要理会这些威胁，致力于提高报纸质量才是正道。《新明日报》经过多年的发展，已经拥有大批忠实读者，他们不会就此放弃这份报纸的。许多家庭主妇就是《新明日报》的热心读者，我们不应该让她们失望。潘峇厘不相信政府会眼睁睁地看着《新明日报》就此湮灭。

当我离开《海峡时报》时，争夺华文读者的战争仍在激烈地进行着。《新明日报》的发行量一直维持在八万到十万份之间。时至今日，这份报纸也一直保持着自己的特色，读者的数量并没有大幅下降。

在前面，我曾提过有两次合并。其中的第二次就是《海峡时报》集团与新加坡新闻与出版公司旗下的华文报纸的大重组。1984年7月，以"新加坡的报纸发行行业"为主题的研究出现。这是政府秘密委托《海峡时报》的林恩·荷罗威和新加坡新闻与出版公司的李喜盛来做的，当时的新加坡新闻与出版公司首席执行官马宝山也在其中。而我尽管担任《海峡时报》的执行主席，却完全成为局外人。7月11日，我和林恩·荷罗威去见总理。在路上，他第一次暗示我发生了什么事。但直到今天，我也一直没有看到他说的"报告"的全文。荷罗威说，他相信这个提案是有价值的，但他想留给总理来细述。由于总理不想走漏任何风声，一切都在秘密进行中。

后来我得知，这份报告的目的是要评估三家大集团合并的优势，这三家集团包括时报出版社、海峡时报有限公司、新加坡新闻与出版有限公司（后来发行《新加坡箴言报》和《联合华文报》）。另外，报告还要考察其财务和组织方面的实际情况。

本次研究的目标是要保证至少一份华文日报能够长期存在。这是因为当前公众的阅读习惯不断地由华文转向英文。同时，促成"一山两虎"的局面，使得两家报业集团既相互竞争又能各自存活下去，而且它们两家都能发行华文和英文报纸。

这次研究完成后，参与者提议成立一家控股公司，即新加坡报业控股有限公司，在它旗下有四家经营公司，包括时报出版社、新加坡报纸服务中心、海峡时报有限公司、新加坡新闻与出版有限公司。与会人员包括两家报社集团和时报出版社的主席、董事，加上总理、拉惹勒南、安德鲁·周（行政事务的负责人）和陈元清（总理的主要私人秘书）。

总理说，两三个月前，他前后分别见了李喜盛和荷罗威，安排他们两人回去展开讨论，讨论的主题就是如何平息这场一触即发的报纸大战。在与马宝山谈过这件事以后，总理得出一个结论：《海峡时报》不能再先发制人，一直抢在新加坡新闻与出版公司之前买断市场上最好的服务和漫画。作为"裁判员"，他不得不让比赛公平地进行。因此，两家报社集团决定结束对抗，平等地合二为一（之前我不知道此事）。合并后，两公司仍然独立经营。总理希望大众了解这次合并是平等合并，合并后双方仍然保持一定的独立性。万一合并过程中出现问题，可能会伤及双方的感情。当然，股东很可能会从这次合并中受益。

合并工作开始启动时，我被任命为新加坡报业控股有限公司的董事，同时兼任海峡时报有限公司的主席，而海峡时报有限公司作为"工作董事会"对控股公司负责。

合并工作完成后，控股公司成立了一个工作小组，负责检查公司运营中各方面的问题，我是这个小组的成员之一。1985年12月，工作小组收到不少研究报告，都旨在探讨影响华文和英文报纸发行量的因素。到了1990年，新地铁系统将投入运行。有人认为，可能会需要另创一份报纸。海峡时报有限公司早已预计到这种情况，并为此启动了一个"459"项目，这也是后来《新报》的萌芽。

马宝山写了一篇关于华文报纸市场的研究报告。他在报告中提出了一个问题：如果巩固《联合早报》在早报市场的地位，并整理晚报市场，"提高利润，降低成本"，华文报纸的生存能力是否会增强呢？他提出了晚报市场面临的两种选择。第一是继续发行《联合晚报》和《新明日报》，同时清理"不必要的竞争"，并充分利用集团的资源。第二个选择是将这两份报纸整合成一份晚报，但对它们不削不减。不管这篇文章的用意如何，我本能的反应就是：第二种方案实际上无异于消灭《新明日报》，新加坡新闻与出版公司早就试过这招，但搞得遍体鳞伤也没有得逞。不过，让我很欣慰的是，最后采取的是第一种方案。经过一番曲折的变故，《联合晚报》和《新明日报》这两份晚报终于得以保留，而且一直延续到今天。

林廷龙写了一份报告，是关于媒体所处的政治和社会环境的。他在报告中对政府领导的期许谈了自己的看法，并详细阐述了公众的期望和他们的不满。社会上有许多人抱怨英文报纸中表达政府立场的素材过多，缺乏不同的观点。当然，这种不同的观点也未必全是反政府的。一些读者希望报纸严肃，而另一些读者更喜欢娱乐，希望报纸能多给他们一些表达自己观点的机会。

这些研究报告都难能可贵，因为它们指出了当时新加坡国内媒体的局势，并有助于报社集团解决所面临的一些现实问题。

4. 《新报》问世

在20世纪80年代后期，新加坡民众都在对地铁翘首以待。这对于报纸市场来说，是一个重要而可观的发展契机。我们认为，有些乘客肯定想在回家的路上想要读点什么作为消遣，对报纸的需求必然应运而生。于是，本着这个目的，林廷龙、郑坤德和张业成投入大量的时间和精力来酝酿一份全新的报纸，该项目代号为"459"。

在一些非正式会议上，我们对目标读者的定位集思广益。我们感觉这份报纸应该面向年轻人，他们更喜欢阅读一些简短的、彩色印刷的新闻，并且我们决定要向着《今日美国》的模式努力。《新明日报》的案例说明了八卦新闻和美女图片等很能打动华人读者的心。我们怀疑，是不是英语读者也会喜欢呢？为什么叫"459"呢？显然这是当时大巴窑①的邮政编码，这也正好代表了我们锁定的读者人群。

我们下定决心不去逾越底线。华文晚报常常报道一些黄色新闻，甚至有无中生有之事。英语报纸不能去冒这个整天被投诉的风险，也不能从英国的小报中寻找灵感。我们不应鼓励性滥交。虽然人们的态度都在转变，并且学校都已开始对学生进行性教育，但我们不想太过分，更不想冒险去损害传统家庭的地位。

在这些会议召开期间，我被邀请出席，对政治敏感话题提出建议，并且传递了政治领导层的期望。

其间，《星期日时报》（1985年7月21日版）刊发了一篇标题为"我想在一份新

① 大巴窑是新加坡著名的卫星城，当时的居民多是蓝领。

报纸的版面看到什么"的文章。文章传达的信息很明确：一份"流行"的报纸可能是张吸引人的票券，内容原汁原味、生动有趣，而且事关芸芸众生。它应该让人读起来毫不费力，政府的政策内容应该少占版面。

从1985年7月开始，林廷龙制定了一个会议时间表，每个会议都有目标日期。那一阶段，新报纸的发行已经确定在1987年5月。会议上已讨论过报纸的基本概念、广告的目标人群、报纸生产的方法，例如该不该将它与《海峡时报》连续发行，还有发行量的预测等。这些会议内容都对《海峡时报》的董事会和新加坡报业控股董事会进行了详细介绍。同时，还包括财务规划和启动目标等，不一而足。工作小组也已成立，它们各司其职，分别负责语言、读者兴趣、新闻主角的期许、广告手段等，甚至有专门小组研究在什么原则的指导下会让这份报纸与众不同。

对《新报》的这些思考不仅仅是在回应官方的期许，尽管官方的确暗示过希望办一份针对蓝领阶层的报纸。其实，新加坡报业控股公司的管理层已达成共识，认为《海峡时报》在商业上的成功反而成了一个烦恼：它对广大读者的需求视而不见。对一些读者来说，它的语言和内容太过阳春白雪。另外一些读者，尤其是那些受过良好教育、生活富裕的读者认为它太"亲政府"。尽管很多人是出于习惯而读它，但有多少人能够真正读懂就不得而知了。它对不同的人所起的作用也不同。有的人买它是为了上面的分类广告，有些人则是为了阅读每天的股市版面。另外，报纸的尺寸让读者持拿起来也很不方便。

随着生活方式的变化，收音机、电视机和其他形式的娱乐正在竞相吸引人们的眼球。所以，要对这份报纸有个合适的定位，它的目标人群应该是那些想在娱乐的同时获取信息的人。一份报纸能够用一种既吸引人而又易于理解的方式报道新闻，同时引来足够的广告商，实现其成功的发行量，那么，公司必然能看到这份报纸的巨大商业潜力。

林廷龙和张业成提议，这份报纸应该面向年轻人，应该简单地分析新闻并且邀请读者进行互动。它应该是一种小报的形式，充满冲击力十足的照片和大量的娱乐报道。

当林廷龙向董事会提出了工作组的预算时，他还提交了一份编辑政策声明让董事会批准。这份声明是对记者中间的不满情绪进行的回应——记者的流动率再次呈现出一种不利趋势。董事会批准了那项声明，旨在让记者们相信新加坡报业控股公司对他们的工作很欣赏，虽然这时电视媒体参与竞争已使得有些记者陆续离开公司。

这份报纸的名字是怎么得来的呢？在我们刚刚决定发行这份报纸之时，我们就已明确它将主要面向乘坐地铁的乘客，并且在下午发行。但是，有一点我们犹豫不决：它是像《海峡时报》那样需要订阅，还是主要在某些销售网点，诸如地铁车站的小商贩那里或者香烟店进行销售呢？在我们看来，报纸发行后人们很可能会报摊要求购买那份"新的报纸"，既然如此，就干脆叫它"新报"吧。这个想法和我们一个内部征名赛中获奖者的想法一致，所以就取了"新报"这个名字。

在1986年年末，我们又一次听到了政府对《海峡时报》的不满之声。政府抱怨《海峡时报》用轻松愉快、轻浮的方式对待严肃的国家问题。并且还有一种感觉，就是林廷龙跟随政府代表团出访外国后写的报道内容越来越不给力。没有人说他反国家或者在主要国家问题上不支持政府，也没有明确的建议提出《海峡时报》的领导需要更换。然而，我却能清楚地感受到这种不安，并且我知道我们将要开始另一场对决。

1986年12月，在我与林廷龙的一次反馈会议上，他直截了当地问我是不是政府想要更换主编。如果是这样的话，他会将这个职位让给别人，自己去做些别的事情——如果他还能留下的话。在这次更换主编的过程中，他将尽量避免混乱局面出现。

如果政府没有要求换主编的话，他想让我谈谈我觉得政府想让《海峡时报》成为何种类型的报纸。他认为这一点必须澄清，并且要经新加坡控股公司和海峡时报有限公司双方的董事会批准，然后传达给管理层和记者们。因为他们必须判断自己是否有信心能够发行这样一份报纸，并且要听听政府的意见：海峡时报有限公司应不应该继续进行"459"项目，即《新报》项目。那时候，已经到了《新报》规划的后期阶段，我们几乎准备好要试发行了。

我安慰他说，一切正常，但私下里，我却意识到这次政府对《海峡时报》的不满很可能导致报社领导的更替，甚至引发政府重新考虑派遣政府工作小组到《海峡时报》。

海峡时报董事会整体上对林廷龙的态度很宽容，欣然批准了由我起草、经林许可的政策声明。声明主要内容如下：

① 报道需准确真实，内容需确凿无误；

② 对国家问题保持敏感性，支持政府的政策并促成其政策的实施；

③ 必须帮助公众理解各类事件以及他们所面临的制约因素；

④ 必须向读者解释并且教育他们要理解各类事件，维护新加坡的政治经济稳定才符合每一个人的利益；

⑤ 评论和分析必须灵活可信，任何明示或暗示的批评都必须基于事实，论断要逻辑严密，而且要谨记以大局利益为重；

⑥ 必须摒弃"独家新闻"的诱惑，但故事仍然要真实，角度要正确；

⑦ 履行以上规定时，报纸应该为本身赢得信誉，保存其机构的独立性，但不能逾越新加坡出版法的规定；

⑧ 报纸不应只为承载各种观点，或者专为溜须拍马，它必须将事实原本呈现，但同时要做到顾全大局。

在那次会面后，林廷龙辞掉总编辑一职，开始全职负责"459"项目和《新报》的发行。我们需要一名新主编，一名让政府满意的主编。我想让新加坡报业控股公司和海峡时报的董事会同意这次人员的变动，但同时又毫不影响林廷龙在公司的发展。

我和林廷龙一致认为，张业成是个合适的人选。我进行了一次谨慎的调查，调查结果支持了这一想法，尽管有些人怀疑张业成能否在主编的位子上挺到最后。我对张业成很有信心，决定冒一次险。之后，在与总理会谈时，我说，再选择另外一名外籍主编可能会重蹈覆辙，不管这个编辑多么出类拔萃。政府的考虑和期许在西式的"媒体自由"思想面前不太可能产生共鸣。任何官方的考虑都可能被看作对媒体自由的威胁，从而导致不愉快的公开冲突。总理同意我的看法。于是，张业成被任命为总编辑。他后来的表现不仅让我刮目相看，更让其他人佩服得五体投地。

5. 离别之际

/

自我到《海峡时报》以来，工作并不是一帆风顺的。但这六年来，我越来越尊敬这份报纸，对它的感情也日益深厚。它过去曾是，现在也仍是这个地区的顶级英文报纸，而且历史悠久。它的读者群中有政府官员、外交人士以及商务领域的决策者，当然还有其他各行各业的新加坡人。周边国家的一些重要人物也将它作为有用的参考。不同的人关注报纸的不同版块——确凿的新闻、社会百态、体育新闻、股市播报或者大篇幅的分类广告。无论老幼，都是它的读者。正因为此，它必须可靠，值得信赖。它需要解读新加坡国内和世界各地发生的事件，分析当前存在的经济、社会形势。所有这一切都必须严格地按时完成，否则，人们吃早饭的时候就读不到它了。不管在它的生产过程中投入了多少精力与耐心，我们还是要接受一个事实：总会有人为新闻消息中的某个暗指而心烦，为某标题中的一个词语而沮丧。

所有成果的取得都要归功于记者、摄影记者、助理编辑和一班撰稿人员，没有他们坚定不移的工作，这一切都无从谈起。在采集信息并将这些信息呈现给读者的过程中，总会遇到这样或者那样的障碍、困难和压力，但他们仍然干劲十足，工作中既灵活又果断，这是所有成就的源泉。

也许将各个报社公司合并，成立新加坡报业控股有限公司对《海峡时报》是十分有益的。但对我个人而言，我并不是很满意。我以《海峡时报》媒体执行主席的身份进入报业控股公司的董事会，但我觉得董事会对一些重要事宜漫不经心，比如怎样为读者打造一份可靠的报纸，以及怎样在新闻价值与政府关切之间取得协调等。很快，我感觉自己在董事会中有点多余了。报业控股公司的董事在董事会上用肢体语言向我表示敌意，而且在批评《海峡时报》的报道时含沙射影，明显在针对我。虽然这些都无声地进行着，但我能感觉到。董事会中只有一位成员唐义方似乎意识到了管理记者和编辑人员应与管理公务员和公司主管不同。唐义方曾任新加坡经济发展局的局长，作为一位企业领导，他与华侨银行关系密切，他同时还是新加坡报业控股有限公司的大股东。

在前文中，我已经提到，在新加坡报业控股公司即将成立的消息传来之时，我有多么吃惊。这同时也是非常尴尬的一件事，因为在讨论过程中（我之前并不知情）曾有几个外交人员问我是否真有合并一事，特别是美国大使馆、澳大利亚和新西兰最高专员公署的人员特意询问了我。我回复说，此消息纯属子虚乌有，因为我觉得假如确有此事，我应该会得到消息。毕竟，我是政府派来为时报工作的。但后来我发现，一名来自新西兰的企业重组专家其实已经在写合并建议书了，这可能是相关外交人员传闻此事的原因。我曾在政府部门工作多年，资历已深，而且曾经处理过许多比这更加敏感的情报。但现在高层居然不能信任我，让我置身事外。我对此非常失望并萌生退意，我决定找个机会宣布我的这个决定。

然而，另外一件让我震惊的事很快就发生了。合并数月后，我被临时告知去文华酒店参加一次会议，但没有人告诉我会议日程。开会时，我的几个控股公司董事会的同事一直在低声议论着什么。在他们中间，杨邦孝、范佑安、连瀛洲甚至在窃窃私语。会议快要结束时，我才大略知道原来荷罗威要离开时报集团了，范佑安将代为履行他的职责，首席执行官的人选待定。没有人告诉我荷罗威为什么离开以及这次变故背后的缘由。我觉得自己虽然身负重托担任董事，责任与其他董事会成员一样重大，但我像局外人一样全不知情。几天后，杨邦孝问我是否有意担任首席执行官。我很明确地告诉他：我不想，因为自己年事已高，不再有此大志。我决定退出。

1988年4月7日，我与时报资深编辑"九人帮"举行了最后一次会议。我提请他们记住我初到时报工作时成立这个小组的目的，并希望他们不要因为我的离开而中断此传统。咖啡时间的小会有两个目标：第一是为了建立同事之间的情谊，帮助每个人明确并解决我初来《海峡时报》时时报面临的问题；第二是让（实际上是强制）每个人把问题带到会上讨论。虽然作为一个"中间人"组织这样的会议并不容易，但会议曾经帮助了很多人，包括记者和管理方，帮他们在困难时做出了抉择。

"九人帮"的每个成员都对我为报纸所做的工作深表感谢。当时已任主编的张业成在感谢之余，向我保证他将会把"九人帮"会议延续下去。他认为是我拉近了报社的管理高层与资深编辑之间的距离。郑坤德说他当年曾和别人一样，在我加入公司之初心怀疑虑。但在与我进一步的交往中，他学到了很多，对我即将离开表示难过。

我伴随着优美的音乐离开了《海峡时报》。林廷龙为我和资深编辑安排了一次非正式的告别宴。新加坡最知名的歌手之一贾心瑟在告别宴上演唱了记者兼音乐人张泰洋特意为我送行而写的歌曲。

我离开《海峡时报》已有数载。在这些年间，不少记者都对我为报纸做出的贡献做出过评价。我很欣慰这些评价大多是正面的。比如，张业成曾写道：

> 你让我们的记者重拾信心。你向我们证明了记者的价值与政府的目标并不冲突。你作为我们的'最高统帅'来到这里，编辑室里顿时一片惶恐。你会不会就像军队里的将军一样来管理一群创意十足但缺乏秩序感的员工呢？事实证明，这些担心都是没有依据的。你领导我们，但同时也带领我们跟上你的脚步。你用理性打动我们，从不独断专行。你初来之时，我们大多对你充满敌意。但当你离开，我们却满怀惆怅与失落。你让我们敬重。每每我们做了什么政府认为不对的事情，你没有一味地斥责我们，而是试着为我们辩解求情，让我们从中吸取教训。而当我们受了冤枉，你总是毫不迟疑地将真相告知当权者……
>
> 因为有了你，管理层才把目光投向编辑要务，后者的重要性往往被忽略，因为在新加坡，《海峡时报》实际上垄断了整个新闻界。没有哪个高层曾像你那样关心编辑事务。

另外，伦敦《泰晤士报》的前资深经济学编辑玛格丽特·艾伦也对我进行过评价。她曾经前来《海峡时报》工作过一段时间，帮助我们提升经济类报道的质量。她后来写道：

> 我于1983年10月加入《海峡时报》，这意味着我开始了全新的体验。要学的东西有很多，不仅要了解新加坡的国家和社会，还要了解这个报纸集团的组织结构。
>
> 几天之后，我注意到晚上六点左右，一个矮胖结实、体格健壮的人就会准时走进编辑室，总是沿着同一条路线经过一个个资深编辑的办公室——这些办公室实际上是用玻璃分开的隔断间。他很少和人交谈，只是

面带微笑。在我看来，他的笑容是善意的。

几次在晚上见到他后，我问一名记者这是谁。"哦，那是纳丹。他是被派来监视我们的。我们半点都不信任他。他来编辑室走这一趟，就是让我们不安的。"每次提到他，人们要么态度有所保留，要么毫不掩饰自己的怀疑和敌意。但我却最终见到了纳丹并与他结为好友。我几乎马上就喜欢上了他。同时，我意识到他在非常放松时是一个很难缠的家伙。我很庆幸他似乎也喜欢我，所以他的非难没有把我吓倒。纳丹告诉我，他以前曾参加过工会运动，还从事过安全服务。假如他是真的被政府派来维持秩序，让记者们（全世界的记者似乎都神经敏感）乖乖听话的，那他倒是真的有这个本领来发现并阻止某些搞乱分子制造事端。但是，他却只是认可记者的才华并进行鼓励。

最后，林廷龙也评价我在报社的这段时间做出了有用的工作：

他（纳丹）非常清楚大家对他的态度有所保留，但他还是毫不犹豫地将自己的观点告知他人……他非常明白，他只能通过劝诫的方式来达到自己的目的，高压政策是没用的……当他离开这里前去马来西亚处理更为敏感的外交关系时，我们的记者普遍都为此深深地难过。甚至有些记者说，在他的手下工作，对记者来说是一种福气。

的确，我后来前往马来西亚从事外交工作了。在下一章中将阐述这部分内容。

第七章
驻马来西亚最高专员

万想不到的征程
／新加坡前总统纳丹回忆录／

1. 奔赴大马

/

《海峡时报》的日子就要结束，我得到消息：政府下一步可能要委派我担任驻马来西亚最高专员。顺便解释一下，"最高专员"是指英联邦国家之间交换的最高外交使节。这对我来说完全是个意外。

我其实心存顾虑。从1982年以来，我已经有六个年头没有参加与外交有关的实际工作了，而恰恰这个专员对于处理我国与马来西亚的关系尤为重要。自1965年独立以来，新加坡与马来西亚这个近邻之间，时不时关系紧张，许多棘手的问题尚在谈判，亟待解决。新加坡在很多方面都在密切关注马来西亚，譬如政治发展、政策声明，凡此种种。这意味着我必须对此做出报告，并及时准确地进行评价。这可是一个不小的挑战。再说，我十年前曾是情报工作的头头，这对我将要从事的工作会不会有瓜田李下之嫌呢？不管怎么样，官方对我的正式任命是有些延迟的，原因不得而知，可能是因为我早前的职业生涯，也可能不是。

但转念一想，我觉得自己说不定能做好这个工作，因为我与马来西亚有着千丝万缕的关系。我曾经在马来西亚柔佛州工作，一直干到1955年，到现在还从马来西亚政府那里领着养老金。我在那边的工会工作时，曾在独立前的联邦政府建立了许多人脉。我大学的几个朋友，包括一些知名马来人，在马来西亚政府担任要职。在新加坡这边，几个驻马来西亚的前任最高专员能给予帮助，像莫里斯·贝克、张泰澄和黄金辉等人。而且我与总理李光耀私交甚好，希望马国总理马哈蒂尔·穆罕默德和他的同僚能认为这是我的优势。

我接受了挑战。1988年4月27日，我满怀期待，开始了我的第一次驻外工作。

当我和妻子抵达位于吉隆坡的梳邦机场时，受到了礼宾司司长、安奈图拉·卡里姆大使的迎接，这是马来西亚方面最高的外交礼节了。就像所有初来乍到的大使一样，我前往住所时，前后有警车开道，专车上插着本国国旗，直奔敦拉萨路。那里是新加坡最高专员官邸，离皇家雪兰莪州高尔夫俱乐部不远。

到了住所，安奈图拉大使向我简要介绍了一下我正式上任前应做的礼节性外交拜访。我到马来西亚时，正赶上斋月。大使开玩笑般地解释说，我可能暂时要像穆斯林女人一样待在"深闺"一阵子，直到我正式向马来西亚的国家元首提交国书，才能抛头露面。至于到什么时候提交国书，要由元首阁下来定。当然，我可以个人名义拜访朋友，只是不能与马来西亚官员或公务员有任何官方接触。

我对这处居所十分熟悉，因为前几任最高专员在这里下榻时我就来过几趟。这个带围墙的宽敞大院与我在新加坡的那个"蜗居"相比，简直有天壤之别。这栋房子离主干道很远，四周一片宁静。仅有一点，我和妻子都不太满意：蚊子肆虐。我们得睡在一间屋子里，开着空调驱蚊。

这房子有两个问题，让我们一直苦恼，却没办法彻底解决。一是有一帮猴子不时来这里捣乱，摘摘树叶，采采果子。从后面把它们撵走？这可不是个好办法，被逼急了，它们也会伤人。

另一个问题就是院子门口会时不时被水淹，水经常有齐腰深，有时我甚至被困在里面，一待就是几个小时。有一次，马来西亚国防部部长东姑·艾哈迈德·里陶丁为迎接新加坡国防部部长杨林丰博士举办晚宴，我因为被水困在住处给耽误了。据说，里陶丁部长还向杨博士提议派船来接我。

按今天的标准来看，我带领的特派使节团规模不算大，除了我，还有我的副专员、两个外交官、四个首席秘书、口译员、笔译员、防务专员和一个警方联络官。虽然队伍不大，但无论当时还是现在，我们在吉隆坡的代表都是新加坡外交网络中极为重要的一环。

2. 大马政局

/

在马来西亚期间，我的工作几乎围绕一个主题展开——马来民族统一机构内部的紧张局势。下面先简要介绍一下当时的情景吧。

马来西亚政坛一直由国民阵线联盟（简称国阵）主导，这是一个由巫统、马来西亚华人公会（简称马华公会）、马来西亚印度人国民大会党（又称马来西亚印度国大党）和其他小型政治团体构成的联盟。1974年，国民阵线联盟由原来的联盟政党扩大构成。所谓联盟政党，其实仅由三个主要政党组成。主要反对党有马来西亚伊斯兰党和民主行动党。马来西亚伊斯兰党是一个由穆斯林追随者组成的党派，在吉兰丹和丁加奴两州拥有极大的势力。

巫统占国民阵线联盟的大多席位，主要代表马来群体。它的发展可谓一波三折。此时的马来西亚与独立初期的马来亚相比，已发生了翻天覆地的变化。马来亚独立后的第一任总理东库·阿都·拉曼殿下下野后，曾在《星报》上发表文章，后来将这些文章结集出版，书名《观点》，读起来颇为有趣。他在书中写道：1969年5月13日那场种族暴乱之后，"无论是在主要政府部门还是政党内部，都有些新人走上政治舞台。这些人都身兼要职，在党内或政府部门担任新闻秘书、政治秘书等"。东库还声称，有些"貌似忠诚"的家伙伴随在他的接班人敦阿卜杜勒·拉扎克左右，"滥用职权，以权谋私"，是"内部敌人"。东库说，他不明白这帮人是怎么突然得势的。他猜测，这帮人是想通过以总理名义发布假消息伺机篡权。

当然了，往事成风，而且以总理马哈蒂尔的老谋深算、事必躬亲，我很怀疑这事的真实性。

1981年7月，侯赛因·翁因为健康原因辞去总理一职，马哈蒂尔接任。有传言说，当时资格最老的巫统副主席东姑·拉沙里曾觊觎署理主席一职。他帮助马哈蒂尔当上巫统首领，以图换取马哈蒂尔的支持。然而，马哈蒂尔担任党魁后，不再任命署理主席，却将署理主席的选举公开化，在东姑·拉沙里与另一位副主席穆萨·希塔姆之间展开竞争。吉隆坡的许多人都认为，马哈蒂尔暗中力挺穆萨·希塔姆。然而，马哈蒂尔在回忆录《医生当家》却暗示事情另有隐情。东姑·拉沙里首战铩羽而归，1984年再次卷土重来，却又一次遭到失败。这次之后，马哈蒂尔公开支持穆萨·希塔姆作为他的竞选伙伴。

　　穆萨一方认为，东姑·拉沙里是他的最大对手，急切地找各种理由将他逐出内阁。但马哈蒂尔提出异议，把东姑·拉沙里留在国际贸易与工业部。无疑，他把东姑·拉沙里视为牵制穆萨的一枚棋子。马哈蒂尔导演的这出对头戏本来很可能惹恼这对冤家，导致他们反过来联手对付他，遏制其迅速膨胀的势力。但是，由于当时正值经济大萧条，所有这些都未变成现实。20世纪80年代中期，马来西亚经济严重衰退，巫统再也无力恩泽均沾。因此，其内部的党派竞争日益加剧。

　　1986年3月16日，穆萨因个人原因及政策分歧辞去职位。他与马哈蒂尔的分道扬镳于1987年4月24日引发了一场争夺巫统最高职位的斗争。拉沙里和穆萨联手竞选主席及署理主席，以此来对抗马哈蒂尔和加法尔·巴巴先生。很可惜，党内缺乏有影响力的人物，也没有人愿意出面调停。据说，东库·阿都·拉曼殿下和侯赛因·翁曾公开或私下里赞同拉沙里与穆萨的组合，尤其是后来他们主张撤销巫统，建立"马来西亚巫统"。当然，这是后话了。这直接导致了内部竞选中出现A队与B队对抗的情况。

　　这次选举中，两个阵营争夺的职位有主席、署理主席、三个副主席和最高理事会成员。这次决裂不仅仅造成巫统内部的分裂，其影响甚至渗透到马来西亚社会的各阶层。在巫统内阁成员中，阿布·哈桑、安瓦尔·易卜拉欣、戴姆勒·扎因丁、拉菲达·阿齐兹和萨努斯·朱尼德属于马哈蒂尔阵营的A队。而支持东库·拉沙里与穆萨组合的有：阿卜杜拉·巴达维、阿吉布·艾哈迈德、莱士·雅丁和沙赫列·萨马德。后者反对前者的主要原因是马哈蒂尔的经济政策以重工业为中心。他们认为，他提出的"现代化"思想、私有化改革和财政紧缩违背了新经济政策。该政策在1969年暴乱后的满目疮痍中提出，是一个整体来讲对马来人有益的平权法案。但目前的发展似乎偏离了昔日的政策，这让东库·拉沙里与穆萨阵营感到不安。

　　马哈蒂尔阵营以微弱优势胜出：马哈蒂尔以761票对718票打败东库·拉沙里。

加法尔·巴巴以739票对699票险胜。A队里的万·莫可塔、安瓦尔·易卜拉欣和东库·拉沙里与穆萨阵营的阿卜杜拉·巴达维分坐三个副主席的宝座。东库·拉沙里与穆萨的B队阵营在最高理事会的25席中获得8席。

不久，东库·拉沙里辞去内阁职务。观察家认为，这是拉沙里防止马哈蒂尔向敌对阵营报复而先发制人。东库·拉沙里公开表示，他坚决拥护党的领导，前提是没有"政治迫害"。马哈蒂尔面临着艰难抉择，要么同化反对者，要么除去他们。他选择了后者，开始清除内阁中东库·拉沙里的支持者。这些人有阿卜杜拉·巴达维、阿吉布·艾哈迈德和沙赫列·萨马德，副部长阿卜杜勒·卡迪尔、拉西锡·艾哈迈德、拉马·奥斯曼和载那·阿比丁·辛。巫统中B队阵营的联络处主任被免职，其他的党内、行政部门和企业部门中，凡是东库·拉沙里阵营的支持者都未能幸免。

作为回应，拉沙里的支持者在1987年6月25日提起诉讼，状告1987年的选举无效。7个不同部门的12位巫统成员（其中一位最终退出，因此他们被称为"巫统11人帮"）向吉隆坡最高法院提交了诉讼申请。原告声称，53个未经注册的巫统支部，未经批准就派出代表参加分区会议，后者再派出代表参加联合大会。因此，1770名代表中大约有78名投票者不具备法定的参会资格。鉴于两个阵营的最终得票十分相近，原告提出：所有党内成员重回1987年4月24日之前的原职，举行新一轮选举。

1988年2月4日，高级法院判决巫统违法。首席大法官哈伦·哈希姆接受了"巫统11人帮"的申诉，认定不具有法定资格的支部的确参与了1987年4月的巫统选举，导致当前的选举结果。但是，他拒绝判定该次选举无效。他认为，根据《社团法案》，由众多非法支部构成的巫统本身就是一个非法无效的政党，应将其注销解散。

此事一出，整个巫统顿时乱作一团。然而，马哈蒂尔却看到了一线生机并且明智地抓住了它。在一片混乱中，他着手建立一个新党，该党不包括任何持有异见的成员。遵从高级法院的意见，原巫统的两派争先恐后地注册继承组织来承袭原党内成员和资产。社团注册局在内政部的掌控下，马哈蒂尔利用他作为内政部部长的影响力阻碍东库·拉沙里的追随者以东库·拉沙里和侯赛因·翁的名义注册"马来西亚巫统"。注册局称，巫统虽然是个非法的组织，但并没有从社团的名单里除去。因此，官方承认新巫统为原巫统的继任者。就这样，这场风波的结局就是一个新巫统诞生了，其内部再也没有东库·拉沙里势力。

然而，马哈蒂尔却百密一疏。新巫统注册之时正是在高级法院一审判决上诉期的30天内。"巫统11人帮"不服原判，提起上诉。时任最高法院院长的敦沙列·阿峇士决定在1988年6月13日举行一场听证会，9名法官全体出席参加。

那时，政府（确切地说是总理）与司法机关之间的矛盾已日益尖锐。一系列有争议的事件使得马哈蒂尔觉得司法部门正在介入本应由行政部门定夺的事情中。

所以，当我1988年4月抵达吉隆坡时，每个人都在密切关注着事态的下一步进展：原巫统已被注销，新巫统成立伊始，坚定的反对派东库·拉沙里和穆萨在一边伺机而动，此种局面将如何收场？

在等待呈递国书期间，我决定先去见见两个消息灵通的观察家。通过与他们的交谈，我能迅速地熟悉我在未来两年将要应对的工作。

我首先拜访了前任最高法院院长敦莫哈末·苏菲安·哈欣。我初次结识他还是在20世纪50年代，当时他是柔佛州的法律顾问。我和他以及他妻子邦妮成为好朋友，尽管当时我的社会地位不如他。每次他们来新加坡，或是后来在华盛顿特区，我们都相谈甚欢。现在，他在吉隆坡的渣打银行担任顾问，与之前的职位相比要轻松许多。

苏菲安问我怎样看待自己的使命。我解释说，无论乐意与否，新加坡与马来西亚总是一衣带水的近邻，我们之间的关系注定不平静。吾辈统称马来亚人，虽然我们种族不同，但这并不影响我们的自由交流。现在，吾辈渐已老去，后辈已经长大，却天各一方。我的任务就是重建相互之间的理解与合作。苏菲安在这一点上与我达成一致。

谈及巫统的解体，苏菲安显然支持马哈蒂尔，并且很关心当前的政事。他承认，马哈蒂尔有时不能纳谏。在苏菲安担任最高法院院长时，由于他经常在总理身边工作，他的表现让后者满意。他暗示现任最高法院院长敦沙列·阿峇士没有解决问题反而在火上浇油，但他没有透露具体的细节。至于首席大法官哈伦，苏菲安认为他应该好好考虑巫统上届联合大会的地位等问题，而不是讨论1984年巫统最高委员会的合法性，这完全没有必要。在苏菲安看来，如果巫统是非法的，那就没有什么是合法的了，包括最高委员会等所有机构。他百分之百地赞成马哈蒂尔的看法：首席大法官哈伦无权质疑巫统的合法性。因此，马哈蒂尔完全有权对判决置之不理。

我下一个拜访的对象是穆萨。他也是我的老友，虽然已经没有实权且备受争议，但穆萨在马来西亚圈内依然有很大的影响力，尤其是在老家柔佛州。

我们探讨了巫统局势。我问他，既然现在已经不在巫统担任任何重要的领导职位，他是否考虑加入新巫统呢？他说，他现在进退两难。他承认，自己必须赶紧有点动作，不管用什么方式。要是加入东库·沙拉里新成立的"46精神党"，那就相当于反对刚建立的巫统领导层；要是加入新巫统，又会被视为懦弱无能。这个选择题不像局外人认为的那么明确，那么容易。穆萨说，大多数马来人希望看到马来西亚和平统一，希望尽快解决目前的分裂。他说，巫统正如印度人国民大会党一样，处于转型阶段。在印度，没有哪个组织能统领党内的各种势力。所以，政局就像人的性格一样复杂多变。这种剧变对巫统而言也不是第一次了。1969年的种族暴乱标志着巫统翻开了崭新的一页。而现在，是另一个新阶段的开始。

在更广泛的层次上，穆萨说抓住当前马来西亚的现实问题至关重要。马来人对马来西亚的统治就此终止了。但种族的问题无可避免，它无处不在，而且随时可能浮出水面。马来人仍有一种自卑情结，这一点在其处理与新加坡相关事宜时就会显现出来。而在柔佛州，这种情结尤甚。马来西亚的马来人有种倾向：认为新加坡的一举一动都是华人的骗局，他们绝对"不被表象迷惑"，这是许多问题的根源。

在穆萨看来，新加坡生机勃勃、决定果断并实施迅速。马来西亚却仍然是个大村庄，行动迟缓、优柔寡断，即使做了决定，实行起来也是拖拖拉拉。所以，每次李光耀总理欲果断迅捷地处理外交事务时，穆萨都给总理解释一番。马来西亚是一个多州组成的国家，其政治结构比新加坡复杂得多。当权者要权衡联邦与各州的关系、皇室与政府的关系、城市与乡村的关系以及其他的诸多问题。穆萨力劝我出面恳请新加坡的领导者，面对这种情形在与马来西亚关于柔佛州供水问题的谈判上最好不要失去耐心。这个建议确实有道理。

3. 呈递国书

1988年6月20日，我终于可以向马来西亚最高元首——苏丹依斯干达·伊卜尼·依斯迈路殿下呈递国书了。呈递仪式非常隆重，令人印象深刻。我身着晨礼服，佩戴各式勋章出席典礼。在吉隆坡的元首宫殿里，一支由军队挑选出的仪仗队盛装列队，这与马来西亚其他州的苏丹王宫截然不同。在那天，除了我，递交国书的还有希腊的大使。

我向殿下传达了新加坡总统的诚挚问候，并对我能够得到殿下的亲自接见表示莫大的荣幸。殿下面带微笑，接过我呈递的国书。他欢迎我来马来西亚，并说他知道我的家族之前住在麻坡，后来搬到了新山（柔佛州的首府），他还认识我许多住在柔佛州的亲戚。他坚信，两国应该互帮互助而非恶性竞争。他一再重申，希望我能够努力工作，增强两国之间的联系，尤其是加强新加坡与柔佛州之间的合作关系。我向他郑重承诺，在他的帮助与督导下，我定将竭尽全力。

殿下及夫人邀请我在他吉隆坡的"柔佛王宫"共进午餐。席间，他主要谈了高尔夫、飞行驾驶以及他的身体状况。他还说，我应该试着让他在柔佛州工作的官员和政客多了解一下他们新加坡的同行。我不该走"迂回路线"，他这么说，显然有所暗示。他说，如果我们是在讨论柔佛的发展，那只可能是为了国家利益。所以，他们（吉隆坡那帮人）还有什么理由埋怨咱们没有得到他们的首肯呢？

这次召见进展十分顺利，比我预计的情况好得多。在此之前，见过吉隆坡的其他外交官后，我还有点担心呢。殿下十分热情和蔼，他还跟马来西亚外交部秘书长说他和我是旧识，让他在工作上对我多多关照。

1988年6月24日，呈递国书几天之后，我就去拜访马哈蒂尔·穆罕默德总理。我依旧记得数年前他首次正式访问新加坡时的情景。那是在1981年，他于12月17日到18日在新加坡进行为期两天的访问。当时他刚担任总理，我那时是外交部常任秘书。那次访问很成功，我觉得自己应该对目前的工作持乐观态度。

　　马哈蒂尔总理对我讲，他在过去的七年中，一直致力于改善双边关系。他说，无论什么原因都不能阻碍双方和谐融洽地进行合作。但令人遗憾的是，一些"负面进展"一度让这一进程受阻。尽管如此，他和李光耀总理都在不懈地努力挽回局面。（我没有继续深入了解，因为我觉得这可能不合乎礼节，毕竟这是我第一次拜访他。）他还说，两国在交往中应该相互理解。如果马来西亚是单一民族国家，事情将会好办得多。对新加坡来说，亦是如此。然而，两个国家却都是多种族国家，那么，任何人与其同胞讲话时都不能不顾及其他种族的感受。谈及种族问题，人们往往神经紧张。当涉及历史问题时，更是如此。即使本意是向本国民众传达思想，这些话听在另一个国家的人耳朵里也会走样。鉴于我们两国是一衣带水的近邻，在处理政治问题时，我们要时刻提醒自己注意这一点。

　　当谈及新加坡武装部队中马来人的作用时，马哈蒂尔承认那是新加坡的内务，马来西亚没有理由发表反对意见。他提到李显龙准将（当时任国防部第二部长）曾公开发表一篇评论，论述了为何新加坡武装部队中没有马来裔飞行员。（李显龙认为在"为国效力"与"信仰至上"之间可能存在某种潜在的冲突。）总理说，此举伤害到了马来人的感情，包括那些马来西亚武装部队中的马来人，这种局面最好能避免。正如他所说："我们之间确实存在分歧，但这并不意味着要去加剧冲突。如果那样的话，我们就是在相互伤害。"

　　然后，总理又谈及柔佛州向新加坡供水的问题。20世纪60年代，双方曾经达成相关的供水协议，目前正在谈判协商一个新的解决办法。他指出，向新加坡供水从来就没中断过，而且没有人会愚蠢到去停止供水。只要马来西亚有足够的水资源，就乐意与新加坡分享，况且水资源还十分充裕。

　　他形容两国关系如此亲密，就像是"一本打开的书"。如果我们想要得到相关信息，只需直接从中寻找答案，而不是通过"旁门左道"。我感觉，这是在暗指我之前做情报署署长的工作。他还补充说，"旁门左道"是用来对付敌人的，但我们两国并不是敌人。他要表达的意思很明显。我想提醒他，这并不是单方面的行动，马来西亚人也并非没有过类似行为。但他用了"我们"这个词，我就不予深究了。

然而，没想到这种猜疑日后又一次出现。

　　之后，我们还讨论了李光耀总理即将赴兰卡威进行访问的事。马哈蒂尔还询问了我家人的情况。然后，我就告退了。

4. 事无巨细

/

大使或者最高专员不仅要处理政治关系，还要负责经济方面的事务。所以，那时一堆生死攸关的大事和零零碎碎的小事都摆在我的面前。下面，我就举几个例子让大家了解我们当时都在处理什么事情。

1989年5月，在我上任之初巡回拜访期间，我去见了一个大学时代的旧友。他郑重地提醒我：我需要向新加坡政府寻求帮助，将某些企业从新加坡迁至柔佛州。他和他的同事就因为此事遭受埋怨，理由是他们"三心二意、不够热心"。说起来，这事不是现在才有的。两年前，新加坡的经济发展局就公告马来西亚工业发展局，他们不能引导企业撤离新加坡，他们之前还鼓励企业在新加坡发展呢。我朋友承认，企业是否考虑在柔佛州建厂，关键要看是否会盈利。马来西亚的厂区地价优惠、税收减免，但单单这些条件还不足以让投资者动心，因为他们还要考虑出口货物运经长堤收费站产生的费用，以及他们必须使用巴西古当的港口设施等问题。虽然马来西亚港可向某些特殊货物，如棕榈油和其他液体等提供检修等服务，但总体而言，他们的办事效率和速度比不上新加坡港务局。朋友还说，官员无权否决政府决策，就算是财政部认为出口应经马来西亚港也枉然，取得政府的支持方是上策。

接下来的那个月，在我与一位官员的谈话中又出现两个老生常谈的话题：一个是两国航空公司之间的竞争问题，另一个问题是马来西亚声称新加坡对其旅游业支持不够。

这位马来西亚官员抱怨，在两国互通航班中，从新加坡起飞只有一个出发地，却通向马来西亚好几个目的城市，新加坡因此从中获利不少。新加坡航空公司的发展还抢了本属于槟城的生意，吉隆坡和其他地方也同样受到影响。另外，新加坡还被指抢走去往台北、香港、东京、马德拉斯和一些欧洲城市的客源。我指出，撤销管制规定使得所有航空公司都能从中受益，这也给了乘客更多的选择。航空公司的服务要改善，费用要合理，对顾客才有吸引力。其实，马来西亚航空公司也得到了好处，与前几年相比，发展势头相当不错。这位官员承认确实如此，只是马来西亚航空公司总是向交通部喋喋不休，还不断施压。

他话锋一转，谈到了旅游业。他说，他们指望新加坡航空公司尽其所能帮助兰卡威。我说，据我所知，由于基础设施急需改善，新航和马航应该共同努力，克服困难，开发线路，取得盈利。我提醒他，西方的游客并不满足于仅仅游览东方古老的度假岛，他们期望很高而且选择多多，比如兰卡威与普吉岛、巴厘岛以及其他东盟旅游胜地并驾齐驱，存在竞争。我向他介绍了新加坡投资建设景点的一些情况，包括裕廊飞禽公园、新加坡动物园、裕华园与星和园以及圣淘沙岛。所有这些景点都是人造景观，都需要大笔资金。他同意我的说法，但希望用"共同基金"（我认为他指的是由新加坡与马来西亚旅游委员会管理的资金）令我们两国的旅游合作更加密切。我提醒他不要忘记新加坡游客在马来西亚境内旅游也有一笔很可观的消费。然而，相比旅游业的总收入，这点贡献经常被忽略。新加坡其实对马来西亚旅游业做出了很大的贡献，而且将来的贡献可以更多。

在谈话中，这位官员还提及长期以来摆在双边日程中的两个议题。事实上，对于这两个议题，我日后花了很多心思。

第一是铁路用地问题。铁路用地虽然在新加坡境内，但归马来西亚所有，新加坡方面现在想要将其收回。有两个困难摆在面前：支付补偿费和清理棚户区。新加坡做好准备要交补偿费，但新加坡在公共土地上的花费是有限度的，而马来西亚当然希望价格越高越好。除此之外，就是清理铁路沿线的800至1000个棚户区。新加坡方面认为，既然这些棚户区属于马来西亚铁路用地，马来西亚就应该负责安置。马来西亚铁路部门的观点是，马来西亚所有地方的铁路旁都有棚户区，马来西亚现在不用那些土地，所以不着急清理棚户区。但是，新加坡急需使用那些土地，而且它有一个棚户区清理条例，对于领土范围内的所有土地都适用。它可以采取主动，处理这个问题。总之，这不是什么大问题。从长远来看，新加坡在这事上是受益方。权衡利弊，我们需要找到一个解决问题的方案。

几年后，在1990年11月27日，正是我出任新加坡驻美国大使的日子，马来西亚和新加坡终于就这个问题签订了一份协议书。但是，拖拖拉拉又过了20年，这件事依然没有什么进展，主要原因是马来西亚方面要求协议应覆盖更多的地区，而且声称协议书不具约束力，因为未经内阁批准。由此，双方争执不下。2010年5月，李显龙总理在新加坡会见了马来西亚总理拿督斯里纳吉布·阿卜杜勒·拉扎克，双方就在2011年7月1日之前将马来西亚铁路的丹戎巴葛车站迁移至兀兰火车关卡达成协议。马来西亚海关、移民和检疫等设施都将一同被安置在新址。

　　第二个悬而未决的问题是关于柔佛海峡的边界线纠纷。那位官员告诉我，每次新方这边进行填筑时，柔佛州都会强烈抗议。我不知道为什么会这样。据我所知，在柔佛海峡新加坡这边仅有一些零星的填筑工程，这些工程和南部的工程相比简直微不足道。他解释说，每次我们填筑，深海水道都会发生变化，这给进出巴西古当港（位于柔佛海峡马来西亚一侧）的船只带来麻烦。无独有偶，类似的情况在民都鲁和沙捞越也有发生。那里新建了一个防波堤，随后海流发生变化，导致海岸线也发生变化。他在暗示我们的填筑工程可能会导致同样的结果。我回应他说，边界线早在1927年就已划定而且使用了相当长的时间，或许边界线需要以根据水文地理测定的海峡最深点为界重新修订。这个想法之前曾有人提出过，因为进出巴西古当港的船只在实际操作中有困难，双方港务局很难界定。多年之后，马来西亚单方面将这个问题提交给国际海洋法法庭，关于填筑工程的争议才尘埃落定：国际海洋法法庭支持新加坡一方，判决新加坡无须停止在大士和德光岛的填筑工程。

　　除此之外，另一个严重的问题引起了我的注意，那就是白礁岛的归属问题。1979年，马来西亚出版的新地图显示其对白礁岛享有主权，但之前在所有的地图上，该岛都属于新加坡。那时候，我还在外交部工作。针对此事，李光耀总理后来在文章中写道："我们十分惊讶，因为自1847年起，该岛先是被英国占领，之后就一直属于新加坡。在过去的132年中，马来西亚或其他任何国家对此都没有异议。"1980年2月，新加坡正式提出了严重抗议。20世纪80年代中后期，马来西亚皇家海军的船只不时出现在白礁海域。我后来礼节性地拜访柔佛掌权者，即现在的苏丹易卜拉欣时，提到了这个问题。

　　1989年的6月和7月，马来西亚执法船只的挑衅愈演愈烈，双边局势日趋紧张。有一次，他们的船舰甚至停泊在距离白礁岛仅一海里处，船上满载着通用机枪。我接到指令：面见马来西亚财政部部长拿督帕杜克·戴姆勒·扎因丁，请他向马哈蒂尔转达李总理的意思。李总理表示，新加坡对此骚扰事件非常关切，希望双方能够共同解决，否则将提交国际法庭仲裁。

　　这事最终还真的诉诸国际法庭了。1994年，马来西亚同意将此争端提交第三方——国际法庭进行裁决。经过漫长的听证，国际法庭最终在2008年5月裁决白礁岛的主权归新加坡所有。同时，国际法庭还裁决了中岩礁的主权归马来西亚所有。南部岛礁（该地是一块低潮高地）则由领海所属国所有。正如李光耀总理后来所述的："新加坡必须坚持通过法律手段来解决两国争端。如果通过协商解决不了争端，那么就由第三方介入解决，这起码不会使双边关系恶化。这就是我处理此类问题的方式，而且后任的各届新加坡总理也都遵从了这一方针。"

在马来西亚国会，双边问题不时出现。每一桩每一件我都不敢掉以轻心。其中一个事件是新加坡飞行俱乐部禁止使用马来西亚的领空。一般来说，领空是敏感的话题。新加坡共和国空军的飞机穿梭于南中国海的训练基地时途经马来西亚上空，此类新闻经常见诸报端。报纸经常援引来自巫统分支机构的官员或国家立法委员会成员的反对意见，全然不顾这种安排是经过双方政府协商同意的。巫统的那些领导，尤其是柔佛州振林山地区的代表，最乐意抓住每个机会对此事大放厥词。马来西亚的信息部部长拿督穆罕默德·拉玛特也参与其中，抱怨飞机在登加空军基地起飞降落，影响了他的选区所在地居民的休息，还声称渔民在马来西亚靠近新加坡的水域捕鱼时受到骚扰。同时，不断有人批评新加坡空军的飞机闯入柔佛州是从事间谍活动。时至今日，谷歌地图可以清楚地照到地球上的每一块土地，然而这种子虚乌有的指责仍然时有发生。

之前我曾提到过旅游业，其中有个插曲我记忆犹新：马来西亚一个叫萨巴鲁·丁欣的部长在回答国会的问题时言辞激烈地表明了反新加坡立场，这种事情很少发生。实际上，他是在回应之前抛给他的两个问题，这两个问题在不同的场合提出，但都针对国会正提上日程的马来西亚观光年项目。萨巴鲁·丁欣的这番话见报时，恰是吴作栋在吉隆坡访问的最后一天。他声称某个"邻国"正在破坏马来西亚观光年。虽然没有指名道姓，但他说该国家刻意丑化马来西亚，误导游客。他指的是新加坡直接或间接地减少去马旅游的客流量，并以"半罐汽油规定"为例。我后来了解到，萨巴鲁一直有反新加坡的倾向。马来西亚外交部的官员私下里也向我们传达了同样的信息。当然，他们这么做的用意恐怕无人知晓了。

5. 大马皇室访新

/

我在马来西亚任职几周后，便要安排一次马来西亚最高元首对新加坡的国事访问。行程定于1988年6月26日至28日，这是新加坡从马来西亚脱离取得完全独立以来，马来西亚皇家的首次访问。

为了保证这次访问的圆满成功，要做大量的准备工作。殿下在本国以极具个性、脾气难以揣测、不时语出惊人而闻名。不过，谢天谢地，一切进展顺利。他的举手投足、一言一行始终保持着皇家风范，合乎礼仪又平易近人。

殿下的陪同人员包括他的女儿们、孙辈们和一个由马来西亚信息部部长拿督穆罕默德·拉玛特率领的十人官方代表团。皇后因为赴麦加朝拜，没有随行。时任总统的黄金辉主持了国宴，总理李光耀及夫人准备了丰盛的晚宴。副总理吴作栋及其他内阁成员也几次邀请殿下共进午餐。

殿下在新加坡广受欢迎。《海峡时报》亲切地称呼他为"人民的国王"，并认为此次访问标志着两国关系进入一个新纪元。报道同时指出，作为柔佛州皇家成员，殿下从年轻的时候就与新加坡建立了长期友好的关系。

在国宴上，两国首脑就两国之间特殊的关系发表讲话，尤其对新加坡与柔佛州的关系进行了深入交谈，因为新加坡与柔佛地理上的距离最近，而且后者是殿下所在的州。

在社会活动环节，殿下在参观裕廊飞禽公园时，为皇冠鸽展览会揭幕，74只来自巴布亚新几内亚的鸽子被展览。他还到海滨游玩了一番，参观了樟宜机场的综合货物处理设施，并观看了一场空运货物操作的声像并茂的表演。在他访问新加坡特许工业公司（现新加坡科技工程集团的子公司）期间，他亲自观看了实弹射击演示，并试用了一把由新加坡研制的机关枪。他甚至还忙里偷闲打了会高尔夫，并参观了新加坡科学中心全天域剧院。

在结束访问之前，殿下授予第一副总理吴作栋柔佛州第二高的勋章，配享有"拿督"的勋衔。

回顾这次成功的到访，马来西亚驻新加坡最高专员拿督K.塔马拉纳姆指出，两国长期稳定、友好和平的关系得到了巩固与发展，在健康的双边关系中偶然出现摩擦是正常的，也终会化解。双方都本着务实的态度，承认存在分歧是必然的，正确地解读这些分歧非常重要。否则双方矛盾激化，就会出现对峙局面。

6. 巡访大马诸州

　　我之前提到过，马来西亚的政局比新加坡复杂得多，种种势力盘根错节。自古以来，各州就是重要的影响力中心。有鉴于此，与之建立联系就显得十分重要。我决定遍访各州，越多越好，主要是会见各州的苏丹殿下和行政长官。一年多以后，我终于完成了这个计划。巡访只是礼节性的，会面时基本没有深入地谈论重要的政治话题。谈话内容主要以地区间的合作为主，如投资、旅游和防务。他们彬彬有礼、礼貌周全，所有的一切都合乎接待最高专员的礼节，我对此印象清晰而深刻。在巡访的各州，从来没有过于敏感的话题，但在其他地方则时有发生。他们不允许曾经的猜疑或现在双方政府间的争执影响我们的交往。我和妻子十分喜欢他们各自的皇宫，那些建筑十分庄重，一点也不哗众取宠。

　　我开始巡访是在1988年7月访问马六甲州后。马六甲州的长官是我昔日的旧友拿督斯里乌塔玛·赛义德·阿哈末·沙哈都丁。会面时，他和他的妻子忆起他当最高专员时在新加坡的时光以及在那儿认识的众多朋友，其中有些还时常来马六甲。他详细地陈述了马六甲为发展旅游业和吸引投资所做的努力，并且希望我能提供帮助。我拜访了首席部长拿督斯里阿卜杜勒·拉希姆·塔玛比，他向我简要地介绍了这些方面的工作。

　　访问柔佛州时，我没有见到苏丹殿下，却见了摄政王东库·易卜拉欣·伊斯梅尔·伊卜尼·马哈茂德·伊斯坎德尔（他现在已成为苏丹）。苏丹在那时是马国最高元首，居所在吉隆坡。按照行程，我和妻子在摄政王的王宫拜访了摄政王殿下及他的夫人再丽苏菲亚。

　　在谈话中，摄政王回顾了历史上双方首脑间的联系以及新加坡与柔佛州之间的民间交往。

然后，话题一转，殿下谈到了他在新加坡的访问，尤其说到他对新加坡备感亲切。然后，他又谈到白礁（这一话题后来演变为领土争端）。他说，自己只有一个心愿——参观霍士堡灯塔，并期待岛上只有一个排的士兵在保卫它。他指责那些测量员是"愚蠢的"，他们只是因为看见了一个排的士兵，就错误地把那个岛划归新加坡的版图，而且一直延续到1979年。他还说，那些测量员察觉有卫兵而未登岛，他们应该被炒鱿鱼。他说，在王宫里，他父亲掌握着一份文件，可以清楚地证明白礁的归属。同时，还有史料记录了该岛的历史。所有这些证据都可追溯到19世纪70年代。在说这些话的时候，他一直都在看着我，想要看我如何反应。我没有说话，因为当时这事正在讨论中，即将提交国际法庭。

9月份，我去了沙巴州，正好赶上该州举行纪念加入马来西亚25周年庆典。庆祝活动包括升新州旗。原来的州旗自1982年起一直没有基纳巴卢山的图案，直到1988年才将基纳巴卢山的图案再设计入新州旗。学校里穿着五颜六色衣服的孩子们组成了一队长长的游行队伍，民众喜气洋洋、乐在其中。

沙巴州的首席部长拿督约瑟夫·拜林·吉丁岸毫无保留地表达了他对新加坡的赞扬，认为新加坡让其他国家备受鼓舞，新加坡的成功证明：如果一个国家果断决绝、破釜沉舟，任何事情都是有可能实现的。他提到沙巴州和沙捞越州沿用新加坡的宪法规定，以防止州下院议员倒戈。他叹息道：连自己途经新加坡短暂逗留期间买点东西，都能引起在吉隆坡的领导的猜疑，虽然他们并不会明显地流露出来。

首席部长在游行中发表了演说。在演讲中，他很清楚地向吉隆坡传递了一些信息，包括对沙巴州的发展速度落后于马来西亚其他州表示不满，以及为岛上居民、沙巴州和沙捞越州争取更多的机会，使这些地区能够更自由地相互交融、相互影响，呼吁国家禁止按人种或宗教信仰来区分马来西亚公民。这些内容都反映了那个时代的真实情况。自那之后不少情况已经发生了改观。

我还拜访了沙巴州元首丹斯里穆罕默德·塞得·克拉克，他对李光耀总理及其他的新加坡领导人颇有好感。他感叹马来西亚的一些地方领导者正在拉帮结派、煽动敌对情绪，影响整体和谐。他还说道来自菲律宾的非法移民带来了严重的社会问题，他需要吉隆坡中央帮助解决，却迟迟等不到。

快到1988年9月底时，我访问了吉打州。在州府亚罗士打的道路上，新加坡、马来西亚和吉打州的旗帜迎风飘扬。

参观完慕达农业发展机构之后，我拜访了苏丹阿卜杜勒·哈利姆·慕阿德扎姆·沙阿殿下及其夫人。他询问了我的工作经历，对我在吉打州乡村做田间工作的经历特别感兴趣。按照日程，我本来要拜访州务大臣拿督斯里哈吉·奥斯曼·阿洛夫，因为他患上肾结石，所以我取消了访问。我和妻子在兰卡威岛度假村留宿了一夜，第二天早上返回吉隆坡。

我在1988年11月访问了森美兰州，在州府芙蓉市的栖息王宫拜访了严端（马来西亚森美兰州最高统治者的称号，此称号于1773年开始使用）阿玛胡姆·东姑·加尔法·伊卜尼·阿玛胡姆·东姑阿都拉曼及其夫人。严端问起黄金辉总统及夫人的近况，还饶有兴致地忆起与他们交往的情形。我们谈到了新加坡日新月异的变化，说到了一些地方的名字，回忆了在开罗的时光。1964年，他在开罗任大使，我正巧从阿尔及利亚回来，我们就这样结识了。

同年12月初，我访问了霹雳州，拜访了苏丹阿兹兰·沙阿殿下。他之前是最高法院院长，在我担任最高专员期间升任最高元首。我和妻子受到了特别热情的接待，我们算是老相识了。早年在柔佛州时，他担任柔佛州的法律顾问，而我还只是个小职员。他的夫人和我妻子早年在柯克比师范学院时曾是同班同学。

殿下高度赞扬了新加坡，并希望霹雳州与怡保市能效法我国。他还询问了新加坡高等法院裁决取消J.B.惹耶勒南的律师资格后，枢密院决议推翻该裁决之后的发展情况（最终政府否决了枢密院推翻裁决的依据）。他对国民服兵役的做法表示支持，说这样有助于在年轻一代中培养使命感。他觉得马来西亚也应该推行这种做法，但不确定联邦政府是否同意他的看法。

次年3月，我再次访问了霹雳州，拜访了州务大臣拿督斯里拉马·恩加·塔利布和政务次长拿督艾哈迈德·萨阿迪。因为政务次长被临时紧急召唤到怡保市的皇宫，我与他的交谈相当简短。相比之下，州务大臣和我的谈话就长得多了。交谈中，他说他对现在的双边关系十分满意，并且希望霹雳州能从中获益，尤其是在投资和旅游业方面。

我离开州务大臣住所时，遇见了马来西亚媒体的记者。他们就新加坡颁布的一项法律提出问题。该法律条文规定：自驾去马来西亚的游客在通过长堤时，油箱至少要装有一半的汽油。其中有名记者声称：这一举措旨在打消新加坡游客去马来西亚观光的念头。我解释说，颁布这一规定，主要是为了阻止游客占汽油差价的便宜，开着车来来回回往返于长堤加油。然而，他却宁愿相信制定这一规定的人居心叵测。

我在1989年3月拜访了玻璃市的王，他是自马来西亚独立以来第二任最高元首，在马来西亚皇室中声名显赫。他和他的平民王后非常热情地款待了我和妻子。在谈话中，他高度赞扬了新加坡，并亲切地回忆了他们乘坐新加坡地铁的美好经历。

我也拜见了州务大臣和他的妻子，后者是一个巴基斯坦的英印混血，但她看上去和马来人无异，只是在私下里直言不讳，就像许多受过英语教育的巴基斯坦中产阶级一样。州务大臣告诉我，马来西亚与新加坡的关系发展出乎他的意料。在政治交往中，他们曾经被嫉恨所驱使——认为新加坡曾经是每一次巫统大会上的妖魔。但是，他说"往事不再"，现在事情变得可以掌控了，而这个可喜的变化多亏了马哈蒂尔和一些受过良好教育的年轻领导，包括他自己在内。然而，他警告说，这种嫉恨并不一定不会卷土重来，两个国家需要在这个新的基础上发展，但应该时刻保持清醒：反对势力可能会再次煽动仇恨情绪。我认为，他可能在试图向我传达一个信息——他和其他亲马哈蒂尔者为了改变巫统对新加坡的态度所面临的挑战。

1989年，我两次访问槟城：第一次是在3月，拜访了首席部长林苍佑医生；第二次是在8月，拜访了州长官敦哈吉·哈姆丹·谢赫·塔希尔博士。

在访问中，我们仅是蜻蜓点水式地泛泛而谈。首席部长赞扬了我们的成功，同时感叹马来西亚的失败，尤其是扶持马来人的徒劳无功。他提到一件让他耿耿于怀的事：多年前，他带领一个代表团访问新加坡，但新加坡方面态度冷淡，只派了几个非政治领导的普通官员回访。这令他颜面扫地。虽然他很想看到双方的交流继续进行，但如果新加坡方面没有用适当的礼节来接待，他也不愿意再率代表团访问新加坡。他大体地观察过，我们所谓的双方交流有所增加，基本上只集中在吉隆坡和柔佛州。这使他们认为，我们只向马来人大献殷勤。他指出，槟城对北马来西亚举足轻重，新加坡不应忽视这一点。

我和州长官哈吉·哈姆丹博士谈话期间，他询问了新加坡准许某些香港居民定居新加坡的政策，因为时值香港回归中华人民共和国的前夕，一些香港居民纷纷申请移民新加坡。他记得，凡有此打算的人都可以申请，但其实好多人不晓得：在未来五年内，准入的家庭数目是有限制的。我详细地告诉他提交定居申请所要满足的条件，他说听起来还挺不错。

他对教育问题的看法挺有意思。虽然他曾在不少教育部部长手下工作，但他认为马哈蒂尔思路最清晰、行动最果断。然而，他发现马哈蒂尔总是一门心思培养更多的马来人成为很多领域的领头羊。他曾呈递提案，建议在槟城成立一个医学院。马哈蒂尔听闻后，首先关心的是每届能招到多少马来学生。马哈蒂尔强调，在马来西亚北部地区，中学的自然科学教育应该增加马来学生的比例，以保证有充足的生源就读医学本科。否则，他不会批准成立医学院。

这位州长官还谈及媒体对新加坡境内的"美军基地"的报道，我在后面会谈到这个问题。还没等我解释，他就说他不明白马来西亚外交部部长的立场，为什么要把这个议题留给东盟的部长们讨论呢？马哈蒂尔已经表明了什么是他可以忍受的，什么是他可以接受的。州长官说，就他从报纸上采集到的信息而言，美国甚至都不一定想用新加坡的军备。因此，外交部长要讨论的内容多是假想。

我在1989年8月拜访了吉兰丹州苏丹伊斯梅尔·伊卜尼·苏丹·叶海亚·佩特拉殿下及其夫人。会面时，气氛十分融洽，完全没有一般皇室所有的刻板，也不需要我来打破尴尬的沉默。他的夫人热情好客，和我妻子畅所欲言，如同遇见故人一般。

苏丹广泛的兴趣给我留下了深刻印象，他对时事也了如指掌。他想了解新加坡的政治发展，高度赞扬了我们的教育政策，认为这些政策甚至比英国还要完善。他还敦促他的官员去新加坡访问观摩，尤其在公共住房方面需要向我们学习。他热爱射击，对枪支兴趣浓厚，并称赞我们的特许工业成就惊人。我们还讨论了毒品问题，交流了马来西亚和新加坡等国家对贩用毒品颁布严厉惩罚措施的原因。

苏丹还时常阅读《海峡时报》，他觉得这份报纸比《新海峡时报》办得好。他说，比起新加坡国内的其他报纸，《海峡时报》的报道涉及更多的国际新闻，甚至涵盖了澳大利亚和新西兰的新闻。说到这里，他提到了最近的热门话题"美国在新加坡驻军"，并询问我事情的真相。我向他简短地介绍了相关背景：我们向美国提供使用新加坡的设施以及这么做的原因。我们没有向美国出租任何基地由其专用。苏丹说："我倒不觉得这么做有什么不对。你们的设施既然已经投入使用，当然可能包括一些特别的用途。"他提及和平、自由、中立区，并说这只是一个理想。他个人认为，只要有"其他力量"在周围存在，美国就必须保持介入这个区域。他还说，尽管友好国家——如五国联防组织和美国——在这个区域，马来西亚和新加坡的军队仍需紧密合作，共同发展壮大。

除了以上提到的访问外，我还进行了其他的访问。不过，我没能查到当时记录的所有细节。我希望沙捞越州和丁加奴州的人民能够原谅我没有把他们写进上述的回忆里。我无意冒犯。

我之所以描写在各州访问的细节，是因为我在各地都受到了友好的接待。各州的皇室都彬彬有礼，无论我们两国之间出现什么摩擦，他们都没有显露一丝偏见或不悦。事实上，他们大多数对新加坡赞誉有加，并积极提倡与新加坡建立更加紧密的合作关系。

万想不到的征程 ／新加坡前总统纳丹回忆录／

7. 抹不掉的成见

1990年1月，我动员新加坡最高专员公署的所有官员走出办公室，走出吉隆坡，到马来西亚全国各地体察民情，为1990年10月21日即将举行的选举做好准备。

考虑到我以前的工作经历会引起马来西亚方面的猜疑，在走访过程中可能会有人对此敏感，因此我事先拜访了外交部负责相关工作的总干事雅哈亚·巴巴。我向他解释，我们需要熟悉各州的局势，同时与州级官员进行沟通交流。而且我指出，此举对马来西亚方面也有利。越来越多的新加坡政要希望访问首都吉隆坡以外的地方，官员们如果掌握第一手资料，会对各方都有好处。

我们双方都知道这只是平常的外交惯例，但考虑到我之前的工作背景，就变得不那么平常了，而我也不希望自己的正常考察遭到曲解。我强调，派遣的官员只是履行外交职能。雅哈亚·巴巴十分赞赏我的直率，他也认为派遣官员出去看看很有好处。他们留在吉隆坡也只是做其他外交工作者已经做过的工作，实地考察更能了解实际情况。但他提醒我，其他的马来西亚机构（我应该了解是哪些机构）可能会对此类考察心存戒备，当然他们对其他外交人员也是这样的。

马来西亚与新加坡一直互相猜疑对方在自己国家进行间谍活动，在新加坡刚独立的那几年尤甚。在我做最高专员时，这种猜疑仍然明显存在。从我的经历来看，马来西亚政治家极易对新加坡吹毛求疵，都快到偏执的地步了。如果新加坡领导发表的讲话中对某些敏感话题稍有不慎，马来西亚的媒体就会习惯性地站出来批评抗议。我国的报纸，特别是《海峡时报》的"兼听则明"专栏，经常招来马来西亚方面的抗议，因为该专栏经常报道来自马来西亚媒体的新闻以及马来西亚首脑在本国媒体发表的演讲，无形中将有些不知所云的空洞言论公之于世。关于间谍活动的猜疑最早出现在塔威·斯里（后来晋升为沙捞越的首席部长）于1966年发表的一次讲话中。我之前说过，针对此指控，新加坡立即做出反应：外交部部长拉惹勒南要求马来西亚方面拿出可靠的证据。后来又再次要求，但对方没有回复，不了了之。

1988年年初我去吉隆坡时，这种氛围依然不变，而且关于间谍的猜疑又像洪流一样铺天盖地地袭来。这到底是不是由于我过去做过情报署署长的缘故，我不得而知，但我确实觉得一些政客和官员还留有一丝怀疑，认为我被安排在那个职位就是为了方便做情报工作。我之前也说过，我首次拜访马来西亚总理时，他就对我说：如果我需要知道什么信息只管张口，不需要采取"旁门左道"。正巧，那时报纸上偶尔讨论些间谍活动，暗示这些活动是一个"邻国"发起的，矛头明显指向新加坡。

1989年年底，发生了一个更严重的事件。12月13日，李光耀总理就他对槟城为期四天的成功访问召开新闻发布会。一位《新海峡时报》的记者请总理对"马来西亚国会披露了新加坡参与的间谍活动"发表看法，李总理拒绝回答。"我没有得到马来西亚政府的任何控告，"他之后说道，"如果是马来西亚联邦政府提起控诉，我们会以一种恰当而正确的方式做出回应，但事实并非如此。我认为以我的身份回复一个反对派分子的挑衅不合时宜，而且有理难辩，越描越黑。"

这次事件发生的背景是：12月6日，在回应国会议员兼政治部执行主席卡巴星代表国会提出的问题时，内政部代理部长拿督美格·朱尼告知参议院，有十人（后来其中一人被释放）由于涉嫌贩卖国家机密，触犯《国内安全法》的相关规定，而遭到拘留。据称，他们将国家机密贩卖给东盟的一个成员国。"依据东盟的精神"，他没有透露是哪个国家，但卡巴星宣称被拘留的一伙人里面有马来西亚海军高级官员，涉案国家是新加坡。

1990年1月，新巫统的副主席阿卜杜拉·巴达维（他是前防务大臣，后来升任总理）询问我李总理在槟城的答记者问。正如地方报纸暗示的那样，他对总理否认新加坡参与了有关行动表示难以理解。李总理的否认虽然在意料之中，但还是激起了马来西亚群众的厌恶情绪。我向他解释了当时记者所提问题的大意以及李光耀总理真实的回答。我还给了阿卜杜拉·巴达维关于槟城新闻发布会的现场录音，请他亲自听听。他承认，我的解释确实让人耳目一新。他还说，凡是有理性的人都知道所有国家都会参与到这种活动中，即使是对友好国家也不例外。但是，淳朴的村人会质疑为什么对朋友还要这么做。一般民众不认为间谍活动仅是搜集一些不是广为人知的消息，而将其视为一种危害国家的行为。我强调说，面对现实很有必要，正如他所说，人们要分清收集情报与搞颠覆活动的区别，毕竟，马来西亚人、新加坡人以及所有其他国家的人无时无刻不在搜集情报。他没有否认这一点。

根据报道，马哈蒂尔宣称马来西亚的国家安全并没有受到危害。这样一来，那个令人不快的小插曲最终没有影响到双边的关系。

在整个事件中，新加坡没有遭到任何官方的抗议。我觉得应该感谢马哈蒂尔，因为他没有让事态发展到不可收拾的地步。即使在多方压力之下，也没有去调查相关的信息。阿卜杜拉·巴达维说，新巫统最高委员会曾就此展开过讨论。但是，马哈蒂尔呼吁不要将此事政治化。之后，他被授权处理此事。

这件事发生后，转眼两个月过去了。在3月份，印度尼西亚驻马来西亚大使苏纳索·德亚鲁斯曼问我，为什么马来西亚人对间谍疑云仍然津津乐道？他用了"试图让它永葆生机"来描述。他说，报纸无休止地报道柔佛州的间谍活动，每次他和马来西亚人特别是马来西亚军人聊天，最后总是会回到这个话题上来。他说，一次印度尼西亚将军本尼·莫达尼会见一位马来西亚军方的重要人物，后者要他警惕新加坡，因为新加坡的间谍活动也搞到印度尼西亚去了。本尼·莫达尼将军简短而有力地反驳道："他们有什么好监视的？"他让苏纳索向我转告这个对话，并补充说马来西亚方面提供的证据不值一提，都是些财政预算、工资成本之类的公开信息，没有什么惊天动地的军方机密。再说了，搜集此类情报的事，马来西亚自己也不是没干过。

但是，这些事证明了一点：两国之间一直以来的敏感氛围仍然没有散去。拿马哈蒂尔的话说就是："这或许仅是一场采集情报的活动，只是柔佛州的态度让这些活动变得可疑。"虽然对间谍活动的猜疑无凭无据，但这确实是后来我离开吉隆坡的导火索。

8. 竞选热

1988年8月25日，发生了一件政治大事——柔佛州新山议会的补缺选举。这次补选是因为马哈蒂尔革除了联邦国土部部长沙赫列·萨马德的职务。沙赫列一气之下干脆退出了新巫统，作为无党派人士参加竞选。他的竞选对手是新巫统方面的候选人、著名的马来西亚人民社会主义党激进派分子阿卜杜勒·拉扎克。由此，马来西亚政坛谣言四起，刀光剑影。新巫统预期在11月举行联合大会。根据惯例在联合大会召开之前要举行分区会议，先在普通民众中进行辩论和演讲，然后进行电视辩论。补缺竞选，再加上马哈蒂尔、东库·拉沙里和穆萨之间的恩怨纠葛，一时间局面相当紧张。

我去拜见了穆萨，想听听他的看法。他说自己看到一股"暗流"在马来民众中涌动。据他观察，当物价走低，政府对此表示无能为力时，乡下的马来人能够安于现状。当物价处于高点时，政府居功自喜，马来民众对其赞誉有加。他说，现在这个局面，各派立场严重分歧，不好按一般情况进行估测。他最担心马来内部的冲突会引发不良后果——那些旁观者往往是受害者。

我又询问了阿卜杜拉·巴达维的意见。他觉得8月8日之后，事情就会逐渐变得明朗。因为在那天，法院将裁决巫统11人帮的上诉。如果裁决和柔佛新山的补缺选举结果都对马哈蒂尔有利，那他日后将一帆风顺；如若不然，怕是会问题多多。至于事态会有多严重，这要取决于马来西亚公众的情绪，目前是无法明确的。一些人支持东库·拉沙里新建的46精神党，他们大多是对过去抱有美好回忆的老一辈，大概占总人数的30%。另外30%是新生代的年轻人和理想主义者，这群人对批评执政当局有极大的热情。剩下的40%对这些马来首领间的争吵早已反感至极，希望巫统——

无论是新锐派还是守旧派——能够先把自身做好。

阿卜杜拉·巴达维说，穆萨最近与马哈蒂尔重新结盟，这让总理阵营多多少少松了口气，虽然他们仍不确定巴达维是否也会和马哈蒂尔统一战线。我顺便问起这个问题，他说自己愿意回归巫统并为重建巫统出一份力。

至于柔佛州新山的选举，阿卜杜拉·巴达维说，鉴于东姑、侯赛因·翁和拉沙里到时都会出席，公众可能会情绪高涨，局面可能会失控甚至酿成严重后果。因此，不排除政府宣布进入紧急状态的可能性。之前在吉兰丹就发生过类似的事故，他不想让悲剧重演。

几天后，我拜见了副总理加法尔·巴巴，讨论了巫统和柔佛州新山的事情。他提到他和其他一些人已经做出努力，让莱士·雅丁和其他持异见者看到他们行动的危险性。巫统联合大会历来都有大约30个"非法"分支机构参加。这一点，他们知道，所有的马来领导人也都知道。他曾恳请反对派停止上诉，但他们完全不理会，打定主意要铤而走险。新巫统的党员很快就要突破100万了，这是真实的、交党费的党员数量，绝无虚报。反对派阵营对外声称有140万党员，但大家都很清楚，在旧巫统组织里，有许多有名无实的党员会在年度分区大选临近时忽然"起死回生"。

提到柔佛州新山的补缺选举，加法尔·巴巴说，新巫统之所以关注它，是因为柔佛州新山不是一个以马来人为主的选区，那里有许多华人选民。阿卜杜勒·拉扎克在华人和马来人中都享有很高的声望，极有可能将大多数华人选民的投票纳入囊中。加法尔说自己和其他巫统的领导只在竞选中当配角，主要工作由柔佛国民阵线委员会负责。他对拉沙里参与到这次补缺选举中颇有微词，认为这是拉沙里在对马哈蒂尔公报私仇。

柔佛州新山补缺选举的日子渐渐临近了。财政部部长的政治秘书穆斯塔法·穆罕默德预测投票结果将会十分接近，他担心由于阿卜杜勒·拉扎克的参与，马来人的投票将会分散成三部分。

终于，投票结果出来了。独立派候选人沙赫列·萨马德以巨大优势胜出，得票居然超过对手12000票，毫无疑问地战胜了巫统/国民阵线。后来证明，这是巫统反对派仅有的一次胜利。

另外一次补缺选举在新巫统阵营里引起骚动。那场选举是竞选柔佛的巴力拉惹镇立法议会的席位，时间定在10月20日。选举由该镇前任发言人赛义德·扎因主持。选民里80%是马来人，19%为华人。

我请一位马来部长预测选举结果。他对巴力拉惹的局势很不乐观，因为那里的马来群体十分混乱，恶意竞争和流言蜚语让局面更加糟糕。他说，国家领导人不应该对镇里的补缺选举过分参与，否则很容易把它变成一场国家选举。

后来，我见到了卫生部副部长拿督潘斯曼那班。他说，马来人各派势力相当。就像之前一些人说的那样，鹿死谁手取决于反对党的候选人是谁以及前总理侯赛因·翁会不会参与竞选。选区中有两个新村（20世纪50年代早期为安置以华人为主的乡村棚户区居民而建），他们大部分人将投票支持反对党，原因有二：他们终究还是偏向民主行动党多些，而且马来西亚华人公会（MCA，简称为马华公会或马华）也没做什么努力。柔佛新山补缺选举之后，《每日新闻》对党主席拿督林良实及其他马华公会的领导人一阵炮轰，所以后者压根没有心情再去放手一搏，知道那么做是白费力气。潘斯曼那班说，新村人民愤愤不平是可以理解的——他们归加法尔·巴巴管辖之后，什么好处也没得到。至于那些印度人，只有大约200人住在此地的两处住宅区里。潘斯曼那班认为，他们会把票投给国阵。但如果侯赛因·翁也参与竞选的话，他们中的大部分人就不把票投给新巫统了。总之，在我们谈话时，潘斯曼那班觉得国阵没有多大希望赢得选举。

巴力拉惹的选举结果揭晓了。新巫统的候选人莫哈末·亚辛·卡马利以7262对6849票战胜了46精神党的对手。几个其他的候选人也参与了竞选，一部分马来人将票投向了他们。

第二年又举行了几次选举，国民阵线候选人每次都是赢家，只有一次除外。这几次选举大多是争夺国会议席，包括：安邦州再也（1989年1月）、彭亨州文冬（1989年5月）、柔佛州淡峇丹（1989年8月），还有两次竞选是争夺州议席：丁加奴州的直落巴苏（1989年6月）和彭亨州德伦敦（1989年8月）。据我回忆，其中有三次竞选尤其令巫统感到不安。

1989年5月，在彭亨州文冬展开了国会议席的竞选。马华公会的候选人的籍贯和选民不同。巫统方面担心投票率一旦较低，马来人的选举就会受到影响。大约有20%的选民是移民，很多来自遥远的吉打州和吉兰丹州。但过开斋节时，他们往往会回到他们的小村庄。将5月13日定为投票日时，选举委员会并没有考虑这一点。由于马来人的缺席，加之46精神党投马华公会的反对票，民主行动党怕是要赢得这一议席。还好，巫统担心的结果并没有出现，马华公会的候选人最终以60%的投票赢得选举。

在1989年8月5日的柔佛州淡峇丹议会补缺选举中，拿督翁的儿子、中将拿督加法尔·翁支持46精神党。说到自己的履历时，加法尔说自己曾经为国效力，在丛林里与共产党激战。现在他退休了，对发生的许多事并不赞成。因此，他决定参加这次立法大会的选举，为自己赢得一个能抒发己见的地位。加法尔魅力十足，又有一位名气很大的父亲。巫统需要加倍努力，才能击败他。

还有一些人担心巫统在淡峇丹的某些积极分子可能会与党对着干。这种担心源于他们对于巫统党员资格的相关管理强烈不满。他们声称，登记制度中的管理缺陷是故意操纵的结果，而不是因为粗心大意或效率低下。在开支部会议时，许多党员发现自己的名字已经从注册名单上消失；另外有些党员却发现自己的名字出现在别的支部名下，而这个支部与他们从来就没有任何关系。在个人信息已经计算机化的今天居然还发生这种事情，实在是匪夷所思。在那次选举中，新巫统的候选人胜出。

国民阵线唯一的失利是在1989年6月在丁加奴州直落巴苏举行的选举上。马来西亚伊斯兰党的候选人以微弱的141票的优势胜出。巫统的领导把政党的不佳表现归咎于过分自负和疏于筹划：从上次选举之后，就再也没有确认过新注册选民的身份，平民领导能够赢得支持只是因为他们有钱。假如国阵事先做一个适当的实地调查并且有英明的领导率领，或许结果就大不相同了。

9. 华人和印度人在大马

我在马来西亚任最高专员期间，吉隆坡政坛充斥着各种各样的流言蜚语，华人也牵涉在其中。据传，马来西亚华人公会——马来西亚国民阵线联盟的第二大党的领导层出现分歧，而且其内部对立严重。还有传言称，马华公会与巫统意见相左，以及华人群众对马华公会领导不满等，诸如此类。令人担心的是，如果这些流言属实，那么对联邦首都和地方上的和平与稳定都是一种挑战。各国驻马来西亚的外交人士迫切地想了解真相并对形势进行判断。与他们一样，我和最高专员公署的同事也竭尽所能地搜集情报，因为这就是外交官的工作。

1988年10月，巴力拉惹补缺选举之前，有可靠的小道消息称马华公会的总会长林良实医生已提请辞职并不再参与竞选。我会见了工业贸易部副部长拿督郭伟杰。他证实传言属实，并说林良实会放长假，而他也会同时放假，在补缺选举之前才会回来。郭伟杰说他受够了，高层让他出来公布一系列不受华人欢迎的教育政策，对此他感到愤怒、筋疲力尽。他还感慨，尽管政府早前给予了许多承诺，但新村的社会福利依然匮乏。他叹息马华公会已经毫无信誉可言，林良实曾向马哈蒂尔表达自己的不满，指责巫统没有给予马华公会必要的"政治优惠"来打动华人选民的心。

听到这席话后，我决定去见见内政部副部长拿督美格·朱尼，听听他的高见。他之前曾开诚布公地与我谈过有关法律和制度方面的问题。美格·朱尼承认，马华公会的内部局势确实引起他及其他巫统同事的关注。他不知道马华公会想从巫统得到些什么，但其民众信任度确实已降至低点。在柔佛新山的补缺选举中，他们在基层的工作表现令合作伙伴很是失望。在下届大选中，他们可能会失去更多的席位。目前，其领导层出现的问题表明，他们在下次补缺选举和大选中，极有可能仍然表现不佳、重蹈覆辙。他不知道马华公会领导层的举动是否要逼迫政府给予马来西亚华人更多的政治优惠。

根据美格·朱尼所说，马来西亚半岛上有35个非马来人选区，98个马来人选区。在这35个非马来人选区里，民主行动党占有22个席位。马华公会占17席，其中9个席位却集中在马来人选区。在马来人选区，本来应该由巫统将这些席位纳入囊中，如今却让给了马华公会，而马华公会如今居然还有可能失去更多的非马来人席位。

另一个巫统的高层领导观察到，虽然国民阵线联盟执政30多年来，其内部的联盟政党偶尔也闹过几次事，但这次的风波更加严重。好在最近没有大选，联盟有两年时间可以解决内部争端。但是，1987年发生的一起合作社丑闻使得他们正在失去基层民众的支持。要知道，一直以来，他们还是深得这个群体拥戴的。1987年，24个华资合作社无力退还约50万储户的存款，马华公会不得不出面为这些储户维权。虽然最终储户们得以追回全款，但他们还是很难从这桩政治丑闻里恢复元气。

马华公会之所以对巫统不满，其中一个原因是社会福利彩票的私有化。早在坦普勒将军担任英国驻马来西亚最高专员时期，马华公会就通过在全国发行马华彩票而逐渐崛起。彩票的奖金丰厚，甚至超过赛马会定期发行的博彩。马华公会要求退回经营许可证，但遭到拒绝，这在华人社会中引起强烈不满。

到了1988年12月，关于马华公会领导层内讧的传言更加沸沸扬扬，主要是因为安邦再也市议会成员林安孔博士递交辞呈，公众普遍认为这与马华公会总会长林良实有关。人们议论纷纷，局势变得十分微妙。另外，两名马华公会参议员对政府政策的猛烈抨击也使得局势变得更加紧张。

我请教了马华公会的署理总会长拿督李金狮，他是林良实在党内的主要竞争对手。我询问了他关于领导层内讧以及与巫统不和的传言。李金狮称，危机确实存在。巫统未能履行承诺，马华公会对此颇有怨言。其中，最让马华公会不满的是国家经济计划的审订，这项工作马上就要进行。新的草案原定在1989年年中出台，马华公会却发现这事一点动静也没有。

马华公会要求参与国家经济计划的保密性讨论，并一直就此事与巫统进行协商。马华的意见是：国家经济计划中的统计数据应该在进行保密讨论之前，告知所有的党派，而不是辩论之后再公开。因此，马华公会已经提出，由他们派出一个专家组与总理署的执行与协调部门展开合作。他们请求获得保密数据，并答应信守保密承诺。但迄今为止，时间已经剩下不多了，事情却还没有多大进展。

李金狮称，马华公会实在不想再听到关于明年的国家经济计划还有什么令人不快的消息，特别不愿听到的消息就是对相关数据依然要进行公开辩论。他说，马华公会从国民阵线联盟撤出已经无须质疑，但马华公会在国家经济计划上的立场还是要对外公开。林良实能将他的不满公之于众并且暂离本国未尝不是一件好事。如此一来，李金狮就能稳住局势。目前来看，双方都能保持克制。巫统的答复也很谨慎。要是在过去，巫统的激进派起码已经开始大张旗鼓地行动了。总之，到目前为止，事态还算平静。李金狮的原则是尽量控制住局面，然后通过和平对话来解决争端。马华公会了解总理和他的同僚处境艰难，他们并不想找巫统的麻烦。但同时，他们也不能被公众指责不作为。现在，他只能静等总理做出回复。

关于马华与巫统的不合以及华人对马华领导不满的话题又持续了两年，直到我离开吉隆坡也没有停止。其间，不断有人危言耸听，说要出大事。不久，我决定不再去理会这些流言，除非消息确实可靠。

在任期将要结束时，我已经能和马华公会里一些直言不讳的人士讨论未来的发展了。我找到了教育部副部长云时进。他说，虽然报道说三道四，但马华公会的两位领导其实关系甚好。林良实和李金狮知道他们在党内的势力旗鼓相当，在大选将要拉开序幕的时候分道扬镳将会破坏大局。所以，不论发生什么事，两人都不会试图扳倒对方。

党内分为两派，一派支持总会长，另一派支持副总会长，这是事实，而且是由来已久的局面，从李三春时代就已如此。关键在于两个阵营里的党员，他们都认为自己的领导执掌大权能加强他们的影响力并且能扩大其在党内和政府中的影响力。紧张的态势不是领导们一手制造的，而是他们的下属推动的。

马华公会的党内大选定在1990年7月，他们现正在确定候选人名单。毫无疑问，这会使局势升温。云时进希望马华公会的两位领导都能保持冷静，也相信他们不会暗箭伤人。他认为，马华公会准备确定大选候选人名单时，还会经历一个更加危险的阶段。许多没有取得候选人资格的马华激进分子可能会嘘声一片，制造混乱。

云时进承认，决策前没有进行充分的协商，这引发了公众对领导的不满。他说，马化控股有限公司事件是罪魁祸首。该公司在1975年总会长李三春任期内成立。董事经理是充满活力的陈群川（他后来也成为马华公会的总会长）。成立马化控股的最初想法是兴办一家大型的华资企业，与巫统旗下的企业抗衡。该公司最辉煌的时候，拥有20多万名员工。但是，80年代的大萧条致使其损失达1.92亿令吉之巨，创下马来西亚的企业亏损之最。后来，公司被甘文丁公司接管。新加坡和马来西亚两国法院判处陈群川商业犯罪，宣告其破产并在1988年将其拘禁。

除了马来人和华人外，印度人是马来西亚第三大族裔群体。为使考察更全面，而且也是因为我自己的出身，我想与他们有更多的接触。然而，事与愿违。我到达马来西亚后不久，就约见了马来西亚印度国大党主席三美威鲁。不过，他并没有把我介绍给他的同僚，也没有邀请我参加任何党内活动。诚然，国大党的高层中不乏杰出的印度人，其中有很多与法律界联系密切。不过，在我的印象中，他们从未有效地与基层沟通，而且印度的中产阶级也有集体淡出政坛的倾向。

我和印度人的接触主要通过我大学时代的旧友K.潘斯曼那班。他从1981年以来就担任卫生部副部长。七年后，他在1989年到1990年之间任人力资源部副部长。通过他向我透露的信息来看，他不是国大党的中流砥柱。

我与国家种植工人联盟的联系更为密切。该联盟为在橡胶园长大、有志到吉隆坡求学的孩子提供住宿服务。由于当时大型的橡胶园被分割并廉价出卖，该组织的这一举措确实帮了不少忙。当地的印度人世世代代聚居在一处，周围几乎找不到其他种族的居民。现在，他们全部被打乱，被强行迁移到其他城镇。他们对新城市的环境很不适应，往往会产生很多社会问题甚至沦为罪犯。曾有一些评论员公开指出，此类事件让人同情。我不知道之后他们有没有采取措施来解决这些问题。

10. 大马司法

/

　　我之前写到，我初到吉隆坡时，法官哈伦宣布巫统是"非法"组织，马哈蒂尔总理一直对此耿耿于怀，甚至在公共场合进行谴责，发泄不满。一时间，谣言甚嚣尘上。我也问过前最高法院院长苏菲安，哈伦是否有越俎代庖之嫌。最近以来，这不是政府与司法机构仅有的一次交锋。

　　1988年4月，我到达马来西亚后不久，又出现了一个新的争端。事情起因于驻吉隆坡的最高法院法官和高等法院法官召开的一次紧急会议，旨在探讨保护司法独立性的措施。据我掌握的情况，那次会议一致同意，给最高元首写信，表达法院对马哈蒂尔总理一再干扰司法的担忧。但是，总理根据联邦宪法成立了特别法庭，将最高法院院长敦沙列·阿峇士停职。事情就此告一段落。

　　特别法庭正在成立的当口，我收到马来西亚方面的消息，要我转告新加坡政府，大马政府想寻求李光耀总理的帮助，请他提名一位新加坡法官加入特别法庭，最好是提名有能力做庭长的人选。根据规定，特别法庭可以有来自英联邦国家的法官。之所以这样做，是因为新加坡与马来西亚国家的普通法传统相似，都由法官和司法系统构成，而且两国法官都会参考另一国的高等法院的决议和判决。之后，新加坡高等法院的辛那塞里法官接受使命，成为特别法庭的一员。特别法庭的其他成员包括：两名退休的马来西亚高等法院法官莫哈末·扎希和阿齐兹·扎因，马来西亚婆罗洲的首席大法官李宪汉和最高法院代院长阿卜杜勒·哈米德·奥马尔法官。斯里兰卡也参与其中，该国的首席大法官K.A.P.拉那斯赫成为第六位成员。

　　敦沙列·阿峇士对任命阿卜杜勒·哈米德·奥马尔、莫哈末·扎希和阿齐兹·扎因表示反对。哈米德·奥马尔曾出席吉隆坡法官的紧急会议，就在那次会议之后，敦沙列·阿峇士于1988年3月26日写信给最高元首。同时，对莫哈末·扎希的任命与分权原则背道而驰。他是众议院议长，马哈蒂尔曾经在众议院会议上批判过司法制度，而他就是会议的主席。敦沙列·阿峇士还说，阿齐兹·扎因也不适合担任特别法庭的法官，虽然他有律师从业资格证，但他是个经商的生意人。敦沙列·阿峇士是向最高元首提出的异议，但无济于事。其他批评者也指出，除了斯里兰卡的拉那斯赫，特别法庭其他成员的级别都低于敦沙列·阿峇士，而且这次的任命还是马哈蒂尔建议的，可他和敦沙列·阿峇士是死对头。

特别法庭驳回了敦沙列·阿峇士举行公众听证会的申请，并且拒绝了他希望休庭以等待他的法律顾问安东尼·莱斯特出庭的请求。庭审于1988年6月29日照常进行，调查了以下指控并做了报告：

> 1987年8月1日，在马来西亚大学授予敦沙列·阿峇士荣誉文学博士学位时，敦沙列·阿峇士发表言论批判政府；
>
> 在1988年1月12日的图书发行会上，敦沙列·阿峇士发表诋毁政府的言论；
>
> ● 敦沙列·阿峇士将张永发案无限期地休庭；
>
> ● 敦沙列·阿峇士于1988年3月26日致信最高元首，意在唆使最高元首与其他统治者对总理采取反对行动；
>
> ● 在停职期间，敦沙列·阿峇士仍然发布不实声明，企图将问题政治化，并进一步诋毁政府。

1988年6月30日，诉讼结束，敦沙列·阿峇士接受了最高元首将他正式革职的通知，该决定于当年8月8日起生效。

1988年7月，马来西亚根据联邦宪法的规定，再次成立特别法庭，并恳请新加坡再次提名一位高等法院的法官。新加坡此次派出了P.库马拉斯瓦米法官。这次庭审是因为最高法院代院长向最高元首控诉五位法官渎职，因为他们为了参加7月2日敦沙列·阿峇士的听证会而取消了事先安排在哥打巴鲁的庭审。特别法庭的庭审定在8月12日。

这次参加特别法庭庭审的成员有：马来西亚最高法院的法官哈希姆也撒尼（庭审主席）、斯里兰卡最高法院法官马克·达米安·休·阿隆索、马来西亚高等法院法官小埃德加·约瑟夫、新加坡高等法院法官库马拉斯瓦米、马来西亚高等法院法官莫哈末·尤瑟夫·辛和马来西亚高等法院法官拉明·默德·尤努斯。

特别法庭最终于8月29日开庭。为最高法院的五位法官辩护的律师要求取消哈希姆也撒尼庭审主席的资格，因为他是最高法院法官席的成员之一，而最高法院曾取消了1988年7月2日的安排，哈希姆也撒尼有偏见嫌疑。翌日，特别法庭发表声明：庭审主席希望最高元首将他的两个职务都免除。最高元首同意了他的请求，并许可由小埃德加·约瑟夫担任主席。之后，剩余的五名法官继续进行了听证。

1988年9月23日，特别法庭将报告呈交最高元首。内容如下：

- 宣布最高法院的五位法官无罪，指控其于1988年7月2日参加并听证未经批准的最高法院庭审的罪名不成立（本次诉讼指控了五位被告中的三位，包括阿兹米·卡马鲁丁、欧松费·阿布多尔卡德和旺·哈姆扎）。

- 万·苏莱曼因无正当理由缺席最高法院在哥打巴鲁的庭审，并唆使佘锦成和哈伦·哈希姆无故取消庭审而获罪。五位法官均认为其行为失当，但其中一位未泄露身份的法官不赞同其他成员对万·苏莱曼的惩罚意见，认为万·苏莱曼虽然渎职，但未必要将其免除职位。

- 五位法官中有四位认为佘锦成肆意缺席哥打巴鲁庭审，并公然蔑视最高法院代院长命其留在哥打巴鲁并主持庭审的命令而获罪。但该四位法官中也有一人认为其虽然渎职，但未必要将其免除职位。

根据最高法庭的建议，最高元首将万·苏莱曼和佘锦成撤职处理，而其他三位最高法院法官被宣布无罪，不久恢复原职。

转眼20多年过去了，2008年11月，以上所述事件又有了下文。阿卜杜拉·巴达维政府向之前涉案的六位法官支付了总额为1050万令吉的补偿款，这六位法官包括在1988年的司法危机中被免职的敦沙列·阿峇士。

阿卜杜拉·巴达维政府的内阁部长们——后来任副总理的纳吉布·拉扎克和总理署部长穆罕默德·纳兹里·阿卜杜勒·阿齐兹均否认发放这些款项是在向这些法官表示歉意。相反，鉴于各位涉案法官的"个人经历"和"艰难处境"，该款项是向他们发放的抚恤金。

11. 一次国事访问

1990年3月7日至9日，新加坡第一副总理吴作栋对马来西亚进行了一次正式的国事访问。

无论访问的真正意图是什么，我估计马来西亚公众都会认为这次访问是吴作栋为自己接任总理后新马两国关系顺利发展而做的准备——他将于1990年11月28日接任李光耀总理的职务。马来西亚外交部副部长拿督阿卜杜拉·法齐勒·车湾接受媒体采访时，也表达了这样的看法。这次访问意义重大，可能是一个推动双边关系良好发展的机会。

吴作栋拜访了马哈蒂尔总理和国防部部长东姑·里陶丁。会见进展顺利，与马哈蒂尔的交谈更是富有成效。会见时，双方气氛融洽，礼节周到。马哈蒂尔明确表示要"改善双边关系"，但他还是利用这个机会表达了他的不悦。东姑·里陶丁如往常一样热情而友好，完全赞成发展良好关系。

不过，上一年两国交恶也是事实，很多问题悬而未决。尽管早先在新加坡时吴作栋对东姑·里陶丁做出过解释，加法尔·巴巴也曾公开批驳萨巴鲁·丁欣的反新加坡言论，三位部长还是都提出了马来西亚观光年的话题，甚至连对我们最为友善的工业贸易部副部长郭伟杰——虽然自身与马来西亚观光年没有什么关系——也向新加坡的政务部长马宝山提及此事。虽然我们之前对此已经努力解释了，但他还是例行公事，显然是受别人所托。萨巴鲁·丁欣曾以书面形式答复国会关于合作旅游的疑问。某日，他受东姑·里陶丁邀请与吴作栋共进午餐，双方由此冰释前嫌，在当天下午即提交了那份书面答复。自那次当面交谈后，他就没再修改那份书面答复，这多少有点奇怪。虽然他没有直接指责新加坡诚意不够，但他的潜台词就是这个意思。他坚持认为有个"邻国"不怀好意，在国会上发言时也没有暗示他被吴作栋说服并改变了态度。不过，之后接受《海峡时报》记者采访时，他却承认了。

另外一个话题和长堤有关。1990年3月2日，在外交部大厦，马来西亚外交部副部长拿督阿卜杜拉·法齐勒·车湾和新加坡政务部长宋比得举行了一次会晤。法齐勒声称，在马来西亚观光年期间，新加坡通过设立检查和控制措施来百般阻挠新加坡游客游览马来西亚。比如说，长堤新加坡一端的六个车道在1990年元宵节当晚关闭。他还指出，车辆回新加坡时，马来西亚车辆畅通无阻，但新加坡车辆却要接受严格的检查。宋比得回答说，新加坡没有理由破坏马来西亚观光年。他接着反问道，无论如何，马来西亚观光年项目意在吸引全世界的游客，新加坡一个区区小国怎么能左右全局呢？另一个争论的焦点是新加坡的半罐汽油规定。虽然交谈时双方彬彬有礼且客气友好，但马来西亚方面的领导明显不相信我们的解释。

总之，我感觉马来西亚对新加坡的怀疑一直未曾消弭。确实，法齐勒也向宋比得提到过，每次新加坡当局推出些涉及双方关系的政策，总有一些人觉得是故意与马来西亚对着干。部长并没有点明这些人是谁以及他们为什么会这么想。在我看来，只有两国军方之间的关系重回1990年之前的状态，特别是两国军方重新启动联合军事训练或演习，才能让人对两国关系重建信心。

在目前阶段，我们无从知晓马哈蒂尔是如何看待吴作栋的。我猜测，他对吴作栋的评价是要在内阁展开讨论的，还要等一段时间，我们才能通过多方打探，从各路消息中获得蛛丝马迹。不过，乍看起来，他对吴作栋似乎颇有好感。

12. 援美军备惹风波

1989年，美国和菲律宾两国就美国海军在苏比克湾建立海军基地的谈判引起了很大的反响，而我也意外地卷入其中。根据1947年签署的一份协议，美国被准许在菲律宾境内建立军事基地。该协议于1991年到期，双方正在做安排。在那年的8月到11月，马来西亚对美国在新加坡境内使用某些军备这一提案的反应让我忙得不可开交。

1989年6月1日，新加坡外交部告知所有驻新加坡的东盟国家大使团及澳大利亚、新西兰和英国大使团的二把手：美国实地考察团将在不久之后到新加坡进行访问。

7月初，我得知马哈蒂尔总理倾向于支持菲律宾将其境内的美国基地取缔。同时，他也觉得当下正是在东南亚成立和平、自由、中立的区域的大好时机。早在1971年11月，东盟国家的外交部部长们齐聚吉隆坡时，曾签订声明提出这一设想。

翌日，我向马来西亚方面解释美国此次实地考察之行的来龙去脉，并告知对方这仅是纯粹研究性的、不具约束力的考察而已。这其实是很清楚地告诉他们：目前一切都未决定，新加坡方面会将事态的发展随时报告马来西亚政府。

8月2日和3日，李光耀总理在文莱会见了印度尼西亚总统苏哈托和马来西亚总理马哈蒂尔，并向他们解释了美国人到新加坡的目的和性质，因为美国实地考察团即将到访，可能会引起外界的揣测。

对美国实地考察团访问新加坡这件事，马来西亚方面最初只是让外交部官员刺探我们为什么允许美国进入新加坡。马哈蒂尔对此没有公开表态。

然而，吉隆坡其他部门的反应却全然不同，那些人更乐于表达意见。从8月4日开始，人们更是争论不休，导火索是时任财政和外交事务部部长的杨文荣在新加坡国会的部长级声明中提到，美国与新加坡两国已就美国军队驻扎该地区以及新加坡愿为美国提供相关军备进行了讨论。

根据声明的精神，菲律宾政府公开声明其愿与其他东盟国家一同向美国军队供应军备。一直以来，新加坡都公开支持美军在菲律宾建立基地，这次新加坡准备自己做东道主。但是，我国领土面积小，不能有效地为美国提供规模庞大、堪与克拉克空军基地和苏比克海军基地相媲美的军事基地。

声明同时还追溯了东盟国家（包括新加坡）在过去20年间取得的令人瞩目的经济增长和繁荣，现在这种欣欣向荣的局面更是辐射至亚洲大部分地区，而这和美国军队在亚洲的稳定影响是分不开的。其中，显然包括美军在菲律宾建立基地后，美国第七舰队和美国空军定期派舰艇和飞机前往基地。

声明的指导原则很明确："在国际关系变幻莫测的今天，如果美国能持续驻军，将在更大范围内保持力量均衡，巩固和平稳定的局部环境，并且使东南亚的非共产主义国家集中资源，促进经济建设。"

声明还指出："菲律宾外交部官员曾经说过，如果其他东南亚国家准备为美国提供一些军备的话，他们就能使菲律宾人民相信他们不是孤军奋战，还有其他的盟友准备与其共同承担建立美军基地的'政治责任'。"

新加坡已提前向其他东盟国家及五国联防组织各自的政府通报了美国实地勘查团将于1989年6月到访的消息，并将持续向各方通报最新的进展。声明还强调，美国团的到访仅限于勘查。

众所周知，美国海军——就像我国其他友好国家的海军一样——会临时停靠新加坡，添加燃料，进行维修。不仅如此，美国歼击机还参与新加坡空军的训练，而且其运输机将新加坡作为一个经停点。作为参与不结盟运动的国家之一，新加坡的所作所为是与不结盟运动的原则相符的。毕竟，在此地加强美国军事活动是为了巩固地区的稳定性而非使大国间互相对抗。

在这份国会声明发布后不久，马来西亚国防部部长东姑·艾哈迈德·里陶丁和马来西亚媒体就开始抓住这个问题不放。8月6日，东姑·艾哈迈德·里陶丁宣布马来西亚对建立和平、自由、中立的区域的承诺，并敦促其他东盟国家也做出同样的承诺。8月10日，他宣称美国使用新加坡的军备可能会危及和平、自由、中立区。媒体的评论员和编辑对新加坡的所作所为提出质疑，并对新加坡发布的公共声明吹毛求疵。8月13日，马来西亚外交部部长拿督阿布·哈桑·奥马尔向媒体发布的即席发言说：如果美国接受了新加坡的提议，东盟国家应该开会讨论一下美国军事活动的问题。举行这样的会议合情合理，因为建立和平、自由、中立区的设想是1971年新加坡和其他东盟国家一起提出的。

马来西亚外交部秘书长甚至连马六甲州和柔佛州的首席部长都参与其中。1989年8月12日，巫青领袖兼青年和体育部部长拿督斯里纳吉布·敦·拉扎克接受媒体采访时说，新加坡的举动可能会危害其与马来西亚的关系，并且威胁到地区和平和东盟为建立和平、自由、中立区做出的努力。他宣布，将派遣一个巫青代表团与新加坡最高专员见面并提出"强烈抗议"。

8月中旬，一个巫青代表团如期来到新加坡最高专员公署。他们呈递了一封抗议信，并表明马来西亚年轻人非常关心新加坡对待它的邻国的态度。他们说，新加坡"自私自利"，只考虑自己的利益。代表团甚至翻出旧账，拿以色列总统哈伊姆·赫尔佐格1986年的访问来说明新加坡如何不顾邻国感受而一意孤行。担任巫青国际事务局主席的纳里兹·阿齐兹率领这个代表团，他说他不相信新加坡向美国提供的仅仅是"修船"服务，肯定另有隐情，要不然也不会在新加坡国会发表声明。假如新加坡真的面临安全威胁，那马来西亚也逃不掉。在新加坡建立美军基地是历史的倒退，新加坡的行为有可能导致和平、自由、中立区和东盟的瓦解。

代表团到达之前，有十来名巫青支持者在最高专员公署门外等候。双方交涉时气氛缓和，那些支持者既没有乱哄哄地喊口号，也没有打标语、举牌子。我后来得知，代表团来之前曾有人劝诫他们不要这样做。马哈蒂尔也向他们解释了政府的立场，但他们未加理会。

马来西亚华人公会也被扰乱了，总会长林良实说任何一个东盟国家都不应该做出任何不利于建立和平、自由、中立区的举动。

发生这一切时，马哈蒂尔始终保持沉默，静观实地考察团到访后的事态发展。

8月13日，《华盛顿邮报》刊发了一篇马哈蒂尔的特约采访。采访中，马哈蒂尔说，美军撤出菲律宾基地欠考虑。马来西亚强烈反对美国在新加坡建立任何实体基地，也不乐意见到美国空军编队在新加坡建空军基地或美国海军在新加坡建海军基地。但是，马来西亚并不反对新加坡为美国军队提供设备维修或其他服务。马来西亚同样愿意提供此类服务，实际上，马来西亚已经允许英国、澳大利亚和新西兰共同使用此类设施。

1989年8月19日至25日，马来西亚媒体持续高调报道民众及官方对于新加坡提议做出的反应。8月20日至21日，青年马来西亚伊斯兰党在新加坡最高专员公署前组织了两场喧闹但有秩序的抗议活动。抗议的人群举着标语，拉着横幅，高呼"真主至大"及其他口号。他们没有递交任何正式的抗议文件，他们希望先从新加坡使团这里了解一些"事实"。

到那时，马来语媒体的报道似乎稍稍缓和了一些。由于马哈蒂尔之前声明反对美军在新加坡建立永久基地，但赞成使用某些设施，我猜想这些媒体可能捕捉到了一些暗示。一个月后，也就是在9月份，我从一次和工程部副部长李裕隆的交谈中得知，马哈蒂尔在上一次的内阁会议中发布了一个重要声明，明确表明了他对此事的态度。他敦促国民阵线的政客们保持冷静，重商业轻政治。同时，建议他的同事不要让事态一发不可收拾。李裕隆向我解释说，巫青和许多内阁成员在听取马哈蒂尔的指示后改变了原先的想法。

马哈蒂尔的声明是十分有益的。回顾了8月13日《华盛顿邮报》的采访后，马来西亚外交部秘书长在1989年10月21日向马来西亚媒体透露，马哈蒂尔对李光耀总理给他做出的解释非常满意，而且有迹象表明美国不会在新加坡建永久基地，这也让他释然。李总理也告诉媒体，要是他早在1989年3月份的会晤中告诉马哈蒂尔这件事，后来就不会引起这么多争议了。但是，当时马哈蒂尔刚做完冠状动脉导管手术，正在恢复中，那时告诉他可能不合时宜。

两年后，在1991年的9月，美国延期使用苏比克湾十年的协议被提交菲律宾参议院时遭到否决。12月6日，马尼拉政府宣布美军须在一年内撤军。1990年11月，新加坡与美国曾签署备忘录，同意美军将使用军备的范围扩展到军舰设备、海军维修以及空军训练。1992年7月，西太平洋后勤补给群在三巴旺港口建立，为美军第七舰队在太平洋及东南亚的运转提供物流支持。

马来西亚政界大概花了三年时间才算彻底明白了新加坡与美国之间的协议的确是有限度的。那么，为什么马来西亚反应如此强烈呢？他们在东南亚和平、自由、中立区上大做文章是因为新加坡确实签字同意了，而且他们极力渲染东南亚和平、自由、中立区的建立对新加坡的决策将产生重要影响。但我却觉得，东南亚和平、自由、中立区可能不是主要原因。

我认为，可能的原因有两个。第一，我怀疑他们真正关心的是未来新加坡的军事能力将进一步得到增强，马来西亚军事界已经在讨论这个问题了。第二，马来西亚政府的公开声明可能是针对反对或批评政府的在野党及内部激进派的，这样做可以避免他们对当局吹毛求疵。1990年年初要进行大选，而巫统的领导人竞选要在那之前进行，我能感觉到巫统领导层与政府当局的忧虑和不安。巫统要与马来西亚伊斯兰党竞争，他可能担心伊斯兰激进组织会拿这件事挑起事端。引发矛盾很容易，只要动员马来民众的情绪向着他们即可。与东库·拉沙里结盟的46精神党、亲利比亚的积极分子、亲巴勒斯坦解放组织的团体和马来西亚伊斯兰党激进分子，这些人总能找到共同的理由反对美军驻扎新加坡。

13. 辞行之际

我在马来西亚任最高专员的日子就要结束了。是时候打告别电话了，有两个电话很重要。1990年7月9日，还有两周就要离开吉隆坡时，我给马哈蒂尔打了一个电话。

我猜想，他可能不会太友好。李光耀总理刚刚到马来西亚访问过，就供水协议进行协商。他告诉我，马哈蒂尔总理对我这个最高专员有些意见。后者声称我不该如此活跃，言语中暗示我可能参与了间谍活动。李总理对此坚决否认，说我干情报署署长是十年前的事。马哈蒂尔没有要求将我罢免，而李总理要他提供证据证明我有哪些行为不当，以便他能处理此事。返回新加坡前，李总理将他和马哈蒂尔的对话告诉了我。我让他放宽心，并保证我只是在本分之内做事，只搜集过一些凡是外交人员都需要搜集的情报，除此之外绝无其他。然而，鉴于他和马哈蒂尔之间的关系事关大局，还有许多问题悬而未决，我告诉总理他应该果断将我召回，我不会因此心生芥蒂。李总理答应会考虑此事。第二天，他打电话来说，假如马哈蒂尔知晓我与总理可直接沟通，因而不愿我在吉隆坡工作，他会派我到美国华盛顿特区当大使。

关于间谍的说法，我当时就有些困惑，直到现在也没弄明白。对方虽然怀疑我，却没有找到什么证据。的确，我素与马来西亚的警察总监敦罕尼夫交好，而与情报司司长丹斯里艾哈迈德·尤索夫则是泛泛之交。但是，我还是不知道谣言到底源自哪里。在后来李光耀和马哈蒂尔之间的通信中，马哈蒂尔只是提到使团的一些官员与几名柔佛州议会议员曾在一起面谈，讨论新加坡在柔佛州的投资以及政治发展等问题。后来，州务大臣指示说，这些议会议员不该签署此类协议。马哈蒂尔补充说，我向州务大臣提出请求，可能是意欲推动情报的搜集工作。然而，柔佛州的舆论偏偏让我的举动败露，有人开始对这些活动产生怀疑。事实上，他在槟城举行记者招待会时，曾经引用李光耀的话："我们独立后，吉隆坡正式告知我们，所有的交易都必须通过吉隆坡来达成。这是理所应当的，独立国家之间的交往就应该这样……我们在60年代和70年代一直都是这样做的。一直到80年代，马哈蒂尔博士于1981年当选为总理以后，经过允许，我们与柔佛州之间可以直接沟通。他对我说，假如我们还和以前一样与柔佛州为友，他不反对我们跳过吉隆坡直接和柔佛州联系。"

我们见面的时间到了，马哈蒂尔总理面带微笑地接见了我，看上去没有丝毫敌意。他装作对此事毫不知情：既不知道我什么时候离开吉隆坡，也不知道我要去向哪里。

当我提到华盛顿特区时，他说，对新加坡而言，这是一个非常重要的岗位。美国现在没有任何顾忌了，冷战已经结束，苏联的威胁已经解除。现在，美国成了唯一，没有了挟制。他觉得美国的确存在着干涉主义的倾向，而且这种倾向已在中美洲和南美洲初露端倪。奥尔特加已经放弃参加尼加拉瓜大选，因为他担心自己胜利当选后会招致美国的军事干涉，奥尔特加曾经对他说过这话。

马哈蒂尔提到了美国的毒品犯罪问题。美国声称自己有权在他国逮捕犯罪分子，将他们遣回美国绳之以法。虽然这种做法只适用于毒品犯罪，但他认为这在国际上开创了一个危险的先例。马哈蒂尔说，美国之前就曾在格林纳达和巴拿马动用军队。没有了牵制力量，美国更是可以随心所欲地行事。

马哈蒂尔说，一些新型工业国家也没有幸免。美国对这些正在蓬勃发展的国家冠以所谓的"新型工业国家"的称呼，以此来遏制后者的发展。一旦成为"新型工业国家"，美国就会取消他们原先享受的普遍优惠制的权益，对其实行配额，并要求这些国家的货币升值，以此削弱这些国家的竞争优势。还有，美国还拿人权当幌子，干涉其他国家的内政，在这些国家制造分裂，使得人们对自己的政府心怀不满。所有这些手段都是为了让其他国家无力与它竞争。中美洲和拉丁美洲国家已经受到了影响。

他说，像马来西亚这些国家，一直和美国友好，也许美国会暂时放他们一马。但是，谁也不知道美国什么时候会向他们开炮。他称，这个想法"骇人听闻又让人忧虑不安"。

"我们没有别的办法，"马哈蒂尔说道，"我们只能讨好它，我们需要它的投资、技术和市场。所以，我们不能和它断了来往。中美和拉丁美洲国家现在的处境比我们还要尴尬，美国已经答应将他们的一大笔债务取消，但这是有附加条件的。"

我对马哈蒂尔总理表示感谢，因为在我担任最高专员期间，他一直对我热情有加、彬彬有礼。我说，许多政府部门和官员——不论是地方上的州政府还是中央联邦政府，都热情地接待了我，而且都对我行使最高专员的职责提供了帮助。我很喜欢在吉隆坡工作的日子，看到在他的领导下，马来西亚在过去的两年里焕然一新，我更是由衷的高兴。

另外一个重要的告别电话，我要打给最高元首霹雳州苏丹阿兹兰·沙阿。他在1989年4月接替柔佛州苏丹，成为新一任国家元首。

在一般情况下，在外交使团的首领辞别之际，最高元首会安排时间集体接见他们。但在我告别之际，他却破例了。他在去马六甲访问前一天接见了我和妻子。他和夫人一直都很亲切和蔼。他说自己对双边关系的发展很满意，他听马哈蒂尔总理说，新加坡总理最近来访，双方都把原先的争端放置一边了。

殿下提到了新加坡三军总长朱维良将军在1990年1月的一次新闻访谈中讲过的一番话，大意是新加坡武装部队和马来西亚武装部队之间的关系比过去更加冷淡了。他说自己为这番言论扼腕，也不知道李光耀此次访问马来西亚后，有没有将访问的成果传达给朱将军和其他官员。我请他放心，因为据我所知，李总理总是会把消息告知"需要知情"的人，尤其是这种事关双边关系的事宜，而朱将军应该属于局内人。

我说，朱将军可能是暗指双方的联同军事演习多次被取消这件事。殿下的看法是，由于马来西亚和新加坡是一衣带水的近邻，双方必然会不时地需要彼此的帮助。他说自己已经敦请马哈蒂尔总理与新加坡总理一道，让两国的官员互通声气。如果有什么不快发生，他们可以私下里直言相告。

最高元首觉得，现在两国总理已经达成共识，不计前嫌，他对将来双边关系的改善很有信心。

在我驻马来西亚期间，新加坡使团与其他的外交使团建立了良好的关系。我不仅会定期与其他东盟国家的使团联系，还会和英国、澳大利亚和新西兰的使团定期沟通。我们真的就像一个团队一般。由于我们与马来西亚昔日交往颇多，许多外籍人士会向我们请教解读一些政治事件。这很好地说明了人们进行实地交流的价值。电子沟通方式给人们带来了太多的便利，所以，近些年来实地考察并进行解释的价值被逐渐淡化了，而这种方式恰恰能给东道主和访问者都带来好处。最近在中东发生的事件就颇能说明这种轻视实地考察的倾向是很危险的。

　　我在吉隆坡工作期间，正逢新马两国的双边关系处于紧张状态。在新加坡方面，我们能感觉到马来西亚政坛常常有人暗示我们应该在两国关系中摆正自己的位置。他们也许没有直白地表示，但至少在他们的肢体语言或者言辞当中有所流露。他们希望建立一种"大哥和小弟"式的关系，这种想法有时会让人一目了然。虽然没有明说，但他们的想法我们也明白，他们无非希望我们能像他们国家的华人群体一样服从他们。但我一直觉得，对个人而言（尤其是商人），他们也许需要这样做，但一个主权国家是不能这样委曲求全的，而且这也不利于建立良好的双边关系。对我们来说，一旦马来西亚方面对我们流露出一丁点的轻视、批评或者传来什么消极的声音，如果必要的话，我们会如临大敌，马上不卑不亢或者针锋相对地进行反击。对于某些马来领导和马来草根阶层的政客认为我们应该在两国关系中摆正位置，我们其实并不感到吃惊。自从1957年独立以来，马来西亚对其国家内部的少数民族就一贯以"大哥"自居，可能正因为如此，他们也要求新加坡做他们的"小弟"。

　　两国总理对双边关系应该如何发展进行了探讨，我不知道这会不会粉饰两国之间的关系。一种流行的看法是：两国总理之间并无好感。然而，起码在新加坡方面，这不是真的，对这一点我很清楚。通过我和李光耀总理的私下交往，我觉得他希望看到双边关系的发展能给两个国家及其人民带来利益，而为了实现这个目标，即使形势紧张，双方也必须精诚合作。他还希望年轻一代与马来西亚人民互相来往、互通有无，就像以前他所在的时代那样。的确，在我任职期间，每当新加坡没有对马哈蒂尔提出的关于经济或者发展的建议做出积极的回应时，这位马来西亚总理就会怒火中烧。但是，他的这种反应并不只是针对新加坡一个国家，但凡他认为哪个国家怠慢了他，他都会愤愤不平。所以，即使马来西亚政客们再生气抱怨、一派胡言，新马两国之间的关系在一些重要领域仍未受到影响，尤其是在安全领域。即使两国关系到了最紧张的时刻，新加坡和马来西亚官员依然合作愉快。

　　拿督阿卜杜拉·巴达维是我的一个可以信赖的朋友。巫统内部的动荡过后，我开始请他对这个国家的状况发表看法。他总是从容不迫地向我解释某个政治事件的来龙去脉。作为最高专员，我必须按时向本国提供一些可信的阅读材料，让政府了解一些当前有争议的问题或者一些流传的谣言。正是借助这位马来西亚朋友的帮助，我才得以完成这项工作。

　　在所有与我建立政治联系的人里面，也许最有影响力的人物就是戴姆勒·扎因丁（他现在已受封为"敦"）了。我们是老相识，我在《海峡时报》工作时就认识他了。他负责从我的上司那里传递信息，再迅速转达回复，他的工作对我们帮助很大。他总是平易近人又率直真诚，每次只要我想见他，他从没有推托过。他是新马两国总理之间的联系人，能在很多方面给我有价值的建议，比如怎样应对威胁到马来团结的紧张局势、马华公会的口角之争以及马华公会的分裂对即将来临的补缺选举会产生什么影响、马华公会煽动起的敏感话题、下一任最高元首是谁以及他的相关情况等。

之前在白礁岛局势紧张的时候，我就是通过他将李光耀总理的口信转告给马哈蒂尔总理的。在双方剑拔弩张之际，处理这种情况是存在危险的。李光耀总理建议将这个问题提交给国际法庭来解决，戴姆勒·扎因丁察觉到事情十万火急，立即奔向马哈蒂尔的办公室去报告此事。

回首过去几年发生的事情，我觉得两国政府还是取得了很大的成绩。他们从来没有在困难面前无动于衷。事实上，双方关系取得了一些良好的进展。比如，1990年11月，两国签署了一份新的供水条约，临桂大坝就是按照条约精神建成的。

而且我觉得，为了避免国会对一些有争议的双边问题争吵不休，马来西亚政府也做出了自己的努力：它会对许多敏感问题不加解决，而如果解决的话，也是小心而慎重的。比如，在白礁岛事件中，外交部副部长法齐勒在1989年11月告诉国会，他相信这个问题将会得到和平解决。曾有国会内部人员告诉我，为了避免引起争论，政府经常故意将敏感的问题排在议事日程表的后面。政府可以利用自己的优势地位来决定哪些问题公开讨论，并得到口头的回应。虽然每天的议事日程表上一般包含了40多个问题，但在这短短的一个小时内，只能讨论其中的一半而已。在国会中，某些国阵议员一贯咄咄逼人，声称在新马关系中政府的立场应该更加强硬一些，而部长们似乎希望控制这些言论，经常大事化小。面对对新加坡的抨击，他们更希望能化解矛盾。

在有些情况下，对方进行审慎的回复可能也说明了两国政府之间已经达成某些共识，继续对这些争端进行大肆渲染没什么意义。当然，这其中可能需要运用一些策略，政府也不想让那些反对派的国会议员抓住这些问题不放，后者会不惜牺牲政府的利益来为自己捞取政治上的好处。然而，总体上看，我感觉马来西亚国会在处理新加坡问题时，还是能够做到公平合理的。

20世纪40年代以来，我一直密切地关注着马来西亚的政治发展。无可否认，在马哈蒂尔总理的领导下，马来西亚的国力大大提高，马来人群体的基础设施建设取得了实质性的进展，经济也快速增长。可以说，马哈蒂尔总理既能顾全大局、运筹帷幄，又能从微处入手、脚踏实地，远胜于其他马来总理。

马来西亚的第一任总理是东库·阿都·拉曼。他是一位彬彬有礼的绅士，能够兼顾多种族的发展。当然，他热爱自己的国家。在所有的总理中，他是最开明的。他的下一任总理是敦阿卜杜勒·拉扎克，公众对他的评价就大不一样了。东库魅力十足，自信而外向。相比起来，拉扎克要内向得多，而且面容严肃、不苟言笑，活脱脱一位技术型官员。他喜欢保持低调，很少对马来西亚的前景侃侃而谈。但是，他显然不是没有设想，而是愿意朝着目标奋斗。然而，他后来却突然患病去世。对此，不仅他自己没有预料到，也让所有人愕然。他去世后，其内兄侯赛因·翁出于无奈，继任了他的总理之位。拉扎克猝然去世，国阵群龙无首，巫统面对突如其来的变故陷入混乱。侯赛因·翁看到了其中的危险，既为拉扎克的逝世伤心，又为动荡的局面忧虑。

1981年，马哈蒂尔·穆罕默德博士当选为总理，马上扭转了局面，并且使得马来西亚和新加坡的关系也发生了改变。虽然他的前任们在对新加坡问题上各有不同，而且对新加坡这个邻国各持己见，但谁也没有想过故意和新加坡叫板。虽然我听说拉扎克对新加坡是有些敏感的，但他也没有像马哈蒂尔这么做。马哈蒂尔却不一样。他后来经常直接或间接地、公开或私下里对新加坡发表消极评论，而且对新马两国关系的看法也不积极。在他的生活中，他曾经无数次和新加坡直接打过交道，甚至曾在新加坡学习、生活过。虽然他从同学里面交到了一些关系非常好的朋友，但显然那时的一些经历也给他留下了难以磨灭的印象。至今，有些故事仍然广为流传。比如，他去看望一位女性朋友，却被出租车司机带到了佣人宿舍。

除了个人遭遇的冷落怠慢，更为重要的是新加坡人（包括马来西亚的其他种族）对马来人民、马来民族以及马来西亚国家的看法。我相信，马哈蒂尔认为新加坡人的这些看法对马来人来说是一种侮辱。他要向所有贬低马来人和马来西亚的人证明：无论在哪个方面，马来人和马来西亚国家都不比新加坡和其他地区的人逊色。

马哈蒂尔总理肯定也已知道，自从新加坡和马来西亚融合以来，新加坡的政治领袖已经将几名巫统领导划为"马来极端分子"。不消说，他们是当之无愧的。他肯定想过，李光耀总理及其身边的人之所以将他视为"激进分子"，是由于他的著作《马来人的困境》。但这可能又进一步影响了他的态度。

我觉得，马哈蒂尔和他的前任们不同，还在于他似乎热衷于争论，即使马来西亚必输也在所不惜。不过还好，在双边关系中，李光耀认识到了在长堤那边还有这样一位家伙，不但地位和自己相当，其胆识和谋略也都不逊于自己。

我常常问自己一个问题：新加坡是不是在马哈蒂尔领导期间反而与马来西亚的关系取得了更大的进展呢？我感觉，虽然偶有小的磕碰，两国关系总体上还是比较成熟的，问题并没有发展到不可收拾的地步。归根结底，症结在于他是否会认可新加坡与马来西亚地位完全平等。当年东库允许新加坡完全独立，新加坡脱离了马来西亚，脱离了巫统的影响。马哈蒂尔对此事到底有多懊悔，没有人知道答案。

第八章
驻美国大使

1. 来到华盛顿

/

到华盛顿任职驻美大使对我来说既是惊喜，又是挑战。在新加坡的外交岗位中，驻华盛顿大使是最重要的一个。我追随一些杰出、著名的同仁的脚步来到这里，如王麟根、E.S.蒙泰罗、帕奇·库马拉斯瓦米以及我的前任许通美。

我为此感到不安：我能做出与他们具有同样影响力的贡献吗？我没有我的前任们所拥有的教育背景，不知道自己在这个比驻马来西亚最高专员更具挑战性的岗位上究竟可以做到什么程度。我并不发愁结交朋友，我关心的是如何对重要领域的看法产生影响。我琢磨着自己将不得不与一众权力中心打交道，比如国会、媒体以及更大范围的知识分子团体。加入智库团体是这项工作的一个方面，而我在这方面几乎没有经验。幸好多年外交部和国防部的工作经历让我明白，我们同美国的关系是稳固的，不太可能变得不重要。李光耀担任总理时，从1967年第一次正式访问美国会见林登·约翰逊开始，与连续几任美国总统都建立了良好的工作关系。除了不同智库的重要成员，他还认识历任国务卿、负责东亚和太平洋地区的副国务卿、中央情报局局长和联邦调查局局长。美国官员也曾不止一次拜访他，请他为白宫和国家安全委员会建言献策。

不管怎样，我将不得不找到打通复杂的政治和外交关系的途径。这不仅需要对美国政治方面的进展保持信息灵通，明确对新加坡的影响，还必须保证政客和官员们完全理解新加坡的国内政策和外交政策的精神，纠正他们对新加坡的误解。还有一个方面需要关注，鉴于美国的超级大国地位和全球影响力，我们必须对美国和其他国家之间关系的变化保持警觉，包括中国、日本、印度、俄罗斯、英国和欧盟其他国家等。

许通美不仅在美国做过大使，而且在纽约做过新加坡驻联合国永久代表和联合国海洋法的审议主席。他在美国政治圈和商圈中非常有名气，与很多有影响力的人物关系密切。我想知道自己如何才能接近或实现他的成就，因为外交部很可能在评价我的业绩时将他作为标准。我刚接到驻美大使这项任务时，曾给身在华盛顿的他打电话，询问建议。他说，我的担心没有必要。他觉得，我可以胜任这项工作，应该接受这个岗位。

就这样，在他的安慰下，我着手准备迁到华盛顿，这个我将待上六年并经历很多重大事件的地方。1990年7月，我到达目的地。9月18日，在白宫宣誓就任。

在详细地说明我在华盛顿工作的外交主旨之前，还得说一说我国在那里的大使馆。我到华盛顿时，新加坡大使馆在西北区R大街1824/1826号，Q大街地铁入口附近。两座漂亮的、留有历史印记的排屋伫立在紧挨着杜邦圈的林荫街道上，后者是受华盛顿市民和游客欢迎的去处。房子修建于1912年，附近是形形色色、引人注目的官邸和办事处。马路对面是留学生宿舍。马萨诸塞大道——传统的外交和智库的飞地，就在不远处。那里有休闲的咖啡厅、书店和公寓商店，随意溜达几步即可走到。还有一家不错的酒吧，名为"切尔德·哈罗德"，是招待朋友以及业余时间放松的好去处。大使馆的西北方向是乔治城，距离并不远，那是外交官、政客和其他人物的居住地。

两栋房屋是在不同情况下得到的：第一栋位于R大街1824号，四层砖砌的排屋，带地下室，是1970年1月买下的。大约十年之后，大使馆需要扩容，于1981年4月又购得隔壁的1826号。正面入口是带阳台的门廊，门廊上立着悬挂新加坡国旗的旗杆。两处房屋被改造成一处官邸。一层是公共区域，分为接待区和当地职员的几个办公室。地下室除了住着国防随员和其私人助理，还有邮件收发室，里面住着通信登记员。楼上的几层是我的办公室和其他外交官员的住处。

R大街官邸非常有家的感觉。即使房间被改造成办公室，但它们毕竟是为了家庭居住而建造的，一些房间还有壁炉。其中一间相当大的会议室还保持着家庭感觉的装潢，是个职员聚会的好地点。周五晚上，我们通常在那里聚餐。

1993年，大使馆迁到国际城3501号，这栋建筑的风格与之前的大有不同。直到今天，大使馆还在这里。它不在传统的马萨诸塞大道的"大使馆街道"上，而是国际中心的一部分，康涅狄格大道上一处新的外交飞地。康涅狄格大道是华盛顿特区的主干道，临近哥伦比亚特区大学。这座精致的官邸是由新加坡政府指定RTKL联合公司的D.罗德曼·海恩德尔设计的，位置较高，四周有非常漂亮的公园。职员们经常在户外吃午餐，一些职员甚至在夏天穿着比基尼去洗日光浴。建筑的内部很时尚，而外部受新加坡历史——特别是1890年到1950年间英国人"黑白分明" 维多利亚建筑风格的影响，房顶稍稍倾斜，屋檐宽大突出以抵挡热浪，花园里相当开阔。华盛顿建筑代表大会认为，这栋建筑融合了明显的新加坡因素和现代设计，成为周边环境的有益补充。

我和妻子在华盛顿特区的第一所住宅是玻璃屋，是一座非常现代的玻璃墙建筑，坐落在这座城市最棒的天然石溪公园里。环境优美，而且私密性很好，从其他建筑里不会看到我们。但是，妻子和我一直不习惯那种暴露在外的感觉。我们现在的居所感觉更像一个家。这栋建筑是在1990年建造的，是英国乔治王时代风格的砖砌建筑，也可以俯瞰石溪公园。春天樱桃开花时，特别漂亮。

我是喜欢华盛顿特区的。但在那时，那里的名声相当差，因为20世纪90年代它经历了一波犯罪活动。由于大多数犯罪活动发生在那些远离繁华之地的萧条地区，我们一般并没有意识到。直到听说我们最喜欢的市区那家中国餐馆的老板在晚餐时被一个盗贼刺死之后，我们才强烈地感受到当时的形势。还有一件事情让我很难过，那就是许多成功的非洲裔美国人（在克林顿任职期间有很多）似乎并不乐意伸出援手帮助那些在这个城市的萧条地区的同胞解决难题。在这片无人问津的区域内，后来出现了其他一些不良影响，并且许多年轻人走上了犯罪的道路。

在华盛顿期间，我曾有过三个副手，先是维基·梅农，他后来继续为联合国工作。接着是王景荣（他后来先后成为吴作栋总理的新闻秘书和东盟秘书长），他和我一起工作的时间更长一些。最后是A.塞尔乌拉惹。后两位后来都成为大使，在世界各地担任一系列职务。

辅助他们工作的先是一等秘书（政治）劳伦斯·安德森和一等秘书（经济）G.塞尔瓦德思。他们的继任者是林传权、展福生、伍德贤和王赛纳。

在贸易方面有凯西·赖，现在在新加坡国际企业发展局。她很积极主动，而且在与贸易相关的问题上对我帮助很大。辛西娅·蔡和后来的弗雷德里克·王是行政秘书，处理领事和管理事务，还有一个在当地雇用的职员团队协助他们的工作。

安保随员和国防部的一些人员也住在大使馆。鉴于新加坡和美国之间的国防关系日趋紧密，安保随员是非常重要的角色，它将新加坡武装军队与美国不同的国防机构联系起来。

我到任时，有一名"学生顾问"。随着越来越多的新加坡人选择到美国上学（当时大约有5000人），1990年，我们又委派了一名顾问，办公地点设在加利福尼亚州的洛杉矶。这两人都是教师，借调到外交部。皮特·伊和林松方在华盛顿工作，同时负责东部各州事务，而普万·阿里亚拉特纳姆在洛杉矶，负责中部和西部各州的工作。

华盛顿和洛杉矶的学生办公室为远离祖国的学生们及时获知国内信息提供了一条渠道。如果学生团体之间有什么联谊活动，他们就会为此类社会活动提供小额资金。我在美国游历时，会尽量与学生团体举行非正式的聚会——妻子和我喜欢在这种放松的环境下与年轻人交流。我觉得，他们可以在与我们聊天时获得一些事业和课业选择的启发，即使他们并不总是赞成我的观点。

我从未觉得自己是个非常过分的上司，但我以前的一个在华盛顿的同事最近说我堪称"严格得成了传奇"。据他说，当年李光耀要参加摩根大通咨询董事会会议，会议由美国前国务卿乔治·舒尔茨在斯坦福大学主持，我要求他安排一个行程。他草拟完毕后，我似乎用五秒钟扫了一遍他的方案，便扔回给他，夸张地问他还缺什么，然后我继续说道："你把所有需要的车都列出来了。现在，我想知道它们会以什么顺序出现，谁乘坐哪辆，具体坐在车内的哪个座位上。重做！"好吧，在当时我可能看来是有些严厉，我希望他已经原谅我了。就像他自己所说的，这都是外交部训练的一部分："预计接下来要发生什么，如果发生了要怎么办，制订一项B计划以防事态失常或者不按照原计划进行。"他说得对，这种意外性计划是外交部训练的一部分，打从踏入外交部起，我就从这种训练中受益良多。

从传统上来讲，大使是派出国的代表，负有监督所有以该国政府名义进行的活动的责任。新加坡大使基本上对新加坡政府在驻在国的所有机构和代表的行为负责。他必须保证机构和代表协调一致，为新加坡的国家利益而努力。

虽然理论上应该如此，实践中却不一定总是这样，我不止一次地发现这种情况。经济发展局的工作是促进对新加坡的投资，办公地点并不在大使馆内。因此，他们并不及时向我汇报他们的行踪以及客户可能对什么感兴趣。虽然运营独立性是需要的，但我经常觉得他们不愿意谈及非敏感性信息，即使这毫无疑问与我的职责相关。

有一件事就能说明这种情况。新加坡和印度尼西亚就在巴淡岛发展产业和开发旅游胜地达成协议。一名高级白宫官员询问我相关进程，这一点也不用保密——驻新加坡的美国大使已经去过巴淡岛，而且已经听取了简要介绍，这些都在我们的报纸上报道过了。我不太了解这个项目的情况，但经济发展局一直在关注。所以，我就询问了该局在华盛顿的代表，想了解一下大致情况。我得到的答复说这是"秘密"，不能泄露。他反而要求我让那个感兴趣的美国官员去找他。

鉴于新加坡公共服务的历史相对较短，外交惯例的知识可能还没有那么深入人心。

也可能这只是个别人的态度所致。但不管是什么原因，我觉得这种情况必须改变。大概也是在那段时间，教育部高级政务部长郑永顺正在宾夕法尼亚州访问一个高等教育机构。我陪同他时，请他向政府请求把我召回，因为如果我只是经济发展局的一个传话筒的话，那么做大使没有任何意义。郑博士很吃惊，要我不要太急于下结论。他说回国后会处理这件事情，后来他确实这么做了。经济发展局局长杨烈国，也是一位老同僚了，立即通知相关官员改变其作风，命令他在不泄露真正运作机密的同时，向我提供已经在新加坡公开的所有信息。

我肯定经济发展局高层并没有下达为难大使的指令。很明显，个别官员只是想显示他们对于大使馆和大使的独立性。但对我而言，保持新加坡大使的信誉和身份，体现"新加坡团队"的精神是至关重要的。毕竟，只有紧密团结协作，才能获得成功。

2. 布什任内

/

1990年，乔治·H.W.布什入主白宫。他是在上一年，即1989年1月被选为美国总统的。

新加坡和美国之间的关系良好。美国把新加坡视为亲密的、可靠的安全伙伴。在经济方面，新加坡的经济增长速度令世人惊叹。美国认为，其他发展中国家应该从中借鉴经验。独立伊始，新加坡实行的关键经济政策也得到了高度评价。

尽管如此，两国之间还是存在一些争论的。在新加坡独立的最初几年里，具体说是1965年，我们觉得必须公开揭露1961年美国中央情报局试图贿赂和收买一名新加坡政治部官员的行径。李光耀总理在回忆录中，曾将这次事件描述为一个朋友所做的"极为愚蠢的事"，要求并获得美方道歉。这个事件是通过美国国务卿迪安·腊斯克签名的一封信得以解决的：

> 亲爱的总理阁下：惊悉某些美国政府官员被贵国政府发现在新加坡有不恰当的行为，我为此感到深深的痛心。这个事件玷污了我们两国政府的友好关系，对此我感到非常遗憾。新政府对此事非常重视，会对这些官员的行为进行纪律处分。
>
> 您真诚的，（签名：迪安·腊斯克）

在那之后的一段时间里，美国媒体上出现了一些针对新加坡及其政策的贬抑之词，基本上是驻新加坡的一名美国记者写的。

1988年，驻新加坡的一名美国外交官被控干涉地方政策，他鼓励前副检察长萧添寿参与大选辩论。这个插曲，也就是有名的"亨德里克森事件"，导致该外交官被要求离境。美方则要求驻华盛顿的新加坡大使蔡和平离境，以示报复。我们认为，此事表明：随着冷战的结束，美国政府渐渐地把重心放到民主和人权上来，而不是主要关注战略利益。当然，所谓民主和人权，也是他们自己理解的民主和人权。最终，我感觉美国当局认为我们在亨德里克森事件中的立场是正当的，没有对两国之间的良好关系构成威胁。此外，白宫里的共和党高级官员很看重新加坡对中国和东南亚的见解，且不时地向我国领导人寻求建议。

尽管有些不和谐的音符，但我仍认为美国始终把我们看作忠实的朋友和支持者。在冷战和越南战争等困难时期，我们一直和他们并肩站在一起。在李光耀任总理时，他与美国总统乔治·H.W.布什和国务卿乔治·舒尔茨建立了良好的工作关系，就像他与罗纳德·里根一样。他与理查德·尼克松和亨利·基辛格的友好关系也为世人所知。在尼克松的《领导人》一书中，尼克松称李总理是全亚洲让人印象最深刻的领导人之一。美国从菲律宾基地撤军时，我们曾支持他们。至少到共和党执政结束，比尔·克林顿上台之前，我有信心说，美国的决策者们——不管是身在政府还是国会——都清楚新加坡的位置。

这个时期，中国正成为美国公众关注的一个重要领域，尤其是1989年之后。国内对布什政府施加压力，要求其对抗中国。在华盛顿的中国台湾的游说团体非常活跃，认为1989事件是推动他们计划的一个黄金机遇。他们企图把焦点放到中国侵犯人权上来，并寻求各界进一步支持中国台湾与美国之间的关系。中国台湾开始强调自己良好的人权记录，并与中国大陆的人权状况进行比较。然而，布什当局仍然一如既往地重视发展与北京的关系。布什总统曾是美国驻中国大使，似乎很在意与中国保持稳定的关系。中国台湾和人权游说团体在美国国会中终于找到了知音，国会后来由民主党控制，而这个党派原本就比共和党更关注人权和民主问题。如此一来，中国成了一个被热议的政治话题。

美国将于1992年11月进行总统大选。所以，1991年竞选活动就如火如荼地展开了。美国的反华情绪一浪高过一浪，已清晰可辨。20世纪80年代打压日本的潮流到那时已经变成了打压中国，毋庸置疑，这其中有一部分原因是经济方面的不安全因素。布什总统被指责对中国态度"趋软"。在一次电视辩论中，民主党派候选人比尔·克林顿公开指责布什"娇惯着从巴格达到北京的独裁者"，批评他没有恰当地处理1989年的危机。克林顿团队似乎并不担心此次事件会对美国与中国之间具有重要战略意义的关系产生任何不利的影响。

要了解这种情绪就必须了解当时美国政府是如何看待自己在维护世界和平中所扮演的角色的，以及在什么情况下他们应该出兵。当年8月，伊拉克入侵并占领科威特。在接下来的几个月内，为了避免战争，布什总统几次做出努力让伊拉克撤军，国务卿詹姆斯·贝克也和伊拉克外交部部长塔里克·阿齐兹进行了多次外交联系。同时，美国国会里的两党一致赋予总统权力来调动军队迫使侵略者撤离科威特。美国不断地向沙特阿拉伯增派军队。

1991年1月16日晚（华盛顿时间），"沙漠风暴"行动开始，美军对巴格达进行了强烈的轰炸袭击。我当时正在大使馆参加一个职员聚会，美国有线电视新闻网对此进行了转播。他们的记者趴在伊拉克首都建筑的顶部，做着现场报道。我打电话给外交部部长黄根成（当时已是新加坡1月17日早晨），才知道他也一直在看新闻报道。

几天之后，布什总统通过广播讲话证实：在他演讲之际，美国军队正在袭击军事目标。他说，包括美国在内的28个国家已经竭尽所能以求得到和平解决，最终不得已才付诸战争。布什坚持说萨达姆·侯赛因顽固不化，以美国为首的多国部队只能使用武力。他语调严肃，一再重申付诸武力的目的不是攻占伊拉克，而是解放科威特。

1991年3月，伊拉克同意停火，美国等多国部队宣告胜利。美国国内情绪高涨，举行了胜利大游行。隐形轰炸机首次公开露面，从人群上空飞驰而过。游行期间，新加坡国旗也升了起来，我们与其他外交使团一起站在看台上。

当时，我定期在华盛顿特区的各种智库集会上发表演讲。很多智库人士对"沙漠风暴"的胜利感到欢欣鼓舞。显然，他们认为，这是一次意想不到的机会，让他们可以展示新技术，证明美国的军事能力已经重新焕发活力。他们相信：那场战争已经向人们（大概也包括俄罗斯人）证明了美国的安全承诺不应该被轻视。

美国国防机构认为，在风云变幻的世界环境中，美国必须时刻准备着到它从未预想过的地方去作战，"沙漠风暴"即是明证。未来它将充分依赖"远征军"的力量，为在短时间内保护美国的利益而奔赴战场去拼杀。随着鲍里斯·叶利钦成为俄罗斯领导人，大多数美国人都期望得到"和平红利"。他们期待削减国防预算，美国人只需在一个或者一个半战场上作战。然而，他们怕是要失望了。

乔治·H.W.布什是第一个在期任内访问新加坡的美国总统。1992年1月3日至5日，布什访问新加坡。这次访问也是他出访澳大利亚、韩国和日本等国行程中的一站。媒体前期报道布什的这一系列出访将把重点主要放在商务和贸易自由上，而不是过去的习惯性领域。在布什动身前，媒体报道说他认为"像新加坡这样的国家已经在打造自由和开放的贸易方面实现了飞跃"，然而，"还是有很多国家"的市场对美国商品和服务是不开放的。

为了这次出访，我回到新加坡，与副总理李显龙和外交部部长黄根成以及美国大使罗伯特·奥尔一同出席了在樟宜机场举行的接待晚会。瓢泼大雨正好结束，空气凉爽宜人，"空军一号"于傍晚6点40分降落。布什总统很快走了出来，他身边是他的妻子芭芭拉。美国代表团总人数超过250人，有各商务代表和媒体人员，乘坐的飞机有三架之多。我意识到，这次访问可能给后勤和安保带来挑战。新加坡警察保安科需要与布什自己的安保团队紧密合作，对保护美国总统的安全负有不可推卸的责任。

在王宫与黄金辉总统等进行了一系列常规会见后，布什在新闻发布会上宣布了一些贸易方面的措施，并宣布：原则上决定把位于菲律宾苏比克湾的美国海军后勤设施调集至新加坡。他说，此举是为了让美国的亚太盟国放心——美国将继续在该地区存在，而且"可见又可靠"。

访问期间，布什在莱佛士城会展中心向2600名观众发表了"新加坡演讲"，国务资政李光耀主持了演讲会议。布什概述了冷战后的三大挑战，即维护和平和安全、促进民主以及创造世界经济繁荣。他还宣布了与亚洲政府和企业的一项新的联合倡议：在不限制经济发展的前提下，解决该地区的环境问题。他表示支持东盟自由贸易区的提议，强调美国、加拿大和墨西哥之间的北美自由贸易协定对亚洲而言不是威胁。"这不会鼓励世界分化为不同的贸易阵营，"他说，"相反，我们的加速增长可以刺激与亚洲之间有更多的贸易往来。"

布什对国务资政李光耀表示赞扬：

> ……25年前，您带领这个富有文化和种族多样性但物质资源有限的小岛走向独立。
>
> 后来，带着您的远见、智慧和坚决意志，您打造了新加坡的独立国家的地位。您在与敌对力量的殊死斗争中，勇敢地坚持下来并获得了胜利。您带领您的民族和地区向着和平和繁荣迈进。

总体来看，那次访问是成功的，它强调了新加坡在自由贸易背景下以及在国家间更大关系网中的重要性。

我密切关注着美国总统和国会选举的竞选活动。我习惯了威斯敏斯特系统，即简单多数票当选制度。所以，美国的选举制度起初让我觉得稀里糊涂。我花了些时间才终于弄明白，共和党和民主党首先要举行"初选"，然后召开各自的全国代表大会，在会上选出总统和副总统候选人。这样的选举旷日持久，需要大量竞选资金。

我听说，每个州提名候选人的程序都不同。举例来说，在一些州，选举人得到的投票只表达了选民对一个候选人所持的态度，而这个州的党派不一定非得接受这个候选人。除此之外，还有其他的不同之处。

有人建议我关注1992年的新罕布什尔州初选，这次初选很可能会对两党总统候选人的提名产生重大影响。根据媒体的报道，无论谁在前两场初选中脱颖而出，都很可能得到提名。但是，阿肯色州州长比尔·克林顿是民主党候选人，初选宣布的结果却是参议员保罗·宋格斯拔得头筹。

在共和党方面，现任总统乔治·H.W.布什的选票领先于言语犀利的帕特里克·布坎南，后者是右翼人士，他在竞选活动中既聚焦于意识形态，又不乏对经济的批评。

与其他外交使团的负责人一样，1992年7月，我被美国国务院邀请到纽约麦迪逊广场花园，去参加民主党全国代表大会的开幕会议。这里因举办各种拳击比赛和篮球赛而小有名气。外交官们的座位在大厅的高处，从这里望去，在一层就座的人和台上的演讲者变得很小。音响效果很糟糕，整个过程很难顺利听下来，州代表团和支持者们从四面八方进入体育场，喧闹声一直没有间断，再加上乐队伴奏的声音，那种狂欢节般的氛围，让我想起了吵闹的童子军聚会。大会宣布决议时，从天花板上撒下五彩纸屑和气球，布满整个大厅。比尔·克林顿被提名为民主党候选人，并向现场观众做提名演讲，观众席上的人们热情地回应。之前演奏军乐的歌手和乐队卖力演出，制造气氛。

随后，在8月份，共和党在得克萨斯州休斯敦市举行全国代表大会，我们得以领略美国前总统罗纳德·里根现场演讲的魅力。正如第一秘书塞尔瓦德思所说："里根的智慧、自我解嘲式的幽默、磁性的具有诱惑力的声音像是对整个大会施了魔法。最重要的是，里根说他'热情地、真诚地、全心全意地'支持布什总统的连任。"我参加了最后两天的大会，令人难过的是，布什的提名演讲对观众的感染力明显比魅力老手里根逊色。我当时谨慎地判断，布什对观众的号召力刚好足以把共和党的基础选民再次团结起来，他们也许会原谅他在国内舞台上的失败。后来证明，这个看法有点太乐观了。

主要党派提名了各自的总统候选人后，按照惯例，这些总统候选人将要进行电视辩论。在1992年的竞选中，有一位独立竞选人罗斯·佩罗，他得到的选票超过15%，这意味着他踏进了选举投票的门槛。在前两轮辩论中，布什看上去很疲惫，不停地瞥自己的手表。虽然他们声称这是在安排辩论的时间，但大多数观众，也包括我，感觉他只是盼着那场考验赶快结束。在接下来的面对面辩论中，我们的这种感觉更加强烈。到第三场时，我感觉他已经甘拜下风了。而年轻的州长比尔·克林顿意气风发，顺利挺过对抗，新罕布什尔州初选的失败早已是过眼云烟了。

克林顿赢得了总统选举。1993年1月20日，他在国会大厦前的台阶上宣誓就任美国第42任总统。作为外交大使，我被邀请参加就职仪式。我们的座位被安排在乐队指挥台附近，坐在这里，一切一览无遗。那是一个异常寒冷的冬日，地面上有些许冰冻。由于我们是面对宾夕法尼亚大道而坐，从那条大道上袭来的冷风长驱直入，扑面而来。虽然我裹得严严实实，穿着外套，戴着围巾和帽子，但仍不足以抵御寒风，幸亏有人给我们发了条毛毯让我们盖住双腿。仪式完毕后，我们一路走到布莱尔大厦去取车。走了一段长路后，我身上的血液终于重新开始流动。在演说中，克林顿总统强调了他的竞选主题："华盛顿特区和整个国家需要改变，美国必须为共同利益而做出牺牲，冷战后的一代需要引领美国走上一条全新的道路。"

3. 克林顿时代

克林顿就任总统前，我已经设法与民主党人士建立联系，至少根据媒体报道，这些人与克林顿团队看起来关系密切。他们并不是众所周知的人物，只有那些熟知"环城路以内"（指的是环绕华盛顿特区的那条高速公路）政治的人才认识他们。1992年10月，我同几个大使应邀参加午餐聚会，与克林顿的一些顾问会晤。

聚会是由伊丽莎白·巴格利夫人组织的，她长期支持民主党，是克林顿几个顾问中的代表。另外几个代表有约翰·霍勒姆，后来成为美国军备控制和裁军署署长，他曾经是卡特政府政策制定团队的一员；还有珊迪·伯杰，他曾是卡特政府政策制定团队副主管，1997年成为克林顿政府国家安全副顾问；布莱恩·阿特伍德，全国民主研究所所长。

约翰·霍勒姆是克林顿的老朋友，别人介绍他是克林顿外交政策讨论的主要贡献者。他主持了整个讨论过程，并在开始时主讲了大部分内容——珊迪·伯杰和布莱恩·阿特伍德偶尔会打断讲话，发表自己的观点。

我们了解到，美国在外交方面将延续以往的政策。比如，克林顿对正在进行的中东和平进程表示支持，并赞成北美自由贸易协定和关贸总协定的谈判。有人说，克林顿很有胆量，敢在密歇根州放言支持北美自由贸易协定谈判。这个州可是美国劳工组织的大本营，当时反对谈判的情绪极其高亢。从政治角度来看，他采取这样的立场是有失谨慎的，但他还是坚持了。人们认为，克林顿在竞选期间对外交政策相关问题所持的态度实际上为后来政府对一些问题采取更明确的态度铺平了道路，其中一个例子就是两党都不愿涉及的援助俄罗斯问题。

事实告诉我们，克林顿的骨子里是反对贸易保护主义的，他对自由贸易协定的态度仅是支持。但是，他反对采用严格意义上的自由主义方法。他认为，如此重要的事情不能完全抛给国内市场，美国需要加入到世界当中。他相信伙伴关系很重要，刺激经济全面增长（即现在的全球经济）很重要。在这方面，他一心想着环太平洋地区。外界认为他的视野开阔，而媒体评论给他的评价比较保守。克林顿认为，"保护主义"实际上与"放弃"无异。

我们很关心北美自由贸易协定，因为欧洲人正在推进欧洲单一市场，我们不想看到整个世界被划分为几个贸易竞争的阵营。后来，还是克林顿原则上同意了启动美国－新加坡自由贸易协定的谈判。当时，两国首脑正在文莱参加2000年11月举行的APEC领导人峰会。克林顿和吴作栋总理一起打高尔夫时，做出了这个决定。

在人权和民主方面，约翰·霍勒姆有些教条主义，这反映出卡特政府的风格。他说，如果可以促进民主进程，其他国家的人民对政府权威提出的任何挑战，克林顿政府都会给予支持。当然，他没有考虑其他国家政府的性质及政府已经为人民做出的贡献。就在讨论愈发热烈之际，珊迪·伯杰加入进来，提出了更谨慎的提法。他说，克林顿政府将努力促进民主进程，因为这一直是美国社会的主流价值观。可是，这不会导致道德讨伐。如果某一国政府愿意促进民主，那就应该义无反顾地支持该国政府，特别是在政府能够取得成效的情况下。政府的模式并不唯一，无论如何，他们将秉承合理、谨慎的态度去努力实现目标。当时，这种说法让我们感到欣慰。

在整个午餐会期间，最重要的事情就是即将上任的政府向外国政府解释其外交政策的优先事项，而我们则是中间人。当时有人担心，总统竞选可能会使海外其他国家害怕美国政府会优先关注国内问题，尤其是美国经济及其竞争力，而不再关注外交关系。

我曾希望在餐会上遇到的那些人在以后的日子里可以成为有用的联系人，但后来证明情况并非如此。

当时，克林顿团队在阿肯色州首府小石城，为政府过渡做准备。我想找个机会访问小石城。1993年1月，在克林顿就职前几个星期，我去了那里。我们经验丰富的外交官凯末尔·西迪基大使，受他在德国波恩的老朋友托玛斯·卢茨的邀请，到小石城访问。西迪基邀我同去。我们怀着一种使命感到了那里，心情格外兴奋。人们都想向新政府提供服务，各种信件和电话纷至沓来，让人应接不暇。卢茨还邀请了东盟秘书长、马来西亚的阿吉特·星大使，以及德国港口城市不莱梅的参议员乌韦·贝克迈耶，他负责不莱梅的外贸和联邦事务。一到小石城，我就听说富布赖特基金会组织了一个前国务卿讨论会，对来访者开放。于是，我们也参加了。

我觉得西迪基受邀前来小石城，主要是为了促进阿肯色州与文莱乃至东盟之间的贸易往来。组织者的想法是将位处美国"中南"部的七个州团结起来，这七个州包括阿肯色、田纳西、密西西比、得克萨斯、路易斯安那、俄克拉何马和密苏里，而小石城则是协调中心。但是，最终目的还是增加对阿肯色州的投资。

　　事实证明，这个计划是当选总统克林顿提出的，他想在其任期内为阿肯色州的发展做点事情。当时，阿肯色州在经济发展方面的排名在美国各州中仅位于第39位，克林顿想使该州成为本地区重要的制造业和贸易中心。他向该项目的工作人员许诺，在就任总统以后，他会定期访问阿肯色州以监督工作进程。小石城杰出的、非常有影响力的律师马克·戈洛布迈耶是计划的主要负责人，也是克林顿的亲密朋友和高尔夫球友。

　　在阿肯色州接下来的讨论中，我试着让他们不要抱有太高的期望，因为我清楚州内州外贸易和投资机会的限制。我还认识了当时的阿肯色州州长吉姆·塔克，并说服他带领商务代表团访问新加坡，他后来的确这么做了。我曾希望通过这些经贸联系和对马克的帮忙，使我们在华盛顿特区的大使馆可以在总统就任期间得到他的重视。我们以为戈洛布迈耶和卢茨可以接近重要的政府部门和地方政府，帮助我们对付白宫里所有妨碍我们的人和"宫殿守卫者"。

　　所有这些想法后来证明只是一厢情愿而已。自小石城午餐会晤之后，我与马克·戈洛布迈耶一直保持密切联系，但我感觉他从我们之间的联系中获得的益处更大。他不断地找我帮忙，甚至在我结束华盛顿特区大使的任期后也是如此。他想让我介绍一些新加坡乃至东盟地区有影响力的人士和他认识，以通过他们寻求自己的商业利益。

　　幸好，阿肯色州的其他朋友还是很帮忙的。一个是杰克·斯蒂芬斯，著名的银行家和慈善家。我记得吴作栋总理曾有一次在奥古斯塔高尔夫球场参加高尔夫比赛，这事就是他努力促成的。另一个是乔·福特，阿肯色州欧特尔公司董事局主席和首席执行官。

　　两任政府之间的过渡总是乱糟糟的。从竞选到现实中的行政管理是有挑战的。在我们看来，克林顿的白宫有时似乎并不是很有组织性。一个典型的例子就是我与克林顿的新闻秘书迪伊·迪伊·迈尔斯打交道的经历。一位欧洲的部长有几张迈尔斯与他的照片，请我们让她在其中的一张上签个名。以前从来没碰到过这种事情，后来我问她时，她回答说："你以为我没有别的事情可做吗？"这个请求可能不是什么很紧急、很重大的事情，但对此不加理会可是所有新闻秘书的头等大错。

在美国公众眼中，外交政策通常不是最重要的。乔治·H.W.布什对世界事务见多识广，但在国内这种环境下，他对外交政策的兴趣几乎被解读为一种业余爱好。通常的观点认为：他卸任之后冷战结束，国际威胁减弱。但越南战争是痛苦的，美国学者们也都尽量回避这个话题。1993年年初，克林顿政府的上台给美国的外交关系带来重大变革，对亚洲贸易和国防问题的关注明显减弱。

我发现，原先的高级官员团队被另一个团队所取代，这让我感到不安。最初，与这些新人打交道非常困难。布什团队、国会、政策制定者以及战略思考者对新加坡都非常热情，而在克林顿上任初期，情况似乎有所变化。

克林顿当选后，对华政策最初由温斯顿·洛德负责。他是美国国务院负责东亚和太平洋事务的助理国务卿，我与他进行过很多次有益的谈话。但外界对他的任命是有争议的，因为他的妻子是包柏漪，曾被指控与1989年学生运动有关联。

既然新政府对东南亚明显缺乏兴趣，那么洛德作为负责东亚和太平洋事务的助理国务卿，在1993年2月6日接受邀请到大使馆与我共进晚餐，就似乎有些让人觉得意外了。国会对他的任命从3月31日才开始，但他没有遵从严格的外交礼仪，先接受了邀请。我还邀请了日本、韩国、蒙古、喀麦隆和爱尔兰的大使和大使夫人。洛德是一个人来的。

洛德很直率，说他一直关注东北亚，但不敢说自己对东南亚有多么深入的了解。他随后指出，东南亚的重要性和影响力正日渐增加，有必要与该地区的人士建立联系。他希望能感受到该地区的每个国家的情绪，以避免两党误解或错误地判断对方对任何事件做出的反应。这会引发危险，还可能导致紧张关系升级。

被问到美军驻扎西太平洋以及削减国防支出的提议会产生什么样的影响时，洛德说国防支出削减主要是针对欧洲和某些精密、价格高昂的国防设备项目的支出而言。日本已经有了相当大的负担。克林顿当然认为美国在亚太地区驻军是有重要意义的，不会将此中断。他说，无论如何，只要他对此事有一点发言权，他就会强烈反对大幅削减军费开支。但是，一些名义上的削减必须得接受，只要这不会让外界误以为美国将不再继续在该地区驻军。

我饶有兴致地听了国会听证会，明确了洛德的工作范畴。除了东南亚，他也将处理中国和日本事务，以及朝鲜半岛等地区的紧张局势。

提名听证会的过程很融洽。该地区参议院外交关系委员会主席、民主党参议员查尔斯·罗布（弗吉尼亚州），对洛德的丰富经验和树立的信誉大加赞扬。参议院委员会向他问起美国对华和对越南的政策以及解除对越南贸易禁运的前景。向他提出的关于新加坡的问题是：经济增长是否会使新加坡的政治制度更加开放？洛德谨慎作答，大意是"在开放的经济制度下，封闭的政治制度不可能持久"。其他委员会参议员还有共和党人弗兰克·穆考斯基（阿拉斯加州）、拉里·普雷斯勒（南达科他州）以及民主党人约翰·克里（马萨诸塞州）。约翰·克里支持解除对越南贸易禁运以及促进两国关系正常化。

委员会听证会结束后，温斯顿·洛德的提名获得了国会的一致同意。后来，洛德的确按照之前的承诺，不时地单独或集体会见东盟国家的大使以交换意见。

按照多年的惯例，凡东盟国家设有外交代表处的首都，基本上都设有东盟大使委员会，以方便沟通和交流，这也是一条向东道国政府提出问题的渠道。设在马来西亚和美国的机构很有用，后者名为"东盟华盛顿委员会"，每月由一个东盟国家的大使轮值主持召开一次会议。通常，与重要政府官员的会晤很困难，但以东盟华盛顿委员会的名义总是可以迅速地得到回应。

在克林顿政府执政期间，东盟华盛顿委员会更加积极主动。东盟国家担心新政府会在自身价值体系基础上对东盟国家进行评估，进而采取对策和行动，比如在人权、工人权利以及民主价值观等方面。就在东盟华盛顿委员会活跃之际，印度尼西亚驻华盛顿特区大使阿里芬·西雷加尔到任。他是一位著名的经济学家，曾在国际货币基金组织工作，并担任印度尼西亚贸易部部长和印度尼西亚银行行长。菲律宾驻美国大使是劳尔·拉贝，他对处理贸易和经济问题有丰富的经验。他们给东盟华盛顿委员会增添了力量。其他外交官还有马来西亚大使阿卜杜勒·马吉德·穆罕默德以及泰国大使彼拉邦斯瑞·格森西，后者后来成为泰国国王的私人秘书。

我们很担心美国国会和政府在东亚和东南亚驻军问题上会有什么变化。美国长久以来的盟友菲律宾敦请美军从该国的军事基地撤出之后，美国似乎有可能撤出该地区的所有驻军并退至"美国堡垒"。东盟国家大多希望美国可以持续驻军，但由于国内的敏感情绪，又不太愿意公开宣称这一主张。还有一些国家的政府没有公开与美国结盟，而是希望东南亚"中立"，没有"大国"存在。

在东盟华盛顿委员会内部，我们普遍感觉应当努力提升我们组织的知名度，不仅是在华盛顿特区，还要越过环城高速到那些更重要的州去。在那里，我们能够提供的贸易和投资机会可能很有吸引力。首先，我们设法找到政府负责贸易和商务的官员，他们很愿意扩张美国贸易、促进投资。随后，在1993年到1996年的早些时候，我们在不同州的首府进行路演，向州政府、立法局和商业社区推广东盟的贸易和投资机会。这由美国-东盟商业理事会组织，作为一年一度的东盟大使之旅的一部分。事实证明，这些活动越来越有用。我们推介活动的城市和州包括亚特兰大和新奥尔良（1993年）、小石城、芝加哥和凤凰城（1994年）以及密苏里州（1995年）和艾奥瓦州（1996年）。

作为东盟国家大使，我们都抓住机会与美国公司商谈东盟国家能提供的设备、机遇和利益问题。我和大使馆的同事们一直都在强调新加坡的地区枢纽地位，我国与其他东盟国家乃至东盟之外的国家都有联系。

对亚特兰大的一次访问我至今记忆犹新。我们与佐治亚州州长共进早餐，拜访了美国有线电视新闻网总部，并会见其创始人特德·特纳。而访问联合包裹公司总部让我最为难忘。这家公司的业务遍布全球，飞机、卡车和数十万员工在世界各地工作着，让我们印象深刻的是所有管理人员以及管理人员的上层领导都是股东，所有的主管都是原先的卡车司机或包裹处理员晋升上来的，他们必须在退休后十年内将股份再卖给公司。

在亚特兰大的埃默里大学商学院和佐治亚理工大学、新奥尔良的杜兰大学和罗耀拉大学，我们感受到人们对新加坡的经济发展以及包括劳资关系在内的产业和教育政策的效果有着浓厚的兴趣。我们着重强调了跨国公司对新加坡经济发展做出的贡献。我们还鼓励州长和州立法机构成员向他们的同事介绍东盟，无论他们在州里还是在联邦。

美方人士觉得这些活动很有用。参议员基特·邦德在1995年8月31日给我写信道：

> 我相信你们的访问硕果累累，与此相比，我们能做的是微乎其微的。你们让广大密苏里州市民认识到东盟国家对密苏里州乃至美国的重要意义。商务人员到圣路易斯和堪萨斯城的活动非常鼓舞人心，坦白地说，去的人可真不少。现在到处都在谈论着"新加坡和东盟其他国家的经济机遇"这一话题。

访问艾奥瓦州时，我们与几个家庭整晚都在一起，他们成了我难得的朋友，其中有几个人在我任总统时还到新加坡看望过我。

美国国会通常会关注亚洲，美国在考虑是否要恢复中国在关税与贸易总协定/世界贸易组织下的最惠国待遇。这也是我们与众议院国际关系委员会亚太组主席、民主党国会议员加里·阿克曼（纽约）讨论的主要议题。在讨论中，我们要求中国享受永久性最惠国待遇。中国已经取得了进步，我们相信承认这一点对东南亚的和平与繁荣是有帮助的。

阿克曼很坦率。但是，国会有些人跟他不同，他们不愿让中国加入该组织。他们曾为了早日终结南非的种族隔离政策而使南非加入该组织，结果却让他们失望。现在，他们担心认可中国的永久性最惠国待遇也会同样徒劳无功。我们敦促阿克曼和他的同事们不要忽视我们的观点——在地理上我们与中国更为接近，身在东南亚的我们很清楚中国发生了显著的变化。阿克曼答应会尽全力说服众议院中的反对者。

美国关闭驻菲律宾的军事基地似乎也对国会产生了影响——一些议员呼吁裁减驻日本的军队，并质疑美国的驻日地面部队与东亚和东南亚的安全之间是否真的有关系。1994年5月，召开了一次两党会议。会见众议院外交事务委员会主席、民主党人士李·汉密尔顿（印第安纳州）时，我们就这个话题进行了讨论。

汉密尔顿承认，在世界上的一些地区，包括东南亚，人们感觉美国对世界事务的承诺正在减弱。他认为，为了国会和东盟华盛顿委员会双方的利益，为了使得双方的行动朝着"理想的方向"前进，我们需要更加有效地应对不同的基本价值观，而且双方应该多多沟通。他强调，"人权"是一个深深植于美国人民价值体系的观念，美国政府不可能不顾及这一点，即便对美国人民的朋友也不能例外。

1993年8月，东盟华盛顿委员会与负责经济和农业事务的副国务卿约翰·E.斯佩罗进行会谈，讨论恢复美国与越南的关系。当时在场的还有前美国驻马来西亚副大使托马斯·哈伯德，我的一个老熟人副国务卿特助安妮·德尔斯，以及印度尼西亚事务员凯伦·布朗。讨论曾一度中断，因为大家对于越南当局如何对待在行动中失踪的或成为战俘的美国军人争论不休。美国国内政坛也曾经对这个问题意见不一。斯佩罗向我们保证说，克林顿政府的贸易政策不是"管制贸易"。就连总统经济顾问委员会主席劳拉·泰森，也反对采取任何措施妨碍贸易。

1994年4月，东盟华盛顿委员会应邀与美国贸易代表迈克尔（"米奇"）·坎特会晤。会谈中，贸易问题又一次首先被提了出来。迈克尔的随行人员中有贸易副代表夏琳·巴尔舍夫斯基和三位资深的助理。坎特没有回应我们事先拟好的很多请求，我们因此对他的邀请感到意外和不解。或许我们太过怀疑了，但我们真的想知道他到底要做什么。

开始时，坎特说他想坦率地与我们谈论贸易问题，其中的一个问题就是美国想把"劳工标准"引入乌拉圭多方贸易回合谈判，以及对中国最惠国待遇、亚太经合组织和其他贸易事项的讨论中。但实际上，除了他大谈美国和东盟在贸易相关问题上可能产生差异，但他希望能将差异最小化等场面话之外，我们根本就没有就这些问题的细节进行讨论。他还承认，因为各个国家的发展程度不同，美国可能没有对东盟成员国之间的政治和文化差异保持足够的敏感，美国也不能免于犯错。

至于中国及其最惠国待遇，坎特向东盟华盛顿委员会保证，美国并不想让中国脱离出去。他还说，美国对在全球范围内提升人权状况很重视，所以，在有些相关领域实行的政策反映了美国人民某些固有的信念，而不是意欲实行贸易保护主义。

我听到其他政府官员也发出了类似的感慨，大家还是想知道他为什么要开这个会。最后，终于找到了答案：1995年将在洛杉矶举办下一届亚太经合组织贸易部长级会议（1994年的东道主是印度尼西亚），而坎特想获得东盟的支持。他解释说，在洛杉矶举办这项活动会给这个城市鼓舞士气，要知道洛杉矶近些年可是遭遇了不少灾害。他想在会议前做出决定，而不想与印度尼西亚人就亚太经济合作组织议程进行一般性讨论。

克林顿政府执政初期，我的大多数联络人都徘徊在白宫和国务院之类的主要机构之外。对于这种状况，我只能容忍，因为我知道很多思想开明的克林顿政府的官员，尤其是白宫内的官员，都不太愿意与新加坡大使馆有公务往来。在新闻自由、人权和民主等领域内，新加坡政府的政策和行为是不符合美国标准的。他们强烈反对我们对反对党派人士进行诽谤诉讼，导致他们破产。我们对出于政治动机的公众和户外示威实行的基本原则，他们也不赞同。结果，我们的官方渠道被限制在最低一级。即便是著名学者以斯拉·沃格尔也不例外，虽然我与他有着多年的友谊，但为了谨慎起见，他尽量不在美国国防部他的办公室里与我见面，大概是为了免受批评。

克里斯托弗·林格尔事件是所有争议的焦点之一。此人是美国学者，在新加坡大学做研究员。他为《国际先驱论坛报》写了一篇文章，暗示说东亚一些国家依靠司法制度的"服从"原则来处理反对意见。新加坡对他提出了法律诉讼，但他已经飞快地逃离了新加坡。公众对此事并没有大惊小怪，而在华盛顿却有一些人私下里说我们不应该采取如此强硬的态度。毕竟，那仅是一名学者的观点，而且林格尔并没有指名道姓。

以上所述是公众热议迈克尔·费事件之前美国的局势。关于迈克尔·费事件，我在下一节中会有详细描述。这个事件是新加坡"拒绝"人权标准的案例,美国却期望和其友好的国家都能拥护那些标准。一些政治圈的人士可能已经在问了:新加坡胆敢公开挑衅克林顿政府的愿景,背后是否有什么动机?

1994年,我们花了很多时间来处理迈克尔·费事件对双边关系的影响。我发现白宫有几个人物,如国家安全顾问安东尼·莱克,副安全顾问和后来的安全顾问珊迪·伯杰、乔治·斯特凡诺普洛斯,以及其他一些人对新加坡的态度非常消极,而他们在克林顿政府内部却对政策制定有着相当大的影响。这些"软心肠"的民主党人设法使我和我的外交官都被白宫高级官员拒绝访问。美国贸易代表米奇·坎特甚至公开表明,他反对1996年在新加坡召开世界贸易组织部长级会议,因为新加坡是个"对人施鞭刑的国家"。

出于国内意识形态的原因,美国已经决意把我们两国之间的关系置于险境。那些理解新加坡制度和立场的人很欣赏我们的坚持。美国的很多执法人员私下也支持我们的行动,很多普通的美国人更是如此。然而,一些贬低新加坡的人却对政治圈中反对新加坡的情绪进行了夸张和扭曲。我们花了很多时间试图发现此情绪到底有多严重,事实上,它们是非常有限的,起码我们解释自己的政府的立场时不用感到歉疚。

一些确实理解我们的人甚至警告说,有些人是准备为我们说话的,但我们的行为可能会给这些人造成障碍。那时,正值一些舆论制造者开始宣扬"亚洲价值观"。由于它与美国和其他西方国家所信奉的标准不同,人们自然而然地把这种思想解读为对美国的含蓄的批评。

那时,我们正在发展与中国的关系,我的确有些担心这可能使得美国对新加坡更为恼火。可能美国觉得我们正打算把新加坡树立成另一种国际关系行为的典范。不过,这一观点并没有正当理由来支持。

1995年6月,对中国的争论更趋激烈。当时,美国允许台湾"总统"李登辉入境,以便他的母校康奈尔大学可以授予他某项荣誉。对此类事情,中国是非常厌恶的。中国认为,美国不应允许他的访问,这种访问与中美关系正常化达成的谅解相背。中美关系遭到了严重威胁。鉴于东南亚地区保持和平稳定的意义重大,新加坡高度重视事态的发展。我们希望美国保持对东南亚的充分关注。

1995年8月12日,国务资政李光耀借国庆庆典之机,在丹戎巴葛选区发表了精心酝酿的演说,为解决中国大陆和台湾之间的公开激烈的争执出谋划策。他呼吁台湾做出明确保证:不宣布从中国独立,而中国大陆则应赋予台湾更多的国际经济发展空间。演说的唯一目的就是帮助美国。

作为驻美大使，我一直在关注美国—中国大陆—台湾之间的问题，并时刻警惕着李光耀的呼吁可能产生的任何误解或不良反应，因为美国驻新加坡大使馆很可能会把情况汇报给华盛顿。我担心演讲内容可能会遭到曲解。新加坡真正希望的是让气氛冷静下来，防止海峡两岸发生公开对抗。我试着把这个信息传递给美国官员和国会议员，也试着了解美国的态度。

结果，美国媒体只对李光耀的演讲做了少量报道，白宫或国会官员甚至职员都没向我或者我的同事提起这件事情。

同时，"台独"的声音愈发强烈。1996年3月，中国大陆首次在台湾海峡发射导弹。克林顿总统的回应更加有力，他命令美国第七舰队驶过台湾海峡。世界政坛认为，这表明在台湾受到攻击时，美国将在军事上对其施以援手。

我担心，克林顿政府正忙着连任，可能会忽略美国在亚太地区更大的战略利益。我们联系了国务院、国家安全委员会和五角大楼里任何可能的联系人，想看看美国承诺长期驻军到底是什么意思。乔治·H.W.布什政府执政时期，美国进行过一次国防审查，实际上确定了一种轴辐式空运系统战略。依此战略，美国将与协定盟友一起在该地区保持驻军，确保安全和稳定。我们不确定克林顿政府是否会坚定不移地执行这个战略。

在美国，我注意到一些与我们在新加坡的情况类似的情况。我们与军警部门和情报界的关系非常好，而与国务院的关系更多变些。

我从未真正感觉美国官方对其最忠诚的盟友采用适当的方式进行交流，我相信很多国家也有同感。我认为，一个国家要得到美国的注意，要么能够提供巨大的机遇，要么能给美国制造严重的问题。这样看来，美国的对外关系是变幻无常的。考虑到美国的全球影响力，这可能并不让人意外。有人给了我们一个建议：发展某种非政府利益的活动，比如支持慈善，这样可以提高关注度，而且与重要人士有更多的社交机会。

安排本国政府的首脑定期访问也有帮助。大使不一定能与国务院或白宫的高级官员约见，但总理或外交部部长通常可以。我们确实这样做了，经常有规律地安排访问。除了商界和智库的名人外，我们的领导人也努力与过去和现在的部长级别甚至助理部长级别的美国领导人保持联系。

但是，有一点是清楚的：新加坡绝不是乞求者。我们从不寻求金融援助或者其他好处，而更倾向于开辟一条了解地区信息、交换政治观点的渠道。2009年10月，美国-东盟商务委员在华盛顿向内阁资政李光耀颁发终身成就奖时，前国务卿亨利·基辛格在其致辞中也承认了这一点。

很明显，一些驻美大使不把表达自己国家的政策利益放在首位（自那之后我还发现一些驻新加坡大使也缺乏明确的目的），对此我很诧异。我曾应请求为东盟华盛顿委员会的大使组织一次会晤。在会晤中，这个现象很明显地表现出来了。当时在场的有美国财政部副部长拉里·萨默斯，此人对愚笨之人没有什么耐心。会晤开始了，萨默斯充满期待地看着众人，但没有一个人说话。场面令人尴尬。另一方面，这也说明了提前准备好自己要表达的内容并适时将之表达出来是多么有必要。

没有人可以否认比尔·克林顿的个人魅力——他掌控全局的能力、与陌生人群打交道的能力相当少见，这也是他受欢迎的关键原因之一。他的妻子希拉里当时给我的印象则是不太好接近。近些年，她因自己的工作而受到瞩目，态度似乎更加放松了。当时的副总统阿尔·戈尔没有给我留下太多印象，只记得他似乎有些矜持。他的妻子蒂珀则不同，友好且喜好社交。

作为大使，我曾参加过几场乔治·H.W.布什和比尔·克林顿所做的年度国情咨文演说，还有几场总统特别演讲。国情咨文基本上是总统对国会做的"年度报告"，列出下一年总统立法议程和国家的优先任务。听众是国会两院成员，地点在众议院会议厅。所有外交使团的负责人都被邀请来，坐在为他们预留的一块场地里。演讲模仿英国元首在伦敦议会开幕时所做的演说。这是美国政治日历上雷打不动的活动安排，在宪法中有明确规定。

演讲也是有礼节可循的。总统必须由国会请到众议院会议厅，并做实际演讲。国会的邀请采用传统形式。大约在指定日期当晚的8点30分，通常是1月份，众议院议员坐在座位上，准备参加两院的联席会议。然后，"多数"党（控制众议院的政党）——官方名称为众议院多数党，宣布副总统和参议院议员首先正式入场，并落座。

然后，议长和副总统——指定众议院和参议院与会人员的名字，这些人将护送总统鱼贯进入会议厅。随后，首席服务官按顺序念出外交使团团长、美国首席大法官和助理法官以及内阁成员的名字。被叫到名字时，他们会进入会议厅并坐下。法官们的座位离讲坛最近，挨着内阁成员和参谋长联席会议成员的座位。

9点刚过，总统来到会议厅门口，首席服务官和众议院警卫官肩并肩地站在门口，面对议长，等待总统准备。总统准备好后，两位官员一起宣布总统的到来，首席服务官大声宣布："议长先生（或女士）——"这时，警卫官一起喊道"美国总统"。

在掌声和欢呼声中，总统缓步走向讲坛，身后是国会护卫委员会成员。总统慢慢向前走着，不时地握手、拥抱、亲吻，并为国会演说的副本签名。在正下方的众议院职员办公桌就座后，总统将提前放在那里的两个马尼拉麻质信封交给议长和副总统，信封里装着他的演讲副本。

议长向众议员和参议员介绍总统时会说道："国会议员们，我格外荣幸地请到了美国总统阁下。"更加热烈的掌声过后，演讲才正式开始。在演讲过程中，总统所在政党的代表经常会起立鼓掌，演讲暂时中断，而反对党一般坐着不动。只有到最后，他们才与全体人员一齐起立并鼓掌，直到总统离开会议厅。

在通常情况下，为如此重要的演讲做准备需要一个月左右的时间。总统的政治顾问、讲稿撰写人和政策助理会聚集在一起，回复政府各机构的请求，这些机构都努力争取将自己的议题写入演讲稿中。一旦敲定内容，会字斟句酌，以便使普通人能理解。演讲基调总是乐观向上的，会习惯性地说到"美国价值"以及美国国家和人民的"伟大"，"两党合作"的主题也从不会缺席。

政府会安排一些事实核对员、编辑和律师仔仔细细地检查一遍草稿，然后才会提交给总统过目。随后，会有更多的调整，因为总统会依照个人喜好和风格润色演讲稿。之后会进行一系列的排练，总统会把助手当成观众，在他们面前演练。

演讲要求耐力超人，人们对演讲者不得不心生敬佩。大概五次最长的国情咨文演讲中的四次是属于比尔·克林顿总统的。

为什么要如此大费周章地准备这样一场演讲呢？要知道，此演讲基本上算是宪法授权的。用专家的话来讲，这是修正政策或突出政策过程的唯一机会。总统集宪法赋予的不同身份于一身——国家元首、国家总统、首席外交官和总司令，站在国会议员面前演讲时，他有力地展现了其职权。演讲前的盛况和仪式更是将他的光环进行了放大。演讲通过电视和广播进行现场直播，全国人民的目光都聚焦在总统身上。他可以尽数列举他的工作重点、他取得的成绩，更重要的是证明他在把握整个国家的脉搏。

不仅演讲本身会受到追捧，在媒体直播和其他评论过程中公布的大量公众支持率的统计结果也会受到热切的关注。一场出色的演讲可以导致一次民意测验的"冲击"，成为萎靡不振的总统任期内的关键时刻或转折点。

乔治·H.W.布什任期内，我参加过一次国会咨文演讲（1992年），一次"沙漠风暴"行动的总统国会演讲（1991年）。1992年演讲的重点主要放在国内。总统提到，他将打破贸易壁垒；彻底改革美国学校和改善教育状况；增加研发开支，将其作为长远的投资；打击街头暴力犯罪和毒品犯罪；为住房提案提供资金，鼓励房地产建设和低收入住房建设；改革医疗制度；解决联邦预算赤字；开发国家能源战略。很多议题至今仍有现实意义。他还强制90天暂停引入新规定，以减少行政负担，并检验一些现有规定对创造就业机会和发展经济的影响。该演讲的根本目的是为在1992年年底即将到来的总统大选赢得大众支持，寻求连任。

我参加过克林顿总统1993年、1994年、1995年和1996年的国情咨文演讲。这些演讲主要把重点放在国内问题上。1993年2月18日就职后不久，克林顿提出一个向美国经济注入新活力的"四年计划"，包括政府将新开支用于创造就业机会以及承诺公平对待中产阶级上，同时增加税收并大幅削减赤字。1994年的演讲聚焦于福利和医疗改革，并声称任何医疗提案如不能保证所有美国人的利益都将予以否决。这项国内事务议程堪称雄心勃勃。1995年的演讲是在共和党赢得1994年国会中期选举后进行的，当时的国会更加具有党派特征。克林顿向国会提出了一个"新社会契约"愿景，该契约是在国家和政府之间达成的，前者致力于公民责任，后者是温和派，成本更低、更有效而且干扰更少。1996年，克林顿更加乐观，他提出了一个愿景：整个国家整装待发，为新世纪做好准备，以此来缓解中产阶级的忧虑。他宣称，"政府巨额支出的年代已经结束"。

事情并不总是一帆风顺。1993年9月，克林顿在国会以医疗为主题发表演讲时，讲词提示器出了问题。演讲之前，他瞥了一眼提词器，却发现显示的是他前一年冬天所做的国情咨文讲稿。他对阿尔·戈尔说："讲稿放错了。"短暂停顿之后，克林顿还是在没有提词器的情况下开始了演讲。七分钟后，白宫官员才把准备好的文本放置好，他才又回到讲稿上来。在白宫官员上传讲稿前，克林顿进行了即兴演讲，这展现了他卓越的公共演讲能力和对问题的把握能力。

1994年1月，克林顿发表国情咨文演说，回想起1993年9月提词器出故障的事情，他轻松地对听众们说："我不是很肯定今晚提词器里放的是哪篇讲稿，但我希望我们可以谈谈美国国情。"

见证了总统对国会两院的演说，聆听了各方的意见，我感受到两党不同的政治情绪和热情程度，他们要么起立雷鸣般地鼓掌，要么用寥寥无几的掌声回应总统演讲。

作为外交使节，我们的座位被安排在会议厅右边的显著位置。座位反映出我们在外交层级上的位置。新手从底层开始，每年随着其他大使的挪动而往上移。1996年我离开前，已经差不多在前二十的位置了。

听国情咨文演说是会见世界其他地区重要大使的机会，否则几乎没有机会与他们接触。以此为契机，可以引发以后更多的实质性交流。比如，我与波兰大使迪瓦弄斯克以曾有过几次沟通。后来，我与他一起去科罗拉多州阿斯彭山拜访了美国前总统杰拉德·福特。通过迪瓦弄斯克以，我才得以接触了其他欧洲大使，不然他们是不会接听其他地区大使的电话的。我猜想，他们对世界其他地区的事件没有兴趣，尤其是事件对他们的国家利益没有直接影响的话。但有些人为了给自己退休做准备，会考虑自己的商业利益。他们通常会找到有兴趣吸引特定类型投资的国家，而他们在自己的国家有相应的人脉关系。我在任时就遇到过这么一个人，是意大利的大使，他忙着为意大利公司在新加坡和东南亚的发展找寻机会。还有一些人怀着一种"大国"心态，觉得我们东南亚微不足道。

1994年11月，克林顿已执政两年，民主党在国会中期选举中遭遇意外失败，众议院的435个席位和参议院的35个席位被两党争夺，共和党最终获得参议院100个席位中的52个。民主党自1986年起便控制了参议院，现在失去了多数优势。

共和党的胜利主要归功于纽特·金里奇，他后来成为众议院议长。他的十条《与美国契约》为共和党提供了一个新的宣言，而且广受欢迎。这十条包括：呼吁修正宪法，平衡联邦预算，立即削减收入税收和资本收入税收等。宣言没有涉及堕胎这一有分歧的问题，要知道两党的保守派对此议题都表示反对。此外，共和党的胜利也是由于大量白人男性投票，虽然60%的西班牙裔和90%的黑人投票者依然忠于民主党。

共和党赢得了众议院230个席位，而民主党赢得了204个席位（有一个是独立席位）。在同时进行的地方长官（州长）选举中，共和党从民主党手中夺回11个州，赢得50个竞选州中的30个。得克萨斯州州长安·理查兹很受欢迎，每年都邀请所有东盟大使到她金碧辉煌的大使大厅去，但她还是败给了小布什（后来成为第43任总统）。她曾是个受欢迎的州长，深受民主党人和共和党人的喜爱，因骑哈雷摩托车公开露面而著名。我为她感到难过——她成了国家选举的牺牲品。

1994年以后，情况变得对克林顿不利。中期选举后，国会再次被共和党控制。纽特·金里奇领导着众议院的共和党人，越来越多的人反对克林顿的政策倡议，很多外交政策动议遭到阻挠。总统发现，在中国问题上几乎没有回旋余地。除此之外，更糟糕的是参议院外交委员会和军事委员会当时由保守的共和党参议员领导，分别是杰西·赫尔姆斯（北卡罗来纳州）和斯卓姆·瑟蒙德（南卡罗来纳州），两人都强烈地反对共产主义。此时，克林顿已经改变了对美中关系的态度，他的政府也已开始为商业利益而笼络中国，高速发展的中国经济为美国企业提供了机遇。但他发现，没有了国会的支持，自己的行动受到了阻碍。尽管可以寄希望于支持中国的最惠国待遇，但他其他关于中国的倡议还是遭到了阻挠。一些民主党议员虽然仍对新加坡不满，但美国国会的决议从未把我们视为攻击目标。

我在美国的前几年，当时乔治·H.W.布什还执掌白宫，国会两院都掌握在民主党手中，两党之间还有一种有效的工作关系。这种和谐状态一直持续到1992年国会选举后，当时民主党保持了在参议院的多数席位，57席对共和党的43席。同样，在众议院，民主党以258席领先于共和党的176席。

然而，在1995年，国会和总统克林顿之间爆发了一场立法之战。那年的10月1日，共和党占多数的国会还没有通过下一年的预算案。为保障政府机器运作，需要提高政府债务的上限，而增加政府债务是财政部的职责。由于克林顿不愿按照共和党的意愿削减预算，议长金里奇也拒绝在债务限度问题上与之合作。预算案未能获得通过导致的结果是：11月14日，所有主要联邦官员的办公室只能关门一天。双方僵持了几天，后来又是一场罢工，从1995年12月中旬一直闹到1996年1月上旬。

这造成的实际影响非常大。任何一个政府官员都不在工作岗位上，这也是我的副大使塞尔乌拉惹不得不到街头去会见政府雇员的原因！多数人认为，金里奇是这次对抗最后的输家，因为他的手段让人觉得他很小气，连他声称向往的财政纪律也显得黯然失色了。

1996年6月28日是我离任的日子，如果克林顿连任，民主党可能采取什么样的外交政策还不确定。人们仍有理由担心美国会削弱在东亚、太平洋地区的战略介入，因为它在全球还有其他一些关注点。新加坡似乎从美国国会的雷达屏幕上消失了。但从乐观的角度去理解的话，这也意味着美国和新加坡之间的关系并不存在严重问题。

回到新加坡后，我转身回顾，感觉克林顿在第二任任期内（从1997年的早些时候开始）的对华政策更加务实，他也看到了更加积极地拉拢新加坡是有价值的，而且具有延续意义。他的政策重心也有所转移，从国内问题重新回到国际问题上，从追求外交事务的"价值"到更看重实用主义，从以欧洲为焦点到对亚洲的关注增强。或许美国意识到，对中国最好是拉拢而不是孤立。

我离任前，美国在此方向上有一些明显的动作，而且这些举动帮助克林顿取得了一些成绩。比如，1994年在西雅图布莱克岛举行了第一次亚太经合组织领导人非正式会议。会议上，他首次会见了吴作栋总理，并相谈甚欢，两人的友谊自此建立并逐渐加深。

4. 迈克尔·费风波

我在华盛顿担任大使时，有一段时间也许是我最难忘的：新加坡发生了一件不幸的事情。新加坡警方逮捕了一群涉嫌蓄意破坏车辆的年轻人，18岁的美国公民迈克尔·费是其中一个。1994年3月3日，初级法院宣判对费的两项蓄意破坏指控、两项伤害指控以及一项不诚实地保留赃物指控成立，16项其他蓄意破坏指控和4项其他损害指控也考虑在内。事实证明，本案至少牵涉67辆车辆。服罪后，费被判处4个月监禁，6下鞭刑，罚款3500美元。

对此事的新闻报道迅速传到了美国，但最初公众的反应跟人们对任何年轻的美国违法者在海外遭到逮捕后的反应并无二致。美国媒体对此兴趣不大，报道主要聚焦于体罚以及鞭刑作为威慑力量的利与弊。但此状况有些怪异，因为信件和投票数据显示：众多美国人支持新加坡，认为体罚的确能起到威慑作用。李光耀曾说过："它并不是无痛的，它做了应该做的，提醒犯错的人永远不要再犯错。"

然而，我感到狂风暴雨即将来临。在与新加坡的外交部总部沟通时，我强调：我们不该以为美国公众是完全站在我们一边的，那只是一小部分人的观点。在我们似乎得到绝大多数人认可的时候，局势却在发生改变，美国反对我们的活动开始逐渐升级。的确，保守的右派及很多普通的美国人都厌恶自己国家的犯罪状况，对违法现象增多表示担忧。但是，我们拿不准这在多大程度上代表了大多数人的观点。我还指出，美国公众的关注持续时间通常较短，观点随时会变。如果媒体，尤其是电视新闻和脱口秀节目不断地将我们的行为说成是不人道的，公众的情绪很可能会转过来，变成反对我们。

当时，美国驻新加坡大使馆正值两任大使交接——乔恩·亨斯迈刚离任，而提摩塞·乔巴还没到任。这对当时的局势没有任何助益。拉尔夫·斯基普·博伊斯暂时负责主要事务，但他只是一个没有上司的高级官员而已。各方压力扑面而来，包括非常激动的费母。他清楚自己没有别的选择，只能寸步不让地坚持维护美方立场。

几天之后，媒体对此事的关注开始增加，越来越多的人在猜测费的状况如何。新加坡《海峡时报》早些时候曾对鞭刑的实际操作进行了详尽的描述。（最初发表此报道的目的是震慑我们社会中的秘密黑帮里的死硬分子，报道中提及鞭刑的严重程度及产生的疤痕。）另外，还有一名46岁的新加坡商人曾描述了自己17岁时接受鞭刑的情况，在新加坡《新报》上刊登过。美国媒体不断地援引这些报道。

一些报道甚至夸大事实。《纽约日报》的报道说，鞭刑是公开执行的，新加坡人喜欢这种场面。每次看到鞭子打到犯罪人的屁股上，他们都会热烈地叫好。据一名所谓的目击者说："鲜血喷射而出，肉沫飞溅，罪犯痛得哭爹喊娘。"报道是编造的，那家报纸后来也承认与事实有"几处不一致"。报纸总编说，他们没有更加仔细地核实消息来源，"明显把事情搞砸了"。几家电视台把鞭刑搬演出来"以正视听"，其中一家甚至让表演者穿上了武术服装。

最严重的一则报道当属《纽约时报》的一个专栏，于1994年4月10日号召读者进行抗议。文章把大使的电话号码也公开了，呼吁公众"打电话吞噬新加坡大使馆"。结果不出所料，我们每天都要应付海量的电话，一度平均一天超过400通！

大使馆的一位官员展福生想出了一个处理来电的好点子。自动语音回复系统体现出了其可贵性。我们录制了一条语音，让反对惩罚的来电者"按1"，而那些支持者"按2"。如果我记得没错，其他人需要"按3"。3月4日至4月20日的统计结果很有趣：表示支持的电话有4136通，反对的有3073通。来信来函的结果也是差不多的比例：860封支持，516封反对，还有207份书面请求和其他的评论。其中一条留言让人印象深刻，但理由不正确。以下是原文，一字未改：

> 请仔细听好。
> 我们是美国治安委员会。
> 如果新加坡政府以任何方式伤害迈克尔·费，那么现在身处美国境内的一名新加坡公民将被处决以示报复。这是你们将得到的唯一警告。

在美国政府的全力合作下，我们采取了安全防范措施。美国特工处派人全职保护我，直到事件逐渐平息。

同时，克林顿总统有一次被记者登门采访。在采访中，他对判决进行了批评，虽然他还没做过任何官方的表示。1994年3月7日，在华盛顿特区召开的一次新闻发布会上，他说："我们承认他们（新加坡）无疑有权利执行自己的刑法，但我们认为基于事实和根据其他相似案例的处理，这次判决有些极端，我们非常希望以某种方式重新审议此案。"此番讲话起到了动员美国官员和公众的作用。几天后，克林顿总统写的一封正式信件被转到了新加坡。写信日期为1994年4月5日，是写给王鼎昌总统的，信中表示支持费的父母对费从轻发落的请求。克林顿强调了他尊重新加坡司法制度的权限，认可美国人在海外必须尊重外国法律。尽管如此，他仍恳请看在费年轻、初犯以及个人情况的分上，对他的鞭刑施以减刑。

费出庭的日子临近了，公众对案件的猜测仍在继续。但是，舆论的天平似乎仍然向新加坡方面倾斜。对此，我并不感到惊讶。犯罪率在升高，甚至在美国的首都也是如此。在很多人看来，站在自由派一方的人花了太多时间为犯罪者寻找借口以及辩护。对一些人来说，司法制度有时也似乎对犯罪者过于同情。

同时，新加坡内阁也在考虑克林顿总统的请求。在此之前，我接到警告：一旦达成决议，我必须把结果传回白宫。消息传来时已是傍晚时分，我需要立即把消息传出去。考虑到克林顿总统的请求，鞭刑从六下减为四下，我们认为克林顿也许会表示感激，这也是我们着急把好消息告诉他的原因。但事实并非如人所愿。

1994年5月2日晚9点，我赶赴白宫的旧行政办公大楼，随行的还有伍德贤，当时是我的一等秘书。我遇到了我的朋友斯坦利·罗斯（他当时在国家安全委员会负责亚洲事务）。听到总统的请求并未得到完全同意时，他的脸色一沉。他明确说，传递这个消息不会很顺利，他担心白宫可能会采取最糟糕的行动，或许会有报复政策。但他说："在这个节骨眼上，再讨论细节已经没有意义。显然，克林顿总统和我们是更希望免除鞭刑的。"

可是，我们觉得新加坡不能在众目睽睽之下实行双重标准。以前，我们曾鞭笞过很多我们自己国家的罪犯，也有邻国的国民。新加坡的公众和邻国政府都在紧紧地盯着我们，看美国人是不是会受到特殊待遇。

在官方还未开始就此事交流意见的时候，大使馆曾应邀紧急派出一名代表到脱口秀节目《拉里金现场》出镜。经过深思熟虑之后，新加坡外交部决定由我亲自参加，我去了。我当时已经做好准备，迎接收看该节目的全球观众的公开质询，但也准备坚持自己的立场。1994年3月17日，节目制片人凯蒂·汤普森给我们消息，要我们参加在22日前后播放的节目。最终，采访是在3月26日进行的。

我到演播室后，节目组安排我到一个房间等电话，后来也一直没有要我到录音棚。有人跟我说，采访就在原地进行。这种安排相当奇怪，拉里金、迈克尔·费的父亲和一名律师在一个房间，而我在另一个房间，特工处人员在我的房间门口守卫着。采访就这样开始了。我全程保持冷静，整个采访没有他们说的那么长。

后来，我问接待我的女士，为什么我们不在同一个房间。她说，那是出于对我的安全的考虑——费的父亲的状态很糟糕，节目组担心他可能会在镜头前袭击我。她还说，观众打进的电话绝大多数是支持我的。

回到大使馆后，我接到的第一个电话是我的朋友、新加坡航空公司的林振明打来的，他现在恰巧在洛杉矶而且看到了电视节目。他对我的表现表示赞扬，后来很多美国朋友也这样评价，新加坡外交部也很满意。我感到如释重负。

那段时间，美国公众发来很多支持我们的留言，其中一个加利福尼亚人还寄来600美元的支票，要我"按每鞭100美元计算，如果不满六鞭，将余额还给他"。事情结束之后，我给他写了封感谢信，并归还了支票。

客观地说，我们与克林顿总统本人的关系并没有因此受到非常严重的影响。在《拉里金现场》节目出镜前，我参加了白宫一年一度的外交使团招待会，受到了克林顿及其夫人非常诚恳的接待。他们请我向吴作栋总理转达他们热情的问候。后来，消息人士告诉我，对克林顿来说，鞭刑"不再是个问题"。

我觉得，美国人之所以对那次判决产生了一些敌对情绪，是因为在他们脑海中把鞭刑和奴隶制年代鞭打奴隶的暴行联系在了一起。很多人，包括白人和黑人，都对美国的那段历史有着深深的罪恶感或痛苦感。在这种背景下，我可以理解他们会觉得鞭刑有些过分，特别是对一个因年轻气盛而做了错事的青少年来说。有新闻报道提到，遭到破坏的车辆中有一辆是一名法官的。这激起了人们的猜测：法庭也许是出于对法官的同情而对费施以重刑。无论这类想法多么荒唐，我都必须面对。

听证会在新加坡举行时，我定期收到了外交部的报告以及新加坡的新闻报道。迈克尔·费的母亲陈兰迪和她的朋友在谴责我们时直言不讳。这些人中有一个叫戈帕尔·巴拉萨姆的博士，他后来写了一本关于此案的书。甚至有报道称，我们的驻瑞士大使大卫·马绍尔都对"过重"的惩罚进行了批评，但他并不认为政府会软化其政策或法律。

迈克尔·费在狱中服刑时，我听说他表现不错，戒掉了吸烟和酗酒的坏毛病，对信仰也愈发虔诚。与此同时，他的母亲却继续煽动情绪。她说，她会就此案写一本书，"作为一种治疗方法"。最初，她很想避免引人注意。但是，由于担心儿子在新加坡受到不公正待遇，她决定"豁出去了"。她发誓："让人们不再来这里……他们想到新加坡的第一件事就是鞭刑。这就是我的目的。"

迈克尔·费被释放以后，我听说他要乘飞机去洛杉矶。对此人们有些说法，大意是说他母亲已经找到某家公司，将把他的故事拍摄成电影。我一直等着他们回到美国后的新闻。

母子俩到美国的那天，1994年6月17日，另一个事件在电视和网络上爆炸般地传开了。O.J.辛普森涉嫌三天前谋杀他的前妻妮可·布朗及其朋友罗纳德·戈德曼，警方正沿着洛杉矶高速公路追捕他。当时的情景是：辛普森的车跑在前面，几辆警车紧跟其后。在安装了摄像头的直升机的帮助下，地方和国家的新闻网都对此场景进行了现场直播。直播吸引了近亿名观众。报道持续了几个星期。

从新闻角度来说，迈克尔·费回国就算不上什么大事了。

1995年9月，我们领教了迈克尔·费事件带来的一些余波。当时，我们正在为吴作栋总理制订计划：他将赴波士顿访问母校威廉姆斯学院，并接受一个荣誉学位，获得"杰出校友"奖。

7月，我听说可能会有示威游行。7月10日的《纽约时报》刊登了威廉·萨菲尔撰写的一篇文章，题目是"向镇压致敬"，成为毕业典礼上出现问题的前兆。很明显，威廉姆斯学院的一些教职员工曾向学院院长哈利·C.佩恩表示抗议，不同意授予吴作栋总理学位。我不确定抗议波及的范围有多大。8月30日，《华盛顿邮报》发表了一篇文章，题为"授予名誉学位之错"。

很明显，一场麻烦正在酝酿之中。我必须了解更多的情况。于是，我去拜访了学院院长和教职员工。似乎早在学院决定授予吴总理学位的时候，内部便产生了反对的声音，并放大成一个公共问题。

政治学教授乔治·凯恩撰写了一篇批评新加坡政府体制的文章，已经引起了美国媒体对此事的关注。他在校园内发起了一场运动，要求取消邀请，但没有成功。所以，他又计划组织一场反对举行授予仪式的抗议活动，并联合抵制毕业典礼的进行。

我听说有人在计划搞另一个论坛，与毕业典礼同时进行，以分散人们的注意力。这个论坛敲定的发言人中，有与新加坡持不同政见者萧添寿、反对党人士徐顺全以及已离开新加坡大学但一直积极鼓动反对新加坡的克里斯托弗·林格尔。

学校当局和负责安保的人员都对我说，反对授予荣誉学位的仅是一小撮人，在学生团体和教研人员中间并不普遍。安保人员告诉我，他们已经做了足够的准备，以防会议大厅内举行任何形式的示威，校园内外也不会发生大规模事件。

在新加坡，有人担心我可能做得有些过火了，在与威廉姆斯学院的管理者沟通时表现出过多的担忧。外交部有点着急，觉得我不该流露出总理有所担心的意思。我领会精神，但是继续多方打听。我不想发生什么意外的麻烦事。

典礼举行的前一天，我与妻子以及大使馆同事林传权一道，陪同吴作栋总理代表团来到威廉姆斯学院。王景荣也是随行人员之一。我们到达时，似乎没有什么不寻常的事情会发生，只是张贴了一些海报，仅此而已。

当晚，我听说有一名抗议者——一名美国艾滋病活动家，把自己拴在了礼堂的大门上。警察对他进行了实时监控，而我自然很担心第二天事态会发展成什么样。

第二天早晨，我早早地来到大厅，看看是否有什么妨碍总理入场的事。我询问值班警察，那个抗议者怎么样了。很明显，那个夜晚非常寒冷，凌晨4点时门口外的警察正在大杯地喝着热气腾腾的咖啡。那个抗议者有些受不了了，他觉得有点冷了。过了一阵，他请警察把他的链条切断，他要去上厕所。

仪式就要开始时，吴总理前往大厅，路上遭遇一些抗议者，他们高喊着"不要吴"之类的口号。萧添寿、徐顺全和其他一些人在学校的另外一个地方举行了另一场典礼。凯恩教授带领30多名学生和教研人员沿着人行道站成一排，在吴总理及其随行人员经过时，他们集体转过身去背向他们，随后就散开了。

毕业典礼是对公众开放的，前来观看的观众挤满了大厅，超过900人。那是他们近些年吸引观众人数最多的几次活动之一。参加者中大约有300人是应届毕业生，还有教职员工、学生的亲戚和朋友以及另外两位荣誉接受者——世界银行著名经济学家赛义德·沙希德·侯赛因和泛美开发银行的南希·伯兹奥尔。一些毕业生在学位帽上戴了块白布，以表示他们不同意把学位授予吴总理。几个学生用手帕把自己的嘴塞住，还有一些转过身去以示抗议。这些是在大厅内部的人的抗议方式，没有激烈的质问或者任何其他导致尴尬情况出现的行为。

典礼结束之后，总理参加的公共活动中有一项是关于发展的专题讨论会（与侯赛因和伯兹奥尔一起）。这个开放的论坛完全是为新加坡举行的，会后召开了新闻发布会。发布会在发展经济学中心举行，主要介绍新加坡政府在经济发展中的作用。此外，还与一些学生活动家会面（这是吴总理要求的）。800人参加了论坛，吴总理回答了关于新加坡和政府政策的问题。大多数问题是批判性的，反映出习惯性批评者的观点。问题主要涉及司法制度的独立性以及言论和新闻自由。还有一些问题针对《内安法令》，对林格尔和《国际先驱论坛报》提出的法律诉讼，也有问题涉及《商业时报》以及所谓的新加坡"恐惧气氛"。不管怎么说，整体的氛围是十分融洽的。

吴总理为新加坡在国内事务上的立场做了辩护，同时也没有疏远观众。他采用了按照事实讲故事的办法，让观众自己决定做何取舍。在提问环节，凯恩举例说明新加坡司法体系是受政治影响的。吴总理有力地辩驳说，凯恩从未去过新加坡，他不该做出断言，他应当去核实一下事实。一个基本事实是：新加坡不但是一个小国，而且脆弱，与美国有巨大的差异。作为总理，他有责任以新加坡人期待的方式管理新加坡。美国人不应期待新加坡与美国一样作为。他一再强调政府需要称职、诚实公正，并且能够带领国家发展经济。这在很多观众中引起了共鸣，尤其是一些来听他演讲的威廉姆斯镇的市民。在论坛进行过程中，观众中好几次爆发出热烈的掌声和欢呼声。徐顺全、林格尔和萧添寿等人未与吴总理直面对抗。我猜想，一些学生和教员会为他们没有较量一番而感到失望。

访问接近尾声，吴总理即将动身去纽约。他把我叫到一旁跟我说，在我们走路时，看到我的妻子一直腿疼，他为此感到很难受。他觉得，在她那个年龄再继续承受这样的痛苦是不公平的，问我是不是愿意回到新加坡。我说，我的任期即将结束，我愿意回国。可是，我希望能提前几个月通知我，这样我的女儿和外孙可以在我离任前来探亲。他并不想将决定强加于我，我被他真诚的关心感动。他的善意给我留下深刻的印象，我妻子至今还会回想起吴作栋总理的体贴，就像她说的，那是真正的绅士行为。自1982年离开外交部，我在很多场合会见了不少高级官员，有的甚至曾是我的同事。坦白地说，其中有些人举止傲慢，他们的妻子有时更甚，根本不尊重我的妻子。要知道，我的妻子年纪长她们一倍呢。对比之下，吴总理让我们感到愉快。他和这些人不一样，他是真正的绅士。

5. 美国印象

/

　　美国如此之大，如果对它的印象粗略地进行描述，难免会有过于笼统之嫌。最初，妻子和我都感受到了一定程度的文化冲击，可能她的体验更加深刻，因为她非常想念家人，并且因患有骨质疏松症，医生建议她最好不要在寒冷的华盛顿特区过冬。我确实真的试着离开华盛顿，去见见"别样"的美国。我甚至冒险去了迪斯尼乐园。在这里，我几乎总是有机会获得一些有趣的见解。华盛顿特区的政治机构非常希望外交官们能游遍美国，以更加深入地了解这个国家。

　　举例来说，我曾对访问犹他州很感兴趣，主要有两个原因：一是1992年至1993年美国驻新加坡大使乔恩·亨斯迈的父亲在那里有生意，我想劝说他们投资新加坡；二是因为那里是摩门教的总部。20世纪70年代，摩门教徒在新加坡传教时，因为严重侵犯了马来穆斯林教徒而陷入困境。我们不得不收回对他们派来义务教师的许可。同时，吴博士已见过他们的一个香港籍的负责人。他告诉吴博士，他们没有恶意，新加坡人对他们宣传自己信仰的热情有所误解。他们的信仰给我留下了很深的印象——不饮酒或其他酒精饮料，以及自费进行福音义务工作，即便高级专业人士也是如此。他们宁愿放弃赚大钱的机会而请假进行福音义务工作（那个香港人当时已经请假离开其岗位六个月了）。我去了盐湖城，刚好赶上一个为一群年轻的门徒送行的仪式。这很像我们送年轻人去军营服兵役进行军事训练。机场到处是自豪的父母、亲戚和朋友，他们深爱的孩子们将要奔赴陌生的远方。整个场景让人印象深刻。摩门教徒在社会福利方面的记录良好，比如他们为华盛顿特区贫困的非洲裔美国人增加经济机会等。

　　我还去了威奇托，那里有很多美洲原住民。很多部落——包括从中美洲和南美洲来的部落都集中在那里。他们的传统仪式和舞蹈让我着迷。俄克拉荷马州立大学校长在我遇到的人里面算得上是能力卓越的了，他就是原住民。像我在旅途中遇到的大多数美国人一样，原住民考虑周到、彬彬有礼。在一所大学校园里，人们很自豪地向我展示了一座重要的纪念碑，那是历史上第一家必胜客店的地址——两个富有创业精神的学生发现向准备考试的学生售卖比萨饼是个商机。一位老妇人允许他们使用她的车库，后来她还投了一小笔钱，再后来他们赚了几百万美元，比她最初的投资翻了不知多少倍。这才是资本主义。

美洲原住民的故事并不都是美好的。在一些地方，我看到人们极度穷困。另外，我还看到了在他们的"居留地"授予赌场牌照所产生的影响。在我看来，一些外国企业家正在从中榨取好处。现代社会对他们的影响开始显现：饮食结构变化和肥胖现象等。有人告诉我，自从他们恢复露营定居，放弃自己的传统食物，改吃西方的多肉食物，情况就一直在恶化。

我在佛罗里达州邂逅了一位年迈的妇人，她与我谈起了她二战前后居住在莱佛士酒店的回忆。她说她还在休假，并且多年来每次休假都会住在新加坡的莱佛士酒店。听到这些话，我很开心。

我发觉，他们对美国以外的世界所知甚少。很少有人意识到越南战争背后的形势，很少有人赞赏美国军队为我国所在地区的长期稳定做出的贡献，几乎没有人知道新加坡，至于我们代表什么就更是一无所知了。这就是我的工作，尽我所能，一方面扩大新加坡在美国"腹地"的知名度，另一方面使新加坡人认识到，在华盛顿特区或者纽约之外，美国可以做些什么。

在美国工作了六年，我离开时内心充满了对普通美国人的喜爱之情。他们友好，热情，相当有礼貌。有一点我很诧异：宗教在很多人的家庭生活中一直非常重要，尤其是在中西部地区，每顿饭前都要说"感恩祷告"。他们还喜欢在所有对话中下定论！媒体的辩论自由给我留下了深刻印象，虽然有些内容被粗俗的言语所掩盖。我欣赏"法治"社会的活泼劲，人们总是在争论，这与"追随型"社会的情况正好相反，后者总是由领导人说了算。也就是说，对"亚洲"价值观和西方价值观所做的区分，我抱有怀疑。虽然李光耀曾经明确指出儒家思想的重要性，也非常合理地强调过毒品和西方媒体的负面影响，自那之后其他人就这个议题也进行了一些评论，但我感觉，这似乎是商业或职业机会主义在作怪，还没有触及本质。美国远没有过气，而亚洲未来的辉煌也不是板上钉钉的事。比如，我们难以想象一场严重的经济衰退会在亚洲国家内部产生怎样的影响。

在美国以外的地方，人们通常认为美国人，特别是美国人的群体，吵吵嚷嚷、愚不可及。或许美国人只是不担心被偷听。他们有这样一个基本认识：一个人所说的话不会冒犯任何人。而我们亚洲人却总担心一张嘴就可能得罪什么人。这两种观点都是危险的，都可能导致误解。亚洲人的价值观在本质上没有什么大的不同。

回顾自己的大使经历，我百感交集——工作做得不错，却仍有一些不如意。由于种种原因，我们一直没能与美国政府官员进行公开和定期的交流，这是很遗憾的。尽管我获得了约翰·D.内格罗蓬特的高度评价，他曾在国务院工作，最近成为乔治·沃克·布什总统任下的国家情报部门的首长。我希望读者原谅我全文引用他的话。

就我国人民和华盛顿官方而言，塞拉潘在美国与新加坡的关系的史册上留下了浓重的一笔。作为真正懂得如何有效地、高水准地工作的众多大使之一，他的形象也是非常高大的。这个成绩不是非常容易取得的。能够做到如此成绩的人必须精力充沛，必须了解这个城市的各个影响力中心和权力中心，它们可是风格迥异、截然不同的。另外，你必须与政府部门和白宫建立良好的关系。当然，与美国国会建立良好的关系是最最重要的。

这项工作的覆盖领域极广，你必须得到本国政府的鼎力支持，这样人们与你交谈时才不会觉得是在对牛弹琴。

但是，你必须拥有良好的个人技巧，这样你才能与形形色色的人打交道，因为不是所有的人都确切地知道新加坡在哪里，你的国家有多重要。除了是个优秀的私人外交官，他还是个成功的公共使者。由于曾担任新加坡外交部第一常任秘书，他通晓政策的细微之处。他把自己的一生奉献给了政治，并取得了非常令人欣慰的成绩。

第九章
远谋韬略建智库

万想不到的征程
／新加坡前总统纳丹回忆录／

1996年上半年，国防部常任秘书张赞成受国防部部长陈庆炎的指示，与我取得联系。陈庆炎一直以来都想成立一个专门进行战略研究的智库，有人向他提议我可以担当此重任。这个智库就是后来的国防与战略研究所。

　　早在国防部工作时，我就认识张赞成。当时，他和我一起共事。离开国防部以后，他升任总理公署的常任秘书，后来担任驻澳大利亚的最高专员。除了最初和我取得联系，他那时的工作还包括为这个新建的研究所筹款，他都完成得很出色。新加坡赛马博彩管理局为研究所捐款大约一千万新元，然后政府再在此基础上提供等额补贴。（张赞成一直与研究所有联系，因为他后来又任拉惹勒南国际问题研究院的主席，这是后话了。）

　　那么，建立国防与战略研究所背后的原因是什么呢？1996年3月13日，陈庆炎在国会的发言中总结了建立该研究所的三个目标。这三个目标简言之就是：研究、教学和建立关系网。所谓研究，即研究冷战后变幻莫测的国际环境对新加坡的安全和国防意味着什么，以及这样的环境会给我国的安全和国防带来什么样的影响。所谓教学，即招收研究生，为他们提供战略研究领域的教育。所谓建立关系网，即与越来越多的地区建立安全防务方面的联系，并积极参加圈内成员的会议。1996年7月30日，国防与战略研究所正式成立。陈庆炎在发言中指出，有三个因素会引起本地区的安全动荡，即中国的崛起、日本国内氛围的变化以及美国长远目标的变化。他说："对新加坡人来说，一个义不容辞的责任就是不断地审视我们的安全和战略环境，更好地认识在周围亚太地区发生的变化，以及预计这些变化对新加坡造成的影响。"一直到今天，国防与战略研究所的目标基本保持不变。

　　在为本书调研时，我曾与陈庆炎交谈。陈庆炎解释说，1995年8月，当他准备再次到政府任职时，他就萌发了建立国防与战略研究所的念头。在华侨银行担任董事局主席和首席执行官后，吴作栋总理邀请他重返内阁任国防部部长和副总理。虽然政府工作经验丰富，但唯独国防是他的弱项。所以，他让国防部给他列出一个关于国防战略的书单。几个月后，他把书单上所列的书都通读了一遍，他开始相信健全的知识基础对战略决策至关重要。对此，他打了一个生动的比方：战略好比一个人的大脑，它是一个人的行为的智力基础；正确的战术好比一个人的腿脚，帮你到达目的地；娴熟的技巧，就像一个人的臂膀，助你在到达目的地后执行政策。

陈庆炎到了国防部以后，才惊奇地发现，不管是在武装部队还是国防部，那里的军官都是难得的优秀人才。他们能够非常有效地执行任务，从而给他留下了深刻的印象。然而，美中不足的是，他们的知识面需要拓宽。这种组织的一个特点是他们处理的许多情报都是机密的，因此，他们没有多少机会对不同的观点进行思辨。这和陈庆炎以前的工作形成了鲜明的对比。比如，他之前曾在教育部门任职，在那里百家争鸣、百花齐放，但凡上过学的人都可以摇身一变成为教育方面的"专家"，当然他经常会为此哭笑不得。国防部和新加坡武装部队的军官们则个个精干，长于执行政策方针，是一支精诚团结的队伍。但是，他们需要接触并见识更多不同的思想和理念。

建立国防与战略研究所，新加坡并不是首创，美国和英国的智库就久负盛誉，此类组织旨在帮助国防部门制定政策。但在新加坡，这却是一个空白：东南亚研究院不扮演这种角色；政策研究院主要关注国内问题；虽然在新加坡大学已开设政策研究方向的硕士学位课程，李光耀公共政策学院却尚未成立。就连新加坡国际事务研究所也不是陈庆炎在脑海中设想的那种智库。他心里的那个念头久久挥之不去，他要召集原先在公共、非机密部门工作的一批人成立一个精简组织，经过一段时间的发展后，使他们能够担当研究重大战略问题的重任，这些重大议题主要涉及新加坡的安全、国防和政治领域。

张赞成就是在这样的背景下找到我的。当他们讨论研究所的负责人选时，我榜上有名。

但我听到此消息后有些吃惊。我真的能胜任吗？的确，我曾在外交部和国防部工作得不错，也积累了外交工作的经验，所有这些都是这份工作需要的。但是，国防与战略研究所还是一所学术机构，我在这点上毫无优势——我没有相关的学术背景，获得的唯一的大学资格证书还是一纸社会工作文凭。

尽管我疑虑重重，但陈庆炎还是极力游说。他需要的是一个视野开阔的人，既有领导才能又要方向明确。他似乎对我很有信心，我于是同意试试看，和他先签订了三年的工作合同。

陈庆炎和其他人看上的是我参加外交和安全一线工作所获得的经验。在我的职业生涯中，我确实处理过许多地缘政治方面的问题，而且在与社会高层人士的交往中积攒了人脉。如果国防与战略研究所想要吸纳人才，在新加坡国内和国际上赢得声誉，这一点至关重要。正如最近该研究所的一位同事所言，作为负责人，既要拥有开阔的视野，又要有能力当好舵手。从这方面来看，传统的学者也许有点过于关注自己的研究兴趣了，导致欠缺全局观念。

很早的时候，大家就对国防与战略研究所的地位看法不一。它应该是一个像东南亚研究院一样的独立的组织吗？最终，它的定位是：它应该附属于一家更大的组织，以便能在行政方面得到支持。同时，如果这家组织规模较大，可能会吸引更多的人才，从而为我们的招生提供方便。最后，我们为该研究所找到了归宿——南洋理工大学。南洋理工大学的一个优势在于没有人文科学和文科，一般不会与其他院系存在交叉或不必要的竞争。当然，战略研究的领域包含了南洋理工大学已有的一些学科，比如商务战略、管理、工程和技术的许多方面。

对这个决定我非常开心，因为我和南洋理工大学的校长詹道存很熟，我相信他不会干涉我的工作，而会由我自己做出决定，为这所新建的机构找到发展的方向。事实证明，自从成立之日起，国防与战略研究所就为南洋理工大学带来了很多好处，尤其是提高了这所大学的本地和全球知名度。最近，詹校长很友善地说道，我担任研究所的所长对这所大学帮助很大，因为南洋理工大学以前从来没有在政治科学或其他相近的学科领域如此活跃。

在美国时，我曾接触了很多与美国国务院培训机构打过交道的人，也认识了一批高校学者，因为那时我正在制定学校的重要发展目标。然而，当我接到国防与战略研究所的邀请时，我已身在英国。在陈庆炎的建议下，我找机会拜见了劳伦斯·弗里德曼教授。他是战略研究领域的领军人物，同时在伦敦国王学院担任战争研究系的主任。弗里德曼的意见非常有建设性，而且思想丰富，很有参考价值。国防与战略研究所成立后，他一直担任着关键的顾问的角色。在伦敦，我还联系到了约翰·奇普曼博士，他是国际战略研究所的所长。另外，还有牛津大学历史学的讲座教授迈克尔·霍华德。与他们的交流同样富有成效。

虽然国防与战略研究所国际化的视角已经得到认可，但人们偶尔也会提出疑问：研究所成立早期，它得到的信息资源等大多来自英国而非美国，可是美国才是当之无愧的国际主流力量啊，这会不会有点奇怪呢？其实，我做出这个选择是基于我的经验。从事外交工作以来，我发现有些学者往往选择某一主题或者某一国家进行长期的研究，而且这些人的建议往往更有价值。美国学者选择研究主题时，通常会聚焦于一些当前亟待解决的问题，或者视他们下一本书的需要而定。1990年去美国时，我注意到美国在输掉越南战争以后，整整一代学者放弃了对东南亚的研究，因为东南亚在他们眼里已经失去了魅力。然而，欧洲的学者一旦选定了自己研究的主题，他们就会一直关注这个领域。不管是汉学家、印度学家，还是其他领域的专家，他们喜欢就某主题研究之后进行深入讨论。即使有人挑战或质疑他们的观点，他们也毫不介意。

我在国防部工作时，正逢伊朗局势动荡不安。我会见了一位以色列分析员，他向我非常详细地分析了伊朗时局，后来果然一切都如他所言。他准确地预见了事件会怎样发展，动乱分子何时接管政权，军队何时不会介入等，包括事件对石油工业会产生什么样的影响都被他言中。在他的整个职业生涯中，他一直致力于研究伊朗，他不但精通该国语言，而且对伊朗人的性格特征了如指掌。这是一个真正的学者，对自己研究的对象愿意付出长期努力。这个例子对我影响至深。

我曾提到过，我自己在学术上没有取得什么成就。所以，除我之外，我们还需要找一个人来推动国防与战略研究所的学术活动。有一次，在去伦敦的途中，我发现了一位理想的人选，他就是邝云峰博士（现在已晋升为教授），后来在牛津大学纳菲尔德学院当研究员。由于邝云峰是马来西亚人，我在国防部的同事出于谨慎，开始时持保留态度，我不得不对他们做些游说工作。最后，决定邝云峰担任我的副职。他接受了这个安排，并从牛津大学办了休假手续。这次工作安排是成功的，邝云峰后来和我相处融洽。

近日，邝云峰说自己身为一名传统的学者，很乐意和我一起共事，毕竟我之前曾参与制定政策。与我一起工作，他能深入了解学术思考的结晶是怎样在现实世界发挥作用的。这次学术界和政策方的相互交流对双方来说都是有益的。当我于1999年8月离开国防与战略研究所赴任新加坡总统时，邝云峰被任命为代所长，再后来接替了我的所长职位。不过，他在这个岗位上工作的时间很短。2000年，邝云峰由于个人原因重返牛津大学，他现在是那里的国际关系学教授。不过，虽然他离开了，但目前他仍作为资深研究顾问，协助国防与战略研究所的发展。邝云峰离任后，巴里·戴斯克接替他，担任所长一职，他也做得非常成功。

早期，我们还招聘了洪清渊。1995年，他刚从伦敦的亚非研究学院博士毕业，他是靠国防部奖学金的支持完成学业的。所以，1996年，他去了国防部，在那里教授战略研究课程。后来，通过小道消息听说了国防与战略研究所后，他申请参加面试。我觉得他通晓学术，就把他留了下来。在我们草创国防与战略研究所、招聘有识之士之时，虽然我知道自己的目标是什么，但他的帮助还是非常难得的。洪清渊一直是一名辅助教学成员。起初，国防与战略研究所规模较小，只有少数几个员工，一切从简。员工中包括我的秘书杨丽丝（近日，洪清渊把她描述成一个"非常强势"的女人，但实际上那只是表面现象）和司机曼尼姆，他后来去为我的妻子开车了。

每个教育机构都需要有自己的标志和座右铭。我想将我们的抱负和志向用几个单词来简要概括。于是，我请教了修士约瑟夫·麦克纳利，他当时是拉萨尔艺术学院的校长，现在已经过世。在他和他的一名员工的帮助下，我们设计了一个盾形图案作为组织标志，而将"思索不可思议之事"作为座右铭。在我看来，直到今天，这仍然是对国防与战略研究所肩负使命的最好诠释。

我们一方面希望研究所的研究重点旗帜鲜明，另一方面也想将我们的研究与研究生教育结合起来。我一直都渴望国防与战略研究所能包含教学环节。在这方面，它不同于国外的一些类似机构。研究者埋头研究几年后疲惫不堪的样子，我曾经亲眼看到过。所以，如果他们能有机会把自己的研究转化为教学内容，而且让学生挑战他们的结论，这将对他们有利。当时，邝云峰对研究员担任双重角色的想法不置可否，态度有所保留。但我认为，这对我们机构的长期发展意义重大。如果学者只搞研究，不顾其他，最终他们会失去创造性。同时，我偶尔发现智库人员，包括新加坡国内的一些智库，都有一个倾向，他们发表演讲或者出版书籍其实是为了上报纸露个面，或者是为了捞取政治资本。我不想让国防与战略研究所步他们的后尘，我更希望脚踏实地地做事。于是，我们明确了自己的工作分工：我负责规划机构的总体发展方向，利用自己广泛的社会关系使研究所与外界建立联系；邝云峰负责监督研究活动；洪清渊负责每日的教学日程。我们启动了战略研究专业的理科硕士培养方案，后来这个专业扩展为国际关系专业。我们招聘新人，但也依托一些培训机构的资源，主要是国防部和南洋理工大学的财经院系。起初，我们只有不到十名硕士研究生，其中有些受国防部资助，少数来自外交部或其他政府部门。

现任所长巴里·戴斯克告诉我，自从我任职以后，来本机构深造的学生中越来越多的人拥有从事某种职业工作的背景，学成后又回到一个特定行业中。他们有的来自军队，还有的来自外事服务行业、中央银行、投资银行、咨询机构、新闻机构和一些非政府组织。然而，虽然学生的背景发生了变化，甚至来自新加坡以外的学生数量也在增加，但该机构一如既往地强调学术研究，这个宗旨并没有改变。国防与战略研究所已经成为本领域内的一个世界级研究中心。

从后来发生的一系列事件来看，国防与战略研究所的成立是很合时宜的。这些事件包括纽约世界贸易中心大楼被摧毁，这次事件突显出充分认识世界上所有既存势力——包括伊斯兰教势力的重要性。我们的使命一直以来都是提供知识输出，无论对方是否机构成员。反恐在很早就是我们的研究焦点。军方人士发现，到国防与战略研究所来学习或研究，总会让人面貌一新。毕竟，与立场不同的人交谈是难得的机会。如果后者满腹经纶，头头是道，就更为难得了。

在为国防与战略研究所确定发展方向时，我很早就决定将吸引本地的学生和其他参观者作为重头戏。马来西亚拥有自己的研究所，所以我们的机构对印度尼西亚将特别有用。我们决定鼓励他们来此参观，包括军方人士。这样一来，双方就能够分享彼此的经历和知识，而且我们还可以给他们当当参谋，提供参考意见。我从来没有正儿八经地教过书，但来到我们机构的参观者一直没有间断过，他们中有的来自新加坡，也有国外的外交人员、军方人士、从政者和记者。我很高兴能和他们随意闲聊，并且希望他们觉得没有白费时间。

我派洪清渊到美国去和那里的智库取得联系，比如位于圣莫尼卡的兰德公司，并且和位于华盛顿特区的国防部互通情况。除了诸如此类的联系，我们还定期举办夏令营，其格局一直延续下来，多年来几乎未变。当然，参加者的范围更广了，到现在已涉及世界上20多个国家。参与夏令营的大多是新加坡和其他国家的高级军官，他们在为期一周的时间里集中参加各种讲座、论坛和讨论小组。之所以以军方人士为主，而不是从政者、官员和外交人员，这是经过深思熟虑的。说得形象一点，军队里的人都是手扣扳机的，他们需要与他人进行直接而随意的沟通，这一点很重要。于是，阅历丰富的演讲者从世界各地飞来，与他们一起探讨战略事宜。在我就任总统前夕，我们举办了第一次夏令营。

我曾在夏令营活动中列出这样一个主题：军队在自然灾害中的作用。那个时候，长江洪灾造成了一场浩劫，许多中国军人在执行任务时牺牲。我请了参与救灾的一位军官，潘振强少将（已退休）来做一场讲座。他给夏令营成员介绍了中国军队是如何动员起来的。他给我们传递了一个重要信息：武装力量的人力资源、设备和组织独一无二，所以能够成事。我还记得印度国防专员对此十分怀疑，理由可能是因为在有些国家，军队已经高度政治化，地方当政者如果不隶属相关政党，他们是不能自行发动军队与之合作的。这样一来，悲剧会接踵而至。

很有意思的是，这个项目的名称不得不修改。由于夏令营在圣淘沙岛一个非常舒适的度假区举行，英国一些军官欲参加本活动时，往往会遭到上司的怀疑："你们可以参加，但不能占用工作时间。"事实上，这个项目纯粹与休假无关。后来，夏令营被更名为"亚太资深军官项目"，而且活动结束后为军官颁发培训证书。目前，有一个项目和这个类似，面向的对象为国家安全领域的官员。

很早时，我就得到了一个经验：诸如此类的活动在规模较小时往往最有成效，等到人数众多、热热闹闹时就收效甚微了。

欧洲每年一度的慕尼黑安全政策会议颇有声望，参加此会议的多是从事军事和战略工作的人士，在冷战时期更是如此。我原本计划去参加此会议，一是可以提高我们机构的知名度，二是可以说服组织者在新加坡举办一届。可惜那时我正感冒得厉害，最后洪清渊代替我去了欧洲。他回来后，对会议赞誉有加，而且真的说动了会议组织者，让他们同意在新加坡举办一届会议，会议由国防与战略研究所主办。自那以后，国防部部长每年都去参加慕尼黑安全政策会议。

事实上，除了慕尼黑安全政策会议，国际战略研究所也为让新加坡定期举办一系列的会议立下了汗马功劳。那时，我已就任总统，但我依然关注国防与战略研究所的发展。看到马来西亚和泰国一直希望国际战略研究所落户他们国家，企图游说该所所长约翰·奇普曼，我就跟他说："为什么不考虑一下新加坡呢？"但那时新加坡的东南亚研究院状况不佳，他不太感兴趣。我就为他在国防与战略研究所安排了一间办公室，并配备一名员工，作为他的桥头堡。当然，我（巴里·戴斯克也如此）这么做不是灭自己的威风，我们当然希望为国防与战略研究所摇旗呐喊，但我们必须务实。那时，国际战略研究所在全球声名远播，但国防与战略研究所没有这样的知名度。奇普曼能够吸引一流的演讲者，但我们办不到。香格里拉对话就这样应运而生了。国防与战略研究所仍然扮演着无关紧要的小角色，我作为总统，总要为参会者主持晚宴。我们这么做主要是为了提高新加坡在战略研究领域的知名度，同时让新加坡人融入国际交流圈中，与国际接轨。

我一直都认为，促进新加坡和周边国家的显要人物之间的私人交流是很重要的。比如，在1998年，印度尼西亚大选即将拉开序幕时，众多竞选人都在寻求公众支持。我就趁机把他们分别请到新加坡来，给新加坡人做演讲。这样一来，就能有机会亲自与这些人会面，听听他们对印度尼西亚发展的看法。同时，我们也把自己的看法传递给他们，这对双方来说都是很有益的。

国防与战略研究所邀请了梅加瓦蒂·苏加诺普特丽、阿卜杜勒-拉赫曼·瓦希德、阿米恩·赖斯来到新加坡。我还向B.J.哈比比和阿克巴·丹绒发出了邀请，但他们没有回应。这次活动非常成功。不过，哈比比对印尼集团党没有参与很不悦。能够近距离地听到印度尼西亚的三位总统候选人演讲，新加坡人和外交使节团十分欣喜。

今天，在所长巴里·戴斯克的领导下，国防与战略研究所发展迅速。戴斯克广泛了解国际事务，但一般人都把他视为印尼通。除了在联合国短暂工作过，他的海外工作地都是在印度尼西亚。所以，他能说一口流利的印尼语。作为大使，他喜欢经常到印尼各省访问。他在回忆录中生动地描述道，在访问时他经常会住在各类的"无星"宾馆里。雅加达是他海外工作生涯中重要的一站，他不但要处理贸易和经济问题，还要应对防务和国际关系等方面的考验。我在吉隆坡担任最高专员期间，美军退出菲律宾，新加坡开始为美国海军和空军提供军备，我不得不密切关注马来西亚方面对新加坡这一举动的反应。当时，戴斯克也在雅加达做着同样的工作。

我和巴里·戴斯克其实在很早之前就是同事了。我们俩都记得早年在外交部工作的时光：那时，在政府大厦的楼上，政治和经济部门挤在一起，办公桌"一"字摆开，就像组成了一条走廊。当时，我任主要助理秘书，戴斯克记得我当时是个严厉的监工，在一个用磨砂玻璃做成的隔断间办公，隔断上镶了一块虽小但是透明的嵌板。透过这个嵌板，我就能随时监视下属，以免他们在工作中偷懒。戴斯克和他的同龄同事是外交部第一代真正的专业外交人员，与他们相比，我和我的同辈人只是长于应变而已。

国防与战略研究所现在是拉惹勒南国际问题研究院的一个核心研究部门。2007年1月，为了纪念新加坡最卓越的政治思想家拉惹勒南，国防与战略研究所被更名为拉惹勒南国际问题研究院，目前的发展规模已非昔日的国防与战略研究所可比。

早期筹建国防与战略研究所时，新加坡赛马博彩管理局曾捐赠启动资金，而政府方面的拨款全部来自国防部。我发现，甘榜格南选区——现在已经并入其他选区——管理着一笔以拉惹勒南命名的基金，用来资助在海外学习新闻专业的学生，作为他们的奖学金。发现这个机会后，我赶紧与罗明士取得联系。他是甘榜格南选区的议员，也是拉惹勒南的接班人，后来掌管着这笔总值达100多万新元的基金。我动员他放弃这笔基金，将它移交给国防与战略研究所，这样做能让拉惹勒南的名字得以延续。于是，双方开始办理基金转让。我们成立了一个筹款委员会，由公共领域的知名人物钱德拉·达斯担任主席。最后，加上委员会筹得的其他基金，我们接受的捐资总值达到了260万新元（包括政府的等额补助）。今天，国防部对机构的拨款只占到1/3，其他的款项来源于新加坡外交部和国家安全协调秘书处。另外，一些

461

国外机构也向我们提供资助，比如美国的麦克阿瑟基金会和福特基金会、南非的布来塞斯特基金会、德国的康拉德阿登纳基金会以及日本的笹川和平基金会。

目前，研究院的研究范围也已拓宽，包含了恐怖主义和伊斯兰政治等方面的研究。拉惹勒南国际问题研究院现在分设的研究部门包括国际政治暴力与恐怖主义研究国际中心、非传统安全研究中心、淡马锡基金会贸易与谈判研究中心以及国家安全卓越中心。国家安全卓越中心以新加坡的利益为首要目标，这在研究院所有部门里是独一无二的。研究院的教学研究人员来自世界各地，说着不同的语言，其中包括穆斯林。有个毕业生是阿富汗总统的表弟，名叫赫克马特·卡尔扎伊。他在自己的国家也成立了一个类似的组织，作为战略思考的中心，而且该中心完全自主，不受美国或其他国家的影响和干涉。

虽然国防与战略研究所过去曾从海外取经，但现在作为拉惹勒南国际问题研究院的一个部门，早已羽翼丰满，成为同类机构中的佼佼者。研究院的教研员工来自全球各地。它对亚洲安全、非传统安全、恐怖主义、风险评估和水平扫描等方面进行的战略思考对世界做出了巨大贡献，绝不逊于其他同类机构。根据宾夕法尼亚大学2009年的一项调查，拉惹勒南国际问题研究院在新加坡国内智库中位居首位，在亚洲排名第三，名列第一和第二的分别是日本国际事务研究所和中国社会科学院。

想到自己曾在这样一个机构中工作，而且为它的发展奠定了基础，我就感到深深的自豪。

第十章
就任总统

万想不到的征程
／新加坡前总统纳丹回忆录／

1. 意外提案

/

1996年，我从美国华盛顿特区返回新加坡，觉得自己差不多是时候退休了。虽然又当了国防与战略研究所的所长，并任巡回大使，但我其实已经到了回首往事的年纪：追忆昔日的工作、迥异的经历和所取得的成绩，凡此种种。我已准备功成身退。妻子却明确表示怀疑：如果我不再每天按时上下班，我的生活状态会不会很快滑坡，大不如前呢？

当然，究竟自己能否消受悠闲的退休生活，我没能得到机会验证。我偕妻子从法国和瑞士度假归来后的一个晚上，11点钟，我们俩已经上床休息，就在这时，电话铃响起，我接听了。妻子在一边打着手势，她很想知道到底是谁打来的。电话那边是国务资政李光耀。

他的谈话让人摸不着头脑。他问起我的孩子怎么样了，他们都在做什么，还有我们去哪里玩了，诸如此类的闲聊话题，没什么特别的。这可不像一个国务资政半夜三更打电话来应该说的话啊。最后，他问我第二天是否有时间去见他一面。我说"可以"，然后挂了电话，却还是不明白这到底是怎么回事。"嘿，"妻子说，"说不准又有大事可干了。也许，我们又要背井离乡了呢。"

次日，我如约去见了李资政。他告诉我政府准备提名一名总统候选人，现在正在寻觅合适的人选。他说："我想问你，假如你被提名的话，你会参选吗？"

我目瞪口呆。这件事情是我万万没想到的。所以，好长时间我都不知该说什么。我的第一个反应就是想告诉他："我可不再年轻了。"

我最终还是没有马上拒绝这个提议。从个人角度而言，我欠了李光耀资政很大的人情，他在我的职业生涯中曾起到了重要的作用。所以，我对他说，我会考虑他的建议，但首先要和家人沟通一下。他点头同意，说："那你一两天后给我答复吧。"我将这件事告诉妻子后，她说："你不能不接受。你怎么可能说'不'呢？"所以，我再次见了李资政，告诉他我原则上同意把我的名字列入候选人名单。

这些年来，无论何时，只要我的国家需要我做什么事，我从来没有推诿过责任。责任，不管是对朋友、家庭、同胞还是对祖国的责任，都是我生命价值观中最重要的东西。我一直想尽我最大的努力，去实践这一道德准则。当然，我最终之所以肩负起总统的特殊责任，主要是因为家人和朋友对我的支持。当然，最重要的还是国务资政——后来任内阁资政的李光耀对我的支持和鼓励。

假如我参选总统并成功，那么我就变成了新加坡的第二任"民选总统"。王鼎昌是第一任，他在1993年8月29日通过民选当选总统。在他之前，总统都是由国会选举产生的。1991年，新加坡宪法修订，总统选举改为民选，当时的总统是王鼎昌的前任黄金辉，他也随之被视为"民选"总统，行使民选总统的权力。

我的候选人资格并没有马上得到确认，但我知道，在8月9日国庆节之前肯定会有消息的。最后，李光耀打来电话，说政府已经决定让我参选。这意味着我必须切断任何可能被视为"政治性"的社会关系，比如国防与战略研究所的所长、外交部的巡回大使等职务都必须停止。他告诉我，不要以为一切都是顺理成章的。"我们目前还不知道可能会有什么样的反对意见，"他说，"你也可能会输。"我说，我对此早有准备。然后，他反过来又给我吃定心丸，如果竞选真的遇到困难，他会出面宣布支持我，并帮我竞选总统。

在提名当天，我竞选总统的资格得到确认。我先是走访了赞助我竞选总统的新加坡全国职工总会，然后去人民协会登记候选资格。

我不确定公众对我竞选总统做何感想。在新加坡，华裔人口占多数，但我不是华人；我与李光耀一直关系密切，这是福是祸还不得而知；我曾经当过情报署署长，这可能会使我失去部分投票。我的前任们都享有较高的声誉，但我没有。比如，黄金辉被誉为"人民的总统"，自从在《海峡时报》担任驻外记者以来，他就非常受人尊敬，民众一直对他关爱有加。而我只是一名生于新加坡的印度裔，像我这种背景却担任政府公职的人少之又少，包括我在内总共只有两人。然而，我的工作一直都是在和有不同文化背景的人打交道，无论是当船员，在工会工作，还是当外交官，都是如此。当然了，与这些不同背景的人一般来说都能和谐相处。所以，我希望公众能够抛开所有种族偏见，认可这个真实的我。我想成为一名代表所有新加坡人的总统，让每个种族群体都感觉到他们在我的庇护之下。

选举结果却没有预想中的那般扣人心弦。根本就没有符合参选条件的其他人选，我在没有对手的情况下当选了。我对公众的忧虑也很快烟消云散。我的当选得到确认后，人群中爆发出一阵热情的欢呼声，他们中有不同种族的人，包括许多我在商业领域结识的华人。

1999年9月1日，王鼎昌总统正式离开数分钟后，我在总统府宣誓就职。

2. 民选总统做什么

民众中有些人想当然地以为总统拥有无限权力，想做什么就做什么。经常会有人问我，当公众对政府的政策不满时，我身为总统，为什么不为公共利益采取行动呢？

在现实中，总统的地位虽然凌驾于政府之上，但这基本上是象征性的。总统是国家元首，不是政府首脑，只能在宪法规定的权限范围内行使权力，而且需要和政府的行政机构建立良好的工作关系。新加坡的总统不像美国总统一样拥有行政权力，我需要独立于行政部门，脱离所有政党。我必须站在整个国家的立场上自由地思考问题，虽有自行决定的权力，但绝不能侵犯政府行政部门独有的权力。

我的职责之一是要在国会开幕大典上发表演讲。国会侍卫长宣布过后，总统入场。演讲是代表政府的，演讲词也不是由总统来写。当然，我每次都提前看看初稿，并提一些意见。偶尔，我会建议强调一下这个措施或淡化一下那个举措等。有时候，我会就行文方面提一些意见，比如将某些稿子重写，以使它们更加适合演讲等。一个人的演讲水平会在实践中进步。在我演讲完毕后，会安排一场招待会。听到别人对我的演讲表示祝贺时，我常觉得有必要澄清一下：演讲稿不是由我执笔的。

除了宪法规定的权力之外，根据惯例，总统还担当顾问的角色，有权力提出警告或者给予鼓励。这些惯有的权力在法律上是不可实行的，也没有扩大宪法规定的权力。宪法规定，除了在少数领域内，总统要担当内阁顾问。然而，总统以何种方式行使惯有权力在很大程度上取决于他和总理之间的关系。我是很少使用这些权力的，即使偶尔使用，也是在私下里，比如趁我和总理碰面商讨事宜的时候。我每隔一段时间，就避开公众的目光去见总理一次。在工作中，我通常会看到内阁的文件以及部长呈给内阁的文件。有时候，向总统征询一下意见、共同面对问题或者让他对解决方案提出自己的见解未尝不是一件好事，即使行政部门已经有了应对方案。总统如果想审查内阁对某些事务的意见的话，是谁都阻止不了的。公众应该明白，总统有权了解内阁内部所有的信息。如果公众知道这些信息都处在另外一双眼睛的监督之下，会给他们带来不少慰藉。内阁秘书是总统和内阁之间的联络员。

　　总统有个职责是很多人都熟知的，那就是对死刑犯提出的宽大处理请求做出回应。签署死刑执行令是一件很痛苦的事，因为那意味着有人要被处决，一个生命即将消失。不过，要真正走到那一步，需要经过很长一段时间。在这段时间里，案件要进行复审并详细评估，最后才能给予批复。我对整个过程了如指掌，因为与特赦请求相关的信息会出现在内阁文件中（连同内阁的意见）。另外，首席大法官、庭长以及检察长也会提供他们的报告并提出自己的观点，这些信息我都可以掌握。如果我有什么疑问，比如案件缺乏有力的直接证据，我可以要求检察长或者副检察长简要说明情况。有时候，我最初收到的案件总结其实没有对案件的所有方面都进行充分的解释，对此我总是不厌其烦地进一步收集材料，直到我认为所有环节都符合法律的规定才罢休。我要确保死刑案件的整个审理过程都是公平公正的。

　　1991年的宪法修订赋予了民选总统一些新的职责。其中，最重要的就是：为了保护国家储备金，宪法赋予总统否决权，即防止未来的任何政府不负责任地动用往届政府积累的储备金。民选总统控制着储备金的"第二把钥匙"，只有在经济紧张时期，储备金才能派上用场。

　　总统还被授予了批准政府对重要职务的任命的权力，这样做可以使公共服务领域保持清正廉洁。这些重要职务包括：法官、法定机关的一把手以及宪法第五附录规定的受保护实体中高级官员的任命。

　　王鼎昌总统在任后期，和政府之间的关系有些紧张，大家都对此心知肚明。当然，我不是当事人，不晓得详情。不合的主要原因是双方对总统应该掌握多少与储备金有关的信息意见不一。王总统声称，他作为政府决策的必要基础，不应仅是一个摆设。他由此被公众认为"与政府分庭抗礼"，在有些地区颇得民心。

　　还好，这些争端都根据政府白皮书的相关条款最终得到了解决。该政府文件的标题是"判定和保护政府储备金、法定委员会第五附录以及政府所有公司的原则"，这份文件明确了原先的一些灰色地带，确定了民选总统的职责怎样在现实中得到发挥等。我个人认为，王鼎昌的有些要求是不太现实的，比如他曾要求政府将拥有的所有土地列一份清单。虽然有了上述政府的官方文件作为指导，但具体执行程序还需要进一步明确。于是，我任总统初期，将之视为一项主要工作。

在我上任前，几乎没人注意到总统发挥其有限的权力时应采取的决策过程。幸好，在宪法关于总统顾问委员会的条款里有相关的规定，它规定了总统如何咨询该委员会以及何时咨询等。

民选总统掌握储备金的"第二把钥匙"，这句话外行人听起来似乎很简单，但实际上并非如此。它意味着沉甸甸的责任。我必须设想所有可能发生的情况：政府可能在什么时候、以何种形式提出动用储备金的请求？在什么样的情况下我可以答应此请求？如果经济严重滑坡，政府可能会请求动用以往积累的储备金，每当有这种迹象出现时，我所在的办公室和财政部就会频频地就潜在的各种可能情况进行磋商。所以，监控国外经济动向及其对我国经济产生的影响就成了这些定期进行的商讨会的一部分内容。然后，商讨的结果会由秘书处告知总统顾问委员会。

1999年，我上任之初，总统顾问委员会的主席是林金山。当时，由于我的前任任期已满，林金山的职务也随之自动终止。我到任后，最先做的事情之一就是重新起用他。他的声誉和工作履历不再细述。最重要的是，他的正直诚实也是无可挑剔的。他后来由于健康原因请求退休，其职位先是由沈基文（2004年至2005年）接替，以后又由J.Y.皮莱（2005年至今）继任。

一开始，总统顾问委员会就负责监督一些重要的年度预算方案，包括政府的、法定委员会的以及政府所有公司的，而且还需要密切关注账目上的支出记录，以防其中有人暗度陈仓动用储备金。即使这些账目上有部长、主席和行政长官的证明，证实确无取用储备金之嫌也不行。

在我任总统期间，总共经历了三次政府交替，分别是在2001年11月、2006年5月和2011年5月。每逢这个时候，"当前政府的储备金"都被及时、彻底地转入"以往政府储备金"的名下。

后来发生的事情证明，政府直到2009年才真正请求总统顾问委员会动用以往政府的储备金。当然，在这之前，政府发出此请求的时机不是从未有过。2001年，新加坡遭遇经济衰退，经济萎缩了1.2%。外部经济发展动力不足、全球需求锐减很快影响到我国经济的各个领域。电子产业尤其受到重创。以出口为主的产业，比如转口贸易和与贸易相关的服务行业也都受到影响。尽管境况糟糕，但政府还是决定不靠以往的储备金来渡过难关，因为从本质上而言，这是周期性的经济现象。果然，第二年经济增长开始恢复正常。

第二年，也就是2002年，政府向总统提议动用以往政府积累的储备金。当时，建屋发展局要将住宅区翻新，将原先的旧楼拆除以更加充分地使用土地，这个项目就是众人熟知的选择性整体重建计划。在项目实施过程中，政府为了让居住在旧楼中的租户居民腾出房屋，就必须给予合理的补贴。补贴的资金将源自当前政府的储备金，但是，等腾空的土地以更高价格出售后，获得的收益却将划入以往政府的储备金，因为到那时本届政府的任期已结束。由此，政府认为认购费用应该由以往的政府储备金来承担。

政府的这种观点还是很有道理的。但我觉得，我们还是应该尽量保护好储备金，确保收购的土地经开发后比用于收购的价值更高。我将自己的观点告知总统顾问委员会，然后我们又就这种想法与财政部进行讨论。财政部后来将提案修改了。根据提案，只有总容积率比收购之前至少增加30%，以往的储备金国库才能打开。这个数字是以往的选择性整体重建项目为充分利用土地而得出来的。总统顾问委员会对此表示同意，于是我批准了这份提案。这样一来，我们既能保护储备金无损，又能使其造福于新加坡人民。

我的前任王鼎昌在1999年曾提出一个问题：为什么对储备金的净投资收益所得都属于当前储备金？胡赐道博士（当时任财政部部长）解释说，一方面政府需要抑制浪费；另一方面又有责任使自身运作灵活，政府要在两者之间找到一个平衡。他承诺会关注这个问题。2001年，政府决定锁住以往积累储备金每年净投资收益的至少50%，以确保新加坡既能够继续扩大储备金的规模，又不会将所有的投资收入用来填补当前的财政缺口。

然而，这个净投资收益的支出方案可能并不适用于未来，这是公认的观点。以后，新加坡可能不得不为经济增长大量投资，而且可能需要为老龄化社会埋单，毕竟社会性支出肯定会增加。2007年，政府对此方案进行复查，研究政府如何将更多的投资所得用于财政预算，而又能保证长期的可持续发展。

李显龙总理（同时兼任财政部长）向我和总统顾问委员的主席简要汇报了政府修改现有支出方案的建议：除了净投资收益共享外，政府计划修改方案时将资本收益也算在里面。我的下属认为，如果将资本收益考虑在内，净投资收益的波动将会更大。他们还提出一个问题：如果净投资收益为负的话，该怎么办？对此，财政部部长答应会仔细审查此方案。审查之后，他又一次向我和总统顾问委员会通告了关于支出方案的修改意见。我的手下和财政部官员讨论之后，总统顾问委员会的成员、财政部部长和财政部资深官员又举行一次会议，进一步明确净投资收益方案的修改细则。

在这些讨论会之后，我认识到这个提案不无价值，它意味着未来数年内能持续针对社会需求提供财力支持。总统顾问委员会经过深思熟虑并提出意见之后，我于2008年1月批准了这份支出方案修改稿。这个新的支出方案规定，在一段较长的时间内，可以预见的投资回报中（包括可以预见的资本收益），有50%的资金会被限制支出。当然，此数据会根据现实情况进行调整，比如未来的通胀因素等。因此，这个支出方案实际上重新定义了投资回报，使其范围更加宽泛。它不像以往一样只包含红利和利息，还包括所有的盈利。同时，这个方案对长期实际收益进行预估，不再按年计算实际盈利。通过预测20年内的收益——相当于全球市场上的三个投资周期，而不是每年计算收益，收益的不稳定性问题就会迎刃而解。更重要的是，由于只允许在有利可图的情况下才动用资金，这就保证了在高通胀的环境下，政府不能仅仅追求名义回报就动用资金而使得储备金的实际价值受到损失。

这个新方案的基本理念与国外一些久负盛誉的捐赠基金的理念吻合，与我国投资公司的投资战略更是相通，因为投资公司也是提倡长期投资，避免市场周期带来的负面影响。为区别于之前的净投资收益，这个新的方案被命名为"净投资回报"，从财政年2009年10月起开始生效。

2008年，储备金"第二把钥匙"之机制迎来了一次更为严峻的考验。在我的第二届任期内，经济发展形势欣欣向荣。但是，到了2008年下半年时，却一反常态，突然急剧下滑。

2008年9月15日，美国的房地产泡沫破裂以后，美国有名的投资银行雷曼兄弟公司破产倒闭，负债总额高达6000亿美元。负债主要是次级抵押贷款造成的，即这些贷款被发放给了一些无力偿还借款的客户。这次投资银行破产涉及数额之大，是历史上绝无仅有的。更让外界震惊的是，美国政府居然允许雷曼兄弟公司在准备不足的情况下申请破产。这让全球市场随之震动不安。其实在雷曼兄弟破产之前一年，危机已经开始了。2007年，美国房地产泡沫突然破裂，房屋销售量急剧下跌，次级抵押贷款行业崩溃。美国和欧洲的金融机构手中持有大量的次级抵押贷款的证券。到了2008年8月，全球开始信贷紧缩。美联储向其金融系统注入资金1000亿美元，并将贴现率降低0.5个百分点。11月，美联储又一次注资400亿美元。

美国面临着一次全面爆发的金融危机。美国银行大幅削减借贷，信用贷款冻结。美国经济受到了严重影响，这种影响后来波及欧洲和日本。有人担心，世界经济可能会陷入极度低迷。新加坡政府注意到，别国政府为了刺激经济，纷纷采取措施，而且力度之大史无前例。

无人知道这场危机将持续多久，将严重至什么程度。但是，我们知道世界经济已经越来越复杂，而且不同的经济体之间相互依赖。因此，无论国家大小，都难逃美国金融系统崩溃带来的恶果。除了极个别自给自足的国家，比如朝鲜，当今世界上的各经济体都与其他经济体有着千丝万缕的联系。

从2008年年中开始，我已经开始要求一些实体组织——包括新加坡金融管理局、贸工部、新加坡政府投资公司、淡马锡控股公司——向我和总统顾问委员会报告形势发展情况以及此局面对他们的投资组合产生的潜在影响。总统办公室和财政部一直对形势发展密切地交流着意见，到2009年1月初，贸工部和新加坡金融管理局被请来向我和总统顾问委员会介绍情况。

鉴于形势严峻，财政部和总统办公室举行了一次事务性会谈，商讨财政部可能采取什么措施来保护新加坡的金融系统，而其中一个措施就是可能需要动用以往积累的储备金。形势真是瞬息万变。世界上已有一些行政辖区发布消息，声称它们愿意为银行存款提供担保，以此来恢复公众对银行系统的信心。虽然新加坡的银行系统仍然完好无损，但政府决定也采取类似的措施以使得新加坡的银行在竞争中不会处于弱势。香港作为一个在我们这一带的重要的金融中心，也开始在其辖区内对银行存款进行担保。我们没有别的选择，只能如法炮制。

2008年10月15日，财政部部长正式向我和总统顾问委员会提出动用以往积累的储备金的请求，这笔储备金将用来担保商业银行、招商银行、新加坡的金融公司等机构的所有非银行存款，动用储备金的额度不超过1500亿新元。财政部和新加坡金融管理局评估后认为，1500亿新元用来拯救无论哪一家负债的新加坡金融机构都是绰绰有余的。总统顾问委员会对提议仔细斟酌并提出建议后，我方能批准。新加坡由此与风云变幻的局势共进退了。由于财政部——以部长和总理为首，经常向我和总统顾问委员会告知一些时局信息，我才得以在危机逼近的时候迅速做出反应。

当月，总理李显龙宣布政府准备采取措施帮助企业和家庭应对经济衰退。他告诉国会："到明年2月财政预算案出台之时，局势会趋于明朗，我们就能决定该做点什么了。"他说新加坡有足够的资源，而且能够很快从经济低迷的处境中恢复元气，我们肯定能渡过难关。他甚至认为，新加坡不需要动用以往的储备金来应对经济衰退。

然而，次月，也就是11月，局势明显地发生了重大变化。总理宣布财政预算案出台时间将提前至2009年1月，并宣布了几项紧急措施，包括为企业提供的贷款方案和为工人提供的新培训项目，以帮助处境困难的人找到新的工作。他在人民行动党的年度大会上说："我们不想坐等机会。"他还强调，经济复苏将呈"U"字形，这意味着局势好转前会有很长时间的低迷时期。

　　到了2009年，全球经济危机继续加深。贸工部已经五次下调对2008年的经济预测，创下历史纪录。美国经济危机持续恶化，全球金融体系面临危险，这次危机是自新加坡独立以来最严重的一次。2007年新加坡经济增长速度为8.8%，2008年上半年增长了4.5%。2008年第三季度以来，随着制造业产量锐减，经济发展开始萎缩。贸工部预测，在2009年，经济复苏依然"无力"。到了2009年第一季度，贸工部预测新加坡国内生产总值将出现负增长。随后，又将数据下调至-9%～-6%。

　　在此种情况下，政府终于不得不开口请求总统批准动用储备金。2009年1月初，财政部与总统办公室开会，讨论将以往积累的储备金投入政府正筹划的一些方案中。对政府而言，当务之急就是保住新加坡人的工作岗位。政府想激励银行不要削减对公司的贷款，这样公司就不会为了减少开支而大幅减员。我的属官提出疑问：当前政府还有充足的储备金，为什么还要动用以往的储备金？财政部负责人解释说，政府想要预留一部分当前储备金以备不时之需。毕竟，世界经济形势目前很不明朗，可能会出现意想不到的变化。

　　1月中旬，总理来见我，向我解释了政府的确切打算，以及为了支持政府出台的两个方案大约需要取用多少储备金等。政府将实行两个项目：一个是为了保住国民工作岗位的"雇佣补贴计划"，另一个是"特别风险分担计划"，旨在帮助企业不断得到银行的金融支持。这两项计划需要动用的储备金高达49亿新元。根据"雇佣补贴计划"，为了奖励雇佣单位提供工作岗位，政府需要向雇佣单位发放补贴。如果岗位月薪为2500新元左右，政府的补贴比例为12%。这个举措非常有效地阻止了公司裁员，也帮助公司在境况好转时能够重新起航。

　　我个人认为，鉴于情况特殊，使用储备金不是什么贸然之举。我召集了总统顾问委员会的成员，在总理离开后，我还请见了总统顾问委员会的主席J.Y.皮莱，并将政府的打算如实相告。

　　翌日，贸工部和新加坡金融管理局也被请来向我和总统顾问委员会介绍他们对经济局势的看法并进行预测。然后，财政部开始报告。财政部部长尚达曼·山姆噶拉姆和贸工部部长林勋强最后被提问。总统顾问委员会同意考虑财政部部长的提议，并且等他呈交书面申请。第二天，一份正式申请就交了过来，于是总统顾问委员会召开了一次非公开会议。到了第三天，在总统顾问委员会一致同意后，我书面批准了这份申请。

在短短不到两周的时间里，动用49亿新元之巨的储备金的请求就得到批准，一些人对此公开提出了质疑。于是，在2月17日接受媒体采访时，我对事件的始末进行了陈述，告知公众在危机继续深化之时，我们曾多次举行会议和讨论。同时，也解释了我和总统顾问委员会同意政府请求的原因。在此形势下，我和总统顾问委员会不得不果断、迅速地采取行动。有了事后的认识，我很高兴我们早做了决定，因为任何延误都可能导致经济局势更加恶化。

后来，政府实际取用的储备金只有40亿新元，这笔资金主要用于振兴配套计划。2011年2月，政府将所动用的40亿新元储备金如数归还，虽然没有相关法律或者宪法条款规定政府必须这么做，而存款担保计划于2010年12月31日到期自动失效。

管理储备金只是宪法赋予民选总统的一部分职责。我在上文数次提到总统顾问委员会，该委员会每年3月都要开会研究政府的财政预算案。正如我之前提到的，总统还负责批准"受保护实体"组织的财政预算案。另外，某些公共服务部门要职的任命也要得到总统的认可。委员会每年举行正式会议十次左右，平时委员会成员也会互相传阅决策性文件。

总统不参与委员会的评议，但如果有第三方前来介绍情况，我是会出席的。我与委员会主席之间，一直保持着良好的沟通关系。

3. 话说总统府

谈到总统的职业生涯，必定要说到总统府，因为那是总统的活动中心，也是新加坡政府的所在地。大约60人在总统所辖部门工作，他们主要在三楼工作，也有部分办公室在二楼。加上总理所辖的部门，总共有200人每天到总统府上班，包括首席私人秘书和内阁秘书。在总统府大楼上，还有总理公署以及内阁资政和国务资政办公室（自这些职位设立以来）。近些年来，新加坡总共产生了两位国务资政：在我的任期内吴作栋在总统府保留了一间办公室，而贾古玛教授则使用他在外交部的办公室。

虽然总统府是总统的官邸，但自蒂凡那总统之后，历届总统再没有把那里当作日常居所的。黄金辉和王鼎昌都选择在原来的住处居住。我也决定这样做，每天办完公或者官方约会结束后，总是返回位于锡兰路的家。这样一来，我就可以与家人亲密接触，家里轻松的氛围会把我的疲惫一扫而空，而且清晨漫步在东海岸公园是那么惬意。

以前，凡是来访的国外政要都是安排入住总统府别墅的，虽然他们一般都选择住在新加坡的高档豪华酒店里。这些年来，这种别墅还是派过用场的。比如，美国总统布什和中国领导人邓小平等来访时，就曾经下榻于此。

只要到总统府会见总统或者参加宴会，人们会发现至少一队人的身影活跃在其中，他们负责总统的官方活动。正是有了他们，各种活动才能有条不紊地进行。他们就是总统的随从副官。三名全职随从副官都是从军警部门借调来的。直到2006年，我们的随从副官都是清一色的军警男儿。后来，为了显示女性地位日益重要，我决定再加一名女副官，将随从增至三名。这名女副官也是从某一军警部门借调来的。

虽然随从副官有规定的上班时间，但至少有一位必须随总统参加各种活动，无论在晚上还是周末。正常来说，总统每天的日程上会有两到三项活动，这样每名副官就各负责一项。当然，有些活动需要不止一名随从。每逢举办规模较大的宴会，总统就会要求增加多名名誉随从副官，其中的一些人甚至在我写这本书时已经95岁高龄了，但依然身强体壮。他们各自都有自己的全职工作，但每逢大型活动他们还是义不容辞。他们中，有新加坡武装部队（陆海空三军）、民防组织和武警部队的代表。

随从副官的工作是很有挑战性的。一名新来的副官只有跟随另一名资深副官学习两三个月，而且实习数月后，才能自如地安排一次大规模活动。由于组织活动是他们工作的一部分，他们对待细节必须一丝不苟，而且要具备较强的情景意识。假如活动中有什么变故（所幸这是很少出现的），他们必须迅速做出反应。无论计划多么完美，意外事故还是可能发生，所以随从副官在任何情况下都需要保持头脑冷静。

在我与公众接触的时候，总是竭力让自己对不同种族、不同语言或者不同信仰的人都能做到一视同仁。总统府的对外开放日来临之时，很多人来到这里参观，这个交流的机会是非常有意义的。每次开放日一般能吸引一万到两万名游客，他们和家人、朋友一起来到这里，享受这片视野开阔、保存完好的总统官邸。为了庆祝开放日，我偕妻子一道出现在人群中，与到来的游客互动，无论男女老少。我喜欢混在游人中间，和他们一起摆姿势拍照留念。看到游人如织，从新加坡的各个方向涌向这里，我总是心情轻松愉快，因为他们完全不同于我平日在一些正式场合，比如募捐活动、开幕式、文化活动中见到的人。我的妻子也素来喜欢与普通人交流，一直都愿意到学校去参观访问。

在总统府，游客们能够进入宴会厅，看到为正式宴会准备的桌子，还能来到举行重要仪式的地方。另外，总统和总理数年来收到的礼品也被一并展出，数量大约有1400件。

目前，总统府开放日的活动有所增加。除了学校乐队的表演仍然保留之外，最近几年，我们还请来人民协会、动物园和飞禽公园等来组织活动，以满足不同年龄段的游客的需要。其中，以文化表演最受欢迎，不只吸引国内游客的目光，许多外国游客也来观看。

4. 肩负外交重任

新加坡总统是一国元首，就这点而言，他要代表国家到国外进行国事访问，或者在新加坡接待其他国家的首脑。这样的访问相当正式，对宣传新加坡、巩固与友好国家的良好关系以及与其他国家保持沟通起到了重要的作用。

年少时，我肯定没有想到日后我的地位会如此尊崇，能在这样的场合代表自己的国家讲话。然而，一朝成为总统，我认为自己的确能够与其他国家的首脑交流意见，帮助各行各业的人——从部长、公务员到经商的生意人等建立体制，促进交流和双方的相互了解，以及为了大众利益而建立多种形式的合作等。

国事访问一般数月前就已被安排好，甚至有时候几年前就已被确定下来。每个国家都有到他国访问的日程安排。但凡有别国表示要到新加坡进行国事访问，我们就竭尽全力做好接待工作。每年中，在很多月份里都有一两次国事访问，当然次数不定，也没有一定之规。我们的接待任务由外交部确定。在一般情况下，一次访问需要三四天的时间。

在进行访问前，两国官员要先进行沟通，仪式性的内容都需要精心安排。2011年3月，乌克兰总统维克多·亚努科维奇阁下的访问就是一个很好的例子。首先，我来到总统府，新加坡武装部队小分队列队向我敬礼。然后，我在主廊上等待乌克兰总统的到来。等他登上检阅台，仪仗队举枪敬礼，并演奏两国国歌，乌克兰国旗迎风飘扬。接下来，乌克兰总统开始检阅仪仗队。完毕后，在来宾登记簿上签名，并参加新加坡政要为他举行的欢迎式，参加欢迎式的有内阁成员和外交使团的成员等。

在那之后，就是公务对话环节了。我和乌克兰总统在扶手椅上相邻而坐，我们两侧各站着本国代表团的成员。这个时候一般可以拍照，然后就是两国首脑通过翻译人员进行交谈。交谈时间较为短暂，却可以涉及各方关心的话题，而且双方还可以为官员之间的会晤安排好时间。在这个特别的场合里，新加坡总理还会进行礼节性拜访。

晚上，我设国宴招待总统阁下。在餐前喝茶的时间，我方的礼宾司司长向亚努科维奇总统一一介绍我国的各位部长和其他重要客人，也将我介绍给对方的代表团。晚宴接近尾声时，两国总统开始发表演讲。我在演讲中强调了乌克兰政府完善商业环境和重要基础设施的重要性，并称新加坡愿在相关方面对其提供帮助。我指出，新加坡作为进入中国、印度和东南亚的门户，与乌克兰在欧洲的战略地位具有相似之处。我欢迎两国在未来开展学术交流，并在科研、科学技术等领域通力合作。亚努科维奇总统在他的讲话中，赞扬了新加坡作为一个国家所取得的成就。他们对此很感兴趣，为了与国际接轨，乌克兰人民也正准备对国民生活中的许多领域进行改革。

为国宴做的准备工作一般在当天一早就开始了，甚至在前一天就已开始。餐桌要布置好，各种花卉植物要精心摆放，银器也要清洗一新。在负责人的吩咐下，大家干完活儿还要提前将整个过程快速梳理一遍：整个活动的计划流程是怎样的，如何得体地招待来宾以及外交礼节的要求是什么等，这些都需要考虑周到。而准备菜谱更是一场重头戏。外交部可以从新加坡国内甚至海外代表团邀请专家或经验丰富的人士，就文化方面给我们一些建议。总统府有专属厨房，但在一般情况下，国宴所用的菜品都是由新加坡一流饭店的大厨亲自烹制的。

接下来的几天，东道主大多会根据来宾的兴趣安排一些活动，比如参观访问，或者就相关方面向来宾介绍情况等，内容可能包罗万象：旅游、环境和能源保护、房地产、教育、财经等，不一而足。

与国事访问颇为相似的是"官方访问"，访问者不是国家元首，而是总理等政要。虽然两者的程序大致相同，但官方访问往往更注重工作上的联系，而非形式至上。

在国事访问中，陪同访问的家属是很重要的。我的妻子与国家元首的妻子（或丈夫）相处总是很自如。无论是礼节性拜访，还是仅仅宴会上相邻而坐，她总是能够和对方主动闲聊，而且无拘无束。在国事访问中，我们最早用传统的茶饮招待来宾，但后来改用龙眼茶。日本天皇和皇后对此特别惊喜。由于大家喜欢这种茶，把它当作一个话题谈论也有助于打破沉默的局面。

在访问中，学会怎样通过翻译人员来交谈是一项很重要的本领。要知道，一句玩笑话经过翻译后可能让你根本笑不起来。所以，对我和妻子来说，最关键的是不仅要一直兴致勃勃，而且要把我们的兴致写在脸上。只要稍稍流露不快或者脸上略带倦容，记者都可以用相机把它轻易地捕捉到。

　　同样，如果新加坡总统到其他国家进行国事访问，其程序也基本类似。东道主会询问我们希望在访问中安排什么活动。对他们来说，这也意味着有许多工作要做。启程前一个月左右，我的一名随从副官就要和国外相关人员联络，而到目的地进行考察，随同的还有一名外交部工作人员和一名安全工作人员。他们对计划中的每个项目都要仔细检查。最后，他们经常提出调整原先的计划，有时是因为在两次已定行程的访问之间所给的观光补贴不够。

　　虽然年事已高，但我的体力应付国事访问却绰绰有余。要知道，这些访问的日程安排可是非常紧张的。我以前的国会私人秘书李博辉曾经陪同我参加一次观光访问，他开玩笑地说，我的年龄是他的两倍，体力也是他的两倍。要是后半句是真的，那该有多好!

　　在我动身前，有人会给我一个可以随身携带的、小小的计划安排表，上面详细地列出了每天的日程安排。这是双方经过仔细规划之后的结果。访问包含了各种仪式，即使计划表中不太醒目的部分也是很正式的。所以，这个计划表是很有用的，这样相关人员就会心中有数，避免了一些尴尬事件的发生或者无意失礼等。如果每个人在参加活动时，都知道自己应该出现在哪里，在什么时间该做什么事，那就很完美了。国事访问，无论是作为东道主还是作为来宾，都应该做到井井有条、有条不紊。

　　由于篇幅所限，在这本回忆录中，我不可能把所有我代表新加坡进行的国事访问一一陈述。下面，我只记述其中的一次，读者就可窥见一斑了。

　　2010年，我到芬兰进行了为期四天的国事访问。随同代表团的成员有总理公署部长林文兴、再努丁·诺丁市长、国会议员杨莉明、李玉云以及外交部的资深外交官和高级官员。从伦敦坐飞机到赫尔辛基落地以后，正值下午，已然寒冷如冬，简直和我们刚刚告别的新加坡有天壤之别。在驱车去赫尔辛基的卡姆普酒店的途中，触目所及皆是树林，看不到尽头。许多树木开始抖落树叶，有些叶子已经泛黄，但却鲜亮耀眼。秋天就要过去了，天气变得凉飕飕的，但却让人精神振奋。

　　我的正式日程安排于第二天开始，即10月26日。欢迎仪式在室外举行，妻子原本很担心天气，可是后来证明天气并不很冷，而且几乎没有一丝风。

欢迎仪式相当简单。塔里娅·哈洛宁总统和她的丈夫、大学教师潘提·阿拉耶尔维接待了我们。两国国歌演奏完毕后，我被引领着去见了芬兰荣誉代表团，检阅了仪仗队。然后，又回到了原先接受敬礼的地方。之后，我们举行了单独会谈。会谈中，我向总统夫妇介绍了我的儿子欧西斯和孙女莫尼莎，他们俩也随同我和妻子前来访问。接下来是两个代表团会晤，两国总统在会晤中就政治和战略问题进行了讨论。

按照计划，赫尔辛基的市长会在政府大厦主持午宴，就餐地点离此地不过200米远。东道主芬兰总统提议说，既然距离如此之近，不如我们走过去吧。于是，我们真的手挽手步行过去。午宴中，我被授予一块赫尔辛基荣誉勋章。当然，我是代表新加坡人民接受这个礼物的。

当天晚些时候，我与新加坡代表团去希坦涅米公墓参加花圈敬献仪式。首先将一个花圈放在十字架形的英雄纪念碑上，这座纪念碑是用来纪念为国捐躯的无名士兵的。然后，我将第二个花圈放在陆军元帅曼纳海姆的墓地上。曼纳海姆是国家英雄，他曾在二战开始前——1939年，带领芬兰人民奋起抵抗入侵的俄国军队。这个仪式在一片宁静的林地里举行，气氛庄严而肃穆。

晚上，我们在金碧辉煌的总统府舞厅里举行国宴，参加国宴的有外交使团的成员、芬兰政要以及他们的配偶。国宴的特别之处在于：在宴会开始前，厨房工作人员、服务生和仆役管家先列队迎接我们。这一点反映了人人平等的观念在芬兰深入人心，而他们在正式供应晚餐时准确无误、一丝不苟，俨然如军队一般。

翌日，我去见了芬兰女总理玛丽·基维涅米，我们在总理的办公室兼住所见面。那里环境优美，既有树林为伴，又有大海为邻。我们谈论了一系列事关发展的问题，虽然两个国家一个在欧洲，一个在东南亚，但依然有共同关心的话题。之后，我们参观了令人瞩目的诺基亚总部。这是一家手机制造商，许多新加坡人在那里工作。下一站，我们又去了耐思特石油公司，该公司计划于当年晚些时候在新加坡投资5亿欧元建立一家工厂。下午，我和芬兰外交部部长亚历山大·斯图布进行了一次有趣的交谈，他以前曾在位于布鲁塞尔的欧洲委员会工作。会谈中，他向我们介绍了欧洲联盟外交政策的发展与演变。

在访问的第三天，我会见了芬兰国会的发言人。我方代表团的三名国会议员与这名发言人讨论了他们的角色和地位，两国计划在将来启动一个新加坡和芬兰国会议员之间的交流项目。

之后，我们驱车去了图尔库，此地距离赫尔辛基大约150公里。年轻的市长设午宴款待了我们，而且还授予我们图尔库荣誉勋章。我代表新加坡人民接受了此礼物。午宴在图尔库的中世纪城堡里举行。这座城堡经过装修翻新，现主要用于举行正式聚会。宴会上，所有的服务生都身着芬兰传统服装。

当天离开图尔库之前，我们还参观了图尔库大教堂。这是芬兰福音派路德教会的主教堂，也是全国圣地。大教堂始建于13世纪晚期，是一座木制建筑，后又扩建。1827年，图尔库发生了罕见的火灾，大教堂被严重损毁，大部分是后来重建的。大教堂见证了芬兰历史上的许多重要事件，教堂中午敲响的钟声甚至在国家电台上播放。

这次国事访问涉及了我国和东道主芬兰主要关心的政治、经济、文化问题，当然还包含了一些具有重要象征意义的问题。世界上没有两个完全相同的国家。2007年年中，我去南非、纳米比亚、博茨瓦纳进行了访问。2009年，我又去了日本访问。这两次访问就完全不同。2005年的澳大利亚之行又与四年后的土耳其之行形成了鲜明的对比。但是，所有这些访问都有一个共同的潜在目标：促进不同国家之间的相互了解并加强合作，这也是我们一直以来的愿望。访问中，在与东道主交谈时，我会表达我方关心的事宜，也希望能够理解对方提出来的问题。此类会谈时间较短，往往比较正式，但还是会涉及一些实质性的问题。通过会谈，能够建构一个机制。有了这个机制，两国人民就能够在商务、科技、学术、防务、安全以及其他许多领域内进行合作，同时能够充分利用彼此提供的机会。我方代表团派哪些人员随行访问，往往根据交流项目对哪方面有所侧重而确定。

在访问中，我经常有机会参拜圣地、战争纪念地或者其他具有象征意义的地方。这些活动并不只是一些空洞无聊的仪式，他们是双方相互表示友好的方式，而且在此背景下其他形式的交流才能够进行，双方之间的关系也因此发展顺利。

总统的职责之一是：接受新任外国大使和最高专员的国书。在我任总统之初，这些仪式都是根据需要临时举行的。但是，随着新加坡与各国外交关系的逐步发展，我们需要将这些仪式有规律地安排。现在，这些仪式被都定于每月最后一周的周四举行。几乎每周都有一次仪式要举行，有时甚至不止一次。向我国大使颁发国书的仪式与这些仪式相似，时间安排在他们到海外就任前夕。

仪式相当正式。大使在确定的时间准时到达。他或她也许不太熟悉礼节，我们会先播放一段简短的示范视频。然后，他们乘车来到主廊，开始检阅仪仗队。检阅完毕后到总统府内，在来宾簿上签名。接着，会被领进西客厅呈递国书，由礼宾司司长将他们介绍给总统。他们向前走近总统，呈上国书，与总统握手，并向总统介绍自己的配偶。然后，我们摆好姿势照相。仪式完成后，我们会坐下，短暂交谈一会儿，进行"礼节性拜访"。

完成这些需要花点时间。如果在当天不止一位大使呈递国书，就需要事先仔细计划好。大使到达的时间要尽量错开，以免一方等待时间太长。这些随从副官都明察秋毫，哪位大使紧张不安，哪位大使成熟老练，都尽收眼底。手心出汗也许是紧张的表现，但其实拍照时他们的肢体语言也会泄露秘密。

在我任总统期间，截至我写这本回忆录时，我已经接待了50名到新加坡进行国事访问的国家首脑，100名来新加坡进行官方访问的总理、首相和一些重要代表团。而我曾经到其他国家进行的国事访问和官方访问总共有30次，所访问的国家主要集中在亚洲、澳大利亚，还有非洲和波斯湾地区。

5. 总统与国庆盛典

对新加坡来说，最具有象征意义的活动莫过于国庆节了。在任总统前，我已经参加过几次国庆庆典，最后一次是王鼎昌在任时。举行庆典时，所有新加坡人齐聚在一起，场面令人难忘。国家体育场为盛典提供了一个绝佳的场所，上乘的音效拉近了人们之间的距离，场面显得更加恢宏。每次我都为写在人们脸上的激情而深深地感动，不同种族、不同年龄的人们满怀爱国热情，活动的每个环节都能激起他们热烈的欢呼。新加坡的风采在这里展示，所有的新加坡人为此感到幸福而自豪。娱乐活动开始了，总理来了，总统车队入场了，游行开始了，每个人都为这一幕幕振臂高呼。

任总统之前，我做梦也没想到有一天我会成为庆典中的一环。但是，任总统后的第一个庆典还是到来了，我明白自己众望所归。在车队入场的那一刻，我竟然一时想不起自己该如何向等在那里的人群问候，我该左转、右转还是……但是很快，随着车队慢慢地绕着游行场地行驶，我开始找到感觉，然后一切都变得自然了。

我的职责之一是检阅参加庆典的军队。我没有仅仅围着一列列素不相识的士兵走一圈，一言不发，我习惯于停下来和一些士兵单独交谈一下。在通常情况下，与我交谈的士兵来自新加坡不同的种族群体。他们事先得到过通知，而我也能根据地上不起眼的小记号将他们认出。不过，他们往往有点紧张，我需要让他们放松下来——我会问一些他们什么时间退役以及退役后打算从事什么工作之类的问题。有时，我也会与一名女警或女海军简单交谈一会儿。我知道，在我停下来与士兵谈话的时候，众人肯定都很好奇我们到底谈了些什么。但是，这种互动交流让人们不再觉得检阅军队仅是走走过场。我很喜欢这种方式。

阅兵结束后，我回到自己的座位上，观看庆典。这些年来，庆典仪式变得比原来复杂多了，而且愈发凸显了娱乐环节。早年，国庆庆典着重展示武器和军事装备。现在，新加坡武装部队依然重要，但只有在政府大厦的大草坪上举行国庆庆典时，军事装备才向公众展示，约五年一次。

所有的仪式结束后，我有时会走下台，与孩子或者人群里的一些人说说话。这不仅仅是为了公共关系而做的表面文章，交谈时也能真切地感觉到人们的感谢之情。

我很希望外籍人士能来参加国庆庆典，这可是新加坡以最佳形象向外界展示自己的时刻。在我任国防与战略研究所所长时，一旦项目有外宾参与，我就尽可能把时间安排在国庆节前后。比如，当年的夏令营项目就是这样。我觉得，之所以国际上时不时地传来对我们的一些内部政策批评的声音，主要是因为外界对我们缺乏了解。如果这些外籍人士亲身感受到庆典的热烈气氛，亲眼看见人群发自内心的爱国热情，必会有所改观。这一切本身就是对这些批评的有力反击。

当人群一起唱起国歌《前进吧，新加坡》时，国庆节的高潮时刻就来临了。曾多次有人问我，身为总统，为什么不一起唱国歌呢？答案其实很简单：通过唱国歌，观众再次向新加坡表达了自己的誓言。但是，总统却是国家的象征，而不是其中的一名观众或参与者。

国庆节的庆祝仪式圆满结束了，我们都回到家，开始准备明年的庆典。这是国防部的任务。国防部往往任命一名指挥官和一名副指挥官负责庆典的准备工作。一经任命，这名副指挥官就要在这一整年里全职负责明年的庆典活动。国防部主管一切大小事宜，包括娱乐环节。军队里精通规划和物流的人士可算是找到了用武之地。

总统在其他的场合还扮演着一些更为复杂的角色，比如每年一度的新加坡武装部队毕业阅兵典礼。在有些典礼上，总统的角色甚至更为重要，比如递交刀剑、宗教领袖祈祷、为逝者默哀等。所有这些，都不能事先排练。我的随从副官只在事前告诉我一些情况，仅此而已。不过幸运的是，我都能很好地应对。

新加坡的天气变幻莫测，但老天爷待我还算不薄。只有一次，在我参加毕业阅兵典礼时开始下雨，而且下得很大，虽然头顶上有遮雨工具，但身上还是很快淋湿了。有人请我离场，但我觉得其他人都要在这里继续淋雨，我自己被特殊对待太不公平了。

6. 人民总统为人民

对总统来说，与民间保持联系是很重要的。国庆奖就是这种联系的一个象征。最近，颁奖仪式在新加坡大学文化中心举行。获奖者的名单于8月9日国庆节那天对外公布（国庆奖的名称由此而来），但真正的颁奖仪式是在11月举行。获奖者人数众多，约有500名。许多组织会参加颁奖仪式，颁奖当天需要的随从副官多达50至60名，他们可以尽情展示自己的宾客管理能力。我们必须谨记一点：对每位获奖者来说，这都是一个至关重要的时刻。所以，我总是尽我所能叫出每位获奖者的名字，并和他们交谈，向他们表示感谢或者祝贺。有时，由于交流时间较长，我们的日程会有所延误，但我认为这是值得的。如果哪位获奖者是残疾人，我会离开自己原来的位置去向他表示问候，即使有悖礼节也在所不惜。

在仪式上，光握手就需要大约两个小时的时间。我们必须时刻专心，稍不留神，整个过程就会变得机械而刻板。我在中间会不时地休息一下。每个人都要拍照，我就尽力让他们放轻松，免得拍照时显得过于严肃。仪式完毕后，我就和获奖者及他们的家人走到一起。我喜欢随意地和他们面对面交谈，这样他们也能有机会拍一些照片。

其他的重大场合还有不同的高校典礼。在典礼上，总统作为名誉校长，需要颁发数百份学位证书。

我的一个目标就是让总统靠近民众。让民众意识到这个国家里除了政府还有其他一些永久性的机构，这是很重要的。这也能解释为什么总统参与活动、拥有任免权是非常重要的。但这和我个人没什么关系。铁打的营盘流水的兵，无论总统还是政客都是来了又走了，只有机构是永久的。既然意义重大，我更要全力践行这一点。

目前，新加坡总统奖的奖项覆盖范围已经非常广泛，童子军、导游、少年军、教师、护士、社会服务、设计、环境、科技甚至学校足球队等，都已设相关奖项。我们还有一个模范母亲奖。另外，有一个理工学院和其他高等学府间举行的足球挑战赛，挑战赛的奖杯以我的名字命名。我并没有允许滥用总统头衔，我只是想在自己的位置上对某些个人或团体表示认可与褒奖。

大多数颁奖仪式都是在总统府进行的。每逢这种场合，随从副官和其他总统府工作人员都要肩负起组织工作，与其他组织者协商礼节、规划时间等。在任总统期间，我总共出席了1000多次此类活动，它们的举办主要以社会利益为宗旨。每每回顾活动记录时，我都感到吃惊：在新加坡，居然有如此丰富的民间社会活动！活动的领域包含了各行各业和各个阶层：体育休闲、志愿者组织、专业组织、青年组织、艺术与遗产组织、科学、技术、旅游、商业、教育、军旅服务、慈善、宗教和其他传统节日、工会、残疾人或者弱势阶层等，不一而足。

总统赞助在我的任期内得到发展，这是刻意为之的结果。开始时，总统赞助无外乎一些为有益事业提供援助的社交聚会。随着时间的推移，它的领域大大拓宽。我作为首席赞助或者赞助人，资助了总共30多家组织。同时，我还担任了两所大学的名誉校长，甚至当上了首席童子军。

有时候，赞助的目的是筹集资金，而有时则是为了提高活动的知名度，能让外界认识到它的价值。这样一来，它就为公众的好恶树立了新的标杆。

就任总统以后，我一直在思考自己能做些什么来帮助社会上的弱势群体。我想到了自己的过去。还是一个孩子的时候，由于家庭历经变故，我尝尽了生活的艰难。当我初入社会，参加工会工作时，工人的处境让我深深地同情，所以我也投身其中和他们一起奋斗。在大学学习社会学课程时，帮助别人的想法更加强烈。所以说，我从事慈善事业的愿望始于很久以前。早在20世纪60年代初期，我在社会服务联合会当名誉秘书长时，就开始与志愿福利和慈善组织一起工作。就在那时，我认识了余炳亮博士，他在该联合会当了30多年的会长，把自己的一生都奉献给了新加坡的弱势群体。作为一名虔诚的天主教徒，他在1975年被教皇授予"圣大格里高利骑士团"骑士的荣誉。他是第一个获此殊荣的新加坡人。他还有一个雅号，叫"慈善先生"，这个称呼对他来说真是实至名归。从我第一次见到他——虽然我后来换了其他的工作——余博士就成了我的光辉榜样，我从他身上知道了一个人应该怎样努力帮助那些社会底层的人。我与他亲密共事一直到70年代，看到他为了帮助穷人，克服各种种族、社会、政治和宗教障碍，我就非常崇拜他的奉献精神。所以，当我初任总统，思考我应该在社区服务方面做些什么的时候，我就想起了这个伟大的人，想起了他穷其一生为弱势群体所做的工作。

我知道，在我之前的总统们，从尤索夫往后，都在促进志愿福利活动方面发挥了积极的作用，其工作备受瞩目。他们担当志愿组织的赞助人，为后者的工作提供支持，尤其是筹资方面，比如举行音乐会和庆祝餐会等。黄金辉在这方面做了更多的工作。他的后任王鼎昌继承了这个传统，也经常举办一些筹款音乐会。在通常情况下，他们为这些组织开展的活动提供支持，包括出席筹款活动等。思索良久，我决定自己不但要继承传统，而且要做得更多。我要在更广泛的社区，发动各行各业的人，来帮助那些处于弱势阶层的人。

就这样，"总统挑战慈善"诞生了。国家社会服务联会以及社会发展、青年和体育部对这个项目给予了很大的帮助。从2000年启动，到我任期结束，我一直都支持它。开创之初，国家社会服务联会与国家遗产委员会联手组织了一次社会服务展览会，展示了数年来新加坡的志愿社会服务历史。启动"总统挑战慈善"项目之时，我曾说过，我想用个人的名义号召所有的新加坡人——无论年龄大小、从事什么行业——"将我们的慈善传统、社区关怀和志愿者精神发扬光大"。另外，我还想号召个人、企业和人际组织，比如志愿福利组织和宗教组织，与政府合作，"建立一个有凝聚力的、有爱心的社会"。在这个社会中，"每个新加坡人都很重要"，即便是生活不够富裕的人也总是能看到希望，并且感受到有人在关心他们。

我觉得，仅仅出席筹款聚会是不够的，我们需要将它进一步普及。因此，"总统挑战慈善"应该发生倡议，发动整个社区全年都参与，并且个人也能对弱势群体伸出援助之手，不管他们出于什么动机。我心目中的慈善活动不是维多利亚式的慈善——富人们举办一场聚会，对穷人施以援助，纯粹属于居高临下的施舍。我想要社会上出现的问题、弱势群体不利的地位和种种弊端等问题能更快地引起社会关注。

随着新加坡向第一世界迈进，我们的社会问题将发生改变，但它们并没有消失。我们仍然需要照顾失明者或者其他身患残疾的人，还需要把眼界放宽一些。新的问题正在出现，比如家庭暴力、虐待儿童、青少年犯罪以及其他经济富裕的国家常见的问题。让吸毒者和在押犯人戒毒，使得服刑人员在狱中的生活富有成效，这些问题都需要我们付诸努力，而且需要社会的帮助。上述也正是"总统挑战慈善"要解决的问题。有时候，如果情况类似，我们还需要参考其他国家的做法。

"总统挑战慈善"的一个目标就是发动公众参与筹款活动，参与的人越多越好。哪怕只捐一新元呢，也有价值。实际上，加强国民对其他人困境的认识，我们还是有些成绩的。比如，2008年9月，正值国际金融危机之时，我担心捐款活动也会受到影响。但实际上，那年的"总统挑战慈善"得到的捐款数额不减反增，其他形式的慈善活动也是这样。

这些年来，"总统挑战慈善"活动的项目稳步增加。比如，人民协会为"总统挑战慈善"举办的筹款活动，他们与社区发展理事会合作；在新加坡理工学院举行的公益事业募捐日，1000多新生参加活动，遍及整个新加坡岛；全国志愿服务与慈善中心在2009年举办了"新加坡快跑"活动；《新报》联合100所学校开展了"秀你本色日"；新加坡报业控股公司面向公众组织了中秋佳节和青年才艺音乐会等。

值得一提的是，新加坡赛马博彩管理局和新加坡博彩公司作为赞助商，每年都为所有的"总统挑战慈善"活动提供赞助。"总统挑战慈善"启动以来的11个年头里，我们总共筹款达一亿新元。由于这两家赞助机构承担了所有的运行费用，我们才得以将全部筹款分配给500多家（个）受益单位或个人。他们的帮助使我们能够将所有捐款送到目标人群手里，以及其他需要帮助的人手里。

我的属下还努力做了其他与"总统挑战慈善"目标一致的工作。他们安排新加坡赛马会在年度慈善日（金杯赛马）捐款，目的主要是为慈善活动筹款。每年，新加坡赛马博彩管理局和新加坡赛马会都会将总额达100万新元的支票递送至20多家慈善机构。同样，总统办公室在每年的5月1日都会发动新加坡岛乡村俱乐部以及其成员，通过俱乐部的高尔夫和其他运动项目筹集善款。我支持社会发展、青年和体育部、国家社会服务联会以及其他机构的工作，出席了大量以推动慈善工作为主旨的活动，这些活动都不在主流组织的职权范围之内。

有一次，我不得不在总统明星慈善秀节目上背诵一首诗歌，这是媒体公司的电视平台每年都举办的节目，目的是为"总统挑战慈善"筹款。那首诗歌的名字叫《幸福所必需》，作者是麦可思·埃尔曼，主题是关于幸福的。我选择了其中关于"希望"的一部分进行背诵。由于我不擅长唱歌，背诗也许是最保险的一招。我不断地练习，要么不时出错，要么停顿不当，简直就如同重返学校一样。但是，力气终于没有白花，在节目中间就有不少人打电话进来要求捐款。看到他们纷纷慷慨解囊，我深受感动。

　　蓦然回首，在我任新加坡总统期间，给我最大满足和安慰的恰恰就是有机会对普通人民的生活表示关怀，无论他们是否为本国公民。我未制定任何的策略，这种交流就自然而然地发生在我的身上。这是因为，我想了解一般人民，对弱势群体更为关心。

7. 与印度社区的联系

作为总统，我一直致力于支持新加坡这个多种族社会里的所有的种族群体，一视同仁、不偏不倚。然而，由于我本身是印度裔的后代，而且在我当总统之前，我曾经在印度教基金管理局等机构工作多年，我觉得在我任总统时对印度社区表示些许关注应该不算什么有悖常规的事情。

新加坡的印度社区中有许多人拥有一技之长并且取得了成功，但也有人处在社会底层。大体上，原因只有一个，那就是教育。在职业机构和理工学院接受培训而获得技能，这也不失为一种接受教育的形式，这种教育适用于那些没有学术禀赋的人。新加坡需要从全球引入技术工人。假如一名新加坡的印度人具有一技之长，那他或她是不难找到工作的。一旦找到了工作，他或她就能提高自己或者家人的生活水平。社区领导一致认为教育的作用巨大，所以成立了新加坡印度人发展协会，促成协会成立的领导人有：S.贾古玛、乔·皮莱、S.丹纳巴南、K.尚穆根、钱德拉·达斯、S.易华仁等。许多工作仍然要做，而且需要资金。只要有可能，我就会对他们的筹款工作提供赞助与支持。

在我担任总统的第一届任期内，新加坡大学在教授皮特·里维斯的带领下成立了南亚研究系。对此，我感到很高兴，因为我觉得该系的成立有助于其他族群更好地了解印度以及印度人。该系在教授里维斯和教授塞特·帕尔·卡达的带头下出版了《印度裔移民社群百科全书》，这项成就意义非凡。

2004年7月，新加坡大学成立了南亚研究所。让我高兴的是，在哥比纳·比莱的领导下，研究所的管理董事会选择了一名研究印度的新加坡籍学者陈泰勇教授做董事。他们不但发表了许多文章，而且让我欣慰的是他们开始将新加坡打造成研究南亚散居社群的中心。在我写本书的时候，南亚研究所也正在推出一本关于斯里兰卡散居人群的百科全书，这个项目受到了斯里兰卡社区的热烈欢迎。

　　新加坡政府推行的精英管理制度让印度社区受益匪浅。作为一个社区，我们必须塑造一批有才干而又正直的人，让他们在我们国家担任领导。在政府和公共领域中，印度官员占了相当大的比例。我们必须保证我们能够继续源源不断地输送优秀人才来担当领导重任，并且能在岗位上很好地履行职责。新加坡不会埋没一个人的功绩，考试制度就是用来发现可造之才的。那些通过考试的人，不管其社会背景怎样，都有可能平步青云。在这种文化下，那些表现出色的印度人注定会出人头地。社区组织必须善于发现优秀的年轻人并进行培养，而不要看他们的宗教信仰、种姓等级或者其家族来自印度的什么地方等。我希望印度社区不要把精力浪费在无谓争吵和冷嘲热讽上面，而是要全力培养对国家有用的人才。

8. 回首总结

1999年9月1日，我就任总统。从那时起，我就知道自己任重而道远，但我期待这一挑战。我明白自己所担任的职务的礼仪性，但我不知道宪法赋予总统的全部权力是什么。很快，我意识到，我需要在我的有限权力范围内摸索出自己的路子。假如像以前的总统们那样泰然接受总统府高墙内生活的种种限制，那未免过于简单了。我不想站在高高的台阶的尽头，让人们去向我靠拢。最初的时候，我感觉自己与外界隔绝了。也许，我应该走下台阶，主动融入人民中。只有这样，才是明智的选择。当然，这样我就背离了以前历任总统的传统。一旦下定决心这样做，我一下子放松下来，感觉没有那么压抑了。我决定在总统这一职务允许的前提下，尽可能地追求自由。我认为，自己在与社会各界人士建立人际关系的同时，也有助于建立总统制度。

除此之外，还有一个问题也让我挂怀：我要尽我所能为家人和自己保护隐私。安全警官总在我身边，要适应这一点显然没那么容易，但这是对我有利的。成为总统后，我发现妻子和我从此不得不专挑僻静的道路散步。我们不得不牺牲自己的隐私，而且享受惬意的私人生活对我们来说也遥不可及。我们要一直活跃在公众视线中，我们的言行要总是完美的、无可挑剔的，无论身边的人让我们多么不舒服或者当时的情景多么窘迫。我们的儿女，甚至儿女的儿女，不能因为我是总统而受到影响，这一点很重要。我们一直谨记此种情形只是暂时的，终有一天我们要回归正常人的生活。我们的两个孩子都没有利用我的名字或者地位来做什么交易，孙辈们也是如此。未来会怎样呢？民选总统是否会在未来的日子里深受敬重呢？这还要取决于在位者。一方面，总统绝不仅仅是一名侍臣，即使他对政策的审议是批判性的，他的意见也必须得到行政部门的尊重；另一方面，他也不可能一直公开和政府唱反调。从一开始我就知道，我的这份新工作中非常重要的一个方面，就是和政府建立良好的工作关系。那时，许多人认为我即将或者应该在这个位置上独立行事。我就问他们，我要和谁保持独立？在所有国家大事上面，一旦总统和行政部门的意见产生严重分歧，总统和总理就应该通过私下讨论尽量将其解决，而且相关人士必须发誓对此保密。

由于民选总统制仍在完善中，总统和政府也正在学习，对这一制度进行微调，以使它能更好地符合新加坡的国家利益。归根结底，总统这一角色不是和政府对抗的，它是一个由总理设立然后经由国会批准通过的、独立审核员的身份。所以，与政府保持良好的工作关系对总统来说至关重要。

我当选总统之前，只是一位名不见经传的官员，而且出身于少数族群。在开始试着适应自己的新角色之时，我花了一些时间来思考自己最重要的工作是什么。我必须想好怎样和新加坡大众，尤其是新加坡腹地的人们建立关系。我想和各行各业的人保持联系，不管他们出身什么种族、讲着什么语言、信仰什么宗教。我不想让公众认为，作为总统，我的一举一动很有"皇家"派头。假如我能够与人民建立亲密的联系，而且离开办公室的时候给人留下友善的印象，那么留下这样一笔财富也就足够了。

当我初任总统之时，我首次对媒体发表声明，陈述自己的处世哲学。之后，国务资政李光耀给我写了一封信。他在信中写道："永远不要试图改变自己。假如你能在未来的六年中一直保持此种立场和基调，新加坡会为你而自豪。"在我写本书的时候，我的第二届任期将要结束。自始至终，我都把他的建议牢记在心。在我的一生中，曾经面临过巨大的挑战，它们不仅在我的个人生活中出现过，在我的职业生涯里也曾出现过，比如在我担任政府公务员和外交官时。而我觉得担任总统同样也是一个挑战。但是，在我不得不做出决定时，良心一直都像指南针一样为我指引着方向。

附 录

战后重聚

　　在前面的回忆录中，我曾提到两名日本军官，他们都是我的恩人。

　　其中一名军官是国分中尉。他不仅给了我一份工作，还给我提了一些很好的建议，这些建议使我在战争年代里没有屈从于摆在我面前的诱惑。在日本投降后的一两个月内，我曾无数次感到绝望，因为我甚至没钱维持基本生活。但我的自尊心太强了，不愿意让妻子那边的亲戚知道我的处境。我曾变卖仅有的一点家当，但换来的钱很快就不见了。我曾经试过倒买倒卖的生意，但是因为缺乏业内关系，一直没有真正的起色。在那段日子里，我经常想起国分中尉。当年他留给我的纸条，我一直在钱包里保存着。每每看到这张纸条，我就重新获得了力量和希望。

　　那张纸条在我的钱包里一直放到1954年。彼时，我已经完成大学学业，在柔佛州的公共工程局工作。在我前往杜尼安路宿舍拜访昔日旧友的时候，我遇到了茂树关根先生，他当时在新加坡参加世界青年联合大会的聚会。我给他看了国分中尉留给我的纸条，他记下了上面的信息，并且答应我回到日本后帮忙联系国分。为了方便联系，我将母亲在新加坡国内的地址告诉了他。但是，几个月过去了，没有任何音信。我想，国分中尉可能已经不在人世了。但是，我仍希望这不是真的。

在我任海员福利官时，我结识了J.F.苏亚雷斯，他后来在新加坡担任伦敦国际运输工人联合会的亚洲区代表。他经常访问日本，并且与工会组织日本海员联合会交往甚密。于是，我把国分中尉的纸条给了他。

他答应把纸条带回日本，利用在日本的关系帮助我寻找国分中尉。他真的做到了。苏亚雷斯甚至去拜访了国分本人，国分中尉当时在东京附近的一家医院接受肺结核的治疗——他在被俄罗斯军队俘虏以后，染上了这种病。苏亚雷斯把纸条递交给他，然后给我捎信说，国分中尉想见我，但那时我没法去日本。

事情就这样被搁置了，一直到1962年下半年。那年，我第一次去日本访问，处理有关劳工和成立裕廊造船厂的事宜。由于我的日语早已生疏，所以，我和石川岛播磨工业公司的信彦一起坐火车去日高町拜访国分中尉。他当时已在那里担任町长。

那次团聚让我们激动万分，但我们都没有喜形于色，这是典型的日本风格。他说，他曾经很担心战争结束、日本军队失败后我的遭遇。我给他和家人拍了一些照片，然后他带我们来到一家日本餐厅吃饭。那家餐厅在一片树林里，紧邻林中的一条小溪。

后来，我又去看了他几次，最后一次是在1965年5月。再后来，他的一个亲戚告诉我，他去世了。

在那之后，我就与国分一家失去了联系。直到1998年，他的次子勉在新加坡度假时与我取得了联系。他手里拿着我的一张名片，名片上印着1960年我在劳工研究所工作时的详细的联系地址。拿着这张名片，他最终找到了我的家。我的妻子当时刚做完手术，在家休养。幸亏勉会说英语，妻子才得以听明白他的意思。她让勉晚上再来我们家。那天晚上，我们举行了一次聚会，我的儿女和孙辈与他的儿子们见了面。就这样，我们又恢复了联系，而且一直到今天还在交往。

我当上新加坡的总统以后，勉写信对我说，他已经去已故父亲的灵前将这个消息告诉了他。

第二个让我感激的日本军官就是温和的老警官石仓先生。当年我刚认识他的时候，他是柔佛州警察培训学校的负责人。战争结束后，我与他就失去了联系。1962年，我去日本访问的时候，我想方设法打听到他住在名古屋附近的四日市。在返回新加坡的前一天，我给他打了个电话。他让我去找他，并建议我坐火车去，因为四日市离东京不远。但我觉得时间不够了，就未成行。直到今天，我仍然后悔那次没有去见他，自责没有冒险一试，也许时间来得及。和国分中尉一样，石仓先生也是一个正派的人。虽然明知日本战败，战争结束在即，他仍然以极大的勇气努力维持麻坡的和平局势。

乌米·纳丹夫人的观点

我第一次见到S.R.纳丹时年纪尚幼，我甚至都不记得他儿时长什么样子了。但我却清清楚楚地记得他青少年时代的模样。那时，我们家住在麻坡的一个临街家庭商店里。为了引起我的注意，他经常骑着单车在那条大街上转来转去。

但我没想到，经过长达16年的考验和磨难后，我迎来了生命中最幸福的那一天——我终于嫁给了他。

那时，我已经成为一名教师。在工作中能与孩子们相伴，让我很知足。对我来说，对所有的教师来说，这份工作让人最激动的时刻莫过于看到自己以前的学生工作稳定，能够承担家庭生活的重担，生活安乐而踏实。对我而言，这就是成功。

我的丈夫一直没有停止工作。对此，我已经习惯了，我甚至很难想象他哪天没有整装待发，手拿公文包去上班。曾经不止一次，我觉得他的圆满的职业生涯已到尽头，他可以等着退休了。但是，他却每次都接到电话，每次他都答应下来。我们两人都觉得，响应新工作的召唤就是报答祖国的恩情。从个人感情上讲，也是报答李光耀先生的恩情——李光耀先生一直以来都非常信任我丈夫。而且我也知道，就像许多我们这个年龄的人一样，假如丈夫整天待在家里，无所事事，他很快就会受不了的。直到现在，他还厌恶假期，总是希望有点事做。总之，他喜欢时刻不停地思考。

假如之前任何人跟我说，我的丈夫会成为总统，我压根不会相信。然而，这个挑战真的来临了。他被任命为总统的那一天，是我一生中最为自豪的日子。这是上帝恩赐的福气。最初考虑他为总统候选人时，他先征求了家人的意见，我们都一致支持他答应下来。我仅仅提出一个条件，那就是让我们一家人远离公众的视线。毕竟，这种荣耀的地位只是暂时的，我们必须脚踏实地。

在丈夫担任总统期间，我得以不断地访问、参观学校。一日为师，终身为师。我很高兴自己能每年到附近不同的学校参观几次，能有机会见到那里的孩子们。不仅如此，我还喜欢与新加坡的公众见面交流，无论老幼。

我希望新加坡人能记住我丈夫是靠自己的努力成功的。最初，他简直是一无所有，能成就今天的辉煌完全是由于自己的能力和勤奋工作。无论竞争多么激烈，所有的年轻人都能从他的故事里得到一些启发。

乌米·纳丹夫人

本书图片说明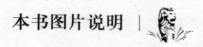

出版者对为本书提供照片支持的艾琳·林、吴桂元、埃里克·谭等新加坡国家档案馆的工作人员表示感谢，同时也感谢新加坡报业控股有限公司信息资源中心的扎里纳赫·穆罕默德。

出版者还要感谢新加坡报业控股有限公司许可在本书中使用他们收集的照片。书中每张照片后面均附有说明，说明中提供了每张照片的来源。以下为简略说明：

书中标有"个人收藏"的照片由作者纳丹提供。

书中标有"SPH奉献"的照片的版权归新加坡报业控股有限公司所有。

书中标有"NAS奉献"的照片由新加坡国家档案馆提供。